suhrkamp taschenbuch
wissenschaft 1557

Unsere Gesellschaft hat den traditionellen Sinn von Gedächtnis der antiken und vormodernen Gesellschaften verloren: die Vorstellung, dass das Gedächtnis – noch grundsätzlicher als zur Aufbewahrung der individuellen Erinnerungen – dazu dient, dem Kosmos eine Ordnung zu geben und Richtlinien für Denken und Handeln zu liefern. Formen und Stärke dieses Gedächtnisses hängen mit den verfügbaren Kommunikationsmedien zusammen: von der Schrift bis zu den Massenmedien und den jüngsten elektronischen Technologien. Diese Medien, die viel mehr zu erinnern und zu vergessen erlauben, verlangen immer komplexere soziale Strukturen. Wie zeichnet sich dann aber das Gedächtnis unserer informatisierten technischen Gesellschaft aus? Wie viel muss es vergessen können, um noch eine Orientierung in einer chaotischen und selbstreferentiellen Welt behalten, also um noch erinnern zu können?

Elena Esposito
Soziales Vergessen

*Formen und Medien
des Gedächtnisses der Gesellschaft*

Aus dem Italienischen
von Alessandra Corti

Mit einem Nachwort
von Jan Assmann

Suhrkamp

Bibliografische Information der Deutschen Nationalbibliothek
Die Deutsche Nationalbibliothek verzeichnet diese Publikation
in der Deutschen Nationalbibliografie;
detaillierte bibliografische Daten sind im Internet über
http://dnb.d-nb.de abrufbar.

3. Auflage 2018

Erste Auflage 2002
suhrkamp taschenbuch wissenschaft 1557
© Suhrkamp Verlag Frankfurt am Main 2002
Suhrkamp Taschenbuch Verlag
Alle Rechte vorbehalten, insbesondere das der Übersetzung,
des öffentlichen Vortrags sowie der Übertragung
durch Rundfunk und Fernsehen, auch einzelner Teile.
Kein Teil des Werkes darf in irgendeiner Form
(durch Fotografie, Mikrofilm oder andere Verfahren)
ohne schriftliche Genehmigung des Verlages reproduziert
oder unter Verwendung elektronischer Systeme
verarbeitet, vervielfältigt oder verbreitet werden.
Satz: jürgen ullrich typosatz, Nördlingen
Printed in Germany
Umschlag nach Entwürfen von
Willy Fleckhaus und Rolf Staudt
ISBN 978-3-518-29157-3

Inhalt

Einleitung 7

I. Gedächtnis und Reflexivität 12
   1. Gedächtnis und Semantik 19
   2. Definition von Gedächtnis 24
   3. Das Gedächtnis der Gesellschaft 32

II. Das divinatorische Gedächtnis 44
   1. Die nicht-alphabetische Schrift 44
   2. Die raumbezogene Differenzierung 50
   3. Die Unterscheidung Oberfläche – Tiefe 58
   4. Die Anwesenheit des Mysteriums 66
   5. Das divinatorische Modell 71
   6. Die Strukturen des divinatorischen Gedächtnisses 77
   7. Die verräumlichte Zeit 87

III. Das rhetorische Gedächtnis 98
   1. Die alphabetische Schrift 101
   2. Die stratifikatorische Differenzierung 106
   3. Die Unterscheidung Sein/Nichtsein 114
   4. Platon 125
   5. Das rhetorische Gedächtnismodell 149
   6. Mnemotechnik: die Strukturen des rhetorischen
      Gedächtnisses 161
   7. Die Unterscheidung *aeternitas/tempus* 172

IV. Kultur als Gedächtnis 183
   1. Buchdruck und Massenmedien 187
   2. Funktionale Differenzierung 195
   3. Die Unterscheidung Subjekt/Objekt 213
   4. Der Übergang zur Moderne 229
   5. Das Kulturmodell 237
   6. Massenmedien: die Strukturen des modernen
      Gedächtnisses 253
   7. Temporalisierung der Komplexität 273

V. Das Netz 287
  1. Computer und Telematik 291
  2. Das Gedächtnis der Funktionssysteme und der
     formalen Organisationen 303
  3. Autologie 318
  4. Die Kontrolle fehlender Kontrolle 331
  5. Das Netzmodell 337
  6. Die Strukturen des telematischen Gedächtnisses 346
  7. Hat die Zukunft schon begonnen? 358

Literatur 369

Jan Assmann:
Nachwort 400

Sachregister 415

Einleitung

Gedächtnis, so scheint es, ist zu einem Modethema geworden – man könnte sogar sagen, dass es dabei ist, wieder jene zentrale Position einzunehmen, die es Jahrtausende in Gesellschaft und Semantik innehatte und die es für einige Jahrhunderte verloren hatte – eben weil es mit der Mode nicht zu vereinbaren war. Merkwürdigerweise hängt die wachsende Bedeutung des Gedächtnisses mit der Radikalisierung der gleichen Tendenzen zusammen, die zu seiner Ausgrenzung geführt hatten.

Es ist wohl bekannt, dass das Gedächtnis in archaischen und antiken Gesellschaften eine grundlegende Bedeutung hatte; und dies nicht etwa deshalb, weil diese Gesellschaften ein obsessives Verhältnis zu ihrer Vergangenheit pflegten – Vergangenheit war in der uns bekannten Form nicht einmal vorstellbar –, sondern weil sie sich in einer von uns und voneinander gänzlich verschiedenen Weise mit Gegenwart auseinander setzten. Wie wir noch sehen werden, besteht die Problematik des Gedächtnisses nicht in einer Auseinandersetzung mit der Vergangenheit, sondern in seinem Verhältnis zur Gegenwart; denn nur in der Gegenwart kann man sich erinnern oder vergessen.

In der Moderne jedoch verschiebt sich die Gewichtung: Das Gedächtnis wird mit Erinnerung gleichgesetzt und die Erinnerung mit der Vergangenheit. Allerdings werden Leitbilder nicht länger in der Vergangenheit gesucht. Das Bestreben nach Dauer wird ersetzt durch den Drang nach Veränderung, die Wiederholung durch Neuheit, die Beständigkeit durch Wandel. Das Gedächtnis erscheint als eine unfruchtbare Wiederkehr, es verliert an Anziehungskraft und Bedeutung, vor allem aber büßt es seine Relevanz und Allgegenwart ein. Es schrumpft zu einer begrenzten und randständigen Funktion, die nützlich sein kann, aber keine zentrale Bedeutung mehr einnimmt und auf keinen Fall das liefert, wonach man fortan sucht: Kreativität und Innovation. Man kann sich dem Gedächtnis nicht mehr zuwenden, um Zukunft zu gestalten – Zukunft aber bildet nun den entscheidenden Bezugspunkt.

Heute sieht es allerdings so aus, als setze sich wiederum eine andere Haltung durch. Jenseits der oberflächlichen Rückkehr zu Archaismen und Traditionen wächst das Interesse am Gedächtnis auch durch einen komplexeren Zugang. Nachdem ein paar Jahrhunderte lang die Zukunft verfolgt wurde, scheint diese nun eingeholt: Die Zukunft hat schon begonnen, aber wir wissen noch nicht, was wir damit anfangen können. Das Neue ist vorwiegend unbekannt, unkontrollierbar und großenteils unverständlich – wie etwa das Internet, die Entwicklungen in der Technologie oder die unbestimmbaren Perspektiven wissenschaftlicher Forschung. Aus diesem Grund erscheint es sinnvoll, sich erneut dem Gedächtnis zuzuwenden. Weniger um eine Vergangenheit wiederzubeleben, die endgültig abgeschlossen und für eine Zukunft nicht zu gebrauchen ist, von der wir nur wissen, dass sie andersartig sein wird, sondern vielmehr, weil das Gedächtnis einen Vorrat an Formen bereithält, mit deren Hilfe die Gegenwart bewältigt und strukturiert werden kann. Anders ausgedrückt: Die Zukunftsorientierung führt – ins Extreme gesteigert – erneut zu einer Konfrontation mit der Gegenwart, und die Strukturen der Gegenwart werden vom Gedächtnis bereitgestellt.

Dies alles muss noch ausführlicher behandelt werden, und wir werden uns im Folgenden damit beschäftigen. An dieser Stelle beschränken wir uns darauf, zu erwähnen, dass in der archaischen und antiken Form das Gedächtnis viel mehr war als ein bloßes Bewahren von Erinnerungen. Es stellte diejenige Instanz dar, die dem Kosmos eine Ordnung gab und damit dem Handeln einen Sinn verlieh; es regelte das Verhältnis zwischen Kontingenz und Notwendigkeit, zwischen dem Veränderbaren und dem Ewigen, zwischen den begrenzten und ungeordneten menschlichen Angelegenheiten und den letzten Dingen der Welt. In dieser Hinsicht waren temporale Bezüge von untergeordneter Bedeutung: Das Gedächtnis war Erinnerung, aber auch Vorwegnahme, Wiederbelebung der Vergangenheit, aber auch Vergessen und vorausdeutende Darstellung der Zukunft – es war vor allem die Bestätigung und Herstellung einer allgemeinen Ordnung, die von einem gegebenen Zeitpunkt und Zusammenhang ausging. Insbesondere diesen Aspekt von Gedächtnis gilt es wiederzubeleben: die Idee, dass man über eine Orientierung verfügt, wenn man sich nur an sich selbst orientiert – so wie es dem ergeht, der sich erinnert –, und dass diese Orientierung, wenn auch kontingent, darum nicht schon zufällig ist. Dies werden wir behandeln, indem wir zuerst die Prozeduren der Wahrsagung (Kap. II) und die Techniken der Rhetorik (Kap. III) darstellen, um dann auf die Voraussetzungen für die zermürbenden Debatten zu sprechen zu kommen, die die Ausgrenzung des Gedächtnisses zu Beginn der Moderne begleitet haben (Kap. IV) und in deren Anschluss das Gedächtnis als Forschungsgegenstand so gut wie vergessen worden ist.

Dieses Projekt bringt, wenn man es ernst nimmt, einige Schwierigkeiten mit sich. Zunächst muss das zugehörige Referenzsystem bestimmt werden: Es geht um Gedächtnis, doch wessen Gedächtnis ist damit gemeint? Es ist wohl bekannt, dass die Idee eines individuellen Subjekts neueren Datums ist, zumindest ist sie eng an die Entstehung der Moderne geknüpft – aber die Moderne ist das Zeitalter, das mit Gedächtnis am wenigsten zu tun hat. Wenn wir die vormodernen (oder zumindest die von der Hauptströmung moderner Semantiken unabhängigen) Formen des Gedächtnisses untersuchen wollen, müssen wir von dem mittlerweile verdächtigen Verweis auf das Subjekt absehen, obwohl das Subjekt weiterhin den mehr oder weniger impliziten Bezugspunkt beinahe aller Studien über das Gedächtnis bildet. Selbst das Konzept des kollektiven Gedächtnisses von Halbwachs[1] und die Überlegungen zum so genannten Computergedächtnis verzichten nicht auf den primären Verweis auf Formen der Subjektivität, die uns, wie wir noch sehen werden, wenig nützlich sind. Unser Hauptinteresse wird vielmehr auf außerindividuellen Formen von Gedächtnis liegen – unser Referenzsystem wird daher das Gedächtnis der Gesellschaft sein. Dabei verstehen wir unter Gesellschaft ein autonomes System, das mit eigenen Operationen verfährt, die von den psychischen Operationen der daran teilhabenden Individuen radikal unterschieden sind – was an die Definition von Gesellschaft Niklas Luhmanns anschließt. Das Gedächtnis, mit dem wir uns beschäftigen wollen, ist somit weder Gegenstand von Psychologie noch von Biologie, sondern es ist und kann nur Gegenstand der Soziologie sein.

Wodurch aber wird das Gedächtnis der Gesellschaft bestimmt, wenn nicht gerade von psychischen und biologischen Strukturen? In der Luhmann'schen Vorstellung besteht die Gesellschaft aus Kommunikationen. Falls das Gedächtnis die Art und Weise betrifft, in der ein Selbstbezug hergestellt wird, dann hängt die Art, in der Kommunikationen auf Kommunikationen Bezug nehmen, in erster Linie von den Werkzeugen bzw. den vorhandenen Mitteln ab, dies zu bewältigen, und das heißt konkret: von den Technologien (oder Medien) der Kommunikation. Wenn es möglich wird, Kommunikation schriftlich zu fixieren und so zu einem späteren Zeitpunkt wieder darauf zurückzukommen, oder wenn etwa durch die Presse die Möglichkeit entsteht, sich an örtlich oder zeitlich ferne und sogar gänzlich unbekannte

---

[1] Vgl. Halbwachs 1952, 1968 und die weiteren Studien, die sich auf dieses Konzept beziehen, insbesondere die drei Bände von Nora 1992 oder auch Jedlowski/Rampazzi 1992.

Personen zu wenden, dann ändert sich damit auch die Art, in der Kommunikation an sich selbst anschließt und sich selbst konditioniert. Es ändert sich also die Form des Gedächtnisses der Gesellschaft.

Eine der zentralen Thesen dieser Arbeit ist, dass das Gedächtnis der Gesellschaft von den verfügbaren Kommunikationstechnologien (von den ersten Formen nicht-phonetischer Schrift über das Alphabet, bis hin schließlich zu Presse sowie *elektrischen* und *elektronischen* Medien) der jeweiligen Gesellschaft abhängt: diese beeinflussen dessen Formen, Reichweite und Interpretation. Man könnte aber auch sagen, und vielleicht ist es auch dasselbe, dass das Gedächtnis der Gesellschaft die Voraussetzung für die Durchsetzung und Verbreitung bestimmter Mittel der Kommunikation darstellt. Im wesentlichen besagt die These, dass ein zirkulärer Zusammenhang gegenseitiger Beeinflussung zwischen Gedächtnis und Kommunikationsmedien besteht, und dass man diesen Zusammenhang erkennen kann, wenn man den Zeitbezug, den Grad begrifflicher Abstraktion, die Art der Umweltauseinandersetzung und vor allem die Selbstreflexivität von Kommunikation analysiert.

Diese Basisannahme gewinnt immer mehr an Aktualität, da wir in einer Informationsgesellschaft leben, in der die Kommunikationstechnologien buchstäblich maschinengesteuert sind, was völlig neuartige Interpretationsprobleme aufwirft. Das Internet ist dabei, zum neuralgischen Zentrum der Projektionen von Zukunft zu werden, die wir unmöglich steuern können. Damit beginnt es gleichzeitig, zum neuralgischen Zentrum der Organisation des Gedächtnisses zu werden, das seinerseits wieder an Aktualität gewinnt. Unserer Ansicht nach ist es deshalb kein Zufall, dass beide Themen zur gleichen Zeit in das Zentrum des Interesses rücken, so wie es auch kein Zufall ist, dass die zur Verfügung stehenden Theorien in beiderlei Hinsicht äußerst unbefriedigende Erklärungsansätze liefern. Wenn man das Gedächtnis der gegenwärtigen Gesellschaft untersuchen will, dann muss man auch den Einbruch der Telematik, dessen Voraussetzungen und die darauf erfolgten Reaktionen (etwa die Angst vor dem »großen Bruder« oder das Syndrom des Wartens auf die Revolution), die Unmöglichkeit das »Netz« zu kontrollieren und die aus eben dieser Unmöglichkeit einer Kontrolle heraus beinahe von selbst entstehenden neuen Formen von Netzverbindungen berücksichtigen. Dies alles wird uns in Kapitel V beschäftigen, in dem wir versuchen werden, das dazugehörige Gedächtnismodell mit seiner Eigenart zu umreißen, den Kontext zu benutzen (dabei ist die so genannte Interaktivität Benutzer/Maschine gemeint), um mögliche Willkür einzuschränken.

Die Wahl des Themas ›Gedächtnis‹ ist zusätzlich noch aus theorieimmanenten Gründen erfolgt: es handelt sich dabei um einen Gegenstand, an dem sich zeigen lässt, in welcher Weise Reflexivität operiert. Reflexivität ist inzwischen allgegenwärtig. Die Probleme des Selbstbezuges, der Beobachterabhängigkeit, des Zurückweichens linearer Beziehungen vor zirkulären Konfigurationen sind die Vorannahmen jeglicher theoretischer Arbeit mit einem Mindestmaß an wissenschaftlichem Anspruch – es sind diese Probleme, die unweigerlich dazu tendieren, Paradoxien zu generieren. Dies gilt allgemein für die Soziologie und in einem besonderen Maße für das Gedächtnis. Alles, was man darüber sagen kann, lässt sich auch als Paradoxie formulieren: Das Gedächtnis ist gleichzeitig Vergangenheit und Gegenwart, subjektiv und objektiv, persönlich und unkontrollierbar, Erinnerung und Vergessen – und in jedem Fall bildet die eine Seite der Unterscheidung die Bedingung für die Existenz der entgegengesetzten. Das Interessante besteht allerdings nicht in dem bloßen Aufdecken von Paradoxien, sondern in dem Nachweis, dass dennoch (oder gerade deshalb) Strukturen entstehen. Im Fall des Gedächtnisses beinhaltet dies, dass man die Funktionsweise des Gedächtnisses untersucht – wie es erinnert, vergisst und eigene Strukturen ausbildet. Indem man die Mechanismen des Gedächtnisses darlegt, findet man indirekt zugleich eine Erklärung für Reflexivität und deren Bedingungen – sofern man eben nicht bei der Erläuterung der Paradoxien stehen bleibt, sondern anhand einer theoretischen Konstruktion versucht, zu komplexeren Formen von Stabilität zu gelangen.

Ich bedanke mich bei der Alexander von Humboldt-Stiftung, die mir in dem Zeitraum von 1998 bis 1999 einen Aufenthalt am Institut für Philosophie der Freien Universität Berlin finanziert hat, in dessen Verlauf diese Studie angelegt worden ist. Ich bedanke mich insbesondere auch bei Sybille Krämer für ihre Gastfreundschaft und für ihre wertvolle Unterstützung meiner Forschung. Bei Jan Assmann, Hartmann Tyrell, Karin Knorr-Cetina und Rudolf Stichweh bedanke ich mich für die Betreuung an der Universität Bielefeld.

I. Gedächtnis und Reflexivität

Die Schwierigkeiten und die Faszination, die mit dem Gedächtnis verbunden sind, rühren daher, dass kaum ein anderer Gegenstand so sehr vom Beobachter abhängig ist. Die Erinnerung hängt von demjenigen ab, der erinnert, und sein Beobachter muss seinerseits in der Lage sein, zu erinnern (und zu vergessen). Wenn man über das Gedächtnis spricht, spricht man gleichzeitig immer auch über sich selbst und es ist deshalb nicht möglich, einen neutralen Standpunkt einzunehmen.

Die Beschäftigung mit dem Gedächtnis entspricht nicht der Beschäftigung mit der Vergangenheit.[1] Man erinnert nicht, was gewesen ist,[2] sondern liefert lediglich eine Rekonstruktion dessen, was man in der Vergangenheit – bereits selektiv – beobachtet hatte; nur das also, was man vor dem Hintergrund all dessen, was man vergessen hat, erinnert. Wer erinnert, hat mit anderen Worten nicht mit der Welt zu tun, sondern nur mit sich selbst und den Bedingungen seines eigenen Seins; und die Erinnerung vollzieht sich in der Gegenwart, nicht in der Vergangenheit. Das Gedächtnis kann als eine Form der Selbstbeobachtung in der Gegenwart angesehen werden, das heißt als etwas Unmögliches: als unmittelbare Selbstreferenz, die bekanntlich nur auf Umwegen über äußere oder angeblich äußere Bezüge – in diesem Fall über den Umgang mit Zeit – hergestellt werden kann.

Ein solcher Umstand ist offensichtlich paradox und der Reiz, der vom Gegenstand des Gedächtnisses ausgeht, ergibt sich daraus, dass darin das Unbeobachtbare zum Vorschein kommt: die Beobachtung

---

[1] Worum es sich schließlich bei der angeblich objektiven Vergangenheit handelt, bleibt ein offenes Geheimnis – wir werden noch genügend Gelegenheiten finden, darauf zurückzukommen.

[2] Daher gibt es auch die Differenz zwischen Geschichte und Gedächtnis, so etwa in: Nora 1992: »Mémoire: pas le souvenir, mais l'économie génerale et l'administration du passé dans le present« (S. 25) oder in: Halbwachs 1968, S. XVIII der italienischen Ausgabe: »Es gilt zu zeigen, dass die Vergangenheit, außer in der Traumwelt, nicht genau so wieder erscheint, wie sie einmal gewesen ist, und dass alles darauf deutet, dass sie vom gegebenen Augenblick aus rekonstruiert wird.« Für Halbwachs (1968, S. 88 der italienischen Ausgabe) führt wie für viele andere die Gegenüberstellung von Vergangenheit und Gedächtnis dazu, dass die Rolle, die das Vergessen für das Gedächtnis spielt, nicht erkannt wird. Es wird angenommen, dass die Geschichte da anfängt, wo das Gedächtnis aufhört (wobei mit Gedächtnis die Erinnerung gemeint ist, die im Bewusstsein von Personen aufbewahrt ist). Geschichte wäre nach dieser Auffassung ein Zeichen für Vergessen und das Vergessen wäre seinerseits das Gegenteil von Gedächtnis.

der Bedingungen von Beobachtung. Funktionieren kann das Gedächtnis nur in der Überwindung des sich aus der Paradoxie ergebenden Stillstandes.³ Dies geschieht ganz einfach dadurch, dass das Gedächtnis die Paradoxien ignoriert. Man erinnert sich an das, was man erinnert, und nicht an das, was man vergessen hat; dies tut man mit einer solchen Selbstverständlichkeit, dass man sich schon fragen kann, was vergessen worden ist und ob man dies rekonstruieren kann. Man kann das Vergessen beobachten, ohne daraus ein Problem entstehen zu lassen – man muss dabei nicht in eine Vergangenheit zurückgehen, die es nicht mehr gibt. Alles geschieht in einer Gegenwart, die Vergangenheit als Bedingung der eigenen Operationsfähigkeit rekonstruiert.⁴

Wie aber ist dies möglich, ohne in bloße Beliebigkeit abzusinken? Jene Vergangenheit, die auch hätte anders geschehen und die man auch anders hätte behandeln können, erscheint in der Erinnerung als zwangsläufig. Nur weil die Geschichte auf eine bestimmte Weise verlaufen ist, ist man zu genau dieser Gegenwart bzw. zu diesem System gekommen. Von genau dieser Gegenwart aus befragt man sich über Vergangenheit und Gedächtnis. Das System existiert als Ergebnis der Selektionen, die man in der Vergangenheit vorgenommen hat und die in dem Augenblick, in dem sie realisiert wurden, einen kontingenten Charakter besaßen; wenn sie aber einmal der Vergangenheit angehören, werden dieselben Selektionen zwingend.⁵ Die Kontingenz der Gegenwart erhält in der Erinnerung eine Art nachträglicher Notwendigkeit, die nicht die Welt betrifft, sondern nur

---

3 Inzwischen ist die Literatur, die sich mit Selbstreferenz und Paradoxien beschäftigt, nicht mehr zu überblicken. Auch sind längst die Grenzen der formalen Logik als der Bereich, in dem sich diese Gegenstände zuerst und insbesondere in ihrer typisch katastrophischen Ausprägung herauskristallisiert haben (etwa bei Frege und Russell bis hin zur Gödel'schen Annahme der Unmöglichkeit einer endgültigen Lösung – das Modell der Typentheorie) überschritten worden. Seit einigen Jahrzehnten bilden Paradoxien bekanntlich die Basis einer bestimmten Form von »Pragmatik« (zuerst etwa bei Watzlawick, Beavin, Jackson 1967 mit einer unendlichen Anzahl weiterer Spielarten). Was uns insbesondere interessiert, sind die sozusagen post-gödelschen Ansätze, welche die Unumgänglichkeit von Paradoxien als gesichert voraussetzen und dennoch versuchen, ihre Operationsfähigkeit aufrechtzuerhalten; es interessieren uns also nicht so sehr die mehr oder weniger ästhetisierenden Feststellungen über die Allgegenwart von Paradoxien (das Leitmodell bildet für viele weiterhin Hofstadter 1979), uns ist viel mehr an der Suche nach einer »Sthenographie« im Sinne Luhmanns (1990b) gelegen – das heißt an der Weigerung, sich von der Beobachtung von Zirkularität paralysieren zu lassen.
4 Vgl. Luhmann 1997a, S. 44 ff., S. 140; Wägenbaur 1998, S. 6.
5 Vgl. Spencer Brown 1972, S. 106. Am Ende eines Kalküls, wenn die Rechtfertigungen

das System, das erinnert. Es handelt sich daher um eine sehr schwache Notwendigkeit: eine »Notwendigkeit des Nicht-Notwendigen«, der selbst etwas Paradoxes anhaftet. Genau dies ermöglicht es dem Gedächtnis zu funktionieren und die Paradoxien zu überwinden. Genau dies muss von einer Theorie des Gedächtnisses auch geklärt werden.[6]

Dieser bereits sehr komplexe Sachverhalt allein genügt noch nicht, den gesellschaftlichen Aspekt von Gedächtnis – unser eigentliches Thema – hinreichend herauszustellen. Das Gedächtnis, welches wir behandeln werden, wird nämlich immer nur das Gedächtnis der Gesellschaft sein; ein Gedächtnis also, das von dem Gedächtnis (oder den Gedächtnissen) der Individuen und auch von deren Kombination in Form eines »kollektiven Gedächtnisses« im Sinne von Halbwachs[7]

und Beweise, die es überhaupt ermöglicht haben, zwingend erscheinen, »we see that our journey was, in its preconception, unnecessary, although its formal course, once we had set upon it, was inevitable«.

6 Nicht umsonst bildet das Gedächtnis mit seiner besonders komplexen Art, Unterscheidungen zu treffen, den Schlusspunkt des Formenkalküls von Spencer Brown, der den Versuch unternommen hat, Selbstreferenz formal zu erklären. Vgl. Spencer Brown 1972: »In this way the calculus itself can be realized as a direct recollection« (S. 104). Wenn ein System sich selbst wie einen Gegenstand beobachtet (in der Terminologie von Spencer Brown: wenn die Operation des »re-entry« durchgeführt wird), so wird damit automatisch ein »degree of indeterminacy« eingeführt; das ergibt sich daraus, dass das Subjekt der Beobachtung zugleich das Objekt ist und umgekehrt. Wenn man sich darauf beschränkt, das Oszillieren von Subjekt zu Objekt und umgekehrt zu beobachten, kann diese Unbestimmtheit zu einer Paradoxie führen (eine Funktion »re-entering its own inner space at any even depth« (S. 56): Nur die »ungeraden« Fälle von Selbstreferenz – wenn es etwa nur ein *re-entry* gibt – führen zu Paradoxien). Wenn man allerdings eine zusätzliche Reflexionsstufe einführt, das heißt, wenn man die Selbstreferenz selbst reflektiert (zwei »re-entries« – und somit eine gerade Zahl), kann dieselbe Unbestimmtheit zu einem größeren Grad von Stabilität führen. In diesem Fall fängt eine Art von »Gedächtnis« an, eine Rolle zu spielen, die in der Lage ist, gleiche Antworten auf den gleichen Reiz zu erkennen. Auf diese Weise kann das System, trotz (oder gerade aufgrund) der Unbestimmtheit, jeden eigenen Konstruktionsschritt kontrollieren und so die eigene Kohärenz garantieren. Es handelt sich dabei, wie wir noch sehen werden (§ 5. 4), um einen Begriff von Kontrolle, dem nichts ontologisches mehr anhaftet oder anders gesagt um eine nicht-notwendige (vermeidbare) Unvermeidbarkeit. Zu dem Formenkalkül als Formalisierung der Selbstreferenz siehe auch Baecker 1993a (insbesondere Luhmann 1993a); Esposito 1992.

7 Trotz der Emphase für den kollektiven Aspekt des Gedächtnisses behandelt Halbwachs 1952 und 1968 immer ein Gedächtnis, das seinen Sitz im Bewusstsein der Individuen hat, allerdings in der Nische, wo die Erinnerungen über das streng Individuelle hinausgehen und einen Grad von Allgemeinheit erreichen, der alle betrifft. Das kollektive Gedächtnis fällt im wesentlichen mit »der Masse der gemeinsamen Erinnerungen, die sich gegenseitig stützen« (S. 61 der italienischen Ausgabe, Halbwachs 1968) zusammen und lässt sich letztlich in eine Pluralität individueller Standpunkte auflösen. Zwar stimmt das kollektive Gedächtnis mit keinem individuellen Gedächtnis überein und »ent-

wohl unterschieden ist. Wir werden deshalb von einer dezidierten Unterscheidung zwischen dem individuellen und dem sozialen Bereich ausgehen, wie sie der soziologischen Theorie von Niklas Luhmann zugrunde liegt.[8] Nach dieser Vorgabe besteht die Gesellschaft bekanntlich nicht aus Menschen oder aus den Beziehungen der Menschen untereinander, sondern ausschließlich aus Kommunikationen, die selbst aus Kommunikationen erzeugt werden und ihrerseits weitere Kommunikationen erzeugen.

In diesem Verständnis kommt eine Kommunikation dann zustande, wenn jemand (Ego) das Verhalten eines anderen (Alter) als Mitteilung einer gegebenen Information interpretiert.[9] Das heißt, dass im Falle einer mündlichen Kommunikationssituation Ego sich nicht darauf beschränkt, Laute wahrzunehmen, sondern diese auf den Sachverhalt zurückführt, dass Alter seiner Ansicht nach damit etwas sagen wollte. Zusammen mit der Information, die mit den Lauten verbunden ist, versteht Ego auch, dass sein Kommunikationspartner bestimmte Gründe hat, die Information mitzuteilen. Wenn etwa Alter sagt »es ist elf Uhr«, versteht Ego die Uhrzeit, aber er versteht auch, dass Alter diese mitteilen wollte – vielleicht etwa deswegen, weil er der Ansicht ist, dass die Zeit gekommen ist, nach Hause zu gehen. Ego versteht demnach nicht lediglich eine Information, sondern er begreift den Unterschied zwischen Information und Mitteilung; nur aufgrund dieses Unterschiedes handelt es sich bei dem Ereignis um Kommunikation (und nicht um eine bloße Wahrnehmung, wie etwa für den Fall, dass Ego auf die Uhr schaut, der man in der Regel keine Mitteilungsabsichten unterstellt). Deshalb gibt Ego auch eine Antwort. Aus einer Kommunikation werden weitere Kommunikationen erzeugt, die jeder auf seine Weise versteht oder missversteht.

Für das Zustandekommen all dessen benötigt man selbstverständ-

---

wickelt sich nach eigenen Gesetzen« (a. a. O., S. 63; allerdings hat es – wie das kollektive Gewissen, das als Modell fungiert – seinen Sitz im Bewusstsein der Menschen: von dort »bezieht es seine Kraft und seine Dauer« (a. a. O., S. 61). Diese unvollständige Trennung von Psychischem und Sozialem zwingt Halbwachs dazu, ständig auf die Beziehung zwischen beiden Bereichen zu sprechen zu kommen und davon handelt auch ein Großteil seines Buches. Wenn man das Soziale mehr oder weniger direkt aus dem Psychischen ableitet, hat dies nämlich vor allem die sonderbare Konsequenz, dass man die vollständige Autonomie des Bereichs des Individuellen nicht anerkennt und dass man deshalb ständig gezwungen ist, es erneut zu bestätigen.

8 Eine Darstellung der Theorie von Luhmann findet sich bei Luhmann 1997a. Bezüglich der Trennung von Psychischem und Sozialem ist weiterhin Luhmann 1984 am besten geeignet.

9 Vgl. Luhmann 1984, S. 193 ff.; 1987b; 1987d.

lich die Beteiligung von Individuen (oder, in der Terminologie von Niklas Luhmann, von psychischen Systemen bzw. von Bewusstsein). Man benötigt jemanden, der spricht oder zuhört, und wenn jeder nur schlafen oder sich lediglich um seine eigenen Angelegenheiten kümmern würde, könnte Kommunikation nicht fortgesetzt werden. Die Bedeutung und die Reichweite von Kommunikation entsprechen allerdings nicht dem, was die daran beteiligten Individuen annehmen. Kommunikation ist gleichzeitig mehr und weniger als dies. Sie ist mehr, weil jede Kommunikation von jemand anderem auf eine unterschiedliche Weise interpretiert werden und daher Grundlage unterschiedlicher Informationen sein kann; ihre Bedeutung kann so weder auf die Informationen, die ihr die jeweiligen Empfänger entnehmen, noch auf deren Summe beschränkt werden. Sie ist zugleich weniger, weil Kommunikation niemals die Totalität der Gedanken und Sinnverknüpfungen der Individuen einschließt. Die Individuen fügen dem, was sie sagen, stets eine Menge zusätzlicher Begleitumstände hinzu, die zu verstehen für den Fortgang der Kommunikation nicht nötig ist: etwa Müdigkeit oder gute Laune oder die bestimmte Bedeutung, die sie dem thematisierten Gegenstand verleihen. Zudem hat jeder einmal die Erfahrung der Inkommunikabilität gewisser Themen gemacht: das Gefühl, über etwas nicht sprechen zu können, ohne es zu verdrehen und in etwas ganz anderes zu verwandeln (das Musterbeispiel ist hier bekanntlich die Kommunikation von Ehrlichkeit). Die Gedanken der Individuen stimmen mit dem, was gesagt, und mit dem, was verstanden wird, nicht überein und sie können es auch nicht. Sie befinden sich außerhalb von Kommunikation (und außerhalb der Gesellschaft).[10] Sie gehören der Umwelt von Kommunikation an – und dies heißt auch, dass Gedanken als unerreichbarer Erkundungshorizont immer neue Anlässe für Kommunikation bieten.[11]

Bei Gesellschaft handelt es sich also um ein autonomes System, das nur aus Kommunikationen – und zwar aus allen möglichen Kommunikationen – besteht. Daraus folgt unter anderem, dass keine Kommunikation für sich den Anspruch erheben kann, außerhalb der Gesellschaft stattzufinden, selbst die Kommunikation nicht, welche

---

10 Vgl. Luhmann 1988 f.; 1997a, S. 103 ff.
11 Ganz anders verhält es sich im Falle einer hypothetischen Empathie, die im wörtlichen Sinne das Ende jeglicher Kommunikation beinhaltet: wenn sich einmal die vollständige Übereinstimmung mit den Gedanken eines anderen verwirklicht, bleibt nichts weiter zu sagen, da alles schon bekannt ist. Anders ausgedrückt ist jede Kommunikation zwangsläufig immer ein Missverständnis.

die Gesellschaft, ihre Funktion oder auch ihre Autonomie zum Gegenstand hat. Da alle Kommunikation der Gesellschaft angehört, betrifft dies ebenso soziologische Kommunikation. Sie verändert, allein indem sie stattfindet, den Gegenstand, den sie behandelt. Man kann nicht über die Gesellschaft reden, ohne in die Gesellschaft selbst einzugreifen und sie so in etwas anderes zu verwandeln als das, was man beschreibt. Eine angemessene Gesellschaftstheorie muss diese spezielle Form von Selbstreferenz – die in der Terminologie Niklas Luhmanns als »autologische« Komponente bezeichnet wird[12] – mit in Rechnung stellen.

Der Versuch, eine Theorie des Gedächtnisses im Rahmen einer Gesellschaftstheorie zu formulieren, beinhaltet deshalb, dass man ein Gedächtnis behandeln muss, das den Kommunikationen und ihren Verknüpfungen eigen ist und das deutlich von dem Gedächtnis der Individuen unterschieden ist. Nur die Einhaltung der Unterscheidung beider Gedächtnisformen erlaubt es, den Analysefokus auch auf ihre gegenseitige Beeinflussung zu richten. Wir werden im Verlauf der Arbeit noch genauer sehen können, wie jeder Abstraktions- und Kraftzuwachs des Gedächtnisses mit einer Reihe von Veränderungen der psychischen Gedächtnisse, das heißt der Umwelt der Gesellschaft, einhergeht. Diese gegenseitige Bedingtheit ist eben nur möglich aufgrund der Differenz von Psychischem und Sozialem. Eine Untersuchung über das Gedächtnis der Gesellschaft beinhaltet neben dem Studium der Zirkularität des Gedächtnisses auch das der Zirkularität der Kommunikation über Kommunikation und ihrer Bedingungen sowie das der Zirkularität der Kommunikation über das Gedächtnis und der dazugehörigen Theorien. In einer anderen Terminologie ausgedrückt: Es wird darum gehen, wie Kommunikation erinnert und welche Arten der Thematisierung des Gedächtnisses es gibt; schließlich muss geklärt werden, unter welchen gesellschaftlichen Bedingungen dies geschieht. Um diese unterschiedlichen Bereiche aufzuhellen, kann man sich nicht darauf beschränken, zu kommunizieren und zu erinnern, sondern man muss über eine eigene Vorstellung vom Gedächtnis verfügen, und das heißt, dass man eine (gesellschaftliche) Theorie des Gedächtnisses formulieren muss, die dann ihrerseits wieder in den Gegenstand eingeht, den wir behandeln wollen.

Aus dem bisher Gesagten ergibt sich – das zumindest kann man

---

12 Vgl. Luhmann 1997a, S. 16 ff.; Esposito 1996a.

vorerst sagen – ein ziemlich komplexes Forschungsdesign. Um es angemessen zu bewältigen, sind Werkzeuge erforderlich, die ihrerseits äußerst komplex und anspruchsvoll sind; auch wird ein hoher Abstraktionsgrad in der Ausführung unvermeidlich sein. Schließlich bedarf man einer Definition von Gedächtnis, die – wie vorläufig auch immer – selbst abstrakt und sehr anpassungsfähig gehalten werden muss. Da es um die Gesellschaft geht, darf der zugrunde liegende Gedächtnisbegriff nicht von biologischen oder psychologischen Konnotationen affiziert sein: Aus der Funktionsweise von Gehirn und Bewusstsein können keine Schlussfolgerungen hinsichtlich der Funktionsweise der Gesellschaft gezogen werden.[13] Was eine Theorie der Gesellschaft biologischen oder psychologischen Theorien des Gedächtnisses entnehmen kann, ist anderer Art. Indem sie beobachtet, wie das Gedächtnis in anderen Bereichen behandelt wird, kann sie Hinweise über den Abstraktionsgrad von Semantik erhalten[14], wie er etwa durch den Übergang von einer die Verortung des Gedächtnisses auf bestimmte spezialisierte Hirnareale betreffenden Hypothese hin zu einer viel abstrakteren Vorstellung über die Prozesshaftigkeit des Gedächtnisses ausgedrückt ist.[15] Weil außerdem die Theorie der Gesellschaft selbst ein Teil von Semantik ist, können aus anderen Sichtweisen Vorstellungen und sogar Begriffe entnommen werden, um spezifisch soziologische Belange zu formulieren. Eine externe Begrifflichkeit kann, anders ausgedrückt, in die Theorie der Gesellschaft »importiert« werden, allerdings nur insoweit sie zufällig[16] an die theorieeigene Begrifflichkeit anschließt – in diesem Falle handelt es sich auch nicht

---

13 Während sich diese Einsicht für diejenigen, die in der Systemtheorie luhmannschen Zuschnitts bewandert sind, von selbst versteht, wird sie von den meisten anderen Herangehensweisen an das Thema Gedächtnis nicht geteilt – nicht einmal von den Spielarten des Konstruktivismus, die direkt an den Autopoiesisbegriff von Maturana anschließen. Man lese hierzu etwa die Einleitung in Schmidt 1991, in der behauptet wird, dass ein am Konstruktivismus ausgerichteter Gedächtnisbegriff ausdrückliche Verweise auf Zusammensetzung und Funktion des menschlichen Gehirns verlangt. Das Buch enthält eine Sammlung von Texten über das Gedächtnis, in denen die neurologische Annäherungsweise vorherrschend ist.
14 Über das hier zugrunde liegende Verständnis von Semantik siehe insbesondere Luhmann 1980b; dieses Verständnis wird im nächsten Abschnitt wieder aufgegriffen.
15 Vgl. Rosenfeld 1988, 1992; Edelman 1989.
16 Die verwickelten Umstände, die zu einem solchen Zufall führen, werden eigens in einem Kapitel behandelt (Kap. V, 4.). Die Unvorhersehbarkeit des Zufalls muss jedenfalls auf die mangelnde Koordination mit den Strukturen eines gegebenen Systems zurückgeführt werden: es handelt sich nur von einem bestimmten Beobachtungsstandpunkt um einen Zufall.

eigentlich um einen Import, sondern lediglich um eine »Irritation«, die eine interne Dynamik auslöst. Gerade weil Semantik analysiert werden soll, muss das Verständnis von Gedächtnis umfassend genug sein, um auch die Konzeption anderer Disziplinen mit einbeziehen zu können. Auch in der Begrifflichkeit der Biologie, Psychologie und Informatik[17] muss noch ersichtlich sein, dass es sich bei dem behandelten Gegenstand um das Gedächtnis handelt.

Andererseits darf der Begriff nicht zu eng an ein bestimmtes Gedächtnismodell gekoppelt sein, etwa an das des Speichers von Augustinus oder das des modernen Archivs (bis hin zur Idee von *information storage and retrieval* aus der Informatik). Es muss möglich bleiben, auch diese Modelle lediglich als mögliche Formen von Gedächtnis anzusehen, als spezifische Ausprägungen eines allgemeineren Begriffes, den es zu entwickeln gilt. Der Begriff von Gedächtnis muss schließlich in der Lage sein, selbst solche Phänomene einzubeziehen, die bisher nicht mit Gedächtnis in Zusammenhang gebracht worden sind, etwa Prozeduren der Wahrsagung oder das System der Massenmedien.

1. Gedächtnis und Semantik

Bevor eine Definition von Gedächtnis vorgeschlagen werden kann, die in der Lage ist, als Leitfaden dieser Arbeit zu fungieren, muss noch der Problembezug geklärt werden. Aus welchen Gründen bedürfen wir des Gedächtnisses? Und was kann man konkret unter dem Gedächtnis der Gesellschaft verstehen?

Die Gegebenheit, von der wir ausgehen, ist die einer Abhängigkeit der Kommunikation von anderen Kommunikationen. Jede Kommunikation muss sich zwangsläufig auf vorangegangene Kommunikationen beziehen – nicht zuletzt deshalb, weil sie auf Sprache angewiesen bleibt sowie auf die Gewohnheiten und Bedingungen dafür, dass ein bestimmtes Verhalten als Mitteilung von etwas interpretiert werden kann. Jede Kommunikation setzt sich zudem Rückfragen sowie ihrer

---

17 Die Informatik hat, wie wir später noch sehen werden, einen eigenen ausgefeilten Begriff von Gedächtnis entwickelt, der eine eigentümliche Beziehung zu biologischen Theorien (des Gedächtnisses oder, allgemeiner, des Gehirns) unterhält: die Architektur von Computersystemen scheint auf eine positive oder negative Art nicht ohne den Verweis auf die Funktionsweise des Gehirns auszukommen, obwohl sie im gleichen Atemzug eingesteht, dass wir darüber nicht genug wissen. Die Neuralnetze bieten hier ein besonders einleuchtendes Beispiel.

Annahme oder Ablehnung aus, und sie muss dies in Rechnung stellen. Sie projiziert sich permanent in die künftigen Kommunikationen. Kommunikation ist daher zwangsläufig *rekursiv*. Sie ergibt sich aus vorangegangenen Operationen und erzeugt immer neue Operationen. Wieder begegnet uns Zirkularität: eine Operation, die Referenzen voraussetzt, die ihrerseits erst in der Operation selbst erzeugt werden.

Rekursivität hat aber auch eine ordnende Funktion. Es ist bekannt, dass Rekursivität in der Mathematik, insbesondere da, wo Beobachtung eine Rolle spielt, relativ stabile Formen ausbildet.[18] Indem eine Funktion an den Ergebnissen derselben Funktion gemessen wird und dies oft genug wiederholt wird (bis die Funktion gegen unendlich geht), entstehen feste, nicht-mutierbare Konfigurationen. In der Terminologie der Systemtheorie spricht man in diesem Zusammenhang von *Strukturen*.[19] Dieses Gedankenmodell ist an Vorstellungen angelehnt, die auch in anderen Theorien vorkommen, etwa in der Konzeption von Piaget, in der Invarianz durch Kondensation als Ergebnis von Operationen entsteht.[20] Auch bei Piaget wird für das Kind Invarianz dadurch erzeugt, dass es an denselben Gegenständen immer wieder die gleichen Veränderungen vornimmt. Invarianz ist deshalb nicht als ursprüngliche Ordnung der Welt zu werten (sie ist nicht von außen vorgegeben). Die Welt bietet dem Kind lediglich ständig neue Sinnesreize in Form der Vielfalt an einzigartigen und unwiederbringlichen Situationen. Etwas Ähnliches ereignet sich in der Kommunikation. Die Identitäten, auf die zurückgegriffen wird (die Regeln der

---

18 In diesem Zusammenhang verwendet Heinz von Foerster 1976 den Begriff des »Eigen-Behaviors«. Allerdings handelt es sich bei der von einem Zustand des Chaos ausgehenden, selbstrekursiven Erzeugung geordneter und relativ stabiler Formen um das klassische Thema der Theorie der Selbstorganisation: vgl. beispielsweise Atlan 1979, 1985. Eine Überführung der Funktionen, die ein *re-entry* ermöglichen (und daher rekursiv sind), in die Begriffe der formalen Logik findet sich bei Spencer Brown 1972.
19 Vgl. z. B. Luhmann 1997a, S. 94.
20 Vgl. etwa Piaget 1967. Das Ausgangsproblem ähnelt hier demjenigen Chomskys, der sich die Frage stellt, wie die zwei Phänomene in Einklang gebracht werden können: einerseits die Stabilität sprachlicher Strukturen, andererseits die Kreativität im Umgang mit der Sprache, auf deren Grundlage immer neue und voneinander unterschiedene Sätze zustande kommen – insbesondere wenn Kinder Sprache erlernen. Das Problem wird von Chomsky bekanntlich ebenso über den Begriff der Struktur gelöst: vgl. etwa Chomsky 1959; 1968; 1981. Der Unterschied zwischen dieser und der unserer Arbeit zugrunde liegenden Vorstellung besteht darin, dass wir auf ontologische Vorannahmen wie die der Tiefenstrukturen oder der Universalgrammatik bei Chomsky verzichten können. Der Begriff der Rekursivität genügt uns, Stabilität zu begründen. Über den Unterschied zwischen konstruktivistischen und strukturalistischen Erklärungsmustern siehe Luhmann 1984, S. 377 ff.

Grammatik oder der Prozessualität, die Wörter und Sätze, die Begriffe oder weitere abstraktere Formationen), werden als Ergebnis bereits vorgenommener Kommunikationen kondensiert und von der nachfolgenden Kommunikation bestätigt.²¹ Solche Identitäten sind erforderlich, um dasselbe in anderen Situationen zu erkennen. Die Vielfalt der unterschiedlichen Situationen führt dann zu Generalisierungen, die eine Erweiterung und Komplexitätssteigerung der Identitäten zur Konsequenz haben. Die Identitäten bestehen demnach nicht einfach für sich, sondern sie organisieren und orientieren Rekursivität, deren Ergebnis sie sind.²² Es geht jedenfalls um die Möglichkeit, *Wiederholungen* zu erkennen – ein Problem, das uns bereits in die Nähe von Gedächtnis führt.

Bei den Identitäten, die Kommunikation strukturieren, handelt es sich zunächst um mehr oder weniger abstrakte Wörter und Begriffe. Es sind genau diese Identitäten, die es ermöglichen, in verschiedenen Situationen etwas als das Gleiche zu erkennen. Man behandelt ein Thema, das bereits zu einem anderen Zeitpunkt behandelt worden ist. Man erinnert sich bei dieser Gelegenheit an vergangene Ereignisse – und vergisst gleichzeitig andere. Hier endlich begegnen wir dem Gedächtnis. Semantik umfasst als »das gleichsam offizielle Gedächtnis der Gesellschaft«²³ die durch den wiederholten Gebrauch gleicher Begriffe in unterschiedlichen Situationen ›kondensierten‹ Identitäten, also die Themen, über die kommuniziert werden kann, und die Begriffe, die man in der Erwartung benutzen kann, verstanden zu werden. In die Semantik finden all die Formen Eingang, die auf der Basis der Rekursivität aller Beobachtung zu einer gewissen Stabilität gelangt sind und als Identitäten ›konserviert‹ werden: Ideen, Begriffe, Formeln, Rituale oder Prozeduren – die Formen, die vor dem Hintergrund eines Restes, der vergessen wird, allein erinnert werden.²⁴ Man

---

21 Auch die Begriffe der »condensation« und »confirmation« sind dem Formenkalkül von Spencer Brown entnommen; vgl. Spencer Brown 1972, S. 10.
22 Es ist offensichtlich, dass der Begriff der Identität an dieser Stelle von der Komplexität seiner begrifflichen Bestimmung in der philosophischen Tradition völlig absieht: Ich berufe mich hier auf Luhmann 1990e. Das Versäumnis wird allerdings noch nachgeholt: das Thema Gedächtnis erzwingt immer wieder die Beschäftigung mit der philosophischen Auseinandersetzung mit Identität.
23 Vgl. Luhmann 1997a, S. 627.
24 Auch an dieser Stelle kann man eine Parallele zum Denken Piagets ziehen. Das Gedächtnis ist nach Piaget für die Konstruktion einer bleibenden objektiven Welt erforderlich – andererseits wird das Gedächtnis erst dann generiert, wenn das Kind gelernt hat, sich an den eigenen Vorstellungen zu orientieren. Man kann dies auch anders ausdrücken: um den Gegenständen eine von den eigenen Handlungen unab-

kann auch sagen, dass nur diese Formen wiederholt werden und dass sie deshalb wiederholt werden können, weil sie in der laufenden Situation nicht erschöpft werden. Das Gedächtnis ist gleichsam die Funktion, die für Wiederholung sorgt. Semantik ist ihr Ergebnis.[25]

Der Begriff des Gedächtnisses ist hierbei offensichtlich sehr allgemein gehalten;[26] dieser Allgemeinheitsgrad ist allerdings vorerst – so scheint es mir zumindest – nicht zu vermeiden. Jedenfalls wird in den Reflexionen über das Gedächtnis von der Antike bis in die heutige Zeit hinein von einer Identität zwischen Gedächtnis und dem erinnernden System ausgegangen. Von Mnemosyne bis Quintilian, von Giordano Bruno bis hin zu Proust oder der Behauptung Borges', dass »without (memory) we are nothing«[27] – und man könnte noch eine Vielzahl von Autoren nennen –, wird die Annahme einer grundlegenden und weitläufigen, kaum abgrenzbaren Bedeutung des Gedächtnisses aufrechterhalten. Wie das Gedächtnis ändert sich auch die Semantik auf eine Weise und mit Konsequenzen, die beobachtet werden können. Eigentlich ändert sich die Semantik sogar mit jeder Kommunikation, mit jedem neuen Gebrauch von Wort und Begriff. Es ist daher nicht besonders plausibel, mit Semantik so umzugehen, als handle es sich dabei um ein unveränderliches Repertoire an zur Verfügung stehenden Ideen – um einen Speicher eben. Als Produzent von Semantik muss das Gedächtnis von der Vorstellung eines Speichers, in dem die Erinnerungen aufbewahrt sind, ebenso entkoppelt werden; stattdessen sollte es als eine eng an Systemoperationen gekoppelte, dynamische Funktion angesehen werden.

Diese allgemein gehaltene Bedeutungsebene von Gedächtnis bedarf noch einiger Erläuterungen. Zunächst wäre da die antike Unterscheidung zwischen Erinnerung und Gedächtnis zu erwähnen,[28] die dazu erforderlich ist, den Begriff zu begrenzen und zu operationalisieren.

hängige Existenz sichern zu können (um Fremdreferenz zu ermöglichen), muss man erst in der Lage sein, sich auf sich selbst zu beziehen (Selbstreferenz) und so Gedächtnis auszubilden.
25 Ein ähnlicher Gedanke findet sich auch bei Derrida 1967, S. 95 und 103: Die »trace, archi-phénomène de la ›memoire‹« ist der Ursprung jeglicher Wiederholung und steht mit der rätselhaften Beziehung zwischen Innen und Außen in Zusammenhang.
26 Bei der Identifikation der Operationen von Gedächtnis mit Semantik handelt es sich um die am allgemeinsten gehaltene Definition, die man in der Luhmann'schen Gesellschaftstheorie vorfinden kann. Von hier aus kann man dann, dies werden wir noch ausführlich behandeln, zu spezifischeren Definitionen gelangen, etwa von Kultur als dem Gedächtnis der Gesellschaft.
27 Zitiert in: Schmidt 1991.
28 Die Quelle ist hier bekanntlich Aristoteles: vgl. *infra* § 3.5.

Die Erinnerung ist zugleich der Gebrauch von Gedächtnis und eine Art der Beobachtung von Gedächtnis; das Gedächtnis erschöpft sich allerdings nicht in einer Ansammlung zur Verfügung stehender Erinnerungen. Es beinhaltet auch das Vergessen sowie die Möglichkeit, das Vergessen durch das Erinnern vergessener Sachverhalte zu überwinden. Das Gedächtnis unterscheidet sich von der Beobachtung von Gedächtnis – ebenso unterscheidet sich der Gebrauch eines bestimmten Begriffs in einer laufenden Kommunikation von der Beobachtung desselben Begriffes. Um die Behauptung aufstellen zu können, dass das Wetter schön ist, muss man nicht über eine abstrakte Vorstellung von Schönheit verfügen. Entsprechend braucht man keine Erinnerung, um von dem Inhalt von Gedächtnis Gebrauch zu machen. Man muss sich nicht daran erinnern, dass man gelernt hat, wie man eine Tür öffnet. Man tut es einfach.[29]

Man kann einen Begriff (etwa: schön) verwenden, man kann diesen beobachten (über eine Kenntnis von der Schönheit), man kann aber auch eine Theorie von den Begriffen im Allgemeinen formulieren. Dies gilt für Semantik, doch die gleichen Unterscheidungen findet man analog für das Gedächtnis. Man kann von den Inhalten des Gedächtnisses Gebrauch machen, man kann sich erinnern, man kann aber auch, was ein völlig unterschiedlicher Sachverhalt ist, eine Theorie des Gedächtnisses entwickeln. In den verschiedenen Phasen gesellschaftlicher Evolution entspricht das Gedächtnis der Gesellschaft nicht den Theorien des Gedächtnisses, die in den jeweiligen Phasen formuliert werden. Doch ebenso wie eine Theorie der Begriffe von Begriffen Gebrauch macht und solche auch erzeugt (und auf diese Weise selbst in Semantik eingeht), so gehen selbst Theorien vom Gedächtnis (indem sie erinnert oder vergessen werden) in das Gedächtnis der Gesellschaft ein – dies gilt auch für die Theorie, die wir in dieser Arbeit vorschlagen möchten. Die Unterscheidung der unterschiedlichen Bezüge von Gedächtnis verlangt nach einer Klärung der Fragen nach dem Zeitpunkt und den Umständen, in denen man beginnt, Theorien über das Gedächtnis zu entwickeln, welche Rolle diese für die Gesamtheit von Semantik spielen und ab welchem Zeitpunkt sie reflexiv werden. Der Begriff der Kultur zeigt beispielsweise – wie noch ausführlich gezeigt werden soll – einen Zeitpunkt an, in dem die Reflexion über Semantik selbst reflexiv wird und der Bedarf nach einem Begriff entsteht, der es ermöglicht, sich selbst gegen andere

---

29 Das Beispiel stammt von Luhmann 1993a, S. 118.

Semantiken zu kontrastieren; auf das Gedächtnis bezogen wird dadurch ein Zeitpunkt angezeigt, in dem das Gedächtnis Theorien über das Gedächtnis einbezieht. In dem Moment geht die Unschuld der Erinnerung unwiederbringlich verloren.

2. Definition von Gedächtnis

Die bisherigen Ausführungen haben zu einer Verwirrung des Standpunktes beigetragen, von dem wir unseren Ausgang nehmen wollten. Um wieder etwas Klarheit zu gewinnen, werden wir nun versuchen, die Auffassung vom Gedächtnis zu definieren, die dieser Arbeit zugrunde liegen soll und im weiteren Verlauf noch präzisiert werden wird. Bisher haben wir festgehalten, dass das Gedächtnis die Art und Weise betrifft, in der in Semantiken Identitäten rekursiv kondensiert werden und dass diese Kondensation unter unterschiedlichen Bedingungen stattfinden kann, so wie es auch verschiedene Formen (oder Ordnungen) der Rekursivität von Beobachtung geben kann.

Man kann mit Luhmann davon ausgehen, dass das Gedächtnis ein verkürzter Ausdruck für die Rekursivität von Operationen ist,[30] die es erlaubt, jenseits des beständigen Fließens immer neuer Operationen, das festzuhalten, was sich *wiederholt* und deshalb erinnert wird, während alles andere dem Vergessen anheim fällt. Wiederholung erzeugt *Redundanz* und diese erspart es dem System, Informationen jedes Mal von neuem zu elaborieren. Man setzt etwas als bekannt voraus und muss so nicht immer wieder von neuem anfangen. Über das einzigartige, individuelle Ereignis wird eine »Zweitauswertung« gestülpt, die es als Beispiel einer allgemeineren Form erkennt. Indem ein System an seine Vergangenheit gebunden bleibt, muss es sich nicht immer wieder von neuem einer komplett fremden Welt stellen.[31] Es geht also um die Verfügbarkeit von Information. Das Gedächtnis ist nicht einfach ein »Vorrat an vergangenen Ereignissen«, sondern in erster Linie die Organisation des Zugangs zu Information.[32] Gedächtnis und Infor-

---

30 Vgl. Luhmann 1996a.
31 Dies erklärt übrigens auch die »Paradoxie des Gedächtnisses«, die darin besteht, dass etwas besser erinnert wird, wenn es an etwas anderes gekoppelt wird – zwei und mehr in Verbindung stehende Ereignisse werden offenbar leichter erinnert als ein isoliertes Ereignis, was gegen die Gesetze der Ökonomie spricht: vgl. Weinrich 1996, S. 6. Diese Art, Assoziationen zu bilden, war, wie wir noch ausführlich besprechen werden, die Basis der klassischen Mnemotechnik.
32 Vgl. Luhmann 1993a, S. 118.

mation sind nicht das Gleiche, vielmehr betrifft das Gedächtnis die Fähigkeit zur Selektion, die Fähigkeit also, gegenüber den meisten Ereignissen in der Umwelt gleichgültig zu sein zugunsten der wenigen, die einen Unterschied machen und so eine Information für das System darstellen. Mit anderen Worten: Das Gedächtnis geht der Information voraus und bildet die Voraussetzung dafür, dass einige Ereignisse gegen die Vielheit, die vergessen wird, als informativ gefiltert werden.

Wiederholung und Redundanz (die Errichtung von Identität) ermöglichen überhaupt die Identifizierung von Unterschieden – bzw. von Erwartungsabweichungen: solange jedes Vorkommnis einzigartig und individuell ist, kann nichts als abweichend oder neu wahrgenommen werden, dafür bedarf es unwandelbarer Identitäten. Es gibt keine Mannigfaltigkeit ohne Redundanz und beides verlangt die Existenz des Gedächtnisses.[33] Redundanz und Varietät sind nicht im Sinne einer gegenseitigen Aufhebung gegensätzlich, sondern im Sinne wechselseitig steigender Sachverhalte. Es handelt sich um zwei Seiten einer Unterscheidung, die nur zusammen wachsen können.[34] Evolution führt zu einem Anstieg der Variation, das heißt zu einer Zunahme immer differenzierterer und voneinander unterschiedener Ereignisse, die mit den verfügbaren Formen von Redundanz nicht behandelt werden können, ohne Zweifel und Ambivalenzen zu erzeugen: etwa die Transformationen von Fiktion, die in der frühen Moderne die Grenzen der Figur des epischen Helden evident gemacht haben. Robinson Crusoe (und erst recht Moll Flanders) ist kein Held, wie Achilles oder noch Orlando welche waren. Man benötigt daher neue Formen von Redundanz, die einen höheren Allgemeinheitsgrad und somit auch eine größere Varietät ermöglichen – wie eben die idiosynkratischen Figuren in der modernen *fiction*.

Das Gedächtnis betrifft also die *Genese von Redundanz*, und die Veränderungen des Gedächtnisses sind Veränderungen der *Form des Verhältnisses von Redundanz und Varietät* (ein Verhältnis, das weiter gesteigert werden kann). In dieser Bedeutungsebene ist das Gedächtnis ein Systemerfordernis, das die Garantie für die Kontrolle über die Ereignisse schafft, die nicht jedes Mal eine neue Überraschung darstellen, sondern erinnert und antizipiert werden.[35] Das Gedächtnis sorgt dafür, dass man der Umwelt nicht ohnmächtig ausgeliefert ist –

---

33 Zu all diesen Aspekten siehe Luhmann 1997a, S. 122 und 454; 1996b, S. 511 der englischen Ausgabe.
34 Luhmann 1993a, S. 360.
35 Vgl. Luhmann 1980e.

gleichzeitig sorgt das Gedächtnis gerade dann, wenn man die Umwelt unter die eigene Kontrolle bringen will, für die Aufrechterhaltung der Umweltautonomie. Piaget vermerkt, dass das Universum eines gedächtnislosen Systems in der Aneinanderreihung loser, voneinander abgekoppelter Bilder – bzw. Elemente – besteht, deren Kohärenz von den Handlungen des Systems und nicht von den Relationen der Elemente untereinander gestiftet wird.[36] Es geht lediglich um eine sich auf der Ebene der Elemente von selbst ergebenden Kohärenz, die einfach nur dadurch zustande kommt, dass die Ereignisse sich ereignen. Dagegen findet durch das Gedächtnis, dessen Aufgabe in der Beobachtung der Operationen sowie in der Schaffung einer Reihenfolge unter ihnen (die auf Erinnerung und Vorwegnahme aufbaut) besteht, eine *ständige Überprüfung der Kohärenz* statt. Auf diese Weise sorgt das Gedächtnis für das Zustandekommen von Ordnung auch in der Systemumwelt, die diese bestätigen oder auch widerlegen kann. Zu der Kohärenz *der* Operationen kommt noch die *für die* Operationen gestiftete Kohärenz hinzu.[37] Nur weil es das Gedächtnis gibt, können die Elemente in einer Reihe von gestifteten Relationen – die dann auch auf die Umwelt projiziert werden – untereinander koordiniert werden. Das Gedächtnis führt also in erster Linie zu einer ständigen Anpassung des Systems an sich selbst und dadurch auch zu einer Kontrolle der Ereignisse. Weil das System keinen direkten Zugriff auf die Umwelt hat, kann dies schließlich eine immer schlechtere Anpassung des Systems an seine Umwelt zur Konsequenz haben. Man kann auch sagen, dass das Gedächtnis von einer Differenz von Selbstreferenz und Fremdreferenz ausgeht und das Verhältnis zwischen den zwei Seiten regelt.[38]

Aufgabe des Gedächtnisses ist also die Herstellung einer Ordnung, und diese Ordnung wird um so komplexer, je mehr das Gedächtnis in der Lage ist, Unordnung und Inkohärenz zu tolerieren, je mehr das Gedächtnis mithin in der Lage ist, Überraschungen und Diskontinuitäten zu erzeugen und diese in sich aufzunehmen.[39] Die logische Kohärenz, die Widersprüche ausschließt, ist demnach nur eine mögliche – und sehr eingeschränkte – Form von Ordnung. Wie wir später

---

36 Vgl. Piaget 1967, S. 71 der italienischen Ausgabe.
37 D. h. ein Zusammenhang auf der Ebene von Beobachtung.
38 Vgl. Luhmann 1988b, S. 344; 1995c, § III. Die Regelung der Beziehung von Fremdreferenz und Selbstreferenz beinhaltet im Übrigen auch die Regelung der Form und der Ordnung von Beobachtung.
39 Vgl. Luhmann 1992a, S. 17; 1991, S. 43.

noch genauer sehen werden, unterscheiden sich die verschiedenen Formen von Gedächtnis in Bezug auf ihre Art, Ordnung auf Ereignisse zu übertragen. In der traditionalen Mnemotechnik bedient man sich zur Aufbewahrung von Erinnerung seit Simonides einer *räumlichen* Ordnung. Der Ausgangspunkt dieser Tradition bildet die Schaffung eines Bereiches geordneter *Räume*, in denen das Gedächtnis agieren und sich artikulieren kann. In dieser Vorstellung kommt Vergessen dann zustande, wenn man nicht weiter in der Lage ist, sich im mnemonischen Raum zu bewegen; in diesem Sinne handelt es sich beim Vergessen um den Verlust eines Inhalts.[40] Der Übergang von einer räumlichen zu einer *zeitlichen* Ordnung beinhaltet auch einen radikalen Wandel der Struktur von Gedächtnis und deshalb auch einen Wandel der Form der Kohärenz. Was sich außerdem ändert, ist insbesondere auch der Sinn von Redundanz. Um einen ähnlichen Wandel zu beschreiben, spricht Jan Assmann vom Übergang von einer Form einer rituellen Kohärenz (dessen Redundanz auf Wiederholung basiert, auf Nachahmung und bleibenden Inhalten) hin zu einer Form textueller Kohärenz (dessen Redundanz auf Kommentar und Kritik gründet. Bleibendes dient hier nur als Ausgangspunkt für die Schaffung von Verschiedenheit und man ist befreit von dem Zwang zur Wiederholung).[41] Ordnung befindet sich in diesem Falle in der Koordinate der Zeit und dies ist mit der Vorstellung kompatibel, dass sich die Zukunft von der Gegenwart unterscheidet – sofern diese als Vergangenheit der Zukunft angesehen wird. Die Zukunft kann dabei ruhig unbekannt bleiben, da man über Raster (Formen von Redundanz) verfügt, welche die Auseinandersetzung mit ihr ermöglichen.

Das Gedächtnis überprüft Kohärenz und dient eben nicht der Aufbewahrung irgendwelcher Inhalte. Natürlich erlaubt das Gedächtnis auch, dass bestimmte Inhalte zu einem späteren Zeitpunkt wiederverwendet werden, jedoch nur durch die Erzeugung von Redundanzen, die ein »Hinausschieben der Wiederholung«[42] zulassen. Letztlich ist das Gedächtnis eher für den Verlust von Inhalten denn für deren Aufbewahrung zuständig, eher für das Vergessen denn für die Erinnerung. Die Form des Gedächtnisses besteht nicht in der Identität der Erinnerung, sondern in der Differenz *Erinnern/Vergessen*. Gerade weil das Gedächtnis das kondensiert, was stabil bleiben soll (und deshalb erinnert wird), gestattet es, alles andere zu vergessen; und

---

40 Vgl. Yates 1966, Kap. I, Carruthers 1990, S. 62 und 76.
41 Vgl. Assmann 1992, Kap. 2.I, 1995a, S. 23 f.
42 Vgl. Luhmann 1995e, § 3. 2.; 1997a, S. 217.

gerade die Fähigkeit zu vergessen, ermöglicht es einem System, die Fähigkeit zu entwickeln, Neues zu erkennen und in Rechnung zu stellen. Oder anders ausgedrückt: Ohne das Vermögen des Vergessens wäre ein hypothetisches System in Ermangelung der Fähigkeit zur Abstraktion oder zur Generalisierung (die nur zustande kommen, wenn man vom Detail absehen oder eben vergessen kann) dem augenblicklichen Geschehen preisgegeben.[43] Ohne Varietät kann es auch keine Redundanz geben. Genau genommen kann unser hypothetisches System deshalb nicht einmal erinnern. Aus diesem Grund sieht die Form des Gedächtnisses zwei Seiten einer Unterscheidung vor, die sich gegenseitig bedingen. Deshalb auch besteht die Funktion des Gedächtnisses in der von uns zugrunde gelegten Definition in der permanenten Diskrimination zwischen Erinnern und Vergessen.

Eine Unterscheidung ist immer durch zwei Seiten derart gekennzeichnet, dass eine Seite der Unterscheidung nicht ohne die andere bestehen kann (ein System nicht ohne Umwelt, Erinnerung nicht ohne Vergessen). Dies schließt aber eine Asymmetrie zwischen den Seiten zugunsten gerade der negativen Seite nicht aus.[44] Das Mögliche weist stets eine größere Ausdehnung auf als das gegenwärtig Wirkliche (das seinerseits natürlich auch möglich sein muss), die Umwelt ist immer komplexer als das System (weil in ihr andere Systeme mit ihren jeweiligen Umwelten enthalten sind), schließlich hat auch das Vergessen eine größere Fassungskraft als die Erinnerung, die ihrerseits als eine »Inhibierung des Vergessens« in besonderen und immer beschränkteren Fällen verstanden werden kann. Während sich das Vergessen nicht als Nicht-Erinnerung definieren lässt, kann man sehr wohl davon ausgehen, dass es sich bei der Erinnerung um ein versäumtes Vergessen handelt. In einem System ist das Vergessen die Regel und dies bildet die Grundlage dafür, dass es sich mit neuen Ereignissen auseinander setzen kann. Die Hauptfunktion des Gedächtnisses besteht notwendig in der Verhinderung von Blockaden in der Ausein-

---

43 In diesem Zusammenhang wird gerne der berühmte Fall des in Lurija 1975 erforschten »Memorist« erwähnt, der sich an scheinbar unbegrenzt viele Ereignisse erinnern konnte, gleichzeitig aber große Schwierigkeiten hatte, wenn ihm Abstraktionsleistungen jeglicher Art abverlangt wurden. Sein Problem bestand in der Suche nach einer Möglichkeit des Vergessens (vgl. S. 63-64 der italienischen Ausgabe). Vgl. auch Lachmann 1991, S. 131 ff.; Bolzoni 1995, S. 135 ff.
44 Über den funktionale Primat der Negation kann man sich bei Luhmann 1975d informieren. Vgl. auch Esposito 1987. Die Operation des *re-entry* findet dennoch immer auf der positiven Seite der Unterscheidung statt: als aktuelle Operation auf der Seite des Systems bzw. auf der Seite der Erinnerung.

andersetzung des Systems mit der Welt; auf diese Weise wird durch das Gedächtnis auch ein Mindestmaß an Systemautonomie garantiert.[45]

Gerade weil das Vergessen von grundlegender Bedeutung ist, muss seine Existenz latent gehalten werden. Man kann sich daran erinnern, dass man erinnert, aber man muss vergessen, dass man vergessen hat – ansonsten könnte das Gedächtnis seine Funktion nicht ausüben.[46] Die Funktionsweise des Gedächtnisses besteht in der Aktivierung dieser potentiellen Paradoxie. Die Kondensation der Identitäten, aus denen Erinnerung besteht, ist das Ergebnis eines ständigen »forgetting of forgetting«.[47] Genau dies führt dazu, dass das Vergessen besonders flüchtig und geheimnisvoll wird. Dieser Gedanke tauchte bereits bei Augustinus auf, der sich permanent gefragt hat, wie man die Gewissheit, das Vergessen zu erinnern, mit der Unmöglichkeit in Einklang bringen könne, das Vergessen im Gehirn zu lokalisieren. Hätte das Vergessen seinen Sitz im Gedächtnis, dann führte das Gedächtnis dazu, dass man vergisst; gleichzeitig muss das Vergessen allein deshalb real sein, weil man es erinnert. Sollte man denken, dass »der Geist zu eng [ist], um sich selbst zu enthalten?«. Oder dass »das Vergessen (...) in meinem Gedächtnis [sei], damit ich nicht vergesse?«.[48]

Auch daher kann es eine *ars memoriae* geben, während eine *ars oblivionalis* ein Oxymoron wäre.[49] Sie stellte den Versuch dar, eine Abwesenheit zu beobachten – oder anwesend zu machen – und diese gleichzeitig in der Abwesenheit zu belassen. Man müsste dafür das Vergessen erinnern. Interessant ist dabei die Lösung, die meistens für dieses Dilemma gefunden wird. Die beste Art, Erinnerung auszulöschen, besteht nicht im Löschen von Informationen (dies ist ja auch nicht möglich), sondern in der Produktion eines Überschusses an Information – nicht durch die Erzeugung einer Abwesenheit, sondern

---

45 Vgl. Luhmann 1997a, S. 579. Siehe auch Nietzsche 1874: »Zu allem Handeln gehört Vergessen (...); es ist möglich *fast* (Hervorhebung der Autorin) ohne Erinnerung zu leben, ja glücklich zu leben, wie das Tier zeigt; es ist aber ganz und gar unmöglich, ohne Vergessen überhaupt zu leben.« (Nietzsche, 1999 [1874]: hier S. 116).
46 Es handelt sich hierbei um die typische Paradoxie, die sich dann ergibt, wenn man versucht, den »unmarked space« zu beobachten: vgl. Spencer Brown 1972, S. 105 f.
47 Luhmann 1996b, S. 520 der englischen Ausgabe.
48 Augustinus, 1998, Zehntes Buch, VIII, 15 und XVI, 25.
49 Dieses Problem ist von Eco 1987 behandelt worden und wurde wiederholt aufgenommen: vgl. zum Beispiel Lachmann 1991, S. 11. Auch für Nietzsche bestand das grundlegende Problem darin, »das Vergessen nicht lernen zu können« (vgl. Nietzsche, a. a. O., S. 115).

in der Vervielfältigung der Präsenzen.[50] Das Vergessen wird nicht durch eine Hemmung sondern, geradezu durch die Förderung des Gedächtnisses durchgesetzt – weil eine Steigerung des Vergessens sich nur aus dem gleichzeitigen Anwachsen von Erinnerungen ergeben kann. Umgekehrt beinhaltet die Ausweitung des Gedächtnisses ebenso die Steigerung der Fähigkeit zu vergessen.

Im Verlauf der Arbeit werden wir noch deutlicher zeigen, dass die Formen des Gedächtnisses nicht fest sind. Das Gedächtnis kann anscheinend durch eine Zunahme an Fähigkeiten ausgedehnt werden. Gesellschaftliche Evolution ist zunehmend mit ausgefeilten Formen der Speicherung von Information einhergegangen, die es ermöglicht haben, über eine wachsende Anzahl an Informationen zu verfügen und immer neue Informationen zu produzieren. Diese Speicherung muss jedoch zuerst als eine Form des Vergessens gewertet werden.[51] Indem Information zum Beispiel schriftlich gespeichert wird, muss ihre Integrität nicht gewahrt werden. Man kann es sich erlauben, alles »zu vergessen« bis auf die eine Spur, die es, wenn es erforderlich ist, möglich macht, auf die Information zurückzugreifen. Auf diese Weise werden Fähigkeiten freigesetzt, die auf die Verarbeitung neuer Informationen gerichtet werden können. Je mehr vergessen wird, desto größer wird die Anzahl an zur Verfügung stehender Informationen. Zwischen Neuheit und Vergessen herrscht eine starke Korrelation: Neuheit ist das Werkzeug des Vergessens und setzt das Vergessen gleichzeitig voraus.[52] Die Bedingung für dieses Vergessen ist allerdings die Ausweitung des Erinnerungsvermögens. Man könnte auch sagen, dass das Gedächtnis zunehmend abstrakter wird, und dass Abstraktion in der Regel zum Vergessen führt, weil dadurch von Detailaspekten der Phänomene abgesehen werden kann, während es möglich bleibt, eine Form beizubehalten, mit deren Hilfe auf die Phänomene weiterhin zurückgegriffen werden kann. In diesem Sinne (und nicht als Datenspeicher) können Computer als eine nicht vorgesehene Form von Gedächtnis betrachtet werden. Der Computer stellt so große Elaborationskapazitäten zur Verfügung, dass ein beinahe vollständiges Ver-

---

50 Vgl. beispielsweise Weinrich 1996. Auch die Bemühungen des von Lurija erforschten »Memorist«, sich von seinen Erinnerungen durch deren Aufschreiben zu befreien, können in diesem Sinne gelesen werden: vgl. Lurija 1975, S. 64 f. der italienischen Ausgabe. Nähere Ausführungen zum Medium der Schrift als *hypomnesis* findet man bei Aristoteles, *infra* § 3. 4.
51 Vgl. Assmann 1995a, S. 24.
52 Dies ist das Hauptthema bei Nietzsche von 1874: dieser Text kann auch als Apologie für das Vergessen der Geschichte gelesen werden. Vgl. Weinrich 1996, S. 22 ff.

gessen – bzw. eine hochgradig abstrakte Form von Gedächtnis – möglich wird.[53]

Der Leser wird gewiss bemerkt haben, dass die bisherigen Ausführungen über das Gedächtnis die Dimension der Zeit ausgeklammert haben. Dies ist mit der Absicht geschehen, entschieden von der Vorstellung Abstand zu nehmen, beim Gedächtnis handle es sich um eine Konservierung der oder um eine Rückkehr zur Vergangenheit. Das Gedächtnis operiert zwangsläufig immer nur in der Gegenwart; die Projektionen in Vergangenheit und Zukunft sind lediglich »Modi« des Umgangs mit Daten aus der Gegenwart.[54] Zwischen Zeit und Gedächtnis besteht außerdem ein kompliziertes Verhältnis gegenseitiger Bedingtheit,[55] so dass die Zeit keineswegs als vorrangig oder als Bedingung für die Entstehung von Gedächtnis angesehen werden kann. Deshalb kann Zeit auch nicht als Vorbedingung einer Definition von Gedächtnis behandelt werden. Als einzige Vorbedingungen lassen wir nur die Operationen des Systems gelten, die wir behandeln wollen – in diesem Falle also nur Kommunikationen. Zeit und Gedächtnis sind lediglich *by-products* der Operationen und dienen der Beobachtung. Dabei besteht die Funktion der Zeit insbesondere in der Synchronisation der Operationen.[56] Je nachdem, welche Formen der Synchronisation im System Gültigkeit haben, kann Zeit auch verschiedene Formen annehmen; diese wiederum hängen von der Form der Kohärenz der Beobachtungen ab – eben vom Gedächtnis. Wir werden im weiteren Verlauf noch sehen, dass die Formen der Zeit die Formen des Gedächtnisses ändern und dass Vergangenheit und Zukunft dazu dienen, Varietät und Redundanz miteinander zu kombinieren. Ohne Gedächtnis könnte es deshalb auch die Zeit nicht geben; allerdings gäbe es ohne die Zeit (und insbesondere ohne die Unbestimmtheit der Zukunft) weder eine Offenheit gegenüber Neuheit noch die Fähigkeit, sich überraschen zu lassen.[57] Wir hatten gesehen,

---

53 Dies wird in Kap. V noch genauer behandelt.
54 Der Begriff »Modus« wird hier im Sinne einer »Modalität des Seins« aus der Modalitätstheorie verwendet: Vergangenheit und Zukunft sind Modi so wie Notwendigkeit und Möglichkeit, Erzwungenes und Erlaubtes. Bei der zeitlichen Einordnung auf der Basis der Unterscheidung von Vergangenheit und Zukunft handelt es sich nach Luhmann lediglich um Hilfsmittel und eine Konstruktion des Gedächtnisses: vgl. Luhmann 1993a, S. 118.
55 Vgl. Luhmann 1996a.
56 Vgl. von Foerster 1967.
57 In diesem Zusammenhang spricht Luhmann von einer »oscillator function« und bezieht sich dabei auf Spencer Brown, nach dem Gedächtnis und Oszillieren, sobald

dass dazu das Gedächtnis besonders dient. Mit der Ausdehnung des Gedächtnisses wächst die Relevanz von Neuheit und damit auch die Relevanz der Zeit, die zur Leitdimension für die Konstruktion von Gedächtnis wird (sogar in dem Maße, dass das Gedächtnis in die eigene Reflexivität implodiert).

3. Das Gedächtnis der Gesellschaft

Nach diesem doch extrem abstrakten Ausflug wenden wir uns nun der konkreteren Ebene der Gesellschaft zu und versuchen, die Frage zu klären, was es für die Gesellschaft bedeutet, über ein Gedächtnis zu verfügen, das, wie beschrieben, Redundanz und Varietät erzeugt, Kohärenz testet und permanent zwischen Erinnerung und Vergessen unterscheidet, wobei diese drei Eigenschaften auch als ein und dieselbe behandelt werden können. Es soll auch erläutert werden, welche Formen von Gedächtnis die Gesellschaft kennt, wie sich diese Formen verändern und woher die Veränderungen rühren, und schließlich, welche Implikationen eine Veränderung der Form des Gedächtnisses beinhaltet.

Das Gedächtnis kondensiert, wie wir bereits erläutert haben, Identitäten – oder, allgemeiner, mehr oder weniger abstrakte *Schemata*, die reproduziert werden und dabei Redundanz organisieren.[58] Um deutlich Abstand von der platonischen Vorstellung zu nehmen, dass das Gedächtnis aus statischen Ideen besteht, die nach Bedarf abgerufen werden können, empfiehlt es sich auch in Bezug auf Semantik, statt von Ideen von Schemata zu sprechen. Unter ›Schemata‹ sind *Regeln* zu verstehen, die dem Vollzug von Operationen dienen. Man kann dann sagen, dass im Gedächtnis zum Beispiel nicht das Bild eines Kreises gespeichert, sondern die Regel bereitgestellt wird, nach der ein Kreis gezogen werden kann. Auf diese Weise erlaubt das Gedächtnis die Wiederverwendung von Ergebnissen aus vergangenen Operationen (Redundanz), ohne dabei das Spezifische der laufenden Operation

---

die Fähigkeit der Selbstbeobachtung ausgebildet wird, zur gleichen Zeit erzeugt werden. Vgl. Spencer Brown 1972, S. 60; Luhmann 1996b, S. 510 der englischen Ausgabe; 1997a, S. 224 ff.

58 Ich folge hier der Begrifflichkeit von Luhmann 1996a; 1995a, S. 193 ff.; 1997a, S. 110 ff. Das Konzept des Schemas ist der Psychologie entnommen und in unserem Zusammenhang von besonderem Nutzen, weil damit unterstrichen wird, dass es sich bei den zu bewahrenden Identitäten in erster Linie um Unterscheidungen handelt und eben nicht um Einheiten.

zunichte zu machen (Varietät). Im Falle der Gesellschaft sind die Schemata die *Themen* der Kommunikation. Sie bilden die Identitäten – oder Strukturen – aus, die wiedererkannt werden. Um die Themen herum wird die Varietät der Beiträge angeordnet, die nach und nach – als Operationen – erfolgen. Das Thema bestimmt nicht darüber, was gesagt wird, aber es sorgt dafür, dass die einzelnen Beiträge, sofern diese einem Thema zuzuordnen sind, aneinander und an vergangene Operationen des Systems anschließen. Auf diese Weise wird die Kohärenzprüfung flexibel genug gehalten und ist somit auch mit Innovationen vereinbar (der Sinn eines Themas wird im Verlauf der Argumentation verändert). Dabei wird die Kohärenzprüfung umso flexibler gehalten, je höher der Abstraktionsgrad des Themas ist.

Wovon aber hängt der Abstraktionsgrad von Themen ab? Oder anders ausgedrückt: Wie verändert sich das Themenrepertoire, das für Kommunikation zur Verfügung steht? Und wie und weshalb wandelt sich Semantik, bzw. wie operiert das Gedächtnis? Um überhaupt über etwas sprechen zu können, benötigt man zunächst eine Sprache mit einem Wortschatz und einer dazugehörigen Grammatik. Man benötigt einen Satz an Basisregeln (Schemata), die eine erste Form von Rekursivität zulassen und auf diese Weise die Gleichzeitigkeit mit der Welt unterbrechen.[59] Grammatik führt, wie Chomsky richtig bemerkt hat, dazu, dass man Sätze versteht, die man noch nie zuvor gehört hat; dies ermöglicht Grammatik gerade dadurch, dass sie ein Vergessen von Sinn und Zusammenhang des vorangegangenen Sprachgebrauchs erlaubt. Solange Sprache an die Form der Oralität gebunden bleibt, ist das Gedächtnis von einem »psychischen Substrat«, das heißt von den Leistungen der Bewusstseinssysteme für Kommunikation, nicht zu trennen. Wiederholbarkeit funktioniert mithin nur, soweit die psychischen Systeme sich an die Wiederholungen erinnern und diese die Verarbeitungsfähigkeit der psychischen Systeme – die an sich begrenzt ist und die kurze Dauer eines menschlichen Lebens ohnehin nicht übersteigen kann – nicht überstrapazieren. Man kann nur über Themen kommunizieren, die von denjenigen, die an Kommunikation beteiligt sind, erinnert werden; und man kann nur in Formen kommunizieren, die sich im Gedächtnis der Beteiligten einprägen können.[60] Diese Formen verlieren sich dann auch mit dem Verschwinden

---

59 Vgl. Luhmann 1997a, S. 213 ff.
60 Die psychischen Systeme fungieren hier sozusagen als »Zwischenspeicher«: vgl. Luhmann 1997a, S. 217. Dies löscht die Differenz von sozialem und psychischen Gedächtnis dennoch nicht aus.

der psychischen Systeme. Wie wir noch sehen werden, sind die Begrenzungen, die durch die Bindung von Gedächtnis an die psychischen Systeme zustande kommen, damit behebbar, dass überindividuelle Objekte, Formeln und Rituale eingeführt werden, auf die rekurriert werden kann. Aber selbst hierbei handelt es sich noch um recht konkrete Formen der Memorierung, so dass sich Fremdreferenz und Selbstreferenz der Tendenz nach permanent darin verfangen.

Speziell gesellschaftliche Formen von Gedächtnis können nur dann ausgebildet werden, wenn *Kommunikationstechnologien* – Schrift, Buchdruck und schließlich, als letzte Errungenschaften, elektrische und elektronische Medien – zur Verfügung stehen. Diese sind vom individuellen Gedächtnis psychischer Systeme in zunehmenden Maße unabhängig geworden[61] und markieren zugleich Ausweitungen der Gesamtkapazität von Gedächtnis. Zur Kennzeichnung der Medien der Kommunikation verwendet Luhmann den Begriff »Verbreitungsmedien« und verdeutlicht damit den Sachverhalt, dass ihr Effekt in der Steigerung der Reichweite der sozialen Redundanz – und das heißt eben: in der Ausweitung des Gedächtnisses der Gesellschaft – besteht.[62] Die Einführung des Mediums der Schrift macht es zum Beispiel erforderlich, dass die Themen der Kommunikation unabhängig von konkreten Gegebenheiten und unabhängig von konkreten Kommunikationsteilnehmern verständlich sein müssen (der Leser befindet sich in der Regel in einem anderen Kontext als der Autor und kann somit auch nicht in das Kommunikationsgeschehen eingreifen). In diesem Fall kann das Gedächtnis nicht weiter auf kontextuelle Faktoren oder auf ein gemeinsames Wissen zurückgreifen und muss daher einen entsprechend höheren Abstraktionsgrad erlangen. Das Gedächtnis vergisst dann auch mehr. Zugleich – und gerade deswegen – erzeugt das Gedächtnis Formen von Redundanz mit einer größeren sowohl sozialen wie auch zeitlichen Reichweite. Jeder, der nur lesen kann, kann nun Informationen zu einem bestimmten Thema liefern. Auch kann jeder über Themen sprechen, ohne alle Informationen darüber im eigenen – individuellen – Gedächtnis gespeichert zu haben, da diese nun – teilweise zeitlich unbegrenzt – auf eine Art und Weise in Texten aufbewahrt werden, die der Beteiligung von psychischen Systemen nicht mehr bedarf – obwohl die Beteiligung psychischer Systeme weiterhin erforderlich bleibt, damit Gedächtnisleistungen über-

---

61 Leroi-Gourhan 1965 spricht in diesem Zusammenhang von einer progressiven »Entäußerung des individuellen Gedächtnisses« (S. 307 der italienischen Ausgabe).
62 Vgl. Luhmann 1997a, S. 203.

haupt aktiviert werden. Jedenfalls wird durch das Medium der Schrift eine Steigerung und Vervielfältigung der Themenbreite erzeugt.

Die Effekte von Schrift werden erst mit der Erfindung des Buchdrucks voll wirksam, weil erst der Buchdruck zu einer echten Unabhängigkeit der schriftlichen von der mündlichen Kommunikation und ihren Formen führt. Mit dem Buchdruck wird Kommunikation gänzlich anonymisiert und entkoppelt sich vollständig von Interaktion unter Anwesenden. Letztlich werden die Themen schriftlicher Kommunikation überhaupt von jeder konkreten Kommunikation entkoppelt, weil sie nun möglichst für eine unbegrenzte Anzahl unbekannter Kommunikationssituationen (an denen alle potentiellen anonymen Leser beteiligt sind) verständlich sein müssen. Die Themen der Kommunikation bestimmen dann immer weniger über die Inhalte der weiteren Beiträge und es wird immer schwieriger vorauszusehen, was in Zukunft gesagt werden wird. Der einzelne Leser interpretiert den Sinn von dem, was er liest, auf eine Weise, die seine Person und die Situation, in der er sich befindet, übersteigt. Ein gedrucktes Buch ist kein Brief und die Bedingungen, auf denen ein Buch basiert, beschränken sich nicht auf den individuellen Erfahrungsschatz des Lesers (zu dem auch die Texte gehören, die der Leser sich durch Erinnerung zu eigen gemacht hat), sondern erstrecken sich auf die anonymen Kenntnisse, die in Büchern aufbewahrt werden. Das auf Wiederholung basierende Gedächtnis geht über in ein Gedächtnis, das auf Verweisung gründet. Die von der Dynamik der Operationen erzeugten Redundanzen werden durch »künstliche Redundanzen« ersetzt, die es gestatten, sich auf die Suche nach den Informationen zu begeben, die man gerade braucht. Das Gedächtnis dient nicht weiter der Ansammlung von Informationen – diese werden nun größtenteils vergessen –, sondern der Bereitstellung von Prozeduren, mit deren Hilfe Informationen aus Büchern gewonnen werden können. Das derart veränderte Gedächtnis liefert eine völlig neuartige Stabilitätsgarantie.

Mit der Erfindung des Buchdrucks gewinnt das Gedächtnis eine eigene Dynamik, die mit der Einführung der weiteren Medien – etwa dem Fernsehen, dem Kino, dem Telephon oder den Medien der Informatik – noch zusätzlich beschleunigt wird. Um die Veränderungen des Gedächtnisses zu analysieren, werden wir uns deshalb insbesondere mit den Charakteristiken und Auswirkungen der Kommunikationstechnologien auseinander setzen, die in erster Linie als immer ausgefeiltere Werkzeuge des Vergessens angesehen werden müssen. Dies besonders deshalb, weil der Abstraktionsgrad des Gedächtnisses davon abhängig ist, welche Mittel des Umgangs mit sich selbst – und dies sind im wesentlichen die Verbreitungsmedien – dem Gedächtnis zur Verfügung stehen.

Der Hinweis auf die Medien genügt allerdings nicht. Die Erforschung der Medien, die in den letzten Jahren erheblich zugenommen hat, hat durch zahlreiche empirische Befunde zeigen können, dass die Annahme einer direkten Korrelation von Medien und semantischer Entwicklung (bzw. Ideenevolution) nicht ausgefeilt genug ist. Zwischen Kommunikationstechnologien und Semantik herrscht kein unmittelbares, monokausales Verhältnis in dem Sinne, dass auf die Einführung einer neuen Kommunikationstechnologie ein bestimmtes Stadium semantischer Entwicklung folgt. Transformationen im Begriffsapparat können umgekehrt der Einführung neuer Medien vorgelagert sein. In der Renaissance erfolgte eine begriffliche Revolution, die von einem Humanismus *vor* dem Buchdruck »vorbereitet« worden ist, während der Buchdruck in China weder zu einer Entwicklung der experimentellen Wissenschaft noch zu einer Zunahme begrifflicher Abstraktion geführt hat. Die leichten Innovationen, die im Griechenland im 6. Jahrhundert v. Chr. zu der Erfindung der alphabetischen Schrift geführt haben, reichen als Erklärung des »griechischen Wunders« sicher nicht aus, vor allem, wenn man zusätzlich in Betracht zieht, dass Schriften mit einem bestimmten Grad an Phonetismus schon seit Jahrtausenden in voneinander derart verschiedenen Gesellschaften wie dem antiken Mesopotamien und Ägypten zur Verfügung standen. Ohne die Bedeutung der Medien mindern zu wollen, muss dennoch festgehalten werden, dass sie Veränderungen in den Formen von Gedächtnis nicht hinreichend erklären. Die Medien bilden zwar eine notwendige, aber keineswegs hinreichende Bedingung für den Übergang von Semantik zu bestimmten Graden von Abstraktion. Der Gegenstand des Gedächtnisses verlangt daher neben einer Berücksichtigung der Medien auch die Analyse gesellschaftlicher Strukturen.

Wie wir zuvor bereits gezeigt haben, hängt die mögliche Komplexität von Systemoperationen von der Struktur des zugrunde liegenden Systems ab. Insbesondere hängt die mögliche Komplexität von Kommunikation von der Struktur der Gesellschaft ab, in der diese ausgebildet werden. Gemäß der Theorie von Niklas Luhmann wird die Struktur einer Gesellschaft wesentlich von ihrem Grad der Differenzierung bestimmt, das heißt von der Art, in der die System/Umwelt-Differenz im System selbst wiederholt wird und zur Ausbildung von

Teilsystemen führt. Jede Gesellschaft kennt irgendeine Form interner Differenzierung. Die Kriterien der Differenzierung können allerdings von Gesellschaft zu Gesellschaft erheblich variieren. Luhmann unterscheidet konkret und empirisch vier verschiedene Formen der primären Differenzierung von Gesellschaft, die sich im Verhältnis wachsender Komplexität voneinander unterscheiden: segmentäre Differenzierung, Differenzierung nach Zentrum und Peripherie, stratifikatorische Differenzierung und funktionale Differenzierung.[63] Der Übergang von einer Differenzierungsform zur nächsten markiert den Übergang von einer Situation, in der gleiche Bedingungen für alle Kommunikationen herrschen (mit einer damit einhergehenden Einschränkung der Varietät und der Anzahl der Kommunikationen) zu einer Situation, in der die Kommunikationsbedingungen der Städte sich von denen auf dem Land und die der oberen Stände sich von denen der unteren Stände unterscheiden, schließlich hin zu einer Situation, in denen die Kommunikationsbedingungen in der Politik andere sind als in der Wissenschaft oder in der Wirtschaft. Jede dieser Unterscheidungen setzt spezifische Strukturen voraus, die ihrerseits rekursiv in der Kommunikation selbst ausgebildet werden, sobald die Grenzen der Entfaltungsmöglichkeiten der vorangegangenen Strukturen erreicht sind. Dies geschieht zum Beispiel, wenn in stratifikatorischen Gesellschaften Hierarchien entstehen, die sich von der Hierarchie unterscheiden, die die Differenz zwischen dem Adeligen und den gemeinen Leuten markiert. Die Kommunikationen in den Bereichen Politik, Wirtschaft oder Wissenschaft lösen sich von rangabhängigen Rücksichten. Man kauft eine Ware unabhängig von demjenigen, der sie verkauft, nur auf der Basis des festgelegten Preises. In dem Moment wird der gesamte Ablauf von Kommunikation auf eine andere Grundlage gestellt. Es erfolgt ein immenser Komplexitätsanstieg, der mit einer Vermehrung der Orientierungen (bzw. Strukturen) von Kommunikation einhergeht, die nicht weiter miteinander koordiniert werden können. Diese Entwicklung darf allerdings nicht als durch ein Projekt gesteuert oder als bewusst in Gang gebracht vorgestellt werden. Sie wird nicht beobachtet, sondern geschieht sozusagen blind, indem Operationen sich schlicht ereignen. Niemand nimmt sich vor, auf eine andere Weise zu kommunizieren. Man tut es einfach. Eine andere Frage ist, wie diese Veränderungen beobachtet werden

---

63 Vgl. Luhmann 1997a, S. 612 ff. Die verschiedenen Differenzierungsformen werden in den folgenden Kapiteln noch ausführlich erläutert.

bzw. was beobachtet wird, wenn auf die eine oder andere Weise kommuniziert wird.

Die Leithypothese dieser Arbeit besteht in der Annahme, dass im Verlauf gesellschaftlicher Evolution zwischen den Differenzierungsformen der Gesellschaft und den Kommunikationstechnologien ein gegenseitiger Anpassungsdruck und eine ständige Wechselwirkung herrschen. Das Gedächtnis der Gesellschaft ist jeweils das Ergebnis dieser Dynamik. Die Beschreibung der Formen von Gedächtnis muss dies in Rechnung stellen und aus dem jeweiligen Ergebnis der Korrelation von Differenzierungsform und Kommunikationstechnologie resultieren.[64] Auf die Formen interner Differenzierung und den dazugehörigen Komplexitätsansprüchen der Kommunikation bauen die Möglichkeiten auf, die durch die zur Verfügung stehenden Medien bereitgestellt werden – insbesondere sind hier die (alphabetische und nicht-alphabetische) Schrift, der Buchdruck (und darauf aufbauend die interaktionsunabhängige Kommunikation als Grundlage für die Ausdifferenzierung des Systems der Massenmedien) und schließlich der Computer gemeint. Daraus resultiert eine begrenzte Anzahl an Formen von Gedächtnis, die wir im Folgenden noch darstellen und diskutieren werden.

Indem man das Gedächtnis aus dem Spiel gegenseitiger Beeinflussung und Beschleunigung von gesellschaftlicher Differenzierungsform und Kommunikationstechnologien heraus versteht, müsste man eine Art von Selektivität gewinnen, die es ermöglicht, die Verwicklungen zu vermeiden, in die die üblichen Untersuchungen über die Massenmedien hineingeraten. Die Auswirkungen der Kommunikationstechnologien auf die Struktur der Gesellschaft liegen derart offen zutage und besitzen eine so hohe Plausibilität, dass die Annahme von Kausalität zunächst unausweichlich erscheint. Unter diesem Blickwinkel führte die Schrift zur griechischen Philosophie, die Erfindung des Buchdrucks zur modernen wissenschaftlichen Revolution und so fort. Wenn man aber nicht bereit ist, die Idee von Endkausalitäten zu akzeptieren – was heute schwierig ist –, dann kann man kaum erklären, wie eine Innovation durchgesetzt werden kann, noch bevor die Effekte erzeugt sind, die eine solche erforderlich machen – die Effekte aber können selbst nur Auswirkungen eben der Innovation sein. Sofern der Sachverhalt plausibel sein sollte, dass die durch das Medium der

---

[64] Diese Vorgehensweise ist einer der zentralen Thesen aus der Theorie von Niklas Luhmann angelehnt, nach der zwischen der Differenzierungsform einer Gesellschaft und ihrer Semantik ein Zusammenhang besteht. Vgl. insbesondere Luhmann 1980b.

Schrift möglich gewordene Kommunikation über Entfernungen hinweg zu grundlegenden Veränderungen der Formen von Kommunikation geführt hat, ist damit noch nicht ersichtlich, wie die Schrift, noch bevor die Vorteile oder gar die Idee einer interaktionsunabhängigen Kommunikation bekannt waren, entwickelt werden konnte. Und selbst wenn man, wie dies mittlerweile üblich ist, behauptet, dass die ersten Formen von Schrift sich eher als *aide-mémoire* denn als Verbreitungsmedien durchgesetzt haben,[65] hat man damit den Funktionswandel von Schrift noch nicht erklärt und auch die Frage nicht geklärt, weshalb dieser Wandel im einen Fall stattgefunden hat und im anderen nicht. Unsere Antwort darauf wird sein, dass solche Dynamiken mit der zugrunde liegenden Struktur von Gesellschaft und mit dem Komplexitätsgrad von Kommunikation, der dadurch ermöglicht wird, in Zusammenhang stehen und dass die Medien einerseits eine Beschleunigung der Dynamiken ermöglichen und andererseits auch dazu beitragen, den Übergang von einer Differenzierungsform zu einer anderen zu erklären. Beispielsweise hätte die Maschine von Gutenberg (die ja zuvor schon mehrfach erfunden worden war, ohne indes besondere Effekte gezeigt zu haben), ohne eine Steigerung der Intensität und Vielfalt von Kommunikation und ohne eine zunehmende Alphabetisierung im späten Mittelalter und im Zeitalter des Humanismus, nicht durchgesetzt werden können. Andererseits hätte sich das Modell interaktionsunabhängiger Kommunikation, das den Übergang zu funktionaler Differenzierung markiert, ohne den Buchdruck nicht durchsetzen lassen. Eine Medientheorie erfordert nach unserer Auffassung deshalb die Rückbindung an eine Theorie der Gesellschaft – dies gilt erst recht für eine Theorie von Gedächtnis.

Aus dieser Argumentation auf zwei Ebenen kristallisiert sich ein »Katalog« an Formen von Gedächtnis heraus, die weder mit den Differenzierungsformen der Gesellschaft (im Sinne eines »stratifizierten« oder »funktionalen« Gedächtnisses) noch mit den verschiedenen Verbreitungsmedien (als mündliches bzw. schriftliches Gedächtnis oder gar als »Buchdruckgedächtnis«) zusammenfallen. Dies bekräftigt die Annahme der Autonomie des Gedächtnisses. In der Gesellschaft werden spezifische Formen von Selektivität ausgebildet, die nur in bestimmten Fällen eine Veränderung der Formen von Redundanz (oder eben: von Gedächtnis) mit sich führt. Wir werden deshalb nicht eigens von einer speziellen Form von Fernsehgedächtnis oder von

---

65 Darauf werden wir im Folgenden noch zurückkommen: vgl. II. 2.

einem speziellen Kinogedächtnis sprechen können. Und wir werden eine der von Luhmann vorgesehenen Differenzierungsformen, die segmentäre Gesellschaft, unberücksichtigt lassen. Schließlich wird die Annahme einer Gedächtnisform, die eigens an den Computer gekoppelt ist, nicht auch die Hypothese einer Umstellung der Struktur funktionaler Differenzierung mit einschließen.

Bezüglich der segmentären Gesellschaften fehlen noch einige klärende Erläuterungen. Es handelt sich dabei um Gesellschaften, deren mögliche Komplexität sehr eingeschränkt ist, weil Kommunikation nur auf der Basis von Interaktion zwischen Personen der gleichen Gruppe prozessieren kann und es auch keine Möglichkeit der Aufbewahrung von Kommunikation gibt. Selbst wenn die Einführung der Schrift die Form von Gedächtnis nicht kausal determiniert und auch nicht (wie wir noch sehen werden) zwangsläufig zu einer Überwindung mündlicher Kommunikation führt, kann ohne irgendein Mittel der Aufbewahrung weder von der Erzeugung einer spezifischen Form von Redundanz der Beobachtungen noch von der für die Beobachtungen bestehenden Möglichkeit einer Kohärenzprüfung ausgegangen werden. Ohne Schrift findet Kommunikation nur unter allzu konkreten Bedingungen statt und wird damit auch von den Merkmalen der Situationen beherrscht, in die sie gebettet ist. Die Ereignisse werden nacheinander erlebt und können auch nur in derselben Reihenfolge verstanden werden.[66] Die Kohärenz hängt direkt von den Strukturen der Operationen ab, so dass die Ausdifferenzierung eines autonomen Gedächtnisses – im Sinne einer Kohärenzprüfung auf der Ebene von Beobachtung – gar nicht erst möglich wird. Natürlich werden auch in segmentären Gesellschaften Semantiken erzeugt und es bilden sich auch hier Formen heraus, die Wiederholung und Wiedererkennen unter Garantie stellen; diese Formen variieren aber fortlaufend (d. h. sie vergessen), weil sie permanent konkreten Situationen angepasst werden müssen. Man könnte auch sagen, dass Semantik und Operationsstrukturen völlig aneinander haften und dass das Gedächtnis deshalb keine eigene Autonomie entwickeln kann. Das Vergessen kommt dann dadurch zustande, dass sich die Kommunikation ändert – und eben nicht das Gedächtnis. Unter diesen Voraussetzungen kann in segmentären Gesellschaften unmöglich von einem einheitlichen Gedächtnis der Gesellschaft ausgegangen werden. Vielmehr scheint dies eine Projektion von Gesellschaften zu sein, die

---

66 Vgl. Luhmann 1997a, S. 640; 1975b, S. 25 ff.

über Schrift verfügen und deshalb annehmen, dass Gesellschaften ohne Schrift zumindest ein funktionales Äquivalent dafür besitzen müssten.[67] Vansina zeigt, dass alle Gesellschaften – auch schriftlose – über eigene *worldviews* verfügen, die allerdings als Repräsentationen der Wirklichkeit einen solchen Grad an Selbstverständlichkeit besitzen, dass sie nicht weiter thematisiert werden. Als bereits vollständige Begriffssysteme existieren sie nur für einen außenstehenden Beobachter, der sie seinerseits, weil sie von den internen Beobachtern nicht beobachtet werden, dennoch nicht beobachten kann.[68]

Unsere nun folgende Aufzählung der verschiedenen Gedächtnisformen darf nicht im Sinne einer geschichtlichen Rekonstruktion eines evolutionären Prozesses verstanden werden, in dessen Verlauf es zu immer komplexeren Formen von Gedächtnis gekommen ist. Es handelt sich dabei vielmehr um einen Bestand an Formen, die auch gleichzeitig existieren können; die historischen Anspielungen (die notgedrungen recht frei gehalten sind) dienen deshalb lediglich der Unterscheidung von Möglichkeiten und erheben nicht den Anspruch auf Vollständigkeit. Auch ist die Reihenfolge der Formen (damit ist der Sachverhalt gemeint, dass eine Form nicht vor der vorausgegangenen auftreten kann) eher dadurch bedingt, dass es verschiedene, gesellschaftsstrukturell vorgegebene Grade von Komplexität gibt, als durch eine autonome Dynamik von Gedächtnis.[69] Indem man die Zweigleisigkeit der Differenzierung einerseits und der Kommunikationstechnologien andererseits weiterverfolgt, kristallisiert sich eine Reihe von Möglichkeiten heraus, deren gegenseitige Wechselwirkungen noch im Einzelnen untersucht werden müssen. Einmal sind die Formen mit den ihnen vorausgegangenen kompatibel (und werden deshalb Jahrtausende lang tradiert), das andere Mal setzt sich eine Form durch, die keine Alternativen zulässt. Das werden wir von Fall zu Fall sehen. Unsere Aufzählung sieht jedenfalls vier verschiedene Formen vor, die in den folgenden Kapiteln einzeln besprochen werden:

---

67 Vgl. Luhmann 1997a, S. 254. Auch Assmann 1995a koppelt die Möglichkeit der Entwicklung eines »kulturellen Gedächtnisses« an die Verfügbarkeit »externer Speicher«, das heißt an Notationssysteme, die auch keine eigentliche Schrift zu sein brauchen: vgl. S. 9 f. Dies widerspricht der verbreiteten These von der Unvereinbarkeit zwischen Gedächtnis und »literacy«.
68 Vgl. Vansina 1985, S. 135.
69 Über die Möglichkeit einer autonomen Ideenevolution siehe Luhmann 1997a, S. 536 ff.

das *divinatorische* Gedächtnis, das *rhetorische* Gedächtnis, Gedächtnis als *Kultur* und das *prozedurale* Gedächtnis.[70]

Auf der Basis der von Harald Weinrich oder Aleida Assmann vorgeschlagenen Modelle kann dieselbe Aufzählung auch mit Hilfe entsprechender Metaphern für das Gedächtnis erfolgen,[71] auf die wir ebenfalls immer wieder zu sprechen kommen werden. Man kann dabei die folgenden Metaphern unterscheiden:

– *Wachsmasse*: bei Platon oder im *Ad Herennium*. Das Gedächtnis wird als eine Art Gegenstand behandelt, der zur physikalischen Welt gehört, in der, aufgrund der Berührung mit anderen Körpern, Spuren hinterlassen werden; die Erinnerung währt so lange, wie die Spur sichtbar bleibt, darauf tritt dann das Vergessen ein, das mit Unkenntnis gleichzusetzen ist;

– *Speicher*: bei Aristoteles oder bei Augustinus. Das Gedächtnis wird als eine Sammlung von Gegenständen angesehen, von der sich die jeweils aktuelle Erinnerung unterscheidet;

– *Archiv* oder *Spiegel* (je nachdem, ob Äußerlichkeit oder Innerlichkeit bevorzugt wird): Dabei handelt es sich um das Modell der

---

70 Diese Aufzählung stimmt teilweise mit der bekannten Einteilung von drei verschiedenen Arten der Historie überein, die von Nietzsche 1874 in der zweiten der »Unzeitgemäße(n) Betrachtungen« (vgl. a. a. O.) vorgenommen worden ist (in der nietzscheanischen Vorstellung handelt es sich bei Historie und Gedächtnis um ein und dasselbe): die monumentalische Historie (die in ihrer reinen Form Weissagung und Astrologie voraussetzt), die antiquarische Historie (die Modelle aus der Vergangenheit verewigt und mit der Zeit zur bloßen Sammelleidenschaft degeneriert) und die kritische Historie (die typische Historie der Moderne; sie verlangt Distanzierung und ist im Zusammenhang mit der Aufwertung der Innerlichkeit zu sehen). Bei Nietzsche fehlt ein Korrelat zu dem, was wir ›prozedurales Gedächtnis‹ genannt haben. Damit ist ein Modell bezeichnet, das durch eine autologische Art von Reflexion charakterisiert ist, die dem Denken Nietzsches vollkommen fremd ist. Bei Lachman 1993 wird das Gedächtnis als Konkurrenz und Interaktion zwischen vier Paradigmen (das mnemotechnische, das diagrammatische, das diegetische und das poetische Paradigma) vorgestellt.

71 Weinrich 1964 unterscheidet für das Gedächtnis des Abendlandes zwei verschiedene Metaphern, die sich auf die Doppelnatur von Gedächtnis und Erinnerung beziehen: das Wachstäfelchen und den Speicher. Wir aber führen die Unterscheidung von Erinnerung und Gedächtnis auf die Differenz von Operation und Beobachtung zurück und versuchen deshalb verschiedene Formen der Beobachtung von Gedächtnis zu unterscheiden. A. Assmann 1991 hat eine komplexere Klassifikation ausgearbeitet, bei der sie örtliche Metaphern (die Metaphern des Gebäudes und der Schrift) von zeitlichen Metaphern (*Erwachen* und *Erwecken*) unterscheidet. Auch in unserer Auffassung spielt das Verhältnis der Dimensionen von Ort und Zeit eine zentrale Rolle, uns interessiert aber vor allem ihr Wechselspiel von Autonomie und gegenseitiger Abhängigkeit.

Renaissance, wie man es bei Giulio Camillo finden kann und das ebenfalls in der Idee der Methode von Ramus bis Descartes enthalten ist. Das Gedächtnis wird hierbei eher als Ordnungsprinzip denn als Sammlung von Gegenständen betrachtet. Diese Vorstellung folgt dem Übergangsmodell einer *Universalbibliothek*, in der alle Bücher (und das heißt: die Bücher, die schon geschrieben worden sind, und die Bücher, die in Zukunft geschrieben werden) vollständig gesammelt werden sollen; die Idee der Universalbibliothek vermittelt zwischen der Idee des Archivs und der Idee des Speichers;[72]

– *Netz*: in der Neurophysiologie,[73] im WorldWideWeb[74] und ganz allgemein in allen Projekten, die mit Computer zu tun haben. Hier wird Gedächtnis als *computing device* gehandelt, das die Informationen nicht speichert, sondern diese auf der Basis eigener Operationen jedes Mal neu erzeugt. Es handelt sich um ein »networked storage model«,[75] bei dem aus Gedächtnis ein reiner »selector« wird, der statt per Indexierung mit Assoziationen operiert – das aktive Modell von einem »Gedächtnis für die Bewegung«.

---

72 Es handelt sich hierbei um ein Bild, dessen Reiz, der über Jahrhunderte tradiert worden ist, wahrscheinlich aus seiner inhärenten Zweideutigkeit entspringt (diese hat sich Borges in der *Bibliothek von Babel* zunutze gemacht): im perfekten Speicher, in dem alle Informationen enthalten sind, hat Information an sich keinen Wert mehr; diesen bekommt sie erst, wenn man eine Methode der Archivierung einführt. Vgl. auch Kittler 1991, S. 392 ff. Für die Versuche des 16. und 17. Jahrhunderts, eine Universalbibliothek einzurichten, und der gleichzeitig erzeugten Ambivalenz zwischen Sammlung und Inventar siehe Chartier 1992, S. 75 ff. der italienischen Ausgabe. Über den *topos* vom Gedächtnis als Bibliothek vgl. Pavel 1986, S. 95 ff. der italienischen Ausgabe: dem *Magnum Opus*, das alle Bücher umfasst, muss noch ein »Regelbuch« hinzugefügt werden.
73 Vgl. Edelman 1989; darüber hinaus gibt es unzählige Forschungsarbeiten über neuronale Netze.
74 Das Leitmodell ist hierbei das Memex von Vannevar Bush: vgl. Bush 1945 und 1969. Das Web sollte die Überwindung eines »archive medium« markieren und ein Modell einführen, das von der künstlichen Ausarbeitung einer Maschine geleitet wird: vgl. beispielsweise Kelly und Wolf 1997.
75 Wired 11, 5, 1997, S. 108.

II. Das divinatorische Gedächtnis

Als erstes Modell von Gedächtnis werden wir nun eine Organisationsform von Redundanz analysieren, die unter der Bedingung eines minimalen Abstraktionsgrades und einer extremen Kontextgebundenheit zustande kommt. Die Kommunikationsform, die den Gegenstand der folgenden Überlegungen bilden wird, ist derart dem Kontext verhaftet, dass er nicht einmal als Kontext – als kontingenter »Begleitumstand« eines »Textes«, der nicht im laufenden Ereignis aufgeht – wahrgenommen wird. Dennoch bilden die Formen, die wir betrachten werden, Modelle der Wiederholung heraus, die es gestatten, von einer ersten Form von Gedächtnis zu sprechen – selbst wenn dies in der Kommunikation nicht als gewusst zum Ausdruck kommt und das Gedächtnis als solches nicht reflektiert wird. Es ist nicht unsere Absicht, »primitive« Formen von Kommunikation zu behandeln (mit den dazugehörigen und bekanntlich nicht akzeptablen wertenden Implikationen), noch geht es um die Darstellung von »einfachen« Kommunikationsformen. Kommunikation ist immer unweigerlich komplex. Es wird allenfalls vorkommen, dass wir über »weniger« komplexe Formen sprechen werden, um eine Organisation von Komplexität anzuzeigen, die im Vergleich zu den uns geläufigen Modellen eine geringere Varietät und einen geringeren Abstraktionsgrad zulässt – die aber stattdessen äußerst anspruchsvolle Alternativen ausbildet, die sowohl lehrreich als auch überraschend sind. Das Umgehen von Abstraktion führt zu der Wahl von Redundanz-Modellen, die uns so fremd erscheinen, dass sie anfänglich kaum zu begreifen sind – so wie ein Zustand reiner Oralität kaum zu begreifen ist, wenn man über Schrift verfügt (selbst wenn man gerade nicht auf Schrift zurückgreift, wie im Fall einer mündlichen Interaktion unter Anwesenden).

1. Die nicht-alphabetische Schrift

Damit von einer Form von Gedächtnis überhaupt gesprochen werden kann, muss, wie im vorangegangenen Kapitel bereits vorweggenommen, eine gewisse Autonomie der Beobachtungen von den Operationen bzw. von dem einfachen Prozessieren von Kommunikation gegeben sein – eine Autonomie, die wir in Abhängigkeit von der

Verfügbarkeit über *nicht-alphabetische Schriftarten* gesetzt hatten.[1] Die Diskrimination von Phonetismus und Nicht-Phonetismus mag zunächst verschroben wirken, sie ist aber einerseits dadurch begründet, dass alphabetische Schriftarten, also Schriftarten, deren Zeichen bestimmten Lauten zugeordnet werden, mit fundamentalen Umstellungen der Organisation von Gedächtnis einhergehen (dies werden wir im folgenden Kapitel ausführlich behandeln). Auch deswegen müssen sie von nicht-phonetischen Schriftarten unterschieden werden. Andererseits ermöglicht jegliche Form schriftlicher Fixierung von Kommunikation die Unterscheidung zwischen der Rekursivität der Beobachtungen und der Rekursivität der Operationen und führt auf diese Weise zu der Herausbildung eigener Strukturen. In Ermangelung eines vollendeten Phonetismus bleibt die Rekursivität unweigerlich kontextgebunden und kann die Unterscheidung der Ebene der Wörter von der Gegenstandsebene (der Selbstreferenz und Fremdreferenz der Kommunikation) noch nicht mit einbeziehen; sie führt dennoch zu einer »Akkumulation« von Beobachtungen und somit zu einer Beeinflussung von Kommunikation, die im Verlauf immer voraussetzungsreicher wird. Das, was Kommunikation beobachtet, also das, worüber gesprochen wird, ist deshalb alles andere als einfältig und nach Formen strukturiert, die zwar kontextabhängig, aber keineswegs ausschließlich dem Kontext entnommen sind. Dies genügt bereits, um von einem eigenständigen Gedächtnis ausgehen zu können.

Die Charakteristiken nicht-phonetischer Schriftarten können dabei behilflich sein, die zugrunde liegenden Strukturen auszumachen. Wir denken zunächst an den abstrakten Fall der »Piktogramme«: Zeichen, die direkt für die Gegenstände stehen[2] – aber auch an Ideogramme, Zeichen, die für semantische Einheiten einstehen,[3] Ideen oder Modelle anderer Art. In beiden Fällen handelt es sich, um die Terminologie von Bottéro zu verwenden, um *Dingschriften* und nicht um

---

1 Die verschiedenen Schriftarten sind thematisiert in: Amadasi Guzzo 1987; Bottéro 1987a; Goody 1977; Havelock 1986.
2 Es handelt sich hierbei deshalb um einen abstrakten Fall, weil Piktogramme zwangsläufig dazu tendieren, in phonetische Formen überzugehen (wie dies zum Beispiel in Mesopotamien geschehen ist). Dies gilt bloß dann nicht, wenn von vornherein – wie in China – Ideenschrift verwendet wird.
3 Wir sprechen hier recht unbeholfen von »Zeichen«, die für Dinge oder Begriffe »einstehen«, und nicht von »Zeichen«, die Gegenstände »bezeichnen«, weil wir für diese Arten von Schrift nicht von der Annahme einer Getrenntheit von Wort und Gegenstand ausgehen wollen. Bezeichnung wird im Sinne der »indication« aus dem »calculus of indication« von Spencer Brown verstanden: vgl. Spencer Brown 1972.

Wortschriften[4] – es wird nicht Kommunikation übertragen, sondern bestimmte Gegenstände werden in dauerhaften Formen (an denen man arbeiten kann) reproduziert. Der Vorteil, den diese Schriftarten bieten, besteht darin, dass sie unabhängig von der gesprochenen Sprache »gelesen« werden können: der Fall Chinas, wo seit dem 3. Jh. v. Chr. einheitliche Schriftnormen zur Verfügung stehen, die das laute Lesen der gleichen Texte in verschiedenen Dialekten ermöglichen.[5] Die Gleichgültigkeit gegenüber phonetischen Umformungen (insbesondere im Falle Chinas, auf den wir noch zurückkommen werden) gestattet die Kontinuität schriftlicher Traditionen und eine besondere Art der »Akkumulation« von Materialien.

Die Grenze nicht-phonetischer Schriften liegt darin, dass sie eine unvermeidliche Zweideutigkeit aufweisen, die sie vom außersprachlichen Kontext, das heißt von den angenommenen Kenntnissen der Leser, abhängig macht. Um lesen zu können, genügt es hier nicht einfach, ein Zeichen einer Bedeutung zuordnen zu können, weil die Bedeutungen einer enormen Variationsbreite ausgesetzt sind. Obwohl die mesopotamische Schrift recht früh ein gewisses Maß an Konventionalität erreicht hat, konnte sie eine Menge von Aspekten nicht einbeziehen: etwa die Bestimmung von Subjekt und Objekt oder den Ausgangspunkt und das Ziel von Handlungen oder die Zeit usw. Dasselbe Zeichen konnte auf der phonetischen (damit ist die Aussprache gemeint), auf der semantischen (oder begrifflichen) und auf der grammatikalischen Ebene je nach Kontext eine unterschiedliche Bedeutung haben.[6] Um die damit gegebene Zweideutigkeit zu lösen und das Geschriebene lesen zu können, musste der Leser in der Lage sein, das Zeichen mit den passenden Kenntnissen in Zusammenhang zu bringen. Die Kontextabhängigkeit macht die Schwierigkeit aller nicht-phonetischen Schriftarten, die aus einer Unmenge an Zeichen bestehen, aus. Die Schwierigkeit bleibt auch nach der Einführung erster Formen von Phonetismus, die zuerst auf der Ausnutzung von Gleichlauten basieren (man verwendet ein Zeichen, um einen Gegenstand zu bezeichnen, das zwar nicht dem Bezeichneten entspricht, dessen Laut aber mit diesem identisch ist), um daraufhin zu syllabischen oder konsonantischen Schriftarten zu gelangen.[7] Auch in diesem

---

4 Bottéro 1987a.
5 Vgl. zum Beispiel Gernet 1978, S. 29 ff.
6 Vgl. Bottéro/Stève 1994, S. 42 ff.
7 Vgl. Bottéro 1987a; Schenkel 1983, S. 54 ff.; Needham 1956, S. 219. Die Abhängigkeit vom Kontext der nicht-phonetischen Schriften (vor der Einführung der Vokale) ist einer der Hauptargumente bei Havelock; vgl. beispielsweise Havelock 1976.

Fall muss der Leser die Vokale hinzufügen und die Schrift genügt sich demnach noch nicht selbst.

Alle diese Formen von Schrift kodifizieren, selbst wenn sie auf Wörter bezogen sind, nicht eigentlich die Kommunikation (oder eben die Differenz zwischen Wörtern und Gegenständen, zwischen Mitteilung und Information), sondern sie reproduzieren Gegenstände einer gewissen Art: die Primärdaten von Welt oder aber die besonderen Gegenstände, welche aus Wörtern bestehen. Wörter werden nicht als Differenzen, sondern als Einheiten gehandelt.[8] Wie wir noch sehen werden, reproduziert nur die phonetische Schrift auf direktem Weg Kommunikation und kann daher von den ständig wechselnden Umständen, in denen Kommunikation prozessiert, das heißt von dem unendlich variablen (sprachlichen und außersprachlichen) Kontext jedes spezifischen Diskurses unabhängig werden. Deshalb werden durch die phonetische Schrift auch außerordentliche Vereinfachungen möglich. Weil sie nicht weiterhin mit den unterschiedlichen Gebrauchsweisen von Wörtern belastet ist, kann sie sich darauf beschränken, Kommunikation zu reproduzieren, die dann von selbst alle weiteren Unterscheidungen hervorbringt.

Für das Gedächtnis hat die Kontextgebundenheit nicht-phonetischer Schriften eine nicht zu vernachlässigende Konsequenz. Diese Schrifttypen können die Funktion der Information schlecht erfüllen, sie können dem Leser kaum Kenntnisse eröffnen, die dieser nicht schon kannte. Eine Schriftart, welche die Kenntnisse der Leser voraussetzt, ist offensichtlich für die Funktion der Vermittlung neuer

---

8 Es hat den Anschein, als gäbe es im Chinesischen nur einen Schlüsselbegriff (*wen*), um Wörter, Schrift und die Identität der Gegenstände zu bezeichnen: vgl. Palumbo-Liu 1993; Needham 1956, S. 227. Aus dem formlosen Chaos wird eine *Urlinie* geboren, auf der zum ersten Mal als Teilung eine Ureinheit *wen* erscheint, aus der in der Folge alle anderen Differenzen geboren werden – »und wo es eines gibt, da gibt es auch zwei, ein Oben und ein Unten« (Palumbo-Liu 1993, S. 161). Die Linie bringt einen Prozess hervor, in dessen Verlauf das Universum sich in diskrete Einheiten aufteilt. Die gemeinsame Grundlage, auf die der Sinn aller Dinge verweist, wird nach wie vor von *wen* gebildet. Man bemerke an dieser Stelle die Analogie zwischen dieser Konzeption und der Konstruktion des logischen Kalküls von George Spencer Brown 1972, der von einem »unmarked space« ausgeht, in dem eine erste Differenz markiert wird, womit die Differenz zwischen »marked state« und »unmarked state« entsteht. Von hier aus wird ein Prozess fortlaufender Unterscheidungen in Gang gesetzt, eben die Komplexität des Kalküls, die aber immer wieder auf die zugrunde liegende Paradoxie der Unterscheidung einer ununterschiedenen Einheit zurückgeführt werden kann – und auf die in der Tat auch zugesteuert wird, sobald reflexive Formen, die berühmte Figur des »re-entry« eingeführt werden.

Kenntnisse kaum geeignet – diese können ja nicht vorausgesetzt werden.⁹ Dies ist auch der Grund, weshalb eine nicht-phonetische Schrift das Gedächtnis der Leser weder ersetzen noch integrieren kann; sie kann hauptsächlich als eine Art »Gedächtnishilfe« (*aide-mémoire*) fungieren, die dem Gedächtnis schon Bekanntes zuführt.¹⁰ Der Gebrauch nicht-phonetischer Schrift dient ursprünglich nicht kommunikativen Zwecken. Die Funktion dieser Schriftarten unterscheidet sich von der uns geläufigen; ihr entspricht auch eine andere Gedächtnisform.¹¹

Wir gehen nämlich, trotz der Kontextabhängigkeit der nicht-phonetischen Schrift, von einer eigenständigen Form von Gedächtnis aus, weil die Verfügbarkeit jeglicher Form schriftlicher Fixierung Organisationsweisen und Manipulationsmöglichkeiten von Information freisetzt, für die es weder eine orale Entsprechung gibt noch geben kann. Es handelt sich um »literarische Artefakte«,¹² die sich aus der graphi-

9 Obwohl auch in orientalischen Schriften Briefe verfasst wurden, die offensichtlich Informationen – also Überraschungen – vermittelten (diese Bemerkung verdanke ich Jan Assmann). Die hier dargestellte These setzt keine Ausschließlichkeit voraus, die mit unserer Ablehnung des Mediendeterminismus (siehe I, 3) nicht zu vereinbaren wäre. Abgesehen von dem Umstand, dass alle diese Sprachen auch phonetische Elemente beinhalten, sind nicht-alphabetische Schriften für kommunikative Zwecke weniger geeignet als alphabetische Schriften. Unter dem Einfluss von gesellschaftsstrukturellen Veränderungen tendieren alphabetische Schriften dazu, für kommunikative Zwecke benutzt zu werden.

10 Vansina 1985, S. 44, berichtet über Fälle »oraler Kulturen«, in denen eine Schrift als Anlass verwendet wird, Ereignisse ins Bewusstsein zu rufen, die sich von denen, die in der Schrift aufbewahrt werden, unterscheiden: es handelt sich hierbei um einen Extremfall von Nicht-Autonomie schriftlicher Kommunikation, bei dem das Gedächtnis unabhängig von der Symbolik der Schrift ist – eben eine Charakteristik von schriftunabhängigen Gesellschaften. Die Schrift wird wie ein Gegenstand verwendet. Ein gegenteiliges, aber analoges (weil von der Symbolik unabhängiges) Beispiel bildet das in Peru benutzte *quipu*: eine Reihe verschiedenfarbiger Schnürbänder, mit Knoten versehen sind, bei denen die Knoten, die Farben, die Schnurlänge und ihre Anordnung zu Erinnerungszwecken verwendet wurden. Die Einheimischen »lasen« die Informationen aus dem *quipu*, als handelte es sich um ein Buch. Etwas, bei dem es sich eigentlich um einen Gegenstand handelt, wurde mit anderen Worten wie eine Schrift gelesen.

11 Auf die Nicht-Autonomie der Schrift als *hypomnesis* werden wir in Kap. III, 4, wenn wir auf Platon zu sprechen kommen, noch näher eingehen.

12 Es ist dies ein Ausdruck von Goody 1977, der diesen sehr klar und mit zahlreichen Belegen erläutert. Auf den ersten Blick hat Lévi-Strauss 1962 das entgegengesetzte Anliegen: es geht ihm darum, zu zeigen, dass die »primitiven« (schriftlosen) Völker ein komplexes Wissen mit äußerst detaillierten Klassifikationen ausarbeiten. Die angeführten Beispiele bringen den selbst Autor dazu, zuzugeben, dass auch, wenn äußerst raffinierte intellektuelle Operationen vorgenommen werden (was niemand bestreiten

schen Manipulation der Zeichen ergeben, die analysiert, kombiniert und neu geordnet werden. Allerdings gilt das Interesse an der Manipulation nicht den Wörtern, sondern den Gegenständen – in diesem Falle handelt es sich bei den Zeichen selbst um Gegenstände, die der Welt angehören. Man manipuliert Gegenstände und indem man anschließend über ihre Anordnung und über ihr gegenseitiges Verhältnis reflektiert, meint man, Informationen über die allgemeine Ordnung der Welt in Erfahrung bringen zu können. Bei dieser Art schriftlicher Fixierung ist der Bezug auf Zeit nicht primärer Natur. Die Formen von Wiederholung und Redundanz, nach denen man sucht, haben nicht mit Erinnerung, sondern vielmehr mit Entsprechungen und Reziprozität zu tun, die zeitunabhängig gegeben sind.

Eine typische Form nicht-alphabetischer Schriften, die in Mesopotamien bereits im 3. Jahrtausend v. Chr. (zeitgleich mit der Einführung von Schrift) vorkommt und auf die in mündlicher Kommunikation (und in der Form auch nicht in anderen Schriftarten) so gut wie nie zurückgegriffen wird, ist die Liste – dabei handelt es sich beispielsweise um Bestandsverzeichnisse von Menschen (etwa die mesopotamischen Königslisten), von Ereignissen (etwa die ägyptischen Namenstagslisten) oder von Gegenständen (etwa die babylonischen Aufzählungen der verschiedenen Leberformen anlässlich der Opferriten oder die Aufzählungen der Schildkrötenschilder in China). Aus den Listen wurden in einem zweiten Schritt *Tabellen* erstellt, auf denen die aufgelisteten Begriffe in Zeilen und Spalten angeordnet wurden, so dass jedes Element über einen eigenen Platz verfügte. Man gelangt auf diese Weise zu einer graphischen Repräsentation, die es ermöglicht, die Daten zu dekontextualisieren und zu rekontextualisieren, um so eine Form zu erhalten, mit der man arbeiten kann.[13] Man kann dann die gegenseitigen Bezüge der Elemente analysieren, deren Entsprechungen und Korrelationen auf diese Weise Formen systematischer Klassifizierungen befördern, die in der Tat oft mit nicht-phonetischen Schriftarten einhergehen. Man findet sie eben auch im antiken Mesopotamien, in China, Ägypten und bis hin zu den mystischen Figuren der Pythagoreer oder in der langen astrologischen Tradition.

Man muss sich allerdings vergegenwärtigen, dass die erwähnten

---

würde), die Möglichkeiten, die Klassifikationen zu manipulieren, aufgrund der Unmöglichkeit, sich vom Kontext abzulösen und vor allem in Ermangelung der Unterscheidung von Ereignis und Struktur, äußerst eingeschränkt bleiben.

13 Vgl. Le Goff 1977-1982, Kap. IV, 1.

Klassifikationen einer völlig anderen Logik folgen als der Logik wissenschaftlicher Diagramme oder sonstiger Tabellen im modernen Sinne. Es handelt sich dabei eben nicht um Schemata von Gegensätzen, welche die (unveränderbaren) Beziehungen zwischen den Begriffen (wie im Falle des aristotelischen Quadrats, das auf dem »Satz vom Widerspruch« und auf dem Prinzip des ausgeschlossenen Dritten basiert) systematisieren, sondern eher um graduelle Gegenüberstellungen, die von der strengen Gleichheit bis hin zu unbestimmten Ähnlichkeiten variieren,[14] die jedenfalls keinen Absolutheitsanspruch erheben. Bereits im China des zweiten Jahrtausends sind beispielsweise Techniken der Speicherung und Manipulation der Zeichen, die aus den Konfigurationen der Opferknochen oder der Schildkrötenschilder gewonnen wurden, entstanden. Aus ihnen sind später Arithmetik und Algebra entwickelt worden.[15] Die Kontextabhängigkeit, die wir für nicht-phonetische Schriftarten ausgemacht haben, haftet diesen Techniken noch an, die keine eindeutigen Zeichen aufweisen, weil die darin analysierten Dispositionen veränderbar und von der jeweiligen Begebenheit abhängig sind. Entsprechend war die chinesische Theoriebildung nicht mit dem Auffinden unveränderlicher Wahrheiten befasst, sondern sie ist eher als ständige Reflexion von Veränderungen zu werten. Selbst wenn man China als »Schriftzivilisation«[16] ansehen muss, ist der Text, auf den alles zurückgeht, das *I-Ging* oder das *Buch der Wandlungen*, das dem Leser nur dann Informationen gibt, wenn dieser zuvor bestimmte Handlungen durchgeführt hat (er muss Münzen werfen und bezieht sich dann auf deren Anordnung). Es handelt sich dabei nicht um einen autonomen Text, sondern um einen Text, der kontextuelle Beiträge verlangt, wobei dann aber Informationen geliefert werden, die offensichtlich eine schriftliche Manipulation voraussetzen.

2. Die raumbezogene Differenzierung

Gemäß der Definition, die wir im ersten Kapitel ausgearbeitet haben, muss neben der Kommunikationstechnologie (in diesem Fall eben der nicht-phonetische Schrift) auch die besondere Differenzierungsform der Gesellschaft berücksichtigt werden, damit man von einem Modell

---

14 Über diese Art von Relationen siehe Lloyd 1966.
15 Vgl. Vandermeersch 1974; Gernet 1974.
16 Gernet 1974, S. 60.

von Gedächtnis sprechen kann. Es ist deshalb an der Zeit, die Frage nach der gesellschaftlichen Differenzierungsform in Angriff zu nehmen, die mit dem Gedächtnis einhergeht, das wir (aus Gründen, die in Kürze noch diskutiert werden) das divinatorische Gedächtnis genannt haben.

Wir haben weiter oben bereits erwähnt, dass die erste Differenzierungsform, die im Luhmann'schen »Katalog« vorkommt, die segmentäre Differenzierung, mit keiner eigenständigen Form von Gedächtnis einhergeht. Die Kommunikation haftet noch zu sehr konkreten Situationen an, als dass sich autonome Strukturen von Beobachtung ausdifferenzieren könnten. Das bedeutet jedoch nicht, dass diese Gesellschaften über gar keine Form von Gedächtnis verfügten. Dies wäre mit dem absoluten Fehlen von Kommunikation gleichzusetzen. Auch hier gibt es Regelmäßigkeiten des Umgangs mit Ereignissen und eine Organisation der Zeit in Form von Erinnerung und Erwartung. Diese erfolgen allerdings dermaßen selbstverständlich, dass sie nicht als Gedächtnisform identifiziert und beobachtet werden können. Eine der fundamentalen Strukturen tribaler Gesellschaften bildet zum Beispiel die Reziprozität.[17] Diese erzeugt ein rekursives Netz von Gaben und Gegengaben, von Kränkungen und Racheakten – und das entspricht eben einem Netz aus Erinnerung und Erwartung. Jede Gabe und jede Kränkung erzeugt zunächst eine asymmetrische Situation, die mit einer entsprechenden Gegenleistung ausgeglichen werden muss, wobei dies eine neue Asymmetrie und somit eine Strukturierung der sozialen Zeit zur Konsequenz hat. Diese Regelmäßigkeit wird aber nicht als Regel formuliert oder zum Prinzip erhoben, sondern sie ergibt sich von selbst und bietet deshalb weder Gelegenheit zur Reflexion noch einen Vergleich mit alternativen Möglichkeiten. Es handelt sich dabei in erster Linie um eine operative Struktur, die auch die Art der Beobachtung regelt.

Die gleiche Selbstverständlichkeit im Ablauf findet sich auch in der elementaren Struktur, in der in segmentären Gesellschaften die Beziehungen mit der Außenwelt geregelt werden, das heißt mit allem, was unbekannt und unvertraut ist. Mit Magie eben, die nicht als Aufhebung normaler Kausalitätsbeziehungen angesehen wird,[18] sondern als gewöhnlicher und banaler Umstand des täglichen Lebens. Die berühmte Studie über die Azande von Evans-Pritchard zeigt auf ein-

---

17 Vgl. Luhmann 1997a, S. 649 ff.
18 Vgl. Luhmann a. a. O., S. 646.

dringliche Weise, dass magische Praktiken in tribalen Gesellschaften nichts Geheimnisvolles oder Übernatürliches aufweisen und dass sie mit der empirischen Beobachtung von Phänomenen weder unvereinbar sind, noch mit diesen in Konkurrenz treten. Die Magie dient der Erklärung besonderer Bedingungen für Ereignisse, die mit den herkömmlichen Mitteln unverständlich blieben. Zum Beispiel weiß man, dass ein Dach deswegen zusammenbricht, weil es von Termiten angefressen worden ist, man kann aber nicht erklären, weshalb es gerade zu dem Zeitpunkt zusammenbrechen musste, als eine gewisse Person sich darunter befand.[19] Die Magie dient also dazu, die einzigartigen Kennzeichen von Ereignissen zu deuten, und ermöglicht auf diese Weise die Orientierung in einer Welt, die nur über das geringste Abstraktionsvermögen verfügt. Die Azande haben aber keine systematische Doktrin ausgearbeitet, die in der Lage wäre, alle Fälle von Magie zu erklären: Die einzig adäquate Reaktion auf Zauberei ist Handlung und nicht analytische Überlegung. Auch hierbei haben wir es mit einer Beobachtungsstruktur zu tun, die zwar der Organisation von Wiederholung dient, aber keine Autonomie auf der konkreten Ebene der Beobachtung aufweist. Es gibt also schon so etwas wie ein gesellschaftliches Gedächtnis, allerdings noch kein autonomes Modell von Gedächtnis.

Es versteht sich von selbst, dass Magie auch komplexere gesellschaftliche Funktionen übernehmen kann. Nicht umsonst findet man Magie in einer der wissenschaftlichen Erkenntnis keineswegs untergeordneten Rolle in gesellschaftlichen Formationen, die bis in die Moderne hineinreichen und über strukturierte und fein differenzierte Formen von Gedächtnis verfügen. Innerhalb einer Semantik mit höherem Abstraktionsvermögen kann sich beispielsweise eine Reflexion über Magie herauskristallisieren, die Magie als Feld übernatürlicher Kräfte oder als Alternative zu empirischen Erklärungen behandelt. Die Form von Magie unterscheidet sich aber in diesem Falle vollkommen von der »Natürlichkeit« der Magie einfacherer Gesellschaften. Gesellschaftliche Strukturen verschwinden beim Übergang in neue Strukturen nicht, nur ihre Bedeutung und ihre Positionierung verändern sich. Segmentierung besteht in jeder nachfolgenden Gesellschaftsform fort, selbst in funktionaler Differenzierung, ohne jedoch weiterhin die tragende Struktur von Kommunikation zu bilden.

Um auf der Beobachtungsebene autonome Strukturen auffinden zu

---

19 Vgl. Evans-Pritchard 1937, insbesondere Kap. 1. 4.

können, muss Kommunikation einerseits den Charakter von Selbstverständlichkeit verlieren, andererseits muss ein Übergang zu asymmetrischen Formen der Differenzierung stattgefunden haben: zur stratifikatorischen Differenzierung und zur Differenzierung nach Zentrum und Peripherie. Ein solcher Übergang ist aber nicht eindeutig auszumachen, weil die Grenzen von Segmentierung zu Stratifikation bzw. zu einer Differenzierung nach Zentrum und Peripherie fließend sind. In allen Gesellschaften, also auch in segmentären, können Elemente einer Differenzierung nach Zentrum und Peripherie (in der räumlichen Anordnung der verschiedenen Einheiten) oder Unterscheidungen stratifikatorischer Art (in den Beziehungen im Inneren der Gruppen, die in der Regel auf natürlichen Begebenheiten basieren, wie das Alter, das Geschlecht oder der Verwandtschaftsgrad) ausgemacht werden. Diese Elemente genügen aber noch nicht, asymmetrische Formen gegen die Symmetrieregel (oder: gegen Reversibilität), auf der die Regelung der Beziehungen in segmentären Gesellschaften basiert, durchzusetzen.[20] Asymmetrie verlangt in jeder ihrer beiden Erscheinungsformen die Überwindung der Selbstverständlichkeit sozialer Beziehungen: die Herausbildung stabiler Differenzen, die das Verhalten strukturieren, die identifiziert und als solche auch beobachtet werden können. Hieraus begründet sich auch der enorme Anstieg der Komplexität und Reflexivität von Kommunikation.

Asymmetrische Formen treten immer in einem gemischten »Zustand« auf. Alle Hochkulturen bedienen sich sowohl des stratifikatorischen Prinzips (die Endogamie der gehobenen Schichten, die sich aus verwandtschaftlichen Strukturen heraus entwickelt) als auch des räumlichen Prinzips (die räumliche Differenzierung kommunikativer Bedingungen – zwischen Stadt und Peripherie).[21] Es verhält sich sogar so, dass die Konzentration der Kommunikation in den Zentren fast unausweichlich zu der Herausbildung von Stratifikation führt; die Differenzierung nach Zentrum und Peripherie ist eine »Differenzierung von Differenzierungsformen, auf dem Lande noch segmentärer und in der Stadt schon stratifikatorischer Differenzierung«.[22] Wir wollen in den Fällen, in denen das territoriale Prinzip die Leitung für die Repräsentation der Welt und der Organisation von Komplexität übernimmt, das heißt in den Fällen, in denen man sich auf eine räumliche Ordnung stützt, dennoch von einer autonomen Form von

---

20 Vgl. Luhmann a. a. O., S. 657.
21 Vgl. Luhmann a. a. O., S. 662, Kap. 4.V und 4.VI.
22 Luhmann a. a. O., S. 674.

Zentrum und Peripherie ausgehen. Im antiken Mesopotamien beispielsweise begründete die Unterscheidung hier/anderswo (*here/far away*) die Definition der Zugehörigkeit zur Gesellschaft (die Unterscheidung *own/other*). Was als »own« anerkannt wurde, befand sich geographisch im Hier, während das »other« fern war, hinter den Bergen, auf der anderen Seite der Wüste, jenseits des Flusses usw.[23] Alle anderen Unterscheidungen, selbst Rangunterschiede waren der räumlichen Anordnung der Welt untergeordnet.

Die Priorität des räumlichen Prinzips hat eine Reihe interessanter Konsequenzen. Zunächst handelt es sich dabei um eine relativ voraussetzungsarme Form von Asymmetrie, da sie noch ziemlich konkret und außerdem bereits in segmentären Gesellschaften angelegt ist. Es handelt sich dabei nämlich um eine Form, die eine vollständige Beschreibung der Welt ermöglicht, ohne dass die konkrete Ebene dafür verlassen werden müsste. Man bedarf zur Orientierung keiner abstrakten Vorstellung von Raum – man ist mit anderen Worten nicht darauf angewiesen, auf den Rückgriff auf den eigenen Kontext zu verzichten. Man kann dies zum Beispiel an der babylonischen »Weltkarte« erkennen, die eine geschlossene zirkuläre Form aufweist, wobei sich in ihrer Mitte die bekannte Welt befindet (Babylonien, der Euphrat und weitere kleine Zentren, die die nahen Staaten anzeigen) und die außen von einem Kreis umgeben ist, der den Ozean darstellt und auf dem wiederum Spitzen angeordnet sind, die für die unbekannten und feindlichen *far off regions* einstehen.[24] Das konfuzianische China kennt ein analoges Modell. China wurde als das »Middle Kingdom« bezeichnet und als Zusammensetzung einer geordneten Anzahl von Kontinenten dargestellt, die an ihrer äußersten Grenze vom großen Ozean umgeben waren, der seinerseits bis zu dem Punkt reicht, an dem sich Himmel und Erde berühren.[25] Dieses typische »kosmologische Bild« wird auf der praktischen Ebene mittels *route descriptions* integriert, die aus dem Blickwinkel des Reisenden heraus entstehen. Im Unterschied zu den darauf folgenden Kartographien werden sie immer aus dem konkreten Kontext des Beobachters heraus

---

23 Vgl. Jonker 1995, S. 35 ff.
24 Vgl. Jonker 1995, S. 41 ff. In ihrer ältesten Form bilden alle drei indischen Kosmographien die Erde als Scheibe ab, die vollständig vom Ozean umgeben ist. Das Modell ist dem mesopotamischen sehr ähnlich und es scheint tatsächlich einen Einfluss mesopotamischen Ideengutes auf das indische gegeben zu haben: vgl. Kirfel 1920.
25 Vgl. Needham 1956, S. 236.

konstruiert[26] – dieser genügt schon, um eine Orientierung in der Welt zu gewährleisten. Gerade das Konkrete räumlicher Bezugnahmen führt bei einer Ausweitung kommunikativer Möglichkeiten auf eine geradezu »natürliche« Weise zu der Unterscheidung von einem Zentrum und den angrenzenden Regionen.[27] Die Autonomisierung stratifizierter Formen verlangt im Übrigen den Verzicht auf räumliche Unterscheidungen zugunsten einer auf abstrakteren Symbolen gründenden Repräsentation der Welt – eine äußerst unwahrscheinliche Umstellung, gerade auch aufgrund der Evidenz der Unterscheidung hier/anderswo.[28] Eine räumliche Differenzierung ist relativ voraussetzungsarm auch was die soziale Ebene anbelangt: Sie funktioniert, selbst wenn die Mehrheit der Bevölkerung (zum Beispiel) auf dem Lande davon keine Kenntnis nimmt – dies ist ein weiterer Umstand, der in stratifizierten Gesellschaften nicht einfach fortbestehen kann.

Gegenüber der Fraglosigkeit von Segmentierung beinhaltet räumliche Differenzierung einen beträchtlichen Komplexitätszuwachs.[29] Es handelt sich dabei nämlich bereits um eine asymmetrische Form, die von denen, die im Zentrum leben, die Unterscheidung zwischen sich selbst und denjenigen verlangt, die in der Peripherie leben, selbst wenn diese Unterscheidung nicht als autonom anerkannt wird.[30] Jede Asymmetrie erhebt den Anspruch auf Vollständigkeit. In dem Moment, in dem man sich eines anderen gewahr wird, entsteht der Bedarf nach einer Form der »Inkorporation der Andersartigkeit des anderen«.[31] Diesem Bedarf haftet offenbar etwas Paradoxes an (da die Inkorporation die Andersartigkeit des anderen zunichte macht),[32]

---

26 Vgl. Jonker 1995, S. 44 ff.
27 Vgl. Luhmann 1997a, S. 670.
28 Vgl. Luhmann a. a. O., S. 681.
29 Nach Vansina 1985 verfügen auch orale Gesellschaften über eine eigene Raumvorstellung; diese ist aber wiederum nur implizit und kontextbezogen. Die Raumvorstellung dient noch hauptsächlich Zwecken der Orientierung: es geht um die Darstellung der Bewegung im Raum. Für die zentralafrikanischen Kuba hängen die Himmelsrichtungen von Nord und Süd von den Richtungen rechts und links ab; sie sind außerdem an eine Person gebunden, die sich gerade vor der Quelle eines (beliebigen) Flusses befindet.
30 Im Sinne der asymmetrischen Gegenbegriffe von Koselleck 1979 haben wir es hier mit einer Unterscheidung vom Typ Griechen/Barbaren zu tun, bei der die Beschreibung des Barbaren dessen mögliche Selbstbeschreibung nicht in Rechnung stellt.
31 Luhmann 1997a, S. 667.
32 Das ist ein Problem, das für alle Formen der Unterscheidung vom Typ Innen/Außen gegeben ist und das von der Moderne an besonders virulent wird: zu diesem Punkt siehe Esposito 1989.

das in dieser Differenzierungsform gerade mittels der Differenzierungsform selbst, konkret also mittels des Rückbezuges auf Raum, gelöst wird: Das »andere« befindet sich ja, wie wir bereits gesehen haben, anderswo (*far away*). Die räumliche Orientierung erzeugt eine eigentümliche Kombination von Kontextbezogenheit und Generalisierung: eine konkrete Kosmologie oder, in der Luhmann'schen Terminologie, eine »partikular basierte universelle Semantik«.[33]

Eine Form dieser Art kann, wie wir bereits gezeigt haben, auch ohne das Bewusstsein eines Großteils der Bevölkerung bestehen. Sie kann auf eine Elite beschränkt bleiben, die ihrerseits dafür in der Lage sein muss, die Situation unter Kontrolle zu halten – dies beinhaltet auch die Ausgestaltung und Verwaltung der Kosmologie. Man kann bei einer solchen Konstellation noch nicht von einer eigentlichen politischen Organisation ausgehen, obwohl die Differenzierung nach Zentrum und Peripherie in vielen voneinander unabhängigen Fällen – im antiken Mesopotamien, in China und im imperialen Ägypten – zur Herauskristallisierung einer politisch-religiösen Bürokratie geführt hat.[34] Die Komplexität der Beziehungen, die nur das Zentrum belastet, verlangt nach einer ausgefeilten Struktur für die Führung und Organisation der Gesellschaft. Die Bürokratie ist als eine adäquate Antwort auf dieses Erfordernis zu werten. In der kosmologischen Anordnung räumlicher Differenzierung ist Politik nicht von Religion geschieden. Die Bürokratie übernimmt beide Bereiche und konstituiert gleichzeitig im Zentrum die exponierteste gesellschaftliche Struktur, auf die die Selbstbeschreibung der Gesellschaft auch gründet. Für das antike China geht man sogar von einer *administrative approach* an natürliche Phänomene aus. Es herrscht ein Naturbild vor, das bürokratische Matrices wiederholt, in dem jedes Ding seinen Platz hat und mit den anderen Dingen durch die »richtigen Kanäle« verbunden ist.[35] Eine nach Zentrum und Peripherie differenzierte Gesellschaft beobachtet sich selbst und die Außenwelt mit der Form der zentralisierten Struktur der Ämter; dies lässt die Schichtungsstruktur (die in diesen Gesellschaften bereits massiv vertreten ist) in den Hintergrund rücken. Das chinesische Gedankengut scheint von einer hierarchischen Logik geleitet worden zu sein, die auf das Unterordnungsprinzip verzichten konnte; die Ordnung der Welt basierte wie die gesellschaftliche Ordnung auf der bürokratischen Konzeption

---

33 Luhmann 1997a, S. 667.
34 Vgl. Luhmann a. a. O., S. 668 ff.
35 Vgl. Needham 1956, S. 338.

einer *rotational responsibility*, der die Idee einer linear verlaufenden Autorität fremd war.[36] Die Kenntnis der Ordnung war der Kenntnis des Gesetzes und sogar einer Kenntnis von Gott vorangestellt. Die geordnete Harmonie der Welt konnte auf den Verweis auf einen Ordner verzichten.[37]

Die gewaltigen Kontrollaufgaben, die der Bürokratie aufgebürdet waren, hätten ohne die Verfügbarkeit von Schrift nicht bewältigt werden können.[38] An dieser Stelle treffen wir wieder auf das erste »Gleis« unserer Abhandlung: die Kommunikationstechnologien und deren Beziehungen zu den zugrunde liegenden gesellschaftlichen Strukturen. Nur die Verfügbarkeit über Schrift gestattet die Aufrechterhaltung einer vom Zentrum ausgehenden gemeinsamen Interpretation der verschiedensten Elemente und ihrer komplexen Relationen. Für diese Koordinierungs- und Reorganisationsaufgaben reichen nicht-phonetische Schriftarten, wie bereits gezeigt, vollkommen aus. Die Objektivierung und Aufbewahrung von Daten in Form von Listen und Tabellen hatte zunächst genau diese Funktion. Darüber hinaus entspricht die Kontextgebundenheit, die für noch nicht vollständig phonetisierte Schriftarten charakteristisch ist, der Kontextgebundenheit und Unmittelbarkeit der Semantiken räumlich differenzierter Gesellschaften. In beiden Fällen werden Verallgemeinerungen durchgesetzt, ohne dass dafür das Konkrete punktueller Ereignisse aufgegeben werden müsste. Die Unabhängigkeit vom Phonetismus – und damit von der gesprochenen Sprache – ist für räumlich ausgedehnte Gesellschaften noch aus dem zusätzlichen Grund besonders geeignet, dass sie eine Übersetzung in die verschiedenen lokalen Dialekte überflüssig macht. In diesem Sinne hat Schrift vermutlich zur Stabilisierung räumlich differenzierter Gesellschaften beigetragen.

Das Verhältnis zwischen der Differenzierung nach Zentrum und Peripherie und nicht-phonetischer Schriftarten ist ein erstes Beispiel für die gegenseitige Bedingtheit und Beschleunigung von Gesell-

---

36 Vgl. Needham 1956, S. 339 und 290.
37 Vgl. Needham 1956, S. 290 und S. 287: »It was an ordered harmony of wills without an ordainer.«
38 Vgl. Luhmann 1997a, S. 671 ff. Unter den ersten Anwendungsformen von Schrift findet man in Babylonien die Abfassung von Gesetzesbüchern, von denen das bekannteste wohl das Gesetzbuch von Hammurabi ist, der in den Jahren 1792-1750 v. Chr. regiert hat. Es existieren aber noch weit ältere Bücher. Die Gesetzesbücher dienten in der Hauptsache der Verwaltung der komplexen zentralisierten Bürokratie: vgl. Lloyd 1979, S. 242.

schaftsstruktur und Kommunikationstechnologien: Ohne Schrift könnte die zentralisierte Führung einer räumlich differenzierten Gesellschaft kaum aufrechterhalten werden, andererseits begünstigen die Erfordernisse dieses Gesellschaftstyps die Ausarbeitung und Verfestigung von Techniken schriftlicher Fixierung, die ansonsten schwerlich über ein Stadium geringster Komplexität hinausgekommen wären. Die ersten Formen von Schrift sind relativ unabhängig voneinander bei den Sumerern und bei den Ägyptern – zwei zentralisierten und stark bürokratisierten Gesellschaften – eingeführt worden; die gegenseitigen Einflüsse dieser Gesellschaften bekräftigen noch die Annahme einer autonomen Beziehung zwischen Gesellschaftsstruktur und Kommunikationstechnologie.[39] Die Semantik scheint zudem in Übereinstimmung mit Gesellschaftsstruktur und Schriftart zu stehen. In ihr spiegelt sich jene konkrete Kosmologie wider, von der wir weiter oben gesprochen haben und die sich insbesondere dadurch auszeichnet, dass sie Generalisierung mit kontextueller Bezogenheit oder, allgemeiner, einen Anspruch auf Vollkommenheit mit einem eigentümlichen Mangel an Abstraktheit zu verbinden vermag.

Wir werden nun, indem wir uns insbesondere einem Typ von Gedächtnis zuwenden (dem divinatorischen Gedächtnis), der dieser Art von Semantik entspricht, sehen, wie dies funktionieren kann und welche Art der Beobachtung daraus resultiert.

3. Die Unterscheidung Oberfläche – Tiefe

Inzwischen stimmt man darin allgemein überein, dass zwischen Weissagung und Schrift ein Zusammenhang besteht. Weissagung impliziert eine Technik der Manipulation von Symbolen, während Schrift ein Repertoire an Symbolen bereitstellt, aber auch dafür sorgt, dass die Symbole miteinander kombiniert und ihre Beziehungen untersucht werden können. Man darf dennoch nicht von einem einfachen Zusammenhang zwischen Weissagung und Schrift ausgehen. Im alten Ägypten ist zum Beispiel, trotz des Vorhandenseins von Schrift, keine Kultur der Weissagung entwickelt worden,[40] während die Alphabe-

---

39 Diese Schlussfolgerung kann man beispielsweise aus Schenkel 1983 ziehen, der noch zusätzliche bibliographische Hinweise anführt.
40 Vgl. Assmann 1992, Kap. 6 I.2. Die Ägypter haben allerdings – dies werden wir später noch sehen – eine Magie entwickelt, die in vielem die Funktionen innehatte, die anderswo von der Weissagung übernommen wurden.

tisierung in anderen Fällen zu einer Kritik der Weissagung und zur Herausbildung anderer Techniken der Vorhersage geführt hat. Ganz ohne Schrift sind jedenfalls nicht einmal komplexe divinatorische Systeme entstanden, die umgekehrt für Gesellschaften nach der Einführung von Schrift – insbesondere der nicht-phonetischen Schrift – charakteristisch sind. Mesopotamien und China gelten denn auch als die großen divinatorischen Kulturen.[41]

Die Kennzeichen nicht-phonetischer Schriftarten begünstigen Weissagung auf eine besondere Weise. Zunächst muss als Kennzeichen die Kontextgebundenheit genannt werden, die eine Unterscheidung von Zeichen und Bezeichnetem verhindert. Unsere Form der Unterscheidung von Mündlichkeit und Schriftlichkeit ist allen Gesellschaften vor der Einführung des Alphabets fremd – und damit auch die Unterscheidung der Wörter von den Gegenständen. Lange nach der Erfindung des Alphabets wird der Name weiterhin als wesentliches Merkmal des bezeichneten Gegenstandes betrachtet – in schriftlosen Gesellschaften hatte der Name noch weitergehendere Funktionen. In Mesopotamien[42] und China[43] drückte der Name Wesen und Bestimmung eines Gegenstandes aus; diese wurden in schriftliche Form übertragen und in der Folge analysiert – es empfahl sich, den mit den Namen verbundenen Beschreibungen zu folgen und notfalls sogar den eigenen Namen zu ändern, falls sich etwaige Inkompatibilitäten ergeben sollten. Die Namen sollten die bedeutenden Eigenschaften der Gegenstände wiedergeben und unterschieden sich daher nicht wesentlich von Bildern: Bilder und Namen erläuterten sich gegenseitig und dienten der Erkennbarkeit von Gegenständen. In der modernen Terminologie handelt es sich hierbei um eine Entsprechung zwischen Wörtern und Gegenständen, die über die Idee der »motivierten« Zeichen[44] hinausgeht und auf einer tieferen Ebene anzusiedeln ist – einer Ebene, auf der Wörter nicht Dinge ersetzen, sondern Wörter und Dinge füreinander existieren, so dass man sie nur innerhalb eines einheitlichen kosmischen Prozesses voneinander unterscheiden kann.[45]

---

41 Man vermutet, dass Weissagung auch bei den Maya eine große Rolle gespielt hat: vgl. Aveni 1990, Kap. VI.
42 Vgl. Bottéro 1987b; 1974, S. 178.
43 Vgl. Gernet 1974.
44 Zu der an Saussure angelehnten Debatte um die Motivation von Zeichen vgl. beispielsweise Martinet 1965, Kap. I; Benveniste 1966. Zusätzliche Hinweise findet man bei Genette, 1976.
45 Bezogen auf die chinesische Schrift vgl. Palumbo-Liu 1993, insbesondere S. 160.

Die »divinatorische Denkweise« geht zusätzlich von Voraussetzungen aus, anhand derer sich die Gedächtnisform erklären lässt, mit der wir uns beschäftigen wollen und die mit dem Begriff der »zweidimensionalen« Semantik[46] umschrieben werden kann. Damit ist eine einheitliche Sicht der Welt bezeichnet, in deren Innerem alle Differenzen absorbiert werden und deren Merkmale ausführlich in Zusammenhang mit der verwickelten und heftig kritisierten gängigen Auffassung einer mythischen Weltsicht diskutiert worden sind.[47] Die »Logik des Mythos« wird im Rahmen dieser Auffassung auf eine grundlegende Ambivalenz zurückgeführt, bei der jedes Phänomen gleichzeitig als sichtbare natürliche Erscheinung und als unsichtbares göttliches Ereignis angesehen wird.[48] Man muss davon ausgehen, dass die divinatorische Denkweise durch eine Allgegenwart des Mythos (bzw. des Sakralen) gekennzeichnet ist, was nicht heißt, dass die numinosen Mächte zu jeder Zeit und an allen Orten gegenwärtig sein müssen – dies führte unweigerlich zu einer Überbelastung der Welt und zu einer Banalisierung der Mächte. Anders als in anderen Kulturen ist das, was allgegenwärtig ist, die Unterscheidung sichtbar/unsichtbar, das, was eine Anrufung des Sakralen jederzeit möglich macht.[49] In der Semantik fehlt die »two-world-division«[50] von Realität und Fiktion. In der Regel wird dies dahingehend interpretiert, dass »das mythische Denken« diese Unterscheidung insgesamt nicht kennt. Indem wir von einer zweidimensionalen Semantik ausgehen, vertreten wir dagegen die Auffassung, dass man an Mythen glauben kann, obwohl man diese

---

46 Der Begriff findet sich bei Assmann 1995b, S. 97, und bezieht sich dort auf die altägyptische Weltsicht.
47 Vgl. u. a. Detienne 1981.
48 Vgl. zum Beispiel Vernant 1965, S. 255 der italienischen Ausgabe. Dieselben Beobachtungen sind bei der so genannten sakralen Denkweise gemacht worden: vgl. etwa Eliade 1967.
49 Vgl. Luhmann 1989c, S. 281. Vgl. mit einem Verweis auf Mesopotamien Jonker 1995: »The colour and the shape of rising smoke, the direction of bird's flight, the death of ritually slaughtered animal, the stars in the firmament and the pocks and colouring on a speep's liver were in themselves not divine, but under precisely defined circumstances they could convey divine intention« (S. 183). In einer Hinsicht, die es noch zu erläutern gilt, beinhaltet diese Bedingung die Allgegenwart von Information; das bedeutet, dass jedes Ereignis und jeder Gegenstand als bedeutsam interpretiert werden kann. Luhmann spricht in diesem Zusammenhang davon, dass es sich bei divinatorischen Gesellschaften um die erste und authentischste Form einer »Informationsgesellschaft« gehandelt hat: vgl. Luhmann 1996c; 1997a, S. 1092 f.
50 Ein Begriff von Goody 1991, S. 96.

gleichzeitig als imaginär ansieht[51] – wobei imaginär durchaus nicht im Sinne von falsch verstanden werden darf. Was hier fehlt, ist lediglich die deutliche Scheidung zwischen zwei unterschiedlichen »Welten«. Das Imaginäre wird zu der einzigen Welt gerechnet, auf die man sich bezieht.

In allen Gesellschaften, selbst in den voraussetzungsärmsten, sind Irrtümer und Lügen vorgesehen, deren Existenz unmittelbar mit der Entstehung von Sprache zusammenhängt.[52] Beim Fehlen einer Kosmologie bleiben Irrtümer und Lügen in ihrem Kontext verhaftet und an die Person des Sprechers gebunden, so dass sie mit ihrem Dahinscheiden vergessen werden. Die Anerkennung eines Irrtums bedarf nicht unbedingt eines zugrunde liegenden Begriffs vom Irrtum überhaupt. Eine asymmetrische, raumbezogene Semantik kann nicht auf strenge Kontextbezogenheit beschränkt bleiben und ist mit dem Problem konfrontiert, das Konkrete mit dem Allgemeinen und Verweise auf den Kontext mit Generalisierung in Einklang zu bringen. Sie muss mit anderen Worten über eine Kosmologie verfügen. Die unterschiedlichen kommunikativen Situationen müssen miteinander vernetzt sein und ebenso gilt dies für die verschiedenen Bezeichnungen von Realität. Gleichzeitig muss die Art der Vernetzung aufbewahrt und von Ereignis zu Ereignis reproduziert werden. Damit wird das erzeugt, was Luhmann mit dem Begriff der *Realitätsverdoppelung* bezeichnet: Bestimmte Gegenstände oder Ereignisse werden auf eine besondere Art miteinander in Beziehung gesetzt – dies geschieht nicht nur in der Religion, sondern auch in der Kunst oder im Spiel. Es entstehen so auf Konsens basierende Regeln, die für den Ausschluss von Verworrenheit und Willkür aus dem Bereich des Imaginären Sorge tragen. Die Verdoppelung der Realität kann auf verschiedenen Wegen durchgesetzt werden und muss daher weder die Unterscheidung wahr/falsch mitführen noch zu der Trennung von eindeutig verschiedenen Welten – zum Beispiel Realität und Fiktion – führen. Kosmologie muss nicht zwangsläufig eine Ontologisierung erzeugen – die viel rigidere Anforderungen in Bezug auf die Bestimmung von dem »was ist« und dem »was nicht ist« stellt; dies wird im Kap. III, 3 noch genauer erläutert. In einer spezialisier-

---

51 Mittlerweile tendiert man dazu, die prä-philosophische griechische Denkweise auf diese Weise zu beschreiben: vgl. Lloyd 1966, S. 199 der italienischen Ausgabe; Veyne 1983.
52 Vgl. Luhmann 1996d, Kap. 2/III. Die Lüge bildet nach Eco 1975e, S. 17, die Grundlage für die Existenz von Bedeutung.

ten Semantik muss die Verdoppelung der Realität ohne Rekurs auf Abstraktion durchgesetzt werden und wird damit auf die Objekte selbst übertragen, so dass man zu einem »gedoppelten Objektverhältnis« gelangt.[53]

Mit diesem Begriff bezeichnen wir eine Weise der Unterscheidung von Realität und Imagination, die an die sichtbaren Gegenstände gebunden bleibt; wobei diese aber gleichzeitig Träger unsichtbarer Bedeutungen sind. Die Leitunterscheidung der damit einhergehenden Semantik ist die von Oberfläche und Tiefe.[54] Zwei Dimensionen der realen und konkreten Welt, die gleichzeitig auch die Unterscheidungen von bekannt und unbekannt, vertraut und unvertraut, schließlich von sichtbar und unsichtbar übernehmen. Was in der Folge der autonome Bereich des Imaginären sein wird, entspricht auf diffuse Weise dem Unbekannten: eine verborgene Dimension der bekannten Gegenstände selbst, mit denen man es auf der konkreten Ebene zu tun hat. Es handelt sich dabei auch weiterhin um eine räumliche Dimension. Auf der Oberfläche erscheinen sichtbare *»Lineaturen«*, die als Zeichen für etwas, das sich in der Tiefe befindet und deshalb unsichtbar ist, interpretiert werden müssen. Man kann von einem doppelten Charakter der Gegenstände ausgehen, da sie sowohl mit einer Oberfläche als auch mit einer Tiefe versehen sind.[55]

Mit dem Mittel der Doppelung schafft es die Semantik, sich auch auf das Unvertraute und Unbekannte und sogar auf den Bereich des Sakralen (auf alles, was nicht der unmittelbar erlebten Welt entnommen werden kann) zu erstrecken, ohne dafür einen eigenständigen Bereich des Imaginären oder der Transzendenz auszubilden. François Jullien[56] beschreibt die »chinesische Denkweise« als »immanent« und meint damit, dass sie an Unterscheidungen vom Typ Theorie/Praxis

---

53 Der Begriff stammt von Luhmann 1997a, S. 238.
54 Vgl. Luhmann 1997a, S. 234 ff. Die »Urlinie«, die nach der chinesischen Kosmologie die erste Unterscheidung in der ursprünglichen, formlosen Einheit markiert, trennt zur gleichen Zeit auch ein Oben von einem Unten: vgl. *supra*, NR. 8.
55 »In der Bezeigung des Sakralen wird ein beliebiger Gegenstand etwas anderes, ohne aufzuhören, er selbst zu sein«: Eliade 1967, S. 15 der italienischen Ausgabe; Vernant 1965, S. 219 ff. der italienischen Ausgabe, arbeitet einen Begriff des »Doppelten« der archaischen griechischen Denkweise heraus: alles Doppelte, wie etwa das *kolossos*, haftete nicht den Bildern, sondern gerade den Gegenständen als doppelte Natur an – weder natürlich noch geistig, weder Realität noch Illusion. Es handelte sich um den Subjekten äußere Gegenstände, die sich aber von den vertrauten Gegenständen unterschieden, indem sie gleichzeitig auf zwei gegensätzlichen Ebenen verortet werden konnten: sie waren zugleich an- und abwesend.
56 Jullien 1996, Kap. II.

oder Ideal/Realität kein Interesse hat – es handelt sich dabei um eine eigentümlich ursprüngliche Immanenz, die nicht einfach als Gegensatz zu Transzendenz gedacht werden kann. Das Unbekannte ist in der Tiefe der Gegenstände innerhalb der einzig realen Welt verborgen und über die Interpretation und Manipulation der Oberfläche zugänglich. Die Paradoxie der *Unbekanntheit des Bekannten* wird auf die übliche Art »zweidimensionaler« Semantiken durch die räumliche Projektion einer Differenz gelöst. Auf der operativen Ebene wird die Paradoxie durch Weissagung behandelt – daher auch deren zentrale Position.

Die Weissagung geht eben von der Voraussetzung aus, dass es Oberflächenlineaturen und eine zugrunde liegende Tiefe gibt; gleichzeitig neutralisiert Weissagung die Grenze zwischen Oberfläche und Tiefe, indem sie eine Kenntnis der Art und Weise bereitstellt, den ständigen Grenzübergang zwischen bekannt und unbekannt zu ermöglichen – und dadurch das Unbekannte bekannt zu machen. Die Prozeduren der Weissagung dienen der Lesbarkeit der Oberflächenlineaturen und finden daher immer auf der Oberfläche statt. Es handelt sich dabei um interpretative Prozeduren ohne jede hermeneutische Tiefe (man befragt sich nicht über die Intentionen des Kommunizierenden, und die Glaubwürdigkeit der Aussagen des Priesters oder des Orakels werden nie in Frage gestellt). Diese Prozeduren können als Gesamtheit von bekannten Programmen angesehen werden, die der Behandlung des Unbekannten dienen, »so dass es zu einem vertrauten Umgang mit unvertrauten Bedingungen kommen kann«.[57] In diesem Sinne ist Weissagung als *Technik* anzusehen, die eine Reihe von Regeln enthält, welche nicht erlernt werden können und in ihrer Gesamtheit ein rationalisiertes System bereitstellen, das dem Ausschluss von Willkür aus dem Bereich des Imaginären dient. Die Regeln können ganz unterschiedlicher Natur sein, obwohl sie gleichermaßen eine Lesart der Oberfläche von Gegenständen ermöglichen, die deren tiefere Bedeutung offenbart.

Schrift hat in diesem Zusammenhang in erster Linie die Funktion der Aufbewahrung von Lineaturen, um deren Handhabung sicherzustellen. Damit soll ein Verständnis des die Lineaturen stützenden Systems eröffnet und damit auch Hinweise über die Organisation der Welt gewonnen werden (zumal es keine Trennung von Zeichen – die Oberfläche – und Gegenständen gibt). Dies kann beispielhaft an der Entwicklung der Schrift im alten China abgelesen werde. Anfangs

---

57 Luhmann 1997a, S. 646.

dienten die Symbole lediglich dazu, die Lineaturen auf den Schildern der Schildkröten, die rituell geopfert wurden, zu registrieren.[58] In der Folge sind die Symbole zum Zwecke der genauen Bestimmung ihrer gegenseitigen Beziehungen und Wechselwirkungen zusehends strukturiert und standardisiert worden. Aus den ursprünglichen Symbolen kommt es einerseits zur eigentlichen Schrift,[59] andererseits zur Mathematik, die zunächst lediglich auf eine Art divinatorischer Algebra beschränkt ist, die der Erforschung von Übereinstimmungen dient und nur in dem Sinne abstrakt ist, als man davon ausgehen kann, dass die aufgefundenen Strukturen auf die verschiedenen Facetten der Welt übertragbar sind: auf die Osteomantie (der Lehre der Knochen von Vierbeinern), auf die Cheliomantie (der Lehre von den Schilden der Schildkröten), auf die Geomantie (der Lehre von der Beschaffenheit des Bodens), auf die Physiognomantie (der Lehre vom menschlichen Antlitz als Himmelskarte) und natürlich auch auf die Astrologie.[60] In jedem der aufgezählten Fälle geht es um die Verortung der Linien, um von diesen auf die Tiefe der Weltzusammensetzung zu stoßen. Diese Zielsetzung erklärt die Plausibilität der Anlage nach Entsprechungen – der verschiedenen Konfigurationen und Zeichen und der Zeichen untereinander in den verschiedenen Kontexten –, auf der die divinatorische Technik basiert. Eine einzige Ordnung regelt den gesamten Kosmos: die sichtbaren wie die unsichtbaren Erscheinungen, die unmittelbare Wirklichkeit wie die Imagination. Die Untersuchung von

58 Vgl. Vandesmeersch 1974; Palumbo-Liu 1993, S. 161.
59 Hieraus lässt sich auch der eigentümliche Widerstand der chinesischen Schrift gegen Phonetismus erklären – der sich bei anderen Schriftentwicklungen beinahe automatisch ergibt. Bei den Zeichen der chinesischen Schrift handelte es sich von Anfang an um Ideogramme und nicht um Piktogramme (die ja jeweils für einen Gegenstand stehen). Die Zeichen reproduzierten bereits einen Signifikanten: die abstrakten Linien divinatorischer Figuren. Auch in Mesopotamien hängt der Widerstand gegen den Phonetismus mit divinatorischen Aspekten zusammen: insbesondere mit dem Bedürfnis, den engen Zusammenhang der Gegenstände beizubehalten; vgl. Bottéro 1974, S. 170 f. Man könnte schließen, dass die Wechselwirkung von Weissagung und nichtphonetischer Schrift ad negativum am Widerstand gegen den Phonetismus abgelesen werden kann, den man als Schrift divinatorischer Kulturen ausmachen kann.
60 Dies kann man beispielsweise an der chinesischen Legende von der Geburt der Schrift ablesen, die von Xu-Shen (124-30 v. Chr.) überliefert ist: »Als in der Urzeit Bau Hi die Welt beherrschte, da blickte er empor und betrachtete die Bilder am Himmel, blickte nieder und betrachtete die Vorgänge auf Erden. Er betrachtete die Zeichnungen der Vögel und Tiere und die Anpassungen an die Orte. Unmittelbar ging er von sich selbst aus, mittelbar ging er von den Dingen aus. So erfand er die acht Zeichen, um mit den Tugenden der lichten Götter in Verbindung zu kommen und aller Wesen Verhältnisse zu ordnen.« I Ging 1973, Zweites Buch, II. Abteilung, Kap. 2, S. 304.

Differenzen hat einzig den Zweck, Analogien zu bilden.[61] Dennoch verbleibt die Interpretation der Welt immer auf der Oberfläche, selbst wenn Schriften den Gegenstand der Untersuchung bilden. In Mesopotamien bestand die zu analysierende Welt gleichermaßen aus schriftlichen und mündlichen Texten sowie aus Tempeln, Städten, Landschaften, Statuen und sonstigen Denkmälern.[62] Die Götter hatten die Gegenstände wie Piktogramme angeordnet.

Aus dem Blickwinkel eines außenstehenden Beobachters handelt es sich bei dieser Art, die Unterscheidung bekannt/unbekannt mit bekannten Mitteln zu behandeln (bzw. die Unterscheidung sichtbar/unsichtbar sichtbar zu machen), um eine Paradoxie – in der Terminologie des Formenkalküls von Spencer Brown handelt es sich um ein *re-entry* der Unterscheidung in das durch sie Unterschiedene.[63] Diese Formen der Paradoxie sind Ergebnis von Selbstreferenz: von dem Versuch eines Beobachters, sich selbst als Gegenstand zu beobachten. Im Falle räumlicher Semantiken ist die Paradoxie dem Beobachter selbst nicht zugänglich, weil der Konkretheitsgrad der verwendeten Distinktionen keine adäquate Beobachtung vom Beobachter gestattet. Räumliche Differenzierung beinhaltet nichts weiter als Gegenstände und dies spiegelt sich an der Art der Beobachtung von Weissagung wider: eine »Beobachtung erster Ordnung«, die eben keine Unterscheidung zwischen Objekten und Beobachtern macht und daher in eine unmittelbare Beziehung mit der Welt tritt.[64] Wir haben deshalb von einer zweidimensionalen Organisation der Semantik gesprochen: von Formen der Selbstregulierung von Beobachtung, die zwar gegenüber den konkreten Operationen autonom sind (da sie eine Kosmologie und komplexe Strukturen voraussetzen, die aus der Aufbewahrung und Ausarbeitung der Zeichen abgeleitet werden können), die aber keine abstrakte Welt zu konstruieren in der Lage sind. Alles spielt sich auf der konkreten Ebene der einzig gegebenen Welt ab.

---

61 Nach Lloyd 1966, S. 179 ff. und S. 196 der italienischen Ausgabe, war die Bildung von Analogien in archaischen Kulturen deshalb von zentraler Bedeutung, weil damit Ähnlichkeiten ausgemacht wurden, die als Mittel der Verknüpfung des Unbekannten mit dem Bekannten und Vertrauten dienten.
62 Vgl. Jonker 1995, S. 177. Laut Assmann 1995a war keine antike Kultur in der Lage, *Sachverhalte* von *Sprachverhalten* zu unterscheiden; deshalb auch bezogen sich kosmologische Interpretationen gleichermaßen auf alle Arten von Gegenständen.
63 Vgl. Spencer Brown 1972. Über den Gebrauch des Begriffs des *re-entry* in der Theorie sozialer Systeme siehe z. B. Luhmann 1993d; 1990a, S. 83 ff.
64 Für eine Darstellung der Theorie von Beobachtung vgl. z. B. von Foerster 1984a; Watzlawick/Krieg 1991; Luhmann u. a. 1990; Esposito 1992.

4. Die Anwesenheit des Mysteriums

Die Merkmale einer räumlich bezogenen Semantik verlangen die Anerkennung unlösbarer Mysterien im Inneren der Welt, die sich komplementär zu den Techniken der Weissagung verhalten.[65] Eine zweidimensionale Semantik behandelt nur eine Welt und muss deshalb alle Differenzen intern lösen und daher eine Art »Hypertrophie der Aktualität«[66] erzeugen, die das Gegebene und das Mögliche, das Bekannte und das Unbekannte umfasst. Wir haben schon gesehen, dass sich diese Auflösung der Unterschiede über den Raum vollzieht. Die Welt eines Beobachters erster Ordnung besteht nur deshalb aus sichtbaren und unsichtbaren Gegenständen, weil niemand in der Lage sein kann, alles zu sehen.[67] Die Unterscheidung sichtbar/unsichtbar wird als Unterscheidung anwesend/abwesend behandelt und diese erzeugt ihrerseits die Unterscheidungen Nähe/Ferne und Oberfläche/Tiefe. Unter diesen Voraussetzungen ist die Anwesenheit von Geheimnissen ein natürlicher Sachverhalt, der sich einfach daraus ergibt, dass trotz aller Fähigkeiten der Erkundung und Erkenntnis immer ein darüber hinausgehendes unerkanntes Jenseits übrig bleibt. Die Techniken der Weissagung sind Ausdruck einer »eingestandenen Insuffizienz«[68] und ergeben sich gleichzeitig daraus. Sie dienen der »Vervollkommnung« der Kosmologie unter der Bedingung einer notwendig unvollständigen Kenntnis der Welt und sollen das Unbekannte auf eine bekannte Weise behandeln bzw. sich in der Gegenwart auf das beziehen, was sich im abwesenden »Jenseits« befindet.

In der Welt sind zahlreiche Hinweise enthalten, für deren Interpretation die Wahrsager zuständig sind und die (auf der Oberfläche) einen Zugang zum Verborgenen eröffnen. Die Durchdringung der Welt mit Mysterien bedeutet keineswegs die gleichzeitige Existenz eines Verbotes, die Geheimnisse zu lüften – zumal die Konzeption von Mysterium nicht der modernen Konzeption von Geheimnis entspricht. Im chinesischen Gedankengut ist die zentrale Bedeutung der Weissagung als Instanz für die Interpretation des Unbekannten durchaus mit der Vorstellung kompatibel, dass es keine Geheimnisse gibt, die nicht gelüftet werden könnten.[69] Das »Kryptogramm der

---

65 Vgl. Luhmann 1997a, S. 234 ff.
66 Vgl. Luhmann 1989e, S. 134.
67 Luhmann 1995e, S. 149.
68 Luhmann 1997a, S. 239.
69 Vgl. Gernet 1974, S. 69. Gemäß der Auffassung Julliens 1996, Kap. VI der italienischen

Natur«[70] ist grundsätzlich lesbar, es übersteigt aber zwangsläufig die menschlichen Fähigkeiten. Man könnte auch in der Terminologie Anaxagoras' sagen: »Sicht des Nichtoffenbaren: das Erscheinende«.[71] Das »natürliche Mysterium« bleibt nicht aufgrund eines Verbotes im Verborgenen, sondern weil es aufgrund seiner eigenen Natur nicht sichtbar gemacht werden kann. Mit der Ausweitung der Kenntnisse verschiebt sich das Unbekannte weiter im Raum. Das Mysterium schützt sich selbst. Wer es lüften will, zerstört es nicht, sondern begibt sich lediglich vor etwas Unverständliches. Das Mysterium kann nicht verraten werden, weil es, indem es ausgesprochen wird, jeglichen Sinnes beraubt wird[72] – während das Mysterium bleibt.

In einer räumlich ausgerichteten Semantik löst das Mysterium die Paradoxie der Unterscheidung bekannt/unbekannt, indem es in der Welt einen Raum für einen »unmarked space« vorsieht, der allen Unterscheidungen vorangestellt ist. Der Raum, auf den alles zurückgeführt wird, befindet sich »jenseits« aller Bestimmungen. Die Einheit der Welt ist ein Mysterium, nicht eine Paradoxie. Man kann auch sagen, dass man es mit einem Äquivalent für die Selbstreferenz abstrakterer Semantiken zu tun hat, das Widersprüche sogar auf Kosten der Möglichkeit von Generalisierung auflöst. Die Orientierung am Raum bedarf nicht einmal einer Konzeption von Räumlichkeit.

Unter einem kommunikativen, d. h. gesellschaftstheoretischen Gesichtspunkt kann man einen engen Zusammenhang zwischen der Kontextgebundenheit dieser Semantik und der Angewiesenheit auf Interaktion ausmachen. Kommunikation ist hier in erster Linie mündlich und findet unter anwesenden Personen statt. Selbst wenn Texte herangezogen werden, muss deren Lektüre unter der Bedingung der körperlichen Präsenz der Beteiligten vor sich gehen. Und es ist gerade diese Vollkommenheit der Präsenzen, die keine kommunikative Entsprechung finden kann, sondern nur auf eingeschränkte Weise – oder eben: als Mysterium – dargestellt werden kann. An der Existenz des Mysteriums kann man auch die nicht zu vermeidende Selektivität von Kommunikation ablesen, die nicht nur als Mitteilung von jemandem verstanden werden muss und so die Objektivität des ursprünglichen

---

Ausgabe, ist der Bereich des Unsichtbaren, für das man sich im alten China interessiert, nicht Teil einer intelligiblen Ordnung, sondern es handelt sich dabei um das »noch nicht Sichtbare« vor einem undifferenzierten Hintergrund.
70 Cassirer 1976, S. 143.
71 Dieses Fragment wird Sextus Empiricus zugesprochen (Diels 1957 – 59 B21a).
72 Luhmann 1997a, S. 234; 1989c, S. 273.

Ereignisses nicht wiedergeben, sondern die Ereignisse zusätzlich nur nacheinander ›erzählen‹ kann, so dass die Gleichzeitigkeit und die Polyvalenz der Wahrnehmung verloren gehen,[73] auf deren Basis mehrere Informationen gleichzeitig zur Kenntnis genommen werden: Gestalt *und* Hintergrund, Geräusche *und* Bilder, Wörter *und* der dazugehörige Kontext. Dieser kann dem Abwesenden nicht vermittelt werden.

Man kann die Priorität der Interaktion auch heranziehen, um die Kennzeichen der Mysterienkulte der Antike zu erläutern, die in vielem den Merkmalen der divinatorischen Semantik sehr ähnlich sind.[74] Aus unserer Perspektive ist es auch nicht verwunderlich, dass dem Mysterium ein orientalischer, ägyptischer oder chaldäischer Ursprung zugesprochen wird.[75] Selbst wenn die antiken Mysterien in vielen Fällen geheim waren, ist das Geheimnis kein definitorisches Merkmal von Mysterien. Nicht bei allen geheimen Kulten handelt es sich gleichzeitig auch um Mysterien (zum Beispiel ist private Magie kein Mysterium, noch sind es die hierarchisch strukturierten Religionen, die nur einigen den Zugang zu heiligen Gegenständen oder Orten gewähren), außerdem waren die Mysterien auch nicht im Sinne der Exklusion geheim (sofern sie sich an die vorgeschriebenen Prozeduren hielten, waren alle an der Partizipation berechtigt). Es handelte sich um esoterische Praktiken in der ursprünglichen Bedeutung von Esoterik als einer Gesamtheit nach Innen gerichteter Praktiken (damit ist gemeint, dass die Praktiken auf einen »inneren Kreis« anwesender Personen gerichtet waren) im Gegensatz zu exoterischen Praktiken, die sich einem Außen zuwenden (d. h. allen, auch den Abwesenden).[76] Man könnte hier gewissermaßen von kontextuellen Kulten sprechen. An

---

73 Über die Rolle der Wahrnehmung in der Interaktion siehe insbesondere Luhmann 1984, S. 560 ff.

74 Ich folge hier wesentlich Burkert 1987; für eine Beschreibung antiker Mysterien vgl. auch Giebel 1990. Der Gegenstand des Geheimnisses ist als soziologisches Problem u. a. in Esposito 1996c behandelt.

75 Vgl. beispielsweise Corsetti 1992, S. 16; Dal Pra 1978a. Burkert 1987 lehnt diese Auffassung als Stereotyp ab und behauptet, dass viele Mysterien wie die Eleusinischen Mysterien oder der Kult des Dionysos griechischen oder römischen Ursprungs sind. Dies schließt allerdings nicht aus, dass der ›Geist‹ der Mysterienpraktiken eine besondere Affinität zu einer raumbezogenen Semantik aufweist, die selbst in Gesellschaften mit einer anderen primären Differenzierungsform als der nach Zentrum und Peripherie fortbestehen kann. Auch wenn es falsch sein sollte, die Entstehung des Mysteriums dem Orient zuzuschreiben, so wird damit zumindest diese Affinität bestätigt.

76 Das Verständnis von Esoterik als der Suche nach einer ursprünglichen Weisheit, nach

der Wurzel des Mysteriums stand die Vorstellung einer nicht überbrückbaren Distanz zwischen der unmittelbaren Erfahrung von beteiligten Personen und der Möglichkeit, mit anderen darüber zu sprechen.[77] Die unmittelbare Erfahrung blieb unsagbar. Das Mysterium war unsagbar, jedoch nicht etwa deswegen, weil es nicht gesagt werden durfte, sondern weil es nicht gesagt werden konnte. Nicht, weil es geheim war, sondern aus dem radikaleren Grund, dass es nicht möglich war, darüber zu reden: »A mistery must not be betrayed, but it cannot really be betrayed because told in public it would appear insignificant.«[78] Das Geheimnis bleibt.

Bei den Mysterien handelte es sich in erster Linie um Initiationsriten,[79] also um Formen der Lehre, die das Ziel hatten, mittels der Erfahrung des Heiligen eine Veränderung des Bewusstseins der Beteiligten zu bewirken. Derjenige, der eingeweiht werden sollte, war zu dem Einverständnis angehalten, persönlich anwesend zu sein,[80] um an einer Erfahrung teilzunehmen, die tiefer war, als dies je mit Wörtern hätte ausgedrückt werden können. Es ging um eine persönliche physische Verwicklung, auf die auch die Anwendung von Folter und Sexpraktiken sowie die mittels des Gebrauchs von Wein und Drogen bewirkten ekstatischen Zustände zielten. Bei der Einweihung in die Mysterien handelte es sich nicht um eine Vermittlung von Kenntnissen (es wurde ausdrücklich von einer Nicht-Vermittelbarkeit der Mysterien ausgegangen), sondern um die umfassende Veränderung der Person. Hieraus erklärt sich auch die ambivalente Rolle der Sprache bei den Mysterien, die zentral und begrenzt zugleich war. Sprache kann das Wesentliche nicht erfassen, weil dies seiner Natur gemäß geheim bleiben muss.[81] Sprache kann nicht von Gott, sondern nur auf eine bildhafte, äußerliche und indirekte Weise, die dem Unsagbaren Raum lässt und das Geheimnis vor Banalität schützt, Gott um-schreiben. Deswegen gab es auch weder eine Theologie der Mysterien noch eine heilige Schrift, auf die man sich hätte beziehen können. Dennoch

---

einer okkulten Dimension, die sich dem unmittelbar Erlebten entzieht, ist ein modernes bzw. vormodernes Phänomen: vgl. Faivre 1992. Wir werden darauf noch zu sprechen kommen.

77 »The gap between pure observation and the experience of those involved in the real proceedings remains unbridgeable«: Burkert 1987, S. 91.

78 Burkert 1987, S. 9.

79 Nach Burkert 1987, S. 7, lautet die lateinische Übersetzung von *mysteria* eben *initiatio*.

80 Dies wird von Vernant 1965, S. 236 der italienischen Ausgabe, unterstrichen.

81 Im Sinne des berühmten und oft zitierten Fragments von Heraklit: »Die Natur (das Wesen) liebt es sich zu verbergen« (Diels 1957, 22 B123).

wurden Texte bei den Mysterien viel häufiger als in den anderen religiösen Praktiken der Antike herangezogen.[82] Die Texte enthielten in erster Linie Gebete, Prophezeiungen und Anleitungen für die Rituale; das Wort entfaltete hier eher eine suggestive Macht, die der Anrufung und der Verwicklung diente und kam in seiner organisierenden Funktion eher zum Ausdruck als in seiner Funktion der Beschreibung von Realität. Das Wort wurde hier im Rahmen einer umfassenderen Erfahrung als Gegenstand unter anderen verwendet. Gerade weil die Mysterien an einen konkreten Kontext gebunden waren, erhoben sie keinen Wahrheitsanspruch (und damit keinen Anspruch auf Generalisierbarkeit) und schlossen einander auch nicht aus (es handelt sich hier um die Anerkennung der Verschiedenartigkeit von Kontexten, von der wir schon in Zusammenhang mit der Toleranz für Widersprüche in raumbezogenen Semantiken gesprochen haben: An einem anderen Ort geschieht immer etwas anderes).

Obwohl die Mysterien an eine zweidimensionale Semantik gebunden sind, kommen sie auch nach dem Übergang zu anderen Formen der Organisation von Gedächtnis nicht zum Verschwinden. Viele Merkmale der Mysterien werden in einem Strang des abendländischen Denkens überliefert, der von den Pythagoreern hin zu einigen Ausprägungen des Platonismus und Neoplatonismus, zur Mystik, Kabbala und Alchemie, zu den Reflexionen von Autoren wie Raimundus Lullus, Nicolaus Cusanus oder Pico della Mirandola, bis hin zu Giordano Bruno, dem Hermetismus der Renaissance und der Naturphilosophie romantischen Stils reicht. In all diesen aufgezählten Fällen finden wir ein Bewusstsein für das Unsagbare und für die Grenzen der Vernunft (docta ignorantia) wieder, die zu einer Privilegierung von apophantischen und paradoxen Ausdrucksweisen, von mündlicher Kommunikation und Initiationsritualen geführt haben, sowie zu dem Vorrang einer auf Analogieschlüssen vor einer auf Deduktionen basierenden Vernunft und zu einem Umgang mit Texten, der diese als Gegenstände und nicht als Kommunikationen behandelt. In den folgenden Kapiteln werden wir uns mit einigen dieser Tendenzen beschäftigen. An dieser Stelle müssen wir aber vor allem noch einige grundlegende Differenzen markieren. Die divinatorische Semantik projiziert die eigenen Unterscheidungen auf eine Welt, die deshalb kontextgebunden bleibt, weil sie keine weiteren Dimensionen kennt. Sie ist konkret, weil keine Alternativen vorhanden sind und schließlich

---

82 Vgl. Lloyd 1979, S. 14.

den Raum nicht deshalb als Bezugspunkt benutzt, weil sie ihn vorzieht, sondern weil sie auch alle anderen Dimensionen nur in Unterscheidungen »topologischer« Art auflösen kann. Wenn man aber, wie in den folgenden Semantiken der Fall, über eine Fähigkeit zur Abstraktion verfügt, die eine Unterscheidung verschiedener Dimensionen der Wirklichkeit gestattet, dann hat der Rückbezug auf kontextgebundene Unterscheidungen die Bedeutung einer ausdrücklichen Ablehnung des »ontologischen Dualismus« zugunsten eines Systems von »Dualismen«, der die unterschiedlichen Aspekte der Welt zu einem einzigen System von Entsprechungen verknüpft. Es handelt sich nicht mehr um ein Fehlen von Alternativen, sondern um den bewussten Versuch der Aufwertung unmittelbarerer Annäherungen an die Welt, die man für ursprünglicher und tiefer hält und gegen andere Möglichkeiten kontrastiert. Es handelt sich immer um die Auseinandersetzung mit anderen Möglichkeiten der »Realitätsverdoppelung« – vor dem Hintergrund unterschiedlicher Modelle von Gedächtnis.

5. Das divinatorische Modell

Wir kehren uns dem Gedächtnis zu. Wie hängt das bisher Besprochene mit unserem Thema zusammen? Weshalb haben wir von einem divinatorischen Gedächtnis und nicht lediglich von einer divinatorischen Denkweise oder Kultur gesprochen? Gemäß unseren Ausführungen handelt es sich bei Gedächtnis um die Form der Organisation von Redundanz im Inneren von Semantik, d. h. um Strukturen der Ermöglichung und Regulierung von Wiederholung. Obwohl die systematisierten Formen der Weissagung nicht primär auf die Aufbewahrung von Erinnerung ausgerichtet sind, erzeugen sie die Organisation von Wiederholung und eine Akkumulation von Bedeutungen.[83] Dies genügt uns, um von Gedächtnis zu sprechen. In Gesellschaften, die auf Weissagung ausgerichtet sind, spielt Divination eine zentrale Rolle für die Interpretation der Welt und selbst der Gesellschaft, die ja

---

83 Dies wird auch durch Rituale erzeugt, die entsprechend eine zentrale Position in diesen Gesellschaften innehaben und häufig mit dem Mythos in Verbindung gebracht werden. Unserer Ansicht nach handelt es sich aber beim Ritual in erster Linie um eine operative Struktur (und kommt deshalb in allen – selbst in schriftlosen – Gesellschaften vor), während die Weissagung unmittelbar mit dem Umgang mit und der Organisation von Bedeutungen befasst ist – d. h. mit der Redundanz von Beobachtung, auf der das Gedächtnis basiert.

die Begriffe erzeugt und über deren kommunikativen Gebrauch – über das Beziehungsgeflecht, das der Welt eine Ordnung gibt – bestimmt.[84] Daraus ergibt sich ein spezifisches Modell von Gedächtnis, das wir am Beispiel der großen divinatorischen Kulturen darstellen wollen. Insbesondere werden wir erneut auf Mesopotamien und China zu sprechen kommen, beides Gesellschaften, die über fortgeschrittene und komplexe nicht-phonetische Schriftformen verfügten, nach Zentrum und Peripherie differenziert waren und in denen eine der primären Differenzierung entsprechende zentralisierte Bürokratie vorherrschend war.[85]

Unsere Annahmen erhalten daher eine vorläufige Bestätigung, dass gerade diese Gesellschaften eine Semantik ausbilden, die der Weissagung eine zentrale Bedeutung zuweist. Eine auffällige Ausnahme bildet das antike Ägypten, das trotz ähnlicher Merkmale der Weissagung offenbar keine große Aufmerksamkeit geschenkt hat. Assmann[86] führt diesen Sachverhalt auf die Gleichgültigkeit der ägyptischen Semantik gegenüber der Geschichte zurück, die nur als Beweis für die Wiederholung des immer Gleichen herangezogen wurde.[87] Das Interesse war einzig auf die Geschichte der Götter gerichtet, die in Mythologie eingehen konnte. Daraus ergab sich einerseits eine Entwertung des einzelnen Ereignisses und seiner Bedeutung, das die eigentliche Grundlage der Weissagung bildet, und andererseits die spektakuläre Monumentalisierung als Ausdruck der Privilegierung alles Beständigen. Man muss mit Assmann[88] dennoch festhalten, dass auch in Ägypten sowohl komplexe magische Praktiken als auch eine zweidimensionale Semantik, in der jeder Gegenstand mit einer dop-

---

84 Vernant 1965, S. 257 der italienischen Ausgabe, assoziiert mit Gedächtnis und Weissagung die Grundlagen der mythischen Ausrichtung der Antike.
85 Wir haben bereits erwähnt, dass eine Differenzierung nach Zentrum und Peripherie Stratifikation im Zentrum nicht ausschließt. Im klassischen China gab es zum Beispiel eine Elite, die aber nicht per Geburt rekrutiert wurde, sondern mittels eines komplexen Systems von Prüfungen, bei dem die Fähigkeit zu schreiben eine zentrale Rolle gespielt hat. Auch ist die zentrale Rolle der Bürokratie und deren Verwicklung mit der Verfügung über Schrift in der babylonischen Gesellschaft bekannt: anders als bei den Griechen, bei denen Schrift in einer gewissen Hinsicht verschult war, war der heilige Charakter von Schrift in Mesopotamien eng an eine Kaste von Schriftgelehrten-Priestern gekoppelt.
86 Vgl. Assmann 1992, Kap. I, 4. 5.
87 Dies sei gegen den gängigen *topos* von den Ägyptern als das mit dem längsten Gedächtnis ausgestattete Volk angemerkt. Für diesen *topos* ist ursprünglich Herodot verantwortlich, der die Geschichte der Ägypter auf 11 340 Jahre berechnet hat.
88 Vgl. Assmann 1995b.

pelten Bedeutung – einer oberflächlichen und einer verborgenen – ausgestattet war, entwickelt worden sind. An der Basis stand eine grundlegende Einheit von himmlischer und irdischer Sphäre, die gerade durch das Wort zum Ausdruck kam – so dass zwischen Kommentar und magischer Wirksamkeit bzw. Magie kein Unterschied gemacht wurde. Aus unserer Sicht trifft das Modell der divinatorischen Semantik auch für das antike Ägypten zu – auch wenn wir in diesem Fall eine gewisse Unsauberkeit des begrifflichen Gebrauchs zugeben müssen.[89]

Wir haben in Kapitel I, 2 bereits gezeigt, dass der Zeitbezug für eine Definition von Gedächtnis keine Rolle spielt, weil der Umgang mit Zeit selbst aus der existierenden Gedächtnisform resultiert. Bei der Zeitdimension handelt es sich lediglich um einen Aspekt von Gedächtnis und wir werden noch sehen, dass in divinatorischen Semantiken auch die Zeit raumbezogenen Formen untergeordnet wird. Nach unserem Verständnis ist Gedächtnis nicht notwendig eine Rekonstruktion der Vergangenheit – obwohl das Gedächtnis mit der Unterscheidung von Erinnerung und Vergessen operiert. Damit beschäftigt sich zweifellos auch die Weissagung und sie tut dies auf eine Weise, die von einer zeitlichen Verortung absieht und stattdessen eine Form wiedergibt, die als »Allwissenheit divinatorischer Art (...), die durch die Formel ›was ist, was war, was wird sein‹ definiert ist«[90], bezeichnet worden ist. Das zugrunde liegende Kriterium besteht in der Herausstellung von Relevanzen im Gegensatz zu Irrelevanzen und diese Unterscheidung ist gegen zeitliche Bezüge gleichgültig: Das Relevante ist schon per definitionem nicht zeitgebunden und in einer Ewigkeit anzusiedeln, die eher außerzeitlich als zeitlos ist. In divinatorischen Semantiken entspricht das Relevante deshalb dem Erinnerungswürdigen und man kann auch nicht davon ausgehen, dass eine Unterscheidung wie wahr/unwahr unbekannt war, sondern sie war lediglich dieser Primärdimension untergeordnet.[91] Selbst bei der Unterschei-

---

89 In einem anderen Zusammenhang spricht Assmann, indem er sich auf Ägypten bezieht, von einer »mantisch-hermeneutischen Annäherung« an die Welt, von einer auf Gegenstände jeglicher Art bezogenen Ordnung: vgl. Assmann 1995a, S. 12.
90 Detienne 1967, S. 5 der italienischen Ausgabe.
91 Vgl. beispielsweise Pavel 1986, S. 116 der italienischen Ausgabe. Das Hauptanliegen divinatorischer Praktiken besteht nicht so sehr in deren Wirksamkeit, sondern in deren Ausführung: es geht in einer gewissen Hinsicht um einen performativen Aspekt: vgl. Lloyd 1979, S. 2. Die Ausnahmen von dieser Regel brauchen nicht weiter zu stören: vgl. Lloyd 1966, S. 77 ff. der italienischen Ausgabe. Es geht nicht so sehr darum, das Wahre vorauszusagen, sondern eine Orientierung in der Welt zu ermöglichen – nicht umsonst

dung von Erinnern und Vergessen handelt es sich nicht um ein Verhältnis von Exklusion, wie dies in späteren Semantiken der Fall sein wird, sondern um einen fließenden und ambivalenten Gegensatz, der auf eine einsichtige Weise zur Erläuterung der sich zueinander komplementär verhaltenden Gegensätze herangezogen werden kann, die als das charakteristische Merkmal des »mythischen Weltbildes« gelten.[92] Die Erinnerung enthält immer einen Anteil an Vergessen, so wie auch die Kenntnis der Wahrheit eine Art »positives Vergessen« erfordert, das einerseits von den Anstrengungen und Ereignissen des täglichen Lebens fernhält und andererseits ein Element von Persuasion einführt.[93]

Die Erinnerung ist der Wiederholung und somit der Strukturierung von Beobachtung gleichzusetzen. Diese Strukturierung verlangt aber, wie bereits erwähnt ff, eine Kontrolle der Kohärenz der Beobachtungen durch die Beobachtungen selbst (es ist dies ein weiterer Aspekt unserer Definition von Gedächtnis). Auch hier finden wir die Ambivalenz der divinatorischen Semantik wieder. Kohärenzkontrolle meint in diesem Fall nicht eine Vermeidung von Widersprüchen – bekanntlich gehört die Einschließung von Ambivalenzen und von zirkulären, auf rückwirkender Kausalität basierender Formen (die Voraussage schafft die Voraussetzungen für die eigene Erfüllung)[94] zum Wesen der Weissagung. Die Kohärenz des Gedächtnisses impliziert lediglich eine Verbindung der Beobachtungen, die deren Einbeziehung in die Kosmologie (im oben ausgeführten Sinne) gestattet. Innerhalb dieser Konfiguration kann es durchaus Divergenzen und Inkongruenzen geben, so wie sich auch die Situationen voneinander unterscheiden, mit denen man konfrontiert ist. Dasselbe kann in unterschiedlichen

---

umfasst die Weissagung verschiedene Formen zirkulärer Selbstversicherungen, um von dem möglichen Auftreten von Illusionen oder Fehlern in ihrer Orientierungsfunktion nicht eingeschränkt zu werden. Die zirkulären Selbstversicherungen bestehen in der Einschließung von *self-fulfilling prophecies*, die in jedem Fall zu der Erfüllung der Weissagung führen, sei es, dass man versucht, ihr zu entkommen (wie Ödipus), sei es, dass der Orakelspruch so dunkel und vage ausgedrückt ist, dass Raum für unterschiedliche Interpretationen bleibt: vgl. Luhmann 1997a, S. 238.

92 Viele – besonders auf die alten Griechen beschränkten – Beispiele hierfür finden sich bei Lloyd 1966, der die Behauptung aufstellt, dass bis zu Zeiten Platons die gegensätzlichen Begriffe vieler Gegensatzpaare nicht zu zwei unterschiedlichen und sich gegenseitig ausschließenden Welten gehören, sondern zu derselben Wirklichkeitsordnung (es handelt sich um die bereits erwähnte Zweidimensionalität).

93 Vgl. Detienne 1967, S. 49 ff. der italienischen Ausgabe.

94 Herodot bietet hierfür reichlich Beispiele; eines dieser Beispiele bietet die Geschichte des Kambyses: *Storie*, III, S, 28 ff.

Situationen auch etwas Unterschiedliches sein. Die Kommunikation ist in einer solchen Gesellschaft immer kontextgebunden. Selbst wenn sie sich schriftlicher Aufbewahrungsformen bedient, handelt es sich dabei im Wesentlichen um mündliche Kommunikation – die ja aus einer Vielzahl unmittelbarer Kommunikationen besteht, die untereinander nicht koordiniert werden können (es sei denn in einer nicht auf Interaktion basierenden Reflexion, die unter der Bedingung von Mündlichkeit nicht verfügbar ist).[95] Es genügt eine Form von Koordination, welche die Auseinandersetzung mit dem einzelnen Ereignis möglich macht, ohne dass der Übergang zu außerkontextuellen Formen erforderlich wäre. Es genügt, wenn die Formen von Redundanz und Erwartbarkeit an die Identität der einzelnen Personen gebunden bleiben, die sich dennoch je nach Situation auch anders verhalten können, ohne dass damit schon die Erfahrung der Inkohärenz einbezogen würde – es genügen auch Formen wie die tradierten Prozeduren im Ritual und in der Divination, die genügend Raum für die Unterschiedlichkeit der einzelnen Ereignisse lassen. In dem Moment, in dem Beobachtungen in Kommunikation als Identitäten, die zugleich als Bedingung von Kommunikation fungieren, behandelt werden, kann man von einer autonomen Struktur der Beobachtung sprechen; dafür muss nicht eigens eine abstrakte Koordination dieser Identitäten vorhanden sein. Eine Identität muss nicht statisch bzw. unveränderlich sein, sondern sie muss lediglich erkannt werden. Die Kohärenz ist hierbei lediglich situationsgebunden und bedarf keiner abstrakten Methodologie zur Vermeidung von Inkonsistenzen. Sie bedarf keiner Logik, die, wie noch gezeigt wird, nur in anderen Semantiken entwickelt werden kann.

Erneut treffen wir auf die Besonderheiten »konkreter Kosmologien«, die eine einheitliche Sicht der Welt mit Kontextgebundenheit koppelt. Gerade die Bezugnahme auf den Kontext ermöglicht die Einschränkung von Willkür, ohne damit zugleich den Ausschluss von Widersprüchen zu bewirken. Dies erklärt auch den auf eine rätselhafte Weise widersprüchlichen Gebrauch von Gegensatzpaaren bei einem Autor wie Heraklit[96] – etwa in dem berühmten Fragment 67: »Gott ist Tag Nacht, Winter Sommer, Krieg Frieden, Sattheit Hunger. Er wandelt sich aber gerade wie das Feuer, das, wenn es mit Räucherwerk vermengt wird, nach dem Duft eines jeglichen heißt.«[97] Heraklit

---

95 Vgl. Luhmann 1997a, S. 253 ff.
96 Lloyd 1966; S. 198 der italienischen Ausgabe.
97 Diels, 22.B.67.

würde nicht behaupten, dass gegensätzliche Attribute demselben Gegenstand gleichzeitig zugewiesen werden können, sondern lediglich, dass sie in unterschiedlichen Situationen gleichermaßen wahr sein können. Die Dimension, in der sich das divinatorische Gedächtnis bewegt, ist in erster Linie die *Kontingenz*. Die Ereignisse sind gegeben, aber nicht zwangsläufig, und könnten unter anderen Umständen auch ganz anders vor sich gehen – ohne deshalb weniger real zu sein. Das Mögliche der Weissagung – das, was man kennen und unter die eigene Kontrolle bringen möchte – ist keine autonome Dimension, sondern eine »Emanation des Realen«.[98] Damit ist nicht gesagt, dass dies Mögliche alles Beliebige sein kann (wie dies dem modernen Blick vorkommen könnte) – in diesem Fall würde die Überprüfung der Kohärenz nichts ausschließen und sich damit selbst überflüssig machen. Die Wirklichkeit verfährt im Gegenteil äußerst selektiv. Nicht jede Interpretation wird zugelassen, wobei die Selektion nicht auf abstrakte Weise erfolgt, sondern ausgehend von den Elementen einer bestimmten konkreten Situation jedes Mal neu aktiviert wird. Wenn man genauer hinsieht, handelt es sich dabei um eine sehr restriktive Art der Selektion – heutzutage sind die Sackgassen von Interaktion wohlbekannt[99] – ohne Allgemeinheitsanspruch. Die Identitäten müssen sich in den verschiedenen Kontexten, in denen sie vorkommen, trotz und aufgrund ihrer Unterschiede bewähren.

Man findet die Merkmale, die das divinatorische Gedächtnis kennzeichnen – Kontextgebundenheit und Wirklichkeitsnähe – auch in der Metapher wieder, die ihrer Illustration dient: der Wachsmasse aus dem *Theaitetos* von Platon.[100] In der Mehrzahl der Abhandlungen über dieses häufig kommentierte Modell spricht man von einem Wachstäfelchen – d. h. von einem Schreibwerkzeug. Diese Interpretation entspricht aber nicht der Semantik, die wir im Sinn haben. Bei Platon wird an der entsprechenden Stelle von einer mehr oder weniger reinen, weichen oder harten Wachsmasse gesprochen, in die nicht die abstrakten Symbole – in ihrer Abwesenheit –, sondern unmittelbar die Formen der anwesenden Gegenstände (damit sind auch die Gedanken gemeint) eingeprägt werden. Diese Art von Gedächtnis verlangt die Gegenwart der Gegenstände und operiert in ihrem Dienste. Die Erinnerung dauert solange das Bild Bestand hat und wird in dem

---

98 Bottéro 1974, S. 185 der italienischen Ausgabe.
99 Goffman liefert in diesem Bezug zahlreiche Beispiele: vgl. Goffman 1988.
100 *Theaitetos*, 191. Die platonische Verwendung dieses Begriffs wird in Kap. III, 4 eingehend untersucht.

Moment gelöscht, in dem das Bild von anderen Gegenständen überlagert wird. Auf dieser Stufe gibt es weder Abstraktion noch Generalisierung, noch eine eigentliche Aufbewahrung der Vergangenheit; Gedächtnis fungiert hier lediglich als Gegenstand unter anderen (Zweidimensionalität), der sich in der Interaktion mit den anderen Gegenständen ständig verändert.

6. Die Strukturen des divinatorischen Gedächtnisses

Die Anerkennung der Anwesenheit des Mysteriums bedeutet die ständige Auseinandersetzung mit einem chronischen Mangel an Kenntnissen. Was bekannt ist, hebt sich vor dem Hintergrund unbekannter und unerkennbarer Sachverhalte ab, von denen vermutet wird, dass sie die eigentlich wesentlichen sind – dies ändert sich auch bei einer Vermehrung der Kenntnisse nicht. Man kann dennoch nicht umhin, Entscheidungen nach einem Kriterium zu treffen, das sich der Willkür (sowohl was die zukünftigen Entscheidungen anbelangt als auch vom Standpunkt anderer Beobachter aus) entzieht. Die Strukturen des divinatorischen Gedächtnisses dienen eben der Behandlung dieses Problems. Es geht um die richtigen Entscheidungskriterien angesichts eines unüberwindbaren Mangels an Wissen.

In diesem Zusammenhang bezeichnet Luhmann die antiken divinatorischen Gesellschaften als die authentischsten Formen von »Informationsgesellschaften«[101] – man muss hierbei bedenken, dass in einem systemtheoretischen Verständnis Information weder eine Gegebenheit noch ein Gut, noch eine »Portion« Wissen darstellt, sondern in erster Linie als eine Art des Umgangs mit einem Mangel an Kenntnissen angesehen werden muss. Von einem Mehr an Information erhofft man sich eine verbesserte Entscheidungsfähigkeit. Da aber immer neue Informationen gewonnen werden können, ist die Suche nach Informationen nie beendet; jeder erreichte Informationsstand ist deshalb notwendig unvollständig und man befindet sich stets in einer Situation mangelnder Informiertheit – also (zirkulär) in einer Situation der Unwissenheit. Die Suche nach Information stellt den Versuch dar, den Mangel an Wissen, der ständig neuen Mangel an Wissen erzeugt, unter Kontrolle zu halten und kann deshalb auch als die

---

101 Luhmann 1997a, S. 1092 f.; 1996c.

Reproduktion der Differenz von Wissen und Nicht-Wissen – oder eben: als Reproduktion vom Mysterium – angesehen werden.

Etwas erhält nur dann den Charakter einer Information, wenn es ein neues Element enthält, eine Überraschung, die schon definitionsgemäß nicht wiederholt werden kann. Die gleiche Nachricht ist bei der zweiten Kommunikation nicht mehr informativ. In diesem Sinne handelt es sich bei einer Informationsgesellschaft – bei einer Gesellschaft, die ihre Entscheidungskriterien auf der Basis der Verfügbarkeit über Information stellt – um eine Gesellschaft, die sich auf eine zirkuläre Weise in der ständigen Erwartung und Abhängigkeit von Überraschung permanent selbst überraschen muss. Es verwundert deshalb nicht, dass die Strukturen einer solchen Gesellschaft, die für die Bereitstellung und Organisation von Überraschungen zuständig sind, selbst zirkulär angelegt sind – eine Zirkularität, die wir bereits hinsichtlich verschiedener Merkmale räumlich differenzierter Gesellschaften beobachten konnten.

Doch welcher Nutzen kann aus der Erzeugung von Überraschung gezogen werden? Man muss sich vergegenwärtigen, dass die aus der permanenten Erzeugung von Überraschungen gewonnenen Informationen nicht mit Wahrheit gleichzusetzen sind. Während eine Nachricht auch dann informativ sein kann, wenn sie unwahr ist, stellt eine wiederholte Wahrheit keine Information mehr dar. Eine Gesellschaft, deren Orientierungskriterien auf Information beruhen, bedarf noch keiner Wahrheitskonzeption, die der modernen, auf Rationalität bauenden Konzeption gleichzusetzen wäre[102] (auch weil eine solche für eine zweidimensionale Semantik noch zu abstrakt ist). Es genügt schon, wenn eine solche Gesellschaft die Fähigkeit ausbildet, Sinn hervorzubringen – und dafür wird durch die Produktion von Überraschungen ständig gesorgt. Die divinatorischen Praktiken interpretieren die Oberflächenlineaturen als Zeichen eines verborgenen Sinns, der immer wieder hervorgeholt werden kann, ohne dabei jedoch die Annahme eines unbekannten Mysteriums zu erschüttern. Die Weissagungen der Priester und die Orakelsprüche offenbaren keine Wahrheiten, sondern bieten lediglich eine Handlungsorientierung. Sie

---

102 Auch die Vorstellungen über eine *bounded rationality* verlassen diesen Wahrheitsbegriff nicht: die Position des Beobachters erfährt zwar eine Schwächung (seine Kenntnisse und seine Fähigkeiten werden als begrenzt aufgefasst), aber die Vorstellung der Möglichkeit einer objektiven Information als Annäherung an die Wahrheit wird nicht verlassen. Der Begriff der Information wird insbesondere in Kap. V, 5 noch eingehend diskutiert.

stellen ein System bereit, das die Paradoxie des Mysteriums entfaltet, indem es etwas als kontingent setzt, das an sich – durch den göttlichen Willen – bereits determiniert ist. Um zu wissen, was man tun soll, muss keine Kenntnis über die endgültige Beschaffenheit der Dinge vorausgesetzt sein – zumal die Ordnung der Welt auch von dem abhängt, was man tut. Oft ist menschliche Handlung überhaupt die Voraussetzung dafür, dass man im Nachhinein den Sinn der Handlung versteht. Dies wird durch unzählige Beispiele retrospektiver Re-Interpretation von Weissagungen, angefangen mit dem Ödipusmodell, eindeutig belegt. Eine Informationsgesellschaft bewegt sich demnach immer in einer Dimension »selbsterzeugter Ungewissheit«[103] und kann aber gerade deswegen Entscheidungen treffen und von diesen Entscheidungen lernen.

Wenn man die Strukturen des divinatorischen Gedächtnisses untersuchen will, stößt man auf Identitäten, die der Regelung von Wiederholungen in einer zirkulären Situation vom eben besprochenen Typus dienen. In einer raumbezogenen Semantik schlägt sich dies durch die Verwendung eines »topographischen« Modells nieder,[104] das trotz aller gebotenen Vorsicht in Bezug auf Assoziationen mit Formen kindlichen Denkens oder einer sekundären Oralität dennoch an das Modell eines »Denkens in Komplexen« erinnert, das von Autoren wie Vygotsky oder Lurija beschrieben worden ist.[105] Während sich der Heranwachsende und der Erwachsene an etwas erinnern, indem sie nachdenken, ist laut Vygotsky beim Kind umgekehrt die Erinnerung die Basis für Nachdenken.[106] Die Strukturen des Gedächtnisses werden von der Organisation der Welt überlagert – umgekehrt reproduziert die Struktur des Gedächtnisses die Organisation der Welt. Denken (und Kommunikation) werden nicht von abstrakten Begriffen, sondern von »Komplexen« einer mnestisch-konkreten Art geleitet, bei denen Generalisierung über die Rekonstruktion von praktisch-visuellen Ereignissen und nicht über die Abstraktionsfunktion der Sprache hergestellt wird. Selbst das Wort – das noch immer wie ein Gegenstand benutzt wird – dient lediglich der Nachbildung konkreter Ereignisse und eröffnet damit keine autonome Dimension.[107] Analog wird Sinn

---

103 Ein Begriff von Luhmann z. B. in 1996c.
104 Vgl. Jonker 1995; Luhmann 1997a, S. 586.
105 Vgl. Vygotsky 1962; Lurija 1976.
106 Vgl. Lurija 1976, S. 29 der italienischen Ausgabe.
107 Siehe hierzu die berühmte Hypothese von Vygotsky 1962 vom egozentrischen Gebrauch der Sprache beim Kind und seine Debatte mit Piaget.

in zweidimensionalen Semantiken an »Objekte« oder »Quasi-Objekte«[108] gekoppelt, die ihm eine die Wirklichkeit reproduzierende Orientierung bereitstellen. Deshalb analysiert Weissagung immer wieder Beziehungen von Homologie und Übereinstimmung, die in jedem räumlichen Segment geortet werden. Die Anordnung der Konfigurationen in der physischen Welt und auf bestimmten Gegenständen (Schilden von Schildkröten, Eingeweiden, Zusammensetzungen von Muscheln usw.) bildet im Kleinen die übergreifende kosmische Ordnung nach, aus der die Informationen gewonnen werden. Jede beliebige Gegebenheit hat informativen Charakter und hängt mit allen anderen Gegebenheiten zusammen: Die vier Jahreszeiten entsprechen den vier Himmelsrichtungen, der Lebenslauf eines Individuums hängt mit der Beschaffenheit seines Körpers zusammen und die Geschichte eines Landes kann aus dessen Topographie abgeleitet werden.[109] In dieser »morphological view of the universe«[110] kann die kosmische Ordnung an der räumlichen Aufteilung abgelesen werden, aus der auch die Struktur von Semantik und die beobachtungsleitenden Unterscheidungen bezogen werden.[111] In der sakralen Dimension[112] ist der Raum keine homogene und neutrale Größe, wie dies heutzutage der Fall ist; der Raum weist im Gegenteil Diskontinuitäten als Zeichen für eine Ordnung auf, die Welt und Chaos voneinander trennt.[113] Die Kosmologie bildet die Topologie nach.

Genau wie für die moderne Version einer Informationsgesellschaft[114] besteht auch hier das Hauptproblem in einem Überschuss an Information – und damit in der Ausbildung von Kriterien der

---

108 Vgl. Luhmann 1997a, S. 37.
109 Vgl. Vernant 1974, S. 14 und 27 der italienischen Ausgabe. Im alten China war auch eine Art von Weissagung vorgesehen (die Geomantie), die auf die topographischen Daten der Erde – etwa die Formen der Hügel oder die Stromrichtung der Flüsse – bezogen war, aus denen Informationen über die allgemeine Ausrichtung der kosmischen Ordnung gewonnen wurden: vgl. Needham 1956, S. 359.
110 Needham 1956, S. 291.
111 Man muss sich hier einen grundlegenden Unterschied zu segmentären Gesellschaften vergegenwärtigen: auch in segmentären Gesellschaften dient der Raum als Träger von Erinnerung, jedoch auf eine derart konkrete Weise, dass die Anordnung der Gegenstände – etwa verlassene Städte, Schlachtfelder, Baumreihen (deren Bepflanzung sich genau an die Länge der Schweinereihen für den symbolischen Tausch hielten) – und die Erinnerung gleichzusetzen sind: vgl. Vansina 1985, S. 45 ff.
112 Die sakrale Dimension wird zum Beispiel von Mircea Eliade beschrieben: vgl. Eliade 1967, Kap. I.
113 Im alten China war der Raum in Regionen – die vier Himmelsrichtungen – aufgeteilt, die von einem Zentrum aus angeordnet waren: vgl. Needham 1956, S. 88.
114 Auf die wir später eingehen werden: vgl. Kap. V.

Zufallsausschließung. In der divinatorischen Sichtweise wird der Zufall in Notwendigkeit, das Kontingente in das Vorbestimmte umgewandelt.[115] Nichts geschieht zufällig und ohne Grund. Wenn der Grund nicht ersichtlich ist, bedeutet es lediglich, dass er dem Bereich des Unbekannten (als des Unvertrauten) angehört.[116] Der Überschuss an (möglicher) Information entspricht hier einem Überschuss an Determiniertheit. Dieser Umstand kann insbesondere aus der menschlichen Perspektive lähmend sein, weil sich darin das Bewusstsein über den zwingenden Charakter der Dinge und zugleich das der menschlichen Begrenztheit und dem sich daraus ergebenden Ausgeliefertsein an den Zufall spiegelt. Die Aufgabe der Weissagung besteht dann vor allem darin, ein spielerisches Element einzuführen[117] und Kontingenzen zu erzeugen, die sich in Informationen umwandeln lassen – beides Dinge, die durch die Vorannahme möglich gemacht werden, dass alles zwingend ist. Was wie ein Zufallsprodukt aussieht, ist dann nicht Ergebnis von Willkür und kann deshalb als Zeichen für etwas behandelt werden. Das Zufällige besteht in der menschlichen Sicht des Notwendigen und gleichzeitig im Zugang des Menschen zu der Notwendigkeit einer Ordnung der Welt.[118]

Die so verstandene Weissagung funktioniert als ein »in sich selbst lernfähiger Zufallsmechanismus«,[119] der dem Kontext Zeichen entnimmt, um sie zu interpretieren.[120] Die Variabilität und Unvorhersehbarkeit kontextueller Faktoren, die für die folgenden Semantiken eine unerschöpfliche Quelle von Störungen darstellen sollten, bilden

---

[115] In der Forschung über Weissagung und Magie herrscht eine allgemeine Übereinstimmung hinsichtlich der Leugnung des Zufälligen. Vgl. unter vielen Cassirer 1976, insbesondere S. 130. Auch wenn im System von Entsprechungen, das in der chinesischen Kosmologie ausgebildet worden ist, für die Steuerung des gesamten Kosmos ein einziges *pattern* vorgesehen war, artikulierte es sich innerhalb eines Netzes selektiver Beziehungen zwischen verschiedenen Klassen von Elementen, die derart streng angeordnet waren, dass »one could not insert a hair between them«: *Ta Tai Li Chi*, zitiert in: Needham 1956, S. 270.

[116] Siehe in diesem Zusammenhang das komplementäre Verhältnis von Erklärungen, die auf natürliche Kausalität abzielen, und solchen, die Zauberei einbeziehen, das von Evans-Pritchard in seiner Studie über die Azande beschrieben worden ist: vgl. Evans-Pritchard 1937, S. 110 ff. der italienischen Ausgabe.

[117] Vgl. Vernant 1974, S. 15 der italienischen Ausgabe.

[118] Das zirkuläre Verhältnis von Zufall und Notwendigkeit ist unter dem Begriff »Casus« in W. Jens/W. Barner/G. Ueding beschrieben.

[119] Luhmann 1997a, S. 237.

[120] Gadamer 1960 (Kap. 2.II.2.a) betrachtet die Anpassung an den Kontext als die Hauptaufgabe divinatorischer Interpretationsformen. Hinsichtlich der Kontextgebundenheit der Divination vgl. auch Luhmann 1990f, S. 116. Bei der Berücksichtigung des

in diesem Zusammenhang eine wesentliche Ressource, die es auszuschöpfen und aufzuwerten gilt.[121] In einer Vorstellungswelt, in der das Glücksspiel nicht vorgesehen ist, sondern nur Schicksal, wird die kosmische Ordnung dem Menschen gerade durch die wandelbaren Aspekte punktueller Situationen zugänglich. Die chinesische Theorie, die eben darum keine eindeutigen Zeichen kennt, weil sich ihre Bedeutung in Abhängigkeit vom Kontext wandelt, zielt auf eine Erklärung für Wandel und Veränderung und nicht auf die Formulierung endgültiger Wahrheiten – diese würden als wenig plausibel und als einschränkend erlebt werden. Es geht nicht – wie in der Metaphysik – darum, Wesenheiten auszumachen, sondern darum, die Ressourcen zu inventarisieren – im Sinne einer Aufwertung der Verschiedenheiten als Möglichkeiten für Variation, um sie von Mal zu Mal auf je spezifische Weise nutzen zu können.[122] Die ganze Welt kann als Piktogramm angesehen werden, auf dessen Oberfläche die tiefe Ordnung der Dinge ausgedrückt ist, die aber für die menschlichen Fähigkeiten zu komplex ist. Die Divination entwickelt »Experimentaltechniken«, mit deren Hilfe auf eine künstliche Weise die Emergenz bestimmter Zeichen erzeugt werden kann, deren Interpretation dann reglementiert und rationalisiert wird: etwa das Werfen von Münzen, Rauchgebilde, die Gestalten, die Mehl im Wasser bildet, die Form der Eingeweide von Opfertieren usw. Die Techniken der Divination befassen sich auch mit der Beobachtung der sichtbaren Naturphänomene; dafür werden aber genau umgrenzte Sektoren ausgewählt – etwa der Flug der Vögel, das Verhalten bestimmter Tiere und Träume, die ebenfalls als Naturphänomene angesehen wurden[123] und für die dann

Kontextes handelt es sich offenbar um »eine paradoxe Forderung, deren Erfüllung ja dazu führen müsste, dass der ›Kontext‹ in einen ›Text‹ verwandelt wird«: Luhmann 1997a, S. 38.

121 Als Beispiel für den Mangel an Plausibilität westlicher Praktiken aus dem Standpunkt raumgebundener Semantiken sei erwähnt, dass für die Azande der Orakelspruch, der dem westlichen Blick als Zufallsergebnis gilt (etwa ob ein Huhn die Verabreichung eines Giftes überleben wird), auf eine tiefere Ordnung als die natürlicher Kausalität verweist, so dass ihnen die westlichen wissenschaftlichen Methoden auf eine grundlegende Weise willkürlich vorkommen: vgl. Evans-Pritchard 1937, S. 339 der italienischen Ausgabe.

122 Vgl. Jullien 1996, Kap. XI, 4. »Change, that is the only thing in the universe which is unchanging«: H. Wilhelm, zitiert in: Needham 1965, S. 33; vgl. auch Needham 1965, S. 32 ff. Yin und Yang sind in erster Linie Mächte der Wandlung; dies erklärt auch erneut, weshalb der Ausgangspunkt nicht eine Einheit, sondern eine Differenz ist: vgl. Vandermeersch 1974, S. 71 der italienischen Ausgabe.

123 Vgl. Dodds 1951, Kap. IV.

Prozeduren der Interpretation angeboten werden. Es handelt sich hierbei um eine paradoxe Systematisierung von Zufällen, die weniger dem Erraten unerwartbarer Ereignisse als vielmehr dazu dient, »die voraussagbare Notwendigkeit in der Ordnung der Dinge experimentell zu zeigen«.[124] Von diesem Standpunkt aus kann man selbst in Praktiken wie dem Gottesgericht noch eine Form von Vernunft ausmachen: die künstlich herbeigeführte Erfüllung einer Weissagung, die zugleich als Nachweis eines vergangenen Ereignisses – eines Verbrechens oder eines anderen ungewissen Ereignisses – fungiert.

Am Gottesurteil kann man ersehen, dass in solchen Praktiken das Notwendige nur im Nachhinein ersichtlich wird und praktisch aus einer Situation resultiert, in der die Weissagung selbst einer der Faktoren darstellt, die zu seiner Verwirklichung beiträgt.[125] Wir haben bereits gesehen, wie die griechischen Orakel die Zukunft, die sie voraussagten, selbst erzeugten. An der Basis des imposanten und komplexen Systems divinatorischer Praxen in Mesopotamien und China stand eine Überlegung vom Typus *post hoc ergo propter hoc*. Ausgehend von der Aufbewahrung experimentell beobachteter Ereignisse wurden Manipulations- und Interpretationstechniken ausgearbeitet, mit deren Hilfe weitere empirische Phänomene vorausgesehen werden konnten. Die Voraussagen, die den Wahrsagern abverlangt wurden, waren das Ergebnis einer Transformation von Kenntnissen a posteriori in Kenntnissen a priori.[126] Die auf Analogien bauende chinesische »Logik« basierte eher auf »proofs by historical examples« als auf logischen Argumenten.[127] Dieselbe Zirkularität findet man an der Basis der »empirischen Überprüfung« der Weissagungen, für die Unverständlichkeit und Zweideutigkeit die grundlegenden Merkmale waren. Eine nicht eingetroffene Voraussage wurde nicht als Scheitern des Wahrsagers oder des Orakels gedeutet, sondern führte zu einer Uminterpretation, die ihn/es im Nachhinein noch bestätigte.

Ausgehend vom klassischen Werk über die Divination von Bouché-

---

124 Vandermeersch 1974, S. 35 der italienischen Ausgabe.
125 Vgl. Bloch 1984, S. 11 ff.
126 Vgl. Bottéro 1987d, S. 134 ff.
127 Vgl. Needham 1965, S. 16. Selbst nachträgliche Erklärungen scheinen keine Probleme bereitet zu haben: ein Herr hatte in seinem Leben keine Vormachtstellung erreicht, weil ihm nach seinem Tode Menschenopfer dargebracht worden sind. Beide Ereignisse waren Teil eines einzigen *timeless pattern*: vgl. Granet 1955, S. 330.

Leclercq[128] unterscheidet die Forschung über Divination eine inspirierte oder direkte Divination, bei der die Gottheit direkt zum Priester oder zum Orakel spricht, von einer induktiven oder indirekten Divination, die auch, bei Bottéro, mit einer bezeichnenden Überlagerung von Induktion und Deduktion deduktiv genannt wird[129] und die eine Interpretation der Zeichen verlangt. Wie wir noch zeigen werden, privilegiert das antike Griechenland das erste (auf Oralität gründende) Modell, während die deduktive Divination von den Gesellschaften vorgezogen wird, auf die unser Modell eines divinatorischen Gedächtnisses bezogen ist: Mesopotamien und China, aber auch das alte Ägypten und Indien (alles Gesellschaften, die über nicht-phonetische Schrift verfügten). Bei diesem Modell, das auf der grundlegenden Rolle von Schrift basiert, treten Argumentationsabläufe zutage, die sich von rein auf Oralität basierenden deutlich unterscheiden und die entsprechend auch eine schriftliche Fixierung und die Handhabung erheblicher Materialsammlungen erfordern, obwohl sie von Abstraktion noch absehen können und sich deshalb ebenfalls von an alphabetische Schrift gekoppelte Formen unterscheiden, die auch im Falle inspirierter Divination am Werk sind. Die durch die Praktiken der Divination ausgewählten oder erzeugten Zeichen müssen zwar interpretiert werden, aber diese Art der Interpretation weist keinerlei hermeneutisches Merkmal auf. Sie hat mit den Absichten oder den Gedanken des Mitteilenden nichts zu tun, sondern bezieht sich nur auf die Ordnung der Dinge.[130] Die Interpretation der Kommunikation entspricht der Interpretation der Welt und nur dies ist von Interesse. Der Sinn der Welt verwirklicht sich sogar ausschließlich durch Interpretation, das heißt durch die Auseinandersetzung mit dem Kontext. Dies wird z. B. von Jan Assmann für das alte Ägypten aufgezeigt;[131] hier zielt die Interpretation von Texten darauf, die *Kultwelt* mit der *Götterwelt* in Beziehung zu setzen, wobei die Reden der Götter als Erklärung für die Kultwelt gelten, die Kulte umgekehrt aber die Götterwelt nicht begründen können.

Schrift hat eine grundlegende Bedeutung bei der Manipulation der

128 Vgl. A. Bouché-Leclercq 1879-1882.
129 Vgl. Bottéro 1974; 1987d, S. 134 ff.
130 Es ist sehr interessant, dass nach Luhmann 1997a, S. 1091, eine der Charakteristiken von Informationsgesellschaften darin besteht, in der Behandlung von Kommunikation eine Privilegierung der Information vor der Mitteilung vorzunehmen – und das heißt eben: nicht-hermeneutische Prozeduren zu verwirklichen. Wir werden in Kap. V noch darauf zurückkommen.
131 Vgl. Assmann 1995b. Siehe auch Assmann 1995a. Von Stietencron 1995 diskutiert eine

Zeichen, allerdings hat diese Manipulation mit einer Analyse von Sprache nichts zu tun,[132] sondern dient, in der Terminologie von Lévi-Strauss, lediglich dazu, die Bedingungen einer Notwendigkeit a posteriori[133] zu entdecken. Die Klassifikationsprinzipien werden nicht schon im Vorfeld festgelegt, sondern sie werden erst in einem zweiten Schritt auf der Basis von Kontinuitäten, Analogien und anderer Beziehungen zwischen den (geschriebenen) Zeichen entdeckt. Das bedeutet jedoch nicht, dass es sich hierbei um ein willkürliches System handelt, sondern lediglich, dass seine Kohärenz nur im Ganzen sichtbar wird. Die Bedeutung der Zeichen ist nie intrinsisch, sondern hängt von ihrem Stellenwert ab.[134] Deswegen ist der Ausgangspunkt insgesamt nicht von Bedeutung. Seine Kontingenz wird im Verlauf der Konstruktion aufgelöst. Wie wir bereits gesehen haben, ist man in China von der Aufbewahrung der Konfigurationen der Schildkrötenschilde (zwischen dem Jahr 234 und dem Jahr 228 v. Chr.) hin zu einem ausgefeilten System von Symbolen (64 *patterns* langer und kurzer Linien sowie ihre unterschiedlichen Kombinationen und Permutationen) und ihrer im *I Ging* (auch: *Das Buch der Wandlungen*) gesammelten Interpretationen gelangt. Auf der Basis eines gegebenen Netzes von Entsprechungen zwischen den Symbolen und den äußeren Sachverhalten ist man dazu gekommen, (a posteriori) über das zu verfügen, von dem man angenommen hat, dass es sich um das vollständige Inventar der Möglichkeiten der Welt (a priori) handelt. Unter Zuhilfenahme kontextueller Elemente war dieses Inventar in der Lage, alle möglichen Verwandlungen zu betrachten und so auch die Zukunft vorauszusehen und die empirische Realität zu kennen. In der Terminologie von Needham handelte es sich beim *I Ging* um »a vast filing system for natural novelty«: um eine Systematisierung von Überraschungen (bzw. von Informationen im oben definierten Sinn).[135] Die

ähnlich gelagerte Situation für die indische Tradition, in der der Kommentar als der wahre, grundlegende Text erscheint und die schriftliche Aufbewahrung lediglich der Bereitstellung eines sekundären Auszugs zu Erinnerungszwecken diente.

132 Für den Fall Chinas siehe Gernet 1978, insbesondere S. 29 ff.
133 Lévi-Strauss 1962; in diesem Zusammenhang spricht er auch von einer Art »rückblickenden« Fortschreitens, das auf der Anlage von Beständen gründet (S. 75 der italienischen Ausgabe).
134 Lévi-Strauss 1962 erklärt in diesem Zusammenhang, dass diese Klassifikationsweisen von »mehrdimensionalen« Logiken geleitet werden. Interessanterweise basiert das logische Polyvalenzsystem von Gotthard Günther auf eben dem Stellenwert der Begriffe: offenbar verlangt die Formalisierung des Kontextes nach einer Logik mit mehr als zwei Werten: vgl. Günther 1962.
135 Vgl. Needham 1965, S. 32 ff. Die erste chinesische Reaktion auf die Berührung mit der

Erforschung der Wandlungen hat zu einem späteren Zeitpunkt zu der Entwicklung komplexer Verfahren der chinesischen Algebra und Arithmetik geführt. Dabei war das primäre Interesse nicht quantitativer, sondern numerologischer Art. In der chinesischen Herangehensweise fielen die Zahlen nicht mit einer empirischen Pluralität in eins, sondern die Pluralität der Gegenstände definierte sich im Gegenteil über die Form einer ihnen zugewiesenen mystischen Zahl, die bereits im Vorfeld ausgesucht wurde.[136] Von der Manipulation der Zahlen erhoffte man sich die Aufdeckung der Beziehungen zwischen den Dingen, die dann in Form empirischer Erklärungen dargeboten wurden: »Der Himmel ist 1, die Erde 2, der Mensch 3. 3 × 3 ergibt 9. 9 × 9 ergibt 81. Die 1 beherrscht die Sonne. Die Zahl der Sonne ist 10. Deshalb wird der Mensch im 10. Monat seiner Entwicklung geboren.«[137] Auch die babylonische Aufbewahrung der Konfigurationen der Leber bei den Opferritualen gilt als Ausgangspunkt für die Entwicklung einer systematisierten mathematischen Theorie, obwohl ihre ursprüngliche Aufgabe darin bestand, divinatorische Abhandlungen bereitzustellen, die als Methodenhandbücher fungierten und die Behandlung hypothetischer Fälle (und sogar völlig unwahrscheinlicher Fälle wie etwa die Möglichkeit des Auftretens von sieben Gallenblasen in einer einzigen Leber) gestatteten.[138] Ähnlich verhält es sich wahrscheinlich hinsichtlich der Entwicklung der Mathematik in Indien oder bei den Maya. Divinatorische Gesellschaften haben zum Teil äußerst komplexe mathematische Kenntnisse erworben, die aber alle einen räumlichen Charakter hatten: etwa die metrische Geometrie oder die Erforschung der »figurativen« (quadratischen, kubischen usw.) Zahlen.[139] In allen diesen Fällen hat die Anhäufung von Beispielen zu einer Umwandlung eines Wissens a posteriori zu einem systematisierten Wissen a priori geführt, mit dem Voraussagen möglich wurden. Dies alles ist ohne den Gebrauch von Abstraktion und unter der grundlegenden Zuhilfenahme des Rückgriffs auf den Kontext geschehen.

westlichen Wissenschaft bestand in der Behauptung, dass die wissenschaftlichen Wahrheiten in den 8 Urzeichen bereits enthalten waren, wie dies *nach* dem Studium der westlichen Bücher festgestellt worden war: vgl. Needham 1956, S. 336.
136 Vgl. Needham 1956, S. 287.
137 *Ta Tai Li Chi*, Kap. 81, zitiert in: Needham 1988, S. 208.
138 Vgl. Bottéro 1978d; Manetti 1987, S. 24.
139 Über die antiken Formen algebraischen Denkens und ihrer geometrisch-räumlichen Ausprägungen siehe z. B. van der Waerden 1983.

7. Die verräumlichte Zeit

Die Hypertrophie des Gegenwärtigen, die für divinatorische Semantiken kennzeichnend ist, zeigt sich besonders deutlich im Umgang mit der Zeit. Die Bindung an den Kontext beinhaltet auch ein Haften an der Gegenwart und an einen genau begrenzten Raum. Unter dieser Bedingung ist es schwierig, Raumvorstellungen von Zeitvorstellungen zu trennen.[140] In einer räumlich ausgerichteten Semantik wird auch die Zeit primär in einer räumlichen Terminologie begriffen – oder besser: Räumliche und zeitliche Kategorien überlagern einander in einer zweidimensionalen Semantik, die auf beide Dimensionen dieselben Unterscheidungen anwendet. In sehr vielen Fällen bezeichnete die gleiche Wendung die Zeit und den Himmel zugleich.[141] Man kann auch, wie im Falle des Mazdaismus (einer Variante des Zoroastrismus, auf die wir noch zu sprechen kommen werden), davon ausgehen, dass die ursprüngliche Gottheit, aus der alle weiteren Unterscheidungen abgeleitet werden, die Zeit war, dies ändert aber nichts an der Semantik, die an konkrete Unterscheidungen gebunden bleibt und nicht über genügend Abstraktionsvermögen verfügt, die gegenseitig unabhängigen Dimensionen der Zeit und des Raumes zu unterscheiden und voneinander zu trennen.

Auch im Umgang mit der Zeit markiert die Verfügbarkeit über schriftliche Aufbewahrungsformen einen Unterschied gegenüber einer bloß mündlichen Begrifflichkeit, bei der die Beobachtungsstrukturen den Strukturen der Operationen unmittelbar entsprechen. Es scheint, dass beispielsweise für die Nuer die Zeit über konkrete Tätigkeiten definiert wird, während das Umgekehrte nicht der Fall ist. Der im jährlichen Zyklus wiederkehrende Sommer bezeichnet nicht den Zeitpunkt, an dem man auf den Feldern arbeitet, sondern er beginnt faktisch dann, wenn die Menschen beginnen, sich in Richtung der Felder zu bewegen. Die zeitlichen Einheiten variieren außerdem je nach Zeitpunkt. Die Stunden und Tage sind je nach Jahreszeit mehr oder weniger lang und bilden ein System »flexibler Zeit« ohne geschichtliches Gedächtnis außer dem, das für die gegenwärtigen Tätigkeiten unmittelbar benötigt wird.[142] Man hat über eine »ökologische Zeit« gesprochen, die durch den Rhythmus und die Wiederkehr der

---

140 Vgl. Luhmann 1997a, S. 252; 1990 f.
141 Für das archaische Griechenland vgl. beispielsweise Degani 1961, S. 119; für die antiken Kulte des Mittleren Ostens vgl. Zaehner 1922; für die Maya siehe Aveni 1989, Kap. VI.
142 Vgl. Evans-Pritchard 1940.

natürlichen Phänomene, durch die Erfordernisse außerordentlicher Ereignisse oder durch die Dauer des menschlichen Lebens eine Einteilung findet.[143] Unter diesen Bedingungen kann es keine autonome Zeit geben, weil es auch keinen von konkreten Operationen autonomen Raum gibt.

Bei den Völkern, die über Schrift verfügen, verhält es sich (selbst wenn es sich dabei um eine nicht-alphabetische Schrift handelt) scheinbar anders. Die vorherrschende Vorstellung scheint die im Wesentlichen räumliche Vorstellung einer umfassenden Zeit, die den genau festgelegten Bereich des täglichen Lebens von außen umgibt.[144] Es ist dies eine Vorstellung, die weder Transzendenz noch den Verweis auf eine außerweltliche Dimension beinhaltet, obwohl sie eine Kosmologie voraussetzt, die auch das (zeitlich und räumlich) Abwesende einschließt – und deshalb über eine Stabilität jenseits des laufenden Ereignisses verfügt. Die Unterscheidungen, mit denen diese Vorstellung von Zeit zum Ausdruck gebracht wird, sind selbst räumlicher Art. In erster Linie handelt es sich um die Unterscheidung Nähe/Ferne, die einen vertrauten Bereich, der die Vergangenheit, an die man sich erinnert, und eine Zukunft, die man über das gegenwärtige Verhalten steuern kann, mit einschließt, von einem unvertrauten Bereich, der sich in eine unbestimmbare Ferne verliert, trennt.[145] Eine ähnliche Struktur findet sich in der altägyptischen Unterscheidung Diesseits/Jenseits[146] oder in der mesopotamischen Unterscheidung zwischen dem, was sich vorne befindet (die Vergangenheit) und dem, was hinten bleibt (die Zukunft).[147]

In allen diesen Fällen dient die Unterscheidung der Darstellung der Einheit von Zeit, die dennoch im Wesentlichen ein Geheimnis bleibt. Sie ist das »Jenseits«, das nie begriffen werden kann, obwohl es nur in der Opposition zu einem »Diesseits« existiert. Obwohl innerweltlich, ist die ägyptische Zeit deshalb dennoch ungreifbar. Zwar ist sie im

---

143 Vgl. Vansina 1985, S. 173 f.
144 Für das archaische Griechenland siehe beispielsweise Degani 1961, S. 75; für das alte Ägypten siehe Assmann 1975, S. 31.
145 Vgl. Luhmann 1997a, S. 252.
146 Vgl. Assmann 1975, S. 10 und im Folgenden. Assmann 1984, S. 90 ff., behauptet, dass die alten Ägypter keinen Raumbegriff, sondern nur einen Zeitbegriff kannten: Von unserem Standpunkt aus handelt es sich aber um eine Überlagerung der zwei Dimensionen, bei der es keinen Unterschied macht, welche der beiden privilegiert wird. Die von Assmann vorgestellten Unterscheidungen gehören genau der Zweidimensionalität an, die wir hier mit dem Raum in Zusammenhang gebracht haben.
147 Vgl. Jonker 1995, S. 55 ff.

Abstrakten nicht absolut unbegrenzt, aber diese Grenze kann nie erreicht werden. Das Jenseits ist weder das Nichts noch ein transzendenter Bereich, aber es handelt sich dennoch um etwas, das verborgen bleibt, um ein »natürliches Mysterium«.[148] Den Unterscheidungen, die die Zeit darstellen, liegt die Unterscheidung offenkundig/verborgen zugrunde, die das Verhältnis zwischen dem Anwesenden und dem Bereich des Abwesenden – ein immanenter, stets ungreifbarer, unsicherer und im Wesentlichen bedrohlicher Bereich – zum Ausdruck bringt.

Unter diesen Umständen fehlen ausschließlich zeitliche Unterscheidungen wie die Unterscheidung Vergangenheit/Zukunft: eine semantische Besonderheit, von der man annehmen kann, dass sie sich im lexikalischen System der gesprochenen Sprachen in schriftlosen Gesellschaften widerspiegelt (und umgekehrt).[149] Die Debatte über die Sprachen, die vermeintlich nicht über Zeit verfügen – und den dazugehörigen Völkern, unter denen in erster Linie die von Whorf[150] erforschten Hopi-Indianer zu nennen sind – ist wohlbekannt. Die nachfolgenden Forschungen haben ergeben, dass in Wahrheit nur eine autonome Zeitdimension fehlt und nicht überhaupt die Fähigkeit, sich auf Unterscheidungen von der Art vorher/nachher zu beziehen. In den Sprachen der in Frage kommenden Völker werden die zeitlichen Kategorien durch aspektbezogene Unterscheidungen ausgedrückt wie etwa fortwährend/unterbrochen, perfektiv/imperfektiv, punktuell/andauernd, inchoativ/resultativ usw. Unterscheidungen dieser Art findet man auch in abstrakteren Semantiken, die mit Sprachen in Zusammenhang stehen, deren Verbsysteme eine Kombination von Aspekt und »tense« (die Unterscheidung Vergangenheit/Zukunft) verwirklichen.[151] Sie verfügen daher über Verbformen wie das italienische Imperfekt, die englische *continuous form*, das Gerundium, die inchoativen und resultativen Formen der slawischen Sprachen und viele andere, die keine Aufstellung in Vergangenheit oder Zukunft bezeichnen, sondern Unterscheidungen einer anderen Art. Sowohl beim Imperfekt als auch beim Perfekt handelt es sich um Vergangenheitsformen, aber das Imperfekt drückt die Kontinuität einer Handlung

---

148 So Assmann 1975, der sich auf Borges 1953 bezieht.
149 Ich habe in Esposito 1989 diese Hypothese, die selbstverständlich noch empirisch geprüft werden müsste, bereits vorgestellt.
150 Vgl. Whorf 1956; siehe auch Malotki 1983.
151 Für die Kategorien von »aspect« und »tense« siehe Comrie 1976; Lyons 1977, S. 682 und 703 ff. Um eine ähnliche Kategorie handelt es sich bei »shifter« in Jakobson 1957.

aus, so wie auch die »-ing«-Form im Englischen in allen drei Zeitdimensionen oder auch die französischen Konstruktionen vom Typ »être en train de...«. Andere Formen, insbesondere im reichen Aspektsystem der slawischen Sprachen, drücken den Sachverhalt aus, dass eine Handlung angefangen oder beendet wird oder zu einem Ergebnis führt. Ein weiteres Beispiel bildet das Präteritum in vielen europäischen Sprachen. Der Unterschied im Vergleich zu Sprachen ohne Alphabet entspricht daher nicht der Unterscheidung *tense*/Aspekt, sondern bezieht sich eher auf den Sachverhalt, dass Letztere offenbar keine autonomen Unterscheidungen von *tense* kennen.

Analoge Bedingungen scheinen auch für Sprachen zu gelten, die mit einer Semantik vom divinatorischen Typ in Zusammenhang stehen und einerseits über eine Begrifflichkeit von Zeit verfügen, die sie aber andererseits weiterhin mit räumlichen Unterscheidungen behandeln. Beispielsweise ist die Vorstellung weit verbreitet, dass die Zeitdimension dem antiken chinesischen Denken fern gewesen ist;[152] das Fehlen eines abstrakten Begriffs ist für das archaische Griechenland bis hin zu den homerischen Dichtungen und zu Pindar (Chronos taucht nie als autonomes Subjekt, sondern immer nur im Zusammenhang mit bestimmten Ereignissen oder Umständen auf),[153] für Mesopotamien[154] und für das alte Ägypten beobachtet worden (in dem es, wie es scheint, keinen lexikalischen Begriff für die abstrakte Zeit, sondern nur ein Wort – *h' w* – gab, das auf eine konkrete Weise die »Zeitspanne« von etwas in der Zeit Gegebenem bezeichnet hat, etwa die Lebenszeit eines sterblichen Wesens innerhalb der Begrenzungen von Geburt und Tod[155] – ein Ausdruck, der also nur die »Zeit von etwas« angezeigt hat). In allen diesen Fällen sind im Übrigen Begrifflichkeiten räumlicher Art verzeichnet worden, die an aspektbezogene Unterscheidungen gekoppelt sind. China scheint ein Verständnis für eine Vielzahl von lokalen (d. h. von kontextuellen) Raum-Zeiten

---

152 Diese Vorstellung wird in Needham 1965 diskutiert.
153 Vgl. beispielsweise Fränkel 1955, nach dem wir »bei Homer [...] eine fast völlige Indifferenz gegenüber der Zeit finden« (S. 1). Die Zeit wird auf eine unmerkliche Weise von den Ereignissen getragen, und wenn die Vorgänge untereinander verbunden sind, so hängt dies nicht von irgendeiner Form von Synchronisation ab, sondern von dem Vorhandensein eines »sachlichen Zusammenhanges«: die Personen »gehören zusammen«, oder sie treffen sich, oder ein Ereignis ruft eine Reaktion hervor. In Bezug auf Homer spricht Fränkel sogar von einem »unentwickelten Zeitsinn« (S. 6). Vgl. auch Degani 1961, S. 117 ff.
154 Vgl. Jonker 1995, S. 35 ff.
155 Vgl. Assmann 1975, S. 11 und 48.

ausgebildet zu haben, die nebeneinander existierten und aus denen die Vorstellung einer »in Blöcken« aufgeteilten Zeit abgeleitet war, die in Form von Kontinuitäten und Diskontinuitäten zum Ausdruck kam.[156] Es scheint, dass die Zeit bei Homer und Pindar immer die Konnotation von Dauer gehabt hat und an das Warten gekoppelt wurde[157] und dass die antike Sprache Ägyptens ursprünglich die aspektbezogene Opposition zwischen Perfektivität und Imperfektivität verwirklicht hat.[158] Obwohl für die Erfassung einer autonomen Zeitdimension keine hinreichende Fähigkeit zur Abstraktion zur Verfügung stand, fehlte es durchaus nicht an Aufmerksamkeit für die Zeit. Dies kann man auch daran ersehen, dass die großen divinatorischen Kulturen über komplexe Aufzeichnungen von Ereignissen verfügten: die chinesischen dynastischen Geschichten, die Auflistungen der babylonischen Könige, die geschichtlichen Aufzeichnungen Ägyptens. Es handelte sich jedenfalls immer um unterschiedliche Formen eines dem »Hier« des gegenwärtigen Augenblicks untergeordneten Gebrauchs von Vergangenheit.

Die raum-zeitliche Einheit (das Mysterium) wurde, so scheint es, vorwiegend durch die Idee der Ewigkeit ausgedrückt, in der noch keine auf *tempus* bezogene Unterscheidung einbezogen war[159] und die sogar nicht einmal in einer zeitlichen Terminologie begriffen wurde. Im archaischen griechischen Verständnis bis hin zu Homer[160] bedeutete *aion* schlicht das Leben als »Lebenskraft« und Tätigkeit (und konnte auch das Rückenmark bezeichnen) und wurde von der Lebensdauer oder sogar von der Weltzeit nicht unterschieden. *Aion* war die umfassende Zeit, die allerdings immer als gelebte Zeit verstanden wurde, in Absetzung von einem *hic et nunc* – über das sie hinausgelangte. In einer abstrakten Terminologie gefasst, handelt es sich bei *aion* um einen zweideutigen und polyvalenten Begriff, der nur im Zusammenhang mit einem Kontext eine Bedeutung erlangt. Dieses Verständnis einer ursprünglichen und konkreten Ewigkeit findet man noch in der Orphik und in den Mysterien von Mitra, die nicht umsonst mit den orientalischen Kulten in Verbindung gesetzt werden. Soweit man dies

---

156 Vgl. Granet 1934, S. 86 ff.
157 »Beim Warten hat man also die Zeit entdeckt«: Fränkel 1955, S. 2.
158 Vgl. Assmann 1975, S. 47. Dem aspektbezogenen System Ägyptens werden wir uns in Kürze erneut zuwenden.
159 Eine solche Unterscheidung wird, wie wir noch sehen werden, erst mit Platon explizit: vgl. Kap. III, 7.
160 Ich beziehe mich hier vorwiegend auf Degani 1961.

rekonstruieren kann, scheint die ursprüngliche babylonische Kosmologie (die in Griechenland über den Mazdaismus überliefert worden ist)[161] eine Urgottheit vorgesehen zu haben, in der Himmel, Zeit und Schicksal zusammenfielen. Es handelte sich dabei um eine konkrete Wesenheit, die nicht in einem transzendenten Sinne, sondern wegen ihrer Allgegenwart ewig war. Gerade aufgrund ihrer Immanenz handelte es sich bei dieser Gottheit um ein Mysterium, das nur in seiner Begrenztheit und gleichzeitig jenseits derselben, jenseits einer Abwesenheit, die nur in der Anwesenheit erfasst werden konnte, gegeben war. Es ist dies eine konkrete Ewigkeit, die von keiner Vernunft, nicht einmal der göttlichen (dessen Essenz ihr unbekannt war), begriffen werden konnte.[162] Die Ausdrucksweisen dieser ewigen Zeit waren, angefangen von der Unterscheidung potentiell/aktuell, aspektbezogener Art: In einer endlichen Zeit wird das Sein manifest, das Potentielle aktuell. Die Aktualisierung der Zeit geht durch die Handlung hindurch, die sich zur endlichen Zeit komplementär verhält: »time limits action, and action limits time«.[163]

Auch in Ägypten bildete eine Ewigkeit nach Assmann[164] den wichtigsten Grundbegriff, den er mit einer Reihe von Paradoxien umschreibt: die Dauer des Wandels, die Einheit des Diskontinuierlichen, die Wiederherstellung der Identität, eine begrenzte Ewigkeit, die Gleichzeitigkeit von Anfang und Ende. Die periodischen Krisen wie der Wechsel von Tag und Nacht oder der Beginn und das Ende eines Jahres (aber auch der Unterschied von Erde und Mond) verwirklichen den in sich selbst bestehenden Fortbestand eines Grundprin-

161 Vgl. Zaehner 1922; Degani 1961, S. 108 ff.
162 »The infinite is that which cannot be comprehended by the intellect: and since it cannot be comprehended by any intellect, it follows that it cannot be comprehended by the intellect of God. Thus to the intellect God, his own essence and that of the Dark Principle, as wholes, are incomprehensible.« (§ 66) »The infinite is that without which nothing from the first is. Nothing can exist without it or separate from it. But in so far as infinite, it cannot be understood« (§ 102): Sikand Gumani Vazar, Kap. XVI, zitiert in: Zaehner 1922, S. 394-395. Heute würde man von der Einheit der Differenz oder von einem *unmarked space* sprechen.
163 Zaehner 1922, S. 107. Die Zeit ist das erste Prinzip, aus dem heraus die anderen Wesenheiten nicht so sehr geschaffen, sondern eher manifest gemacht werden: es handelt sich um eine Herangehensweise von der emanativen Art im Sinne von Günther 1976b; Günther/von Foerster 1967. Am Mazdaismus ist zudem die Vorstellung von Interesse, dass die endliche Zeit und die Welt beide einer »single inconsistency« oder einem in Gott begriffenen »Zweifel« entstammen, von dem aus ein Prozess von Vergeudung in Gang gesetzt worden ist, der die ewige Ruhe der Gottheit unterbrochen hat: vgl. Zaehner 1922, S. 249 ff.
164 Vgl. Assmann 1975.

zips, das immanent war und zugleich jenseits aller Bestimmungen lag. Dieses Prinzip drückte sich in Semantik mittels der aspektbezogenen Opposition von zwei verschiedenen Arten von Ewigkeit aus: »neheh« (die Ewigkeit der zählbaren und zyklischen Diskontinuitäten[165] – eine virtuelle und imperfektive Dimension, die von morgen zu heute führte) und »djet« (die Ewigkeit einer fortlaufenden und sich selbst immer gleichen, vollendeten und abgeschlossenen Ausdehnung – eine aktuelle und perfektive Dimension, die von einem Gestern ausging). In dieser Ausdrucksweise war die Unterscheidung Vergangenheit/ Zukunft durchaus nicht vordergründig.

In diesem Sinne handelt es sich bei Ewigkeit in erster Linie um ein Mysterium. Wie wir aber weiter oben bereits gesehen haben, wird in zweidimensionalen Semantiken der Zufall herangezogen, um (in der Divination) dem Mysterium Informationen abzugewinnen. Die zweidimensionale Semantik verschafft sich einen Zugang zum Verborgenen, indem sie von der sichtbaren Oberfläche ausgeht und so die Paradoxie der Bekanntheit des Unbekannten überwindet. Der Schlüssel hierfür ist die Bezugnahme auf den Kontext. Diese Konstruktion wiederholt sich auch in der Auseinandersetzung mit dem Mysterium der Ewigkeit und den damit einhergehenden Paradoxien über die Koppelung mit einem kontextuellen Wissen um den »richtigen« oder »passenden Augenblick« (so wie auch die Notwendigkeit an den Zufall gekoppelt ist). In Griechenland verwendet man hierfür *kairós*, einen Begriff, der sich genau auf die Zeitbedingtheit eines Handelns unter der Bedingung mangelnder Kenntnisse und auf die Notwendigkeit bezieht, Entscheidungen zu treffen, trotz des vorhandenen Bewusstseins über die Unmöglichkeit einer vollständigen Kenntnis der Umstände.[166] *Kairós* ist die Zeit von *mètis*, einer Form kontextbezogener, auf die praktische Wirksamkeit gerichteter Intelligenz, die sich nicht mit einer unwandelbaren Wahrheit, sondern mit der unendlichen Variabilität und der Vielzahl punktueller Situationen auseinander setzt.[167] Wie der Gebrauch des Zufalls die Orientierung in einem festgelegten Universum ermöglicht, zielt *mètis* auf eine Form der Kontrolle unkontrollierbarer Mächte, wobei dies auf indirekte Weise erreicht wird. Es geht um die Erfassung eines Augenblicks, in dem ein

---

165 »Die unendliche Menge diskontinuierlicher Male«: Assmann 1975, S. 42.
166 Im Verständnis von *kairós* folge ich Trèdè 1992, hier S. 19 u. f.
167 Für *mètis* ist der Bezugstext Detienne/Vernant 1974, die die Aufmerksamkeit auf ein später viel diskutiertes Verständnis gerichtet haben: siehe als einen Ausschnitt, auf den wir im Folgenden noch zurückkehren werden, Ginzburg 1979.

Komplex von unbekannt bleibenden Mächten zur eigenen Gunst in Bewegung gesetzt wird.[168] In diesem Sinne bedeutet *kairós* auch einen Schnitt oder einen Bruch, die Produktion einer Diskontinuität in einem undifferenzierten Kontinuum – obwohl es immer den Ausdruck bzw. die Manifestation der Ewigkeit darstellt und sich davon auch nicht trennt. Es geht mit anderen Worten darum, sich auf den Kontext zu beziehen, um daraus Anleitungen für eine auch ohne Kontrolle aller Faktoren nicht willkürliche Orientierung der Handlungen, zu gewinnen.

Ursprünglich handelte es sich auch bei *kairós* um einen räumlich definierten Begriff. Bei Homer bezeichnete es einen neuralgischen Ort, einen Teil des Körpers, an dem eine Verletzung (insbesondere aus der Sicht desjenigen, der den Schlag versetzt) tödlich sein kann.[169] Diese Bedeutungsebene ergab sich daraus, dass es sich bei *kairós* ebenfalls um eine Gleichgewichtstelle handelte, die mit dem Verhältnis der Teile im Ganzen in Zusammenhang steht (die globale Bestimmung als Kennzeichen der Divination) – von diesem Verständnis spiegelt sich noch etwas in den Bedeutungsebenen von *kairós* als »dem richtigen Maß« oder als Angemessenheit und Schicklichkeit, die aus dem Begriff auch eine ästhetische und insbesondere eine moralische Kategorie machten.[170] Diese Konnotation entwickelt sich allmählich zu einer die Zeit mit einbeziehenden Bedeutung, bis man im 5. Jahrhundert die Idee eines »kritischen Augenblicks«, als der gegenwärtigen Stunde, die gute Gelegenheiten enthalten kann, entfaltet hat. *Kairós* bezeichnet in diesem Fall die Zeitabhängigkeit des Kontextbezuges (in dem sich *mètis* bewegt) und weil der Kontext immer wandelbar und zweideutig ist, muss es sich auch bei *mètis* um eine zweideutige und polyvalente Konstruktion handeln, die »immer anders ist als das, was sie ist«.[171] Wer *mètis* unter Kontrolle bringt, verwirklicht eine paradoxe Form einer nicht zufälligen Kontrolle des Zufalls. Er beherrscht eine weiterhin unbeherrschbare Situation. Die Ausrichtung auf *kairós* schließt nämlich jede Form von Willkür aus. Es handelt sich um ein rationales Kalkül im Inneren einer undurchsichtigen Welt, um eine minutiöse Bewertung der Um-

---

168 Vgl. beispielsweise Detienne/Vernant 1974, S. 37 der italienischen Ausgabe.
169 Vgl. Trèdè 1992, Kap. 1.
170 So beispielsweise bei Hesiod und Pindar, also zeitgleich mit einer fehlenden Differenzierung der Kategorie der Zeit.
171 Detienne/Vernant 1974, S. 16 der italienischen Ausgabe: »sempre diversa da quello che è«.

stände in dem Versuch, gerade in der Vielfalt des Wandelbaren die richtigen Gelegenheiten zu ergreifen.

Zu *kairós* analoge Begriffe sind in zweidimensionalen Semantiken weit verbreitet. Es heißt, dass die Schriftkultur der Maya von der Zeitbedingtheit, insbesondere im Sinne der Verortung des richtigen Augenblicks für Saat, Hochzeit oder Krieg, besessen war.[172] Es verwundert auch nicht, dass das auf grundlegende Weise auf Veränderung und Wandel basierende chinesische Denken eine Vorstellung von Zeit im Sinne des richtigen Augenblicks zum Handeln ins Zentrum rückte – so das *I Ging* und die gesamte konfuzianische Schule.[173] Auch in diesem Fall wird keinerlei Distanzierung vom Ablauf der Ereignisse vorausgesetzt. Es ging nicht um das Ergreifen eines flüchtigen Augenblicks oder einer guten Gelegenheit (für die eigenen Zwecke), sondern um die Anpassung an die und Koordination mit den Abläufen des Realen. Der Augenblick ist nichts weiter als ein merkwürdiger Zufall, der diese Harmonisierung ermöglicht, und kann deshalb nicht vorausgesehen, sondern nur abgewartet werden, indem unter Verzicht auf ein vorgegebenes Modell das Heranreifen der Ereignisse beobachtet wird.[174] Dieses Verständnis entspricht der Gegenständlichkeit der raumbezogenen Semantik, die selbst zeitliche Bezüge in Immanenz auflöst: Die Zeit gehörte der Welt und nicht einem transzendenten Bereich oder gar dem Beobachter an. Deshalb konnte sie auch als mit spezifischen Mächten ausgestattete Kraft angesehen werden, die im Inneren der Dinge wirkte.[175] Auf dieser Grundlage wurden auch die divinatorischen Kalender entworfen, die zu den himmlischen Konstellationen auch die Zeitpunkte angaben, die für die Ausführung (oder Unterlassung) bestimmter Handlungen geeignet waren, und allgemein die Beschaffenheit der Tage anzeigten.[176]

Offensichtlich ist hier ein Verständnis von Kausalität vorausgesetzt, das sich von dem unsrigen vollkommen unterscheidet. In einer zur Gänze von einem unerschöpflichen Netz von Entsprechungen festgelegten und beherrschten Welt wirkt Kausalität nicht in Form einer Aufeinanderfolge (nicht in Form einer Ursache, die der Wirkung vorgeordnet sein muss), sondern in Form von Symmetrien, d. h. ohne

---

172 Vgl. Aveni 1993, Kap. VI.
173 Vgl. Needham 1965, S. 5.
174 Vgl. Jullien 1996, Kap. V.
175 Vgl. beispielsweise Fränkel 1955, S. 13.
176 Vgl. für China Gernet 1974, S. 71 der italienischen Ausgabe; für die Maya Aveni 1993, Kap. VI.

Beteiligung von Zeit. Diese Art der Kausalität ist vorwiegend in Bezug auf China erforscht worden,[177] mir scheint aber, dass sie auf die divinatorische Semantik insgesamt passt.[178] Man hat in diesem Zusammenhang von einem »correlative thinking« gesprochen, bei dem alle Erscheinungen aufeinander reagieren und einem einzigen riesigen *pattern* angehören. Es handelt sich um eine Form synchroner und reversibler Kausalität, die auf die Affinität und Harmonie gründet, welche die Ordnung der Welt beherrschen. Die Erscheinungen des Universums, die derselben Klasse angehören (etwa: Osten, Holz, grün, Wind, Getreide – nach der von der Theorie der fünf Elemente abgeleiteten Klassifikation), treffen sich in einem gegenseitigen Ertönen bzw. erfüllen sich gegenseitig mit Energie. Als Ergebnis ergibt sich ein kausales Netz von Wirkungen, das sich nicht als eindeutige Linie oder als Aufeinanderfolge begreifen lässt, sondern auf eine zirkuläre Weise in allen möglichen Richtungen gleichzeitig wirksam ist, dergestalt dass die Wirkung zu der Erzeugung der Ursache, die sie bewirkt, beiträgt.[179] Wie Yin und Yang getrennt, aber parallel sind, so sind die Erscheinungen eher miteinander vernetzt und kontrollieren sich gegenseitig, als dass sie verursacht worden wären. In diesem totalen Zusammenhang ist *kairós* ein Schnitt, und die Wirkungen, die es hervorruft, hängen von seiner geschickten Anbringung in der Harmonie des Ganzen (die nie greifbar wird) ab.

Selbst die Kohärenz der Ereignisse, die für uns unweigerlich eine Chronologie und komplexe Synchronisationsverhältnisse voraussetzt, hat unter diesen Bedingungen eine gänzlich andere Form. Es ist wohlbekannt, dass Chronologie in einem modernen, abstrakten, absoluten[180] oder auch relativen Sinn dem archaischen Denken fremd war. Bei Homer oder Hesiod wurde die Zeit von der Abfolge der Ereignisse markiert und es war nicht von Interesse, jede Ereignissequenz auf andere Sequenzen zu beziehen, die sich vermeintlich an

---

177 Vgl. Needham 1965, S. 281 ff., und in einer allgemeineren Terminologie Jung 1952a und 1952b. Jullien 1996 spricht gerade in diesem Zusammenhang von einer Vorstellung von Wirksamkeit. Für die Synchronisation der Zeit siehe auch Eliade 1967, Kap. 2.

178 Hubert und Mauss (1902-1903) definieren das »magische Denken« als gigantische Variation des Kausalitätsprinzips.

179 »Nothing was un-caused, but nothing was caused mechanically«: Needham 1956, S. 283, der auch von einer »circuambient« Verursachung statt von einer »particulate« Verursachung spricht (S. 285).

180 Für die gesellschaftlichen Bedingungen der abstrakten Vorstellung von Chronologie kann man Esposito 1997b konsultieren.

ganz anderen Orten, mit anderen Rhythmen ereigneten und einen ganz anderen Takt schlugen.[181] Die Kohärenz wurde eher durch die Genealogie (oder durch die dynastischen Abfolgen, die auch der Einteilung der Zeit dienten) unter Garantie gestellt – und die Genealogie gab auch kein neutrales Bild ab, sondern begründete zugleich eine Struktur.[182]

---

[181] Deshalb geht der Begriff der Zeit, wie wir weiter oben bereits gesehen haben, auch nicht in die Definition von Gedächtnis im Sinne einer Kohärenzprüfung ein.
[182] Vgl. Vernant 1965; Foucault 1971.

III. Das rhetorische Gedächtnis

Wir gehen nun zu einem Modell von Gedächtnis über, das in vielen Hinsichten zwar um einiges geläufiger, von unserer spontanen Vorstellung von Gedächtnis jedoch noch weit entfernt ist. Wie wir sehen werden, ist das rhetorische Gedächtnis noch eng an räumliche Strukturen gekoppelt und tendiert außerdem dazu, die Ordnung der Kommunikation auf die vermeintliche Ordnung der Welt zurückzuführen. Gleichzeitig verfügt es aber über einen ausreichenden Abstraktionsgrad, um eigens soziale Formen von Wiederholung zu erzeugen. Die Formen von Gedächtnis fangen an, Formen von Kommunikation ohne unmittelbare Entsprechung in der wahrnehmbaren Welt zu sein. Die Realitätsverdoppelung beschränkt sich nicht auf die Verdoppelung von Gegenständen, sondern ist erstmals die Projektion eines anderen Bereiches – auch wenn dieser seinerseits aus bestimmten Gegenständen besteht. Die unmittelbare Welt wird von der Ontologie überlagert. Wie wir noch sehen werden, handelt es sich dabei um einen sowohl auf der Ebene von Semantik als auch auf der Ebene von Beobachtung äußerst voraussetzungsreichen Übergang.

Dieser Übergang ist insbesondere für das klassische Griechenland erforscht worden. Allerdings bleibt das resultierende Modell für die gesamte antike Welt und für das Mittelalter kennzeichnend und wird erst mit dem Heranbrechen der Moderne überwunden – es behält also für den gesamten Zeitraum Gültigkeit, der der Rhetorik eine zentrale Stellung bei der Strukturierung und dem Gebrauch von Semantik zuweist. Griechenland bietet in diesem wie auch in vielen anderen Fällen ein sozusagen unvollkommenes Modell, weil es unter vielerlei Gesichtspunkten noch zu sehr den Merkmalen einer divinatorischen Semantik verhaftet bleibt. Man muss die vollendete Verwirklichung der von den rhetorikgeleiteten Redundanzstrukturen bereitgestellten Möglichkeiten vielmehr in den folgenden Jahrhunderten suchen, in denen ihre Formen sich zu dem Hauptbezugspunkt für die Komposition und den Gebrauch von Texten sowie für die Erziehung und für die Selbstreflexion von Semantik entwickeln. Es verhält sich wie so oft eher so, dass sie gerade in dem Moment am besten beobachtet werden können, in dem sie sich verfestigen und beginnen, obsolet zu werden. Zu einer Zeit also, in der schon Zeichen eines Übergangs zu anderen Formen aufgezeigt werden können: im Spätmittelalter und in der Renaissance.

Die Anfänge können jedenfalls im antiken Griechenland als Übergang von der Divination zu der Verweltlichung von Gedächtnis lokalisiert werden.[1] Ursprünglich war das Gedächtnis (*Mnemosyne*) eine Gottheit, welche einerseits die Vergangenheit darstellte und andererseits aber hauptsächlich für die Einführung der Menschen in die großen Mysterien des Kosmos zuständig war – und zwar nicht mittels Kommunikation, sondern mittels einer Art mystischer Gemeinschaft bzw. mystischer kontextueller Beteiligung. Die Erinnerung war noch keine Beobachtung, sondern unmittelbar Teil des Seins. Im archaischen Griechenland wurde die Negation des Vergessens (*lethe*) mit dem Terminus *aletheia* angezeigt, der zugleich den antiken Begriff für Wahrheit, aber auch für Gerechtigkeit und eben auch für Erinnerung abgab.[2] Die entsprechende Semantik bildet ein fließendes Feld von Dualismen oder von Polaritäten, die noch nicht zu starren Oppositionen kristallisiert sind und die auch die Paare wie Lob und Tadel, Überredung und Betrug, Geltung und Dauer mit einbezogen – wobei das Gedächtnis als zentraler Begriff fungierte. Gegen Ende des 6. Jahrhunderts (der Zeitraum, auf den wir uns in Bezug auf verschiedene Aspekte konzentrieren werden) verwandelt sich dieses noch vorwiegend divinatorische Gedächtnis in ein weltliches Verständnis, das nun auch zu einem Objekt von Techniken werden kann. Zu Beginn des 5. Jahrhunderts wird mit Simonides die Mnemotechnik geboren. Gleichzeitig wird die Frage nach dem Sein von der Erinnerungsproblematik unabhängig. Die grundlegende Unterscheidung ist nicht weiter *aletheia/lethe*, sondern Sein/Nichtsein, und nimmt nun die Form einer wirklichen Opposition an, so dass man sich sowohl an das Wahre als auch an das Unwahre erinnern kann. Die zwei Seiten gehören nicht mehr der gleichen Ebene des Realen an, sondern stehen einander als Alternativen gegenüber.

Die Kontextbezogenheit der zweidimensionalen Semantik wird durch eine Unterscheidung von Ebenen ersetzt, die zumindest die konkreten Gegenstände von den Ideen, die Falschheit von der Lüge, die Gegenstände von den Namen der Gegenstände (die Fremdreferenz von der Selbstreferenz) trennt – und man muss sich darauf mit der uns geläufigeren Frage nach den gegenseitigen Beziehungen der zwei Seiten der Unterscheidung auseinander setzen. Es geht nun darum, die Kri-

---

1 Vgl. beispielsweise Le Goff 1977-1982, S. 361 ff. Vernant 1974 spricht von einem divinatorischen Rationalitätsmodell, der durch eine rhetorische bzw. (alternativ) dialektische Rationalität ersetzt wird.
2 Ich folge hier hauptsächlich Detienne 1967.

terien der Wahrheit als Übereinstimmung mit dem Sein in einer Lage zu bestimmen, in der man schon mit der Vielfalt von Meinungen in Kommunikation und Debatte konfrontiert ist. Es geht um die Lösung des uns geläufigeren Problems, kontextuelle Wirksamkeit und abstrakte Wahrheit (und in der Folge das Wahre und das Falsche) auseinander zu halten. Man darf sich jedoch vom Eindruck der Vertrautheit nicht täuschen lassen. Zunächst deswegen, weil in diesem Modell die konkreten Strukturen des divinatorischen Gedächtnisses noch auf eine Weise gegenwärtig sind, die das rhetorische Gedächtnis zu etwas vom subjektiven Modell, das mit der Moderne durchgesetzt wird, völlig verschiedenen macht. Beim Gedächtnis handelt es sich noch um eine Struktur der Welt – so wie es sich bei Abstraktion noch um keine Modalität, sondern lediglich um die Projektion eines Bereichs von (abstrakten) Gegenständen handelt. Ideen und Namen, Träume und Götter »existieren« wirklich, wenn auch auf eine besondere Weise. Auf den folgenden Seiten werden wir uns vorwiegend mit den uns nicht so geläufigen Aspekten des rhetorischen Gedächtnisses auseinander setzen und es so in ein Licht setzen, das seine besonders überraschenden Seiten sichtbar werden lässt. In einem zweiten Schritt wird es darum gehen, zu zeigen, dass ein Zuwachs an Abstraktion nicht einseitig als Fortschritt angesehen werden darf. Im Schlussteil dieser Arbeit werden wir noch Gelegenheit haben zu zeigen, dass die zirkulären Formen der zweidimensionalen Semantik, die Unterscheidungen als Artikulationen in ihrem Inneren erzeugt, durchaus mit einem höchsten Maß an Komplexität kompatibel sein können. Die abstrakteste Semantik vergisst diese Art von Strukturen leicht. Um mehr zu erinnern, muss, wie bereits vorweggenommen, das Gedächtnis lernen, zu vergessen.

Weshalb aber ist die rhetorische Organisation von Gedächtnis, wie unvollkommen sie auch sein mag, zuerst im alten Griechenland aufgetaucht? Auf welche Umstände und Eigentümlichkeiten kann dieser Übergang zurückgeführt werden? Indem wir das Schema befolgen werden, das diese Arbeit leitet, werden wir uns in den folgenden Abschnitten zuerst über das zirkuläre Verhältnis zwischen Kommunikationstechnologie und gesellschaftlicher Differenzierungsform – in diesem Fall zwischen alphabetischer Schrift und Stratifikation[3] – befragen, das in der klassischen griechischen Gesellschaft zum ersten Mal ausgemacht werden kann.

---

3 Über die Parallelität und das gegenseitige Steigerungsverhältnis von Schrift und stratifikatorischer Differenzierung siehe Luhmann 1993a, S. 252.

1. Die alphabetische Schrift

Von der Seite der Kommunikationstechnologien aus gesehen, ist das rhetorische Gedächtnis eng an das Auftreten der alphabetischen Schrift – eine vollständig phonetische Form der Aufbewahrung von Kommunikation – gebunden. Einige Merkmale von Phonetismus finden sich, wie wir bereits gesehen haben, in allen vorangegangenen Schriftarten; dennoch markiert die Einführung des Alphabets einen merklichen Unterschied: nicht einfach eine Verbesserung, sondern nach manchen Ansichten sogar eine Revolution.[4] Worin aber besteht diese Zäsur?

Nach den gängigen Definitionen wird eine Schrift dann alphabetisch genannt, wenn für jeden Laut, der in der jeweiligen Sprache Unterschiedswert besitzt, eigens ein graphisches Zeichen nachgewiesen werden kann, wobei die Zeichen mit jeder Wiederholung des gleichen Lautes konstant bleiben.[5] Diese Definition weist zwei entscheidende Aspekte auf: den Hinweis auf die Unterscheidungsmerkmale und die Konstanz in unterschiedlichen Umständen. Vollendeter Phonetismus heißt nämlich nicht zwangsläufig exklusiver Phonetismus. Alle Schriftarten schließen auch nicht-phonetische Zeichen ein (Zwischenräume, Interpunktionszeichen usw.).[6] Außerdem gibt es immer Elemente von Kommunikation, die in ihrer schriftlichen Form nicht oder nur auf eine unvollkommene Weise übertragen werden: der Ton, der Einschlag, die Aussprache und noch viele mehr. Der springende Punkt ist aber, dass die alphabetische Schrift in der Lage ist, mit eigenen Mitteln alle Unterschiede auszudrücken, die für das Verständnis der in Frage stehenden Kommunikation »einen Unterschied machen«, selbst wenn es sich dabei nicht um die einzigen oder gar um die wichtigsten Unterschiede handelt. In diesem Sinne spricht man in der Phonetik von Unterscheidungsmerkmalen, um die Varianten zu bezeichnen, die in einer Sprache (und nicht notwendig in einer anderen) die Bedeutung beeinflussen: zum Beispiel die Unterscheidung von offenem und geschlossenem »e«, die im Englischen (»man« und

---

4 Vgl. beispielsweise Havelock, 1986, Kap. VII.
5 Vgl. Amadasi Guzzo 1987.
6 Derrida nimmt diese Erwägung als Ausgangspunkt, um ein Spiel leiser Differenzen zu entwickeln, das an der Basis der Funktionsfähigkeit aller Zeichensysteme steht: eine »Ordnung«, die weder auf der sinnlichen noch auf der psychischen Ebene anzusiedeln ist: vgl. Derrida 1972, S. 5. Wie in vielen anderen Fällen ziehen wir auch hier den Verweis auf die Autonomie von Kommunikation vor.

»men«) und im Deutschen (»währen« und »wehren«) die Bedeutung beeinflusst, im Italienischen aber nicht. Die Unterschiede der Betonung und der Aussprache sind sicherlich relevant, aber die schriftliche alphabetische Kommunikation sieht davon ab oder gibt sie mit eigenen Mitteln (mit Interpunktion oder Ähnlichem) wieder. Die schriftliche Kommunikation sieht also von allen kontextuellen Faktoren ab und gibt nur solchen Unterschieden einen Unterschiedswert, die gegen die Varietät der Kontexte gleichgültig sind. Hiervon hängt auch ihr zweites Kennzeichen ab. Die Zeichen des Alphabets bleiben in allen unterschiedlichen Gebräuchen eines Lautes, die von einem phonetischen Standpunkt aus nie identisch sind, konstant. Die alphabetische Schrift kann schon aufgrund ihrer Grundstruktur auf eine bedeutend markantere Weise vom Kontext abstrahieren, als dies für die vorangegangenen (selbst den phonetischen) Schriftarten der Fall war.

Beispielsweise handelte es sich bereits bei der phönizischen Schrift um eine phonetische Schriftart, deren Zeichen auf die Silben der gesprochenen Sprache bezogen waren, von denen der Anfangskonsonant angegeben war. Man spricht deshalb auch von einer syllabischen oder konsonantischen Schrift. Diesem System haftete allerdings eine grundlegende Zweideutigkeit an: da der Leser, um die Kommunikation überhaupt verstehen zu können, in die geschriebenen Zeichen selbst die nötigen Vokale »integrieren« (das Zeichen k stand für die ganze Folge »ka ke ki ko ku« ein) und sich von Fall zu Fall für den richtigen Vokal entscheiden musste, konnte der geschriebene Text noch keine eigene Autonomie erlangen.[7] Die Vervollständigungen, die von dem Leser eines alphabetischen Textes verlangt werden, beziehen sich dagegen nur auf Merkmale, die »keinen Unterschied« machen. Auch verfügt der Text über einen von jeder Interpretation unabhängigen Sinn (derart, dass ein Text auf eine korrekte Art gelesen werden kann, obwohl er, etwa weil in einer anderen Sprache verfasst, nicht verstanden wird). Die Lektüre einer syllabischen Schrift war demgegenüber nicht unabhängig von der Interpretation. Text und Interpretation waren untrennbar miteinander verbunden. Und Schrift

---

7 Was vor der Einführung des Alphabets fehlte, ist nach Havelock 1986, Kap. VII, eine ausreichende Abstraktionsfähigkeit, um die Entkopplung von den tatsächlich aussprechbaren »Teilen« von Lauten (Silben) zu realisieren. Die Konsonanten sind, wie der Begriff schon anzeigt, stumme Laute, die ohne die Koppelung an einen Vokal nicht ausgesprochen werden könnten. Die Griechen haben in dieser Hinsicht nicht die Vokale hinzugefügt, sondern die reinen Konsonanten erfunden – die Identifikation der Vokale ist eher eine Konsequenz hiervon gewesen.

sollte nicht eine genaue phonetische Reproduktion liefern, sondern eine Interpretation wiedergeben.[8]

Hierin besteht auch der Unterschied. Die alphabetische Schrift reproduziert erstmalig die Information und nicht das Verstehen von Kommunikation. Der Vorteil basiert, wie so oft, auf einem Verzicht. Indem die alphabetische Schrift auf die Reproduktion des Kontextes der Mitteilung verzichtet, sieht sie gleichzeitig auch davon ab, das Verstehen festzulegen, dessen Kontext frei und damit offen wird für die Pluralität möglicher Lesarten. Der Kontext des Verstehens wird unabhängig vom Kontext der Mitteilung.[9] Man kann deshalb einem Hörer einen Text vorlesen, den dieser zwar versteht, man selber aber nicht. Die alphabetische Schrift reproduziert insgesamt weniger – aber diese Ökonomie gestattet die Übertragung jeglichen Inhalts mit einem konstanten und endlichen Repertoire an Zeichen. Die alphabetische Schrift wird gerade dadurch zum Text, dass Kommunikation nicht vollständig (gleichsam als Gegenstand) übertragen wird, dafür aber eine unendliche Anzahl unterschiedlicher Kommunikationen erzeugen kann.

Die alphabetische Schrift ist – aufgrund der genannten Merkmale – besonders geeignet, eine im eigentlichen Sinne schriftliche Form von Kommunikation zu erzeugen, die den Gebrauch von Schrift als *aide-mémoire* oder als Ersatz für mündliche Kommunikation übersteigt. Schrift unterscheidet sich als Kommunikationsform von Oralität gerade durch die Unabhängigkeit von Interaktion, d. h. durch die Entkoppelung der Kontexte von Mitteilung und Verstehen. Die alphabetische Schrift kann eben deswegen neue Informationen übermitteln, weil sie diese von der Mitteilung trennt und so dem Empfänger die Projektion einer eigenen Unterscheidung Information/Mitteilung und somit ein eigenes Verstehen ermöglicht. Man kann eine Information verstehen, ohne sie vorher zu kennen. Deswegen kann man sich in schriftlicher Form sogar von dem überraschen lassen, was man schon kannte. Man kann einen Text immer wieder lesen und dabei jedes Mal (weil der Lektürekontext ein anderer ist) neue Informationen gewinnen. Außerdem ermöglicht und ermutigt eine solche Schrift die Ausbildung von Abstraktion, die ja auf der Fähigkeit basiert, von kontextuellen Faktoren abzusehen und in der Differenz Identität zu sichten.

---

8 Anders als die Interpunktion bezogen sich die Bestimmungswörter und die anderen Zusätze nicht-alphabetischer Schriftarten auf das Verständnis und nicht auf die Lektüre von Texten: vgl. Amadasi Guzzo 1987, S. 38.
9 Vgl. Luhmann 1997a, S. 258 ff.

Die alphabetische Schrift ist, zumindest potentiell, mit Neuheit und folglich auch mit einem Verhältnis von Varietät und Wiederholung – mit einem Gedächtnis – vereinbar, das sich von den vorangegangenen Formen unterscheidet. Für Oralität mit oder ohne (nichtalphabetischer) Schrift ist ein Zustand kennzeichnend, bei dem die Varietät der Wiederholung untergeordnet ist – oder besser: bei dem Varietät nur innerhalb der Grenzen von Wiederholung vorkommt. Dies gilt für die Formen oraler Dichtung – über die sehr viel geforscht und debattiert worden ist.[10] Ebenso aber auch für die Realitätskonstruktion, die auf Kategorien eher denn auf Ereignisse, auf Beispiele eher denn auf individuelle Bilder baut.[11] Die Varietät ist dort keine Variation, weil es kein autonomes Modell gibt, das man variieren könnte. Jede Instanz erzeugt die Wirklichkeit von neuem, ohne sie zu reproduzieren – so wie die nicht-alphabetische Schrift die Information neu erzeugt, ohne sie zu reproduzieren. Dagegen handelt es sich bei der alphabetischen Schrift um eine Wortschrift und nicht um eine Dingschrift,[12] die die Kommunikation, aber nicht die Gegenstände oder eine Kommunikation, die wie ein Gegenstand ist, verdoppeln kann. Alphabetische Schrift reproduziert nicht Identität, sondern die Differenz von Information und Mitteilung. Die mitgeteilte Information dient der Erzeugung immer neuer Unterschiede, also der Produktion von Neuheit und Variation.

Eine der sich ergebenden Konsequenzen, mit der wir uns in den folgenden Abschnitten noch genauer beschäftigen werden, besteht in der (auch in diesem Falle potentiellen) Möglichkeit, die Gegenstände – da man sie nun von den Wörtern und daher auch von der Beobachtung der Gegenstände unterscheidet – als solche zu beobachten. Das Alphabet bildet die Voraussetzung für die Erzeugung der Unterscheidung von Beobachtung und Beschreibung bzw. der Unterscheidung der laufenden Beobachtung von einem Text, der unterschiedliche Beobachtungen orientieren kann[13] – schließlich bildet das Alphabet die Voraussetzung dafür, dass selbst die Beobachtung der

---

10 Vgl. beispielsweise Havelock 1963, S. 63 ff. der italienischen Ausgabe; Lord 1960.
11 Vgl. zum Beispiel Eliade 1953, S. 57 ff.
12 In der Terminologie von Bottéro 1987a. Vgl. auch Ong 1967, S. 53 ff. der italienischen Ausgabe, Goody/Watt 1972, S. 324. Erst mit der alphabetischen Schrift wird übrigens ein Begriff von Wort entwickelt, das von »utterance« unabhängig ist; unter der Bedingung von Oralität bildet eher eine Art bedeutende Einheit den Bezugspunkt, die von einem ganzen Satz oder von einem Lied gebildet sein kann: vgl. Lord 1960, S. 25.
13 Vgl. Luhmann 1984, S. 618.

Beobachtung und die Anerkennung und Aufwertung von Neuheit realisiert werden. Wir haben jedoch unterstrichen, dass es sich hierbei um potentielle Konsequenzen der alphabetischen Schrift handelt, die zwar möglicherweise die notwendige Voraussetzung, keineswegs aber eine hinreichende Bedingung für ihre Verwirklichung bildet. Wir werden dies gleich für den Fall des rhetorischen Gedächtnisses sehen können, für das die durch das Alphabet ermöglichte Abstraktion die Voraussetzung ist, diese aber noch in eine vorwiegend orale Form gießt. Es kommt deshalb weder zu einer echten Autonomie von Schrift noch zu einer Beobachtung zweiter Ordnung (bzw. zu einer Beobachtung der Beobachtung). Wie wir noch sehen werden, werden diese Formen erst nach der Erfindung des Buchdrucks durchgesetzt, der den Übergang von einer Form von Kommunikation, die primär auf Oralität (unter der Voraussetzung von Schrift) basiert, hin zu einer Form von Kommunikation, die primär auf Schriftlichkeit basiert, markiert.[14] Hierbei handelt es sich um eine Besonderheit der alphabetischen Schrift als einer Kommunikationstechnologie, die zwei unterschiedliche Formen von Gedächtnis begründet: Rhetorik und Kultur. Das Gedächtnis als Kultur verlangt jedoch als zusätzliche Bedingung den Buchdruck: ein quantitativer Zuwachs der Verbreitung von Schriften, der zu dem qualitativen Übergang zu einer neuen Kommunikationsform führt. Die Möglichkeiten des Mediums Schrift verwirklichen sich mit anderen Worten in zwei verschiedenen Formen: in einer Trennung von Wörtern und Gegenständen im Rahmen einer Beobachtung erster Ordnung und in der eigentlichen Beobachtung zweiter Ordnung.[15]

---

14 Wir werden dies in Kap. IV, 1 sehen.
15 Die Unterscheidung einer Beobachtung erster Ordnung von einer Beobachtung zweiter Ordnung, auf die wir noch oft Bezug nehmen werden, ist auf von Foerster 1960 zurückzuführen und dient vorwiegend der Sichtbarmachung einer bestimmten Beobachtungsform (eben der Beobachtung zweiter Ordnung), die auf die Beobachtung bestimmter Objekte, die ihrerseits Beobachter sind, abzielt. Es handelt sich um die Beobachtung von Beobachtern. Daraus folgt offenbar ein Zustand von Zirkularität, bei dem der erste Beobachter von der Voraussetzung ausgehen muss, seinerseits von den Beobachtern beobachtet werden zu können, die er beobachtet, bzw. sogar davon, als Beobachter selbst eines der eigenen Beobachtungsobjekte zu sein. Die Beobachtung erster Ordnung steht nicht vor diesem Problem, weil sie sich mit einer Welt unreflektierter Objekte auseinander setzt, die nur das sind, was sie eben sind. Wie wir noch sehen werden, lässt die Unterscheidung der Beobachtung erster und zweiter Ordnung weitere Spezifikationen zu, wie etwa im Fall der Rhetorik die Beobachtung von Beobachtern als Objekte eigener Art, jedoch weiterhin als irreflektierte Objekte. Über die logischen Probleme von Beobachtung und ihren Ordnungen siehe Esposito 1992.

Bei der rhetorischen Semantik handelt es sich weiterhin um eine Beobachtung erster Ordnung. Das Interesse für das rhetorische Gedächtnis liegt gerade in dieser »Unvollkommenheit« begründet: in diesem sozusagen konkreten Gebrauch von Abstraktionsmöglichkeiten, der aus ihr eine Art Scharnier zwischen der raumgebundenen Semantik der Divination und den abstrakten Kommunikationsformen der Massenmedien – bzw. zwischen einem Gebrauch des Kontextes als Ressource und seiner Ablehnung als Störfaktor macht. Was über die alphabetische Schrift gesagt wurde, muss man sich als Abbild eines Möglichkeitsraumes vorstellen, der vom rhetorischen Gedächtnis auf eigene Art für die Beibehaltung und nicht für die Überwindung der Formen von Oralität und Raumdifferenzierung genutzt wird.

2. Die stratifikatorische Differenzierung

Das rhetorische Gedächtnis setzt eine Form gesellschaftlicher Differenzierung voraus, die sich von der räumlichen Differenzierung, die für die Divination kennzeichnend ist, unterscheidet. Dennoch herrscht zwischen den zwei Gedächtnismodellen keine Inkompatibilität. Die Formen der Divination finden sich in einer höheren Abstraktion und Komplexität auch in der neuen Organisation der Semantik. Ebenso herrscht zwischen der Differenzierung nach Zentrum und Peripherie und stratifikatorischer Differenzierung keine Inkompatibilität. Durch die Konstitution eines Zentrums wird, wie wir weiter oben bereits gesehen haben,[16] die Ausbildung von Schichten im Inneren der Gesellschaft sogar unterstützt und begünstigt – so weit, dass die räumliche Differenzierung fast unweigerlich einen gewissen Grad an Stratifikation aufweist. Trotz aller Differenzen, die wir in Kürze herausstellen werden, gibt es zwischen beiden Differenzierungsformen viele Gemeinsamkeiten: zunächst ist da das asymmetrische Verhältnis der Teilsysteme, die untereinander nicht gleich sind und deren Beziehungen nicht auf Reziprozität basieren. Diese Asymmetrie begründet allerdings nicht die Existenz unterschiedlicher Perspektiven, da die gesellschaftliche Ordnung in beiden Fällen über eine eindeutige Orientierung verfügt. Sie sieht eine konkurrenzlose Perspektive für die Beschreibung der Welt und der Gesellschaft vor: das

---

16 Vgl. Kap. II, 2.

Zentrum (die Stadt) und die Spitze der Hierarchie (den Geburtsadel).[17] Die Ordnung steht außer Zweifel.

Vor dem Hintergrund dieses Parallelismus führt Stratifikation eine Reihe von Unterschieden ein, die dahingehend zusammengefasst werden können, dass man nun zu Formen der Unterscheidung übergeht, die auf räumliche Repräsentationen verzichten[18] – man verwirklicht den Übergang von einer primären Ausrichtung auf die materielle Dimension hin zu einer Hinwendung an die soziale Dimension und der sich daraus ergebenden Pluralität. Das Konkrete und Offensichtliche von Unterscheidungen der Art hier/anderswo wird intern durch soziale Unterscheidungen ersetzt, wie die zwischen Adel und gemeinen Leuten (die beide sowohl in der Stadt als auch auf dem Land vorgefunden werden können), die zwei Kategorien unterschiedlicher Menschen bilden und auf einer abstrakteren Ebene legitimiert werden müssen. Die Beschreibung der Gesellschaft wird nun in erster Linie von einer neuen Leitunterscheidung geleistet, der Unterscheidung *des Ganzen von seinen Teilen*,[19] die die für raumbezogene Kategorien typische Exklusivität überwindet. Während das, was hier ist, nicht auch anderswo sein kann, ist ein Teil zugleich immer Teil vom Ganzen – und unterscheidet sich gleichzeitig auch davon. Von einer Unterscheidung von Orten geht man über auf eine Unterscheidung von Ebenen, die weitaus größere Flexibilität ermöglicht, gleichzeitig jedoch die Fähigkeit einfordert, von den einfachen Gegebenheiten der Welt zu abstrahieren und auf eine Ebene zu projizieren (dem Ganzen), die dem Konkreten der Teile vorgeordnet ist. Eine erste Verwirklichung dieses Prinzips kann an der antiken griechischen Unterscheidung *oîkos/pólis*[20] abgelesen werden, an der sich auch die wertende Komponente zeigt, von der sie unweigerlich begleitet wird. Bei Politik handelte es sich um das übergeordnete Prinzip, in dem der eigentliche Sinn der menschlichen Existenz seine Verwirklichung fand. Die Unterscheidung *oîkos/polis* diente der Scheidung der bloßen Überlebensvorsorge von dem tugendhaften Leben, das sich nur im Bereich des Politischen realisieren konnte. Das Ganze impliziert im Allgemeinen eine positive Wertung, in der sich der eigentliche Sinn der Teile realisiert.

---

17 Vgl. Luhmann 1997a, S. 894, 911 und 928.
18 Vgl. Luhmann 1997a, S. 681.
19 Vgl. Luhmann 1997a, S. 912 ff. In der konkreten Vorstellungswelt, die wir weiter oben vorgestellt haben, war eine abstrakte Kategorie von Raum, die zugleich das Ganze bedeutet hätte, nicht erforderlich.
20 Vgl. Luhmann 1997a, S. 932 ff.

Diese wertende Komponente garantiert das Funktionieren der Unterscheidung und ermöglicht die Aufstellung einer durch eben die Unterscheidung bedingten Ordnung in der spezifischen Form der *Hierarchie*. Wie wir bereits gesehen haben, bildet sich eine Position heraus, die die richtige Beschreibung der Welt liefert, die Perspektive des Ganzen eben. Diese Perspektive befindet sich zugleich an der Spitze. Auf diese Weise wird eine Integration der Unterscheidungen Ganzes/Teile und *oben/unten* erreicht, die das Auseinanderfallen der Teile verhindert. Aus der Vielfalt wird eine Einheit geschaffen, indem die unterschiedlichen Perspektiven der Teile im Sinne einer Perspektive von oben und einer Perspektive von unten im Rahmen einer einzigen Ordnung interpretiert werden.[21] Das Ergebnis hiervon ist eben Stratifikation.

Auch wenn es sich selbst bei divinatorischen Gesellschaften um *Adelsgesellschaften* handelte, wird der Übergang zu einer anderen Differenzierungsform – der stratifikatorischen Differenzierung – erst dann durchgesetzt, wenn Rangordnung zu dem grundlegenden, notwendigen und unhinterfragbaren Ordnungsprinzip der Gesellschaft und ihrer Beschreibung erhoben wird.[22] Die anderen Differenzierungen, wie die von Stadt und Land, bestehen selbstverständlich fort, aber sie sind nun dem hierarchischen Prinzip untergeordnet: Den Adel gibt es sowohl in der Stadt als auch auf dem Land.[23] Die konkreten Kategorien des divinatorischen Gedächtnisses existieren fort, aber sie werden im Lichte der abstrakteren Kriterien einer in erster Linie durch die internen Distinktionen des Sozialen geleiteten Semantik neu interpretiert.

Eine vollendete Stratifikation verlangt nach einer Reihe von Voraussetzungen. Zunächst müssen anerkannte Differenzen des Reichtums und der Macht gegeben sein. Die Schichten müssen sich außerdem intern selbst reproduzieren; dies geschieht, indem die Endogamie durchgesetzt wird, die den Unterschied der Schichten immer wieder erneut bestätigt und reproduziert.[24] Dieser Unterschied

---

21 Vgl. Luhmann 1997a, S. 682 und 919. Diese Asymmetrie zeigt sich auch an der Zweideutigkeit der Begriffe von *demos* und Volk, die einerseits für die demokratische Volksversammlung (»das Volk hat entschieden«) und andererseits (in einer negativen Auffassung) für die gemeinen Leute bzw. die Armen einstehen: vgl. Finley 1986, S. 12.
22 Vgl. Luhmann 1997a, S. 679 ff.
23 Die Unterscheidung der verschiedenen Adelsarten wird zu einer besonderen Angelegenheit, die es im Inneren der Oberschicht auszuhandeln gilt und in den anderen Schichten (etwa bei den Bauern) keine weitere Beachtung findet.
24 Diese Schließung schließt eine Mobilität zwischen den Schichten nicht aus, die sogar

muss allen Beteiligten gleichermaßen offenkundig sein. Die Aristokratie muss sich selbst als solche anerkennen und von den anderen als solche anerkannt werden.[25] Die Gleichheit im Inneren der Schichten wird von der Ungleichheit der Schichten untereinander begleitet, die nach einer ganzen Reihe Umgangsformen und Zeremonien verlangt, die auch in der Praxis der Interaktion unter Anwesenden die Rangunterschiede immer wieder reproduzieren und ins Gedächtnis rufen. Der Adelige wendet sich dem Kutscher nicht auf die gleiche Art wie einem anderen Adeligen und auf eine andere Art als dem eigenen Sohn zu (die Unterschiede zwischen Gleichen verbleiben im Inneren der Schichten). Selbstverständlich wendet sich wiederum der Kutscher dem Adeligen auf eine andere Weise zu, als dieser sich ihm zuwendet. Die Herkunft bzw. die Schichtzugehörigkeit bildet die grundlegende multifunktionale Struktur, die über die Form und Zweckmäßigkeit der Kommunikation in allen gesellschaftlichen Bereichen bestimmt: bei der Gründung einer Familie, in politischen, ökonomischen, juristischen und anderen Belangen.

Alle diese Bedingungen treten in ihrer vollendeten Form für den Fall einer besonderen Gesellschaft auf: das spätmittelalterlich-frühmoderne Europa, in dem sich das Primat von Stratifikation als der primären Differenzierungsform der Gesellschaft am deutlichsten abzeichnet.[26] Einige Elemente von Stratifikation in Kombination mit Formen des Typs Zentrum/Peripherie finden sich jedoch bereits in der klassischen Antike. In der römischen Unterscheidung von Patriziern und Plebejern und, auf eine weniger offensichtliche Weise, in den griechischen Stadtstaaten.[27] In der Tat sind die Kategorien, die an der Basis der Selbstbeschreibung stratifizierter Gesellschaften stehen, bereits im klassischen Griechenland (zumindest ansatzweise) entwickelt worden und stehen mit einer Semantik in Zusammenhang, die voll-

---

mittels besonderer Regelungen, die ihrer Kontrolle dienen, gefördert und durch das doppelte Kriterium von Geburt und Tugend legitimiert wird: vgl. Luhmann 1997a, S. 703 ff., 690 und 941.

25 Dasselbe gilt nicht in umgekehrter Richtung, zumal in stratifizierten Gesellschaften die Selbstbeschreibung den oberen Schichten vorbehalten ist: die Bauern werden als solche von oben definiert und müssen kein Bewusstsein ihrer selbst als Bauern ausbilden.

26 Vgl. Luhmann 1997a, S. 682 ff., und die weiteren Studien zur vormodernen Semantik in den Bänden, die mit der Erforschung der Beziehung von Gesellschaftsstruktur und Semantik befasst sind: vgl. Luhmann 1980a, 1981a, 1989a, 1995b.

27 Vgl. beispielsweise Finley 1983, Kap. I – auch wenn hier auf eine primär ökonomische Definition von Klasse Bezug genommen wird.

kommen von der anderer antiker Kulturen verschieden ist und dazu geführt hat, dass man vom »griechischen Wunder« spricht.[28] Die griechische Semantik markiert im Vergleich zu divinatorischen Semantiken eine Zäsur, die auf den Sachverhalt zurückgeführt werden kann, dass man beginnt, eine eigens soziale Form der Selbstbeschreibung zu entwickeln.

Diese Umbildungen sind indirekt vorwiegend in Bezug auf die Geburt des Politischen erforscht worden.[29] Diese Kategorie hatte im antiken Griechenland tatsächlich eine derart umfassende Bedeutung, dass darin unsere Vorstellung des Sozialen größtenteils eingeschlossen war. Sie entsprach in groben Zügen unserem Verständnis von Allgemeinheit und war dem Privaten als dem Selbstbezüglichen und Eigennützlichen entgegengesetzt. Im Rahmen dieser Interpretation hätten die Griechen das Politische erfunden, weil sie zuerst in die Lage versetzt waren, die Totalität einer Ordnung zu erfassen, ohne sich dabei mit der Perspektive der Herrschenden zu identifizieren, also ohne den Unterschied der Teile aus den Augen zu verlieren.[30] Das Politische bestünde demnach in der Fähigkeit, eine Beobachtung der Gesellschaft mit Hilfe der Unterscheidung des Ganzen von seinen Teilen auf eine Weise zu verwirklichen, die eine Berücksichtigung sowohl der Perspektive der Herrschenden als auch der Beherrschten gestattet. Daher findet man in der Gesellschaft der Griechen charakteristischerweise ein besonders ausgeprägtes Verständnis politischer Partizipation, in die auch die mittleren und unteren Schichten einbezogen waren: Auch Bauern, Handwerker und Händler wurden als Bürger integriert[31] – in Athen wurden sie sogar zum Wehrdienst zugelassen.

Dieses Verständnis des Politischen widersetzt sich der Stratifikation nicht, sondern bildet dafür sogar eine der Voraussetzungen. Die athenische Aristokratie fand beispielsweise durch sich selbst und durch die anderen Schichten Anerkennung und jede andere Schicht reproduzierte sich ihrerseits mit dem Nachwuchs. Dieser Aufbau war stabil dank der unweigerlichen Flexibilität, die der Aristokratie die ständige Rekrutierung neuer Männer ermöglichte und auch auf der neuen,

---

28 Wobei die gesellschaftlichen Hintergründe im Dunkeln belassen werden und jegliche theoretische Fundierung fehlt. Siehe beispielsweise die Versuche, Objektivierung und Generalisierung auf die zirkuläre räumliche Anordnung der Kriegerversammlung zurückzuführen, in Detienne 1967, S. 76 ff. der italienischen Ausgabe, und Vernant/Detienne 1974 oder auch Thomas 1989.
29 Vgl. insbesondere Meier 1980.
30 Vgl. Meier 1980, S. 14 ff.
31 Vgl. Finley 1986, S. 27 ff.

besonderen Rolle gründete, die der Sklaverei zugesprochen wurde.[32] Die Einteilung der Gesellschaft in die verschiedenen Teile war weder dem Zweifel noch der Kritik ausgesetzt, weil sie auf die Natur zurückgeführt wurde, die sowohl die Differenz von Herr und Knecht als auch die Merkmale der verschiedenen Teile begründete, aus denen das Ganze der Gesellschaft gebildet war.[33] Aristoteles führte sogar die Unterscheidung von Herrschenden und Beherrschten, die er als unmittelbare Konsequenz der Teilung der Einheit in den verschiedenen Teilen dachte, auf die Natur zurück.[34] Der Verweis auf die Natur verhinderte die Ausbildung eines Verständnisses der Differenz der Schichten als Ungleichheit, ebenso wenig spricht man von einer Ungleichheit der verschiedenen Tierarten oder der verschiedenen Teile eines Organismus.[35]

Die Kritik und die Debatten im Inneren der *polis* waren nicht auf Schichtung, sondern auf die Regierungsform, das heißt auf die beste (der Natur der »richtigen Ordnung« konformsten) Art bezogen, das Ganze zu regieren. Anders als dies dem modernen Blick vorkommen muss, stand die Demokratie nicht so sehr zu der Anwesenheit der Aristokratie, die als selbstverständlich hingenommen wurde, als vielmehr zum Willkürlichen in Opposition.[36] Die unterschiedlichen Regierungsformen (Monarchie, Oligarchie und Demokratie) waren einander nicht eigentlich entgegengesetzt, sondern standen vielmehr gemeinsam gegen die Willkür der Tyrannei ein. Tatsächlich war die Demokratie (die ohnehin nicht auf eine abstrakte Totalität der Menschen, Frauen und Sklaven eingeschlossen, bezogen war) in den Debatten jener Zeit nicht klar von den verschiedenen Formen der Oligarchie geschieden und erstreckte sich auf ein weites Möglichkeitsfeld mit mehr oder weniger ausgedehnten Regierungsformen.[37]

Die vorwiegende Veränderung, die bei den politischen Auseinandersetzungen im antiken Griechenland den Übergang zu einer Orien-

---

32 Vgl. Finley 1980, Kap. II. Selbstverständlich hat es die Sklaverei in allen Gesellschaften gegeben, aber bei den Griechen und Römern wurde sie erstmalig zu einer institutionalisierten Einrichtung, die eine grundlegende Rolle für die Gesamtorganisation der Gesellschaft eingenommen hat. Dennoch waren die Sklaven gerade deswegen keine Bürger, weil sie keine eigene Familie gründen und sich daher auch nicht als Schicht selbst reproduzieren konnten.
33 Vgl. Luhmann 1997a, S. 914 ff.
34 Vgl. Aristoteles 1994, 1254a 28-31.
35 Vgl. Luhmann 1997a, S. 693 ff.; 1980b, S. 31 ff.
36 Vgl. Meier 1980, S. 283 und S. 299.
37 Siehe beispielsweise die Debatte in: Herodot, *Storie*, III, S. 80 ff.

tierung am Sozialen (oder, wenn man so will, an der griechischen Auffassung von Politik) markiert, besteht weniger in der Forderung nach der Gleichheit aller Menschen – eine solche Vorstellung wäre jener Zeit völlig fremd gewesen[38] –, sondern eher in der Fähigkeit, sich von den vorangegangenen, religiös-metaphysisch fundierten Vorstellungen von Regierung zu lösen. Worum es hauptsächlich auch in Bezug auf die Unterscheidung der verschiedenen Regierungsformen ging, war die Markierung der Differenz von einer durch individuelle Motive wie Machtgier oder Ehrgeiz geleiteten Herrschaftsform (Tyrannei) und einer von Gesetzen und vom Recht – oder eben von einer sozialen (politischen) Orientierung – geleiteten Herrschaftsform. Statt sich auf kosmologische Strukturen (wie in der divinatorischen Tradition) zu beziehen, verwendet die griechische Semantik – in Form der Unterscheidung Ganzes/Teile, d. h. unter den Vorgaben von Stratifikation – Begriffe, die auf die Beziehungen der Bürger als Bürger, also auf das, was für uns die soziale Dimension darstellt,[39] zugeschnitten sind. Die natürliche Ungleichheit war für die antike Debatte über Demokratie demnach eine Bedingung und keine Hürde. Die kosmische Analogie diente – als Natur – lediglich der Legitimation der Basisunterscheidung.

Der Bezug auf die soziale Dimension verlangt nach einer Fähigkeit zur Reflexion, die das Konkrete der raumbezogenen Semantik überschreitet. Mit anderen Worten erfordert die Orientierung am Ganzen die Fähigkeit der Identifikation einer Generalisierungsebene, die von einem unmittelbaren Handlungszusammenhang und von einer direkten Beteiligung abstrahiert.[40] Weshalb diese Fähigkeit zur Abstraktion (in einer wie auch immer unechten und unvollkommenen Form) gerade in den griechischen Stadtstaaten aufgekommen ist, bleibt eine Frage, auf die es keine eindeutige Antwort gibt. Die geographische Lage des Gebietes um die Ägäis bietet als rein physische Begebenheit keine hinreichende Erklärung. Sie kann höchstens eine indirekte Erklärung liefern, indem sie als begünstigender Faktor für einige Besonderheiten der griechischen Gesellschaft angesehen werden kann, etwa für die weitläufige, aber zerstreute Urbanisierung, die zu einer Zentralisierung »polypolitischer« Art geführt hat: zu dem Vorhanden-

---

38 Vgl. Greene 1967, S. 36 ff.; Meier 1980, S. 321 f.
39 Vgl. Meier 1980, S. 288.
40 Nach Meier 1980 besteht die Vorgabe des Politischen in der Fähigkeit, »den Bereich des bürgerlichen Zusammenlebens aus den prozessualen Handlungskonnexen herauszuschlagen« (S. 20).

sein einer Pluralität von Zentren, von denen keines über genügend Macht verfügte, um eine vorherrschende Rolle einzunehmen und eine Zentralisierung zu verwirklichen, die mit der der großen Imperien hätte verglichen werden können, d. h. um eine eindeutige und unhintergehbare Differenzierung nach Zentrum und Peripherie durchzusetzen. Wie in Bezug auf die Semantik waren die raumbezogenen Strukturen vorhanden, aber nicht hinreichend. In Griechenland hat die Monarchie nie eine bedeutende Rolle gespielt.[41] Eine weitere Besonderheit der griechischen Gesellschaft könnte im Rückgriff auf Formen der Kolonisation als Antwort auf das Problem der Übervölkerung bestehen, das mit Sicherheit in Zusammenhang mit einer komplexeren und ausgefeilteren Beziehung zur Außenwelt steht, als sie bei divinatorischen Gesellschaften gegeben war.[42] Das Anliegen, die Bedingungen der Mutterstadt in dem sich davon unterscheidenden Kontext der Kolonie einzuführen, erforderte die Übertragung des Einzelfalls auf höher generalisierte Formen – d. h. die Durchführung einer Abstraktionsoperation. Diesen Umständen kann sicher auch das zirkuläre Verhältnis zur alphabetischen Schrift hinzugefügt werden, das eine höhere Abstraktion der Kommunikation verlangt und diese auch ermöglicht.

Wie dem auch sei, spätestens seit dem 6. Jahrhundert scheint die griechische Semantik eine neue Organisationsform erreicht zu haben, die sich in der begrifflichen Entwicklung verschiedener Bereiche, etwa Philosophie, Wissenschaft, Geometrie und Politik, Rhetorik und Medizin widerspiegelt. Es scheint sogar, dass diese Entwicklungen mit einer neuartigen Form der Orientierung am Sozialen in Zusammenhang stehen, so dass Meier[43] davon ausgeht, dass die »Politisierung« im klassischen Griechenland dasselbe gewesen ist wie Temporalisierung in der Moderne:[44] dem Nenner, auf den der Komplex von Veränderungen zurückgeführt werden kann. Der Bezug auf das Soziale bildet zugleich die Errungenschaft und die Grenze der rhetorischen Semantik, die in dieser Zeit eingeleitet wird: eine Distanz, die für die Erfassung der Verschiedenartigkeit der Perspektiven hinreichend ist, jedoch nicht für deren Ablösung von der normativen Rückkopplung an eine gegebene (natürliche) Ordnung. Oder, mit anderen Worten:

---

41 Vgl. Meier 1980, S 61 und *passim*.
42 Vgl. *infra* § 2. 2. Aus der Lektüre der Werke von Herodot geht ein ausgesprochenes Interesse für andere Gesellschaftsformen hervor.
43 Vgl. Meier 1980, S. 311.
44 Im Sinne Kosellecks, insbesondere in: Koselleck 1979.

eine Abstraktionsfähigkeit, die eine Ablösung vom Interaktionszusammenhang ermöglicht, für die Beobachtung des Interaktionszusammenhanges als Kontext jedoch noch nicht hinreichend ist. Dafür fehlt noch der Bezug auf eine weitere Dimension, auf eine, die erst mit dem Anbruch der Moderne, mit Temporalisierung berücksichtigt werden sollte.[45] Man könnte auch sagen, dass mit den Griechen zuerst Abstraktion eingeführt wird, allerdings in einem relativ eingeschränkten Maße. Man erlangt die Fähigkeit, sich auf Subjekte zu beziehen, allerdings nur von einer (sozusagen) subjektiven Perspektive aus.[46] Die Begrifflichkeit wird auf das intendierte politische Handeln in einer bereits hoch entwickelten Form von »Kontingenztoleranz«[47] bezogen, die jedoch in einem normativen bzw. einheitlichen Rahmen verbleibt. Die Idiosynkrasie und Pluralität der modernen Subjekte, die, ausgehend von ihrer unwiederholbaren Perspektive, ihre je eigene Welt konstruieren, sind noch vollkommen unbekannt. In unserer Terminologie kann man sagen, dass in Griechenland die Fähigkeit der Beobachtung von Beobachtern geboren wird, nicht jedoch die Beobachtung zweiter Ordnung.

3. Die Unterscheidung Sein/Nichtsein

Jede Gesellschaft muss, wie wir bereits gesehen haben,[48] über eine eigene Form der gegenseitigen Koordination der einzelnen Kommunikationen und der dafür erforderlichen Kontrolle von Irrtümern und Unwahrheiten verfügen. Sobald ein Mindestmaß an Komplexität erreicht ist, wird dies über irgendeine Form der Realitätsverdoppelung verwirklicht, das heißt über die Aufteilung des Realen in Bereichen mit je eigenen Regeln. In der konkreten Kosmologie der divinatorischen Semantik bleibt diese Verdoppelung mit der Gegenstandswelt verankert und führt so zu einem an die Unterscheidung von Oberfläche und Tiefe ausgerichteten, »gedoppelten Objektverhältnis«. Sobald ein bestimmtes Maß an Kontextdistanzierung durchgesetzt ist, ist diese Form nicht mehr angemessen und man bedarf nun eines größeren Abstraktionsvermögens. Das gedoppelte Objektverhältnis wird se-

---

45 Vgl. weiter unten Kap. IV, 7.
46 Die Begriffe »sind nicht eigentlich subjektive Begriffe, sondern eher Subjekte, die zugleich Begriffe sind«: Meier 1980, S. 315.
47 Meier 1980, S. 495.
48 Vgl. Kap. II, 3.

mantisch ersetzt mittels einer von intern zu extern, mit Bezug auf den unmittelbaren Kontext wechselnden Unterscheidung, durch die Verdoppelung der Gegenstände also (d. h. durch die eigentliche Realitätsverdoppelung). Man unterscheidet dann zwei Ebenen von Realität: die Dinge und die Namen der Dinge, die Referenten und die Signifikanten, die Idee und das Sein – oder, in einer systemtheoretischen Terminologie, die Fremdreferenz und die Selbstreferenz von Kommunikation. In Zusammenhang mit Schrift und mit der Orientierung am Sozialen erlangt die Kommunikation einen Grad an Reflexivität, der sie in die Lage versetzt, den Diskurs als etwas von den behandelten Gegenständen Unterschiedenes zu erkennen und, ausgehend von dieser grundlegenden Unterscheidung, den Kontext von außerkontextuellen Faktoren, Varietät von Beständigkeit zu trennen.[49]

Wie bei allen Unterscheidungen ergibt sich hieraus zunächst eine Schwierigkeit: Wie bestimmt man, wenn einmal die zwei Seiten voneinander getrennt worden sind, die Beschaffenheit ihrer gegenseitigen Relation? Welches Verhältnis herrscht zwischen Fremdreferenz und Selbstreferenz? Die Namen verlieren nun, da sie nicht mehr einfach der einzigen Gegenstandswelt angehören, zumindest die konkrete Form ihrer magischen Kraft als unmittelbare Verbindung im Inneren der Natur und führen eine neue externe Beziehung zu den Dingen ein – die in irgendeiner Form erläutert werden muss. Das Aufkommen dieser Fragen und der darauf bezogenen Reflexion werden von Platons *Kratylos* bezeugt, der eben von der »Richtigkeit« der Namen und von deren mehr oder weniger arbiträren Bindung an die Gegenstände, auf die sie bezogen sind, handelt. Bei diesem Dialog handelt es sich um den klassischen Bezugspunkt im endlosen Disput von der linguistischen »Motivation«, d. h. von dem Grad an Willkür bei der durch Benennung zustande kommenden Bindungsverhältnisse. In der platonischen Lösung findet man alle Merkmale der rhetorischen Form von Realitätsverdoppelung bzw. der ontologischen Formulierung der Kosmologie wieder. Es handelt sich dabei um eine Konstruktion von einer derartigen Raffinesse (und Plausibilität zugleich), dass sie auf einer mehr oder weniger unhinterfragten Art für zwei Jahrtausende überleben konnte und, wie es scheint, auch heute noch nicht leicht aufzugeben ist.

Das Verhältnis von Namen und Referenten ist nach Platon ein motiviertes Verhältnis, was so viel heißt, dass die Namen nicht frei

---

49 Über die Unterscheidung von »Sachverhalt« und »Sprachverhalt« siehe Assmann 1995a.

sind, sondern ihren Referenten in irgendeiner Form »ähneln«. Es gibt demnach richtige und falsche Namen und es existiert auch ein Kriterium, darüber zu bestimmen.[50] Seine Position spiegelt aber nicht die naive (und im wesentlichen unhaltbare) Vorstellung von einer Form von Onomatopoesie wieder, nach der die Namen den konkreten Gegenständen ähnlich sind (wie bei den Begriffen »gurgeln« oder »Triller«). Die linguistischen Begriffe ähnen vielmehr den auf die Gegenstände bezogenen Ideen, d. h. einer höheren Ebene stabiler und abstrakter Formen. Bei den konkreten Namen handelt es sich letztlich ausschließlich um »Beinamen«, die von den punktuellen Gegenständen absehen und dafür eher für deren Beziehung mit den dazugehörigen Ideen einstehen.[51] Diese Lösung hat den Vorteil, durch die Trennung eines illusionären Bereichs (der dem unmittelbaren Kontext entspricht) von einem zusätzlichen, »realeren« Realitätsbereich (dem die Ideen innewohnen), einen normativen Ansatz zuzulassen. Diese Lösung büßt aber die Fähigkeit ein, den Kontext auf eine adäquate Weise zu behandeln. Dies zeigt sich an dem Sachverhalt, dass für Platon (und für eine lange Tradition nach ihm) Sprache nichts anderes meint als eine Ansammlung von Namen, wobei deren weitere Komponente wie Verben, Adverbien und insbesondere die ganze Skala »synkategorematischer« Merkmale – damit sind alle sozusagen syntagmatischen Merkmale gemeint, die auf den Kontext bzw. auf die einzelne laufende Kommunikation bezogen sind – vernachlässigt werden.

Die platonische Lösung des Problembezugs gibt eine komplexe Konstruktion wieder, die sie auch voraussetzt und auf eine Verbindung von zweiwertiger Logik, der Idee einer aus Objekten bestehenden Welt, der Anerkennung eines Bereichs von Meinungen, der sich von dem Bereich der Wahrheit unterscheidet und der die Behandlung abweichender Meinungen als Fehler gründet (d. h. auf der Unterordnung der Meinung unter die Wahrheit). Aus dem Komplex dieser Merkmale (die wir nun noch einzeln untersuchen müssen) resultiert die Ontologie als klassische Lösung des Problems des Verhältnisses von Selbstreferenz und Fremdreferenz.

Ontologie heißt wörtlich: die »Lehre vom Seienden«.[52] Von Inter-

---

50 Der Gegenstand vom *Kratylos*.
51 Dies wird auf einsichtige Weise von Genette 1976, S. 23 ff., erklärt. Wie es bei Platon meist der Fall ist, bleibt jedoch diese Position im *Kratylos* weder eindeutig noch endgültig.
52 Eine hierauf bezogene Diskussion findet sich in Quine 1952.

esse ist die Frage nach dem Sein. Um das Seiende zu erforschen, ohne auf die bloße Tautologie der Behauptung, dass »das Sein ist«, zurückzufallen, bedarf man jedoch einer zusätzlichen Unterscheidung, mit der sozusagen die Operationalisierung der Ontologie möglich wird. Im klassischen Denken hat man dafür die Unterscheidung wahr/unwahr herangezogen, auf die die Logik gegründet ist. Das enge Verhältnis gegenseitiger Bedingtheit von Logik und Ontologie ist ausführlich von Gotthard Günther[53] behandelt worden. In seiner Auffassung umfasst Ontologie lediglich Designationswerte, von denen auch die Komplexität der Gegenstände abhängt, die in ihr eingehen. Die Referenten gehen in Ontologie ein. Die klassische Ontologie ist streng einwertig und handelt von Gegenständen, die einfach sind. Eine Ontologie (als Komplex von Referenten) existiert aber erst, wenn sie auch beobachtet, d. h. als solche identifiziert werden kann und als Thema von Kommunikation und Reflexion zugelassen ist. Anders ausgedrückt, muss die Beobachtung in der Lage sein, sich von den eigenen Gegenständen zu unterscheiden. Das Konkrete divinatorischer Semantiken konnte dies, wie wir bereits gesehen haben, nicht leisten und verfügte auch lediglich über eine auf dem Partikularen basierende Kosmologie. Die Logik entsprach der Ontologie, so dass der Realität alle Eigenschaften des Denkens zugesprochen wurden (das seinerseits mit Hilfe von Unterscheidungen beschrieben wurde, die der konkreten Realität entnommen waren).

Mit dem Zuwachs an Abstraktion beginnt sich in der klassischen griechischen Welt eine hinreichende Distanz vom gegebenen Kontext für das Aufkommen der Frage nach dem Sein bzw. nach dem Problembezug (oder der Unterscheidung Fremdreferenz/Selbstreferenz) durchzusetzen. Die Frage taucht bekanntlich zuerst mit den Sophisten auf, findet hier aber noch zu keiner operationalisierbaren Lösung.[54] Die Sophisten haben die Ontologie »erfunden«, ohne sie mit einer Logik zu verbinden, mit dem Ergebnis, dass Selbstreferenz und Fremdreferenz permanent ineinander fallen. Die Sophisten präsentieren sozusagen die Negativversion der Unterscheidung Sein/Denken,[55] bei der die Kontingenz des Denkens sich unmittelbar auf die des

---

53 Vgl. insbesondere Günther 1962, S. 251 ff. in der Ausgabe von 1976; 1968, S. 140 ff. in der Ausgabe von 1980.
54 Die Reflexionen der Eleaten sind in diesen Belangen noch zu wenig differenziert. Das Sein des Parmenides bildet noch keinen möglichen Referenten.
55 Gorgias handelt nicht vom Seienden, sondern vom Nicht-Seienden: vgl. Gorgia, in: Diels, 1957, 82 B.

Seins ausdehnt. Anstatt das Denken im Sein und die Variabilität in die Beständigkeit aufzulösen (wie die antikeren Semantiken), lösten die Sophisten, die die Autonomie des Denkens anerkannten, im Denken das Sein auf – mit dem Ergebnis des Verlustes aller stabiler Bezüge. In der bekannten Formulierung von Gorgias: »Nichts gibt es; wenn es auch etwas gäbe, wäre es dem Menschen nicht verständlich; wenn es verständlich wäre, könnte man es den anderen nicht mitteilen.«[56]

Damit etwas im eigentlichen Sinne existiert, muss man in der Lage sein, dieses etwas von dem Sachverhalt zu trennen, dass man es kennt; dies geschieht, wenn man über eine Logik verfügt. Nach Günther handelt es sich bei Logik um eine Form der Beobachtung, die sowohl designative als auch nicht-designative Werte aufweist und das Sein deshalb beobachten kann, weil sie es von etwas anderem unterscheidet. Sie muss daher mindestens bivalent sein (über einen designativen und über einen nicht-designativen Wert verfügen). Die Unterscheidung und (Korrelation) von Logik und Ontologie zeigt sich zuerst noch recht undeutlich[57] bei Platon, der die Frage nach dem Sein mit der zweiwertigen Unterscheidung wahr/unwahr, mit der grundlegenden Unterscheidung der Logik also, kombiniert. Das Unwahre fungiert bei dieser Herangehensweise als Reflexionswert, durch den es möglich wird, sich über den Referenten der mit dem Designationswert (das Wahre) bezeichnet ist, zu befragen, ohne sich mit ihm zu verwechseln – durch den also die eigentliche Auseinandersetzung mit Ontologie möglich wird.

Ohne Logik kann es keine Ontologie geben, die Logik bedarf aber ihrerseits einer Ontologie, wenn sie ohne Kurzschlüsse funktionieren soll.[58] Die Ontologie zeigt an, wie die Logik angewendet werden soll. In der Logik herrscht zwischen den Werten ein symmetrisches Verhältnis, so dass es möglich ist, ohne Bedeutungsänderungen von einem Wert zum anderen zu wechseln. Von einem formalen Gesichtspunkt aus ist das Wahre das Nicht-Wahre und umgekehrt, und man erhält das Unwahre, indem man das Wahre leugnet. Es gibt keine Stabilität, sondern eine ständige Transformation von einer Seite der Unterschei-

56 Diels, 1957, 82 B 3. Es ist merkwürdig, wie diese Formulierung beinahe als programmatische Erklärung des radikalen Konstruktivismus fungiert. Auf die Parallelen zwischen den neuesten post-ontologischen und den sozusagen prä-ontologischen Positionen der Antike kommen wir in Kap. V, 3 noch zu sprechen.
57 Wir werden dies deutlicher im nächsten Abschnitt sehen.
58 »A system of logic is the formalization on an ontology«, andererseits aber ist »an ontology [is] nothing but a very general prescription of how to use a logic in an existing world«: Günther 1962, S. 255 in der Ausgabe von 1976.

dung zu der anderen. Dagegen ist die Ontologie mit dem Seienden befasst, und dieses weist eine eigene Stabilität und Autonomie gegen die Bedingungen von Beobachtung auf. Die scheinbar harmlose, aber äußerst folgenreiche Operation, die die ontologische Metaphysik begründet, besteht lediglich darin, die zwei Designationswerte in Übereinstimmung zu bringen, den einwertigen Wert der Ontologie mit dem positiven Wert der zweiwertigen Logik: das Sein mit dem Wahren. Daraus resultiert eine Konstruktion, bei der das Wahre, das Sein und die Fremdreferenz zusammen den Designationswert bilden, während auf der anderen Seite das Unwahre, das Nichtsein und die Selbstreferenz gemeinsam als Reflexionswert fungieren. Die Logik ordnet sich der Ontologie unter.

Unter der Bedingung von Zweiwertigkeit wird damit auch bewirkt, dass die Symmetrie der Logik in die Asymmetrie der Ontologie umgesetzt wird, so dass das Sein, das ist, nicht nicht-ist, insbesondere aber, dass das Nichtsein nicht ist und auch niemals wird sein können. Man kann dies bereits bei Platon sehen,[59] obgleich sich die explizite Formulierung dieser Bedingung erst mit der Lehre vom ausgeschlossenen Dritten bei Aristoteles[60] findet. Die Asymmetrie der Ontologie liefert weiterhin das Ordnungsprinzip, das der sophistischen Verwirrung der Bezüge vorbeugt, und wird auch von der strukturellen Unfähigkeit der zweiwertigen Logik, das Sein von der Existenz zu unterscheiden, unterstützt. Das Sein hat gegenüber dem Nichtsein den Vorrang, weil das Sein, das nicht nicht-ist existiert, während das Nichtsein nicht-ist, also nicht existiert.[61] In dieser zweiwertigen Variante wird die Ontologie zur ontologischen Metaphysik des Abendlandes, d. h. zu der aristotelischen Konzeption, bei der es sich bei Ontologie und Metaphysik um ein und dasselbe handelt: real ist alles, was ist. Es folgt eine Art der Beobachtung, die von der Unterscheidung *Sein/Nichtsein* ausgeht, der dann alle weiteren Unterscheidungen un-

---

59 Vgl. *Timaios* 28: »das eine, stets gemäß demselben Seiende ist durch Vernunft mit Denken zu erfassen, das andere dagegen durch Vorstellung vermittels vernunftloser Sinneswahrnehmung vorstellbar, als entstehend und vergehend, nie aber wirklich seiend«.

60 *Metaphysik* 1005b 16 ff. In einer zweiwertigen Semantik überlagern sich das Prinzip vom ausgeschlossenen Dritten, das Prinzip vom Widerspruchsverbot und das Identitätsprinzip gegenseitig und können auch voneinander abgeleitet werden: vgl. Günther 1957 – hierbei handelt es sich nur um eine andere Art auszudrücken, dass das, was ist, immer gleich bleibt, sich nicht selbst widerspricht und sich nie von sich selbst unterscheidet.

61 »Die Ontologie garantiert mithin die Einheit der Welt als Einheit des Seins. Nur das Nichts wird ausgeschlossen, aber damit geht ›nichts‹ verloren«: Luhmann 1997a, S. 896.

tergeordnet werden[62] – diese Art der Beobachtung erscheint einer modernen Perspektive nicht so sehr deshalb als problematisch, weil eine Ontologie vorausgesetzt wird (es handelt sich dabei um eine unmittelbare Konsequenz der Unterscheidung Fremdreferenz/Selbstreferenz und ist für Beobachtung unvermeidbar), sondern eher deswegen, weil der Seinsfrage alles andere untergeordnet wird, aufgrund ihres zweiwertigen Charakters.

Bei der Logik handelt es sich einerseits um die große Errungenschaft des griechischen Denkens und andererseits (aufgrund ihrer Bindung an die Zweiwertigkeit) um seine wesentliche Begrenzung. Die Logik befindet sich nämlich an der Basis der Orientierung jeglicher Unterscheidung, d. h. an der Basis der Möglichkeit, Beobachtungen zu ermöglichen, die nicht von kontextuellen Unterscheidungen abhängen, sondern mittels abstrakter, autonomer Kriterien prozessieren. Wenn man jedoch über nur zwei Werte verfügt, werden alle weiteren Unterscheidungen übergestülpt und müssen letztlich auf die Frage nach dem Sein zurückgeführt werden. Von Platon an *ens et verum (et pulchrum) convergentur,* vor allem aber entspricht das Wahre auch dem Gerechten.[63] Die privilegierte Position des Seins ermöglicht die Fundierung einer normativen Ordnung, die richtige, dem Wahren entsprechende und auf das Sein rückführbare Beobachtungen beinhaltet. Es ist dies eine Anordnung, die der Asymmetrie einer konkurrenzlosen Position vorsehender vormoderner Semantiken entspricht, die für alle bindende Unterscheidungen ausbildet, ohne Raum für eine Vielheit möglicher Wahrheiten (oder möglicher Beobachterperspektiven) zu lassen. Diese Konstruktion bildet zugleich das Fundament einer hierarchischen Ordnung: die soziale Übersetzung der Asymmetrie, deren Stabilität gerade dadurch bedingt ist, dass die Basisunterscheidung ein *re-entry* nicht zulässt.[64] Man kann die Bedingungen der Konstruktion deshalb auch nicht befragen, weil auch die Legitimation der hierarchischen Ordnung außer Frage steht.

Der einzige außer dem Wahren zur Verfügung stehende Wert ist das Unwahre, so dass eine Behauptung, die sich vom Wahren unterscheidet, notwendig unwahr sein muss (und nicht etwa einfach auf eine andere Weise positiv sein kann). Da eine zweiwertige Semantik die Verschiedenheit der Unterscheidungen nicht erkennen kann, kann sie auch die Vielfalt der Beobachterperspektiven nicht erkennen und

---

[62] Vgl. Luhmann 1997a, S. 895.
[63] Vgl. Luhmann 1990a, S. 88.
[64] Der Begriff von Spencer Brown ist im ersten Kapitel bereits erläutert worden.

führt sie deshalb alle auf eine einzige richtige Perspektive zurück, über die sich alle, falls sie nicht irren, einig sein müssen. Alle beobachten das Sein auf eine mehr oder weniger richtige Weise. Damit wird auch Autorität begründet: Der Wissende (und die antiken Gesellschaften kennen eindeutige Zeichen, um einen solchen zu erkennen) beobachtet auf die richtige Weise und kann deshalb die anderen belehren.[65] Das Unwahre »ist-nicht« im eigentlichen Sinn, so dass jeder, der eine vom Wahren abweichende Behauptung aufstellt, einen Irrtum begeht. Die entsprechende Semantik bleibt, obwohl sie Beobachtung und Gegenstände auseinander halten kann, an die Beobachtung erster Ordnung gebunden. Die Beobachtung von Beobachtern ist nur möglich, indem die Beobachter wie Gegenstände beobachtet werden. Die Unfähigkeit (im Sein), die Verschiedenheit der Beobachter anzuerkennen, führt zu der Unfähigkeit, Referenzprobleme von Beobachtungsproblemen (etwa die Frage nach der Wahrheit) zu unterscheiden. Dies ist auch heute noch die Haupthürde für die Anerkennung einer konstruktivistischen Epistemologie.[66]

Bei der dazugehörigen Weltsicht handelt es sich um dieselbe, die der Unterscheidung Ganzes/Teile zugrunde liegt und sie bildet, wie wir bereits gesehen haben, eine der grundlegenden Voraussetzungen der Selbstbeschreibung von stratifizierten Gesellschaften. Die Welt der ontologischen Metaphysik ist eine einheitliche Welt, die die Totalität des Seins einschließt. Alles Seiende gehört der einen Welt an, aus der zugleich alles ausgeschlossen ist, was nicht eindeutig als Sein ausgewiesen werden kann – all das, was nicht ist, aber auch alles, von dem nicht mit Eindeutigkeit auszumachen ist, ob es ist oder nicht ist: beispielsweise Fehler (die von der Logik korrigiert, aber nicht behandelt werden) und der ganze Bereich der Modalitäten. Die klassische Logik gießt seit Aristoteles das Mögliche (das weder wahr noch unwahr ist) in eine Form, in der sie die Modalitäten auf die (zweiwertigen) Formen der Quantifizierung reduziert.[67] Was nicht behandelt wird, ist das Kontingente, d. h. der Bereich von allem, was weder notwendig noch unmöglich ist, bei dem es sich weder um das Sein noch um das Nichtsein handelt. Im berühmten neunten Kapitel aus dem *De interpretatione* (*De futuris contingentibus*) verortet Aristoteles das Kontingente in die Zukunft und schließt es so von dem Bereich aus, den er behandeln kann. In Bezug auf die Frage nach Sein oder

---

65 Vgl. Luhmann 1997a, S. 928.
66 Vgl. Luhmann 1990a.
67 Diese Fragen sind ausführlich in Esposito 1992, S. 199 ff., behandelt worden.

Nichtsein bleibt die Zukunft unterbestimmt. Man könnte auch sagen, dass die Zukunft nicht zur Welt gehört.

Nur bei Objekten handelt es sich um designationsfähige Referenzen, folglich wird die Bezugswelt einer zweiwertigen Logik als Objektmenge (*aggregatio corporum*) oder als Objektgesamtheit (*universitas rerum*) begriffen: Die Welt besteht aus Objekten und alle Objekte gehören der Welt an.[68] Die Pluralität der Objekte, die zu der Paradoxie der *unitas multiplex* führen könnte, wird stattdessen durch die Basisasymmetrie der Ontologie, und d. h. eben wiederum von dem Vorrang des Seins, neutralisiert. In diesem Fall wird sie in ein Privileg des Ganzen, von dem die einzelnen Objekte die Teile darstellen, oder eben in die (asymmetrische) Unterscheidung Ganzes/Teile übersetzt, durch die auch die vormoderne soziale Welt geleitet wird, in der man sich nicht über den Status des Ganzen bzw. des »Mehr« befragt, das es von den Teilen unterscheidet.

Innerhalb einer solchen Konstruktion, in der die Möglichkeiten weltintern gelöst werden, gibt es keinen Raum für eine Transzendenz im modernen Sinne. In diesem Fall ist die Realitätsverdoppelung buchstäblich eine Wiederholung der Realität in den verschiedenen Bereichen, die aus Dingen bestehen, die mittels der Unterscheidung sichtbar/unsichtbar dargestellt werden. Es gibt Objekte und es gibt Ideen und der Unterschied besteht darin, dass die einen sichtbar sind und die anderen nicht.[69] Selbst das Göttliche transzendiert die irdische Welt nur, insoweit es sich auf der Skala der kosmischen Wesen, zusammen mit den himmlischen Körpern und allen weiteren Wesen, die dem Werden und Vergehen der natürlichen Welt nicht ausgesetzt sind, »weiter oben« befindet. Alles, was ist, existiert irgendwo und die Objekte anderer Art werden in anderen Realitätsebenen lokalisiert.

Die Kraft der ontologischen Metaphysik besteht in ihrer Fähigkeit zur Exklusion, die ihr den Ausschluss von allem ermöglicht, was nicht in die zweiwertigen Kategorien eingeht. Hierin besteht aber auch ihr Problem: So wie sich die Logik mit Zukunft und Kontingenz nicht befasst, so beschäftigt sie sich auch nicht mit Kontexten, Beobachtern, Irrtümern und allem, was sich ändert. Selbst aber wenn es sich bei Unwahrheiten um Irrtümer handelt, so treten sie ebenso auf, wie Kontexte mit besonderen Merkmalen auftreten, oder wie die Verschiedenheit der Beobachter auftritt. Dessen war sich auch die klassi-

---

68 Vgl. Luhmann 1997a, S. 143, S. 145 u. S. 897.
69 Vgl. Luhmann 1997a, S. 153 u. S. 899.

sche Welt wohl bewusst, wie dies wiederum durch Platon bezeugt wird, der sich im *Theaitetos* eben mit dem Problem der Verschiedenheit der Meinungen und mit der richtigen Art der Unterscheidung von Wahr und Unwahr der verschiedenen Beobachter auseinandersetzt (nicht umsonst bezieht er sich hier auf die Sophisten). Es ist sogar möglich, dass die Logik selbst dem sophistischen Bewusstsein von der Varietät der Kontexte und der Meinungen und dem daraus erfolgten Interesse für Beweisführung und Argumentation erst erwachsen ist[70] – aus einem Bewusstsein heraus, das seinerseits wahrscheinlich mit den Folgen der alphabetischen Schrift und der dadurch bedingten Trennung von Mitteilungskontext und Verstehenskontext in Zusammenhang steht. Das von dem sozialen und temporalen Druck der Interaktion befreite Verstehen kann nun auch von Akzeptanzvorgaben gelöst werden, die nun zum Gegenstand der Reflexion werden können.[71]

Jedenfalls scheint sich die klassische Welt in einer Lage befunden zu haben, in der auf der einen Seite die Unterschiedlichkeit von Beobachtern und Meinungen offensichtlich zutage trat und andererseits den Vorrang der einwertigen Welt der Ontologie herrschte, die keine Varietät zuließ. Die Lösung baut gerade auf die Kraft der Ontologie und auf ihre Fähigkeit zur Exklusion, die derart gefestigt und zweifelsfrei ist, dass sie auch einen Bereich zulassen kann, in dem andere Regeln und andere Kriterien herrschen und die deshalb legitimiert sind, weil sie in der letzten Instanz auf die letzte Wahrheit der Ontologie zurückgeführt werden können. Obwohl die klassische Welt einerseits auf eine zweiwertige Logik gegründet ist, hat sie auf der anderen Seite dennoch eine komplexe und ausgefeilte Reflexion über Kontextualität und über die Kriterien des darauf bezogenen Umgangs entwickelt. Dies ist auch der Bereich, in dem die Rhetorik zu verorten ist, die in der gesamten vormodernen Welt (ontologisch) zwar eine der Logik untergeordnete, aber dennoch fundamentale Rolle einnimmt. Bei Platon und Aristoteles – und in der gesamten darauf aufbauenden Tradition – bedeutet die Anerkennung der Rhetorik die Bestätigung und nicht die Negation der Logik.[72] Die Kontextualität wird angenommen, um im nächsten Augenblick unmittelbar von einer außer-

---

70 Lloyd 1979 unterstreicht die zentrale Bedeutung der Entwicklung von Techniken der Argumentation für die griechische Wissenschaft im Allgemeinen und insbesondere deren Einfluss auf das Verständnis des axiomatischen Systems und der exakten Wissenschaft.
71 Vgl. Luhmann 1997a, S. 179.
72 Wie dies dagegen dem modernen Blick erscheint.

kontextuellen, übergeordneten Wahrheit absorbiert zu werden. Die Legitimität der Rhetorik ist ein Eingeständnis an die Begrenztheit der Menschen, die geboren werden und sterben und sich mit dem Werden auseinander setzen: eine Bedingung, die eine bestimmte Art von Kenntnissen erfordert. Der einzelne Beobachter ist immer unweigerlich in einem Kontext eingebunden (dieses Bewusstsein markiert den Unterschied im Vergleich zu den divinatorischen Gesellschaften), wenn er aber ausschließlich über kontextuelle Bezüge verfügt, kann er die sophistische Zerstreuung und Zirkularität nicht überwinden – die weder die Entwicklung hin zu einer Logik noch (zumindest nach Ansicht Platons) hin zu einer »wahren« Rhetorik ermöglicht.[73] Die Rhetorik genügt sich demnach nicht selbst und muss sich deshalb auf eine Logik (bzw. auf eine Dialektik im platonischen Sinn) beziehen, die sie transzendiert und ihr den Anschluss an das Unbewegte und Unwandelbare gestattet. Gleichzeitig kann die Logik mittels der Rhetorik die aufgrund ihrer zweiwertigen Anlage erforderlichen Exklusionen kompensieren.

Der Rhetorik ist also die Behandlung des Kontextes vorbehalten: Hier haben die (illusorische) Vielfalt der Meinungen und die (oberflächliche) Unterschiedlichkeit der Situationen ihren Ort, hier können Paradoxien, Unwahrheiten und Lügen behandelt werden. Es handelt sich dabei um das Ergebnis einer Unterscheidung von einem strengen, der Wahrheit zugekehrten Wissen (*epistéme*) und dem bloßen Meinungswissen, das dem Wahrscheinlichen zugekehrt ist; Rhetorik wird zu dem Ort der (zweiwertigen) Beobachtung von Beobachtern und hebt mit eigenen Techniken, die gerade aus der Distanz von einem Kontext gewonnen sind, die Minderung der Überzeugungskraft von Interaktionszusammenhängen auf. Das Verhältnis gegenseitiger Kompensation und Voraussetzung von Logik und Rhetorik[74] begründet die Stabilität der auf einer einwertigen Ontologie basierenden Semantik.

---

73 Wir kommen hierauf im nächsten Abschnitt noch zurück.
74 Ein Verhältnis, das sich bei Platon und Aristoteles (und dann auch noch in der späteren Tradition) auf vollkommen unterschiedliche Weise darstellt.

4. Platon

Möglicherweise erscheinen die Behauptungen des letzten Abschnittes als zu gewagt und abstrakt. In diesem Abschnitt werde ich deshalb versuchen, sie zu konkretisieren, indem ich das semantische Bild des Griechenland vom 6. bis zu 4. Jahrhundert, mit Platon als wesentlichem Bezugspunkt, detaillierter darstellen werde. Die Grundhypothese dieses Abschnittes und des gesamten Kapitels ist, dass man bei Platon zugleich das Fortbestehen und die Überwindung divinatorischer Semantiken, d. h. den Übergang zu einem neuen Gedächtnismodell beobachten kann, das man aber nicht schon bei Platon selbst findet, sondern das erst mit Aristoteles deutlichere Konturen gewinnt. Von diesem Blickwinkel aus erscheint Aristoteles nicht (oder: nicht nur) als Überschreitung von Platon, weil er zusätzlich auch den Augenblick markiert, in dem die kontextbezogene Weisheit zuerst umschrieben und von einem außerkontextuellen Wissen (dem eigentlichen Wissen) unterschieden wird. Die jahrhundertealte Gegenüberstellung von Platon und Aristoteles gewinnt in dieser Perspektive auch die Konturen einer Unterscheidung von zwei verschiedenen Gedächtnismodellen und die Aktualität von Platon wird nicht so sehr in seiner antizipatorischen Rolle gesehen als vielmehr in seiner Bindung an eine ältere Semantik, die in der Folge ausgegrenzt werden sollte.

Doch welche Rolle spielte das, was wir das divinatorische Gedächtnis genannt haben, für die griechische Gesellschaft vor Platon? Jenseits der Debatten um einen mehr oder weniger gedrängten »Orientalismus«[75] scheint es mittlerweile bestätigt, dass es wichtige Berührungen mit den großen Kulturen des Mittleren Ostens gegeben hat, deren Einflüsse auf eine spezifisch griechische Weise verarbeitet worden sind. Bei der Orphik handelt es sich gewissermaßen um die griechische Version orientalischer Mysterien, denen sie offenbar auch entstammt und deren Theogonie sie übernimmt. Der Ursprung aller Dinge ist Chronos, aus der die Dyade von Äther und Chaos geboren wird, während das Ei (das geboren und zugleich gebärend ist) als Symbol dieses ganzen Ablaufes fungiert[76] – es ist dies eine einheitliche Ordnung, die ihre Unterscheidungen auf der Oberfläche auflöst. Elemente der Orphik finden sich, außer bei Platon, auch bei den Pythagoreern und bei den Sophisten wieder: gerade in den Reflexionen, die für

---

75 Vgl. beispielsweise, mit zusätzlichen bibliographischen Hinweisen, Degani 1961.
76 Vgl. Diels, I.B.12. Vgl. auch die Anschauungen des Mazdaismus: *supra*, § 2.7.

unsere Diskussion über das Gedächtnis von grundlegender Bedeutung sind. In der archaischen griechischen Gesellschaft hat Schrift aber nie die zentrale Rolle gespielt, die sie in den orientalischen Kulturen gespielt hat (so wie es auch nie eine echte, an die Differenzierung nach Zentrum und Peripherie gekoppelte Bürokratie gegeben hat). Ein Umstand, der mit der in einem gewissem Sinne eher marginalen und elitären Rolle in Zusammenhang stehen könnte, die die Mysterienkulte im Vergleich zu der »öffentlichen« Form der Religion innehatten (der Form der anthropomorphen Götter aus der klassischen Mythologie).

Etwas Ähnliches kann auch in Bezug auf die Divination gesagt werden, die in der griechischen Kultur zwar vertreten, hier jedoch nie den Formalisations- und Verfeinerungsgrad erlangt hat, den wir in Mesopotamien oder China ausgemacht haben. Wenn wir die oben eingeführte Unterscheidung verwenden, kann man für Griechenland von einer inspirierten (oder natürlichen) Divination ausgehen im Gegensatz zu der deduktiven (oder künstlichen) Divination, die für die orientalischen Kulturen charakteristisch war.[77] Während Gott im ersten Fall direkt, mittels seines »Sprachrohrs« (dem Orakel), zu den Menschen sprach, gründen die großen deduktiven Modelle auf der Interpretation der auf der Oberfläche der Dinge eingeschriebenen Zeichen. Prinzipiell waren hierbei alle Dinge als Zeichenträger im Rahmen eines Ansatzes einbezogen, der das ganze Universum als großes, auf die Aufdeckung der Entsprechungen von Makrokosmos und Mikrokosmos hin zu interpretierendes Buch ansieht. Dieser zweite Ansatz steht, wie wir bereits gesehen haben, in einem engen Zusammenhang mit Schrift, wenn man darunter in erster Linie ein System der Aufbewahrung von Formen versteht, das die Manipulation eben der Formen, sowie die Analyse ihrer Entsprechungen und Oppositionen ermöglicht. Hierin besteht nämlich die hauptsächliche Funktion nicht-alphabetischer Schriften. Da, wo Schrift weiterhin eine lediglich sekundäre Rolle spielt, wie eben in Griechenland, bevorzugt Semantik auf eine direktere Weise mündliche Formen, wie etwa die an den Orakel gebundene Divination, die ihre Urteilssprüche über den Mund der Pythia oder eines Priesters ausspricht. Auch Platon behauptet im *Phaidros*[78] ausdrücklich, dass die inspirierte Mantik,

77 Vgl. Manetti 1987, S. 34 ff.
78 *Phaidros*, 244. (Sämtliche Werke [in der Übersetzung von Friedrich Schleiermacher], Band 2, herausgegeben von Ursula Wolf, rowohlts enzyklopädie, Reinbeck bei Hamburg 1994).

durch die direkt die Gottheit spricht, der menschlichen Form von Weisheit, wie sie in den »Auspizien« (also der Erkundung der Zukunft durch Vögel oder andere Zeichen, d. h. der deduktiven Divination) ausgedrückt wird, übergeordnet ist. Ihr haften alle Grenzen der Erkenntnisfähigkeit der Sterblichen an.

Was fehlt, ist die Aufwertung systematischer Aspekte, die aus der divinatorischen Semantik eine spezifische Form von Rationalität machen. Dennoch wird die Divination als eine Art »göttlicher Wahnsinn« verherrlicht, der wie die Initiation in die Mysterien, die Liebe und die Dichtung, eine Berührung mit der göttlichen Schönheit ermöglicht.[79] Hier zeigt sich die Zweideutigkeit des Verhältnisses zwischen Platon (und der gesamten prä-aristotelischen Kultur) und der orientalischen Weisheit. Trotz einer völlig verschiedenen Konzeption von Schrift, auf die wir in Kürze zu sprechen kommen, stimmten die Bereiche der griechischen Kultur, die an den Orient angelehnt waren, in der Idee einer übergeordneten kosmischen Harmonie überein, in der die Unterschiede und Gegensätze aufgehoben würden. Im Rahmen einer schon vollkommen differenten Semantik teilten sie mit dem Orient die besondere Kosmologieform. Nicht umsonst ist die platonische Erläuterung der Divination eng an die der Liebe gekoppelt. Allein der Name der Diotima von Mantinea, Meisterin in den »Geheimnissen« der Liebe, scheint in seinen beiden Bestandteilen die Mantik anzusprechen – Diotima war andererseits auch eine Expertin in Bezug auf Opferriten.[80] Nach Platon ist Eros das höchste den Menschen zugebilligte Gut, weil jegliche Berührung mit den Göttern, die übergeordnet und unzugänglich bleiben, gleichzeitig aber Zeichen senden, an denen die Menschen sich orientieren können, über Eros hergestellt wird (darin steht er mit Divination in Zusammenhang). Diese Zwischenposition erklärt die zweideutige Rolle der Liebe, die nicht auf die eine Seite eines Gegensatzpaares beschränkt werden kann. Eros ist als Dolmetscher und Überbringer weder gut noch böse, nicht schön und nicht hässlich, nicht menschlich und nicht göttlich, nicht sterblich und auch nicht unsterblich. Nicht umsonst ist selbst der Mythos, der (im *Symposion*) von Aristophanes zu seiner Beschreibung herangezogen wird, selbst der zweideutige Mythos vom Androgyn, der weder

---

79 Platon, *Phaidros* 244 ff.; *Symposion* (a. a. O.), 202.
80 *Symposion*, 202. Siehe auch die Schwierigkeiten der Darstellung der ursprünglichen Einheit in den antiken Bildern der Ewigkeit: Kap. II, 7. Offensichtlich handelt es sich bei all diesen Formulierungen (in unserer Terminologie) um nichts anderes als um verschiedene Ausprägungen des Problems der Autologie.

Mann noch Weib, beide in sich (in seiner runden Figur) einschließt – wie der Mond, der nicht Erde und nicht Sonne ist und dennoch an beiden teilnimmt.[81] Eros ist derjenige, der den Menschen (im Wahnsinn) eine wie auch immer unvollkommene und irrationale Vision der übergeordneten kosmischen Harmonie vermittelt, er ist aber auch derjenige, durch den die unwandelbare Einheit sich auf eine Weise zur Darstellung bringt, »dass nun das Ganze in sich selbst verbunden ist«.[82] Das Mittel oder die Verbindung ist ein Drittes, das sich allen Gegensätzen widersetzt: der »eingeschlossene Dritte«, durch den die divinatorische Kunst hindurchgeht.

Diese ungreifbare Natur der Liebe (und der Divination)[83] kann in unserer Terminologie in die Nähe der ausschlaggebenden Rolle der Rückbindung an den Kontext gebracht werden, die eine Notwendigkeit anzeigt, die in dieser Manifestation erst erzeugt wird und nicht deshalb weniger notwendig ist, weil sie ihren Ursprung aus einer willkürlichen menschlichen Handlung nimmt, wie etwa das Werfen von Würfeln oder das Lesen der Konfigurationen von Mehl oder Rauch. Man bedenke, dass Eros, der Sohn der Armut (*Poenia*) und des Erwerbs (*Poros*), vor allem auch der Enkel der *Mètis* ist, der beweglichen und kontextbezogenen Form von Intelligenz, die es eben gestattet, Armut mit der Verfügbarkeit des Notwendigen,[84] die unwandelbare Gegebenheit mit den veränderbaren Umständen der Gegenwart zu verbinden.

Wir werden hierauf noch zurückkommen müssen. Was bleibt, ist jedenfalls das Vorhandensein einer Semantik, die weiterhin Formen des divinatorischen Gedächtnisses oder eben Formen eines konkreten Denkens, das seine Notwendigkeit aus dem Verhaftetsein an den Kontext bezieht, aufbietet – und dies in einer Gesellschaft wie der griechischen, die von einem strukturellen Gesichtspunkt aus vollkommen anders ist und in der die Bedingungen, die solche Formen stützten (in erster Linie die Relevanz von Schrift), nicht weiter gegeben sind. Es folgen eine Reihe Schwierigkeiten, die, wie dies oft geschieht, als Paradoxien zutage treten.

In diesem Zusammenhang ist Heraklit beispielhaft, der scheinbar wirklich mit den orientalischen Praktiken in Berührung gekommen ist und einer Familie angehörte, die den Eleusinischen Mysterien ver-

---

81 *Symposion*, 190-193.
82 *Symposion*, 202.
83 Die wir auch schon die Mysterien beobachtet haben: vgl. Kap. II, 4.
84 *Symposion*, 203.

bunden war. Wenn man sich die Kennzeichen der divinatorischen Semantik vor Augen führt, kommen einem viele Merkmale der sprichwörtlichen Unverständlichkeit Heraklits zumindest weniger undurchdringlich und isoliert vor und können auf das Fehlen der Unterscheidung von Selbstreferenz und Fremdreferenz zurückgeführt werden. Wie wir bereits gesehen haben, besteht nämlich das Grundlegende am Mysterium in der Anerkennung der wesentlichen Undurchdringlichkeit letzter Wahrheiten, die in einem strengen Sinne unsäglich sind – dies ist das Thema der berühmten Fragmente 1 (»Für der Lehre Sinn aber, wie er hier vorliegt, gewinnen die Menschen nie ein Verständnis, weder ehe sie ihn vernommen noch sobald sie ihn vernommen«) und 123 (»Die Natur [das Wesen] liebt es sich zu verbergen«), aber auch da, wo er auf die Divination Bezug nimmt, wie im Fragment 93 (»Der Herr, dem das Orakel in Delphi gehört, sagt nichts und birgt nichts, sondern er bedeutet«. Allein aus den kontextuellen Bezügen kann die einzig mögliche Interpretation gewonnen werden, die aber das Mysterium dennoch nicht lüften wird, das der Gott sich nicht bemühen muss, zu verdecken).[85] Das gleichzeitige Bestehen der Gegensätze verweist auf die wesenhafte Harmonie des Kosmos,[86] während der Gegensatz selbst durch das Mitbedenken der Umstände aufgelöst wird: der Rückbezug auf den Kontext, der in einer zweidimensionalen Semantik die Funktion der Unterscheidung von Fremdreferenz und Selbstreferenz übernimmt – dasselbe ist bei verschiedenen Gelegenheiten anders.[87] Man befindet sich in einer einzigen Welt, die von außen nicht beobachtet werden kann (und deshalb unzugänglich bleibt) und uns von Mal zu Mal aus einer besonderen Perspektive erscheint. In Bezug auf diese Perspektive haftet dem Paradoxen nichts Problematisches an.

Auch die pythagoreische Lehre kann als griechische Version einer divinatorischen Kosmologie gelesen werden und auch in diesem Falle scheint es Berührungen gegeben zu haben. Abgesehen von den Einflüssen der Orphik bezieht sich Ferecide di Siro, der Lehrer des

---

85 Ich beziehe mich hier und an den anderen Stellen auf die Ausgabe von Diels 1957: 22.B.1, 22.B.123, 22.B.93.
86 Diels 1957, 22.B.10, 22.B.88 und 22.B.8: »Das widereinander Strebende zusammengehend; aus dem auseinander Gehenden die schönste Fügung.«
87 Die Fragmente von den Flüssen, in die man nicht zweimal hinabsteigen kann (22.B.49a, 22.B.91), und alle anderen, bei denen der Gegensatz durch die Bezugnahme auf Wandlung und auf die Vermengung mit den konkreten Gegebenheiten (22.B.67, 22.B.88, 22.B.84a) oder auf die Relativität der Perspektiven aufgelöst wird (»Der Weg hinauf und hinab ein und derselbe«: 22.B.60; 22.B.103).

Pythagoras, auf griechische und ägyptische Mysterien[88] und scheint außerdem Wissen aus phönizischen Texten bezogen zu haben. Die Beschäftigung der Pythagoreer mit den Zahlen stellt sozusagen eine »verkürzte« Version der Erforschung von Entsprechungen mittels schriftlicher Fixierung dar. Nach Pythagoras sind Zahlen (und Schrift) in Ägypten von Theut erfunden worden.[89] Sie sind deswegen von zentraler Bedeutung, weil sie die Harmonie der kosmischen Ordnung darstellen und den Interpretationsschlüssel für die Erkenntnis ihrer Gesetze liefern. Die Harmonie wird aus einem einheitlichen Prinzip geboren, das sich in der Darstellung der Unterscheidung (die noch wichtiger ist als die Zahl) von dem Unendlichen (oder dem Unbegrenzten) und dem Begrenzten zeigt. Aus dieser Unterscheidung folgen alle weiteren Unterscheidungen wie die von ungleich und gleich, Einheit und Vielheit usw. bis hin zu rechts und links, unbewegt und bewegt, Licht und Schatten, gut und böse.[90] Wie die gesamte Mathematik divinatorischen Einschlages macht auch die pythagoreische Lehre keinen Unterschied zwischen Arithmetik und Geometrie. Die Eigenschaften der Zahlen werden aus der Manipulation geometrischer Figuren, d. h. aus zu den schriftlichen analogen Darstellungen abgeleitet.[91] Auch hier fehlt die Unterscheidung des Konkreten von einer Ebene irgendwie abstrakter Entitäten.[92]

Die Krise der pythagoreischen Lehre wird traditionsgemäß auf die Entdeckung der Unvereinbarkeit von Diagonale und Seite eines Quadrats zurückgeführt, auf ein Problem also, das außer durch den Verzicht auf das Konkrete einer »geometrisierten« Arithmetik (deren Zahlenverhältnisse in geometrische Beziehungen umgewandelt werden) nicht gelöst werden kann. Die Schwierigkeit ist in einer Zeit

88 Vgl. Diels 1957, 7.B.4.
89 Vgl. Diels 1957, 58.B.2.
90 Vgl. Diels 1957, 58.B.4, 58.B.5.
91 Vor dem Hintergrund der Analogie der Prozeduren ist es auch nicht weiter verwunderlich, dass die Ergebnisse aus der pythagoreischen Arithmetik, wie die Entdeckung der Gleichheit von einem auf der Hypotenuse konstruierten Quadrat und der Summe der auf den Katheten konstruierten Quadrate (der Satz des Pythagoras) oder die pythagoreischen Dreizahlen, bei den babylonischen und chinesischen Mathematikern bereits bekannt waren: vgl. van der Waerden 1983.
92 Obwohl man unterstellen kann, dass die Existenz von der Schrift nahen Formen auch bei den Pythagoreern zu einem Problembewusstsein hinsichtlich der Erscheinungen und der Kraft der Wörter geführt hat: für Heraklit ist »Pythagoras Ahnherr der Schwindeleien (Schwindler)« (Diels, 22.B.81) und nach Eudoxos hat Pythagoras »die schwächere und die stärkere Argumentation erfunden« und »den Schüler gelehrt, ein und dieselbe Person zu tadeln und zu loben« (Diels 1957, 80.A.21).

aufgetaucht, da die griechische Semantik, insbesondere durch die Eleaten, angefangen hatte, abstrakte Formen auszubilden. Deren erste Ausdrucksform besteht in der Erzeugung von Paradoxien. Dieselben Gegensätze, die bis dahin ohne Schwierigkeit hingenommen worden waren, werden nun, da die Ideenebene mit der Ebene der Gegenstände nicht mehr übereinstimmt, als Problem angesehen. Wenn man, wie die Pythagoreer, von der Annahme ausgeht, dass zwischen dem logisch-mathematischen Denken (der Ideenebene) und der physischen Realität die perfekte Übereinstimmung herrscht, so folgen daraus Paradoxien, wie etwa die von Zenon. Indem auf die physische Realität mathematische Argumentationen wie die der unendlichen Teilbarkeit des Raumes und der Zeit übertragen werden, erhält man Aporien, die für eine dem Konkreten verhaftete Semantik nicht lösbar sind. Dafür müssen die Ebenen, durch die Ausbildung eines neuen Bewusstseins über die Unterscheidung von Selbstreferenz und Fremdreferenz, voneinander unterschieden werden.

Die Ausbildung dieses Bewusstseins stellt nach unserer Ansicht die große Errungenschaft der Eleaten dar. Wahrscheinlich wurde Zenon deshalb als der Erfinder der Dialektik bezeichnet.[93] Die gesamte Reflexion des Parmenides nimmt ihren Ausgang aus der »Entdeckung« des Denkens als einen bestimmten Gegenstand, um den herum gedacht werden kann. Es handelt sich hierbei, mit anderen Worten, um die Entdeckung der Selbstreferenz und aller sich daraus ergebenden Probleme. Da ist zunächst das Verhältnis zu der anderen Seite der Unterscheidung: zur Fremdreferenz oder zur physischen Realität, oder, noch allgemeiner, zum Seienden. Bis hin zu Platon war man nicht in der Lage, das Verhältnis von Selbst- und Fremdreferenz zu asymmetrisieren, so dass es fortwährend zwischen der einen und der anderen Seite der Unterscheidung changierte. Es fehlte also ein ausreichender Anhalt für die Akzeptanz der Unterscheidung als solche und für ihre Unterscheidung von den anderen Unterscheidungen (insbesondere von der Unterscheidung von Sein und Nichtsein), ohne sie sofort auf Einheit zurückzuführen, ohne sie also als Unterscheidung aufzuheben. Bei den Eleaten war es die Fremdreferenz, die negiert wurde, so dass man in der Konsequenz auch die Vielheit, die Bewegung und das Werden der Phänomene negierte, indem man alle Gegenstände des Denkens auf einen einzigen reduzierte, der mit dem Sein als solchen zusammenfiel. Wie man aber an Zenon sehen

---

93 Vgl. Diels 1957, 29.A.1 und 29.A.10.

kann, konnte die Bevorzugung des Einen nicht in einer strikten Terminologie, sondern nur durch den Nachweis gerechtfertigt werden, dass eine Entscheidung für das Gegenteilige zu noch schlimmeren Resultaten geführt hätte.[94] Darin scheint mir auch der Sinn der Paradoxien zu liegen, die er zwar erzeugt, aber nicht in der Lage ist, aufzulösen. Im Übrigen erkannte Zenon an, dass derjenige, der in der Lage wäre, das Eine zu erklären, genauso gut auch die Vielheit der Entitäten hätte behaupten können.[95]

Im Gegensatz dazu wurde von den Sophisten eine symmetrische Operation durchgeführt, die, vor dieselbe Unterscheidung gestellt, sich für die gegensätzliche Seite entschieden haben und die Beständigkeit des Seins in der Vielheit der Phänomene auflösten. Auch in diesem Fall bestand die Vorbedingung der Konstruktion in dem Eingeständnis einer Unfähigkeit: Protagoras gibt offen zu, nichts über die Götter und deshalb auch nichts über das Sein aussagen zu können.[96] Wenn Parmenides das Wort wie einen Gegenstand behandelte, so führten die Sophisten alle Gegenstände auf die entsprechenden Wörter zurück, d. h. sie lösten Fremdreferenz und Notwendigkeit des Seins in Selbstreferenz und Kontingenz der Umstände auf. Mit anderen Worten wurde durch Abstraktion und das Bewusstsein von der Unterscheidung ein Bruch zwischen dem Kontingenten und dem Notwendigen, zwischen dem Kontextuellen und dem Ewigen erzeugt, durch die die divinatorische Semantik charakterisiert war, ohne dafür eine alternative Lösung gefunden zu haben. Vor demselben Dilemma gestellt wie die Eleaten, haben die Sophisten das Kontingente auch auf die Gefahr hin »gerettet«, im Nichtsein zu landen (in dem Gorgias bekanntlich den Menschen und die Natur verortet).[97] Die Sophisten sind folglich nicht in der Lage, etwas über das Sein oder über die Wahrheit zu sagen, sie erlangen aber den Vorteil, sich einen Zugang zum »Reich« des Wortes und der Überredung zu verschaffen, das seine eigene Form von Notwendigkeit erzeugt, das aber, »ohne den Schein des Unabwendbaren zu haben, dennoch seine Macht hat«.[98] Wie auch

---

94 Vgl. Platon, *Parmenides*, 128.
95 Vgl. Diels 1957, 29.A.16.
96 »Über die Götter allerdings habe ich keine Möglichkeit zu wissen (festzustellen?), weder daß sie sind, noch daß sie nicht sind, noch, wie sie etwa an Gestalt sind; denn vieles gibt es, was das Wissen (Feststellen?) hindert: die Nichtwahrnehmbarkeit und daß das Leben des Menschen kurz ist.« Diels, 80.B.4 – Es ist dies das Zugeständnis einer wesentlichen Begrenztheit, die stark an die Vorannahmen der Semantik der Mysterien erinnert.
97 Vgl. Diels 1957, 82.B.3 und 3a.

Platon anerkennen wird,[99] verlassen die Sophisten auf diese Weise die Naivität derjenigen, die sich nicht mit den Erscheinungen auseinander setzen, und führen die ironische Haltung derjenigen ein, die gegen Wörter misstrauisch sind und darauf aufpassen, sich davon nicht einwickeln zu lassen. Dieses Bewusstsein (das Bewusstsein der Unterscheidung von Selbstreferenz und Fremdreferenz) ist eine gute Vorbereitung auf die Philosophie, weil es die Seele von der Anmaßung befreit, über Wissen zu verfügen.[100]

Dass im Athen des 5. Jahrhunderts das Wort als Überredungsinstrument verwendet und der vertraute Umgang mit Illusionen und Täuschungen mit Schrift in Zusammenhang gebracht wurde, wird von Platon bezeugt, dessen Widerwille, die eigenen Gedanken der Verschriftung preiszugeben, in seiner Angst begründet liegt, mit den Sophisten verglichen zu werden.[101] Die Alphabetisierung war seit der zweiten Hälfte des 5. Jahrhunderts verbreitet, in einer Zeit also, da man sich auch in der Dichtung – die im Übrigen weiterhin Formulierungen und metrische Formen verwendet, die zu dem Repertoire der mündlichen Dichtung gehörten[102] – vermehrt auf das Geschriebene bezieht. In irgendeiner Form wurde Schrift mit der Herrschaft über die Erscheinungen in Verbindung gebracht – und nicht zu Unrecht, da die Alphabetisierung, wie wir gesehen haben, eine neue Form der Distanzierung von dem Kontext sowie die Beobachtung von Kommunikation ermöglichte. Die Diskussion der Vor- und Nachteile war scheinbar auch unter den Sophisten weit verbreitet: Die Debatte zwischen Isokrates[103] und Alkidamas[104] drehte sich eben darum, ob Gespräche aufgeschrieben werden sollten oder nicht. Beide Haltungen teilten, trotz ihrer Gegensätzlichkeit, eine gemeinsame Annahme, die in unseren Augen die Priorität des Kontextbezuges und der Umstände von Gesprächen (d. h. den Vorrang von Mündlichkeit) anzeigt. Alkidamas tritt deshalb für die improvisierte Rede ein, weil derjenige, der schreibt, nicht in der Lage ist, die Ideen und Launen mitzubedenken, die im

---

98 Diels 1957, 82.B.12: deshalb kann Helena nicht dafür getadelt werden, dass sie sich durch Worte hat überreden lassen.
99 *Sophistes*, 268.
100 *Sophistes*, 231-232.
101 Vgl. beispielsweise *Phaidros*, 257. Wir beziehen uns hier auf die neue Form der alphabetischen Schrift. Über die Assoziation von Sophisten und Schrift siehe auch Tuve 1966, S 33.
102 Vgl. Gentili 1984, insbesondere S. 24 ff.
103 *Gegen die Sophisten*.
104 *Über die Sophisten*.

Lauf einer Diskussion auftreten und seine Rede daher auch nicht darauf einstellen kann. Im Gegensatz dazu steht Isokrates dem Gebrauch von Schrift wohlmeinend gegenüber, aber nur deswegen, weil Schrift über die Orientierung am Schatz vergangener Ideen, eine reichere Anpassung der eigenen Rede an die Bedürfnisse des Augenblicks ermöglicht.[105] In keinem Fall wird eine Unabhängigkeit vom Kontext hergestellt: eine Form außerkontextueller Abstraktion, die demgegenüber eine echte Schriftkultur kennzeichnet. Der Bezugspunkt der Sophisten ist und bleibt das Kontingente.

Diese Aufwertung von *kairós*, auf die wir in der Folge noch zurückkommen werden, zeigt eine Verbindung zwischen der Haltung der Sophisten und den antiken Vorannahmen der divinatorischen Semantik: eine Verbindung, die nach mancher Ansicht durch die Form der sophistischen Dispute bezeugt wird, welche die agonistische Komponente des Rätsels des Orakels wieder aufgreifen.[106] Die Befragung des Orakels nahm die Züge einer regelrechten Herausforderung zwischen der Gottheit und den Menschen an, bei der es auf interpretatives Geschick und auf die Fähigkeit ankam, über die erste explizite Bedeutung hinauszugehen. Es ging also um die Aufmerksamkeit für das Wort und für seine Zweideutigkeit. Bekanntlich wurden auch die eristischen Dispute als regelrechte Wettbewerbe inszeniert, bei denen derjenige gewann, der die Unwahrheit der Argumente des Gegners nachweisen konnte. Bei vielen Orakelbefragungen musste die Frage in einer geschlossenen Form als Alternative gestellt werden, auf die der Gott mit Ja oder Nein antworten konnte.[107] Eine Eigenart, die sich auch bei den Wettbewerben der Sophisten wiederfindet, bei denen die absolute Norm herrschte, dass der Befragte nur mit einem Ja oder mit einem Nein antworten sollte, ohne etwas anderes hinzuzufügen und ohne auf die verschiedenen Bedeutungen, die ein Wort einnehmen kann, oder auf den Kontext oder auf den Zeitpunkt der Aussage Bezug zu nehmen.[108]

Vor diese Umstände ist Platon mit seinem Schreiben gestellt: ein

---

105 Merkwürdigerweise ist die Position des Isokrates, die den Gebrauch von Schrift scheinbar begünstigt, der Position Platons (die wir in Kürze diskutieren werden) am nächsten, obwohl dieser Schrift abzulehnen scheint. Am Ende des *Phaidros* (279) ist es Isokrates, dem Platon einen reichen Verstand und eine genuin philosophische Veranlagung zuschreibt, an den die Schlussfolgerungen herangetragen werden sollen, zu denen man dank der Schrift gelangt ist.
106 Vgl. Manetti 1987, insbesondere S. 51 f.
107 Vgl. Crahay 1974, S. 223 der italienischen Ausgabe.
108 Ein Beispiel für dieses Vorgehen findet sich im *Euthydemos* von Platon (295-296).

Athen, das noch von einer Kosmologie durchdrungen ist, die für die Divination typisch ist, in dem aber die Verbreitung der alphabetischen Schrift und eine an Stratifikation ausgerichtete Gesellschaftsstruktur eine Tendenz zur Abstraktion einführten, die mit den Vorannahmen einer zweidimensionalen Semantik nicht zu vereinbaren war. Diese Unstimmigkeit drückte sich in einer gesteigerten Sensibilität gegenüber Fragen nach den Erscheinungen, den Illusionen und der Macht des Wortes aus. Diese können dazu führen, dass man die Wahrheit aus den Augen verliert und seine Meinungen dahingehend ändert, dass »das Kleine groß und das Schwere leicht erscheint«[109] oder zu dem Vorgehen, »die schwächere Meinung zur stärkeren zu machen«.[110] Die Verbreitung und der große Erfolg, die die Sophistik gerade unter den Jugendlichen gefunden hatte, bilden ein Symptom für diese Form vom Taumel gegenüber der Entdeckung der Möglichkeit, zu jedem Thema gegensätzliche und gleichermaßen glaubwürdige Überlegungen anzustellen. Die *dissoi logoi* sind hierfür das beste Beispiel. Diese Beweglichkeit der Erscheinungen musste, in Anbetracht der Tatsache, dass jeder Versuch, sich an eine Gegebenheit zu klammern, nur zu der Erzeugung von Paradoxien, die wiederum von den Sophisten selbst entdeckt und ausgebeutet wurden, auf eine paradoxe Weise als die triftigste Form von Weisheit erscheinen. Die Situation änderte sich auch dann nicht, wenn man sich der physikalischen Welt zuwendete. Dies wird von Zenon bezeugt. Von hier nimmt auch die Überzeugung der Sophisten ihren Ausgang, in Besitz von Tugend und Weisheit zu sein und daher über die beste Erziehungsmethode für die Jugend zu verfügen. In Platons Athen beginnt mit anderen Worten eine Semantik Verbreitung zu finden, die aber noch über keinen hinreichenden Halt durch eine adäquate Kosmologie verfügte. In der Terminologie, die im vorangegangenen Kapitel eingeführt worden ist, kann man sagen, dass eine Logik ohne dazugehörige Ontologie Verbreitung findet. Man hatte gelernt, mit zweiwertigen Unterscheidungen zu operieren (d. h. von einer Seite zur anderen überzugehen), ohne einen Anhaltspunkt zu haben, der Kriterien zur Regelung dieses Übergangs hätte liefern bzw. den Gebrauch der Unterscheidungen hätte asymmetrisieren können.

Platon ist trotz der ständigen Polemik gegen die Sophisten zweifellos der Abstraktion verhaftet, die diese eingeführt haben. Lloyd

---

109 Platon, *Sophistes*, 234.
110 Protagoras, Diels 1957, 80.B.6b. Das Zitat ist aus der *Rhetorik* von Aristoteles (B.24. 1402a.23).

vermutet, dass die Entwicklung des spekulativen Denkens im antiken Griechenland eng an die Entwicklung von Argumentationstechniken gekoppelt ist. Er geht sogar so weit, zu behaupten, dass die dialektische Methode und die Formulierung und Anwendung eines strengen Verständnisses von Beweisführung sich aus den rhetorischen Formen der Widerlegung, der Überredung und der Beweisführung heraus entwickelt hätten.[111] Spuren dieses Zusammenhanges ließen sich in der gesamten griechischen Wissenschaft nachweisen, bei der nie eine deutliche Trennung von Wissenschaft und Überredung eingehalten wird. Viele Überredungsargumente enthielten zu den rhetorischen und sophistischen Beispielen auch Beispiele aus der Mathematik, und selbst der Wissenschaftler benötigte in der Auseinandersetzung mit anderen Wissenschaftlern die Fähigkeit der Überredung. Die griechische Wissenschaft behält stets ein grundlegend agonistisches Gesicht.[112] Was Platon anbelangt, ist wohlbekannt, dass sein Lehrer Sokrates unter die Sophisten eingereiht wurde; eine Tatsache, die nicht verwundern kann, wenn man die Nähe der platonischen Dialoge zu den eristischen Techniken und seine Vertrautheit im Wechsel zwischen dem Partikularen und dem Universalen, der Identität und der Vielheit, dem Ewigen und dem Kontingenten, der Zweideutigkeit und den verschiedenen Bedeutungen der Wörter mitbedenkt.[113] Auf der anderen Seite kann Platon auch als Erbe des antiken mythischen Weltbildes und somit auch der konkreten Formen des divinatorischen Gedächtnisses angesehen werden.[114] Trotz der Komplexität und dem Abstraktionsgrad seiner Konstruktion und trotz seiner ständigen Reflexion über den Unterschied von Wahrheit und Erscheinung, wird für ihn der höchste Grad der Erkenntnis nach wie vor durch die Initiation in die Mysterien gebildet, wobei er die Überzeugung vertritt, dass die Wahrheit nicht vermittelt werden kann.[115] Gleichzeitig befindet sich Platon mit seiner Überzeugung von der Existenz eines grundlegenden Prinzips als Seinsgrund aller anderen Phänomene, wie Aristoteles bemerkt, in der Nähe der Pythagoreer.[116]

Merkwürdigerweise ist Platon demnach sowohl in der Nähe der antiken konkreten Semantik als auch in der der der neuen Abstrak-

---

111 Vgl. Lloyd 1979, insbesondere S. 9 ff., S. 61 ff.
112 Vgl. Lloyd 1979, S. 87, S. 116 u. S. 234.
113 Siehe beispielsweise die Dialoge *Euthydemos, Protagoras, Hippias I* und *Hippias II*.
114 Vgl. beispielsweise Eliade 1953, S. 137.
115 Vgl. *Phaidros*, 249; *Symposion*, 202; *VII. Brief*, 341; siehe auch Ferber 1992.
116 Aristoteles, *Metaphysik*, A6. 987 b22.

tionsformen zu verorten, während er sich gleichzeitig von beidem unterscheidet. Meiner Ansicht nach muss der Anhaltspunkt für eine Überwindung beider Positionen und für seine Bereitstellung der Grundlagen für die folgenden Theorien gerade in seinem Verständnis von Gedächtnis gesucht werden – aus dem sich auch seine gleichzeitige Verbindung mit beiden Positionen erklären lässt. Es ist gerade das Gedächtnis, in Form der Lehre von der Wiedererinnerung, das ihm auf der einen Seite die Überwindung der nicht-einschließenden Art ermöglicht, von der die Sophisten durch die Fähigkeit, Unterscheidungen zu beobachten, durch den ständigen Wechsel vom Identischen zum Verschiedenen, vom Großen zum Kleinen, vom Ähnlichen zum Verschiedenen und umgekehrt[117] – d. h. ohne das Verhältnis zwischen den zwei Seiten zu asymmetrisieren – Gebrauch machen. Unweigerlich werden unter diesen Umständen Paradoxien erzeugt, die alle auf die im *Menon* behandelte Grundparadoxie reduziert werden können. Man befindet sich entweder im Besitz des Wissens, dann muss man sich auch nicht auf die Suche begeben; oder aber man ist nicht im Besitz von Wissen und daher kein Wissender. Ohne die Fähigkeit zu asymmetrisieren, gibt es keinen Ausweg aus dem Dilemma, und dieses Unvermögen ist fast allen Denkern vor Platon gemeinsam: Heraklit, Protagoras, Empedokles bis hin zu Homer.[118] Nur das Gedächtnis befreit von der Kontextabhängigkeit und ermöglicht es, den Bezug auf die empirischen Daten zu retten, ohne dabei Wahrheit in bloße Meinung aufzulösen. Man befindet sich auch vor einem Lernen durch die Erfahrung im Besitz der Prinzipien des Wissens. Lernen ist Erinnern. Es existiert folglich ein Bezugspunkt, der in der Varietät der Ereignisse und Perspektiven fix bleibt, und es ist genau dieser Bezugspunkt, der die Einführung eines Prinzips von Asymmetrie in das Wirbelspiel der Seiten von Unterscheidungen ermöglicht. In einem gewissen Sinne ist es der archimedische Punkt, der den Beginn einer Konstruktion ermöglicht.

Dank der Wiedererinnerung kann sich der Mensch von der bloßen Meinung, die dem Vergessen entspricht, erheben und Zugang zu dem

---

117 *Sophistes*, 259.
118 *Theaitetos*, 152, 160. Die einzige (wunderliche) Ausnahme bildet Parmenides, der sich eben für das Sein entschieden hat und so zu einer Asymmetrisierung der Unterscheidung gelangt ist – ohne jedoch in der Lage gewesen zu sein, diese Entscheidung zu rechtfertigen.

Begriff der *Gattung* erlangen.[119] Hierin besteht nach Aristoteles der Unterschied zwischen Platon und den Pythagoreern sowie die Grundlage der Dialektik, dem Prinzip, durch das es ihm möglich wird, die Zahlen außerhalb der wahrnehmbaren Dinge zu verorten[120] und – wie wir es ausdrücken würden – die Zweischichtigkeit der divinatorischen Semantik im Übergang zu einer echten Realitätsverdoppelung zu überwinden. Die Welt ist nicht die unmittelbare Wahrheit, sondern nur der Reflex der wahren und perfekten Realität der Ideen. Nach Platon selbst entspricht die Fähigkeit, gemäß der Gattung zu denken, zugleich der Initiation in die perfekten Mysterien.[121] Es ist dies eine Behauptung, die uns unmittelbar zu der für die Divination charakteristischen Problematik zurückführt und die Zweideutigkeit seiner Position verrät. Die Abstraktion, die die Orientierung an Unterscheidungen begründet, legitimiert sich selbst, indem sie Unterscheidungen negiert. Die Unterscheidung Selbstreferenz/Fremdreferenz asymmetrisiert sich selbst durch die Bevorzugung der Seite der Fremdreferenz.[122] Die Schwierigkeit besteht darin, dies zustande zu bringen, ohne dabei die andere Seite aufzulösen.

Das Interesse der platonischen Theorie des Gedächtnisses liegt gerade in dieser Zweideutigkeit – eine Zweideutigkeit, die meiner Ansicht nach nur aufgelöst werden kann, wenn man sie mit der Debatte um die Schrift, an der sich auch Platon beteiligt, in Zusammenhang bringt. Wir treffen hier, außer auf den Gegenstand des Gedächtnisses, erneut auf eine der Prämissen dieser Arbeit: auf die Idee, dass Schrift die Formen und Modi von Wiederholung und Redundanz begründet. Wie ich nun versuchen werde zu zeigen, scheint mir zudem, dass der Reichtum und die Komplexität des viel diskutierten *Phaidros* gerade in dieser Fragestellung liegen, und dass eine der legitimen Lesarten des Dialogs in seiner Interpretation als Reflexion über die Formen des Gedächtnisses besteht. Es handelt sich dabei selbstverständlich nicht um die einzig mögliche Lesart; dies wird durch die alte Kontroverse über den Gegenstand des Dialogs bezeugt: Wovon handelt der *Phaidros*? Von der Rhetorik, von der Liebe, von der Schrift, von der Wahrheit? Mir scheint aber, dass, wenn man das Gedächtnis einbezieht, die ganze Kohärenz und thematische Einheit

---

119 *Phaidros*, 249.
120 Aristoteles, *Metaphysik,* A6. 987 b22.
121 *Phaidros*, 249.
122 Hierin besteht die Nähe von Platon und Parmenides, *Theaitetos*, 183-184. Zur Auseinandersetzung mit Parmenides siehe *Sophistes*, 237 ff.

des Dialogs zutage treten. Über Wahrheit, Schrift, Liebe und Rhetorik sagt Platon immer das Gleiche aus und redet in Wirklichkeit über die Gegenüberstellung von zwei verschiedenen Formen von Gedächtnis, der antiken (und guten), die auf Divination basiert, und der (schlechten), die sich gerade im Ansatz der Rhetorik abzeichnete. Es gibt demnach ein gutes und ein schlechtes Gedächtnis und in der Konsequenz auch eine gute und eine schlechte Rhetorik, eine gute und eine schlechte Schrift, eine gute Wahrheit und die scheinbare Wahrheit der Meinung, eine gute und eine schlechte Liebe – und schließlich auch, was er an anderer Stelle sagt,[123] eine gute und eine schlechte Dichtung.[124]

Derrida identifiziert die Opposition der zwei verschiedenen Formen von Gedächtnis bei Platon als die Opposition von *hypomnesis* (der Erinnerung auf der Basis äußerer Stützen, d. h. auf der Basis von »aide-mémoire«) und *mnémè* (dem lebendigen, der Seele und der Erkenntnis eingeschriebenen Gedächtnis).[125] Er beobachtet auch, auf eine für uns sehr interessante Weise, dass die Unterscheidung über zwei verschiedene Formen von *Wiederholung* hergestellt wird. *Mnémè* erinnert, indem sie die *Anwesenheit* der Idee wiederholt, die sich selbst direkt abbildet, während *hypomnesis* lediglich die Repräsentation der Idee bzw. ihre durch eine andere Wiederholung vermittelte *Abwesenheit* wiederholt.[126] Das Dilemma betrifft also nicht die Ablehnung oder die Akzeptanz des (offenbar unumgänglichen) Gedächtnisses, sondern es spielt sich im Inneren »der allgemeinen Organisation der mnestischen Tätigkeit«[127] ab. In Übereinstimmung mit einer bewährten Interpretation des Denkens Platons führt auch Derrida diese Alternative auf

---

123 *Politeia*, X, 595 ff.
124 Eine der Vorentscheidungen dieser Arbeit besteht darin, dem Gedächtnis selbst gegenüber den Kommunikationsmedien eine primäre Stellung zuzuweisen: Wir werden deshalb nicht behaupten, dass Schrift als Ursache von Veränderungen der Semantik angesehen werden kann, sondern dass sie über das Gedächtnis dazu beiträgt, zu einer anderen Form von Redundanz zu gelangen. Am Beispiel Platons kann man einen der Vorteile dieser Herangehensweise ersehen, die es gestattet, die Schwierigkeiten zu umgehen, in die sich beispielsweise der Ansatz Havelocks (1963) verstrickt, der das Entstehen der Abstraktionsfähigkeit, die er mit Platon in Zusammenhang bringt, auf die alphabetische Schrift zurückführt – Platon lehnt die Schrift aber jedes Mal, wenn er darauf zu sprechen kommt (insbesondere im *Phaidros* und im *VII. Brief*), ausdrücklich ab.
125 Vgl. Derrida 1968, S. 290, S. 300 ff. Über das Thema *hypomnesis* siehe auch Thiel 1993; Matussek 1998a.
126 Vgl. Derrida 1968, S. 315, S. 343 ff.
127 Derrida 1968, S. 312.

seine Ablehnung der Schrift zurück, die der *hypomnesis* als einem Ersetzen des wahren Gedächtnisses durch ein *aide-mémoire*, der aktiven Regeneration der Idee durch eine Prothese entspräche. Nach Platon dient Schrift nicht dem Gedächtnis, sondern erzeugt im Gegenteil Vergessen in der Seele derer, die sich ihr verschreiben, weil diese, indem sie auf Schrift setzen, die Wiederholung, anstatt sie in der eigenen Seele zu verwirklichen, äußeren Zeichen überlassen. Schrift dient nicht der *mnémè*, sondern der *hypomnesis*, die nichts weiter ist als Schein und eingebildetes Wissen[128] – folglich entspricht *hypomnesis* dem Vergessen. Als Form von Gedächtnis muss Schrift von den Weisen abgelehnt werden, weil sie wissen, dass nur die Sammlung von Kenntnissen im Inneren der Seele ein fruchtbares Wissen erzeugt, das neue Früchte treiben kann. In der Meditation kann sich der Wissende in der Einsamkeit zurückziehen und aus den erinnerten Reden immer neue Kenntnisse gewinnen, während die verschrifteten Reden steril bleiben, da sie, unabhängig von Zeitpunkt und Umständen, immer das Gleiche wiederholen.[129] Die Weisen wissen, dass Schriften kein Ersatz für Gedächtnis sein können, sondern »nur demjenigen zur Erinnerung [wären], der schon weiß, worüber sie geschrieben sind«.[130] Sie verwenden diese nur für die unwesentlichen Dinge, beinahe als Zeitvertreib. Die wesentlichen Dinge werden nur respektiert, indem sie in die eigene Seele aufgenommen werden, wo sie nicht dem Risiko ausgesetzt sind, vergessen zu werden, da sie sich in die Struktur des Denkens selbst einschreiben, wogegen Gespräche der Verschriftung zu überlassen, deren Einschreibung in Wasser gleichkäme: in ein schwarzes Wasser (Tinte), in das man mit einem Rohr sät, das aber nie neue Früchte treiben wird.[131]

In der Interpretation Derridas resultiert hieraus eine ziemlich verwickelte Situation, weil Platons Schrift *tout court* zugunsten einer anderen Art von Schrift, einer höheren, aus fruchtbaren und nicht aus sterilen Spuren bestehenden Schrift, ablehnte[132] – es ist aber nicht recht einsichtig, weshalb man dann überhaupt noch von Schrift sprechen sollte. Ich denke, dass man in dieser Frage mehr Klarheit gewinnt, wenn man die Unterscheidung von nicht-alphabetischer und alphabetischer Schrift in der bisher verwendeten Terminologie ein-

---

128 Platon, *Phaidros*, 275.
129 Platon, *Phaidros*, 276.
130 Platon, *Phaidros*, 175.
131 Platon, *Phaidros*, 276, *VII. Brief*, 344.
132 Vgl. Derrida 1968, S. 360 ff.

führt. Die nicht-alphabetische Schrift ist, wie wir gesehen haben, allein aufgrund ihrer Struktur einzig auf die Funktion von *aide-mémoire* eingeschränkt, die keine neuen Informationen bereitstellen kann, sondern auf eine derartige kontextuelle Einbindung angewiesen ist, dass sie nur demjenigen lesbar ist, der »schon weiß«. Diese Art von Schrift kann offenbar nicht als Ersatz für Gedächtnis, sondern nur seiner keineswegs selbstgenügsamen Integration dienen und bleibt zudem steril, weil sie nicht in der Lage ist, Neues zu produzieren. Die nicht-alphabetische Schrift bildete die Schrift von *hypomnesis*, so wie sie auch im Rahmen des divinatorischen Gedächtnisses Anwendung fand: eine Form von Wiederholung, die nur im Zusammenhang mit kontextuellen Faktoren Sinn erzeugt und keine Form von Selbstgenügsamkeit beanspruchen kann. Dann ist am Schreiben auch nichts Schlechtes und die Schrift muss auch nicht vollständig abgelehnt werden; man muss nur wissen, dass es sich dabei nicht um eine »ernsthafte« Form der Wiederholung handelt und dass sie daher immer von der psychischen Erinnerung begleitet sein muss, der einzigen, die die Fähigkeit unter Garantie stellt, überlieferte Inhalte zu gebrauchen, indem Informationen erzeugt werden.

Die platonische Unterscheidung einer »guten« und einer »schlechten« Schrift bezöge sich dann auf den Gebrauch der Schrift im Rahmen des divinatorischen Gedächtnisses, die einem neuen Gebrauch gegenübergestellt wird, der sich im damaligen Athen abzeichnete und dessen Repräsentanten nicht zufällig die Sophisten sind. Es handelt sich dabei um die neue, offene Dimension der alphabetischen Schrift, die eine unerhörte Unabhängigkeit von dem Kontext sowie die Erzeugung immer neuer, ausschließlich von Schriften ausgehender Informationen ermöglicht. Letztlich handelt es sich um eine neue Form der Realitätsverdoppelung, die zu der Unterscheidung einer Welt abstrakter Entitäten führt, die von den konkreten Gegenständen der unmittelbaren Realität getrennt sind. Es sind dies Entitäten, die Schrift überlassen werden können und eine eigene, von den Daten der Welt und von den Gedanken des Lesers (der sie, wie die Sophisten, immer auf seine Weise interpretieren kann) unabhängige Existenz führen. Es ist dies die Schrift der Logographen, die die Gespräche aufschreiben, die von anderen in Anwendung gebracht werden.[133] Die Zweideutigkeit Platons, der der erste Ideentheoretiker und der offensichtlich selber ein Mann von (alphabetischer) Schrift ist, besteht in

---

133 Vgl. Platon, *Euthydemos*, 305-306, *Phaidros*, 257 ff.

seiner Ablehnung der Konsequenzen der Alphabetisierung im Namen der vorangegangenen Formen des divinatorischen Gedächtnisses. Platon gemäß müsste man auch die neue Schriftart wie die vorangegangene, nicht-alphabetische Schrift verwenden – indem man sie dem Kontext unterordnet und so der Illusion von Unabhängigkeit nicht nachgibt. Das Dilemma zwischen den Schriftformen entspringt dem grundlegenden Dilemma zwischen zwei verschiedenen Formen von Gedächtnis: dem divinatorischen Gedächtnis, dem Platon, trotz seiner unzweifelhaften Abstraktionsfähigkeit weiterhin huldigt, und der neuen Form, die sich ihm nur in ihrer gefährlichen, sophistischen Prägung präsentierte.

Die Sophisten seiner Zeit waren nämlich nicht nur Männer der Schrift, sondern auch Männer der Mnemotechnik – und Platon macht sich sowohl über Schrift als auch über Mnemotechnik lustig.[134] In beiden Fällen hat man es mit einem neuen Verhältnis zu den Wörtern als zu selbständigen Gegenständen zu tun, die benutzt und manipuliert werden können. Es handelt sich dann bloß noch um einen laienhaften Gebrauch, der einen deutlichen Bruch zu der Tradition des inspirierten Dichters und Meisters der Wahrheit markiert – es geht sogar so weit, dass man sich für seine Dienste bezahlen lässt. Nicht umsonst gilt Simonides, der auch als der Erfinder der Mnemotechnik anerkannt war und der sowohl von seinen mnemonischen Fähigkeiten als auch von seinen poetischen Kompositionen einen kommerziellen Gebrauch machte, als der neue Prototyp des Dichters.[135] In dieser Bedeutung handelt es sich bei Gedächtnis nur um ein Erinnern von Texten auf der Basis standardisierter Prozeduren,[136] das deshalb auch keinen Zugang zur Wahrheit eröffnen kann. Dies ist auch der charakteristische Gebrauch des Wortes für die Sophisten, deren Interesse der Wahrheit entzogen und der Meinung zugekehrt wird – d. h. der Erscheinung und der Illusion, die die gleichzeitige Behauptung von etwas und seinem Gegenteil ermöglichen, ohne einer der beiden Möglichkeiten den Vorzug zu geben. Man fährt dann fort, von der einen zu der anderen Möglichkeit in einem sterilen und grundlosen Spiel zu oszillieren. Die Sophisten, die das Reich des Kontingenten und der Abstraktion (das

---

134 Vgl. Platon, *Hippias I*, 368. Hippias war wegen seines außerordentlichen, auf den Techniken der *ars memoriae* basierenden Gedächtnisses bekannt.
135 Vgl. Gentili 1984, S. 201, S. 211 ff.; Yates 1966, Kap. II.
136 Eine Art von Fähigkeit, die in den *Dissoi Logoi* (Diels 1957, c.90. 9) als »größte und schönste Erfindung« bejubelt wird. Auf die Mnemotechnik kommen wir auf diffuse Weise in Kap. III, 6. zurück.

Gespräch) entdeckt haben, sind auch dessen Gefangene geworden, weil sie die Fähigkeit eingebüßt haben, die Umstände mitzubedenken.[137] Wenn es nämlich wahr ist, dass in einer absoluten Terminologie immer etwas und sein Gegenteil behauptet werden können und man zeigen kann, dass das »Selbe (...) auch verschieden, und das Verschiedene dasselbe und das Große klein und das Ähnliche unähnlich« ist, so ist es auch wahr, dass in jedem gegebenen Umstand nur eine der beiden Bestimmungen gelten kann, und das ist es, was es zu zeigen gilt. Die korrekte Überlegung ist die desjenigen, der behauptet, dass eine Sache »identisch oder anders *in einer gewissen Hinsicht* ist« (Kursivierung von mir: E. E.) und sich weiterhin daran hält.

Gerade weil er die Umstände vernachlässigt, kann der Sophist den Anspruch erheben, in allen Bereichen alles zu wissen: ein Anspruch, der, statt von seinem Wissen zu überzeugen, dem Weisen anzeigt, dass es sich dabei lediglich um Schein und nicht um Wahrheit (die ihrem Wesen nach immer geheimnisvoll bleibt) handelt.[138] Die Widerlegung dieses Anspruchs kann sich aber nicht auf die Negation des Scheins beschränken, da sie ansonsten in das Dilemma des Parmenides hineingerät, der, um das Nichtsein zu widerlegen, gezwungenermaßen darüber sprechen muss, als handelte es sich um einen möglichen Gegenstand. Der einzige Ausweg besteht in der Anerkennung der Wertigkeit der Umstände, d. h. in der Anerkennung des *Verschiedenen*, der sowohl am Sein als auch am Nichtsein teilnimmt und so den »eingeschlossenen Dritten« darstellt, nach dem man auch in Bezug auf die Liebe gesucht hat. Indem man die Verschiedenheit von etwas behauptet, negiert man dessen absolutes Sein, gleichzeitig vermeidet man aber die Formulierung seines absoluten Gegensatzes oder seines Nichtseins. Die Anerkennung des Verschiedenen beinhaltet die Anerkennung des Gewichts der Umstände, dessen man eingedenk sein muss, will man von Mal zu Mal in der Lage sein, festzustellen, was wahr ist und was nicht. Merkwürdigerweise ist nur der Philosoph, der sich im Besitz der (sich selbst immer gleichen) Wahrheit befindet, in der Lage, diese je nach Kontext zu modulieren, während der Sophist, der sein Spiel mit den (immer wandelbaren) Erscheinungen treibt,[139] in einer sich selbst genügsamen Abstraktion verfangen bleibt. Er spielt mit dem Kontingenten, ohne das Kontextuelle zu kennen.

---

137 Platon, *Theaitetos*, 154; *Euthydemos*, insbesondere 295-296; und vor allem *Sophistes*, 259.
138 Ich folge hier der Argumentation im *Sophistes*, insbesondere 232 ff.
139 Vgl. *Gorgias*, 481-482.

Uns dürfte diese Aufwertung des Kontextes allerdings nicht neu vorkommen. Wir waren ihr bereits als der zentralen Struktur des divinatorischen Gedächtnisses begegnet, bei dem das Notwendige nur in Zusammenhang mit kontextuellen Faktoren zutage treten konnte. Das Notwendige und die kosmische Ordnung führten in diesem Rahmen keine abstrakte Existenz, sondern sie wurden erst im Austausch mit den Faktizitäten der Welt erzeugt, die ihrerseits die göttliche Weisheit bekundeten. Der Anhaltspunkt, an den Platon sich hält, um aus dem Dilemma des Relativismus und aus dem sophistischen Spiel mit den Erscheinungen herauszufinden, führt uns zu der grundlegenden Struktur der Weissagung zurück: eben zu der Aufwertung des Kontextes als einer Ressource und nicht zu seiner Ausklammerung als störenden Faktor (als den ihn, nach Platon, schon die Sophisten behandelten, die deshalb auch nicht weiter in der Lage waren, die Fragen nach dem »Wer«, »Wie« und »Wann« zu behandeln[140]). Selbst wenn es sich dabei um Abstraktion und Ideenschau handelt (oder gerade deswegen), stützt sich das Gedächtnis Platons immer noch auf die durch den Kontext bedingte Asymmetrisierung, auf eben die Strukturen, die in der dialogischen Form des Gesprächs zutage treten. Man könnte auch sagen, dass sich die Abstraktion Platons immer auf das Konkrete stützt – sein Gebrauch der Möglichkeiten von Schrift zielt in jedem Fall auf die kommunikative Form der Interaktion: auf die Anwesenheit, in deren Gegenwart man die Abwesenheit benutzen und ihr einen Sinn verleihen kann. Nicht alles kann jedenfalls in der Anwesenheit gelöst werden (und hierin ist Platon, das muss wiederholt werden, ganz der Mann der alphabetischen Schrift), aber die Befähigung, auf den Kontext Bezug zu nehmen, leitet und motiviert den Sinn von Abstraktion. Die neuen, vom Alphabet bereitgestellten, mnemonischen Möglichkeiten müssen in jedem Fall auf die, aus einer als *aide-mémoire* verwendeten Schrift heraus entwickelten, begrifflichen Formen zurückgeführt werden: *hypomnesis* muss auf *mnémè* zurückgeführt werden. Nur dann begegnet man dem »guten« Gedächtnis, das dem »schlechten« Gedächtnis der Sophisten, für das Schrift nichts weiter als eine Stütze der Erinnerung ist, diese aber gleichzeitig (zumindest zum Teil, wie wir weiter unten sehen werden) zu ersetzen trachtet, entgegengesetzt ist. Wie in der Divination das Außerkontextuelle (das Ewige) und das Kontextuelle zusammen erzeugt werden und sich gegenseitig bedingen, so

---

140 Vgl. *Phaidros*, 268.

sollten, nach Platon, Erinnerung und Wiedererinnerung nicht voneinander getrennt werden (wie dies schon mit Aristoteles der Fall sein wird), sondern sich ebenfalls gegenseitig bedingen – dies sollte gleichermaßen für Schrift und Memorierung gelten.

Dieses für Platon typische Oszillieren zwischen der Abstraktion der Rhetorik und dem Konkreten der Divination kann auch an den Metaphern abgelesen werden, von denen er Gebrauch macht. Um die Herrschaft der Erscheinungen, d. h. um die These zu kontrastieren, nach der nichts an sich, sondern alles nur in der Begegnung mit dem Wissenden existieren kann (also die These der unkontrollierten Abstraktion), greift Platon zu dem Modell der Wachsmasse zurück, der Gabe der Mnemosyne, in die, was erinnert werden soll, eingeprägt ist[141] – er greift also zu der Metapher, die, wie wir gesehen haben, dem divinatorischen Modell entspricht. Er kann damit die falschen Meinungen, in denen es keine Übereinstimmung von mnemonischer Prägung und momentanem Empfinden gibt,[142] orten und aussondern. Allerdings kann man mit diesem Modell die mathematischen Prozeduren nicht erklären, in die sich Fehler auch ohne Zutun der Empfindungen einschleichen können – anders ausgedrückt, kann man damit abstrakte Prozesse nicht berücksichtigen. Daher geht Platon zu der Vorstellung von Gedächtnis als einem Taubenschlag voller flatternder Vögel über, die den verfügbaren Kenntnissen entsprechen.[143] Diese Vorstellung antizipiert das Gedächtnis als einen Speicher, der, wie wir noch sehen werden, für das rhetorische Modell charakteristisch sein wird. Der Taubenschlag umfasst alle Kenntnisse, die man »besitzt«, im Unterschied zu denen, die man »hat« und die man, wie bei einer Vogeljagd, nach und nach in einen Käfig gesperrt hat: so wie man sich irren kann, indem man nach dem einem Vogel statt nach einem anderen greift, so kann man (unter den Kenntnissen, die man ohnehin besitzt) auch eine Kenntnis für eine andere halten. Der Vorteil diese Modells besteht in der Anerkennung der (abstrakten) Unterscheidung zwischen dem Möglichen und dem Aktuellen. Weil es das Gedächtnis ist, das den Zugang zur Erkenntnis leitet, besteht der Nachteil dieses Modells, aus dem Blickwinkel Platons, in dem Vorhandensein der Möglichkeit einer Erkenntnis, die zur Täuschung führt. Konsequenterweise wird die Frage nach der Natur des Gedächtnisses im *Theaitetos* offen gelassen.

141 *Theaitetos*, 191-192.
142 *Theaitetos*, 193-194.
143 *Theaitetos*, 197 ff.

An dieser Stelle dürfte klar geworden sein, dass der Gedächtnisdiskurs zu dem Schriftdiskurs hinzukommt und dass sich aus diesem Komplex auch die anderen Unterscheidungen Platons, wie die von der guten und der schlechten Rhetorik, ableiten. In diesem Zusammenhang ist der Ablauf im *Phaidros* beispielhaft. Als sich die Frage stellt, ob man den Gebrauch von Schrift akzeptieren solle oder nicht,[144] fängt Sokrates zuerst an, die Unterscheidung eines guten von einem »hässlichen und schlechten« Reden, die der Unterscheidung einer guten von einer schlechten Rhetorik entspricht, zu untersuchen, aus der, in derselben Argumentation, auch die Unterscheidung zwischen einem guten und einem schlechten Gebrauch von Schrift abgeleitet werden kann. Die gute Rhetorik entspricht der vom Philosophen praktizierten Dialektik, deren Überredungskraft der Ausrichtung an der Wahrheit entspringt und nicht der Hingabe an den Schein oder an den Geschmack der Vielen – die Überredungskraft entspringt mit anderen Worten dem guten Gebrauch von Gedächtnis. Wenn diese Orientierung fehlt, haben wir es nicht mit einer Kunst, sondern mit einer schmeichlerischen Praktik zu tun, die der Seele das ist, was dem Körper die Kochkunst: nicht eine heilsame Medizin, sondern die Erzeugung von Genüssen, die täuscht und deswegen vorgezogen wird, mit dem Guten aber nichts gemein hat[145] – so wie auch die Mnemotechnik und die anderen Werkzeuge der Rhetorik für ein richtiges Handeln allein nicht genügen. Bei der (guten) Rhetorik handelt es sich demnach nur dann um eine Kunst (um eine »Technik«), wenn sie von einem Philosophen angewendet wird, der seine Grenzen kennt, die Wahrheit von der bloßen (wenn auch richtigen) Meinung unterscheiden kann und richtig mit dem Kontext umzugehen weiß, eben weil er sich nicht in der Kontingenz verliert. Beispielsweise kann er seine Rede einem Gesprächspartner anpassen, weil er die Verschiedenheit der Seelen kennt und nicht etwa, weil er sich dem Gegenüber anpasst.[146] Nur unter diesen Umständen werden aus den Mitteln der Redekunst gute Präliminarien für die Kunst der Überredung – unter diesen Umständen wird man aber nur zum Wahren und Gerechten überreden und sich gänzlich vom sophistischen Reich der Kontingenz entfernen.[147]

---

144 *Phaidros*, 257 ff.
145 *Gorgias*, 461 ff.
146 *Phaidros*, 271 ff.
147 *Gorgias*, 459 ff. Den Gegenstand der Polemik bildet die sophistische »Weisheit«, die eben durch Gorgias zum Ausdruck gebracht wird und bei der »eine Täuschung, bei der der Täuschende gerechter ist als der nicht Täuschende und der Getäuschte klüger als

Die Kunst der Rhetorik lässt sich, nach Platon, nur auf Kosten ihrer Unabhängigkeit retten – und Platon hat deshalb konsequenterweise auch nie eine Abhandlung über die Rhetorik verfasst. Die gute Rhetorik und die Philosophie setzen einander voraus und bedingen sich gegenseitig, so wie auch das Kontextuelle und das Außerkontextuelle, das Kontingente und das Notwendige, die in der Begegnung mit den Umständen gleichzeitig erzeugt werden. Übertragen auf Schrift wird die Argumentation Platons vollends spekulativ und unterscheidet, wie wir bereits gesehen haben, den guten Gebrauch von Schrift derjenigen, die sich ihr nicht verschreiben, von dem schlechten, bei dem die *hypomnemata* für sich beanspruchen, die der Seele eingeschriebene Erinnerung ersetzen zu können – als beanspruchte die Kochkunst, die Kunst der Medizin zu ersetzen.[148]

Unter diesem Blickwinkel signalisiert die platonische Kritik der Schrift keine Rückständigkeit im Verhältnis zu seiner Zeit, sondern im Gegenteil die genaue Kenntnis des neuen Werkzeugs und seiner Implikationen – der Alternative zwischen dem Vorherrschen einer mündlichen Form von Kommunikation (unter Anwesenden), der der Gebrauch von Schrift untergeordnet wird, und dem Vorherrschen einer schriftlichen Form (unter Abwesenden), die auch in der Interaktion vorausgesetzt wird. Dies letztere Modell ist den Möglichkeiten der Alphabetisierung implizit, obwohl es erst in der Moderne, und hier erst nach der Erfindung des Buchdrucks, verwirklicht werden sollte. Die Sophisten, die die Repräsentanten der Autonomie von Schrift sein

---

der nicht Getäuschte«: Diels 1957, 82.B.23. Eine der platonischen diametral entgegengesetzte Position findet sich in den *Dissoi logoi*, in denen behauptet wird, dass, wer über eine Kenntnis der Ressourcen von Wörtern verfügt, auch auf die richtige Weise über alles reden kann und einen Zugang zur Erkenntnis der Wahrheit erhält: Diels 1957, 90.B.

148 Analog verläuft auch die Argumentation Platons hinsichtlich der Poesie, deren Verurteilung mir das wiederzugeben scheint, was als die Verurteilung der Schrift interpretiert worden ist. In der berühmten Passage aus der *Politeia* (X, 595) lädt Platon dazu ein, dem nachahmenden Dichter wie einem Handwerker zu misstrauen, der alle Gegenstände zu produzieren behauptet – auf exakt die gleiche Weise lud er dazu ein, dem Sophisten zu misstrauen, der über jedes Thema reden zu können behauptet. Diese gleich lautende Forderung suggeriert, dass der Dichter (ebenso wie der Sophist) in der Tat nur Schein erzeugt und sich nach dem Geschmack der Menge richtet, weil er keinen Zugang zur Wahrheit besitzt. Der Dichter spricht deshalb eher den Unvernünftigen an, der »nicht einmal Großes und Kleines unterscheidet, sondern dasselbe bald für groß hält, bald für klein« (605). Auch in diesem Fall gibt es aber eine »gute Dichtung«, die von der Wahrheit geleitet wird und die Werkzeuge, über die sie verfügt, für das Verfassen von Hymnen an die Götter und von Lobreden an tugendhafte Männer nutzt (607).

sollen, waren in Wirklichkeit den Formen von Oralität weit stärker verhaftet als Platon. Die Reden werden nur geschrieben, um in der Öffentlichkeit vorgetragen zu werden, d. h. in Bezug auf eine andere Interaktionssituation. Wie Michel Nancy richtig bemerkt, schreibt Lysis, wie er spricht, während Platon Sokrates wie ein Buch sprechen lässt.[149] Die ganze Entwicklung der Rhetorik, die wir in den folgenden Abschnitten verfolgen werden, bleibt an diese Voraussetzung – und an diese Fessel – gebunden. Deswegen handelt es sich bei der dazugehörigen Semantik, trotz der Entwicklung der abstrakten Prozeduren der zweiwertigen Semantik, im Wesentlichen um eine Beobachtung erster Ordnung. Im Gegensatz dazu kann die Reflexion Platons durch das ständige Insistieren auf die Figuren der »Mitte« (die Liebe) und auf dem Verschiedenen und selbst durch die ständige Berufung der Umstände nicht in die Schemata der Zweiwertigkeit eingeordnet werden. Sein Denken impliziert immer ein »Drittes« (zwischen dem Guten und dem Schlechten, zwischen Sein und Nichtsein, zwischen dem Kontextuellen und dem Außerkontextuellen), das nicht ausgeschlossen werden kann und den Angelpunkt bildet, aus dem die zwei Seiten der Oppositionen abhängen.

In diesem Sinne drückt Platon das Unbehagen einer von Schrift durchdrungenen Semantik, die aber noch keine Buchkultur ist, viel besser aus als die Sophisten.[150] Er lehnt Schrift in einer Form ab, die eine durch Schrift ermöglichte Abstraktion (und sei es nur um der eigenen Kritik willen) voraussetzt, und er greift zu den Prozeduren der Divination wie zu einer externen Stütze in Anbetracht der Ausweitung der Konsequenzen von Alphabetisierung.[151] Wie wir noch sehen werden, wird diese problematische Erkenntnis mit Aristoteles nach und nach an Prägnanz einbüßen.

---

149 Narcy 1992, S. 279. In diesem Fall hat Havelock (1963) Recht, der in der Reflexion Platons den ersten vollendeten Ausdruck einer alphabetisierten Semantik ausmacht.
150 Vgl. Vegetti 1989, S. 227.
151 Mitten in der Diskussion über die Schrift und über sein Verhältnis zum Gedächtnis (*Phaidros*, 275) beschwört Sokrates die verloren gegangene Fähigkeit der Alten, »auch der Eiche und dem Stein zuzuhören«, als ein Modell von Weisheit und Möglichkeit, Lehren daraus zu beziehen.

5. Das rhetorische Gedächtnismodell

Die Anlage der Ontologie bekommt durch Aristoteles eine Prägung, die für die gesamte Zeitdauer des Modells von Semantik, das wir in diesem Kapitel vorgestellt haben, d.h. bis zu den Anfängen der Moderne, beinahe unverändert beibehalten wird. Es empfiehlt sich daher, von Aristoteles auszugehen, um ihre Konturen herauszuarbeiten. Da wir uns außerdem für das Gedächtnis interessieren und es zudem mit Rhetorik in Zusammenhang gebracht haben, müssen wir uns zunächst anschauen, welche Rolle Aristoteles der Rhetorik zuweist und davon ausgehend den Versuch unternehmen, die Merkmale und die Reichweite seiner Auffassung vom Gedächtnis auszumachen.

Die aristotelische Reflexion bezeichnet den Übergang zu einer vollendeten Form von Realitätsverdoppelung, also zu einer Trennung von Selbstreferenz und Fremdreferenz, die keine Residuen und Zweideutigkeiten mehr aufweist, wie sie etwa noch bei Platon (mit ihrer ganzen Faszination) aufgefunden werden konnten. Das Denken des Aristoteles ist nun auf eine »beruhigte« Weise abstrakt und kann sich aus dieser Perspektive mit den Schwierigkeiten seiner Vorgänger auseinander setzen. Die klare Unterscheidung von Selbstreferenz und Fremdreferenz ermöglicht es Aristoteles beispielsweise, eine vollendete Untersuchung der Dialektik vorzunehmen, worüber sich Aristoteles im Übrigen auch wohl bewusst ist. Er behauptet ja, dass eine Untersuchung dieser Art Platon und seinen Zeitgenossen deshalb unmöglich gewesen sei, weil sie noch zu sehr in den durch das Verhältnis von Wahrheit und Schein aufgeworfenen Schwierigkeiten verstrickt waren. Die noch vordergründige Bemühung, von den Sophisten Abstand zu nehmen, verhinderte seiner Ansicht nach die Ausbildung einer echten Redekunst, derer die Philosophie aber unbedingt bedürfe, weil sie die Möglichkeit aufbiete, eine These auf die Probe zu stellen und mit den gleichen Mitteln unweigerlich auch lehrt, den eigenen Argumenten einen Anschein von Wissen zu verleihen. Dies war genau das, was die Sophisten taten. Die Redekunst weist eine hohe Affinität zu den Sophisten auf, daher hat Platon, ganz in seiner Kritik verfangen, seine Texte als Dialoge verfasst, bei denen Sokrates (der weiß, dass er nichts weiß) Fragen stellt, aber keine beantwortet, weil er eben in der Kunst, eine aus einer unklaren Position entstandene These zu verteidigen, nicht bewandert war.[152]

---

152 *Sophistische Widerlegungen*, 34, 183 b.

Aristoteles ist sich darüber bewusst, sich an einem Wendepunkt zu befinden und eine Form von Wissen (eine Technik oder eine Kunst) zu entwickeln, die es davor noch nicht gegeben hat. Er erklärt, dass das, was es davor gegeben hat, nichts weiter als (in der Terminologie Platons) eine rhetorische Praktik gewesen sei und dass die professionellen Eristiker zwar eine beträchtliche Entwicklung in Gang gesetzt hätten, es darin aber an Strenge hätten fehlen lassen. Bei der von Gorgias und seinen Schülern eingerichteten Lehre hätte es sich nämlich nicht um die Vermittlung einer Kunst, sondern um die Vermittlung der Erzeugnisse einer Kunst gehandelt. Die Schüler wurden, ausgehend von der Grundüberzeugung, dass jegliches Lernen auf einer Sammlung von Beispielen basiert, insbesondere dazu angehalten, bereits vorgefertigte Reden auswendig zu lernen – wie wenn ein Schuster seine Kunst nicht durch das Beibringen der Fähigkeit, Schuhe zu fabrizieren, sondern durch die Vorführung einer breiten Auswahl an Schuhen, zu vermitteln suchte.[153]

Eigentlich weist auch schon die vor-aristotelische Rhetorik, wie dies auch der *Phaidros*[154] bezeugt, systematische Züge auf: etwa die Unterscheidung der verschiedenen Bestandteile der Rede (Vorrede, Darlegung, Argumentation, Digression, Epilog) und der unterschiedlichen Rede-Gattungen (juristische, beratende, apodiktische Reden) – auf die sich auch Aristoteles selbst bezieht. Was fehlte, war in der Tat eine ausführliche Untersuchung der Deduktion, die Aristoteles als erster lieferte – eine Untersuchung, die alle Formen von Deduktion einbeziehen muss: die notwendige Form, die zu den richtigen Aussagen führt, die auf Meinung basierende Form, die in die Rhetorik aufgehen wird, und sogar die gewollt falsche Form, wie sie etwa in den Denkfehlern der eristischen Überlegungen[155] enthalten war, die ein willkürliches Verwirrspiel zwischen Wirklichkeit und Schein trieben. Inzwischen ist aber die Trennung von Selbstreferenz und Fremdreferenz derart deutlich, dass Aristoteles das Verwirrspiel untersuchen kann, ohne Gefahr zu laufen, selbst darin verfangen zu werden.[156]

---

153 *Sophistische Widerlegungen*, 34, 184 a. Darüber hinaus handelten die Abhandlungen über Rhetorik von den in gewisser Weise psychologischen Ausformungen der Überredung, wie den Vorurteilen, dem Zorn oder ähnliche, und nicht von der Art, eine Argumentation zu führen, also nicht von dem eigentlichen Gegenstand der Technik: *Rhetorik*, I, 1, 1354 a.

154 *Phaidros*, 266-267.

155 Die eben der Gegenstand der *Sophistischen Widerlegungen* sind.

156 Aristoteles unterscheidet auch deutlich die Fälle, bei denen die Verwirrung durch Wörter gestiftet wird (an die Ausdrucksweise gekoppelte Elemente, wie Homonymie,

Man könnte auch sagen, dass eine systematische Untersuchung der Logik, wie sie zuerst von Aristoteles vorgenommen worden ist, die systematische Untersuchung der Denkfehler (zumindest aber ihrer Möglichkeit) und vor allem die Entwicklung einer authentischen Technik der Rhetorik voranstellen musste.[157] Die Voraussetzung dieser Untersuchung besteht, wie wir schon festgestellt haben, in der Fähigkeit zur Abstraktion, die eine für die Beobachtung der Rede als autonome Ebene hinreichende Distanzierung ermöglicht – dabei handelt es sich bei der Rede in dem Sinne um eine autonome Ebene, als ihre Strukturen nicht direkt die Strukturen der Wirklichkeit abbilden (und so auf einer anderen Ebene von Realität anzusiedeln sind). Auch deswegen kann man nun die Bedingungen für die Unwahrheit von Aussagen prüfen, ohne befürchten zu müssen, dabei das Nichts zu untersuchen – die Trennung der Unterscheidungen wahr/unwahr und Sein/Nichtsein, auf die wir weiter oben die gesamte Anlage der Ontologie zurückgeführt haben. Eine der sich aus der Autonomie der Rede ergebenden Konsequenzen besteht darin, dass die Bedingungen ihrer Richtigkeit nicht weiter durch die Welt garantiert werden, sondern inzwischen nach eigenen Kriterien verlangen. Man braucht daher eine allgemeine Theorie der Bedingungen für die Richtigkeit oder für die Kohärenz von Reden. Hierin besteht auch, wie wir gesehen haben, die Aufgabe der Logik, die auf eine abstrakte Weise die Strukturen der Selbstreferenz behandelt. Das Grundprinzip der aristotelischen Logik und der gesamten nachfolgenden Tradition ist in dem Satz vom Widerspruch enthalten, der der Identität des Seins entspricht und das Leitkriterium für die Lehre von den Syllogismen bildet. Letztlich handelt es sich bei der gesamten Logik um nichts anderes als um eine riesenhafte Tautologie.

Solange man sich im Bereich der Philosophie bzw. der wissenschaftlichen Syllogismen aufhält, können die Bezeichnungen der Logik für sich ausreichend sein und man kann darauf verzichten, sich um den Gebrauch der Aussagen zu kümmern. Die Elemente, auf denen sie basieren, beziehen nämlich ihre Glaubwürdigkeit aus sich

---

Ambivalenz, Hervorhebung, verbaler Ausdruck usw.), von den Fällen, bei denen die Verwirrung mit dem Referenten zu tun hat (von der Ausdrucksweise unabhängige Widersinnigkeiten, bei denen man auf das Verhältnis von Relativität und Absolutheit, auf Gattungsdetermination, auf Formen von Zirkularität usw. anspielt.): *Sophistische Widerlegungen*, 4-5.

157 Der sich Platon zum Beispiel nie gewidmet hätte – allerdings hat Platon auch kein System der Logik entwickelt.

selbst,[158] unabhängig von der Verfassung von Sprecher oder Zuhörer oder der Bedingungen der Rede. Wahrheit genügt sich in einem gewissen Sinne selbst. In der *Zweiten Analytik*, in der eben die wissenschaftlichen Syllogismen behandelt werden, beschäftigt sich Aristoteles mit der Wahrheit und mit der Möglichkeit, sie festzulegen, ohne die Bedingungen der Rede zu berücksichtigen. Wenn man aber auf den Bereich der Meinungen, d. h. auf die Lehre von den Enthymema überwechselt, entsteht das Problem von der Glaubwürdigkeit der Aussagen, die nun nicht weiter garantiert ist. Eine nicht unbedingt wahre Behauptung kann je nach den – nicht ausschließlich von ihr abhängenden – Umständen mehr oder weniger glaubwürdig erscheinen. Man bedarf nun eigens einer umfassenden Untersuchung der Bedingungen für die Annahme von Reden, die einen ganzen Komplex von Faktoren beinhaltet. Eine Rede kann angenommen werden oder nicht, je nach Ausgangsbedingungen, die auf der Meinung aller, der Mehrheit oder der Weisen begründet sein können oder aber auch gar nicht fundiert zu sein brauchen (selbst wenn sie fundiert zu sein scheinen). Dann wieder kann eine Rede angenommen werden, obgleich sie nicht auf korrekte Weise geführt wird und auch dies hängt von Bedingungen ab, die untersucht werden können.[159] Zu der abstrakten Theorie von den Kohärenzbedingungen bedarf man einer Untersuchung der *Kohärenzprüfung*, d. h. der Möglichkeiten einer Kontrolle der Richtigkeit von Reden – sowohl der fremden (durch Befragung) als auch der eigenen (durch Beantwortung von Fragen). Diese Untersuchung kann nicht auf die in Frage stehenden Argumente beschränkt werden, sondern muss auch die Umstände mitbedenken, von denen es drei verschiedene »Arten« gibt: den »Charakter des Redners«, die »Absicht, den Zuhörer in eine bestimmte Lage zu versetzen«, und die Art der Konstruktion der Rede.[160]

Dies ist die Funktion der Rhetorik als Technik der Überredung, deren Aufgabe nicht direkt in der Überredung als vielmehr in der Bestimmung der geeigneten Mittel der Überredung – und auch in der Unterscheidung von dem, was auf eine korrekte Art der Überredung dient (die »gute« Rhetorik), und dem, was dies nur »scheinbar« tut (die »schlechte« Rhetorik der Sophisten, eigens Gegenstand einer Abhandlung). Es ist demnach Aufgabe der Rhetorik, die Bedingungen zu berücksichtigen, die zu der Annahme einer Rede führen, und Aristo-

---

158 *Topica*, I, A, 1, 100 b.
159 *Topica*, I, A, 1, 100 b-101 a.
160 *Rhetorik*, I, 1356 a.

teles verfasst denn auch eine Abhandlung über die Kunst der Rhetorik, die in drei Teile aufgeteilt ist, die wiederum genau den drei »Arten« relevanter Bedingungen entsprechen. Wie Barthes richtig beobachtet hat, handelt es sich bei Buch I der *Rhetorik* um das Buch des Redners, bei Buch II um das Buch des Zuhörers und bei Buch III um das Buch der Rede.[161] Die alte Verbindung von Kontextuellem und Außerkontextuellem, die man noch bei Platon finden kann, ist nun endgültig aufgelöst. Die Philosophie steht für sich selber ein und untersucht das sich selbst immer gleiche Sein (die Fremdreferenz), und sie ist von der Rhetorik getrennt, die mit den wandelbaren Bedingungen der Rede (der Selbstreferenz) befasst ist. Nur weil der Mensch faktisch begrenzt ist und keine direkte Kenntnis von der Wahrheit besitzt, setzen Philosophie und Rhetorik einander gegenseitig voraus. Die Philosophie bedarf der Kunst der Argumentation, um die Konsequenzen der Aussagen besser und schneller abschätzen zu können[162] und sogar, weil es sich bisweilen empfiehlt, auf eine falsche Argumentation zu setzen, wie etwa, wenn man etwas ad absurdum führt, womit indirekt der Beweis wahrer Aussagen ermöglicht wird.[163] Zudem dient die Kunst der Argumentation dazu, die Gesprächspartner zu überzeugen und über ein bestimmtes Thema zu reden.[164] Selbst wenn die Technik der Argumentation da notwendig ist, wo man es mit auf Meinung basierenden Syllogismen zu tun hat, so verbietet auch nichts deren Gebrauch in der Behandlung notwendiger Syllogismen. Andererseits bedarf die Rhetorik der Philosophie nicht nur, weil die Formen des Syllogismus und der Induktion das Modell für Enthymem und Beispiel liefern – den Grundformen rhetorischer Argumentationen[165] –, sondern auch, weil derjenige, der in der Lage ist, sich an der Wahrheit zu orientieren, auch in der Argumentation über das Wahrscheinliche und im Gebrauch der Enthymema geschickter ist.[166]

Doch wenden wir uns wieder dem Gedächtnis zu, das wir vorhin als Prüfung der Redundanz definiert haben. Wo verortet man die Untersuchung des Gedächtnisses in einer Konstruktion wie der aristotelischen? Das Gedächtnis betrifft nicht direkt die Logik, bei der es sich im Wesentlichen, wie wir gesehen haben, um eine Tautologie handelt.

---

161 Barthes 1970, A 4 2.
162 Vgl. *Topica*, VII, 14, 163b; I, 2, 101 a.
163 *Topica*, VIII, 12, 162 b.
164 *Rhetorik*, I, 1, 1355a; *Topica*, I, 2, 101 a.
165 *Rhetorik*, I, 12, 1356 b.
166 *Rhetorik*, I, 1, 1355 a; *Topica*, VIII, 14, 163 b.

Hingegen hat Redundanz mit Kommunikation, also mit dem Gebrauch der Reden zu tun, die letztlich der Erzeugung und Verwaltung von Wiederholungen dient. Wir werden daher im Bereich der Rhetorik, die für die Kohärenzprüfung der Praktik der Reden zuständig ist, nach einer mehr oder weniger expliziten Reflexion über das Gedächtnis suchen müssen: genauer, nach dem Modell des rhetorischen Gedächtnisses, dem dieses Kapitel gewidmet ist. So verstanden, kann die gesamte Rhetorik als mnemonischer Apparat angesehen werden, als Technik der Wiederholung und der Redundanzprüfung unter Bedingungen, bei denen die Kohärenz nicht weiter durch die Ordnung der Welt unter Garantie gestellt wird. Es handelt sich hierbei um ein Verständnis von Gedächtnis, das den expliziten Gedächtnisbegriff aus der Kunst der Rhetorik bei weitem übersteigt.[167] Das Gedächtnis – dies unsere Hypothese – ist zugleich ein Teil der Rhetorik (nach der klassischen Aufteilung in *inventio, dispositio, elocutio, memoria* und *pronuntiatio*[168]) und deren Grundlage: »die Wächterin aller Teile der Rhetorik«.[169] Dieselbe Fähigkeit zu argumentieren hat nach Aristoteles ein mnemonisches Fundament. Um gut diskutieren zu können, muss man in der Lage sein, sich unter Definitionen und Aussagen zu bewegen, so wie auch das Gedächtnis das Durchlaufen der Erinnerungen und deren Überprüfung ermöglicht.[170]

Vorausgesetzt wird offenbar ein spezifischer Begriff von Gedächtnis, der noch weit von dem subjektiven Modell der Moderne entfernt ist. Es handelt sich um ein abstraktes Verständnis von Gedächtnis, das noch das Vorherrschen eines auf Oralität basierten Kommunikationsmodells verrät und auf topographische Weise strukturiert ist. Die Organisation des rhetorischen Gedächtnisses ist noch wesentlich eine Organisation räumlicher Art. Dies kann man bereits beobachten, wenn man sich den von Aristoteles explizit dem Gedächtnis gewidmeten Seiten in *De memoria et reminiscentia* (Über Gedächtnis und Erinnerung) zuwendet. Bei der grundlegenden Unterscheidung han-

---

167 Dieses Verständnis geht zudem auch mit einem umfassenderen Verständnis von Rhetorik einher, bei dem die Kunst der Überredung nur einen der Aspekte bildet. Havelock 1978 schlägt einen Vergleich zwischen dem Rhythmus auf einer akustischen Ebene (realisiert mittels Assonanz, Alliteration und ähnlicher Mittel) und den rhetorischen Figuren auf der Ebene von Bedeutung.
168 Vgl. beispielsweise *Ad Herennium*, I, 3.
169 *Ad Herennium*, III, 28. Vgl. auch Quintilian, *Institutio oratoria*, XI, II, 7: »Wir hätten nie verstanden, wie groß die Macht des Gedächtnisses und wie göttlich es ist, hätte nicht gerade das Gedächtnis, die Redekunst zu seinem heutigen Ruhm geführt.«
170 *Topica*, VIII, 14, 163 b.

delt es sich, wie man dem Titel schon entnehmen kann, nicht weiter um *hypomnesis/mnémè* (*aide-mémoire*/in der Seele eingeschriebenes lebendiges Gedächtnis), sondern um *Gedächtnis* (Potentialität)/ *Wiedererinnerung* (Handlung): um eine Konstruktion, die (obwohl das Bild von einem Siegel als Abdruck eines Ringes herangezogen wird[171]) an den platonischen Taubenschlag erinnert, an ein Modell also, das Abstraktion voraussetzt und sich darüber befragt, wie man diese gebrauchen kann. Das Gedächtnis des Aristoteles steht in keiner Beziehung mehr zur Kosmologie. Es bezieht sich nicht auf die Zukunft. Diese wird nun einer Mantik überlassen, die als »Wissenschaft von der Erwartung« mit Gedächtnis nichts mehr gemein hat.[172] Es betrifft aber auch nicht die Gegenwart. Diese wird nicht von den Strukturen der Ordnung der Welt aufgedeckt, sondern man erkennt sie über die Empfindung. Während Platon noch von einem Gedächtnis der gegenwärtigen, der vergangenen und der zukünftigen Dinge sprechen konnte,[173] bezieht sich das Gedächtnis für Aristoteles bloß noch auf das, was die Vergangenheit angesammelt hat. Es handelt sich um eine Art von *Speicher*, in dem die Spuren der Erfahrungen aufbewahrt sind.

In diesem Speicher sind außerdem nur mehr die Abbildungen und nicht die Gegenstände selbst aufbewahrt.[174] Es handelt sich hierbei um eine derart scharfe Trennung von Zeichen und Bezeichnetem, dass damit auch die Unterscheidung vom Abbild an sich und Abbild als Zeichen und daher auch die Unterscheidung von Halluzination und Gedächtnis möglich wird. Wenn man sich erinnert, »[betrachtet] man ein Vorstellungsbild häufig als Abbild und nicht für sich allein« und gerade deshalb unterscheidet man die Erinnerungen von den Träumen oder von dem (bereits als entfremdet eingeschätzten) Zustand derjenigen, die »von ihren Vorstellungsbildern [sagten], sie erinnerten sich dabei an wirklich Geschehenes«.[175] Der Übergang zur Abstraktion ist nun endgültig.

Die Gegebenheit des Gedächtnisspeichers stellt einen vor das Problem, wie man an das darin enthaltene Material herankommt. Die

---

171 *De memoria et reminiscentia*, I, 450 a, 30. (Über Gedächtnis und Erinnerung, in: Kleine naturwissenschaftliche Schriften [Parva naturalia], übersetzt und herausgegeben von Eugen Dönt, Philipp Reclam jr., Stuttgart 1997.)
172 Über Gedächtnis und Erinnerung, I, 449 b, 10.
173 *Philebos*, 39.
174 Auch in diesem Sinne kann man einen mnemonischen Raum aussondern, der nicht weiter mit der Totalität des Weltganzen zusammenfällt.
175 Über Gedächtnis und Erinnerung, I, 451 a, 10 ff.

Wiedererinnerung ist für seine Lösung zuständig. Sie veranstaltet die Suche oder »Jagd«, auf deren Gelingen hin sich eben die Erinnerung einstellt.[176] Jedenfalls wird das Gedächtnis nicht in der Suche erzeugt (wie dies noch bei Platon hätte der Fall sein können), sondern es muss als eine Ansammlung von Erinnerungen, die in sich eine Anregung für die Suche enthalten, der Suche vorgängig sein:[177] eben als Speicher von Abbildern. Und sollte das Gedächtnis auch den Tieren zu eigen sein, so ist die Fähigkeit zur Wiedererinnerung ausschließlich dem Menschen vorbehalten, da es sich bei ihr um eine Form von Syllogismus handelt:[178] um eine abstrakte Überlegung, die die Fähigkeit erfordert, eine Trennung der Dinge von den entsprechenden Zeichen vorzunehmen.[179] Die Suche, die durch das Gedächtnis in Gang gesetzt wird, kann nur erfolgreich sein, wenn sie auf eine die Wiedererinnerung leitende *Ordnung* gestützt ist. Deshalb ist es für die Orientierung im Speicher der Erinnerungen auch so wichtig, über »mnemotechnische Gesichtspunkte« zu verfügen.[180] Darüber begründet sich der Unterschied zwischen dem Hindurchwühlen in einer schlicht zusammengewürfelten Menge von Materialien und der Suche in einer geordneten Ansammlung, bei der man vorgehen kann, indem man sich an bestimmte Kriterien hält. Man verfügt dann über »Ausgangslagen«, von denen man seinen Anfang nehmen kann, um die Erinnerungen zu finden. Man legt so einen Weg zurück, der zum gesuchten Ziel führt: »z. B. Milch – weiß – Nebel – feucht: Von diesem letzten aus erinnert man sich an Herbst und an diese Jahreszeit suchte man sich zu erinnern«.[181] Man bewegt sich so von einem bestimmten Ort zu einem »ähnlichen, entgegengesetzten oder dem Gesuchten verwandten«.[182] Diese Art der Formulierung ist den Gesetzen der Assoziation nach Ähnlichkeit, Gegensätzlichkeit und Nähe implizit, die den Angelpunkt der Mnemotechnik und der Rhetorik insgesamt bilden werden.

Dies ist das Modell von Gedächtnis, das sich von Aristoteles an durchsetzt: der geordnete Speicher, den man in allen klassischen

---

176 Über Gedächtnis und Erinnerung, 2, 451 b, 19; 452 a, 5.
177 Über Gedächtnis und Erinnerung, 2, 451 b; 452 a.
178 Um eine Art von Schlussfolgerung (Über Gedächtnis und Erinnerung, 2, 453 a, 10), bei der man, ausgehend von einem Abbild, versucht zu einem anderen Abbild zu gelangen.
179 Man könnte auch sagen, dass sie die Fähigkeit der Beobachtung der Beobachtung erfordert.
180 Über Gedächtnis und Erinnerung, 2, 451 b, 20.
181 *Ibidem*. Über die Bedeutung von Ordnung siehe auch Carruthers 1990, S. 62.
182 Über Gedächtnis und Erinnerung, 2, 451 b, 20.

Abhandlungen wiederfinden wird, im *Ad Herennium*, in dem von einem »thesaurum inventorum«[183] gesprochen wird, bis hin zu dem berühmten Bild von den »Feldern und weiten Lagerhallen« des Augustinus, in denen man eben die von der Wahrnehmung angesammelten »thesauri innumerablium imaginum« finden konnte.[184] Dieser begrenzte und abgetrennte Raum unterscheidet sich deutlich von der kosmologischen Durchdringung des vorangegangenen Gedächtnismodells; er unterscheidet sich aber auch von dem Archivmodell, das für die Moderne kennzeichnend ist. Wie wir im nächsten Kapitel sehen werden, basiert die Organisation eines Archivs in erster Linie auf dem Katalog, zumindest aber gründet sie auf einer abstrakten, (wie das Alphabet) von semantischen oder konventionellen Kriterien geleiteten Ordnung, die sich von der physischen Anordnung der Materialien unterscheidet. Der Katalog ist demnach vom Speicher unterschieden, und die Ordnung des Katalogs ist von der räumlichen Anordnung der Abteilungen unabhängig. Es handelt sich um einen Abstraktionssprung, der, wie wir noch sehen werden, einen beträchtlichen Unterschied in Bezug auf die Formen und Kriterien der Redundanz ausmacht. Auch der rhetorische Speicher muss eine Ordnung aufweisen, auf deren Grundlage die Fähigkeit zu erinnern gestellt ist. Über »zerstreut(e) und ungeordnet(e)« Gedächtniselemente zu verfügen, ist ebenso gut wie sie »zersprengt und in ... (sich) verborgen« zu haben, während man sie mit der Einübung des Gedächtnisses »gewissermaßen in die Hand bekommt und sie dem eingeübten geistigen Hinblick [intentio] leicht entgegenkommen«.[185] Die Ordnung des Speichers ist aber noch räumlicher Art und entspricht auch der Anordnung der Materialien. Um von einem Inhalt zu einem anderen überzuwechseln, muss man sich bewegen, zumindest muss man sich vorstellen, dass man sich von einem Ort zum nächsten bewegt – die *ordo idearum* reproduziert die *ordo rerum*. Deswegen macht es für die gesamte Mnemotechnik keinen Unterschied, ob man sich, ausgehend von einem bestimmte Punkt (Ort), in die eine oder die in andere Richtung bewegt.[186] Eine einmal erinnerte Liste von Namen oder Gegenständen

---

183 III, 28.
184 Augustinus, *Bekenntnisse*, X. VIII. Über das Modell des Speichers und den damit zusammenhängenden Bildern (Region, Sphäre, Quelle, Schatz, Taubenschlag usw.) vgl. auch Barthes 1970, B.1. 18
185 *Bekenntnisse*, X. XI.
186 Über Gedächtnis und Erinnerung, 2, 252 a.; *Ad Herennium*, III, 30. Dieselbe Fähigkeit findet sich bei dem von Lurija 1975 erforschten Memorist, der eine eigene mnemonische, auf eine räumliche Weise angeordnete Mnemotechnik entwickelt hatte.

kann immer wiedergegeben werden, unabhängig davon, ob man seinem Anfang am Schluss oder am Anfang der Liste nimmt. Es ist dies die dem modernen Blick vielleicht verwunderlichste mnemonische Leistung, die aber in der Tat einfach aus der räumlichen Ausrichtung der Technik folgt. Wenn man sich im Raum bewegt oder den Raum betrachtet, ist es vollkommen gleichgültig, ob man sich dabei nach rechts oder nach links begibt.

Diese räumliche Anordnung der Erinnerungen betrifft nicht bloß das Gedächtnis, sondern hat eine größere Tragweite in der gesamten Anlage der rhetorischen Semantik. Wie wir schon bei Aristoteles gesehen haben, bildet die Organisation des Gedächtnisses allgemein das Modell für jegliche argumentative Befähigung, die eben auf dem »Revue passieren einer begrenzten Zahl von Aussagen«[187] basiert. Die Argumente, auf die man seine Reden und Überlegungen gründen soll,[188] sind nach Orten organisiert, an denen man sie aufsuchen muss, wenn man eine These aufstellen oder verteidigen will. Augustinus meint sogar, das *cogito* (ich denke) aus dem *cogo* (ich pflücke) ableiten zu können.[189] Diese Vorannahme bildet die Grundlage für die Anlage der für uns noch immer wunderlichen *topica*, bei der es sich eben um eine räumliche Anordnung handelt (die *topoi* sind Allgemeinplätze und spezifische Orte), in der die Argumente versammelt sind, derer man für die Reden bedarf. In der klassische Tradition der Rhetorik[190] enthielten die Orte alle möglichen Materialien, die man für die Konstruktion einer Rede anwenden sollte. Die Konstruktion folgte einer kodifizierten Prozedur, in deren Verlauf man die Materialien nach einer Reihe bestimmter Abläufe durchgehen ließ, die je nach Redegattung (beratende, juristische, beweisende Rede) und je nach positiver oder negativer Absicht (Ermahnung oder Abschreckung, Anklage oder Verteidigung, Lob oder Tadel) und nach zusätzlichen Spezifikationen

---

187 *Topica*, VIII, 14, 163 b, 25 ff.
188 In der gesamten rhetorischen Tradition wird kein Unterschied zwischen einem mündlich vorzutragenden Argument und einer privaten Überlegung gemacht. Wenn ein solcher Unterschied, wie bei Aristoteles, doch einmal gemacht wird, dann wird dieser auf den Unterschied mündlich-schriftlich zurückgeführt, bei dem das Geschriebene als eine Art von Rede angesehen wird, die aber nicht auf die Effekte eines Vortrages zählen kann: vgl. *Rhetorik*, III, 12, 1413 b.
189 *Bekenntnisse*, X, XI.
190 Der Hauptbezugspunkt ist wie immer Aristoteles: *Rhetorik*, I, 2, 1358 a. Allerdings sind die Sophisten die ersten gewesen, die die Allgemeinplätze behandelt haben; Protagoras hat unter dieser Bezeichnung eine Reihe von Abhandlungen über Gegenstände allgemeinen Charakters verfasst und aufgeschrieben: vgl. Diels 1957, 80.B.6.

verzweigt waren, von denen die *Topica* von Aristoteles die erste systematische Aufstellung bieten.

Im Denken mussten die Vorbedingungen »notwendig« durch Allgemeinplätze behandelt werden,[191] die für jede Art von Überlegung unabdingbar waren.[192] Im antiken Verständnis bezeichneten die Orte in erster Linie »analytische Orte«, die den logischen Operationen entsprachen, mit deren Hilfe die möglichen Gegenstände behandelt wurden. Es handelt sich hierbei um eine uns vollkommen fremde Art der Objektivierung von Überlegungen, die nicht als individueller Besitz des Denkenden oder des Redners galten, sondern einem festen und kodifizierten Repertoire angehörten. Nach Cassiodor bezieht sich der menschliche Geist, wo immer er sich hinwendet und welchen Gedanken er immer in Betracht zieht, »notwendig« auf einen Allgemeinplatz.[193] Außer in Allgemeinplätzen kann man nicht denken. Der Apparat der *topoi* ermöglichte es sogar, sich nicht weiter um die logische Struktur der Rede zu kümmern, da die Anordnung der Orte auch für ihre Zusammenfügung sorgte. Wie wir oben bereits gesehen haben, wird das Kohärenzproblem durch die räumliche Orientierung beinahe neutralisiert. Wie ein Gegenstand sich nicht an zwei Orten gleichzeitig aufhalten kann, so können sich auch zwei logische Orte nicht gegenseitig widersprechen – jedenfalls solange man den richtigen Weg beschritten hat. Wenn man einmal einen Gegenstand (eine Erinnerung) in den Speicher hineingelegt hat, kann man ihn nicht mehr vergessen. Die Erinnerungsfehler treten auf, wenn man einen Gegenstand nicht mehr finden kann, den man nicht auf korrekte Weise gespeichert hat. Es kann beispielsweise vorkommen, dass man einen Gegenstand an einen zu dunklen Ort gelegt hat oder zumindest an einen Ort, der seine Verortung verunmöglicht, wie wenn man ein Ei vor weißem Hintergrund legt.[194] Die Erinnerung verliert sich dann in einem gleichsam physischen Sinn, aufgrund eines Fehlers in der Wahrnehmung und nicht etwa, weil sie in unserer abstrakten Vorstellung von Vergessen verschwindet. Und da es immer möglich ist, nach neuen Orten der Aufbewahrung von Erinnerungen Ausschau zu

---

191 Aristoteles, *Rhetorik*, I, 3, 1359 a.
192 Über diesen Punkt und über Allgemeinplätze im Allgemeinen siehe Lechner 1962, insbesondere S. 30 ff.
193 Cassiodor, zitiert bei Lechner 1962, S. 38. Es ist dies eine Bedingung, die für Cassiodor merkwürdigerweise die Freiheit und Freiwilligkeit der Vernunft unter Beweis stellt. Über die unabdingbare Rolle der Allgemeinplätze für die Reflexion bis hin zu Descartes vgl. auch Beaujour 1980, S. 51.
194 Vgl. Carruthers 1990, S. 76; über das Vergessen im Allgemeinen S. 61 ff.

halten,[195] hat das Gedächtnis von dieser Warte aus keine Begrenzung.[196]

Wie diese Praktik funktioniert, kann man den klassischen Abhandlungen über Rhetorik entnehmen, die vorgeben, die gesamte Breite möglicher Argumentationen zu erfassen, indem sie einen Weg vorweisen, der durch die Topik und ihre Unterscheidungen führt.[197] Indem der Redner das Subjekt der Rede diesen Weg beschreiten ließ, konnte er jedem Ort eine mögliche Idee entnehmen. Die Topik kann gewissermaßen als eine Art der Erzeugung von Ideen über Subjekte aufgefasst werden, über die man möglicherweise keine Idee hat[198] – so dass darüber der Fortgang der Rede unter Garantie gestellt wird.[199]

Von unserer Warte aus handelt es sich bei diesem räumlichen Modell gewissermaßen um ein unsauberes Modell. Es ist auf einer abstrakten Ebene positioniert (indem es auf eine von der Gegenstandswelt unterschiedene Ideenwelt bezogen ist), aber es wird noch von Prozeduren konkreter Art geleitet. Diese »Unsauberkeit« ist für die rhetorische Semantik kennzeichnend und wir sind ihr schon an mehreren Stellen begegnet. Zuerst in Bezug auf den Gebrauch von Schrift, der nun eine Bedingung von Kommunikation darstellt. Man kann dies sehr gut selbst an den Texten des Aristoteles sehen, die eine Eigensinnigkeit aufweisen und einen Anspruch auf Systematik erheben, denen nichts mehr von den Strukturen des Dialogs anhaftet, selbst und insbesondere da nicht, wo die Rede behandelt wird. In der gesamten rhetorischen Tradition, die ausdrücklich dem Studium der Rede gewidmet ist, dient Schrift der Beibehaltung und nicht der Überwindung mündlicher Formen von Kommunikation. Den unsauberen Charakter findet man dann auch in der Struktur der Beobachtung wieder, die sich eher an Beobachter (an Selbstreferenz, an die Ideen) als an spezifische Gegenstände wendet, diese aber immer noch mit den Formen der Beobachtung erster Ordnung behandelt. Sie behandelt diese als besonderen Bereich zusätzlicher Gegenstände:

---

195 Vgl. *Ad Herennium*, III, 32: wenn einmal alle realen Orte ausgeschöpft sein sollten, so kann man immer noch auf imaginäre Orte zurückgreifen, an denen es nie mangeln kann.

196 Vgl. Augustinus, *Bekenntnisse*, X, XVII.

197 Ein Weg, der beispielsweise einen Großteil des Textes vom *Ad Herennium* einnimmt. Danach ist eine Art pädagogischer Version dieser Prozedur ausgearbeitet worden, bei der jeder Gegenstand systematisch durch folgende Orte geführt werden sollte: *quis? quid? ubi? quibus auxiliis? cur? quomodo? quando?*

198 Über diesen Aspekt des Ortsapparates siehe Barthes 1970, B.I. 20.

199 Über diese Funktion der Geographie der Topoi vgl. Luhmann 1985a, S. 422.

die merkwürdige Beobachtung erster Ordnung von Beobachtern, die wir weiter oben bereits behandelt haben.[200] Alle diese Züge zeigen meiner Ansicht nach das Erbe der divinatorischen Semantik in einem bereits auf Abstraktion gegründeten Modell an, in dem noch keine Selbstreflexion stattfindet. In Ermangelung eigener Kriterien werden die konkreten Kriterien der Divination »importiert«. Beim Gedächtnis als der zentralen Einrichtung aller auf Oralität basierten Semantiken wird die räumliche Struktur, wie wir nun durch die Behandlung der entsprechenden Technik sehen werden, auf explizite Weise offenbar.

6. Mnemotechnik: die Strukturen des rhetorischen Gedächtnisses

Von Simonides (der als der Erfinder der Gedächtniskunst gilt) und den Sophisten an ist das Gedächtnis als eine *Technik* (oder als eine Kunst) entwickelt worden: als eine Reihe von am Kontingenten ausgerichteten Vorschriften, die Gegenstand der Belehrung sein können[201] und von denen bereits in den *dissoi logoi* Spuren enthalten sind. Hierbei werden eine Reihe von Übungen beschrieben, die standardisierte Prozeduren vorstellen (das Gehörte wiederholen und wiederdenken, das Gehörte auf schon Bekanntes zurückführen – die Eigennamen auf andere, ähnliche Namen, die gewöhnlichen Namen auf mythische Vorläufer: »für die Tapferkeit Ares und Achilles, für die Schmiedekunst Hephästus, für die Lässigkeit Epeus ...«),[202] aus denen die Prozeduren bezogen werden, die später die Grundlage der *ars memoriae* bilden werden – eines »künstlichen Gedächtnisses«, das dem »natürlichen Gedächtnis« nicht entgegengesetzt ist, sondern die dem menschlichen Geist innewohnenden Mechanismen integrieren und verstärken sollte.[203] Die Anordnung der Technik sollte demnach die Anordnung der Natur reproduzieren.

Das künstliche Gedächtnis weist eine explizite topographische

---

200 Man vgl. beispielsweise die Behandlung der Empfindungen im II. Buch der *Rhetorik* von Aristoteles, die keinerlei psychologische Introspektion enthält, wohl aber den Bezug auf das, was alle denken.
201 Zu dem griechischen Verständnis von Technik vgl. beispielsweise Vernant 1965; Cambiano 1971.
202 Diels 1957, 90, 9.: »per il valore ad Ares e ad Achille, per l'arte del fabbro ad Efesto, per l'ignavia ad Epeo ...«
203 *Ad Herennium*, III, 28-29.

Struktur auf,[204] die damit, gemäß den oben besprochenen Theorien, die Struktur des Gedächtnisses überhaupt reproduziert. Um ein mnemotechnisches System zu konstruieren, muss man seinen Ausgang bei einer Reihe von Orten (*loci*) nehmen, die beispielsweise den Räumen in einem in viele verschiedene Zimmer, Gänge und Säulengänge aufgeteilten Palast entsprechen können und wie die physische Anordnung besagter Örtlichkeiten eine bestimmte Ordnung aufweisen sollten. Diese werden nämlich die Räume des »Speichers« sein, und indem man sie im Geiste gemäß ihrer Ordnung begeht, wird man ohne Verwirrungen und ohne Vergessen die Materialien beziehen können. In diesen Räumen sollen die Erinnerungen angeordnet werden, indem man jede einzelne mit einem bestimmten Bild assoziiert: mit Darstellungen von Tieren, Menschen, Gegenständen und Zeichen im Allgemeinen, die den zu erinnernden Inhalt wieder ins Gedächtnis zurückrufen sollen. Man kann beispielsweise für die Navigation einen Anker verwenden, für die Kriegskunst eine Waffe im Allgemeinen, man kann aber auch komplexe Figuren konstruieren, wie die immer wieder aus dem *Ad Herennium* zitierte,[205] die der Erinnerung an einen Fall dient, bei dem ein Mann angeklagt wurde, einen anderen Mann durch Vergiftung ermordet zu haben, in der Hoffnung sein Erbe zu erlangen, wobei viele Zeugen zugegen gewesen waren. Man erzeugt dafür das Bild des im Bett liegenden Opfers, während der Mörder daneben steht, mit einer Tasse in der rechten Hand (die das Gift anzeigen soll) und Täfelchen in der linken Hand (die das Erbe anzeigen) und den Hoden eines Ziegenbocks (um an die *testes* [= Hoden und Zeugen], d. h. an die Zeugen, zu erinnern).

Wie man schon an diesem Beispiel ersehen kann, können die Assoziationen zwischen Bildern und den daran gekoppelten Erinnerungen verschiedenster Art sein, sie können mit den aufzubewahrenden Ideen oder mit den entsprechenden Namen verbunden werden. Alle Räume des Speichers müssen mit Bildern dieser Art gefüllt und in den verschiedenen Zimmern angeordnet und auch mit Denkmälern oder anderen Gegenständen assoziiert werden. Um den »Verlust« der Erinnerungen – der, wie wir gesehen haben, immer aufgrund eines Fehlers in der Wahrnehmung zustande kommt – zu vermeiden,

---

204 Das Schema gründet sich aus dem *Ad Herennium*, III, 28-32. Man findet es dann in allen Abhandlungen über die Mnemotechnik wieder, insbesondere bei Quintilian, *Institutio oratoria*, III, III. Über die räumliche Ausrichtung der *ars memoriae* siehe auch Weinrich 1997, S. 23 ff.
205 Ebda., III, 33.

müssen diese Räume eine Reihe von Merkmalen aufweisen. Sie dürfen nicht zu klein sein (um der Überfüllung vorzubeugen) und auch nicht zu groß (um nicht Zerstreuung zu begünstigen), sie dürfen nicht zu dunkel sein (weil man die Bildern nicht richtig erkennen könnte) und auch nicht zu hell (da man ansonsten geblendet würde) und sie dürfen untereinander nicht zu ähnlich sein (um nicht Verwirrung zu riskieren). Die Sorgfalt der Speicherung basiert in erster Linie auf einer geeigneten physischen Anordnung der Räume.

Wenn einmal die Bilder an entsprechenden Orten angeordnet sind, genügt für die Wiedererweckung einer Erinnerung, dass man die Räume aufsucht, an denen die Bilder aufbewahrt sind, und wenn man den geeigneten Weg geht, wird man die Bilder zusammen mit den assoziierten Inhalten wiederfinden. Es verhält sich sogar derart, wie Quintilian behauptet, dass »wie zahlreich immer die zu erinnernden Dinge sind, sind sie aneinander wie in einem Tanz verbunden, und man kann sich nicht irren«.[206] Das Einfügen der Inhalte in eine räumliche Ordnung löst an sich bereits das Problem des Vergessens. Wie wir weiter oben schon gesehen haben, hat das Gedächtnis als Speicher keine Begrenzung und nichts geht verloren (außer in dem banalen, physischen Sinne eines Fehlers in der Wahrnehmung, aufgrund dessen man etwas ohnehin Gespeichertes nicht zu finden vermag), und wenn der Speicher geordnet ist, genügt es, die Räume zu begehen, um alle Erinnerungen wiederzufinden. Hieraus erklärt sich auch der scheinbar unwirtschaftliche Charakter des Gedächtnisses, der für die Aufbewahrung eines Inhalts, dessen Assoziation mit einem anderen (mit einem entsprechenden Bild) erfordert, was so viel heißt, dass man zwei Inhalte erinnern muss. Das Problem besteht nicht in der Akkumulation von Erinnerungen, sondern in der Konstruktion der Räume, um diese zu fassen. Wenn man über diese Räume verfügt, ist das Gedächtnis gesichert und kostet keine weitere Anstrengung.

Alle klassischen Autoren beteuern, dass man auf diese Weise so erinnert, als lese man Aufzeichnungen aus einem Buch, »weil die Orte den Wachstäfelchen oder dem Papyrus, die Bilder den Buchstaben, die Anordnung der Bilder der Schrift, und das Aussprechen einer Rede der Lektüre/dem Lesen ähnlich sind«.[207] In der Tat gibt es auch für uns keine Begrenzung in der Möglichkeit der schriftlichen Fixierung von

---

206 *Institutio oratoria*, XI, II, 17-22.
207 *Ad Herennium*, III, 30; vgl. auch Cicero, *De oratore*, II, LXXXVIII, 360; Quintilian, *Institutio oratoria*, XI, II, 12-22.

Inhalten, deren Wiederlesen keine Anstrengung kostet und nicht dazu führt, dass man Fehler begeht (immer vorausgesetzt, dass die Inhalte richtig niedergeschrieben wurden). Der Vergleich mit Schrift ist extrem bezeichnend, und zwar nicht so sehr wegen der entsprechenden Vorstellung von Gedächtnis (die Parallele zur Schrift versteht sich von selbst), sondern vielmehr wegen dem, was wir damit über den antiken Gebrauch von Schriften erfahren können. Es sieht so aus, als würde die geschriebene Seite ebenso als zu mnemonischen Zwecken aufgeteilter und angeordneter Raum angesehen werden, und tatsächlich weist die Anlage von Büchern bis mehrere Jahrzehnte nach der Erfindung des Buchdrucks eine Struktur auf, die eher der Erinnerung als dem Verständnis dienlich ist. Carruthers führt in diesem Zusammenhang die Unterscheidung ein zwischen einer wesentlich mnemonischen Kultur (*memorial*) und einer dokumentarischen Kultur, wie die moderne, westliche Kultur.[208] Eine Unterscheidung, die nicht (oder nicht nur) von der Verfügbarkeit von Büchern oder von anderem Lesematerial abhängt. Im Gegenteil widersetzt sich die Unterscheidung eher der gängigen Auffassung, nach der Alphabetisierung und Gedächtnis einander ausschließen und die daher die Aufwertung des Gedächtnisses als typisches Kennzeichen oraler Kulturen wertet.[209] Was zählt, ist nicht so sehr, ob es Bücher gibt, auch nicht, wie weit sie verbreitet sind, sondern vielmehr, welcher Gebrauch von den Büchern gemacht wird.

In einer mnemonischen Kultur werden Schriften dem primären Problem der Speicherung untergeordnet. Das Buch war eine Möglichkeit unter anderen, Inhalte zu erinnern, d. h. dem Gedächtnis auf eine geeignete Weise organisierte »dicta et facta memorabilia« zu liefern, und stellte nicht an sich schon den Sitz des Gedächtnisses dar. Die diffusen Analogien von Gedächtnis und Schrift müssen als Bestätigung und nicht als Negation der untergeordneten Rolle von Schrift angesehen werden. Zwischen dem Schreiben auf einem Täfelchen oder auf einem Papyrus und dem »Einschreiben« in das Gedächtnis wurde kein Unterschied gemacht – in beiden Fällen kam es auf eine räumliche Speicherung und nicht auf eine abstraktere Ausarbeitung an. Dies wird auch dadurch ersichtlich, dass die Alten kein spezifisches Wort für »lesen« kannten und für diesen Begriff Wörter

---

208 Carruthers 1990, S. 8. Von der mnemonischen Funktion der Bücher spricht auch Wenzel 1991.
209 Hinsichtlich einer Kritik dieser Auffassung, mit hierauf bezogenen Literaturhinweisen, siehe auch Thomas 1989, S. 9 ff. und 15 ff.

verwendeten, die mnemonische Prozeduren bezeichneten: im Griechischen das Wort *anagignosko* (wiedererkennen, erinnern), im Lateinischen *lego* (pflücken, wiedergewinnen).[210] Lesen wurde auch als etwas vollkommen anderes als die moderne Prozedur aufgefasst, bei der man die Augen über die Seite gleiten lässt und sich dabei auf den Inhalt konzentriert. Es war von der Vorstellung von Büchern, die man als Nachschlagewerke oder als Zitatensammlungen gebraucht – das heißt, als Orte, an denen man Daten findet, die man selber nicht behalten kann – noch weiter entfernt. Die geschriebene Seite sollte vollständig auf das Gedächtnis des Lesers übertragen werden. Das Buch diente der Erinnerung, nicht dem Vergessen.

Die ganze Aufmachung (das *lay-out*) der Bücher war von der Antike bis in die ersten Jahrhunderte nach der Erfindung des Buchdrucks auf die Hauptaufgabe der Erlangung einer höheren mnemonischen Wirksamkeit ausgelegt: von der typographischen Komposition der Seite bis hin zu dem Einsatz von Bildern, Endzeichen und Schriftzeichen. Die auf den Seiten eingefügten Bilder, wie etwa die komplexen Bilderbuchstaben oder die Endzeichnungen, hatten den Zweck, mnemonische »marks« für die Erinnerung zu liefern. Viele dieser Bilder bildeten keineswegs den Inhalt des Textes ab, mit dem sie sogar oft nichts zu tun hatten,[211] sondern dienten samt der restlichen Dekoration dazu, die geschriebene Seite in Erinnerung zu halten: Sie bebilderten den Text und nicht die Welt. Selbst die seit dem 12. Jahrhundert eingeführten Diagramme dienten nicht, wie für uns, dem erleichterten Verständnis der im Text vorgestellten Ideen, sondern sie stellen eine Entwicklung der räumlichen Vorstellung eines mnemonischen Ortes dar. In der Terminologie Ongs handelte es sich dabei nicht um eine »semplification-for-understanding«, sondern um eine »semplification-for-recall«.[212] Alle diese Prozeduren dienten der Transformation des Buches in eine Ansammlung von mit Bildern gefüllten »Orten« im Sinne der rhetorischen *ars memoriae*, an die man die zu erinnernden Inhalte »andocken« konnte.

Das Buch wurde primär auf eine räumliche Weise aufgefasst und überarbeitet, und diese Haltung wird bis nach der Erfindung des Buchdrucks beibehalten: im 16. Jahrhundert findet eine Vorstellung

---

210 Carruthers, 1990, S. 27.
211 Daher konnte auch dasselbe Bild (etwa die Repräsentation einer Stadt) immer wieder für die »Bebilderung« der unterschiedlichsten Texte hergenommen werden.
212 Vgl. Ong 1958, S. 89; Carruthers 1990, S. 254 ff.

Verbreitung, nach der es sich beim Buch um ein Gebäude handelt, dessen Autor zugleich auch dessen Architekt ist[213] und das dem Leser für die eigene Erinnerung zur Verfügung gestellt wird. In diesem Verständnis war Lesen in erster Linie eine rhetorische Praxis: eine mnemonische Prozedur, bei der der gesamte Text (in Wort und Bild) der Anregung der imaginativen Aktivität des Lesers dienen sollte. Deswegen auch fehlte die Vorstellung eines »vollendeten« Textes gänzlich: eines Textes als einer abgeschlossenen Sinneinheit, die die Ausarbeitung eines Autors fixiert.[214] Dies zeigt sich beispielsweise am Glossensystem, bei dem der Text kontinuierlich von den Lesern integriert und modifiziert wurde, die offensichtlich nicht das Bedürfnis verspürten, den Originaltext von ihren Kommentaren und Anmerkungen zu unterscheiden.[215] Der Sinn eines Textes jedenfalls bestand darin, in die Gedächtnislandschaft des Lesers »eingeschrieben« zu werden, in seiner aktiven Ausarbeitung zu dem Zweck, das Buch aufzunehmen, das nicht ein abgetrennter Gegenstand bleiben, sondern zu einem Teil der eigenen Erfahrung werden sollte.[216] Dies zog natürlich keinerlei Respekt für literarische Sorgfalt nach sich und führte auch nicht zu einem Konkurrenzverhältnis zwischen Büchern und Gedächtnis. Selbst wenn man Bücher zur Verfügung hatte, setzte Erkenntnis (Weisheit) ihre Memorierung (und zwar genau im Sinne Platons) voraus. Um in Büchern nachzuschlagen, suchte man nach den entsprechenden Stellen im eigenen Gedächtnis und nicht in den Manuskripten – diese wurden zur Meditation und für das Auffinden der Quellen herangezogen, nicht aber für das Verfassen von Büchern. Diese wurden, wie dies für den Fall von Thomas von Aquin überliefert

---

213 Vgl. Bolzoni 1995, S. 198 ff.
214 Beim Autor handelt es sich ebenfalls um eine erst in der Moderne, als Folge des Auftretens von Interpretationsproblemen gänzlich neuer Art, aufgekommene Figur. Die hiermit in Zusammenhang stehenden Themen sind ausführlicher in Esposito 1996b und 1999b behandelt worden.
215 Vgl. Carruthers 1990, S. 214.
216 Man könnte paradoxerweise auch sagen, dass es sich bei dieser Art von Lesen um eine orale Prozedur handelte – wenn wir mit oral eine Form der auf Rhetorik basierenden Wiederausarbeitung meinen (die auch auf Schriften zurückgreifen kann). Diese vorwiegend mnemonische Ausrichtung würde auch die viel diskutierten Merkmale des so genannten oralen Kompositionsstils erklären, der bekanntermaßen durch den Gebrauch von Formeln und von häufigen Wiederholungen und Parataxen gekennzeichnet ist – dieses Thema hat, ausgehend von den Arbeiten von Parry, zahlreiche Forschungsarbeiten produziert: vgl. beispielsweise Lord 1960; Havelock 1963; Vansina 1985.

ist, in ausschließlich mündlicher Form verfasst; der Text wurde nur nachträglich diktiert.[217]

Im Allgemeinen bezeichnete der Vorgang der Speicherung eine durchaus nicht passive Prozedur. Im Gegenteil wurden durch das ganze Mittelalter hindurch die Eigenheit, die Originalität und die Kreativität eines Denkers nicht, wie bei uns, seiner Imagination und Intuition zugesprochen, sondern vielmehr seinem reichen und ausdrucksfähigen Gedächtnis. Gedächtnis und Kreativität schlossen einander deshalb nicht aus, sondern stützten sich gegenseitig. Die rhetorische Vorstellung von Individualität hatte mit der modernen Vorstellung individueller Idiosynkrasie nichts gemein, sondern gründete vielmehr auf einer mnemonischen Leistung. Es ging um die Konstruktion einer eigenen Anthologie von Texten in der eigenen inneren Landschaft, aus der man im Anschluss auch (wie aus einem Spiegel) das Bild seiner selbst beziehen konnte. Hieraus erklärt sich der moralische Wert, der dem Gedächtnis, das im späten Mittelalter eine vorherrschende Rolle einnehmen wird, zugesprochen wird.[218] Ein klassisches Motiv der antiken Abhandlungen über Rhetorik bestand in der Unterscheidung von »iterata scientia« und »vera memoria«: zwischen der passiven Wiederholung der tradierten Inhalte und der aktiven Wiederausarbeitung, bei der der Autor mittels eigener Assoziationen Wiedererinnerung erlangt und gleichzeitig die Inhalte neu anordnet.[219] In diesem Zusammenhang war die Metapher der Verdauung sehr verbreitet: wie die Speisen aufgeweicht und zerkleinert werden müssen, um als Nahrung zu dienen, so müssen die überlieferten Materialien in der Meditation umgewandelt werden.[220] Die Nachahmung der Quellen bestand demnach nicht in der bloßen Wiederholung und stellte keine Alternative zur Kreativität dar, sondern im Gegenteil ein Mittel, Kreativität zu erlangen. Daher tendier-

---

217 Vgl. Carruthers 1990, S. 7 ff. Diese Prozedur ist mindestens bis zu den Zeiten Petrarcas dokumentiert – der bekanntlich im Gebrauch des Gedächtnisses ebenfalls sehr geschickt war.
218 Vgl. zum Beispiel Carruthers 1990, S. 180 ff.
219 Über die Differenz zwischen dem rhetorischen Verständnis von Wiederholung und der einfachen Anfertigung von Kopien siehe auch Luhmann 1993a, S. 349 ff. In einer Situation, in der keinerlei Vorstellung über Textintegrität herrschte, existierte die Kopie nur im Sinne eines schlechten Gedächtnisses: Sie kam vor, wenn jemand die Rede eines anderen Wort für Wort, ohne sie verstanden und sich zu eigen gemacht zu haben, wiederholte und entsprach so der falschen Nachahmung: vgl. Carruthers 1990, S. 218 ff.
220 Ausgehend von Quintilian, *Institutio oratoria*, X, I.19.

ten (echte) Nachahmung und Interpretation dazu, miteinander überein zu stimmen. Die Wiederholungen ereignen sich nämlich in sich voneinander immer unterscheidenden konkreten Situationen, die man zuallererst als vergleichbar erkennen muss – dies stellt aber bereits eine Interpretationsleistung dar. Außerdem bedeutete der Rückgriff auf das Gedächtnis, wie schon bei Platon, nicht den Verzicht auf Kontextbezogenheit. Im Gegenteil war ein reicher mnemonischer Apparat geradezu die Voraussetzung für die Fähigkeit zur Improvisation. Einer der größten Fehler eines Redners, vor dem Aristoteles schon gewarnt hat,[221] bestand in der Vermittlung des Eindrucks, eine bereits vorgefertigte Rede zu wiederholen. Selbst wenn seine Rede eine sorgfältige Vorbereitung vorausgesetzt hatte, musste der Redner den Eindruck der Improvisation vermitteln. Bei der *ars memoriae* handelte es sich in diesem aktiven und innovativen Sinn um eine leere Disziplin. Sie behandelte keine Inhalte, sondern stellte Schemata oder Regeln bereit, die man zur Konstruktion eines eigenen Schatzes an Ideen verwenden sollte, aus denen dann die *inventio* von Mal zu Mal die jeweils brauchbaren bezogen hätte. Das Resultat wäre dann jedes Mal ein anderes geworden.

Wir treffen hier erneut auf die charakteristische Zusammenstellung der rhetorischen Semantik: auf eine mündliche Kommunikation, die über schriftliche Aufbewahrungen verfügt – es ist dies eine Zusammenstellung, die für das klassische Athen (aus dem 4. und 5. Jahrhundert) bestätigt scheint, in dem dieses Modell zuerst auftaucht.[222] Gegen Ende des 5. Jahrhunderts wurde die Gegenwart von Texten, wie es scheint, als selbstverständlich hingenommen, so dass man von nun an geradezu von einer Ausrichtung an Dokumenten sprechen kann. Beispielsweise wird zu dieser Zeit im wirtschaftlichen Bereich das Heranziehen von Zeugen durch schriftliche Verträge ersetzt, und auch in Gerichtsverhandlungen wird das Lesen von Dokumenten zusätzlich zur Anhörung von mündlichen Zeugenaussagen herangezogen. Die Relevanz der schriftlichen Aufbewahrung wird auch durch die Konstruktion des Metroön bezeugt, das als die erste öffentliche Sammlung von Dokumenten angesehen werden kann.[223] Offensichtlich verspürte man die Notwendigkeit, alle Dokumente zusammen an

---

221 *Rhetorik*, III, 1404 b.
222 Ich folge hier Thomas 1989, der überdies ein Verhältnis gegenseitiger Bedingtheit zwischen Schrift und den Veränderungen der Gesellschaftsstruktur in Athen vermutet: vgl. S. 30 ff.
223 Vgl. Thomas 1989, S. 48 ff, S. 402-403.

einem einzigen Ort aufzubewahren. Diese Aufbewahrung scheint aber einen gänzlich anderen Stellenwert gehabt zu haben als den, den wir ihr zumessen würden: Was zählte, war einfach die Anwesenheit des Dokuments und nicht die Möglichkeit, es zu konsultieren. Im Gegenteil musste alles Relevante ohnehin im Geiste aufbewahrt werden und das Dokument an sich genügte durchaus nicht. Selbst wenn man eine schriftliche Zeugenaussage las, musste man die Zeugen kennen und die schriftliche Fixierung von Verträgen verlangte deren Einschreibung auf Steine, die an ganz bestimmten Orten aufgestellt werden mussten. Auch die Redner bezogen sich auf das mündliche Gedächtnis ihrer Zuhörer und machten keinerlei Anspielungen auf schriftliche Texte und selbst die griechischen Historiker machten vor allem von mündlichen Quellen Gebrauch. Die Übertragung von Wissen fand immer noch mündlich statt, wobei der Text als ferne mnemonische Stütze diente – die oft in erster Linie symbolisch-magischen und nicht informativen Wert besaß. Im Metroön wurden zum Beispiel Steinstelen aufbewahrt, deren Inschriften an wohltätigen Helden erinnerten – und einmal an ihren Platz gestellt, in Zukunft nie wieder gelesen wurden. Im 4. Jahrhundert wurde von Lykurg festgelegt, dass die großen tragischen Schriften im Metroön aufbewahrt werden und dass die Schauspieler sich davon nicht entfernen sollten. Diese Rückbesinnung auf Schrift bedeutete aber nur, dass die Texte von einem Sekretär der Polis den Schauspielern laut vorgelesen werden sollten, während die Schauspieler die Texte weiterhin durch Prozeduren memorierten, die von der Texthaftung unabhängig waren. Demnach war Schrift gegenüber der Anwesenheit/Abwesenheit des Dokuments als Gegenstand sekundär. Wenn jemand die aufbewahrten Dokumente hätte lesen wollen, wäre er darüber hinaus auf die Schwierigkeit gestoßen, sie im Inneren des Speichers, in dem jede Form der Standardisierung und Katalogisierung fehlte, überhaupt aufzufinden. Es handelte sich einfach um eine Stapelung von Dokumenten, die zudem aus den verschiedensten Materialien bestanden. Zusätzlich zu den Papyrusrollen wurden auch Holztäfelchen und Steinstelen, aber auch Tongefäße und andere schriftunabhängige Gegenstände aufbewahrt.[224] Beim Metroön handelte es sich im Wesentlichen um einen Speicher, in dem Gegenstände und nicht Kommunikationen aufbewahrt wurden und der sich deshalb von dem modernen Archivmodell

224 Eine Praxis, die im gesamten Mittelalter beibehalten wird und auch in der Sammelleidenschaft der Renaissance Spuren hinterlässt: vgl. beispielsweise Celati 1975, S. 185 ff.

gänzlich unterscheidet, das Dokumente zum Zweck der zukünftigen Konsultation ansammelt. Dieser Rückbezug auf die schriftlichen Formen und ihre Aufbewahrung sind, wie Thomas vermerkt, noch weit von einer archivarischen Mentalität entfernt, die Texte auf eine geordnete Weise ansammelt, um zu einem späteren Zeitpunkt auf sie zurückgreifen zu können.

Gerade diese besondere Kombination von Oralität und Schriftlichkeit bildet, womit wir auf unsere Hypothese zurückkommen, die Grundlage für die zentrale Rolle, die das Gedächtnis im gesamten Komplex der Rhetorik gespielt hat:[225] selbst und insbesondere nachdem man (seit den Römern) begonnen hatte, die Angemessenheit der *ars memoriae* in Frage zu stellen, und selbst nachdem man sogar das Gedächtnis als unabhängiger Bestandteil der Technik der Rhetorik abgeschafft hatte. Die ersten hierauf bezogenen Zweifel findet man bei Quintilian,[226] der die Umständlichkeit und den Mangel an Abstraktion der überlieferten Prozeduren aufdeckt und beginnt, sich zu fragen, ob es nicht in vielen Fällen vorteilhafter sei, Geschriebenes zu verwenden, das es ermöglicht, schneller und wirksamer auswendig zu lernen: »Es ist nämlich, als ob das Gedächtnis eine Spur verfolgen würde, als ob es nicht nur die Seiten, sondern selbst die Zeilen vor Augen hätte, und man spricht, als ob man lesen würde« –, oder liest, als ob man sprechen würde. Hier wird der mnemonische Gebrauch von Schrift mit der größten Klarheit erläutert. Quintilian rät nicht dazu, die Gedächtnisleistung mit der schriftlichen Aufbewahrung zu ersetzen und somit zur Entlastung von der Notwendigkeit, Inhalte im Geiste zu behalten, sondern dazu, das Geschriebene zu einem besseren Auswendiglernen zu verwenden. Weil die geschriebenen Seiten bereits einen geordneten mnemonischen Raum bereitstellen, kommt ihm lediglich die Konstruktion einer Landschaft von Örtlichkeiten im Inneren des Geistes überflüssig vor. Um auswendig zu lernen, empfiehlt es sich deshalb, von einem Text auszugehen, und dies macht eine mnemonische Technik überflüssig, mit der allerdings die von ihm vorgeschlagene Methode einige Ähnlichkeiten aufweist. Gleichzeitig bezweifelt Quintilian, wie wir bereits gesehen haben, durchaus nicht die Größe und Macht des Gedächtnisses und seine zentralen Rolle für die Beredsamkeit insgesamt.[227]

Auch da wo das Gedächtnis nicht als autonomes Thema erwähnt

---

225 Über die *ars memoriae* des Mittelalters siehe beispielsweise Yates 1966, Kap. 3.
226 *Institutio oratoria*, XI, 25-26 und 32-33.
227 *Institutio oratoria*, XI, II, 7.

wird, bleibt folglich die ganze Anlage der Rhetorik topologisch, und diese räumliche Ausrichtung führt auf die Vorstellung über die zugrunde liegende Struktur und über die Funktionsweise des Gedächtnisses zurück. Der äußerst reichhaltige, mit Figuren und Tropen, mit technischen Bestandteilen und Redebestandteilen, mit Unterscheidungen zwischen Wortangelegenheiten und Sachangelegenheiten usw. und mit den ganzen damit in Zusammenhang stehenden ausgefeilten Klassifikationen ausgestattete Apparat der klassischen Rhetorik muss in diesem Sinne als komplexe Technik der Artikulation von Wiederholung begriffen werden – und das heißt letztlich als In-Bewegung-Setzen des Gedächtnisses.[228] Andersherum kann das Gedächtnis als »spezialisierte Rhetorik« angesehen werden: als eine Technik, die sich der Prozeduren der Rhetorik bedient, indem sie diese von ihrer Überredungsfunktion (in der Meditation) entkoppelt und ihre Ausrichtung auf eine externe Zuhörerschaft »umkehrt« und auf eine Form inneren Dialogs ausrichtet.[229] An dieser Stelle können wir hierauf nicht detaillierter eingehen. Aber trotzdem können wir zumindest mit den Behauptungen von Foucault über die grundlegende Rolle der Wiederholung für das abendländische »Wissen« bis zum Ende des 16. Jahrhunderts – das heißt für die von Rhetorik geleitete Semantik – übereinstimmen.[230] Die grundlegenden, von Foucault aufgefundenen Figuren (*convenientia*, *aemulatio*, *analogia* und *simpatia*) können allesamt auf Beziehungen der Nähe oder der Ähnlichkeit zurückgeführt werden und damit auf eben die Kriterien, von denen die Erinnerung geleitet wurde. Man denke dann auch an die Rolle der Allegorie im ganzen Mittelalter, deren mnemonische Rolle heute tendenziell anerkannt wird.[231] Die kontinuierte Metapher diente in erster Linie als Anleitung, Texte als Konstruktion von Bildsequenzen zu lesen – die Bilder hatten keine Repräsentationsfunktion, sondern sollten dabei behilflich sein, die abstrakten Begriffe in visualisierbare Figuren zu übersetzen, die die mnemonischen Orte des Lesers bevölkern und bereichern konnten. Dass im Verlauf der Renaissance ein Übergang von dem rhetorischen Gedächtnismodell zu einer anderen Form der Organisation von Redundanz stattfindet – wie wir im

---

228 Beaujour 1980, S. 128, spricht von der Rhetorik als »redondance codée«.
229 Vgl. Beaujour 1980, S. 57 ff.
230 Vgl. Foucault 1966, Kap. II.
231 Vgl. beispielsweise Bolzoni 1995, S. 210 ff.; Bolzoni 1991; Cave 1984, S. 163 f.; Gomille 1991. Über die Allegorie als »personification af abstractions« siehe auch Tuve 1966, S. 25 f.

nächsten Kapitel sehen werden –, macht die Entwicklung einer radikal neuen Art des Lesens erforderlich. Oder man denke an die besondere Bedeutung der rhetorischen *inventio*, die als Ergebnis die Verfügbarkeit von Argumenten während einer Rede ermöglichen und im Wesentlichen dazu führen sollte, dass man die zu besprechenden Dinge »fand«. Es ist bekannt, dass dieses »Finden« in einem wörtlichen, örtlichen Sinne zu verstehen ist. Es bezeichnet eine Suche physischer Art im Inneren der Orte (Allgemeinplätze und spezielle Orte), die von den von der Topik gezeichneten Wegen geleitet war. Diese physische Ausrichtung war der Tatsache keineswegs entgegengesetzt, dass die Suche hauptsächlich im Inneren des Geistes, während der Meditation, stattfand. Die *inventio* hat in diesem Verständnis wenig mit unserer Vorstellung der »Erfindung« von Neuem zu tun, sondern bezeichnet eher das »Aufdecken« der im Inneren eines Raumes von Anfang an bereits enthaltenen und zu verwendenden Ideen. Im »rhetorischen Regime« gibt es keine Unterbrechung zwischen kollektivem Wissen und individuellem Gedächtnis, zwischen der Wiedererinnerung antiker Materialien und der Aufdeckung neuer Informationen.[232] Und nochmals: Mit der Umstellung der Form des Gedächtnisses wird der Begriff des »Ortes« einer der ersten sein, die einer Revision unterzogen werden. Aus einem Speicher von Ideen wird in der Folge eine Sammlung bereits abgeschlossener Fragmente von Diskursen, die eher der *amplificatio* als der *inventio* (die aus dem Bereich der Rhetorik ausgeschlossen wird) dienen. Eine Sammlung dieser Art wird der »Titel« bedürfen, unter denen man nach Themen suchen kann, man wird also eine systematische Organisationsform brauchen, die die räumlichen Prozeduren der klassischen Technik bei weitem übersteigen wird.

7. Die Unterscheidung *aeternitas/tempus*

Im Vergleich zu der divinatorischen Semantik verlangen alle Charakteristiken der rhetorischen Semantik, die wir in diesem Kapitel untersucht haben, nach einer höheren Unterscheidungsfähigkeit, die wir unter Abschnitt III, 2 auf die zuerst im klassischen Griechenland ausgebildete Befähigung zu einer Ausrichtung an der sozialen Dimension zurückgeführt haben. Im Rahmen der Theorie sozialer Systeme kann dieses Prinzip generalisiert werden. Luhmann unterscheidet die

---

232 Vgl. Beaujour 1980, S. 88.

sachliche Dimension, die soziale Dimension und die zeitliche Dimension als die drei Dimensionen von Sinn,[233] die als solche unweigerlich in jeder Gesellschaft vorgefunden werden können: selbst im divinatorischen Modell gab es irgendeine Form der Orientierung am Nicht-Dieses, am Nicht-Ich und am Nicht-Jetzt, die aber der Tendenz nach ineinander fielen. Mit der Evolution der Gesellschaft, so die These, trennen sich die drei Sinndimensionen nach und nach voneinander und orientieren sich an immer autonomeren Unterscheidungen.[234] Die Semantik verfügt dann folglich über mehr Unterscheidungen, die auch dazu benutzt werden können, sich gegenseitig zu beobachten. Was dies auf der Ebene begrifflicher Abstraktion bedeutet, haben wir im Verlauf dieses Kapitels bereits gesehen. Wenn es aber wahr sein sollte, dass die Zunahme an Abstraktion Sinn insgesamt betrifft, müsste man von der Autonomisierung des Sozialen auch eine Veränderung der Art und Weise, die Zeit zu begreifen, erwarten können, die bis dahin, durch das Fehlen einer ausreichenden Differenzierung, von der Ausrichtung an den Raum nicht zu unterscheiden war. Mit anderen Worten müsste die rhetorische Zeit abstrakter sein als die divinatorische. Damit werden wir uns in diesem Abschnitt beschäftigen.

Ein erster Hinweis in diesem Zusammenhang findet sich in dem völlig neuen und äußerst lebendigen Interesse für die Zeit, das seit dem 5. Jahrhundert erwacht ist und in deutlichem Kontrast zu dem Fehlen dieses Interesses bei den vorangegangenen Autoren steht – Homer eingeschlossen.[235] Was für uns zeitliche Bezüge sind, wurde systematisch auf irgendeine Form sachlichen Zusammenhanges zurückgeführt, oder es wurde einfach ignoriert (etwa die Koordination von Ereignissen ohne Berührungspunkte). Im Verlauf des 5. Jahrhunderts beginnt sich dagegen eine eigene zeitliche Begrifflichkeit mit allen sich daraus ergebenden Konsequenzen herauszubilden. Der Begriff *aión* verliert seine konkrete Bedeutung von »Lebenskraft« oder »Rückenmark« und ist stattdessen tendenziell mit »Lebensdauer« ausschließlich zeitlich konnotiert.[236] Man kann dies beispielsweise an den Sophisten und an Simonides sehen, bei denen der Begriff auch jeden Bezug auf ein spezifisches Subjekt verliert und zu einer Bedeutung übergeht, die die Dauer des menschlichen Lebens überhaupt als der »Dauer aller

---

233 Vgl. beispielsweise Luhmann 1984, S. 112 ff.
234 Vgl. beispielsweise Luhmann 1991, S. 41 ff.
235 Vgl. Fränkel 1955.
236 Ich folge hier wiederum Degani 1961, S. 25 ff. und *passim*.

Leben« einschließt – so weit, dass der Begriff zu verschwommen wird, um überhaupt noch etwas zu bezeichnen. Es ist dies erneut die typische Schwierigkeit der Sophisten, die wir weiter oben bereits angesprochen haben.[237] Diese gehen über zur Abstraktion, ohne über die Fähigkeit zu verfügen, sie zu asymmetrisieren, so dass sie dann darauf ausweichen müssen, das Kontingente aufzuwerten. Dies geschieht auch in diesem Falle, wie dies die zentrale Rolle von *kairós* aufdeckt – auch dies ein Begriff, der eigens in zeitliche Bezüge uminterpretiert wird. Die Zeit der Sophisten ist nicht *aión*, sondern *kairós*, und beide Begriffe entkoppeln sich voneinander. *Kairós* verliert die Konnotationen von »Gleichgewicht« und »Harmonie«, die der Artikulation von Ewigkeit in den gegenwärtigen Umständen von Welt dienten (und die daher moralisch und kosmologisch gefärbt waren), und nimmt ausschließlich die Bedeutung von »springender Punkt«, »Gelegenheit« ein, womit nur noch die Umstände realisiert werden.[238]

Es verwundert nicht, dass der Begriff in dieser Bedeutung den Sophisten besonders gelegen war. Die verfügbaren Zeugnisse stimmen darin überein, ihnen (Protagoras oder Gorgias) die ersten Abhandlungen von *kairós* zuzuschreiben[239] und in den dissoi logoi – die gerade um die Variabilität des Urteils und die Relativität von wahr und unwahr kreisen – wird seine zentrale Rolle gefeiert: »nulla è mai assolutamente bello nè brutto, ma le stesse cose, come *kairós* le afferi, la fa brutte, come si cangi, belle«.[240] *Kairós* steht für die Umstände und für die Veränderbarkeit des Augenblicks ein und wird daher zum temporalen Bezug für die Techniken, die zu einer Orientierung in der Kontingenz verhelfen sollen. In erster Linie ist hierbei an die Technik der Rhetorik zu denken. Kontingenz meint bei den Sophisten die Negation des Notwendigen und Wahren. Die Befähigung zur

---

237 Kap. III, 4.
238 Vgl. Trédé 1992, S. 56 ff. Hierin besteht laut Jullien 1996, S. 75 ff., der Unterschied zwischen dem Verständnis von *kairós*, das man aus der chinesischen Semantik (für uns: aus dem divinatorischen Gedächtnis) beziehen kann, und dem abendländischen Verständnis von Aristoteles an. *Kairós* steht in diesem letzeren für die Koppelung von Zeit und Ewigkeit, die über die Instabilität der Verhältnisse Regeln stülpt: die Gelegenheit, die sich dem Handeln bietet. In der divinatorischen Herangehensweise wird dagegen auf jede Entscheidung und auf jeden Bezug zu einer menschlichen Perspektive verzichtet und stattdessen die Koordination mit der Ordnung der Dinge bezeichnet.
239 Protagoras »hat als erster die Macht von *kairós* erklärt«: Diels 1957, 80.A.1; Gorgias hat als erster den Gegenstand von *kairós* behandelt: Diels 1957, 83.B.13. Vgl. auch White 1987, S. 14.
240 Diels 1957, 90.II.19.

Abstraktion, die die Erfassung des Kontingenten möglich macht, führt die Konsequenz der Negation einer außerkontextuellen Wahrheit mit sich. *Kairós* hat keinerlei Bezug zur Wahrheit oder zum Wahrscheinlichen und es haftet ihm außerdem nichts an, was die bloße kontextuelle Wirksamkeit überschreitet: *Kairós* steht lediglich für den Geist des Augenblicks ein, den der Redner zu erfassen und zu nutzen in der Lage sein muss. Wie wir weiter oben bereits gesehen haben, dient selbst Schrift nicht der Fixierung einer außertextuellen Wahrheit, sondern kann von Mal zu Mal dazu verwendet werden, die Fähigkeit der Anpassung an den Augenblick zu bereichern. Zeit wird zu einer Ansammlung unzusammenhängender Gelegenheiten, ohne Anspruch auf Kohärenz und natürlich auch ohne Ablehnung von Widersprüchen.

Wir haben weiter oben (Kap. III, 4) bereits sehen können, dass Platon die Abstraktheit der Sophisten auch in Bezug auf die Interpretation von *kairós* ablehnt. Als Logographen können die Sophisten, indem sie sich auf eine abstrakte Weise dem Kontext nähern, nicht einmal die wahre Bedeutung der Umstände erfassen. Der Augenblick genügt sich nicht selbst, sowenig wie sich Rhetorik selbst genügt. Der »gute Redner« braucht *kairós* nicht, weil seine Wahrheit sich nicht je nach Gelegenheit wandelt.[241] Platon will aber die Ausrichtung an den Umständen beibehalten, ohne Wahrheit darauf zu reduzieren. Er transformiert daher das rhetorische *kairós* in das dialektische *kairós*.[242] Gerade weil der gute Redner Kenntnis von dem Unwandelbaren, d. h. von der Wahrheit, besitzt, kann er die Wandelbarkeit des Kontextes in Rechnung stellen, deshalb auch kennt er die verschiedenen Arten von Seelen und die geeignete Rede für eine jede von ihnen und kann den richtigen Augenblick (*kairós*) für Reden und Schweigen ausmachen.[243] Die platonische Wahrheit negiert die Ausrichtung an den Kontext nicht, sondern setzt sie vielmehr voraus. Dann aber kann auch der Zeitbezug nicht auf den gegenwärtigen Augenblick beschränkt sein, sondern muss eine komplexe Konzeptualisierung vorsehen, die auch das weitere Feld der abwesenden Zeit mit erfasst.

Bei Platon nimmt diese Konzeptualisierung zum ersten Mal die Form der Unterscheidung von unbewegter Ewigkeit und wandelbarer Zeit ein: eben die Unterscheidung *aeternitas/tempus* (*aión/chronos*), die die zeitliche Semantik bis in die Moderne hinein leiten wird. Den

---

241 Vgl. beispielsweise *Euthydemos*, 280.
242 Vgl. beispielsweise Tordesillas 1992; Brisson 1989, S. 56 ff.
243 *Phaidros*, 272.

Wendepunkt, von dem auch die Reinterpretation von *aión* ihren Ausgang nimmt, bildet eine berühmte Stelle aus dem *Timaios*.[244] Der Demiurg, der das Universum als lebendes Abbild der Unsterblichen geschaffen hat, hat darin auch ein Abbild seiner Zeit einbeziehen wollen, eben die Ewigkeit (*aión*). Aber die Ewigkeit ist stets unbewegt und unwandelbar, und dieses Merkmal konnte dem Geschaffenen nicht beigefügt werden, da es sich als Gezeugtes ständig wandelt. Er beschloss daher, die Zeit (*chronos*) als »bewegliches Abbild der Unvergänglichkeit« zu schaffen, die nach dem Gesetz der Zahl fortschreitet. Sie kennt daher die Aufteilung in Bestandteile wie den Tagen, den Nächten, den Monaten und den Jahren und so im gleichen Sinne das Gewesene wie das Werdende. Diese Formen werden von den Menschen fälschlicherweise auch auf die Ewigkeit übertragen. »Denn wir sagen doch: es war, ist und wird sein; der richtigen Ausdrucksweise zufolge kommt aber jenem nur das ›ist‹ zu, das ›war‹ und ›wird sein‹ ziemt sich dagegen nur von dem in der Zeit fortschreitenden Werden zu sagen, sind es doch Bewegungen«. Die Ewigkeit Platons ist deshalb nicht einfach die Negation der Zeit als der Nicht-Vergangenheit und der Nicht-Zukunft, sondern auf eine noch radikalere Weise (in der Terminologie von Günther) die »Ablehnung« dieser Unterscheidung selbst – eine »aoristische Punktualität«,[245] die Vergangenheit und Zukunft ausschließt und sich gänzlich im »Ist« erschöpft. Das platonische *aión* ist nicht zeitlos (das, was schon immer war und immer sein wird), sondern eher extratemporal. Es kennt weder Vielheit noch Unterscheidungen.[246] Obwohl sie sich (erstmalig) auf einem hinreichenden Abstraktionsgrad befindet, die Autonomie der Zeitdimension zu erfassen und eine von räumlichen Kategorien entkoppelte Ausrichtung an der Unterscheidung vorher/nachher zuzulassen, behält die platonische Ewigkeit die divinatorische Charakteristik eines »natürlichen Mysteriums« bei. Sie ist das, worüber man nicht sprechen kann, weil sie sich außerhalb jeder Determinationsmöglichkeit befindet.

Diese zweideutigen und ungreifbaren Merkmale verlieren sich wiederum bei Aristoteles, der den Begriff der Zeit in einem gewissen Sinne »banalisiert« (oder zumindest normalisiert). Die Einheit der zeitlichen

---

244 *Timaios*, 37 ff.
245 Degani 1961, S. 81.
246 In der Terminologie von Spencer Brown: die Ewigkeit ist das »unmarked space«, das jeder Unterscheidung vorgängig ist, selbst der von »marked state« und »unmarked state«. Vgl. Spencer Brown 1972.

Unterscheidung vorher/nachher stellt keine Paradoxie (keine Ablehnung der Unterscheidung) mehr dar, sondern wird auf der Grundlage der Vorstellung von Bewegung beobachtet.[247] Die Zeit ist das, was sich von Morgen zu Gestern bewegt und die Zukunft immerfort in Vergangenheit verwandelt. Um die Bewegung erfassen zu können, benötigt man aber etwas Unwandelbares, das den unbewegten Hintergrund liefert, vor dem sich Bewegung abzeichnet: Aristoteles greift dafür auf den Begriff der Ewigkeit zurück. Die Unterscheidung *aión/chronos* verwandelt sich in diesem Verständnis in eine einfache Negation, die sich in die Unterscheidung unbewegt/bewegt oder unwandelbar/wandelbar übersetzen lässt. Bei *aión* handelt es sich dann nicht mehr um eine extratemporale Ewigkeit, sondern um eine unendliche Zeitlichkeit – die allen Zeiten gleichzeitig ist, weil sie das »War« und das »Wird« einbezieht und nicht, weil sie diese ausschließt. Auch in diesem Fall besteht die Operation des Aristoteles in der Zusammenfügung von zwei voneinander entkoppelten Unterscheidungen, so wie die außerkontextuelle Notwendigkeit und die Kontextbezogenheit voneinander entkoppelt sind.

Wie auch schon in Zusammenhang mit Rhetorik wird die problematische Beziehung gegenseitiger Bedingtheit von Notwendigkeit und Kontingenz (von *aión*, der von Zeit nicht gelöscht werden kann, und *kairós*, in dem Zeit das ihm Transzendente manifestiert), die Platon bei seiner Konzeptualisierung der Zeit noch für unlösbar hielt, bei Aristoteles und in der gesamten ihm folgenden Tradition in der einfachen Unterscheidung von zwei getrennten Bereichen aufgelöst: in Temporalität als solcher (die sich in der Bewegung von Zukunft zu Vergangenheit artikuliert) und in dem untergeordneten Bereich aspektbezogener Unterscheidungen (das Reich von *kairós*). Zeit wird in der Gesamtheit, von der unbewegten Ewigkeit aus, d. h. auf eine ontologische Weise beobachtet. Die Ewigkeit ist es, die die Garantie für die Nicht-Kontingenz von Vergangenheit und Zukunft bietet, die ebenso festgelegt sind wie die Gesamtheit der vergangenen und der zukünftigen Dinge. Nur die begrenzte Perspektive der Menschen ist es, die ihnen die Sicht auf diese verstellt, so dass sie den Ausgang einer Schlacht, der an sich schon festgelegt ist, nicht voraussehen können.[248] Zwar ist die Zukunft verborgen, deshalb ist sie aber noch kein Mys-

---

247 *De caelo*, I, 279. Vgl. Luhmann 1991, S. 41 f.; 1990f, S. 95 ff. Hier wird auch das erzeugt, was Derrida 1967, S. 105, den »vulgären Begriff« der Zeit nennt, der von der Bewegung aus gedacht wird.
248 Vgl. *De interpretatione*, 9.

terium. Es ist dies eine Perspektive, die man noch bei Augustinus in dem Bild einer Zukunft vorfindet, die zur Gegenwart wird, indem sie aus »irgendeinem Verborgenen hervorkommt und wieder in ein Verborgenes zurückweicht, wenn Gegenwärtiges zum Vergangenen wird«.[249] Beide aber, Zukunft und Vergangenheit »existieren«,[250] das Fortschreiten der Zeit beschränkt sich lediglich darauf, das eine in das andere zu verwandeln: »Das Zukünftige nimmt ab, das Vergangene wächst an, bis die Zukunft verbraucht und das Ganze vergangen ist.«[251] Die Untersuchung der Zeit kann daher problemlos in die Ontologie integriert werden, weil auch die »Teile« der Zeit eine eigene, determinierte Existenz haben. Wenn die erwartete Gegenwart mit der aktuellen oder mit der Gegenwart, an die man sich anschließend erinnert, nicht übereinstimmt, so hängt dies lediglich damit zusammen, dass die Menschen begrenzt sind und irren können; an sich aber unterscheidet sich die gegenwärtige Zukunft nicht von der zukünftigen Gegenwart oder von dem, was in einer noch folgenden Gegenwart die Vergangenheit sein wird (so wie auch das, was ist, nicht nicht-sein kann). Die menschliche Ausrichtung an der Undurchsichtigkeit der Zeit muss von der *prudentia* geleitet sein, die traditionell als eine Art Divination definiert wird, die dem Menschen einen Blick zu den verborgenen Dinge – in erster Linie sind dabei die zukünftigen Dinge gemeint – ermöglicht. Bei *prudentia* handelt es sich um die menschliche Sichtweise des Schicksals.[252]

Die Untersuchung der an die verschiedenen Momente gekoppelten Differenzen ist nicht Teil eines spekulativen Wissens, sondern wird seit Aristoteles einem anderen Bereich zugeteilt: dem der praktischen, mit dem Kontingenten in Zusammenhang stehenden Erkenntnis. In diesen Bereich fällt auch die Untersuchung von *kairós*, der nunmehr auf die Untersuchung der Merkmale des Augenblicks, den man erfassen können soll, um daraus die günstigen Gelegenheiten zu ziehen, beschränkt ist. Nach Aristoteles stellen die Techniken, und zuallererst die Rhetorik, die Künste der günstigen Gelegenheiten dar, oder die »Kaironomien«,[253] die gerade deshalb ausgebildet werden können,

---

249 »ex aliquo procedit occulto, cum ex futuro fis praesens, et in aliquod recedit occultum, cum ex praesenti fit praeteritum«: *Bekenntnisse* XI.XVII.
250 »sunt ergo futura et praeterita«: *Bekenntnisse* XI.XVII.
251 »dum praesens intentio futurum in praeteritum traicit deminutione futuri crescente praeterito, donec consumptione futuri sit totum praeteritum«: *Bekenntnisse* XI.XXVII.
252 Die klassische Quelle ist Cicero: vgl. Martin 1982, Kap. II; Luhmann 1980e, S. 270.
253 Nach dem vorgeschlagenen Begriff von White 1987 und in Zusammenhang mit seinem interessanten Verständnis der Kaironomie als Theorie von den Regeln, die

weil der Begriff von der richtigen Gelegenheit keine zentrale Rolle mehr spielt – während die Sophisten, für die sie eine zentrale Rolle spielte, nicht in der Lage gewesen sind, solche Techniken auszubilden.[254] Spontan würde man – selbst wenn es sich hierbei um einen gewagten Übergang handelt – die Temporalität von *kairós* mit aspektbezogenen Kategorien wie Perfektivität, Resultativität, Inchoativität, Dauerhaftigkeit usw. assoziieren,[255] die allesamt eine Form von Zeitbezug herstellen, der auch auf die sozusagen intrinsischen Merkmale der laufenden Situation verweist. Bei dem in Frage stehenden Augenblick handelt es sich unter diesem Blickwinkel nicht einfach um den Schnitt zwischen Vergangenheit und Zukunft, sondern es besitzt auch eine eigene »Qualität« – der Pünktlichkeit oder Dauer, eines Anfangs oder Endes –, die ihn für bestimmte Handlungen und für keine anderen geeignet macht. In der Tat ist die Vorstellung vom »richtigen Augenblick« immer Zeichen einer ungenügenden Differenzierung zwischen materialer und zeitlicher Dimension, die auf divinatorische Überbleibsel zurückzuführen ist:[256] auf die Überzeugung, dass Zeit selbst Qualitäten aufweist, aus denen man Schlussfolgerungen für das Handeln ziehen kann – auch diese Überzeugung ist übrigens Konsequenz der ontologischen Annahme, nach der die Zeit als Voraussetzung und nicht als Folge des Handelns »existiert«.

Man könnte, Christian Meier[257] frei folgend, behaupten, dass die Semantik des alten Griechenlands, indem sie den Lauf der Ereignisse aus der kosmischen Verbindung der vorangegangenen Gesellschaften gelöst und so eine erste Form von Kontingenz zugelassen hat, einen wichtigen Abstraktionsschritt vollzogen hat. Zum ersten Mal suchte man eine Erklärung für Geschichte nicht mehr in der kosmischen Ordnung oder dem Willen der Götter, sondern fand sie in den Handlungen und Intentionen der Subjekte. Die Geschichte des Herodot stellt eine der ersten Zeugnisse für diese Haltung dar: um den Krieg zwischen Griechen und Persern und den überraschenden Sieg der Griechen zu erklären, sucht Herodot die Antwort nicht bei dem Willen der Götter, sondern im Verlauf der Ereignisse, d. h. in dem

---

   die Ausnahmen bestätigen. An ihrer Basis stünde beispielsweise nach Jankélévitch 1980 eine paradoxe »Kairologie« (S. 80 ff.): eine Technik des guten Gebrauchs der Gelegenheit oder die Kunst, den Zufall in eine Gelegenheit zu verwandeln. Doch kann es sich bei einem derart »technisierten« Zufall noch um einen Zufall handeln?
254 Vgl. Diels 1957, C.82.B.13.
255 Vgl. *supra* § 3. 4.
256 Vgl. Luhmann 1991c, S. 160 ff.
257 Vgl. Meier 1980, z. B. S. 315 ff., S. 489 ff.

multisubjektiven Zusammenspiel menschlicher Handlungen – in der sozialen Dimension eben. Dieser Übergang stellt eine schwierige und keineswegs selbstverständliche Errungenschaft dar und es wäre nicht realistisch, zu erwarten, dass zu der gleichen Zeit der zusätzliche Schritt hätte unternommen werden können, der zu der vollen Autonomie der zeitlichen Dimension geführt hätte. Analog zu der Theorie des Aristoteles bezieht sich Herodot auf die menschliche Dimension der Zeit (*chronos*), als handelte es sich um eine auf spezifische Subjekte bezogene Verbindung zwischen *érga* (Taten) und *genómena* (Ereignissen); dabei wurde diese Verbindung nicht bis zu der (typisch modernen) Vorstellung eines geschichtlichen Prozesses, der sich selbst trägt und in sich die ihn leitende Notwendigkeit erzeugt, abstrahiert – diese Vorstellung wäre der divinatorischen Kosmologie noch zu nahe gestanden, von der man gerade dabei war, sich zu trennen. Die verschiedenen Ereignissequenzen mussten nicht einmal miteinander koordiniert werden, weil der letzte Sinn nicht der in ihnen zum Ausdruck kommenden subjektiven Perspektive entsprang, sondern implizit auf eine Dimension zurückgeführt wurde, die jenseits aller Veränderungen immer gleich blieb: auf die der Variabilität der Zeit entzogene Ewigkeit (*aión*). Gerade diese vorausgesetzte übergeordnete Unbewegtheit befreite die Kontingenz der Ereignisse und gestattete ihnen die Konstruktion eigener Kausalitäten. Die unvollständige Differenzierung von sachlicher und temporaler Dimension war wesentlich dazu erforderlich, die Autonomie der sozialen Dimension unter Garantie zu stellen.

Viele der Besonderheiten aus der Historiographie des Herodot können auf diesen Umstand zurückgeführt werden. Seine Erzählung erschöpft sich in Handlungskonstellationen der sozialen Dimension, die eine eigene Sequenzhaftigkeit aufweisen, ohne damit eine vollendete Linearität der Zeit zu hypostasieren. Bei der Zeit von Herodot handelt es sich noch nicht um das, was die absolute Newton'sche Zeit genannt worden ist: eine einzige lineare und abstrakte Sequenz von Augenblicken, die sich in einem einzigen Datierungssystem (vor Chr./nach Chr.) ausdrücken lässt und unendlich in Vergangenheit und Zukunft ausgedehnt ist.[258] Herodot verspürte noch nicht das Bedürfnis, eine komplette und kohärente Synchronisation der Ereignissequenzen unter Garantie zu stellen, weil die Koordination durch den höheren, durch die unbewegte Ewigkeit vermittelten Sinn sicher-

---

258 Vgl. Wilcox 1987.

gestellt war und daher nicht mit temporalen Mitteln erst hergestellt werden musste. Man könnte sagen, dass das Schicksal für eine Art »Supersynchronisation«[259] sorgte, die eine lineare Koordination der Ereignisse überflüssig machte. Gerade weil Zukunft und Vergangenheit über eine eigene ontologische Existenz verfügten, stellte Synchronisation kein Problem dar, sowenig wie das, was später als die Paradoxie der Zeit bezeichnet werden sollte – der zweideutige Zustand einer Zukunft, die gleichzeitig das Ergebnis vergangener Handlungen und im Vorfeld bereits determiniert ist, so dass man in der Gegenwart eine Entscheidung trifft, die gerade deshalb bereits getroffen ist. Offensichtlich sah Herodot keinen Widerspruch in dem gleichzeitigen, in den Ereignissen sich offenbarenden Walten des göttlichen Willens und dem menschlichen Handeln, ebenso wenig konnte er keinen Widerspruch zwischen der bewegten Zeitdimension und der unbewegten Ewigkeit entdecken.

Es ging also nicht um die Erfassung der Gleichzeitigkeit des Gleichzeitigen, sondern vielmehr um die Erfassung tieferer Sinnzusammenhänge zwischen voneinander getrennten Ereignisabläufen. Das Bedürfnis nach Synchronisation ergab sich aus der Bedeutung der Ereignisse und nicht umgekehrt. Wenn Ereignissequenzen keine Zusammenhänge aufwiesen, gab es überhaupt keinen Grund, sie miteinander zu koordinieren – folglich verwendete Herodot eine Vielheit unterschiedlicher Chronologien, die jeweils unterschiedliche, an unterschiedlichen Orten stattfindende Ereignisfolgen darstellten. Falls sich diese aber untereinander kreuzten, weil die Beteiligten sich von einem Ort zu einem anderen bewegten, wurde selbst die Synchronisation der Chronologien erforderlich.[260] In der Erzählung finden sich denn aus der Perspektive der Nachbarschaft, nicht vom Gesamtwerk aus gesehen, auch häufig Exkurse. Nach Abschluss des Exkurses setzt die Erzählung wieder mit eigener Zeit ein. Die Darstellung der Vergangenheit präsentierte sich in ihrer Gesamtheit nicht als zeitliche Sequenz. Aus der Perspektive der Zeit ergaben sich eine Menge Lücken und Überschneidungen.[261] Die Einheit des Werks ergab sich nicht aus der Chronologie, sondern aus dem Gegenstand, der immer gleich

---

259 Der Begriff stammt aus Luhmann 1990f, S. 117. Über die Aufrufung des Schicksals als funktionales Äquivalent für die Individuation kausaler Bezüge siehe auch Martin 1982, Kap. I.
260 Vgl. Wilcox 1987, S. 58 ff.
261 Karl Reinhardt spricht deshalb von einer »symptomatischen Geschichtsschreibung«, zitiert in: Meier 1980, S. 402.

blieb (es handelte sich eben immer um den Krieg gegen die Perser). Diese Haltung wird mindestens bis in das späte Mittelalter hinein beibehalten, in dem hierarchische Beziehungen weiterhin sozusagen perspektivischen Beziehungen vorgezogen werden. Was zählt, ist nicht die zeitliche Verortung, aus der sich eine einzige Ereignisfolge unter einer unterschiedlichen Perspektive zeigte, sondern einzig ihre sich aus einer angenommenen göttlichen Perspektive ergebende Bedeutung, die allen Anwesenden gemeinsam war.[262]

Wir kehren nun zu unserem Leitthema zurück: dem Gedächtnis. Der Anachronismus der gesamten vormodernen Semantik kann scheinbar auf eine Art »mnemonischer Allzeitlichkeit«[263] zurückgeführt werden, die selbst die Auseinandersetzung mit der Vergangenheit geleitet haben soll. Bei dieser Herangehensweise interessierte nicht der Unterschied der Zeiten, sondern die Beständigkeit der Formen, die sich aus dem Sinnzusammenhang ergab. Varietät schien einer wesenskonstanten Welt beigefügt; Geschichte interessierte lediglich als ein Reservoir von Beispielen für alle Zeiten[264] und diente nicht der Aufdeckung kausaler Beziehungen. Zwar wurden die Gleichzeitigkeit des Gleichzeitigen und die Nicht-Gleichzeitigkeit des Nicht-Gleichzeitigen nicht erfasst, dafür konnte man sich in der Gleichzeitigkeit des Nicht-Gleichzeitigen frei bewegen. Zum Beispiel konnten die verschiedenen Staatsformen miteinander verglichen werden,[265] so wie man auch die verschiedenen – auch hier im Wesentlichen zeitgenössischen – *auctores* nebeneinander stellen konnte. Solange die Ausrichtung an den *auctores* beibehalten worden ist (d. h. durch das gesamte Mittelalter hindurch), wurden in der Vergangenheit keine Phasen unterschieden, noch verfügte man über einen Begriff von Klassizität. Die *auctores* besaßen als solche gleichermaßen Autorität und waren allesamt zeitlos. Die Aufzählungen der *auctores* umfassten, ohne jegliche chronologische Ordnung, römische Autoren ebenso wie antike, heidnische und christliche Schriftsteller. Mit der Zeit wuchs lediglich die Anzahl der *auctores* an.[266]

---

262 Vgl. Le Goff 1977, S. 15-16.
263 Ein Begriff von Erich Auerbach, zitiert in: Carruthers 1990, S. 193. Man könnte im gleichen Sinne auch von einer rhetorischen Herangehensweise an die Geschichte sprechen, die eher dem Wahrscheinlichen als dem Wahren zugekehrt ist: vgl. beispielsweise Wilcox 1987, S. 224 ff.
264 Luhmann 1995d.
265 Vgl. Koselleck 1979, S. 137.
266 Vgl. beispielsweise Curtius 1948, § III.5.

IV. Kultur als Gedächtnis

Der Übergang zur Moderne bildet bekanntlich den wichtigsten Anhaltspunkt für alle soziologischen und ideengeschichtlichen Theorien. Der Zeitraum zwischen dem 15. und dem 18. Jahrhundert bleibt im Positiven und im Negativen, ob man die Diskontinuitäten nun besonders ins Blickfeld rückt oder mildern möchte und unabhängig davon, ob man den Zeitraum ausdehnt oder verkürzt, ein Gegenstand von besonderem Interesse für die Forschung, zumal sich darin viele der Merkmale abgezeichnet haben, mit denen wir auch in der heutigen Gesellschaft konfrontiert sind.[1] Dies gilt auch in Bezug auf unser Thema. Den Gegenstand dieses Kapitels bilden die radikalen Veränderungen der Gedächtnisform, die zu einem Verständnis des Begriffes geführt haben, der auf eine derart unhinterfragte Art für selbstverständlich hingenommen wird, dass es schwierig wird, sich seiner Kontingenz überhaupt bewusst zu werden. Das Gedächtnis fällt nicht notwendig mit der modernen Vorstellung von Gedächtnis zusammen. Diese Vorannahme zu akzeptieren ist unbedingt erforderlich, um von dem Gegenstand des Gedächtnisses Abstand nehmen und besser darüber reflektieren zu können.

Während eines allmählichen, im Spätmittelalter beginnenden Veränderungsprozesses geht man zu einer Form von Wiederholung über, die sich nicht weiter an Objekten (selbst wenn diese lediglich den inneren »Räumen« des Geistes innewohnen sollten), sondern direkt an Kommunikation hält. Man könnte auch von einem *re-entry* von Kommunikation in Kommunikation sprechen, das (wie alle *re-entries*) als Ergebnis die Auflösung der Vorannahme einer Welt unmittelbarer Gegenstände zeitigt, die von selbstreferentiellen Formen – in diesem Fall: von Texten – ersetzt wird.[2] Dabei handelt es sich bei Texten nicht um Gegenstände unter anderen, sondern um – sozusagen – kondensierte Kommunikationen, die eine spezifisch eigene Gegenstandswelt projizieren. Indem Kommunikation an Texte anschließt, kann sie auf der Basis eigener Strukturen koordiniert werden. Und indem man

---

[1] Wie dies besonders durch Bezeichnungen wie »Post-Moderne« bezeugt ist, die in der Negation noch den zentralen Bezug auf die Moderne zusätzlich bestätigen.

[2] Es handelt sich hierbei um einen Vorschlag, den Luhmann im September 1992 in Modena mündlich vorgetragen hat. Luhmann 1993a, S. 256, behauptet, dass der Text zu einem neuen Medium wird, der aus der Gesamtheit der darauf bezogenen Interpretationen besteht.

Texte aufbewahrt, bewahrt man nicht Gegenstände auf, sondern die Bedingung für die Erzeugung von Gegenständen.

Dieser Umstand führt, wie wir noch detaillierter sehen werden, eine Unmenge Konsequenzen mit sich, die auf die Formel gebracht werden können, dass die Form des Gedächtnisses (Erinnern/Vergessen) zu dem Primat von *Vergessen* übergeht. Die Macht des Gedächtnisses ist umso größer, je mehr Vergessen das Gedächtnis zulässt, je mehr es also davon absieht, Gegenstände aufzubewahren, ohne dass diese jedoch für immer verloren gingen.[3] Die modernen »Technologien des Gedächtnisses« unterscheiden sich grundlegend von den auf Rhetorik basierenden vorangegangenen, weil sie nicht mehr direkt der Aufbewahrung von Inhalten (der Erinnerung), sondern lediglich der Festlegung von Verweiszeichen und Verbindungen zwischen Inhalten dienen, die nun vergessen werden sollen. Für die Aufbewahrung von Inhalten gibt es nun Bücher, die allerdings weder die Verdoppelung des Gedächtnisses (als Verdoppelung des Geistes im rhetorischen Gebrauch von Texten) darstellen, noch dessen Veräußerlichung, wie dies die verbreitete Metapher vom »externen Gedächtnis« zu suggerieren scheint: als Struktur eines Systems kann Gedächtnis offenbar nicht äußerlich sein. Es handelt sich vielmehr um eine Form »virtuellen Gedächtnisses«, um einer der Kommunikation zur Verfügung stehenden Potentialität, die nur aktiviert wird, wenn man davon Gebrauch macht (wenn man eben Bücher liest).[4] Um davon Gebrauch zu machen, bedarf man allerdings Prozeduren, die ihre Aktivierung ermöglichen. Riesige, nicht aufsuchbare Bibliotheken, in denen die Bücher nicht auffindbar sind, kämen dem reinen Verlust von Gedächtnis gleich (und nicht dem Vergessen als der anderen Seite der Unterscheidung Erinnern/Vergessen). Die Inhalte des modernen Gedächtnisses betreffen eben diese Prozeduren.

Der entscheidende Übergang besteht in einer Änderung im Gebrauch von Schrift, die, insbesondere auch in Zusammenhang mit der Verbreitung des Buchdrucks, ihre untergeordnete Rolle gegenüber Oralität verliert und sich zu einer eigenen Form von Kommunikation entwickelt. Man schreibt, um aus der Ferne zu kommunizieren, und es geht nicht mehr um eine Form der Fixierung von Interaktion, sondern eher um eine Alternative zur Interaktion. Die schriftliche Kommunikation nimmt nun Strukturen, Distinktionen und Inhalte an, die sie

---

3 Man darf nicht vergessen, dass die Form des Gedächtnisses stets »Erinnern/Vergessen« ist und nicht einfach im Vergessen – bzw. im Auslöschen – besteht.
4 Vgl. Luhmann 1990a, S. 33.

deutlich von der auf Interaktion basierenden Kommunikation unterscheiden, die in der Konsequenz ihrerseits Modifikationen unterliegen wird. Und gerade zu dem Zeitpunkt, an dem Bücher aufhören, Stützen für das Gedächtnis zu sein, verwandeln sie sich paradoxerweise zu dessen Garanten. Man kann es sich leisten, zu vergessen, weil die Inhalte in Büchern aufbewahrt sind. Diese Art der Wiederholung drückt gerade den Sinn von Redundanz aus. Erneut haben wir es mit der einen Seite einer Unterscheidung zu tun. Redundanz gibt es nur, wenn es auch Varietät gibt, und die moderne Form der Kultur zeigt, wie sich die zwei Seiten gleichzeitig steigern. Eine Priorität des Vergessens bedeutet auch den gleichzeitigen Zuwachs von Redundanz und Varietät – oder anders ausgedrückt: Weil mehr Redundanz (ein enormer Anstieg der Kopien von Büchern) vorhanden ist, kann man sich auch mehr Varietät (immer mehr voneinander unterschiedene Bücher) erlauben. Dies gilt ebenso für die Verarbeitung der Inhalte. Während orale Kulturen auf Wiederholung gründen mussten, gestatten geschriebene Texte eine weit größere Freiheit in Bezug auf einen unterschiedlichen Gebrauch in den verschiedenen Situationen.[5]

Dies alles werden wir im Detail im restlichen Kapitel sehen. An dieser Stelle beschränken wir uns auf eine letzte Ausgangsbeobachtung. Bisher haben wir nur von Büchern gesprochen, aber der Diskurs, den wir entwickeln werden, geht über die bloße Verbreitung des Buchdrucks hinaus. Das Fundament dieses Gedächtnismodells besteht nicht lediglich in einer Verfügbarkeit von Schrift (dies stellte, wie wir gesehen haben, auch die Vorbedingung der vorangegangenen Gedächtnisformen dar), sondern radikaler in der Autonomisierung einer Kommunikationsform, die die Differenz zur Interaktion voraussetzt und ausschöpft. Bei dieser Kommunikationsform befinden sich Sender und Empfänger in einer anderen Zeit und an einem anderen Ort, sie nehmen nicht die gleichen Dinge und auch einander nicht wahr, sie sind füreinander nicht durchsichtig (der Sender kann sich nicht an den Reaktionen des Empfängers orientieren und Letzterer kann in die Kommunikation nicht mit Fragen, Kommentaren oder Ergänzungen intervenieren) und in der Regel kennen sie einander auch nicht. Um eine derartige Änderung in der Struktur der Kommunikation zu bewirken, reicht die Technik, einzelne Buchstaben abzudrucken, offensichtlich nicht aus, was die Tatsache zeigt, dass Buchstaben in China bereits im 2. Jahrhundert eingeführt worden

---

5 Vgl. Luhmann 1993a, S. 249 ff.

waren, ohne dass sich dieselben Veränderungen zugetragen hätten.[6] Unsere Herangehensweise verlangt in diesem, wie auch in den anderen Fällen, nach der Integration der Untersuchung der Kommunikationstechnologien und der Veränderungen in der Gesellschaftsstruktur, die ihre Verbreitung vorbereiten und stützen. Dies werden wir in Kap. IV, 2 unternehmen. Selbst wenn es sich bei der Erfindung des Buchdrucks nicht um eine hinreichende Bedingung gehandelt hat, so muss man diese für das Abendland als notwendige Bedingung ansehen. Deren zentrale Bedeutung steht damit in Zusammenhang, dass mittels des Buchdrucks erstmalig die Konsolidierung einer Form von Kommunikation mit eben den Merkmalen von Asymmetrie und Anonymität ermöglicht worden ist, die in der Folge auch mit sich jeweils ändernden, eigenen und charakteristischen Formen durch andere Hilfsmittel wie das Radio, das Kino und vor allem das Fernsehen verwirklicht worden ist. Das Ergebnis dieser Entwicklung bildet der komplexe Apparat, den wir Massenmedien nennen und auf dem die Form des Gedächtnisses gegründet ist, mit der wir uns in der Folge beschäftigen werden. In der Moderne, so die These, nehmen die Massenmedien bei der Überwachung, Erzeugung und beim Gebrauch der Redundanz der Kommunikation den Platz von Rhetorik ein, wobei die Art dieser Überwachung und deren Konsequenzen sich grundlegend von der der Rhetorik unterscheiden. Die Massenmedien übernehmen Aufgaben, die von Rhetorik nicht hätten bewältigt werden können, gleichzeitig müssen sie aber auf andere Aufgaben verzichten, die deren integrierender Bestandteil ausgemacht hatten – diese Aufgaben werden in der modernen Gesellschaft entweder gar nicht mehr erfüllt, oder aber sie werden anderen Mechanismen überlassen, die mit Gedächtnis nichts gemein haben (und dazu sogar im Gegensatz stehen können).

Auch aufgrund dieser Diskrepanzen haben wir beschlossen, dieses Gedächtnismodell mit dem Begriff von ›Gedächtnis als Kultur‹ zu bezeichnen. Aus Gründen, die wir noch erläutern werden, greift die Selbstbeschreibung dieser Form von Semantik auf den typisch modernen Begriff der Kultur zurück, der mit seinen Vorzügen und blinden Flecken die sie charakterisierende Art der Beobachtung exakt wiedergibt.

---

6 Vgl. beispielsweise Palumbo-Liu 1993; McLuhan 1962. Es scheint, dass die Verbreitung und Vermehrung gedruckter Texte auch in China zu Zweifeln, Destabilisierungen und Schwierigkeiten bei der Interpretation der Texte geführt hat – ohne dass es dadurch zu einem Verständnis von Kommunikation jenseits der Interaktion gekommen wäre. Man muss hierbei den nicht-phonetischen Charakter der chinesischen Schrift bedenken.

1. Buchdruck und Massenmedien

Auch in Bezug auf die Kommunikationstechnologien handelt es sich bei dem uns an dieser Stelle interessierenden Übergang um den, der zur Unterscheidung einer auf Interaktion basierenden (in der Hauptsache mündlichen) Kommunikation und einer nicht auf Interaktion basierenden (in erster Linie schriftlichen) Kommunikation führt – zwei in Struktur und Merkmalen unterschiedlichen Formen, die allmählich unterschiedliche Aufgaben übernehmen und sich dabei gegenseitig integrieren und entlasten. Der Hinweis auf die Verbreitung des Buchdrucks, um diesen Übergang zu markieren, versteht sich nicht auf Anhieb von selbst. Wie wir ausführlich in den vorangegangenen Kapiteln gesehen haben, war die Schrift auch vor der Einführung der Technik des Abdrucks einzelner Buchstaben verbreitet und ihre Effekte waren derart offensichtlich, dass darüber schon in der Antike ausgedehnte Debatten geführt wurden. Der Buchdruck markiert nicht den Übergang von einer oralen zu einer auf Schriftlichkeit (bzw. vorwiegend auf Schriftlichkeit) basierenden Kultur, sondern unweigerlich den von einer Schriftkultur zu einer Schriftkultur anderer Art – d. h. zu einer anderen Art des Umgangs mit Schrift.

Jedoch kann man nicht einmal sagen, dass mit dem 17. Jahrhundert eine »Buchkultur« beginnt, weil Bücher, in Form von Manuskripten, auch in den vorangegangenen Jahrhunderten verbreitet waren – im Spätmittelalter hatten die Kopiertechniken in den *scriptoria* sogar eine derartige Leistungsfähigkeit und einen solchen Grad an Raffinesse erreicht, dass sie richtige Unternehmensbetriebe darstellten.[7] In den Anfangszeiten des Buchdrucks war die Technik nicht viel leistungsfähiger als ein gut organisiertes *scriptorium* und die maschinell hergestellten Texte unterschieden sich kaum von den abgeschriebenen – sowohl was die äußere Form anbelangt als auch in der Wahrnehmung der Mehrheit der Leser, die von den Texten auf eine austauschbare Art

---

7 Über die Wirkung des Buchdrucks in den Anfangszeiten seiner Verbreitung siehe insbesondere Eisenstein 1979, Giesecke 1991. Es versteht sich von selbst, dass wir uns da, wo wir von einer weiten Verbreitung der Bücher sprechen, auf die gehobenen Schichten der Gesellschaft beschränken. Von unserer Warte aus besteht der springende Punkt in der Entstehung eines Publikums von Lesern, der quantitativ extrem schwer bestimmbar ist. Es ist beispielsweise bekannt, dass der Analphabetismus zu Beginn des 19. Jahrhunderts noch sehr weit verbreitet war und erst mit der Einführung der allgemeinen Schulpflicht allmählich überwunden worden ist. Über die Verbreitung des Lesens und des Analphabetismus vom Mittelalter bis ins 20. Jahrhundert siehe zum Beispiel Engelsing 1973.

Gebrauch machten.[8] Einen Nachweis für diese fehlende Differenzierung bildet der Sachverhalt, dass im gesamten 15. Jahrhundert Drucker und Kopisten wechselseitig ihre Erzeugnisse nachahmten und die Handkopie eines gedruckten Buches durchaus nichts Sonderbares darstellte.[9] Dennoch gab es einen grundlegenden Unterschied, der im Verlauf der folgenden Jahrzehnte immer offensichtlicher zutage treten sollte. Die Reproduktionsmethode selbst setzte die Unterscheidung von Oralität und Schriftlichkeit voraus. In den *scriptoria* wurde auf der Basis eines lauten (und daher mündlichen) Diktats kopiert, und auch die »Veröffentlichung« bestand aus einem lauten Vorlesen in Gegenwart eines Publikums. Dieser hybride Charakter einer Literatur an der Grenze zwischen Oralität und Schriftlichkeit spiegelte sich selbst in den Texten in Form typisch interaktiver Züge wider, die noch lange nach der Verbreitung des Buchdrucks nachweisbar sein sollten. Da ist zum Beispiel die fehlende Kohärenz in der Perspektive des »Ich-Erzählers«, der je nach Erfordernis der Erzählung von der einen zur anderen Figur springt, oder die Heterogenität des Tons und der Haltung, oder der Gebrauch grammatikalischer Strukturen zu emphatischen Zwecken und nicht in Zusammenhang mit der Sequenzhaftigkeit der Ereignisse.[10] Der Buchdruck, der anfangs nur als eine andere Form von Schriftlichkeit betrachtet wurde (*artificialiter scribere*), bezeichnet gerade im Adjektiv »künstlich« (*artificialis*) einen grundlegenden Unterschied. Die Reproduktion wird nun von einer Maschine übernommen und die Prozeduren, mit denen die Reproduktion vorbereitet wird (die Wahl und Anordnung der einzelnen Lettern zum Beispiel), haben nun nichts mehr mit einer konkreten Kommunikationssituation oder mit Kommunikation im Allgemeinen gemeinsam. Bezogen auf den technologischen Aspekt der Reproduktion wird der Diskurs als »a kind of thing«,[11] d. h. als eine vollkommen neue Art der Objektivierung und Distanzierung behandelt.

Aus dem Blickwinkel des Trägers (des Buches als solchem) eröffnet diese Distanzierung bisher undenkbare Möglichkeiten der Korrektur und Revision der Texte. Interaktion impliziert immer die totale Inanspruchnahme durch Kommunikation und dies setzte auch voraus, dass der Kopist vom Zuhören und Kopieren vollkommen beansprucht

---

8 Die Haltung der Sammler, die sich darin versteiften, nur handgeschriebene Texte zu erwerben, wurde alsbald als persönliche Eigenart betrachtet.

9 Der Standardhinweis ist in diesem Zusammenhang Reeve 1983.

10 Vgl. McLuhan 1962.

11 Ong 1961, S. 165.

war, da ja in diesem, wie auch in vielen anderen Fällen, die mündliche Kommunikation fortgesetzt wird, während man innehält, um zu reflektieren. Der Drucker hat dagegen die Zeit und die Möglichkeit, den Text erneut zu lesen und die Fehler zu korrigieren. Dies führt zu einer völligen Umkehrung des Problems der Entstellung von Texten. Während es im Mittelalter als unvermeidlich galt, dass die zunehmende Anzahl an Kopien (aufgrund einer zwangsläufigen Akkumulation von Kopierfehlern) tendenziell zu immer entstellteren Texten führen würde, so wie auch die Pest oder Kriege für unvermeidbar gehalten wurden,[12] beginnt sich mit dem Buchdruck die Einstellung zu verbreiten, dass die Korrekturmöglichkeiten im Verlauf zu immer besseren Ausgaben führen würden – und zwar nicht nur aufgrund der Tätigkeit des Druckers, sondern ebenso aufgrund des Eingreifens der Leser, die nun alle denselben Text lesen und daher die Fehler identifizieren können, die darauf in den *errata* (noch eine Neuigkeit aus jener Zeit) berichtigt werden sollten. Es wird so die Idee des standardisierten Textes, der mit jeder Kopie gleich bleibt, geboren: eine einheitliche Ausgabe, der die kritische Korrektur der Fahnen vorausgegangen ist.

Dieser neugewonnene Abstand von der Körperlichkeit des Originals führt außerdem zu einer zusätzlichen Unterscheidung zwischen dem Buch als dem materiellen Träger und dem mitgeteilten Text[13] sowie zu einer ganzen Reihe von Konsequenzen, die auf beiden Ebenen angesiedelt sind. Das gedruckte Buch reproduziert den Text und nicht das Buch und ist damit für alle möglichen Experimentierweisen offen. Man verwendet nun verschiedene Lettern in allen möglichen Ausprägungen,[14] man führt Titel und Anmerkungen oder auch Register aller Art (allgemeine Register, Namenregister, Themenregister) ein, man verbessert und verbreitet bereits vorhandene, aber selten gebräuchliche Zusätze, wie die Nummerierung der Seiten oder Titelblätter. Die im Zeitraum zwischen dem 16. und dem 18. Jahrhundert in Anwendung genommenen Paragraphen und Absätze dienen der Ver-

---

12 Vgl. Eisenstein 1979, S. 295.
13 Es handelt sich um ein neues Bewusstsein über die Unterscheidung zwischen Wörtern und Gegenständen auch in Bezug auf das Ding-Buch. Bis in das 17. Jahrhundert hinein musste ein Erkunder von Gegenständen ebenso ein Textexperte sein. Selbst wenn er sich der Beobachtung der Natur widmete, konnte er es nicht vermeiden, mit Namen und Wörtern zu tun zu haben: die Klassifikation von Flora und Fauna bedeutete beispielsweise ebenso die Klassifikation verfügbarer Dokumente: vgl. Eisenstein 1979, S. 696 ff.
14 Über das Konkurrenzverhältnis von Antiqua (runde, kursive Buchstaben) und gotischer Schrift in der ersten Hälfte des 16. Jahrhunderts vgl. Steinberg 1955.

anschaulichung der ununterbrochenen Kontinuität des Diskurses sowie dazu, diesem eine visuelle Ordnung als Ersatz für die argumentative Ordnung der gesprochenen Rede aufzuprägen.[15] Auch erfährt der Gebrauch von Bildern eine radikale Änderung, da diese nun nicht mehr als Gedächtnisstütze fungieren. In den Manuskripten hatten Bilder, wie wir weiter oben bereits gesehen haben,[16] in erster Linie einen dekorativen Wert, der dem hauptsächlichen Zweck diente, die Erinnerung zu erleichtern – darin wirkten *picturae* und *litterae* zusammen und bildeten direkten Anteil an der Bedeutung des Textes. Während die Erfüllung dieser Aufgabe allmählich in den Hintergrund tritt, werden auf der einen Seite »Ramistische« Bücher erzeugt, die auf Bilder gänzlich verzichten, und auf der anderen Seite werden neue Formen des Zusammenspiels von Wörtern und Bildern eingeführt, die unser Verständnis von Bebilderung vorbereiten. In einem gedruckten Buch dient das Bild der Ergänzung der charakteristischen Begrenzungen sprachlicher Kommunikation, die notwendig auf einer drastischen Selektion basiert. Sie vermittelt ausschließlich die wenigen Inhalte, die sie behandelt, dabei tut sie dies auf sequenzielle Art (die Ereignisse werden eines nach dem anderen erzählt), ohne dass dabei die formalen Züge des behandelten Gegenstandes eingehalten würden (die wohlbekannte Willkür der Sprache). In einer neueren Terminologie könnte man sagen, dass sprachliche Kommunikation eine erste Form der Digitalisierung von Information verwirklicht. Dagegen prozessieren Bilder, selbst wenn sie kommunikativen Zwecken dienen, auf analoge Weise und reproduzieren in irgendeiner Form die Konfiguration der behandelten Gegenstände. Sie gestatten so, indem sie gleichzeitig eine größere Anzahl von Daten kommunizieren, eine viel kompaktere und sozusagen polyvalente Übertragung von Information, obwohl dies auf eine noch wenig ausgefeilte und auf der Ebene von Kommunikation wenig explizite Weise geschieht (es ist nicht immer klar, was ein Bild »bedeuten« soll bzw. welche Aspekte eines Bildes effektiv etwas aussagen sollen[17]).

Einmal eingeführt, können die Differenzen zwischen Bild und Schriftlichkeit auf eine positive Art genutzt werden, wie dies etwa

---

15 Vgl. Chartier 1992.
16 Kap. III, 6.
17 Es handelt sich hierbei um eine auch für die spezifische Kommunikationsform der Kunst grundlegende Ambivalenz, die in unserem Verständnis erst autonom wird, wenn sie sich von der schriftlichen Kommunikation unterscheidet – eben nach der Erfindung des Buchdrucks: vgl. Luhmann 1995e.

bei der Bebilderung naturwissenschaftlicher Texte geschieht, die der Ergänzung der sprachlichen Erläuterung der Phänomene mit direkten Bildern aus der Natur dient. Dagegen wurde bis in das 15. Jahrhundert selbst in naturwissenschaftlichen Büchern kein Unterschied zwischen phantastischen und realen Bildern gemacht, da beide der Bebilderung des Textes und nicht der Bebilderung der Natur dienten. Obwohl die Maler und Miniaturmaler jener Zeit bereits in der Lage waren, Kunstwerke auf hohem Niveau zu produzieren, wurden die Herbarien zum Beispiel lediglich mit groben und konventionellen Holzschnitten bebildert, die durch deren ständige Kopien noch zusätzlich beschädigt waren, ohne dass darin irgendein Problem gesehen wurde.[18] Eine ähnliche Entwicklung hat in dem gleichen Zeitraum zu der Trennung von Buchstaben und Zahlen geführt und in der Folge zur Übernahme der arabischen Zählung, deren Verbreitung gegen Ende des 16. Jahrhunderts stattgefunden hat. Der große Vorteil besteht dabei in der Möglichkeit, das Prinzip der Positionierung einzuführen, das für alle modernen Rechentechniken von grundlegender Bedeutung ist. Der Wert einer Zahl hängt von der Position ab, die sie gegenüber den anderen Symbolen einnimmt, denen sie beigestellt ist, so dass die Zahl 2 in den drei Sequenzen 342, 725, 269 eine je unterschiedliche Bedeutung (2, 20, 200) erlangt.[19] Auch in diesem Fall sind offenbar von einer mündlichen Entsprechung unabhängige Techniken der schriftlichen Manipulation im Spiel.

Die Unterscheidung von Buch und Text führt auch zu der Abschaffung jener Formen, wie etwa der komplexe Apparat von Erläuterungen und Kommentaren, die als schriftliche Reproduktion der Offenheit mündlicher Kommunikation fungierten, bei der die Vorstellung eines abgeschlossenen Textkörpers noch fehlte und jeder Leser sich frei fühlte, eigene Anmerkungen und Kommentare hinzuzufügen, ohne sich um deren saubere Scheidung von dem eigentlichen Text zu kümmern. Diese noch an eine vorausgesetzte Bilateralität der Kommunikation gekoppelten Formen werden in Anbetracht der neuen offensichtlichen *Asymmetrisierung* der gedruckten Kommunikation vollends inadäquat. Dabei verstehen wir unter Asymmetrisierung eine rein technische Bedingung der Kommunikation, die aber alle Regulierungen und Kontrollmechanismen, die in einer auf Interaktion basierenden Kommunikation ausgebildet werden, außer Kraft setzt.[20] Jedes

---

18 Vgl. Eisenstein 1979, S. 265; Carruthers 1990, S. 224 ff.
19 Vgl. Dantzig 1954, S. 30 und S. 33.
20 Vgl. Luhmann 1994; 1995a, S. 10 f.; 1997a, S. 1103.

Mal nämlich, wenn Kommunikation maschinell erzeugt wird, wird Interaktion unterbrochen.[21] Der rekursive Zirkel – Beobachtung des Gesprächspartners, Antwort, Antizipation der Reaktion und Reaktion auf diese Antizipation –, der alles, was explizit gesagt wird, kontinuierlich begleitet und moduliert, funktioniert hier nicht mehr. Der Sender ist für den Empfänger unzugänglich und umgekehrt. Wie auch schon Platon beobachtet hatte, bleibt das Geschriebene gegenüber Klärungsbedarf stumm oder wiederholt allemal immer wieder das Gleiche,[22] so dass der Leser den Sinn der Kommunikation mit anderen Mitteln erfassen muss. Auch wer schreibt, muss aber auf andere Art ersetzen, was ihm an Information abhanden kommt, die er zuvor aus dem Verhalten der Zuhörer hätte gewinnen können.

Dieses Kennzeichen von Schriftlichkeit, das aber erst, wie wir bereits gesehen haben, mit der durch den Buchdruck erreichten Autonomisierung von Oralität explizit wird, bedingt einerseits eine neue Standardisierung der Kommunikation, die gerade, weil der Leser unbekannt ist, für alle gleich werden muss. Eine asymmetrische Kommunikation ist in diesem Sinne notwendig anonym[23] – was offensichtlich nicht heißt, dass sie an alle gerichtet ist (man denke nur an das spezialisierte Publikum wissenschaftlicher oder technischer Literatur), sondern nur, dass sie sich, selbst wenn der Leser sie nicht versteht, nicht je nach Leser verändert. Andererseits verlangt gerade diese Anonymität von beiden Seiten der Kommunikation nach einer neuartigen Aufmerksamkeit für den Adressaten von Kommunikation, die man davor nicht eigens beachten musste, weil sie sich sozusagen von selbst auferlegte. Die Kohärenz der Kommunikation, die davor durch den Kontext unter Garantie gestellt war, muss sich nun in der Kommunikation selbst einstellen und erfordert so eine viel größere Aufmerksamkeit zur Vermeidung von Widersprüchen und für die Erlangung der Verständlichkeit und der Verkettung der Argumente.[24] Gerade in Anbetracht eines unbekannten und unzugänglichen Empfängers muss man sich fragen, mit wem man kommuniziert und *wie* dieser die Kommunikation verstehen könnte – genau dies wird nun zum Problem. Es wird also erforderlich, den Beobachter zu beobachten, wobei

---

21 Mit der interessanten Ausnahme des Telefons.
22 Vgl. *supra* Kap. 3. 4.
23 Briefe gehören nicht eigentlich zu dieser Art von Kommunikation; dies bestätigt, dass es nicht um die Unterscheidung von Oralität und Schriftlichkeit, sondern um die Einführung des Buchdrucks geht.
24 Es sei daran erinnert, dass die Kohärenzprüfung für uns ein Gedächtnisproblem ist.

dies den Übergang zur Beobachtung zweiter Ordnung markiert, die zu dem grundlegenden Kennzeichen der gesamten massenmedialen Semantik werden sollte. Der Sender richtet seine Kommunikation an einem eigenen Empfänger-Modell aus, das er konstruiert hat, indem er sich die eigene Beobachtung der eigenen Kommunikation vorstellt, indem er sich im Laufe dieses Prozesses also selbst beobachtet hat.[25] Seinerseits beginnt sich der Leser, gerade in Anbetracht eines anonymen Schreibers, zu fragen, wem er die Kommunikation zuschreiben soll und wie diese zu verstehen ist. Bei der ganzen Problematik von Autorschaft und von allen mit der Interpretation von Texten in Zusammenhang stehenden Fragen handelt es sich bekanntlich um eine moderne Konstruktion.[26]

Es versteht sich von selbst, dass dies alles nicht von einem Augenblick auf den anderen vor sich gegangen ist, sondern eine Übergangszeit von einigen Jahrhunderten erfordert hat, in der die neuen Instrumente von Kommunikation in erster Linie für die Reproduktion und Intensivierung der vorangegangenen Semantikformen verwendet worden sind (wie dies auch schon mit Schrift geschehen war). Dies werden wir im Detail unter Abschnitt IV, 4 behandeln. Jedenfalls kann man festhalten, dass die Massenmedien, zuerst mit dem Buchdruck, dann aber mit allen anderen asymmetrischen Kommunikationsformen in einem gewissen Sinne die Angewöhnung der Beobachtung zweiter Ordnung erzwungen haben, die, einmal vertraut geworden, auch auf andere kommunikative Bereiche übertragen werden sollte.[27] Wir werden die Gelegenheit haben, auch hierauf noch ausführlich zurückzukommen. An dieser Stelle müssen wir zuerst noch einen Aspekt von Asymmetrisierung behandeln. Der Leser kann nun, da er von dem sozialen und temporalen Druck der Interaktion befreit ist und eine neuartige Distanz gegenüber Kommunikation erlangt hat, mit einer unerhörten Freiheit der Gestaltung von Kommunikation experimentieren. Nur die anonyme (unpersönliche) Kommunikation kann vom Empfänger auf autonome Weise personalisiert werden und wird in der Konsequenz für jeden Leser zu einer einzigartigen Kommunikation – auf eine unter der Bedingung von Oralität undenkbare Weise. Was vor einer Menschengruppe gesagt wird, verfügt über einen

---

25 Vgl. Luhmann 1993a, S. 340. Diese Bedingung wird, wenn auch in vereinfachter Form, in den Theorien behandelt, die sich im Anschluss an Iser 1972 an die Vorstellung vom »impliziten Leser« halten.
26 Dieses Thema ist in Esposito 1996b und 1999b detaillierter behandelt worden.
27 Vgl. Luhmann 1995a, S. 152 und S. 201.

eigenen Rhythmus und eine eigene Sequenz, die von den Reaktionen des Publikums berührt, aber nicht mehr modifiziert werden können.[28] Dagegen kann der Leser langsam oder schnell lesen, das Tempo beschleunigen oder verlangsamen, einige Passagen überspringen oder das Buch vom Ende her anfangen, einen eigenen Weg verfolgen und auf schon Gelesenes wieder zurückkommen. Er kann auch verschiedenen Passagen vom gleichen Text oder verschiedene Texte miteinander vergleichen und dabei Hinweise erarbeiten oder Widersprüche, Inkongruenzen oder Redundanzen aufdecken.[29] Es resultiert unter anderem eine vollkommen unterschiedliche Art des Lesens, die die Grundlagen des traditionellen mnemonischen Verständnisses sprengt. Das intensive Lesen derselben Texte wird allmählich durch eine extensive Form des Lesens ersetzt, bei der man auf der Suche nach unterschiedlichen und eben nicht nach wiederholten Informationen immer neue Texte untersucht.[30] Im Verlauf des 16. Jahrhunderts geht man von einem allegorischen Lesen, das weiterhin einen mimetischen Akt vorstellt, dessen Zweck in der Reproduktion eines ursprünglichen Sinns lag, zu dem über, was Cave[31] die »Erfindung des Lesers« nennt und das zu einer neuartigen Zusammensetzung, Selektion und Interpretation der Materialien führt. Der Leser beginnt, eine immer aktivere Rolle zu übernehmen, bei der das Lesen zu einer Art *rewriting* wird und nicht weiter eine systematische Erläuterung oder eine mimetische Wiederholung vorstellt. Diese Änderung der Einstellung wird in den Essais von Montaigne sehr deutlich dargestellt, der auf explizite Weise die Autonomie des Lesers einfordert: »Eine Meynung ist so wenig Platons, als meine Meynung: weil sie einer von uns beyden, so wohl als der andere versteht und einsieht.«[32] Von hier ist es nur noch ein Schritt, um zu der vollendeten selbstreferentiellen Entkoppelung von Pascal zu gelangen: »Nicht bei Montaigne, sondern in mir selbst finde ich alles, was ich dort sehe.«[33]

---

28 Dies ist Gegenstand in Esposito 1995b.
29 Vgl. Luhmann 1990a, S. 198 ff.; Eisenstein 1979, S. 71 ff.
30 Vgl. Luhmann 1997a, S. 294.
31 Vgl. Cave 1984.
32 »Ce n'est plus selon Platon que selon moy, puis que luy et moy l'entendons et voyons de mesme«: I, XXV (Michel de Montaigne, Essais 1996).
33 Pensées, Nr. 689 (Blaise Pascal, 1997).

2. Funktionale Differenzierung

Aus einem gesellschaftstheoretischen Blickwinkel steht der Übergang zur Moderne mit einer Umstellung der primären Differenzierungsform der Gesellschaft in Zusammenhang: von der stratifikatorischen zu der so genannten funktionalen Differenzierung. Das Kennzeichen dieser Struktur besteht darin, dass die Teilsysteme der Gesellschaft sich von ihrer Umwelt durch die Ausrichtung an eine je spezifische Funktion unterscheiden (und so eine eigene Autonomie erlangen), die sie für die Gesamtgesellschaft ausüben, und nicht mehr durch räumliche Aufteilung (wie im Fall der Differenzierung nach Zentrum und Peripherie) oder durch Rangunterschiede (wie im Fall von Stratifikation).[34] Und da diese Funktionen nur im Inneren des in Frage stehenden Systems ausgeübt werden und für jedes System verschieden sind (für die Politik, die Wirtschaft, die Wissenschaft, das Recht, die Erziehung, die Familie, die Kunst, die Religion, die Massenmedien), und da es die Funktion ist, welche die Unterscheidung von System und Umwelt begründet, heißt dies, dass diese Differenz für jedes System verschieden ist. Mit anderen Worten: Die ökonomische Funktion wird nur durch das Wirtschaftssystem erfüllt und alles Ökonomische ist Teil dieses Systems. Alles andere (Politik, Wissenschaft, Recht usw. eingeschlossen) gehört zur Umwelt – zu einer Umwelt, die sich von der Umwelt des politischen Systems, des Wissenschaftssystems, des Rechtssystems usw. unterscheidet, und zu der aus dem Blickwinkel der anderen Systeme, in die die Gesellschaft sich ausdifferenziert hat, auch das Wirtschaftssystem gehört. Jedes System beansprucht für sich die alleinige Kompetenz in der Ausübung der eigenen Funktion und findet die dafür erforderlichen Kriterien nur in sich selbst. Jedes System operiert demnach unter der Bedingung der Geschlossenheit, in dem Sinne, dass für das politische System nur die Politik, für das Kunstsystem nur die Kunst, für das Wirtschaftssystem nur der Profit, für die Wissenschaft nur die Erlangung von Wissen usw. zählt und die anderen Funktionsbereiche lediglich als Umwelt gewertet werden – als äußere Faktoren, die stören oder günstige Gelegenheiten bieten kön-

---

[34] Genauer: »Funktionale Differenzierung besagt, dass der Gesichtspunkt der *Einheit*, unter dem eine *Differenz* von System und Umwelt ausdifferenziert ist, die *Funktion* ist, die das ausdifferenzierte System (also nicht: dessen Umwelt) für das Gesamtsystem erfüllt«: Luhmann 1997a, S. 745 f.

nen, aber nicht direkt in das Geschehen der Operationen eingreifen können.[35]

Es handelt sich hierbei um eine höchst unwahrscheinliche Anordnung, die einen sehr hohen gesellschaftlichen Komplexitätsgrad – im Sinne der Anzahl und Vielfältigkeit der Kommunikationen – erfordert (und ermöglicht). Auf welche Weise und aus welchen Gründen sich diese Anordnung am Ende des Mittelalters in Europa durchgesetzt hat, kann man nicht aus einer oder aus wenigen Ursachen ableiten: wie immer, wenn es um gesellschaftliche Strukturen geht, muss man eine Vielheit von größtenteils voneinander unabhängigen Faktoren berücksichtigen, die an irgendeinem Punkt dazu kommen, sich gegenseitig zu stützen, bis eine an sich kontingente Entwicklung sich zu einer Art Notwendigkeit a posteriori verfestigt. Unter anderem spielen dabei einige besondere Bedingungen von Stratifikation eine Rolle, die den Übergang zu anderen Strukturen sozusagen begünstigen, wie etwa die Konzentration von Ressourcen in der Oberschicht oder die geringe Neigung zur Clanbildung, die man an verwandtschaftlichen Beziehungen in Europa ausmachen kann. Mit all dem können wir uns an dieser Stelle nicht beschäftigen, so dass wir uns darauf beschränken, auf die hierauf bezogenen Untersuchungen von Luhmann zu verweisen.[36] Zweifellos spielt auch die Verbreitung des Buchdrucks eine Rolle, in deren Verlauf eine Form von Kommunikation durchgesetzt wird, die im Verhaltenskodex stratifizierter Gesellschaften nicht vorgesehen war. Sie war, wie wir gesehen haben, um eine auf den Bezug zu der Person, mit der man kommunizierte, basierende Reglementierung der Interaktion zentriert. Hier sprach man auf eine sich je nach Gesprächspartner ändernde Weise – es versteht sich von selbst, dass diese Bedingung, sobald der Empfänger anonym und unbekannt wird, nicht mehr eingehalten werden kann.

---

35 Die Bedingung dafür ist offensichtlich, dass im Vorfeld eine Vorselektion durch das Gesellschaftssystem stattgefunden hat, bei der alle Funktionssysteme als Teilsysteme in die Gesellschaft eingehen. Die restliche Gesellschaft wird so für jedes Teilsystem zu einer »internen Umwelt«, die ebenfalls aus Kommunikationen besteht. Die Vorselektion kann man daran ersehen, dass Wirtschaft, Politik, Wissenschaft usw. gleichermaßen auf der Basis einer Sprache, einer Semantik, eines Mediums und anderer Strukturen (wie etwa die Formen von Interaktion und Organisation) operieren, die nicht vom System selbst ausgebildet werden, sondern sozusagen vorausgesetzt sind. Das heißt jedoch nicht, dass nur die Wissenschaft die Kompetenz besitzt, zu bestimmen, was als wissenschaftliche Wahrheit zu gelten hat und in diesem Sinne als geschlossenes System operiert – dies gilt ebenso für die anderen Funktionssysteme.
36 Beispielsweise Luhmann 1997a, S. 790 ff.

Jedenfalls kann vom Spätmittelalter an die Tendenz zur Ausrichtung an das Funktionale unter Umgehung hierarchischer Kriterien beobachtet werden. Es handelt sich im Wesentlichen um Kommunikationen, welche die Differenz zwischen Adeligen und gemeinen Leuten nicht mehr (oder jedenfalls nicht mehr primär) einhalten. Zum Beispiel setzt sich eine Vorstellung von Staat (und Staatsraison) durch, die sich gegen eine dynastische Ausrichtung kehren kann und so den Anfang einer Legitimationsproblematik markiert, die dann eigene Gesetzmäßigkeiten ausbildet, die eher in Richtung politischer Opposition gehen als in Richtung von Rivalitäten zwischen Familien.[37] Selbst die Familien (die neuen Kleinfamilien) gründen auf vollkommen anderen Kriterien als den traditionellen und kommen eher auf der Basis persönlicher Zuneigung und einer neuen Vorstellung von Liebe als einer Passion zustande als auf der Basis von Bündnissen zwischen Familien.[38] In der Wissenschaft setzt sich, wie wir weiter unten sehen werden, ein neues Verständnis von Evidenz durch, die eher auf das Experiment als auf die fixen Strukturen der Rhetorik und auf die ontologische Unbewegtheit einer gegebenen Welt verweist[39] (so wie auch die hierarchische Organisation der Gesellschaft unveränderlich und gegeben war). In der Wirtschaft tritt immer mehr zutage, dass das Geld eigenen, von Stratifikation unabhängigen Gesetzen folgt. Auch der Adelige muss zahlen und er kann über Zahlungsmittel nur verfügen, sofern es sich bei seiner Zahlung um eine lohnende Investition handelt, und dies wiederum hängt von der Lage des Marktes und von den Preisen ab und eben nicht von hierarchischen Kriterien (auch nicht von der den Produkten »inhärenten« Qualität). Hier muss man den berühmten Übergang der Güter in Marktwaren verorten, der zudem nicht nur dazu führt, dass die Güter alle in Bezug auf ihren Marktwert miteinander vergleichbar werden, sondern auch dazu, dass es nun viel mehr Waren gibt, die man kaufen kann.[40] Übermäßiges Geld kann nun nicht mehr zu rein repräsentativen Ausgaben, wie im Mittelalter etwa zu der Erbauung von Türmen und Palästen, verwendet werden – und wenn man dies tut, kann man nicht umhin, sich zu vergegenwärtigen, dass man auf die Art auf Gewinn und Erwerb verzichtet.

---

37 Vgl. Luhmann 1989f.
38 Vgl. Luhmann 1982a.
39 Vgl. Luhmann 1990a.
40 Anfangs nimmt der Gebrauch des Geldes derart zu, dass man viel mehr Sachen damit erwirtschaften konnte, als dies heute der Fall ist: beispielsweise konnte man sich damit das Seelenheil erkaufen oder Staatsämter erwerben: vgl. Luhmann 1997a, S. 723.

Dies alles bezeichnet den zunehmenden Verlust der Zentralinstanz von Stratifikation, der auch durch die großen reformatorischen Bewegungen des 16. Jahrhunderts, die Reformation und den politischen Humanismus, bestätigt wird, die von der Bourgeoisie und nicht von den Adeligen angeführt worden sind.[41] Gegen Ende des 18. Jahrhunderts tritt die Umstellung von Stratifikation auf das funktionale Primat in allen Bereichen offensichtlich zutage und drückt sich im Bereich des Rechts etwa in Form der Anerkennung der allgemeinen Rechtsfähigkeit aus, im Erziehungssystem etwa durch die Errichtung öffentlicher Schulen für alle oder in der Durchsetzung des allgemeinen Bürgerstatus. Das alles bedeutet nicht, dass Stratifikation ausgelöscht wäre. Im Gegenteil kann in diesem, wie in allen anderen Fällen, beobachtet werden, dass eine neue Differenzierungsform die vorangegangene Form verstärkt, anstatt sie außer Kraft zu setzen. So werden in einer funktional differenzierten Gesellschaft mehr und größere Differenzen zwischen Arm und Reich und zwischen Mächtigen und Ohnmächtigen erzeugt, als dies in allen vorangegangenen Gesellschaften der Fall war – nur, dass diese Differenzen für die Kommunikation der Gesellschaft nicht mehr die primäre Struktur darstellen.[42] Dies kann man daran ersehen, dass diese Ungleichheiten, die bislang derart alternativlos waren, dass sie nicht einmal als Ungleichheiten wahrgenommen wurden, in der modernen Gesellschaft vor dem neuen Postulat der Gleichheit aller Menschen legitimiert werden müssen. Beispielsweise legitimiert der Sohn des Unternehmers seine Position an der Spitze des Unternehmens mittels seiner Befähigung und nicht durch den Verweis auf die verwandtschaftliche Beziehung. Analoge (mehr oder weniger plausible) Legitimationen gelten nun in allen anderen Bereichen. Es handelt sich dabei immer um Argumente, die auf die Funktion bezogen sind, wobei die Einflüsse von Stratifikation als zu neutralisierende Reste behandelt werden.[43] Dass die Karrieren der Individuen weiterhin vorwiegend durch ihre Herkunft vorbestimmt werden, bildet eine unleugbare Tatsache; dies hängt aber mit Erfordernissen einzelner Organisationen oder mit der Operationsweise einzelner Systeme (in erster Linie des Erziehungssystems und des Wirtschafts-

---

41 Vgl. Luhmann 1997a, S. 732.
42 Vgl. Luhmann 1997a, S. 772 ff.
43 Diese Problematik tritt im Bereich der Erziehung besonders offen zutage und drückt sich hier durch merkwürdige Paradoxien aus, wie die von der Vorzüglichkeit aller: vgl. Corsi 1992; 1997, Kap. II.

systems) zusammen. Die Differenzierungsform der Gesellschaft ist davon nicht weiter beeinflussbar.[44]

Die Schwierigkeiten der Legitimation sozialer Ungleichheit lassen ein weiteres besonderes Merkmal funktionaler Differenzierung und deren Beziehung zu den vorangegangenen Differenzierungsformen zutage treten. Während die Semantik segmentärer Gesellschaften, wie wir weiter oben gesehen haben, mit den Formen räumlicher Differenzierung zu vereinbaren war und die entsprechenden Semantiken sich die konkreteren Formen divinatorischer Gesellschaften einverleibt haben, zeichnet sich funktionale Differenzierung durch die Inkompatibilität mit einer ganzen Reihe Aspekte älterer Gesellschaften aus. Segmentierung und Stratifikation können in der internen Differenzierung der Teilsysteme (wie etwa die segmentäre Differenzierung der Wissenschaft in die einzelnen Disziplinen, der Wirtschaft in die verschiedenen Märkte oder der Politik in die verschiedenen Nationalstaaten) oder der Organisationen (die in ihrem Inneren hierarchisch strukturiert sind und ihrerseits ihr Bezugssystem segmentär differenzieren) reproduziert werden. Auf der Ebene der Gesamtgesellschaft wird aber jeglicher Versuch, die Kommunikation ausgehend von verwandtschaftlichen Strukturen oder, allgemeiner, von persönlichen Beziehungen zu definieren, negativ als Vetternwirtschaft oder als Korruption abgestempelt (während beide Erscheinungen in vormodernen Gesellschaften, in denen es wesentlich darauf ankam, die richtigen Menschen, deren Geschmack, deren Verwandte und gegenseitige Verhältnisse zu kennen, völlig normal waren[45]). Die Strukturen vormoderner Gesellschaften scheinen mit den funktionalen Orientierungen in Konkurrenz zu treten. Diese Inkompatibilität kann man am Beispiel der Semantik besonders einsichtig ersehen. Wie wir in Kap. IV, 4 sehen werden, entwickelt sich von der Renaissance an eine zunehmende Abneigung gegen die an die Rhetorik und an die Divination gekoppelten Formen, die aus den grundlegenden Richtlinien der Funktionssysteme allmählich ausgegrenzt werden. Während das rhetorische Gedächtnis als eine Ergänzung und Weiterentwicklung des divinatorischen Gedächtnisses angesehen werden konnte, wird durch Modernität eine Zäsur markiert, die auch mit einem vollkommen anderen Verhältnis mit Vergangenheit und Tradition in Zusammenhang steht.

---

44 Vgl. Luhmann 1997a, S. 774 ff.
45 Die negativen Effekte eines Persistierens solcher Verhältnisse in der modernen Gesellschaft sind in Luhmann 1995f in Bezug auf die Verhältnisse in Süditalien erläutert worden.

Einer der Gründe für die Ablehnung besteht sicherlich im Streben der Funktionssysteme nach Autonomie, das sich dem Import übergreifender, für alle Bereiche gültiger Kriterien, widersetzt. Die hierarchischen Asymmetrien stratifizierter Gesellschaften werden durch neue Rollenasymmetrien ersetzt, die in den jeweiligen Systemen konstruiert werden und nur in ihrem Inneren Gültigkeit besitzen wie etwa die Asymmetrien Herrschende/Beherrschte, Produzenten/Konsumenten, Lehrer/Schüler, Sender/Publikum. Diese Asymmetrien können nicht exportiert werden (der Ministerpräsident ist selbst ein Konsument und in der Schule sind seine Kinder Schüler) und statt eine gemeinsame Struktur zu konstituieren, stellen sie vielmehr ein Faktor der Hebung gesamtgesellschaftlicher Komplexität dar. Statt einer einzigen Differenz (wie im Fall der Unterscheidung Zentrum/Peripherie) oder eines einzigen Schemas zur Regelung der Differenz der Differenzen (wie bei Stratifikation) bildet die moderne Gesellschaft eine Vielheit voneinander unterschiedener Differenzen aus, deren gegenseitige Beziehungen je nachdem, an welche Differenz appelliert wird, unter anderem Licht erscheinen.

Dieselbe Komplexität und Unbestimmbarkeit kennzeichnet auch die Beziehungen zwischen den Funktionssystemen im Allgemeinen, die gleich und ungleich zugleich sind; ungleich, weil jedes Funktionssystem über eine eigene Perspektive verfügt, die sich von der der anderen Funktionssysteme unterscheidet und nicht auf ein gemeinsames Schema zurückgeführt werden kann (wie dies noch bei Stratifikation der Fall war); gleich, weil kein Funktionssystem wichtiger als ein anderes ist und seine Perspektive als konkurrenzlose Position durchsetzen kann, mittels der die einzig gültige Beschreibung von Welt und Gesellschaft ausgebildet werden könnte.[46] Gerade das Fehlen einer solchen Position bildet den entscheidenden Unterschied zwischen funktionaler Differenzierung und den vorangegangenen Formen, die auf eine einheitliche Semantik zählen konnten, selbst wenn diese von Mal zu Mal von einer je unterschiedlichen Perspektive angegangen wurde. Die Welt war dem Adeligen eine andere als seinem Bauern, in beiden Fällen handelte es sich aber um die gleiche Welt (auch, weil sich dem Bauer wahrscheinlich nicht einmal das Problem stellte) – es handelt sich hierbei um die »unsaubere« Lage, bei der eine Beobachtung erster Ordnung auf Beobachter als Gegenständen gerichtet wird, die wir in Kap. III bereits angesprochen haben. Dagegen

---

46 Vgl. Luhmann 1997a, S. 613 und S. 746.

muss die funktional differenzierte Gesellschaft darauf verzichten, den Beziehungen zwischen den Teilsystemen ein übergeordnetes Schema aufzuzwingen, die so ohne zentrale Regulierungsinstanz und ohne einheitliche Perspektive auskommen müssen. Die Einheitlichkeit der hierarchischen Ordnung explodiert in die Pluralität einer »heterarchischen«[47] Ordnung: einer Ordnung, die eine Vielheit von gleichzeitig bestehenden, gleichwertigen Hierarchien einschließt.

Das Interessante besteht darin, dass die Heterarchie nicht einfach den Umstand von Unordnung anzeigt, zumal aus der Perspektive jedes Systems die Beziehungen mit den anderen Systemen einer Ordnung folgen und dem Primat der eigenen Funktion unterliegen. In der Politik zählt nur die Regierungsbildung, und Wirtschaft oder Recht werden (mit ihren Kriterien) nur in Bezug auf diesen Zweck als Hürden oder in ihrer Zweckmäßigkeit wahrgenommen – dasselbe gilt auch für die anderen Systeme. Das Problem besteht eher in einem »Übermaß an Ordnung«. Es existiert nicht eine einzige Ordnung, sondern eine Vielheit unterschiedlicher Ordnungen, während deren gegenseitige Beziehungen keiner Ordnung unterliegen (d. h. ohne Regulierungsinstanz bleiben: Wer sollte für die Regulierung auch zuständig sein?). Die gegenseitige Unabhängigkeit in der Ausrichtung an eine Funktion bedeutet ja nicht, dass die Interdependenzen zwischen den Systemen ausfallen. Wie schon Parsons[48] bemerkt hat, beinhaltet der Zuwachs an Autonomie immer gleichzeitig auch ein Zuwachs an Interdependenz zwischen den Variablen. Bezogen auf die Funktionssysteme bedeutet dies, dass sich die Wissenschaft nur mit Wissenschaft, das Recht nur mit Recht, die Wirtschaft nur mit Wirtschaft beschäftigen kann, weil die anderen Funktionen an anderer Stelle erfüllt werden. Ohne die vom Recht garantierte Schlichtung von Konflikten würde beispielsweise die Aktivität aller anderen Systeme verunmöglicht – gerade auch, weil es sich bei den Kriterien für diese Aktivität um keine Rechtskriterien handelt. In einer systemtheoretischen Terminologie würde man in diesem Fall von *Redundanzverzicht*[49] sprechen und damit den Sachverhalt anzeigen, dass kein Funktionssystem die Funktion eines anderen Systems übernehmen kann. Man verzichtet so auf die Mehrfachabsicherung, die in den vorangegangenen Gesellschaften durch Einrichtungen wie der Familie sicher-

---

47 Ein Begriff, der ursprünglich von Warren McCulloch verwendet worden ist, um die innere Organisation des Gehirns zu beschreiben: vgl. McCulloch 1945.
48 Parsons 1937.
49 Vgl. beispielsweise Luhmann 1997a, S. 753 und S. 761.

gestellt war, die gleichzeitig von ökonomischer, politischer und erzieherischer Wichtigkeit war, oder wie der Überlagerung politischer, religiöser und ökonomischer Macht in der Figur des Fürsten. Keine gesellschaftliche Instanz kann nunmehr die Bürde der Schwierigkeiten eines außer sich befindlichen Funktionssystems auf sich nehmen. Zwar kann die Wirtschaft die wissenschaftliche Forschung über ein bestimmtes Thema finanzieren, aber riesige Finanzierungen (wie etwa die Finanzierung der Krebsforschung) können weder unmittelbar noch direkt in wissenschaftliche Entdeckungen (etwa in eine therapeutische Behandlung) überführt werden. Die Politik kann den Versuch unternehmen, die Wirtschaft zu unterstützen, aber keine Reglementierung kann sich der autonomen Logik des Marktes aufdrücken. Wenn man mehr Geld druckt, erzeugt man nicht mehr Reichtum, sondern lediglich Inflation. Das Erziehungssystem kann versuchen, auf die Professionen hin auszubilden, die von den Unternehmen benötigt werden, nur der Arbeitsmarkt kann aber nach und nach entscheiden, welche Kompetenzen jeweils erforderlich sind. Die Interdependenz drückt sich eher auf negative Weise aus. Ein System kann die Aktivität eines anderen Systems behindern (ohne Finanzierung kann die Forschung im Bereich der ökologischen Landwirtschaft nicht fortgesetzt werden), ohne allerdings direkt in dessen Funktionsweise durch die Erzeugung interner Operationen eingreifen zu können – auch hierbei handelt es sich um eine Konsequenz der Autopoiesisannahme, die sich an der Basis der Theoriekonstruktion befindet.[50]

50 Wie aber kann unter solchen Umständen, bei denen die Kompatibilität der Systeme nicht durch Einheit, sondern durch Differenz garantiert wird, ein ausreichender Koordinationsgrad zur Aufrechterhaltung des Funktionierens der Gesamtgesellschaft erreicht werden? Wie kann das Wirtschaftssystem ein politisches System, ein Rechtssystem oder ein Wissenschaftssystem in Rechnung setzen, von denen sie weiß, dass sie mit anderen Kriterien als den eigenen operieren (und dasselbe gilt für alle anderen Systeme)? Wie kann das, was in soziologischer Terminologie gesellschaftliche Integration genannt wird, hergestellt werden? Luhmann führt die Integration einfach auf die gegenseitige Begrenzung der Systeme zurück, wobei dem am schlechtesten funktionierenden System der Vorzug gewährt wird, weil die fehlende Erfüllung einer bestimmten Funktion von keiner anderen Seite aufgewogen werden kann und die Funktionsweise aller anderen Systeme beeinträchtigt (Luhmann 1997a, S. 759, S. 769). Es handelt sich hierbei also um ein funktionales Primat im Negativen, der den Sachverhalt voraussetzt, dass jedes System alle anderen Systeme hinsichtlich ihrer Leistungen für die eigenen Operationen beobachtet: so beobachtet das Wirtschaftssystem beispielsweise das Erziehungssystem hinsichtlich der Ausbildung der neuen Generationen, das Wissenschaftssystem in Hinblick auf den möglichen profitbringenden Gebrauch der erzielten Forschungsergebnisse, das Recht aus dem Blickwinkel der Reglementierungen der eigenen Aktivität usw.

Dieser unterschiedliche Umgang mit Redundanz wird offensichtlich Konsequenzen auch auf die Organisation des Gedächtnisses haben, das in unserem Verständnis genau mit dem Verhältnis von Redundanz und Varietät behaftet ist. Hierauf kommen wir unter Abschnitt IV, 6 zurück. An dieser Stelle müssen wir noch bei einem anderen Aspekt des Fehlens einer einheitlichen Ordnung in der funktional differenzierten Gesellschaft verweilen: bei dem riesigen Kontingenzzuwachs, der sich daraus ergibt. Die Unterbrechung der Interdependenz der Systeme ermöglicht jedem von ihnen die Ausbildung einer eigenen Dynamik und eigener Formen, ohne die Bindungen einzuhalten, die sich aus einer gesamtgesellschaftlichen Koordination ergeben würden.[51] Man kann auf die Art beispielsweise ausgeprägte Asymmetrien (des Reichtums, der Macht oder der Autorität) produzieren, im Wissen, dass damit nicht automatisch entsprechende Asymmetrien in den anderen Bereichen erzeugt würden. Der Direktor eines Unternehmens verfügt nicht deshalb schon über bessere Möglichkeiten, geliebt zu werden, oder über mehr Kompetenzen in den Bereichen Kunst oder Wissenschaft. Besonders aber die Auflösung der (notwendigen) ontologischen Anlage, die die hierarchische Ordnung stützte, ermöglicht es jedem einzelnen Funktionssystem, eigene, kontingente (nicht notwendige) Formen auszubilden, die sich auch so präsentieren und also nur für eine bestimmte Zeit und kraft einer Entscheidung Geltung haben und dennoch solange gültig sind, bis sie geändert werden. Das offensichtlichste Beispiel bildet in diesem Zusammenhang das positive Recht, das seine Gültigkeit gerade auf seine Variabilität gründet.[52] Analoge Konstrukte setzen sich in allen Bereichen durch; man denke nur an den hypothetischen Charakter aller wissenschaftlichen Entdeckungen (die unter dem stillen Vorbehalt vorgestellt werden, dass sie durch das Fortschreiten der Forschung überwunden werden und gerade dies ihren Wert und die Möglichkeit begründet, dass sie angenommen werden) oder an die Vertragsfreiheit (die es jedem gestattet, eigene Verträge abzuschließen, wobei aber der Staat als der Garant für deren Einhaltung fungiert) oder an die Möglichkeit, eine Familie auf der unbestimmbaren und idiosykratischen Basis der Liebe zu gründen (die nur glaubwürdig ist, sofern sie nicht aus einem Zwang resultiert und von äußeren Erwägungen, wie etwa Reichtum oder Macht des Geliebten, absieht). In all diesen Fällen

---

51 Vgl. Luhmann 1997a, S. 768, S. 740.
52 Vgl. Luhmann 1993a, S. 38 ff.

stellt die Kontingenz (die Möglichkeit, anders zu sein) keine Hürde für die Gültigkeit der Form dar, sondern vielmehr die Bedingung für die Annahme der Form – in einem begrenzten Bereich und im Wissen, dass in anderen Bereichen alles anders bestellt ist und andere, ebenso kontingente Kriterien herrschen. Die Kontingenz legt sich selbst durch die Vermehrung der Kontingenz fest: Die nunmehr unmöglich zu erreichende materiale Kohärenz (als Abwesenheit von Widersprüchen) wird mit temporalen Inkohärenzen aufgewogen, d. h. mit der Möglichkeit der Änderung. Das Positive besteht bei allen diesen Formen in erster Linie in einer Form des Vergessens, die mit einer anderen, viel komplexeren Erinnerungsfähigkeit verbunden ist.[53]

Worauf gründet aber die Gültigkeit dieser Formen, wenn nicht auf den Verweis auf eine vermeintlich letzte Ordnung der Dinge? Unter welchen Bedingungen kann etwas, das auch anders sein könnte und in der Zukunft umgeändert werden kann, als Bezugspunkt fungieren? An dieser Stelle kommt der Übergang zur *Beobachtung zweiter Ordnung*, d. h. zu der Beobachtung der Beobachter und ihrer Beobachtungen ins Spiel. Die Garantie für die Gültigkeit der Bezüge wird nicht weiter in einer von den Beobachtungen unabhängigen Ordnung gesucht (die in der Bruchstückhaftigkeit einer heterarchischen Gesellschaft ohnehin nicht mehr aufgefunden werden kann), sondern vielmehr in der Beobachtung der Beobachtung der anderen: in einer realen Gegebenheit, die, trotz ihrer ontologischen Unbestimmtheit, den Realitätsbezug für die Beobachtungen liefert. Demnach besteht die Realität der funktional differenzierten Gesellschaft in Beobachtung und die Welt ist davon die Konsequenz. Dies gilt für alle Teilsysteme.[54] Der Realitätsbezug des Wirtschaftssystems ist der Markt, auf dem sich die Beobachter gegenseitig auf der Basis der Preise (und nicht auf der Basis des intrinsischen Wertes der Güter) beobachten. Die wissenschaftliche Forschung beobachtet sich auf der Basis der Veröffentlichungen und der Art, in der diese rezensiert und besprochen (d. h. beobachtet) werden. Der merkwürdige Begriff der öffentlichen Meinung gewinnt an Plausibilität, wenn man ihn als eine gemeinsame Ebene betrachtet, auf der es möglich wird, die Beobachtungen des Publikums (abgesehen von den effektiven Meinungen der einzelnen Individuen) zu beobachten. In dieser Interpretation beobachten juris-

---

53 Vgl. Luhmann 1993a, S. 279 und S. 47. Diese größere Fähigkeit zu vergessen, reagiert gerade auf die Verbreitung der Schrift, die die »strukturelle Amnesie« (Goody/Watt 1972) oraler Kulturen erschwert.
54 Vgl. beispielsweise Luhmann 1997a, S. 766 ff.

tische Entscheidungen andere juristischen Entscheidungen, die ihrerseits das Recht beobachtet haben. Die ganze Anlage der Kunstkommunikation verändert sich in dem Moment, in dem man sich klar macht, dass das Werk nicht einfach als Gegenstand beobachtet wird, sondern als Konvergenzstelle einer Vielheit von Beobachterperspektiven, einschließlich die der Kritiker und die des Künstlers, der es erzeugt. In einer Gesellschaft ohne Autorität und ohne Hierarchie setzt sich die Beobachtung zweiter Ordnung als »genereller Modus anspruchsvoller gesellschaftlicher Realitätsvergewisserung«[55] durch – mit tief greifenden Konsequenzen für die gesamte Semantik.

All diesen Formen der Beobachtung zweiter Ordnung (des Marktes, der öffentlichen Meinung, der Veröffentlichungen) ist ein interessantes Merkmal gemeinsam. Es handelt sich dabei immer um Kommunikationen, die von Interaktion absehen.[56] Sobald der Markt zum entscheidenden Bezugspunkt wird, zählen in den wirtschaftlichen Kommunikationen nicht mehr so sehr die Ehrlichkeit des Händlers, der den richtigen Preis festlegt, und auch nicht die Qualität der Ware, sondern vielmehr die allgemeineren Kriterien der Konkurrenz, die nicht mehr von der Begegnung zwischen Käufer und Verkäufer und auch nicht (zumindest nicht primär) von den Personen des Käufers und Verkäufers abhängen. Das Recht überwindet *ad hoc* und *ad hominem* Argumentationen in Richtung eines Verständnisses von Rechtsprechung, das die gleiche Entscheidung gleicher Fälle und die unterschiedliche Entscheidung unterschiedlicher Fälle gebietet.[57] Gleichermaßen verhält es sich auch in der Politik. Die Regeln, welche die Interaktion zwischen Fürst und Ministern oder der Fürsten untereinander regulieren, reichen für die Entscheidungsfindung nicht mehr aus, sobald man angehalten ist, auch die Interessenvertretung und die Vertretung der politischen Opposition zu berücksichtigen. Oder auch in der Wissenschaft. Hier geht es nun um die Erweiterung des Wissens und nicht mehr um die Verehrung des Wissenschaftlers oder um die Fähigkeit der Überredung der Zuhörer. Der Übergang zur funktionalen Differenzierung zieht eine Veränderung nach sich, die zahlreiche Konsequenzen in Bezug auf das Verhältnis von Interaktion und Gesamtgesellschaft zeitigt, die sich auch mit den Effekten des Buchdrucks verflechten. Es wird zunehmend deutlicher, dass die Interaktion und die damit verknüpften Rituale der Komplexität der Kom-

---

55 Luhmann 1997a, S. 768.
56 Vgl. Luhmann 1987a.
57 Vgl. Luhmann 1993a, S. 262 ff.

munikation nicht mehr gewachsen ist und dass die Gesellschaft nicht als Gesamtheit der Interaktionen gedacht werden kann, noch auf Formen reduzierbar ist, die auf Interaktion zurückgeführt werden können.

Als Ergebnis setzt sich die Differenz zwischen Interaktion und einer nicht auf Interaktion basierenden Kommunikation durch, die nun als zwei mit verschiedenen Merkmalen und Möglichkeiten ausgestattete Alternativen zur Verfügung stehen.[58] Auf diese Weise vertieft sich die Differenz zwischen Gesellschaft und Interaktion – aber nicht im Sinne einer Opposition (entweder Interaktion oder Gesellschaft), sondern im Sinne einer sich für beide ergebenden größeren Möglichkeit, auf eigene Art eine eigene Komplexität auszubilden. Die Interaktionen gehören selbstverständlich weiterhin der Gesellschaft an, aber die Gesellschaft kann nun abstrakte Formen ausbilden, die unter den begrenzten Bedingungen einer Face-to-face-Kommunikation nicht möglich gewesen wären und vollzieht so den Übergang zu einer allgemeinen Ausrichtung an die Beobachtung zweiter Ordnung. Ihrerseits kann die Interaktion, die nun von dem Druck befreit ist, die Gesamtgesellschaft reproduzieren zu müssen, spezifische Formen der gesellschaftlichen Reflexivität und der Intimität verwirklichen, die nur für den Bereich gelten, in dem sie ausgebildet werden. Natürlich setzt sie weiterhin die Gesellschaft voraus und der Abstraktionsgrad der Semantik schlägt sich auch auf die Interaktion nieder, die nun auch dazu übergeht, in dem besonderen Kontext der Beziehungen zwischen anwesenden Personen mit der Beobachtung zweiter Ordnung zu experimentieren: in Form einer reflexiven Gegenüberstellung idiosynkratischer Perspektiven – eine Art der Beobachtung, die nicht verwirklicht werden konnte, solange Interaktion der einzige Ort war, an dem Kommunikation zustande kommen konnte.

So verstanden, erscheint die Differenz von Interaktion und Gesellschaft, die sich zuerst auf eine rudimentäre Form selbst voraussetzt, um sich dann zunehmend zu steigern und zu festigen, als ein evolutionäres Erzeugnis.[59] Wir haben dies an den ersten Gebrauchsweisen von Schrift gesehen, die einer vorwiegend mündlichen Form von Kommunikation untergeordnet waren. In allen Gesellschaften ohne Massenmedien ereigneten sich die für die Gesellschaft grundlegenden Kommunikationen – die Kommunikationen, welche die Entwicklung

---

58 Vgl. Luhmann 1997a, S. 288; 1987.
59 Vgl. Luhmann 1997a, S. 819; 1984, S. 576.

der Gesellschaft lenkten und Konsequenzen hinsichtlich ihres Fortgangs zeitigten – notwendig unter den Bedingungen von Interaktion – oder noch besser: in der Interaktion der Oberschichten, denen die Vertretung der Gesamtgesellschaft oblag.[60] Gerade deshalb war eine solche Interaktion formell mittels strenger Regeln der Etikette und mittels Prozeduren der Markierung von Rangunterschieden geregelt, die von einer Berücksichtigung der individuellen Perspektive der beteiligten Personen vollkommen absahen. Wie wir gesehen haben, passt auch die Rhetorik noch in dieses Bild. In der vormodernen Interaktion wurde über die Ausrichtung von Politik, Recht, Religion und Familie entschieden und es gab weder Raum noch Möglichkeit für die Förderung der Selbstverwirklichung der Beteiligten. Was zählt, waren einzig die Wirksamkeit und die Fähigkeit, folgenreich zu handeln. Dieser Umstand ändert sich im Verlauf des 17. und 18. Jahrhunderts, bis man zu unseren heutigen Verhältnissen gelangt, in denen die Kommunikationen unter anwesenden Personen im Vergleich zu der Menge an nicht auf Interaktion basierenden Kommunikationen (quantitativ und qualitativ) zu einer Minderheit schrumpfen. Man liest, man schreibt, man sieht fern oder hört Radio und diese wesentlich anonymen Tätigkeiten nehmen den Großteil unserer Zeit und unserer Aufmerksamkeit in Anspruch. In der Moderne verliert die Interaktion der Oberschichten, wie wir gesehen haben, ihre Kontrollfunktion zugunsten verschiedener Ausrichtungen (in Wirtschaft, Politik, Wissenschaft), die gegenüber den Kommunikationsteilnehmern immer unabhängiger werden. Die Interaktion ist nun von den Funktionen für die Gesamtgesellschaft befreit und entwickelt sich zu der neuen Form der Konversation, die als reine Geselligkeit kultiviert wird. Die Konversation bezieht sich auf ihre Umwelt durch die Auswahl der Themen und nicht mehr durch eventuell erzielte Wirkungen, die zu kontrollieren sie nun aufgegeben hat. Die Verfolgung von Zwecken steht sogar in ausgesprochenem Widerspruch zu den neuen Regeln der Geselligkeit, die nur sich selbst genügen muss. Die rangabhängigen Asymmetrien (die für die Gesamtgesellschaft Gültigkeit besitzen) werden durch eine neue Konstellation von Symmetrien und Asymmetrien ersetzt. Da gibt es auf der einen Seite die funktionssystemspezifischen Asymmetrien (zwischen Konsumenten und Produzenten, Lehrern und Schülern, Herrschenden und Beherrschten, Eltern und Kindern), die nur für begrenzte, von den Funktionssyste-

---

60 Vgl. Luhmann 1980c, S. 76.

men selbst bestimmte Bereiche gelten. Sie werden, statt die Face-to-face-Begegnungen zwischen Menschen zu regulieren, aus den neuen Regeln der Interaktion ausgegrenzt. Bei einem Abendessen unter Freunden spielt es keine Rolle, auf welcher Seite solcher Asymmetrien man sich befindet. In der Konversation gilt nun ein strenges Symmetriegebot. Die Formen der Höflichkeit und des Taktgefühls sehen ausdrücklich von der hierarchischen Stellung der Interaktionspartner und von deren verschiedenen Rollen in anderen gesellschaftlichen Bereichen ab. Die Rolle des Angestellten und die Rolle eines Vaters sind deutlich voneinander geschieden. Wenn aber ein Mann während eines Spaziergangs mit seinem Sohn seinen Vorgesetzten trifft, geht die Begrüßung und die gegenseitige Vorstellung auf eine Weise vor sich, die weder dem Sohn noch dem Vorgesetzten merkwürdig vorkommen.[61]

Eingefügt in einer nun auf der Beobachtung zweiter Ordnung basierenden Gesellschaft, experimentiert die Interaktion mit dieser Beobachtungsform auf eine eigene Weise, auf einer bis dahin ungekannten Ebene von Reflexivität und sozialer Zirkularität und zunächst mit allen Bürden des Informellen behaftet, das über keine festgelegten Regeln verfügt, und muss so die eigenen Ausrichtungen jedes Mal neu verhandeln. Das grundlegende Prinzip der Interaktion kann unter die Regel »taking the role of the other« von Mead subsumiert werden. Man muss das eigene Verhalten von dem Blickwinkel der Beobachtung des anderen aus unter der schwierigen Bedingung berechnen, dass der andere unzugänglich und undurchsichtig bleibt. Man muss mit andern Worten die Beobachtung des Partners im Wissen beobachten, dass dieser in erster Linie die Art und Weise beobachtet, in der er beobachtet wird.[62] Alle (äußerst relevanten) Schwierigkeiten im Umgang mit Interaktion, auf die sich Goffman insbesondere konzentriert hat,[63] können als eine der Folgen der neuen Bedingungen von Symmetrie zwischen den Beteiligten angesehen werden, die eine ganze Reihe paradoxaler Aspekte aufweisen – beispielsweise den bekannten

---

61 Das Beispiel stammt aus Goffman 1963.
62 In der Luhmann'schen Terminologie stellt die Interaktion die Form dar, die der Bedingung der doppelten Kontingenz am nächsten kommt und als das Grundproblem des Sozialen zu werten ist: die gegenseitige Ausrichtung zweier Interaktionspartner auf das Verhalten des anderen, wobei das Verhalten beider kontingent ist und beide Partner wissen, dass sie vom anderen beobachtet werden – der tote Punkt des »ich tue, was du willst, wenn du tust, was ich will«: vgl. Luhmann 1984, S. 184 ff.
63 Vgl. beispielsweise Goffman 1969 und 1988. Zur Soziologie der Interaktion siehe auch Kieserling 1999.

Umstand, dass man nicht nicht-kommunizieren kann, weil die fehlende Kommunikation (kommunikativ) als Kommunikationsweigerung interpretiert werden würde,[64] oder das Phänomen der »self-defeating«-Kommunikation,[65] bei der die Leugnung einer bestimmten Absicht das Vorhandensein eben der Absicht bestätigt oder zumindest einen Verdacht bezüglich der Motivationen desjenigen erregt, der die Erklärung abgibt (die Schwierigkeit, die eigene Ehrlichkeit zu kommunizieren). Die Metaregeln des interaktiven Verhaltens, welche die Vorgaben der Etikette ersetzen, weisen allesamt auf die Symmetrie der Kommunikation und auf die Probleme der sozialen Reflexivität hin. Man darf die Kontingenz der Gesprächspartner nicht allzu sehr einschränken. Man darf also nicht zu viel reden und die Konversation monopolisieren (weil man damit auf unrechtmäßige Art über die Zeit der anderen verfügte, die auch reden wollen könnten); man muss es vermeiden, sich der Ansicht der anderen allzu deutlich zu widersetzen oder Ansichten zu vertreten, die die anderen stören könnten (deshalb vermeidet man lieber politische, religiöse oder moralische Themen, die keine Toleranz für unterschiedliche Positionen zulassen). Wenn man Komplimente macht, darf man dabei keine Schmeichelabsicht durchscheinen lassen (weil man damit eine der beabsichtigten gegenteilige Wirkung erzielte). Im Allgemeinen muss man sein Verhalten zur (offenkundig) paradoxen Form einer »carefully careless« stilisieren unter der Vorgabe, dabei natürlich zu wirken – sich in der Interaktion (in der man nicht nicht-kommunizieren kann) also so zu verhalten, als wäre man allein (und kommunizierte nicht). Die Formalität wird durch die hohe Reflexivität des Taktgefühls ersetzt, das ontologisch begründete Mysterium durch die reflexive Inkommunikabilität der Grundlagen der Kommunikation (in erster Linie der Motive),[66] die Verfolgung von Zielen durch die zur Schau gestellte Zwecklosigkeit der sich selbst genügsamen Sozialität, die in der Folge zum Bezugspunkt der Ansprüche auf individuelles Glück wird (das man nicht in Büchern, sondern in der gegenseitigen Undurchdringlichkeit in der »Begegnung mit den anderen« sucht).

Gegen jede historische wie theoretische Plausibilität ist diese sich selbst genügsame Sozialität, die die strenge Strukturierung einer aus größtenteils nicht auf Interaktion basierenden Kommunikationen

---

64 Dies ist der Ausgangspunkt der Reflexionen der Schule von Palo Alto: vgl. Watzlawick/Beavin/Jackson 1967.
65 Vgl. Luhmann 1987.
66 Vgl. beispielsweise Luhmann 1984, S. 578 u. S. 825.

bestehenden Gesellschaft voraussetzt, in der Folge zum Modell der Kommunikation *tout court* und seiner ursprünglichen Form, die Face-to-face-Kommunikation, stilisiert worden, während sie erst existiert, seitdem die wichtigsten Kommunikationen auf andere Weise zustande kommen. Auch heute noch fällt es schwer, Lesen, Fernsehen und alle anderen Formen *in absentia* als Kommunikation anzusehen. Derselbe Fehler in der Perspektive, der zu der Hypostasierung der Öffentlichkeit als Bezug für Rationalität geführt hat, führt auch dazu, die Kommunikation *in praesentia* als einzig wirkliche Kommunikation, als ursprüngliches Modell, auf das die Gesamtgesellschaft zurückgeführt wird, zu mythisieren und sie dahingehend zu interpretieren, als wäre sie auf Konsens und auf das Verständnis des anderen ausgerichtet – dies im Rahmen einer Herangehensweise, die damit fortfährt, die Merkmale der Beobachtung zweiter Ordnung zu ignorieren. Vor diesem Hintergrund verwundert es nicht, dass in Bezug auf Kommunikation, die immer weniger verständlich scheint, Ratlosigkeit und Desorientierung weit verbreitet sind. Die traditionellen Techniken (in erster Linie die Rhetorik) reichen dafür nicht aus, eine Kommunikation zu beschreiben, die nunmehr eine Priorität nicht-interaktiver Formen und die Beobachtung von Beobachtern (auch und gerade bei den neuen Modalitäten symmetrischer Interaktion) voraussetzt – die deshalb ja auch abgelehnt werden. Indem man aber diese Priorität nicht anerkennt, büßt man auch die Fähigkeit ein, das zu erkennen, was zur Form der Selbstbeschreibung der modernen Gesellschaft schlechthin geworden ist (die wir in den folgenden Abschnitten behandeln werden): »Was wir über unsere Gesellschaft, ja über die Welt, in der wir leben, wissen, wissen wir durch die Massenmedien.«[67]

Nicht alle Interaktionen sind bar jeder Regulierung. Auch in der modernen Gesellschaft gibt es Bereiche, in denen das Verhalten der Individuen halbwegs vorhersehbar und die Idiosynkrasie neutralisiert ist. Es handelt sich dabei, was kaum verwunderlich ist, um dieselben Bereiche, in denen Kommunikation eine asymmetrische Form zurückerobert. Jeder kann sich verhalten, wie er will, und dabei die Erwartungen anderer erfüllen oder enttäuschen, er kann dies aber nicht als Mitglied einer Organisation (eines Unternehmens, einer Schule, einer politischen Partei, einer Kirche usw.) tun. Hier muss das Verhalten der Individuen erwartbar sein.[68] Die entregulierten

---

67 Vgl. Luhmann 1995a, S. 9; 1997a, S. 286.
68 Vgl. Luhmann 1997a, S. 829.

Interaktionen werden für bestimmte Funktionen in bestimmten Situationen, etwa bei Anhörungen vor Gericht, in Unternehmen, bei wissenschaftlichen Auseinandersetzungen, im Schulunterricht, bei Parlamentsdebatten usw., erneut reguliert.[69] In diesen Fällen taucht nicht nur eine asymmetrische Struktur wieder auf (es sind der Lehrer, der Richter, der Vorsitzende der Abgeordnetenkammer, die darüber entscheiden, wer und zu welcher Zeit er sprechen darf und oft sogar darüber, worüber gesprochen werden darf und was zu tun ist), sondern das Verhalten der Beteiligten untersteht auch einer ganzen Reihe von Geboten: Der Angestellte oder der Student können es sich nicht erlauben, aus Unlust eine Antwort zu verweigern oder zu spät zu kommen oder nach Bedarf zu sprechen oder gar zu erklären, über ein anderes Thema sprechen zu wollen. Alle diese vorausgesetzten und unvermeidbaren Neigungen sind das Vorrecht von Personen, während man an Organisationen als Rolle teilnimmt, für die die meisten individuellen Charakterzüge irrelevant sind.

Die Organisationen sind deshalb in der Lage, das Verhalten von Personen auf eine derart strikte Weise zu reglementieren, weil sie auf der Basis einer unterschiedlichen Struktur operieren, die außerhalb erzeugte Gebote durch selbst hergestellte ersetzt. Die externe Bedingung der Anwesenheit ersetzen sie nämlich durch die Zugehörigkeit,[70] über die nach internen Regeln bestimmt wird. Es ist die Organisation, die auf der Basis einer Selbstselektion (man fragt bei der Organisation an) und Fremdselektion (man wird genommen) von Personen darüber entscheidet, wer dazugehört und wer nicht: nicht alle sind für immer Angestellte eines Unternehmens oder Mitglieder einer Partei oder an einer Universität eingeschrieben. Wer aber Mitglied ist und dies auch bleiben will, muss sich den Erwartungen entsprechend verhalten. Dies funktioniert gerade deshalb, weil die Zugehörigkeit kontingent ist und kontingent bleibt. Man kann immer gekündigt oder ausgeschlossen werden und man kann selbst kündigen. Es handelt sich dabei um eine Kontingenz, die das Band erträglich macht, zumal es in der Regel auch Anreize gibt, welche die Zugehörigkeit zur Organisation attraktiv machen (das Gehalt, das Diplom und andere Vorteile). Es ist also Sache der Organisationen, Anreize für das unwahrscheinliche Verhalten zu schaffen, das sie von ihren Mitgliedern erfordern. Diese ihrerseits ertragen auch deshalb die Begrenzung ihrer Freiheit, weil dies

---

69 Vgl. beispielsweise Luhmann 1987a.
70 Vgl. Luhmann 1975b; 2000, Kap. 3.

nicht die Integrität der Person, sondern nur den Anteil des Verhaltens einbezieht, der die Ausübung der Rolle betrifft – jeder übt auch eine Vielfalt anderer Rollen aus, die untereinander nicht koordiniert sind und um die sich die in Frage stehende Organisation nicht zu kümmern hat (falls dies doch geschieht, wird dies als Korruption angesehen). Die viel beklagten Rollenkonflikte und die daher bedingte Spaltung des modernen Menschen sind unter diesem Blickwinkel ebenfalls die Bedingung für seine Befreiung aus der unerträglichen völligen Inklusion in eine einzige Organisation. Das Modell totaler Institutionen zeigt, wie wenig dieser Umstand mit den Annahmen der modernen Semantik zu vereinbaren ist.[71] Die Konversation wird als symmetrische Interaktion, die deshalb frei von Geboten ist, weil sie außerhalb jeder Organisation steht, zu dem einzigen Ort, an dem der Einzelne mit der Integrität der eigenen Person zu experimentieren verlangt. Tatsächlich schließt die moderne Konversation die Einbeziehung der Rollen der Beteiligten aus.

Die völlige Inklusion war im Übrigen die normale und unproblematische Bedingung von Gefügen wie Klöstern, Universitäten und Korporationen vormoderner Gesellschaften, die nicht mit einer individuellen, selbstreflexiv hergestellten Identität zu rechnen hatten. Vielmehr wurde die Identität durch die Zugehörigkeit zur Institution hergestellt und war somit weder kontingent noch bezog sie nur einen Teil der Persönlichkeit ein. Jeder war Mitglied nur einer Institution und über diese Zugehörigkeit wurde er zum Mitglied der Gesellschaft als dem Gesellschaftskörper. Dieser Unterschied zeigt an, dass es sich bei diesen Institutionen um ganz andere Gefüge handelte als bei den Organisationen, die (ebenso wie die Stilisierung der Interaktion in die Form der Konversation) ein typisch modernes Phänomen sind,[72] das ebenfalls mit der gesamtgesellschaftlich schwierigen Gestaltung der Beobachtung zweiter Ordnung in Zusammenhang steht. In diesem Fall wird diese Beobachtungsform durch institutionell vorhersehbares Verhalten außer Kraft gesetzt.

---

71 Im Sinne von Goffman 1962.
72 Vgl. Luhmann 1997a, S. 835; 2000.

3. Die Unterscheidung Subjekt/Objekt

Die strukturellen Veränderungen, die mit der Umstellung auf Kommunikation unter Abwesenden und mit funktionaler Differenzierung in Zusammenhang stehen, zeitigen auch Konsequenzen in Hinsicht auf die Semantik und folglich auf die beobachtungsleitenden Unterscheidungen. Diese Konsequenzen betreffen zunächst die ontologische Anlage, wie wir sie in Kap. III, 3 beschrieben haben: die Überlagerung der Fragen nach der Wahrheit und nach dem Sein, die den Beobachtungsmodus des vormodernen Abendlandes bestimmt haben und mit den neuen Kommunikationsbedingungen zusehends unvereinbarer wird. Die Vorstellung einer einzigen angemessenen Beschreibung der Welt, die Autorität begründet und hierarchische Strukturen stützt, ist mit der Fragmentierung funktionaler Differenzierung nicht kompatibel, bei der, wie wir gesehen habe, eine Pluralität unterschiedlicher, gleichwertiger und gleichermaßen relativer Beschreibungen vorgesehen sind. Aber nicht nur dies: Auch die alte Verbindung von Wahrheit, Sein und Fremdreferenz erscheint nunmehr inadäquat. Man kann sowohl in Bezug auf Fremdreferenz als auch auf Selbstreferenz, sowohl in bezug auf Dinge als auch auf Diskurse Wahres oder Unwahres sagen, wobei dies nicht heißt, dass es sich bei Diskursen um Dinge handelt.[73] Die Zurechnung von Wahrheit genügt nicht mehr, um anzuzeigen, dass man gerade über die Realität spricht. Man benötigt nun andere Kriterien der Unterscheidung von Wahrheit und Realität sowie zur Unterscheidung der verschiedenen Arten von Realität. Das Problem des Verhältnisses von Realität und Erscheinung und der Realität von Fiktion verschärft sich und behält für die ganze Periode des Übergangs zur Moderne seine Virulenz. Die gesamte Anlage der Ontologie wird durch den Übergang zur Beobachtung zweiter Ordnung aus den Angeln gehoben und es entsteht der Bedarf nach beobachtungsleitenden Unterscheidungen, die eine höhere Kontingenztoleranz aufweisen als die Form Sein/Nichtsein. Mit anderen Worten entsteht der Bedarf nach einem neuen Modus von Realitätsverdoppelung.

Die Änderung der die Semantik leitenden Unterscheidung verlangt in erster Linie wiederum nach einer Hebung des Abstraktionsniveaus. Wie wir weiter oben gesehen haben, hat bereits die Rhetorik eine Welt

---

[73] Ein Problem, das auch schon Platon bewusst war, das nun aber nicht mehr über den Verweis auf die übergeordnete Wahrheit der Ideen gelöst werden kann: vgl. Platon, *Sophistes*.

der Dinge von einer Welt der Ideen unterschieden, nur hat sie beide lediglich an verschiedenen »Orten« der einzigen Bezugsrealität – der Welt als *universitas rerum* – positioniert. Im Grunde waren die Ideen (oder die Beobachter) lediglich Dinge spezieller Art – bei der Verdoppelung der Welt handelte es sich um deren interne Aufteilung in zwei (oder mehr) Bereiche. Nur in der Moderne wird eine Unterscheidung mit zwei miteinander unvereinbaren Seiten eingeführt, die auf dem Modell der Differenz von Immanenz und Transzendenz aufbaut, wobei die Verdoppelung nach außen projiziert wird. Es handelt sich nicht um unterschiedliche Dinge, sondern um andere Perspektiven auf die Dinge – die sich gerade deshalb voneinander unterscheiden, weil die Dinge dieselben bleiben. Bei Luhmann heißt es: »Immanent ist danach alles, was die Welt, wie sie ist, für innerweltliche Betrachtung bietet (...). Transzendenz ist dasselbe – anders gesehen.«[74] Immanent ist die Welt von innen gesehen und transzendent ist dieselbe Welt, gesehen aus einer externen Perspektive: in erster Linie aus der Perspektive Gottes.

In seiner religiösen Version führt die Orientierungsänderung auch zu einer tiefen Veränderung der Bedeutung des Sakralen. Auch in der vorangegangenen Semantik gab es heilige Orte, die als solche für die Menschen unzugänglich waren (und geheim bleiben mussten), aber diese Orte hatten irgendwo im Himmel oder auf der Erde ihren Platz. Auch Gott war irgendwie Teil der Welt und konnte eben deshalb zu den Menschen reden.[75] Dagegen entfernt sich im modernen Verständnis das Heilige von der Welt.[76] Es bezieht sich nicht mehr auf Gegenstände oder Orte, sondern eher auf Diskurse.[77] Die Unterscheidung sakral/profan verschiebt sich auf die Kommunikation und bezieht sich nun auf eine bestimmte Weise, die Gegenstände der Welt zur Kenntnis zu nehmen: ein spezifischer Beobachtungsmodus, der in der letzten Instanz auf die (transzendente) Perspektive Gottes auf die Welt verweist. Doch die Gottheit bildet nun keinen Anteil der Welt mehr, die sie beobachtet, und nimmt diese deshalb von außen zur Kenntnis. Sie spricht daher auch nicht mehr direkt zu den Menschen, was die

---

74 Luhmann 1989c, S. 313.
75 Siehe diesbezüglich Luhmann 1985c; 1997a, S. 285.
76 Im 16. Jahrhundert wird der Himmel aus den Landkarten gestrichen »as being of too uncertain a location«, vgl. Eisenstein 1979, S. 78.
77 Hieraus erklärt sich auch die Ablehnung des Mysteriums, die wir weiter oben angesprochen haben. In der immanenten Welt gibt es nichts, was dem Menschen prinzipiell unzugänglich wäre. Das Mysterium verschiebt sich zu der unzugänglichen Perspektive des Beobachters.

Entstehung einer spezifischen Form von Reflexion zur Rekonstruktion der externen Perspektive Gottes erforderlich macht. Die Theologie entsteht als Versuch, im Inneren der Welt die transzendente Beobachtung, die Gott auf die Welt richtet, zu beobachten.[78]

Im religiösen Bereich korreliert die Unterscheidung immanent/transzendent mit einem ontologischen Modell, das mit der Beobachtung zweiter Ordnung kompatibel ist. Sie unterscheidet nämlich nicht primär verschiedene Kategorien von Gegenständen, sondern Modi der Beobachtung von – allen – Gegenständen. Diese Unterscheidung findet, ausgehend von diesem Bereich, zusehends auch in allen anderen gesellschaftlichen Teilbereichen Verbreitung,[79] indem sie sich in die cartesianische Unterscheidung Subjekt/Objekt übersetzt. Es gibt *bona fide*-Objekte, auf die die neuen Prozeduren der experimentellen empirischen Wissenschaft mittels eigener Methoden und Kriterien bezogen sind, die von Verweisen auf Transzendenz absehen – wir werden darauf in Kürze noch zurückkommen. Dann gibt es Subjekte, die an der empirischen Welt nicht im eigentlichen Sinne teilnehmen, aber in der Lage sind, diese – gerade weil sie nicht dazugehören – zu beobachten. Das Subjekt behält gegenüber der Gegenstandswelt, mit der es sich auseinander setzt, eine Außenperspektive und unterscheidet sich deshalb von den Gegenständen, weil es in der Lage ist, über sich selbst zu reflektieren und sich selbstreferentiell herzustellen. Dabei handelt es sich um die viel diskutierte Zirkularität des *cogito ergo sum*.[80] Es erkennt außerdem weitere Subjekte, für die das Gleiche gilt – im Rahmen des sehr problematischen Verständnisses einer transzendentalen Subjektivität, d. h. im Rahmen der Vorstellung einer generalisierbaren Selbstreferenz.[81] Das Subjekt reflektiert über sich selbst, nicht jedoch über die eigene Reflexion und genau dies ermöglicht es ihm, die deutliche Trennung zwischen Subjekten (die reflektieren) und Objekten (die dies nicht tun) beizubehalten, es gestattet ihm also, die empirische Welt zu beobachten, ohne dabei die Frage nach dem empirischen Status der Subjekte, d. h. ohne die Frage nach ihrer Einwirkung auf die Welt und nach der Relativität der Referenzen (und der Perspektiven) zu stellen.

---

78 Luhmann 1989c, S. 337. Mit der damit in Verbindung stehenden Frage nach einer Ausbildung von Kritik werden wir uns in Kap. IV, 5 beschäftigen.
79 Vgl. Luhmann 1992f, § III.
80 Siehe, unter vielen, eine der ersten diesbezüglichen expliziten Besprechungen der Zirkularität dieser Figur in Morin 1977.
81 Vgl. Luhmann 1997a, S. 301.

Die moderne Form von Realitätsverdoppelung gründet letztlich auf der Unterscheidung von Objekten und Beobachtern, wobei die Beobachter nicht eigentlich als Objekte angesehen werden können, sondern eher als Perspektiven auf die Objekte und deshalb nach spezifisch zirkulären Kriterien und Prozeduren verlangen. Von unserer Warte aus handelt es sich dabei um eine erste Anerkennung der Beobachtung zweiter Ordnung, der die deutliche Trennung von Fremdreferenz und Selbstreferenz, von der Sphäre des Objektiven und der Sphäre des Subjektiven entspricht. Es beginnt die direkte, von den heiligen Texten unabhängige Beobachtung der natürlichen Tatsachen; man ist auf der Suche nach einer von der Offenbarung unabhängigen Wahrheit über die Natur, die man nicht in Wörtern sucht, sondern in der Schöpfung Gottes (die ursprünglich auf zweideutige Weise als *codex naturae* bezeichnet wurde, dessen Seiten man dadurch umblättert, dass man sich auf die Reise begibt).[82] In der Terminologie Foucaults könnte man sagen, dass man mit dem Anbruch der Moderne mit der Trennung von Dingen und Wörtern experimentiert und damit die feste gegenseitige Verbindung von Welt und Sprache auflöst: »Der Diskurs wird zwar zur Aufgabe haben zu sagen, was ist, aber er wird nichts anderes mehr sein, als was er sagt«,[83] die Sprache wird sich von nun an darauf beschränken, die Dinge zu repräsentieren, sie wird ihnen aber nicht mehr ähnlich sein, noch Hinweise über die Ordnung der Welt liefern müssen. Daher kann (und muss) man mit einer empirischen Untersuchung der Dinge beginnen, die auf das Experiment und nicht mehr auf die Interpretation gründet. Darum erlangt die Interpretation als Versuch, einen Zugang zu den unzugänglichen subjektiven Perspektiven zu verschaffen, eine neuartige Bedeutung und wirft eine neue Problematik auf. Die Hermeneutik als Erkundung der »kleinen Bücher der Menschen« entsteht bekanntlich mit der Moderne.

In dem Moment, in dem die Beobachtung zweiter Ordnung anerkannt wird, erfährt sie auch eine Begrenzung. Die (religiös begründete) Vorstellung, dass die Realitätsgarantie auf einen unreflektierten Außenbezug basiert, wird beibehalten. Der Beobachter befindet sich außerhalb. Er beobachtet die Beobachtung, nicht jedoch die Beobachtung der Beobachtung und dies ermöglicht es ihm, die Einzigartigkeit der Subjekte und ihrer Perspektive auf die Welt zu erkennen

---

82 Vgl. beispielsweise Eisenstein 1979, S. 453 ff.
83 Foucault, 1996, S. 76.

und zugleich, eine »naive« Sicht der eigenen Beobachtung aufrechtzuerhalten. Er stellt nicht die Frage nach der Einheit der Differenz von Subjekt und Objekt und vermeidet es so, die Reflexion in das Innere der Welt zu verorten. In einer formalen Terminologie könnte man sagen, dass der Übergang zur Beobachtung zweiter Ordnung die Anlage der zweiwertigen Logik beibehält und deshalb nicht über den nötigen logischen Reichtum verfügt, Zirkularität angemessen zu thematisieren (für die Bezeichnung der Reflexion fehlt ein logischer Wert). Die Trennung von Subjekt und Objekt wird in eine Unterscheidung von Ebenen übersetzt, ohne dass dabei die Frage nach dem gegenseitigen Verhältnis der Ebenen gestellt würde. Diese Struktur wird bis in die jüngste Zeit beibehalten und sie lässt sich auch an der hartnäckigen Tendenz nachweisen, das Verhältnis von Wörtern und Gegenständen in die Begriffe der Unterscheidung von Objektsprache und Metasprache zu fassen – bei der die Frage nicht vorgesehen ist, in welcher Metasprache die Unterscheidung selbst formuliert ist.[84]

Diese Dialektik von Entdeckung und Redimensionierung der Beobachtung zweiter Ordnung charakterisiert die gesamte Semantik der Moderne. Es handelt sich dabei offenbar um eine drastische Zäsur im Vergleich zur Welt erster Ordnung der Rhetorik, die, wie wir im nächsten Abschnitt ausführlicher sehen werden, allmählich an Autorität und Wirksamkeit einbüßt. Die Rhetorik stellte aber die Instanz für die Selbstreflexion der Kommunikation dar. Sie lenkte und organisierte sowohl die Bezugnahme auf die Welt als auch die Bezugnahme auf die Subjekte, die an dieser Welt Anteil hatten. Die Ablehnung der Rhetorik hinterlässt deshalb eine Lücke. Es mangelt nun an Kriterien für die Leitung der Beobachtung zweiter Ordnung sowohl in Hinblick auf die Welt (die keine Subjekte mehr einschließt) als auch hinsichtlich des neuen autonomen Bereichs der Beobachter (die ihre eigenen Welten konstruieren). Eine bivalente Herangehensweise sucht sie in beiden Fällen durch den Verweis auf eine externe Perspektive auf:

---

84 Es handelt sich hierbei im Grunde um das Modell der sehr einflussreichen Typentheorie, welche die Unterscheidung verschiedener logischer Typen benutzt, ohne dieselben zu hinterfragen. Nur Gödel hat diese Unterscheidung mittels einer Operation behandelt, die dem Versuch entspricht, das transzendentale Subjekt zu beobachten. Das interessanteste Ergebnis besteht dabei nicht darin, dass damit eine Paradoxie erzeugt wird (denn dies versteht sich von selbst), noch darin, dass die Paradoxie nicht getilgt werden kann, sondern in dem Sachverhalt, dass dieser Umstand, die Konstruktion der Typentheorie auflöst und damit deren logische Armut aufdeckt.

durch den Ausschluss des Beobachters, der zum Garanten und Bezugspunkt für die Adäquatheit der Konstruktion wird.

Dies gilt einerseits in Bezug auf die neuartige Autonomie der Imagination, die eigene, von eigenen Kriterien beherrschte Welten erzeugt. Erstmalig verfügt man über die deutliche Unterscheidung von Fiktion und Lüge. In Literatur und bildender Kunst handelt es sich bei der Fiktion um die Schöpfung einer Realität, die nicht existiert und die gerade, weil sie nicht vorgibt, irgendeine Verbindung mit der »realen Realität« aufrechtzuerhalten, sich an einem eigenen Koordinaten- und Bezugssystem in einer vollkommen neuen Form von »Realität der Fiktion« orientieren kann. Bis in das 17. Jahrhundert hinein verfügte das reine *fictional* noch über keine eigene Legitimität und wäre allenfalls als schlichte Lüge angesehen worden.[85] Von unserem Standpunkt aus scheinen sich die antiken Erzählungen in einem unbestimmten Bereich befunden zu haben, bei dem es sich weder eindeutig um Fiktion noch eindeutig um Realität gehandelt hat. Tatsächlich war die Erzählung im Allgemeinen gleichgültig gegenüber der Frage nach der Fiktionalität. Genau hierin besteht der Unterschied zwischen *romance* und *novel*, aus der die Form des modernen Romans abgeleitet ist.[86] Die Gleichgültigkeit rhetorischen Einschlags gegenüber der Unterscheidung verschiedener Ebenen von Realität weicht einer neu erwachten Sensibilität gegenüber der Differenz zwischen dem Beobachter und der beobachteten Welt. Die Differenz besteht in erster Linie in den Erwartungen des Publikums. Im Falle des *romance* wurde die Vertrautheit mit dem Ritterroman und allgemein mit epischen Strukturen vorausgesetzt, während sich der Roman eher an ein Publikum von Zeitungslesern wendet. Von einem noch auf Oralität basierenden Modell geht man zu einer Form von schriftlicher Kommunikation über.

Der *romance* wird noch von Strukturen vom rhetorischen Typ beherrscht. Bei den Figuren handelt es sich um exemplarische Gestalten, die als handlungsleitende Modelle für die Leser fungieren sollen. Sie sind aufgrund ihrer Generalisierbarkeit und nicht aufgrund ihrer Idiosynkrasie von Interesse, weil sie eine allgemeine Sichtweise zum Ausdruck bringen und nicht aus einem individuellen Gesichtspunkt. Bis in das 17. Jahrhundert hinein hätte man sich verwundert

---

85 Vgl. Davis 1983, S. 30.
86 Ein viel diskutierter Gegenstand. Siehe z. B. die Klassiker Watt 1957 und Forster 1927, aber auch Celati 1975 und Davis 1983, auf die ich mich im Folgenden weitgehend beziehen werde.

gefragt, weshalb die Angelegenheiten von einer einzelnen Figur von Interesse sein sollten, die nur sie selbst etwas angehen. Was uns heute wie Stereotypisierungen und wie fehlende psychologische Tiefe vorkommt, stellte die Vorteile und nicht etwa die Fehler dieser Art von Figuren dar.[87] Selbst der Gang des Geschehens basierte wesentlich auf einer fixen Sequenz von Allgemeinplätzen, die mit einem Mindestmaß an Variation miteinander kombiniert werden sollten. Das Geschehen wurde deshalb akzeptiert, weil diese Modelle wiedererkannt wurden und nicht aufgrund einer ihm inhärenten Plausibilität, die im Verlauf der Erzählung konstruiert wurde – wie bei der modernen Form der Handlung, die sich selbst auf der Basis des bereits Erzählten stützt.[88] Mit dem Roman setzt sich eine erzählerische Zwangsläufigkeit durch, die in der Erzählung selbst liegt und die äußere Zwangsläufigkeit ersetzt, von der die Ontologie in allen ihren Ausdrucksformen beherrscht war und von der die Erzählung abhing.[89] Dafür müssen alle epischen Elemente und »rhetorischen Unreinheiten« abgeschafft werden, die noch bei Autoren wie Boccaccio auffindbar sind, und das Verhältnis zum Leser muss auf andere Art angelegt werden.

Der Leser/Hörer vormoderner Erzählungen wusste natürlich genau, dass das Geschehen nicht »wirklich« vorgefallen war; dies spielte aber keine Rolle, weil es primär darum ging, ihn unmittelbar in die Erzählung zu verwickeln und bei ihm Identifikation und nicht Distanzierung zu bewirken.[90] Durch das gesamte Mittelalter hindurch wurde die Verteidigung der »Fabeln« der Dichter mit deren Moral

---

87 Forster 1927 spricht in diesem Zusammenhang von einem Übergang von »flachen« Figuren (die um eine einzige Eigenschaft herum konstruiert waren) zu »runden« Gestalten, die für den Leser von Interesse sind, weil sie durch ihren inneren Reichtum überraschen und nicht, weil sie ihn mit ihren Taten beeindrucken: vgl. auch Luhmann 1986c und Hampton 1990.
88 Vgl. Ong 1967.
89 Über die erzählerische Notwendigkeit siehe Eco 1990, Kap. 3. 5.
90 Für die Antike siehe Lukian, *Storia vera*, dessen Werk den Leser zu faszinieren beabsichtigt, indem es ihm nach den Anstrengungen des Lernens einen *relax* anbietet. Lukian verweist auf das Werk von Philosophen, Historikern und Dichter, für die – wie er behauptet – die Lüge in der Erzählung phantastischer Begebenheiten zu einem normalen Sachverhalt geworden sei. Er schilt sie nur deshalb nicht, weil sie dies nicht öffentlich erklärt hätten. Er verwendet die Lüge selbst, allerdings »eine Art Lüge, viel ehrlicher als die der anderen. Denn wenigstens darin wird er ehrlich sein, dass er sagt, dass er lügt. Er schriebe also über Sachen, die er weder gesehen, noch erfahren noch von Anderen gelernt habe, und außerdem über Sachen, die nicht existieren und absolut nicht existieren können. Seine Leser müssen also gar nicht daran glauben.« (I.4.) Lukian stand im Übrigen der sophistischen Tradition nahe und die *Storia vera* enthält eine eindeutig parodistische Absicht – die bereits dem Titel entnommen werden kann.

gerechtfertigt und nicht mit deren Verhältnis zur Realität. Es handelte sich dabei um Parabeln oder, allgemeiner, um Allegorien, wobei die Allegorie die einzige verfügbare Form für eine zugleich wahre und unwahre Erzählung darstellte. Es war gut, die Fabeln zu lesen, weil sie, richtig verstanden, eine philosophische und ethische Doktrin vermittelten, die der Leser sich eben zu eigen machen musste. Die Moral oder das der Moral entnommene Beispiel waren es, die der Wahrheit entsprachen, und nicht die Beschreibung des Geschehens als solche. Die Geschichte, so dachte man, handelt nur von spezifischen (kontingenten) Ereignissen, wogegen die Dichtung von allgemeinen (oder notwendigen) Wahrheiten handelt; deshalb konnte noch Sir Philip Sidney behaupten, dass »virtual truth is often less veracious than moral truth«.[91] In diesem von der Moral beherrschten Rahmen zielten alle Formen von Fiktion bis hin zum *romance* auf die romanhafte Identifikation, auf die Auflösung der Distanzierung zwischen Beobachterperspektive und der Perspektive der erzählten Figuren: irgendwie auf das, was uns wie eine Verwirrung von Realität und Fiktion vorkommen muss.

Diese Unterscheidung drängt sich im eigentlichen Sinne nur dann auf, wenn mit dem Roman eine Fiktion ausdifferenziert wird, die mit Realität nichts mehr gemein hat und nach Lesern verlangt, die sich dessen bewusst sind. Die *novel* wendet sich gleich zu Beginn an ein Publikum von Lesern, das in der Lage ist, eine kritische Distanz zum Erzählten zu wahren und die reale Realität von der Realität der Fiktion zu unterscheiden. Sie wendet sich also einem Publikum von Beobachtern zweiter Ordnung zu, das im Leseakt in erster Linie die Beobachtung der Figuren und nicht unmittelbar die Welt beobachtet. Nur so kann man die merkwürdige Zusammensetzung der ersten modernen Romane und ihres scheinbar widersprüchlichen Verhältnisses zur Realität erklären. Während die *romances* keine Schwierigkeiten damit hatten, zuzugeben, dass die Geschichte erfunden war, jedoch auf die tatsächliche Existenz der Protagonisten beharrten (man denke an die unglaubwürdigen Abenteuer der Ritterromane, die auf die Ritter zu den Zeiten der Kreuzzüge Bezug nahmen), handelten die *novels* von (erfundenen) unbekannten Gestalten, aber sie beharrten darauf, dass die Ereignisse wirklich stattgefunden hatten. Einer der charakteristischsten Kennzeichen des Romans besteht in seinem viel diskutierten »Realismus«. In seinen berühmten Einleitungen beharrte

---

91 *An Apology for Poetry*, 1583, zitiert in: Davis 1983, S. 68. Vgl. auch Minnis 1988.

Defoe auf der absoluten Wahrhaftigkeit seiner Bücher und verwies dabei auf vermeintlich authentische Dokumente, während Richardson, um dem Romangeschehen Glaubwürdigkeit zu vermitteln, auf die Form der Briefsammlung zurückgriff. Sie beanspruchten damit aber sicherlich nicht, den Leser zu überzeugen – der Leser, der an die Wahrhaftigkeit geglaubt hätte, wäre kein guter Romanleser gewesen. Bei diesen Beteuerungen handelte es sich vielmehr um eine Form, die durch die Akzentuierung des Problems der (offensichtlich fehlenden) Entsprechung mit der Realität den Leser gleich zu Beginn mit in die »verdächtige« Position des Beobachters zweiter Ordnung versetzte und so dem Autor die Entwicklung einer eigenen, autonomen, narrativen Realität gestattete. Beim Roman handelt es sich um eine »factual fiction«,[92] weil er auf den Verweis auf das Imaginäre oder Phantastische verzichtet (der dazu erforderlich war, die Entfernung von der unmittelbaren Realität anzuzeigen) und bildet eine vollkommene reale Art der Beschreibung – einer Welt, die nicht real ist und nur im Imaginären existiert. Dagegen sind die *novels* realistische Erzählungen, die von dem völlig glaubwürdigen Leben irgendwelcher Personen in der jüngsten Zeit handeln (daraus erwerben sie die Qualität als »novel«) unter der Voraussetzung, dass auf den Verweis auf die unmittelbare Realität verzichtet worden ist. Sie beschreiben die Realität der Fiktion und nicht die Realität der Welt.[93] Die Zeichen verfügen über eindeutige und kohärente Referenten, die sich aber nicht in der realen Welt befinden. Obwohl Sherlock Holmes nie existiert hat, verfügt er über einen Geburtsort, eine Biographie, eine Physiognomie, eine Adresse, aufgrund derer es vollkommen verkehrt wäre, zu behaupten, er sei Franzose oder hätte einen Oberlippenbart.[94]

Bei dem Publikum der Romanleser, das in der Lage ist, die unterschiedlichen Realitätsebenen auseinander zu halten und die Grenze zwischen Realität und Fiktion in beide Richtungen zu übertreten, ohne sie dabei zu verwischen, handelt es sich um ein Publikum von

---

92 Aus dem Titel von Davis 1983.
93 Der Roman verlangt von dem Leser zuerst den Glauben ab, dass der Roman selbst real ist, und darauf die Einsicht, dass seine Realität erfunden worden ist: Davis 1983, S. 23.
94 In der Trennung der literarischen von der wirklichen Welt besteht nach Paul De Man die wesentliche Voraussetzung der literarischen Arbeit: vgl. De Man 1971. Hierin liegt auch die Nähe der Frage nach der fiction und dem logischen Problembezug begründet (ist der Satz: »der gegenwärtige König von Frankreich ist kahl« wahr oder unwahr?), von Frege 1892, Russell 1905 und Strawson 1950, bis hin zu den möglichen Welten. Eine Wiederaufnahme der Thematik gerade in Bezug auf die literarische Fiktion findet sich in Pavel 1986.

Zeitungslesern, das in der Beobachtung zweiter Ordnung und der kritischen Distanz gegenüber dem geschriebenen Wort bereits geübt und bewandert ist. Je realer die Welt ist, desto realistischer (d. h. vorgetäuschter) wird die Fiktion. Oder anders ausgedrückt: Was sich in der modernen Epoche ausdifferenziert, ist nicht die Fiktion als solche, sondern die Differenz von Realität und Fiktion (von Objekten und Beobachtern), begleitet von einer entsprechenden Autonomie beider Seiten. Davis spricht von einer undifferenzierten Matrix *news/novel*, die mit der Verbreitung des Buchdrucks einhergeht und aus der einerseits die Formen des Romans und auf der anderen Seite die des modernen Journalismus erzeugt werden.[95] Die Rechtfertigung für die erzählerische Willkür besteht in der Beobachtung zweiter Ordnung. Der Leser beobachtet nicht die Welt, sondern die Beobachtung des Autors – da, wo diese Unterscheidung nicht deutlich ist, verfällt man in die »niedere« Literatur oder in die Literatur für Kinder, die nicht an das privilegierte Publikum der kritischen Öffentlichkeit gerichtet sind. Daran kann man im Übrigen die extreme Konventionalität des narrativen Realismus ersehen, der nach einem Publikum verlangt, das darin geübt und erzogen ist, die Konventionen zu erkennen und damit umzugehen.[96]

Dieser Mechanismus funktioniert aber nur unter der Voraussetzung, dass man ihn nicht beobachtet, d. h. unter der Bedingung, dass der Autor aus dem Text verschwindet und daraus jede Spur seiner Aktivität tilgt.[97] Wie Foucault anhand seiner Analyse des Gemäldes *Las Meninas* von Velásquez[98] gezeigt hat, setzt der moderne »Realismus« den Ausschluss des Autors aus dem Werk, d. h. die Autonomie der Fiktion als Realitätsebene für sich voraus. Der Autor, und mit ihm der Leser, müssen die Position des allwissenden außenstehenden Beobachters einnehmen, der die Beobachtung der Figuren, nicht aber die eigene Beobachtung beobachtet. Alle Formen von Ambivalenz und alle Spiele paradoxaler Verweise von der Perspektive der Figuren zu der Perspektive der Leser und umgekehrt, die man beispielsweise noch im

---

95 Vgl. Davis 1983, Kap. III. Auf das Merkmal der Neuheit, das eine der wesentlichen Charakteristiken massenmedialer Kommunikation darstellt, kehren wir unter Abschnitt IV, 6 zurück.
96 Nach Cave 1984 unterscheidet sich die moderne Literatur dadurch von den *bonae litterae* der Humanisten, dass es sich dabei um eine Illusion handelt, in der jegliches Merkmal, das den illusorischen Charakter aufdecken könnte, verdeckt wird.
97 Hieraus entspringt nach Both 1961 die Differenz von *showing* und *telling*, die für den modernen Roman typisch ist.
98 Vgl. Foucault 1996, Kap. 1.

Don Quijote ausmachen konnte, verschwinden nun. Ohne die Verdrängung des Autors müsste die Eindeutigkeit der Unterscheidung zwischen Realität und Fiktion verloren gehen, die auch die Grundlage für die Möglichkeit des Übergangs von der einen zur anderen Seite bietet – wie zum Beispiel in den Romanen, die Verweise auf historische Fakten einschließen (von Fielding an), oder sogar in den Romanbiographien historischer Persönlichkeiten. Die Verwirrung der Ebenen wird nicht dadurch erzeugt, dass man die Grenze zwischen Realität und Fiktion überschreitet (durch das *re-entry* der Realität in die Fiktion), sondern indem die Grenze beobachtet wird (durch das *re-entry* der *Differenz* von Realität und Fiktion), d. h. indem man den Beobachter beobachtet, der die Grenze setzt – es ist dies ein Sachverhalt, der nicht eindeutig auf der einen oder der anderen Seite der Unterscheidung positioniert werden kann.

Ein analoger Abstraktionsprozess kann für die Renaissance im Bereich der bildenden Künste insbesondere in Verbindung mit der vollendeten Formalisierung der Zentralperspektive beobachtet werden. Man verfügt damit über eine Reihe von Regeln, die die Konstruktion eines »mathematischen« Bildraumes mit eigenen Koordinaten und Verweisen ermöglichen, der von einem der Repräsentation fremden Raum unabhängig ist. Das Ergebnis sind vollkommen »realistische« Bilder, so dass das Bild, um die berühmte Metapher von Leon Battista Alberti zu verwenden, wie ein offenes Fenster ist, durch das man auf das sieht, was gemalt worden ist.[99] Auch in diesem Fall stützt

---

[99] Alberti 1435-6, S. 70. In Bezug auf das albertinische Fenster vgl. auch Iacono 1997. Die »Entdeckung« der Zentralperspektive in der ersten Hälfte des 15. Jahrhunderts scheint gegenüber der auf die Erfindung des Buchdrucks hin erfolgten Durchsetzung der Beobachtung zweiter Ordnung »frühzeitig« stattgefunden zu haben. Wir sind in dieser Arbeit aber von einem Verhältnis gegenseitiger Verstärkung und Beeinflussung zwischen semantischen Umstellungen und Fortschritten bei den Technologien der Kommunikation ausgegangen. Dieses Verhältnis schließt ähnlich gelagerte Fälle nicht aus – man bedenke übrigens auch die relative Unabhängigkeit der Perspektive von der schriftlichen Reproduktion. Damish 1987 erklärt außerdem, dass die Perspektive im 15. Jahrhundert eine andere Rolle gespielt hat als die, die sich vom 16. Jahrhundert an durchsetzen sollte. Die *ars*, auf die sie gegründet war, stellte keine willkürliche Schöpfung dar, sondern eines von dem natürlichen unterschiedenen Raumes dar, sondern (noch in der rhetorischen Bedeutung einer Technik) ein Werkzeug, das mit den natürlichen Prozessen in Einklang stand und dazu verhalf, diese besser kennen zu lernen. Deswegen konnte Filarete noch 1464 die Perspektive der Lügnerei bezichtigen, weil sie Dinge darstellte, die es nicht gab. Auch nach Klein 1970 war die Perspektive am Anfang des 15. Jahrhunderts noch der Rhetorik verhaftet. Im Jahre 1504 versuchte Pomponio Gaurico immer noch, bei Quintilian Anleitungen zu finden, die man hätte auf die malerische Erzählung übertragen können.

sich der Realismus auf einen komplexen Apparat von Konventionen, die eine *perspectiva artificialis* der Maler von der *perspectiva naturalis* der gespiegelten Bilder unterscheidet. Tatsächlich ist die zentralperspektivische Interpretation eines Bildes viel abstrakter und voraussetzungsreicher als die Interpretation einer Darstellung in zwei Ebenen oder mittels gröberer perspektivischer Elemente. Nicht zufällig ist Alberti auch einer der ersten gewesen, die den Unterschied zwischen perspektivischem Bild und Spiegelbild aufgezeigt haben.[100] Das gemalte Bild verhält sich nicht entsprechend den Gesetzen der Reflexion und erscheint nur dem Betrachter realistisch, der es zu interpretieren weiß, indem er es nicht in der realen Welt, sondern in einer imaginären, der unmittelbaren alternativen Wirklichkeit verortet. In Richtung dieser Realität schaut das perspektivische Fenster.

Das wesentliche Merkmal der Zentralperspektive besteht darin, dass sie von einem bestimmten Blickwinkel abhängig ist: eben von dem perspektivischen Zentrum, von dem die Linien ihren Ausgang nehmen, die den (gefälschten) Raum der Repräsentation konstruieren, die durch das wechselseitige Durchkreuzen des Blicks und der Oberfläche des Bildes zustande kommen. Nur von diesem Punkt aus ist das Bild realistisch und es genügt, dass man sich nur ein wenig davon entfernt, damit das Bild schief erscheint, da die perspektivischen Linien dann, anders als beim Spiegelbild, nicht mehr den Sichtlinien des Beobachters entsprechen.[101] In der Regel bemerkt der Betrachter diese Verschiebung jedoch gar nicht, so dass die Bilder (die Werbeplakate auf der Straße etwa) ihre Wahrscheinlichkeit von verschiedenen Blickwinkeln aus behalten. Offensichtlich kommt hier ein Kompensationsmechanismus ins Spiel, der durch die lange praktische Erfahrung im Umgang mit perspektivischen Bildern zustande kommt und dazu führt, dass der Betrachter selbst in Schieflagen aktiv eine korrekte Sicht wiederherstellt.[102] Man könnte sagen, dass die Perspektive den Beobachter sichtbar werden lässt, und zwar gerade an der Stelle, an der er für sich selbst unsichtbar ist[103]: am Fluchtpunkt der

---

100 Vgl. Salvemini 1990, S. 80.
101 Wir sehen an dieser Stelle von den weiteren Komplikationen, etwa von dem Fehlen eines stereoskopischen Bildes oder von dem Verhältnis zu den Grenzen des Bildes (der vom Rahmen zugleich markiert und versteckt wird) ab.
102 Vgl. Pirenne 1970, insbesondere S. 96 ff., der auch eine interessante Analyse der *trompe-l'oeil* und der entsprechenden Perspektiven mitliefert. Auch Gombrich 1960, Teil 3, unterstreicht den aktiven Anteil des Betrachters – in diesem Fall während des Ansehens von Kunstwerken.
103 Vgl. Luhmann 1995e, S. 140.

perspektivischen Linien, von dem die Wahrscheinlichkeit der Bilder abhängt. Die Positionierung des Beobachters außerhalb der Darstellung ist die Bedingung für den Realismus derselben.

Gerade in der Annahme eines einzigen Blickwinkels, von dem die Repräsentation abhängt, markiert die Differenz von Zentralperspektive und den vorangegangenen Repräsentationen, den Übergang von einer Vielheit heterogener Räume zu einem einzigen, systematischen Raum.[104] Der perspektivische Raum wird abstrakt von einem Regelsystem definiert und konstruiert einen autonomen, von den darin (sukzessive) verortbaren Gegenständen unabhängigen Bereich: einen gefälschten Raum, der eindeutig wird, gleichzeitig aber eine rasche Vermehrung alternativer gefälschter Räume ermöglicht. Dagegen war bei den vorangegangenen Repräsentationen die Konstruktion des Raumes nachträglich zu der Komposition der Figuren und es mangelte ihr an eigenen Koordinaten. Der Raum war lediglich eine Funktion der narrativen Struktur, daher beinhaltete das Bild auch verschiedene Räume unterschiedlicher Ausrichtung: die Koexistenz zahlreicher *spacious places* ohne Anspruch auf deren gegenseitige Koordination.

Die Konstruktion der Repräsentation war noch von rhetorischen Regeln beherrscht und hatte mit der Vermischung mehrerer Perspektiven in erster Linie eine mnemonische Funktion.[105] Das Ziel bestand nämlich nicht darin, den Betrachter durch die Trennung seines realen Raumes von dem gefälschten Raum des Gemäldes auf Abstand zu halten, sondern eher in der Intensivierung und Vervielfältigung der Übergänge von der dreidimensionalen Region des Beobachters zu dem imaginären Raum der Repräsentation, d. h. in der mimetischen Einbeziehung, die für die rhetorische Mnemotechnik charakteristisch war. Zu diesem Zweck eignet sich der »unrealistische« Raum der Repräsentationen ohne Zentralperspektive besser, weil sie weniger unter dem auf das Bild gerichteten Blick des Beobachters leiden. Beispielsweise fehlte der Art zu zeichnen der alten Ägypter jeglicher perspektivische Zug. Die Details der Szenerie wurden einzeln, einer nach dem anderen, unabhängig ihrer Anordnung im Raum, auf die Fläche des Gemäldes aufgetragen, indem man zum Beispiel einen Kopf im Profil mit einem frontal dargestellten Auge kombinierte.[106] Wie im Fall der Piktogramme wurde die Interpretation des Gemäldes und die Anordnung der einzelnen Komponenten zu einem einzigen Bild dem Be-

---

104 Gemäß der Ausdrucksweise von Panofski 1927.
105 Dies ist überzeugend von Antoine 1996 dargelegt worden.
106 Vgl. Pirenne 1970.

obachter überlassen. Dieser konnte allerdings auf einer konkreten Ebene verbleiben und musste nicht eigens seine unmittelbare Perspektive von der abstrakten Perspektive der Fiktion unterscheiden können. Auch gegenüber den Figuren des Bildes boten die Koordinaten seiner unmittelbaren Position die Bezugskoordinaten, so dass seine Welt einheitlich blieb. Man könnte sagen, dass die »unrealistische« Repräsentation des vormodernen Zeitalters einen heterogenen Raum erzeugte, dabei jedoch eine einstimmige Herangehensweise an die Realität beibehielt. Dagegen stellte die »realistische« Repräsentation der Zentralperspektive einen einheitlichen Raum vor und hypostasierte so eine privilegierte Beobachterperspektive, die aber die Unterscheidung der realen Realität von einer Vielheit fiktionaler Realitäten voraussetzte. Die Repräsentation wird einheitlich, während die Einheit des Realen verloren geht. Und erneut handelt es sich um ein Bild, das nur demjenigen vollkommen realistisch vorkommt, der erkennt, dass es auf objektive Weise eine Welt reproduziert, die es nicht gibt.

Der Autonomie der gefälschten Realität entspricht gleichermaßen eine gegensätzliche Autonomie der realen Realität. Der Dialog wird aus der Welt ausgeschlossen, die zu einer Ansammlung von Gegenständen wird, die nicht mehr sprechen. In der Terminologie von Ong geht man von einer *person world* zu einer *object world*, von einem *discours knowledge* zu einem *observation knowledge* über. Man bezieht sich auf eine Welt, in der auch Personen wie Gegenstände behandelt werden – »that is, say nothing back«.[107] Das Universum wird stumm und die Reden werden in einem anderen Bereich verortet, der nun auf das Bewusstsein der Subjekte Bezug nimmt und mit der Ordnung der Natur nichts zu tun hat. In der Konsequenz ermangelt es der Natur aber an einer Ordnung. In dem vorangegangenen Fehlen der Differenzierung zwischen Wörtern und Gegenständen wurde die Ordnung der Welt durch die Ordnung des Diskurses unter Garantie gestellt. Hieraus erklärt sich auch die zentrale Stellung der Rhetorik für das gesamte Reich des Kontingenten. Nun muss die Welt aber auf sich selbst aufbauen und das Ordnungsproblem wird zur Obsession des 16. Jahrhunderts.[108] Im Rahmen eines Technisie-

---

107 Ong 1958, S. 287 und S. 151. Spontan fällt einem die Parallele zu der platonischen Kritik der Schriften auf, die nicht in der Lage sind, Fragen zu beantworten (oder immer die gleiche Antwort geben).
108 Vgl. Rossi 1960, S. 162; Bolzoni 1995, S. 37 ff.

rungsprozesses im Sinne Husserls[109] wird die Ordnung in der Physik gesucht.[110]

In den Untersuchungen über Wissenschaftsgeschichte und Rhetorik tendiert man dazu, das Werk von Petrus Ramus mit dem Moment zusammenfallen zu lassen, in dem sich die antike Verbindung von Rhetorik und Dialektik endgültig auflöst. Während die Rhetorik auf das eingeschränkt wird, was einst die *elocutio* gewesen und zum bloßen Studium des Stils und der Ornamentik der Sprache wird, entwickeln sich die deduktiven Prozeduren der Dialektik zur Grundlage der modernen wissenschaftlichen Methode.[111] Der im antiken Sinne auf Wörter und dem Studium der Etymologien[112] zentrierte Enzyklopädismus weicht einer neuen Art von Enzyklopädismus, der einzig auf Objekte gründet. Zu diesem Zeitpunkt entsteht das Methodenproblem: eine Zusammensetzung von Prozeduren, die auf der Evidenz und der Praxis des Experiments gründen,[113] eine geordnete Prozedur, die eine Reihe von Schritten bezeichnet, die man bei der Erkundung der Welt auf eine vom Diskurs unabhängige Art vornehmen muss. Schließlich wird die Verifizierung des Wissens durch das wiederholbare und intersubjektive wissenschaftliche Experiment konstituiert. Das Experiment bietet die einzige Möglichkeit für die Welt, in Bezug auf die Adäquatheit des Wissens Stellung zu nehmen – allerdings bloß in der extrem mediatisierten Sprache der Physik und Mathematik. Aus dem Blickwinkel der Suche nach Ordnung wird die Methode von Ramus an zum modernen Surrogat des rhetorischen Gedächtnisses.[114] Auch die Methode dient der Verfügbarmachung von Kenntnissen in dem Moment, in dem diese gebraucht werden. Der Unterschied ist, dass das Gedächtnis nun nicht darin besteht, ein enzyklopädisches Wissen im Geiste festzuhalten, sondern eher in einer Hilfe bei der

---

109 Vgl. Husserl 1936.
110 Vgl. Luhmann 1989c, S. 331.
111 Vgl. beispielsweise Perelman 1981; Yates 1966, Kap. X; Rossi 1960, S. 140.
112 Etwa im Sinne der *Etymologien* von Isidor von Sevilla.
113 Vgl. z. B. Luhmann 1997a, S. 731.
114 Vgl. Ong 1958, S. 194 ff.; Yates 1966, Kap. XVII. Die neue Haltung, die später zur Entwicklung der Experimentalwissenschaften führen wird, wird anfangs nicht in Widerspruch zu Magie und Astrologie gesetzt. In beiden Fällen ging es darum, die Natur nach ihren eigenen Prinzipien zu begreifen (*iuxta propria principia*), und nicht um den Versuch, sie mit äußeren Kräften zu erklären: vgl. Cassirer 1976, S. 126. Diese Herangehensweise wird in der Naturphilosophie der Renaissance beibehalten, jedoch wird sie nach der Trennung der astrologischen Kausalität von einem physisch-mathematischen Kausalitätsverständnis, d. h. nach der Ausdifferenzierung der Wissenschaft, vollkommen aufgelöst.

Erkundung der Welt auf der Suche nach neuem Wissen. Wissen wird nämlich nicht mehr gespeichert, sondern muss mittels der Vernunft kausal abgeleitet werden.[115] Gerade die zentrale Stellung der Kausalitätsbeziehungen bildet die große Neuheit der modernen wissenschaftlichen Methode und ebenso das Merkmal, das die wissenschaftliche Ausrichtung nach einer Suche nach neuem Wissen ermöglicht. Auf paradoxe Weise richtet sich das Gedächtnis in seiner modernen Version auf die Erzeugung von Neuheit.

Das moderne wissenschaftliche Verständnis von Kausalität beinhaltet das, was Burkhard die totale Eklypse des Übersinnlichen[116] genannt hat. Die Garantie für die Angemessenheit der wissenschaftlichen Erkenntnis besteht in ihrem intersubjektiven Charakter, d. h. in der Beobachtung zweiter Ordnung (gerade wenn man die Welt und nicht die Beobachter beobachtet). Von Bacon an muss wissenschaftliche Erkenntnis öffentlich zugänglich und auf wiederholbare Experimente gegründet sein. Sie müssen demnach den Beobachter, auf den die Erkenntnisse zugerechnet werden, der Beobachtung aussetzen und erhalten nur so ihre Validität. Sie sind objektiv in der neuartigen Bedeutung von nicht-subjektiv, d. h. im Rahmen der Unterscheidung Subjekt/Objekt. Die Negation von Subjektivität wird nun in dem Sinne als Unabhängigkeit vom Beobachter verstanden, als ein anderer Beobachter unter den gleichen Umständen zu den gleichen Ergebnissen kommen würde. Hieraus erklärt sich auch das Erfordernis der Öffentlichkeit wissenschaftlicher Wahrheiten. Wie bei der Zentralperspektive setzt sich der Beobachter an der Stelle der Beobachtung aus, an der er sich aus der beobachteten Welt ausklinkt. Die antike Bedeutung vom Geheimnis des Wissens im Sinne eines »nicht für alle« gedachten Wissens beinhaltete zwischen beiden Seiten der Unterscheidung Subjekt/Objekt etwas Intermediäres. In einer systemischen Terminologie beinhaltete es seine unvollständige Technisierung. Die für die moderne Wissenschaft charakteristische Ablehnung bzw. »Unsichtbarmachung« der Paradoxien[117] ist dagegen nichts anderes als das Korrelat zu dem Erfordernis, aus der Welt alle unsichtbaren Mächte auszuschließen, sogar um den Preis der Unsichtbarmachung selbst der Beobachterperspektive und der Verhinderung jeglicher Vermischung zwischen Beobachtung erster und Beobachtung zweiter Ordnung. Um

---

115 Vgl. Descartes, »Cogitationes privatae« (1619-1621), in: Œuvres, ed. Adam und Tanners, X, S. 230.
116 Zitiert in: Cassirer 1976.
117 Vgl. beispielsweise Luhmann 1990a, S. 414 u. S. 538.

die Außenposition des Beobachters beizubehalten, muss das Verbot aufgestellt werden, sich über den subjektiven oder objektiven Charakter der Unterscheidung von Subjekt und Objekt zu befragen – die wissenschaftliche Methode ist die Operationalisierung dieses Verbotes.

4. Der Übergang zur Moderne

Tief greifende Veränderungen wie die, welche zu der modernen Struktur von Gedächtnis geführt haben, können sicher nicht von einem Tag auf den anderen und nicht, ohne Zweifel und Widerstände zu erzeugen, vor sich gehen. Im Übergang von der rhetorischen Organisation der Semantik zu einer massenmedial gesteuerten Semantik bilden das 16. und zum großen Teil auch das 17. die Jahrhunderte der Zweideutigkeit und Ambivalenz. Es handelt sich um einen Zeitraum, in dem die Veränderungen der Formen von Kommunikation und Beobachtung bereits offensichtlich zutage treten und nicht ignoriert werden können, obgleich man noch über keine angemessenen Kriterien verfügt, sie in Rechnung zu stellen. Wie in solchen Fällen immer, greift man auf verfügbare Formen zurück und betont diese noch, bis diese unter der Überbelastung zu leiden beginnen, die sich daraus ergibt, und gerade darin schließlich ihre Unadäquatheit offen zutage legen. Genau dies ist mit der Rhetorik und mit der *ars memoriae* geschehen, die in diesen Jahrhunderten erneut aufblühen und eine ganze Reihe von Änderungen und Versuchen der Anpassung erfahren – um am Ende des 18. Jahrhunderts endgültig in Misskredit zu geraten.

Im 16. Jahrhundert wurde die Trennung von Selbstreferenz und Fremdreferenz, von Diskursen und Gegenständen jedenfalls noch als ein Problem der Doppelung wahrgenommen, das zu einer problematischen Verwirrung der Wahrheitskriterien und der Ordnung des Denkens führen konnte. Daraus resultierten zunächst weitere Antinomien wie die zwischen Einheit und Duplizität (Don Quijote), zwischen Ehrlichkeit und Täuschung (Torquato Accetto), zwischen Innerlichkeit und Ausdruck (Montaigne), zwischen Weisheit und Wahnsinn (Erasmus), zwischen Fiktion und Realität (Rabelais), zwischen Träumen und Wachen (Calderón de la Barca) – bis man zu dem von den englischen Moralisten aufgemachten Kontrast zwischen Motiven und Ergebnissen von Handlungen gelangt. Man kann dies im Übrigen auch anhand der Bedeutungsänderung sehen, die der Begriff der »Kopie« erfahren hat, der in der ursprünglichen lateinischen

Bedeutung für Überfluss, Reichtum und Vielfalt der Ressourcen einstand: die *copia dicendi* als Ziel der Rhetorik. Vom Spätmittelalter an erlangt die Kopie die Bedeutung eines Duplikats (der von dem Kopisten verwirklicht wird), während es in der Rede immer schwieriger wird, zwischen *copia* (Beredsamkeit) und der geringfügigen *garrulitas* zu unterscheiden.[118] Die Kriterien für die Regelung der klassischen Realitätsverdoppelung funktionieren nicht mehr, aber es gibt dafür noch keinen Ersatz. Es findet nun ein re-entry der Unterscheidung von Realität und Fiktion in die Seite der Fiktion statt, der die Fiktion ins unendliche multipliziert – bei Calderón de la Barca besteht die Asymmetrie nunmehr im Traum: »toda la vida es sueño, y los sueños sueños son«.[119] Es wird dann erforderlich, die Pluralität von Reden des 16. und 17. Jahrhunderts zu erzeugen, die alle Disjunktionen in ihrem Inneren bewahren: ein Übermaß an Lektüren, ohne Begrenzungskriterien.[120] Deshalb verwendet Cave, wenn er über Texte aus dem 16. Jahrhundert spricht, die Metapher des Füllhorns, die unerschöpfliche Werke anzeigen soll, die der Tendenz nach alle Potenzialitäten für die Schöpfung von Bedeutungen aufbewahren. Hieraus erklärt sich wahrscheinlich die »paradoxia epidemica«,[121] die die Literatur jener Zeit befällt. Das Kennzeichen der Paradoxie besteht bekanntlich in der Unmöglichkeit, eine Alternative auszuschließen, wobei dies zu dem ewigen Oszillieren von der einen zu der anderen Seite einer Unterscheidung zwingt. Daher kommt auch die Faszination des 16. Jahrhunderts für alle Spiele mit Wörtern und Bildern: für Bilderrätsel und verschlüsselte Sprachen, aber auch für bebilderte Gedichte oder für die Suche nach einer Universalsprache. Bei allen diesen Fällen sucht man erneut nach einer Ordnung im klassischen Sinne, die vor dem Abstieg in das Willkürliche retten und die Assoziations- und Kompositionsfreiheit auf ein wiedererkennbares Maß zurückführen soll – wie dies die klassische Kunst des Gedächtnisses tat.[122]

Die Schuld für diesen Zustand der Verwirrung wird dem Buch-

---

118 Siehe diesbezüglich insbesondere Cave 1979, S. 157 ff.
119 *La vida es sueño*, Akt II, 1200. Siehe auch Francesco de Quevedo, *Il mondo dal di dentro*, 1627, in: Macchia, 1989, S. 210-239. Nur im Traum findet man Erleichterung von Täuschung und Selbsttäuschung.
120 Wie Celati 1975, S. 137, richtig bemerkt, erinnert das Fehlen von Kriterien, die eine Asymmetrisierung der Unterscheidungen (und damit das Vornehmen von Selektionen) ermöglichen könnten, an das Fehlen von Kriterien der sophistischen Rhetorik und die Kritik des Buchdrucks an die platonische Kritik der Schrift.
121 Gemäß dem bekannten Ausdruck von Colie 1966.
122 Vgl. Bolzoni 1995, S. 88 ff.

druck angelastet, der praktisch von dem Augenblick seiner Verbreitung an – natürlich in gedruckten Werken – kritisiert wird.[123] Der Buchdruck erzeugt die Halluzination, kann diese aber noch nicht durch den Ausschluss des Beobachters lösen – er zerstört die geordnete Welt der Rhetorik, ohne schon eine neue Ordnung einzuführen. Die Kritik des Buchdrucks verfügt deshalb nicht über die Einstimmigkeit der Polemik gegen die Massenmedien. In diesem ist Don Quijote exemplarisch, bei dem das Spiel der Doppel und Masken nicht dazu führt, wie es bei der modernen Literatur geschehen wird, eine einstimmige Realität zu eröffnen. Hinter den Masken befinden sich bloß noch weitere Masken im Rahmen einer Zweideutigkeit, die die Antinomie von Schein und Wirklichkeit nicht auflöst, sondern dem Leser vielmehr seine Selbsttäuschung aufzeigt.[124] Es bleibt eine »dunkle Seite«, die allen Unterscheidungen vorgelagert ist und diese verwirrt. Der »Wahnsinn« von Don Quijote ist dadurch bedingt, dass er Bücher liest, die Tatsache aber, dass seine Abenteuer in einem Buch erzählt werden, macht ihn berühmt und modifiziert die Art, in der die Menschen ihn behandeln – schließlich erscheint sein Wahnsinn im Übrigen wie eine tiefere Form von Weisheit. Die Halluzination ergibt sich aus der »Magie« der Schrift,[125] diese Distanz wird aber nicht eingehalten und es entsteht eine ständige Verwirrung zwischen Autor, Leser und Figuren[126] – darin besteht der vormoderne Charakter des Don Quijote (und gleichzeitig seine postmoderne Faszination).

Eine ähnliche Zweideutigkeit findet sich, wenn man auf die Rolle der Rhetorik in der Semantik des 16. und 17. Jahrhunderts schaut. Einerseits kann man ein Wiederaufblühen der Rhetorik beobachten, die gerade in der Renaissance eine Primärrolle im Inneren des Triviums erhält und damit den Platz der Logik einnimmt[127] – auch und gerade, weil die laufenden Veränderungen der Struktur der Kommunikation auf dringlichere Weise den Bedarf nach einer systematischen Ordnung verspüren lassen. Bis in das 18. Jahrhundert hinein bildet die Bered-

---

123 Schon im Jahre 1492 formuliert Johannes Trithemius in einem (gedruckten) Heft seine Kritik des Buchdrucks, die den ironischen Titel *De laude scriptorium* trägt: zitiert in: O'Donnell 1996, S. 43.
124 Vgl. Celati 1975, S. 115 ff.
125 »Ich versichere dir, Sancho«, versetzte Don Quijote, »irgend ein gelahrter Zauberer muss der Verfasser unsrer Geschichte sein; denn solchen ist nichts von den Dingen verborgen, worüber sie schreiben wollen«. Cervantes 1999, S. 563.
126 »Cervantes situates himself in two places simoultaniously – within the *novel* and outside it«: Davis 1983, S. 17.
127 Vgl. Colie 1966.

samkeit die Grundlage bei der Erziehung der Adeligen und es besteht die verbreitete Überzeugung fort, dass die wichtigsten Kommunikationen mündlich vorgetragen werden müssen.[128] Der Buchdruck, der zuerst zu der Unabhängigkeit und dann zur Priorität der schriftlichen Kommunikation führen wird, bewirkt im 16. und 17. Jahrhundert eine Explosion von Texten über Rhetorik. Das neue Werkzeug ermöglicht nämlich die enorme Steigerung der Tendenz zur Kodifizierung und Ansammlung der Allgemeinplätze und der *exempla* und verwirklicht so eine Akkumulation von Wissen, die dem Ideal der vormodernen Semantik entspricht: ein potentiell unbegrenzter mnemonischer Speicher.

Es ist aber gerade das Fehlen von Grenzen, das die Möglichkeiten des menschlichen Geistes immer bei weitem übersteigt, das zusehends zur Distanzierung von der Erinnerung hin zu einer neuen Art des Gebrauchs der Materialien führt. Man beginnt, nach einer »neuen Rhetorik« zu suchen,[129] die durch die zunehmende Distanzierung des Beobachters gekennzeichnet ist. Bei der Topik stellten beispielsweise die analytischen Orte der klassischen Tradition nicht einfach Ansammlungen von Materialien dar, sondern sie entsprachen, wie wir bereits gesehen haben, logischen Operationen, die es gestatteten, die Dinge nach kodifizierten Prozeduren zu analysieren; dagegen waren die *topoi* im 17. Jahrhundert zu bloßen »kumulativen« Orten herabgekommen. Es handelt sich lediglich um Ideenreserven, die in verschiedener Zusammenstellung Anwendung finden können und mit der »Erfindung« der Argumente von einst nichts mehr gemein haben.[130] Bei den Orten handelt es sich nunmehr um Plätze (vorwiegend um Bücher), die Inhalte enthalten, während man in der vorangegangenen Tradition direkt an die Reden dachte, die nichts enthalten, dagegen aber etwas »aussagen«.[131] Man verwendet sie daher auf eine andere Weise: nicht mehr für die Mimesis und die Wiederholung, sondern eher, um die Diskontinuität und die Trennung des Lesers aufzuzeigen. Man kann dies an Rabelais, Montaigne, Shakespeare, Erasmus oder an Machiavelli sehen, die sich zwar noch auf den Apparat der Topik beziehen, sich aber zugleich von dem klassischen Modell der Nachahmung der *auctores* entfernen. Auf unterschiedliche

---

128 Vgl. Luhmann 1997a, S. 288.
129 In Bezug auf den Fall der venezianischen Akademie siehe – mit zahlreichen Fallbeispielen – Bolzoni 1995.
130 Vgl. beispielsweise Beaujour 1980, S. 174 ff.
131 Vgl. Ong 1958, S. 121.

Weisen (durch die Paradoxie, die Parodie, einen gewollt unpräzisen Umgang mit Zitaten oder der Akzentuierung der individuellen Perspektive) zielen alle auf eine Neubearbeitung der antiken Modelle – auf ein Neuschreiben der Texte, das zugleich unvermeidbar und unmöglich ist.[132] Die mehr oder weniger explizite Auseinandersetzung mit den Autoren der Vergangenheit stellte nämlich (noch in der Anlage der Rhetorik) die einzig denkbare Form der Produktion von Texten dar, gleichzeitig strebte man schon danach, die eigene Individualität zu behaupten. Während man noch auf den Geschichtsverweis zurückgreift, reflektiert man schon die Zerbrechlichkeit der Lenkung, die die Geschichte bietet.

Die Kreativität liegt nicht mehr in der Rhetorik, die von Ramus an ohnehin nunmehr das einbezieht, was ehedem die *elocutio* und die *pronunciatio* (eben Angelegenheiten des Stils und der Ornamentik) gewesen waren; die *inventio* geht zusammen mit der *dispositio* in die Dialektik ein, die auf abstrakten logischen Prozeduren (auf das, was später die Methode werden sollte) aufbaut. Der Dialog und die Konversation, die einst die Hauptbezüge der Rhetorik darstellten, verkommen in der Renaissance zu bloßen Störelementen – zu kontingenten Bestandteilen, die keinen Platz in dem neuen imperialistischen Anspruch der Logik haben, die sich der Tendenz nach von dem antiken Bündnis mit der Rhetorik löst. Die perfekte Rhetorik besteht von da an (und heute noch) darin, nicht auf Rhetorik zurückzugreifen, weil ein gutes Argument – wie man behauptet – der Rhetorik nicht bedarf und man darauf nur zurückgreift, wenn man etwas vortäuschen will.[133] Auch die Konversation tendiert nun dazu, sich von der Rhetorik und von deren kodierten Prozeduren zu lösen, die in ihrer Bücherausführung als pedantisch etikettiert werden und auf die man mit der Aufwertung der reinen Kontingenz von Oralität, mit der Form der brillanten Konversation und der sorgfältigen Auswahl geistreicher Bemerkungen und Aphorismen reagiert.[134]

Die Abwertung der Rhetorik geht auch mit einer Kälte gegenüber der *ars memoriae* einher, die bei Erasmus in Form einer expliziten Kritik des Systems der loci und Figuren übersetzt wird, die das natürliche Gedächtnis korrumpieren[135] und bei Montaigne durch

---

132 Vgl. Cave 1979, S. 322 ff., und 1984; Hampton 1990.
133 Siehe zum Beispiel, wie sich Erasmus in *Das Lob der Torheit* über die Rhetorik lustig macht, § LIV.
134 Vgl. Luhmann 1997a, S. 736.
135 Vgl. Rossi 1960, S. 3; Yates 1966, Kap. V.

die Ablehnung eines mnemonischen Lernens zugunsten einer »lebendigen« Kultur[136] ausgedrückt wird. Mit Ramus und Descartes geht das Gedächtnis schließlich in die Methode ein[137] und die klassische Mnemotechnik büßt jegliches Interesse ein. Andererseits erfährt die *ars memoriae* zur selben Zeit ein erneutes Aufblühen im Rahmen eines vollkommen anderen Kontextes als der Entstehungskontext der experimentellen Wissenschaft: nämlich im Rahmen des neu entstandenen Bereichs der Esoterik und des Okkultismus, der im italienischen 15. Jahrhundert mit Marsilio Ficino und Pico della Mirandola beginnt und in der Folge zu einer parallelen Strömung gerinnt, die die gesamte Entwicklung der Moderne begleiten sollte.[138] Das neue Verständnis von Esoterik setzt eine Bedeutungsänderung im Vergleich zu der klassischen Begriffsbestimmung, die man bekanntlich bereits in der klassischen Antike vorfindet und bei Aristoteles zum Beispiel die Lehre im Rahmen des begrenzten Kreises der Schüler von der (exoterischen) Belehrung eines ausgedehnteren Publikums unterscheidet. Das geheime Element beschränkte sich in dem Fall, wie übrigens bei allen antiken Mysterien, auf die Inkommunikabilität der Interaktion, die immer mehr einschließt, als denjenigen in Wörtern mitgeteilt werden kann, die nicht anwesend waren. In der Renaissance zeigt der Begriff dagegen eine Zusammenstellung von Doktrinen an (zu denen Alchimie, Astrologie, Magie, Arithmosophie, christliche Kabbala, neoalexandrinischer Hermetismus, philosophia perennis, die Naturphilosophie des Paracelsus und dann die der Romantiker und noch zusätzliche mystische und theosophische Anteile zu zählen sind), die nur für wenige Eingeweihte vorgesehen sind und miteinander eine Reihe von Merkmalen teilen, die in unserer Terminologie allesamt die Ablehnung der modernen Form von Realitätsverdoppelung ausdrücken.[139] In einer gewissen Hinsicht stellt Esoterik die dunkle (okkulte) Seite der zweigleisigen Unterscheidung von Immanenz und Transzendenz vor, die sich zum selben Zeitpunkt ausdifferenziert, in dem sich die deutliche Unterscheidung von Selbstreferenz und Fremdreferenz durchsetzt. Gegen die strenge Zweiwertigkeit im modernen Verständ-

---

136 *Essais*, I, 9 und 25; II, 10; III, 9.
137 »Wenn einer die Ursache erfasst, können alle verschwundenen Bilder leicht vom Gehirn dank des Eindrucks der Ursache wieder gefunden werden. Das ist die echte Gedächtniskunst und das ist gerade das Gegenteil ihrer [der *ars memoriae*] nebelhaften Ratschläge.«: Descartes, *Cogitationes privatae* (1619-1621), in: *Œuvres*, X, 230.
138 Vgl. Yates 1976 und 1982; Rossi 1976; Shumaker 1976.
139 Zu den Merkmalen der Esoterik siehe Corsetti 1992; Faivre 1992; Introvigne 1992.

nis von Rationalität sind solche Herangehensweisen dazu verurteilt, auf den Bereich des Irrationalen verbannt zu werden, auf den sie auch tatsächlich von der Aufklärung an festgelegt werden. Alle esoterischen Doktrinen lehnen den Dualismus ab und betrachten Körper und Seele als zwei verschiedene Ausdrucksformen desselben Wesens; sie ziehen eher ein duales System vor, das Widersprüche verstärkt und für Bewegung einsteht; sie ziehen einen apophantischen Zugang und negativ gefasste Ausdrucksformen (etwa die Unaussprechbarkeit Gottes), Analogieschlüsse deduktiven Überlegungen vor; sie lehnen die Trennung von Wort und göttlicher Schöpfung[140] sowie alle Formen von Willkür und Zufall ab (das Universum sollte von einem handelnden Intellekt beherrscht sein, der auf magische Weise operiert); sie behaupten, dass die wahre Weisheit nur mündlich vermittelt werden kann und entwickeln daher komplexe rituelle Prozeduren und Initiationsrituale. Unserer Ansicht nach führen alle diese Merkmalsausprägungen zu einer Semantik divinatorischen Typs zurück, und also auf eine Form von Gedächtnis, die noch keine Trennung zwischen einer Welt von Gegenständen und einer Welt von Ideen kennt. Nicht zufällig führen sich alle diese Strömungen selbst auf eine ursprüngliche Weisheit zurück, auf eine paradoxe »Anfangstradition«, die sie Hermes Trismegistus, einem imaginären ägyptischen Gott zuschreiben, der in die göttlichen Mysterien eingeweiht gewesen sein soll – Mysterien, die mit den Namen in Zusammenhang stehen sollen, die Adam allen Dingen verliehen hat.[141] Hieraus entspringt auch das große Interesse für die Hieroglyphen, weil sie die künstliche Trennung von Zeichen und Bezeichnetem noch nicht kennen.[142]

Jedenfalls kann man im 16. Jahrhundert gerade in diesem Bereich okkulter Doktrinen ein neu erwachtes Interesse für die Gedächtniskunst beobachten, allerdings zu vollkommen anderen Zwecken als die der Rhetorik. In einem Zeitalter, in dem der Buchdruck bereits weit verbreitet war, war die Mnemotechnik nicht als Erinnerungsstütze von Interesse. Giordano Bruno stempelt die klassischen Prozeduren als

---

140 Die Natur ist ein Schreiber, der das Wort Gottes kopiert: vgl. Corsetti 1992, Kap. IV.
141 Im Jahre 1614 weist Isaac Casaubon nach, dass es sich beim *Corpus Hermeticus* um eine Fälschung handelt, die in Wirklichkeit im nachchristlichen Zeitalter verfasst worden ist.
142 Das Interesse für die Hieroglyphen wurde übrigens auch von den Humanisten (beispielsweise von Erasmus) geteilt, die sich vorstellten, sie könnten eine allen verständliche visuelle Sprache bieten – hier drückt sich die Suche nach einer gemeinsamen Basis in Anbetracht eines explosionsartigen Anwachsens unterschiedlicher Meinungen aus.

pedantisch und papageienhaft ab. Wonach man im 16. und 17. Jahrhundert suchte, war dagegen eine »Chiffre«, eine Interpretationsmethode, die es gestattete, die letzten Mysterien der Realität aufzudecken: ein »clavis universalis«,[143] der es gestattete, das Wesen der Dinge jenseits ihrer Erscheinung zu erfassen. Man suchte nach einer Möglichkeit, die Verwirrung von Realität und Fiktion, das Spiel der Illusionen (die »Schatten der Ideen« von Giordano Bruno) zu überwinden, von denen diese Übergangszeit geplagt war; man dachte, eine solche Möglichkeit in einer neuen Interpretation der Disziplin finden zu können, die im klassischen Verständnis die gesamte Ordnung des Kosmos unter Garantie stellte: der Rhetorik und dabei insbesondere in der »Wächterin all ihrer Teile«[144] – eben dem Gedächtnis. Man hat daher den Versuch einer Neubegründung der Rhetorik als »retorica celeste«[145] unternommen, bei der die Strukturen der menschlichen Rede die Strukturen des Kosmos und damit die kreative Entfaltung der göttlichen Ideen wiederaufnehmen sollten – es sollte sich um ein magisch-mechanisches Gedächtnis[146] handeln, mit dessen Hilfe man mit den höchsten Mysterien in Kontakt treten könnte. Vor allem musste man dabei aber die letzten Reste von Willkür aus der klassischen Prozedur der *loci* und der *imagines* tilgen. Diese wurden nach Lust und Laune ausgewählt und modifiziert, wobei die individuellen und »hinfälligen Orte« durch »ewige Orte« ersetzt wurden, die die konstanten und notwendigen Beziehungen zwischen den Dingen ausdrücken sollten. Dies war das Projekt von Giulio Camillo und Giordano Bruno, die durch die Koppelung der klassischen rhetorischen Tradition an den Lullismus und an kabbalistische Einflüsse versucht haben, das gesamte Universum auf ein den Menschen zugängliches Format zu reduzieren, um daraufhin zu seiner Interpretation einer Maschinerie zu gelangen.[147]

Die Wiederaufnahme der *ars memoriae* in der Renaissance birgt tatsächlich eine grundlegende Änderung der Vorannahmen und Intentionen. Trotz des Rückgriffs auf die Strukturen der antiken Mnemotechnik sind die Projekte von Camillo und Bruno eher in der Nähe der zeitgenössischen Ablehnung der Erinnerung angesiedelt als in der

---

143 Der Ausdruck stammt von Rossi 1966.
144 *Ad Herennium*, III, 28.
145 Vgl. Francesco Patrizi 1562, zitiert in: Bolzoni 1975, S. 51.
146 Yates 1966, in Bezug auf Giordano Bruno Kap. IX.
147 Vgl., ausgehend von Yates 1966, Bolzoni 1991 und 1995; Keller 1991, S. 201; Bologna 1992.

Nähe der oralen Semantik der klassischen Rhetorik. Sowohl die Suche nach der Methode als auch die Esoterik sind nämlich in der Epoche des Buchdrucks angelegt und stehen unter dem Einfluss des Abstraktionssprungs, der diese Epoche charakterisiert: die Suche nach der Methode, weil sie den Sprung akzeptiert und radikalisiert, die Esoterik, weil sie den Sprung ablehnt. Die Entwertung des Gedächtnisses als sterile Wiederholung (die bis heute fortbesteht) und seine esoterische Interpretation als Zugang zu den Geheimnissen des Kosmos setzen beide eine gewisse Distanz voraus und die Fähigkeit, über die Bedingungen für den Bezug zur Welt zu reflektieren.[148] Sie setzen demnach (im positiven oder im negativen) eine vollendete Realitätsverdopplung voraus. Der Beweis dafür zeigt sich, wie wir in Kürze sehen werden, an dem Gedächtnismodell, das man aus dem berühmten »Gedächtnistheater« von Giulio Camillo beziehen kann und dessen Verwirklichung – dem Augenschein entgegen – die deutliche Ablösung von der Semantik der Oralität und vom Speichermodell signalisiert.

5. Das Kulturmodell

Ob er nun die tradierten Prozeduren der *ars memoriae* akzeptierte oder ablehnte, für den Menschen der Renaissance blieb die Frage nach dem Gedächtnis von grundlegender Bedeutung. Selbst für Petrus Ramus, der als entscheidend für den Wendepunkt der Überwindung der Priorität der Rhetorik angesehen wird, fielen Wissen und Erinnerung weiterhin in eins – nur fing das Gedächtnis unmerklich an, eine neue Bedeutung einzunehmen. Erinnern bedeutete bei Ramus nicht speichern, sondern begreifen. Dieselbe Methode wurde als ein »lokales Gedächtnissystem«[149] begriffen. Bei diesem Gedächtnis handelte es sich nicht weiter um das rhetorische Gedächtnis, das aufgrund seiner vermeintlichen Willkür im Namen einer Ordnung abgelehnt wurde, die deshalb notwendig war, weil sie an den Dingen selbst durch das direkte Studium der Natur nachgewiesen werden konnte. In dieser Hinsicht unterschied sich die Herangehensweise von Ramus nicht so sehr von der von Giulio Camillo, der in der ersten Hälfte des 16. Jahrhunderts als einer der berühmtesten Repräsentanten der Strömung

---

148 Mit Esoterik ist gemeint, dass man mehr in das *Innere* geht; dieses internere Innere wird vor dem Hintergrund gedacht, dass man sich im Außen befindet. Im Mittelalter gibt es dieses internere Innere nicht, weil man immer ›drinnen‹ ist: Faivre 1992.
149 Vgl. Ong 1958, S. 194 und S. 280.

gefeiert wurde, die auf die Wiederbelebung des Pythagoreismus, des Platonismus und der ägyptischen Philosophien gründete. Auch für Camillo bestand das Hauptanliegen in der Konstruktion eines Systems, das die Willkür überwinden und eine notwendige Ordnung reflektieren sollte – allerdings suchte er diese Ordnung in einer vermeintlichen ewigen Wahrheit, die nicht in der Trennung, sondern in der Kontinuität von Wörtern und Gegenständen ihren Ausdruck fand. Man könnte sagen, dass der Unterschied in der Annahme oder Ablehnung der Trennung von Selbstreferenz und Fremdreferenz bestand – wobei dies offenbar zu voneinander vollkommen unterschiedlichen Strategien führte –, allerdings vor dem Hintergrund eines gemeinsamen Anliegens: der Besessenheit nach Ordnung, die für die Anfänge der Moderne charakteristisch ist.

Camillo führt sich selbst explizit auf die Tradition der *ars memoriae* zurück, die er von den kontingenten Elementen reinigen und auf eine kosmische Ordnung gründen lassen möchte. Diese bezieht er aus kabbalistischen und neoplatonischen Einflüssen, aus den essentiellen Maßstäben, die die Beziehungen zwischen den Dingen und die Teilung des Universums in die drei Welten regelte: der Welt der *sephiroth* (die überhimmlische Welt), der Welt der Gestirne (die mittelhimmlische Welt) und der Welt der Elemente (die unterhimmlische Welt).[150] Er bezieht hieraus eine ausgefeilte und mit komplizierten Symbolismen beladene Konstruktion, die er in seinem berühmten Gedächtnistheater übersetzt, dessen Zweck allerdings darin bestehen sollte (und hier zeigt sich die Kontinuität der Rhetorik), diejenigen, die sich damit auseinander setzten, in die Lage zu versetzen, über jeden Gegenstand mit der gleichen Beredsamkeit der großen klassischen Redner zu diskutieren. Das Neue bestand gerade darin, dass diese höchste Spitze der *ars memoriae* erstiegen werden konnte, ohne dabei persönlich die Inhalte der Rede, die man halten sollte, zu erinnern. Lediglich das Betreten einer Art Amphitheater, das nach einem System von Bildern angeordnet war, die über jeweilige »Schubladen« verfügten und ihrerseits Papiere enthielten, auf die geschriebene Reden reproduziert waren, reichte aus. Bei dem Theater des Gedächtnisses handelte es sich inzwischen um einen Karteikasten, der das Gedächtnis gerade durch das Anzeigen einer Abwendung von dem direkten Erinnern aufrechterhielt. Man beginnt mit der Aufwertung des Ver-

---

150 Vgl. Yates 1966, Kap. VI. Hierin besteht die Substitution der vergänglichen mit den ewigen Orten.

gessens. Von der Rhetorik bleibt die Vorstellung einer nicht-kontingenten Beziehung der Gegenstände übrig, die aber durch die Entäußerung des Gedächtnisses auf beschriebene Blätter, die Distanz und Konfrontation fordern, widerlegt wird. Hieraus erklärt sich der Anachronismus der Konstruktion von Camillo, der eine feste Ordnung mit Hilfe eines Instrumentariums bekräftigen will, das Distanzierung und Variation begünstigt.[151]

Tatsächlich hat sich das Gedächtnismodell unbemerkt bereits verändert; es entspricht nicht mehr dem antiken Modell eines Speichers, sondern ist zu einer Art Archiv geworden: zu einer Sammlung also, bei der das Bemerkenswerte nicht einfach in einer Ansammlung von Materialien besteht, sondern in der Verfügbarkeit eines Katalogs bzw. einer Organisation, die deren Handhabung und Koordination ermöglicht. Entgegen der Absicht, die klassischen, auf Oralität basierenden Techniken wiederzubeleben, ist die Anlage faktisch bereits schriftlicher Art und bevorzugt das Vergessen vor dem Erinnern. Wie wir schon in Bezug auf das athenische Metroön gesehen haben, verfügte der Speicher nicht eigentlich über eine Ordnung und diente daher nicht der Entlastung des Gedächtnisses (und in der Tat interessierte man sich auch nicht für die Wiederverwendung von Texten). Die dort angesammelten Materialien waren nur zugänglich, sofern ihre Topographie in einer entsprechenden geistigen Ordnung reproduziert war, die durch die Befolgung eines bestimmten Weges im Inneren des Metroöns reaktiviert werden konnte – in diesem Fall entsprach die Landkarte dem Territorium. Dagegen ist der archivarische Katalog Ergebnis einer Selektion. Um Zugang zu den in den Schriften gesammelten Materialien zu erhalten, genügt es, wenn man weiß, wie man zu den Materialien kommt – auf diese Art wird man auch eine Cicero würdige Beredsamkeit erlangen. Der Wendepunkt ist entgegen der ursprünglichen Absicht derselbe wie bei Ramus, der die Bücher wie Schachteln behandelt, die bei der Analyse geöffnet werden – die Bücher enthalten nun die Ideen, die nicht mehr »gesagt« werden.[152]

In der Folge können Ideen in Büchern »hinterlegt« werden – sie können den Büchern anvertraut werden, weil man darauf zählt, dass sie auch dann nicht verloren gehen, wenn man sie nicht die ganze Zeit bei sich behält. Gleichzeitig verbreitet sich die Vorstellung einer Art

---

151 Vgl. Bolzoni 1991.
152 Vgl. Ong 1958, S. 121.

begrifflichen Kapitals der Menschheit (das nicht aus überirdischen Ideen besteht) und nicht mit dem Geist eines einzelnen Menschen übereinstimmt, sondern nur aus der Totalität allen Geschriebenen gewonnen werden kann – es ist dies eine Vorstellung, die später in die eines einheitlichen kollektiven Gedächtnisses einmünden wird.[153] Es resultiert eine Umstellung der Struktur des Gedächtnisses, die etwas abwegig als seine »Entäußerung«[154] beschrieben wird. Ein Buch ist aber (als äußerliche Stütze) noch keine Erinnerung (und auch nicht Kommunikation). Es kann die Erinnerung nur dann aktivieren, wenn es gelesen wird. Was sich ändert, ist vielmehr die Lokalisation der Selektion, die in einer schriftlosen Gesellschaft praktisch mit Semantik selbst übereinstimmt, während sie in Anbetracht von Texten kommunikative Operationen passieren muss, die dem Lesen bestimmter Texte vor dem Lesen anderer Texte den Vorzug geben und so einige Potentialitäten des Gedächtnisses vor dem Hintergrund anderer Potentialitäten aktivieren, die nicht genutzt werden.[155] Das Diskriminieren von Erinnern und Vergessen wird zur Sache von Entscheidungen.[156] Man kann in unserer Terminologie auch sagen, dass sich das Verhältnis von Redundanz und Varietät ändert.

Ein Hinweis in diesem Sinne kommt im Laufe der Renaissance durch eine Bedeutungsänderung der Distinktion von natürlichem und künstlichem Gedächtnis zustande.[157] In der klassischen griechischen und lateinischen Bedeutung war das künstliche Gedächtnis lediglich eine Art durch Übung und Disziplin bedingte Verstärkung des natürlichen, im menschlichen Geist inkorporierten Gedächtnisses; seit dem 16. Jahrhundert geht man dazu über, mit künstlichem Gedächtnis ein »sekundäres Gedächtnis« zu bezeichnen, das sich der Bücher (und anfänglich – im Rahmen einer der von Camillo analogen Konstruktion – nur der Allgemeinplätze) bedient. Erstmalig erhält das künstliche Gedächtnis die Funktion der Erleichterung des Bewusstseins durch die Befreiung der Gegenwart,[158] d. h. der Erleichterung des Vergessens. Daher können Bücher nun Überraschung produzieren (und sie müssen dies sogar).[159] Die mündliche Kommunikation hatte

153 Im Sinne von Halbwachs 1952 und 1968.
154 Vgl. beispielsweise Leroi-Gourhan 1965.
155 Vgl. Luhmann 1990a, S. 31 ff.
156 Vgl. Luhmann 1997a, S. 271.
157 Vgl. Lechner 1962, S. 170 ff.
158 Vgl. Beaujour 1980, S. 120.
159 Vgl. Luhmann 1997a, S. 259 ff.

vor allem den Sinn, die Partizipation zu bekräftigen, und daher war es überhaupt kein Problem, wenn bereits Bekanntes erzählt wurde. Dagegen verlangt man von einem geschriebenen Text, dass er informativ sei, und das heißt, dass er eben überraschend sein muss und nicht einfach Redundanzen reproduzieren darf. Mit dem Buchdruck ändert sich das Verhältnis von Redundanz und Varietät dahingehend, dass beide gesteigert werden. Die schriftliche Kommunikation erzeugt neue künstliche Redundanzen, die es gestatten, nach den interessierenden Informationen zu suchen. Es handelt sich dabei eben um die Katalogisierungssysteme, die den Unterschied zwischen Speicher und Archiv markieren. Diese neuen Redundanzen erzeugen offenbar auch eine viel breitere Varietät, indem sie, infolge der (für das Modell des Speichers irrelevanten) Möglichkeit der Wiederverwendung der Materialien zu einem anderen Zeitpunkt – und auf eine eventuell unterschiedliche Art –[160] die Kombinationsmöglichkeiten erheblich erhöhen. Wie wir im Verlauf noch sehen werden,[161] bildet die Bedingung hierfür die neue Autonomie der zeitlichen Dimension, die als Raum für Variation genutzt werden kann. Die neue »Textualität«, die den Übergang von einer »mnemonischen« zu einer »dokumentarischen« Semantik[162] anzeigt, entspricht den Bedürfnissen einer modernen Gesellschaft, die auf Stabilitäten angewiesen ist, die auf der Ebene der Beobachtung zweiter Ordnung angesiedelt sind. Sie sind deshalb nicht mit fixen Daten gleichbedeutend, sondern mit Prozeduren, die die Erzeugung von Daten ermöglichen.

Diese Prozeduren (die Systeme der Katalogisierung und Inventarisierung der Materialien aus der Renaissance) sind der mnemonischen Tradition der rhetorischen Semantik vollkommen fremd. Selbstverständlich verfügte auch diese über eine Ordnung. Sie war allerdings, nach dem Modell der Fahrt, topographischer Natur. Es handelte sich dabei um einen festgelegten Weg, bei dem man von einem Ort zum nächsten gelangte und dabei Bilder vorfand.[163] Dagegen basiert das Modell des Archivs auf abstrakten Kriterien, welche die konkreten Methoden der Erinnerung (die noch die Klassifikation auf der Grund-

---

160 Apostolidés 1993, S. 129, spricht deshalb von einer »Akkumulation des Imaginären« in der Gleichzeitigkeit anstatt in der Aufeinanderfolge, bei der man sich zeitunabhängig Zugang zu den Bildern verschaffen kann.
161 Kap. IV, 7.
162 Im Sinne Carruthers' 1990, S. 8.
163 Vgl. Damisch 1987.

lage des *incipit*[164] oder moralischer Prinzipien leiteten) nicht weiter spiegeln. Die alphabetische Ordnung erschien beispielsweise anfänglich vollkommen willkürlich. Man musste dafür eine fixe Sequenz von durch Laute und Symbole repräsentierte Buchstaben auswendig lernen, die keinerlei Bedeutung hatten,[165] aber das relevante Kennzeichen aufwiesen, für alle gleich zu sein. Die idiosynkratische Ordnung der vorangegangenen Katalogisierungsmethoden (die die individuelle Konstruktion eines Panoramas mnemonischer Orte reflektierte) wird in der Renaissance durch das Bedürfnis nach einer einheitlichen und geteilten Ordnung ersetzt – es handelt sich um dasselbe Bedürfnis, das auf widerspruchsvolle Weise in der Konstruktion der ewigen Orte im Theater von Giulio Camillo ausgedrückt ist. Der öffentliche Charakter von Ordnung wird in der Folge direkt auf die Basis der Beobachtung zweiter Ordnung gestellt.

Die Schwierigkeit des Archivmodells und der damit in Zusammenhang stehenden Unterscheidung von Daten und Informationen hängt wesentlich von dem Sachverhalt ab, dass dieses Modell eine undefinierte Offenheit, eine Anerkennung der Kontingenz der möglichen Kommunikationen und der möglichen Interpretationen der Texte (und der Semantik) voraussetzt. Zunächst reagiert man auf diese Offenheit mit dem sozusagen kompromittierten Modell des Enzyklopädismus, das gerade im 16. Jahrhundert besonders verbreitet war – und das, wie die anderen Formen der Übergangssemantik der frühen Moderne, im Verlauf des 17. Jahrhunderts eine besondere Blüte erfährt,[166] um zu Beginn des 18. Jahrhunderts vollkommen zu verschwinden. Der Enzyklopädismus bezeichnet den letzten Versuch der Ordnung aller Wissenschaften und Kenntnisse, der dem Ideal einer Universalbibliothek entspricht, die alle geschriebenen und noch zu schreibenden Bücher enthalten soll: die Bibliothek von Babel von Borges, die selbst die Geschichte der Zukunft in allen Details umfassen sollte.[167] Während man im 16. Jahrhundert noch an konkrete Büchersammlungen dachte, wird die Unmöglichkeit der Realisierung des Projekts schnell offenkundig und man geht in den folgenden Jahrhunderten auch diesbezüglich zu Modellen zweiter Ordnung über: zu Anleitungen für die Konstruktion von Bibliotheken oder (im 18. Jahr-

---

164 Vgl. Steinberg 1955.
165 Vgl. Eisenstein 1979, S. 88 ff.
166 Ich denke hierbei natürlich an das Projekt der *Encyclopédie*, deren Bände in den Jahren 1751 bis 1766 erscheinen.
167 Vgl. Weinrich 1997, S. 261; Kittler 1991.

hundert) zu *bibliothèques* – gemeint als Ansammlungen von Auszügen oder als Kataloge von Katalogen[168]. Die vollkommene Erschöpfbarkeit wird nicht weiter in der Sammlung aller Bücher gesucht, sondern in der Verfügbarmachung alles Geschriebenen – im Rahmen eines Überganges, der den Unterschied zwischen der Vorstellung einer konkreten, vollständigen Sammlung (deren Unrealisierbarkeit nun offenkundig wird) und der Vorstellung eines Inventars (das idealerweise erschöpfend ist). Darin zeigt sich aber, wie die Ausrichtung an den Speicher sich unmerklich zum modernen Archivmodell umwandelt.

Ein analoge Umwandlung kann auch anhand der Semantik vom Spiegel verfolgt werden, die im Mittelalter (als *speculum*) noch eine enzyklopädische Ansammlung von Kenntnissen bezeichnete, bei der der Einzelne allerdings die idealen Figuren auffinden konnte, mit denen Identifikation möglich war – in denen er sich also spiegeln konnte, indem er die eigene Identität reflektierte.[169] Dagegen hat die Explosion der Anspielungen an den Spiegel in der Renaissance eine andere, auf das Problem der Doppelung und der Erscheinung bezogene Bedeutung. Im Spiegel beschränkt sich der Einzelne darauf, sich selbst aus einer anderen Perspektive zu sehen, als beobachtete er sich von außen – es handelt sich hierbei um eine Identitätskonstruktion, die bereits auf der Ebene der Beobachtung zweiter Ordnung angesiedelt ist.

Doch sehen wir uns nun im Detail an, wie dieser Übergang zu einem anderen Modell von Redundanz funktioniert. Der Verzicht auf Redundanz bedeutet, dass die Ordnung nicht mehr auf dem Sachverhalt basiert, dass an anderen Orten dasselbe geschieht, sondern dass dort unterschiedliche Dinge geschehen. Dieses Modell entspricht der unterschiedlichen Anlage der Realitätsverdoppelung der Moderne. Worauf man verzichtet, ist die interne Verdoppelung der Welt (nach der man an unterschiedlichen Orten und unter verschiedenen Formen, etwa als Gegenstand und als Idee desselben Gegenstandes, dasselbe vorfinden kann) zugunsten einer Verdoppelung mittels verschiedener Perspektiven (etwa immanent/transzendent) auf die einzige Welt (oder, falls man es vorzieht, im konstruktivistischen Sinne auch auf unterschiedliche Welten) – mit der Konsequenz, dass es im Inneren der Welt nunmehr keine Verdoppelung mehr gibt. Die Dinge sind ein

---

168 Vgl. Chartier 1992, S. 75 ff.
169 Vgl. Beaujour 1983, S. 30; Wenzel 1991, S. 64.

einziges Mal gegeben, selbst wenn sie mehrere Male und auf sehr unterschiedliche Art und Weise beobachtet werden können. Gerade hierin besteht die Umstellung der Organisation des Gedächtnisses. Es genügt nicht, Objekte und Ideen wie Gegenstände (in einem Speicher) zu sammeln und aufzubewahren, weil auf diese Weise die Möglichkeiten ihrer Handhabung nicht ausgeschöpft werden. Man könnte dies in einer Formel synthetisieren. Man geht von der Wiederholung zum Vergleich über[170] und damit von der Priorität der Rhetorik zu einem an *Kultur* orientierten Modell.

Das Problem besteht immer darin, Kriterien und Kontrollmöglichkeiten für die Formen der Redundanz zu finden, wenn man zudem bedenkt, dass man sich nun nicht mehr auf Grundlagen beziehen kann, die auf dem Wesen der Dinge basieren. Die Unmittelbarkeit, die noch das Verständnis der Tradition kennzeichnete, da die Aufmerksamkeit von dem Anliegen in Anspruch genommen war, Inhalte zu übermitteln und sie so dem Vergessen zu entziehen, verliert sich mit der neuartigen Reflexivität der modernen Gesellschaft. Während es davor genügt hatte, die richtige Art der Übermittlung von Inhalten zu finden (wobei die Rhetorik hierfür, wie wir gesehen haben, die entsprechende Technik bereitstellte) und das Problem derart vordergründig war, dass kein Raum für die Frage übrig blieb, was nun eigentlich übermittelt werden sollte, entwickelt sich zwischen dem 16. und dem 18. Jahrhundert die für die Beobachtung von Beobachtern charakteristische Distanz. Die Beschreibung der Gesellschaft wird nun zum Problem (weil selbst diese auch anders ausfallen könnte). Anders ausgedrückt: Die Rhetorik stellte für die gesamte vormoderne Welt die Instanz dar, die mit der Selbstbeschreibung der Kommunikation bzw. der Gesellschaft befasst war, wobei sie diese Aufgabe auf die statische Weise der topologisch und ontologisch auf Orte und Bilder gegründeten Organisation ausübte. Von dieser Warte aus bedurfte man nicht einmal einer expliziten Begrifflichkeit für die Reflexion, wie etwa des Kulturbegriffs, weil diese Form der Selbstbeschreibung nicht darauf angewiesen war, sich selbst zu beobachten. Sie fand so wie die übrigen

---

170 Eine Tendenz, die der Verbreitung des Buchdrucks und der damit in Zusammenhang stehenden Modalität des Umgangs mit Texten offenbar nicht fremd ist. Während davor die intensive Lektüre der gleichen Texte (d. h. die wiederholte Lektüre) praktiziert wurde, geht man mit der Verfügbarkeit über eine größere Anzahl an Büchern zu einer Art extensiver Lektüre über, bei der man sich durch unterschiedliche Texte hindurchbewegt auf der Suche nach immer neuen Informationen (d. h. man stellt Vergleiche an). Vgl. Luhmann 1997a, S. 294.

Tatsachen der Welt einfach statt. Von der Moderne an wird die Aufgabe der Reflexion der Selbstbeschreibung von einem neuen Begriff von Kultur übernommen, der eben im 18. Jahrhundert entwickelt wird[171] und dieselbe Funktion auf der Ebene der Beobachtung zweiter Ordnung erfüllt, indem er für Kontingenz Raum lässt.

Die beobachtungsleitenden Unterscheidungen der modernen Gesellschaft (und dies haben wir für den Fall von immanent/transzendent bereits gesehen) verwirklichen in dem Sinne eine Form von Verdoppelung, als sie zwei verschiedene Arten der Beobachtung der (einzigen) Welt ermöglichen. Kultur wird zu der Instanz, die diese Möglichkeiten der Verdoppelung versammelt, weil sie selbst als ein Doppel konstruiert ist, das alles Existierende verdoppelt und es somit möglichen Vergleichen aussetzt.[172] Alles, was man tut und sagt, kann zweimal beobachtet werden: als einfache Operation (auf der Ebene erster Ordnung) und als kulturelles Phänomen (auf der Ebene zweiter Ordnung) – und wird damit unweigerlich kontingent. Im Konzept der Kultur ist eine selbstreflexive Komponente inbegriffen. Indem man etwas als Kultur beobachtet, beobachtet man zugleich den Beobachter, der dieses etwas derart beschreibt – ansonsten würde man sich darauf beschränken, das zu beobachten, was geschieht. Es handelt sich hierbei nie um einen naiven Begriff. Dieses Kennzeichen begründet seine unbegrenzte Ausdehnung. Wie den Anthropologen bekannt sein dürfte, kann alles als Kultur beobachtet werden (unabhängig davon, ob es von denjenigen, die es praktizieren als Kultur gemeint ist oder nicht) und wird unter dieser Vorgabe mit dem Vertrauten vergleichbar. Der Begriff der Kultur ist ausreichend unterdeterminiert, um auf voneinander vollkommen unterschiedliche Realitäten (von den tribalen Riten bis hin zu formalen Organisationen, von den Regeln der Etikette bis hin zum Inzestverbot) Anwendung finden zu können; gleichzeitig ist der Begriff in einem genügenden Maße wiedererkennbar, um eine einheitliche Perspektive zu liefern, die es gestattet, Vergleiche anzustellen.

Die Ausrichtung an der Kultur dient genau dazu, Vergleiche anzustellen: zwischen der eigenen Kultur und anderen Kulturen, wie fern und andersartig sie sich zu der eigenen auch immer verhalten mögen, und auch (in historischer Perspektive) Vergleiche der eigenen Kultur mit sich selbst. Auch in dieser Hinsicht impliziert der Begriff einen

---

171 Vgl. Luhmann 1995c; 1997a, S. 880 ff.
172 Vgl. Luhmann 1997a, S. 588; 2000, S. 118.

historischen und gesellschaftlichen Relativismus, denn anfänglich war er an eine ethnozentristische Vorgabe und damit auch an eine Art Hierarchie geknüpft. Alle Kulturen mussten, wie sehr sie sich untereinander auch unterscheiden mochten, früher oder später in die Kultur einfließen, die emphatisch als Zivilisation bezeichnet werden konnte. Diese Vorgabe sollte sich allerdings gerade aufgrund der für den Begriff kennzeichnenden Reflexivität auflösen, die die autologische Wende praktisch erzwingt. Wenn alles als kulturelles Phänomen beobachtet werden kann, gilt dies unweigerlich auch für die Beobachtung der Kultur selbst, die in dieser Hinsicht keine privilegierte Position beanspruchen kann. Doch handelt es sich bei dieser zirkulären Wendung um einen nachfolgenden Schritt, der das Gedächtnismodell, das wir gerade untersuchen, nicht betrifft. Von Interesse ist an dieser Stelle die neue ungebräuchliche Möglichkeit des Vergleichs und die daraus resultierende semantische Organisation – das Archivmodell, das wir weiter oben angedeutet haben.

Im Vergleich zu dem Universum der Rhetorik führt die neue Orientierung tief greifende Veränderungen mit sich. Beispielsweise wird der Sinn für Historie geboren.[173] Trotz der verbalen Identität erfährt der Sinn des historischen Rückgriffs eine tief greifende Veränderung gegenüber dem rhetorischen *topos* der »Historia Magistra Vitae«[174] – in erster Linie, weil die Historie nichts mehr zu lehren hat. Die Wurzel für die Vorstellung, nach der die Vergangenheit einen erzieherischen Wert hat, war an eine Auffassung von Historie als einer Ansammlung von *Beispielen* gekoppelt, aus denen ein für immer gültiges Wissen bezogen werden konnte: hoch geachtete Beispiele, die Gegenstand der Nachahmung waren, im Rahmen eines Modells, das das des Metroöns erneut aufbietet. Die Dokumente wurden aufgrund ihres moralischen Wertes und ihres Wertes als Zeugnis aufbewahrt, und nicht um in der Folge auffindbar zu sein. Von dieser Konzeption von Historie (die jeglichen historischen Sinnes nach unserem Verständnis entbehrt, denn bei den *exempla* handelt es sich um außerzeitliche Identitäten) geht man um die Mitte des 18. Jahrhunderts zu einer anderen Auffassung über, wie dies im Deutschen durch den Gebrauch des neuartigen Begriffs der »Geschichte«[175]

---

173 Auf das Phänomen der Historisierung kommen wir detaillierter in Kap. IV, 7 zurück.
174 Ursprünglich steht hierfür Cicero ein, für den der Redner in der Lage ist, die Geschichte unsterblich zu machen, die das Leben lehrt. Über den Gegenstand der *Historia Magistra Vitae* vgl. Koselleck 1979, S. 38-66.
175 Vgl. Koselleck 1979.

angezeigt wird. Die Änderung besteht in erster Linie darin, dass *Geschichte* erstmalig empirische Besonderheiten und einzigartige Ereignisse referiert, die nicht in der Lage sind *exempla* zu konstituieren, sondern nur tradiert werden, weil sie erzählt werden.[176] In Übereinstimmung zu den Merkmalen von Kultur verwirklicht auch Geschichte eine Verdoppelung, die den Schwerpunkt auf die Ebene der Kommunikation, also auf die Beobachtung der Ereignisse verlagert. Der Begriff bezeichnet nämlich die Ereignisse selbst und deren Bericht, wobei die zwei Ebenen dazu tendieren, ineinander überzugehen.[177] In dieser sozusagen ontologischen (oder die Ontologie auflösenden) Rolle der Beobachtung drückt sich die Änderung des Verhältnisses von Rhetorik, Geschichte und Moral aus. Die Ereignisse verlieren ihren beispielhaften Charakter und sind daher nicht weiter in der Lage, etwas lehren zu können. Lehren kann höchstens der Bericht der Ereignisse. Die Identitäten werden mit anderen Worten nicht aus der Vergangenheit (mittels Identifikation – und damit mittels Wiederholung und Nachahmung) bezogen, sondern sie werden im Verlauf der Beobachtung erst konstituiert – durch Distanzierung und »Desidentifikation«[178] – d. h. durch Differenzen hindurch. Und diese Differenzen (in der Zeit oder gegenüber anderen) werden eben durch die Kultur bereitgestellt, durch die Möglichkeit, Vergleiche anzustellen.

Man kann auch in einer anderen, dem Verlassen einer stratifizierten Struktur der Gesellschaft näheren Formulierung sagen, dass die Orientierung sich von der Kontinuität ab- und der Neuheit zuwendet. Auf paradoxe Weise sucht man nach einer Stabilitätsgarantie gerade in dem Sachverhalt, dass Änderungen durchgesetzt werden. In dieser Hinsicht ist das Verhältnis zur Neuheit kennzeichnend, das im Laufe des 18. Jahrhunderts eine tief greifende Änderung erfährt und aus einem Element der Störung und Devianz allmählich als Dynamik und Fortschritt positive Wertungen erfährt.[179] Auch hier spielt das Verhältnis zum Gedächtnis offenbar eine Rolle. Man kann dies beispiels-

---

176 Ein Gesichtspunkt, der von Celati 1975, S. 38 ff., in Zusammenhang mit dem Übergang von der Fabel zur Fabulation behandelt wird.
177 Koselleck 1979, S. 48, gibt die Formel von Droysen wieder, für den »Geschichte nur das Wissen ihrer selbst sei«.
178 Vgl. Luhmann 1992h.
179 Vgl. Luhmann 1995d; 1989b, S. 201 f.; Le Goff 1977, S. 137 ff.; Esposito 1999c. Solange Wissen und Erinnerung (als Wiederholung) in eins fielen, konnte es sich bei Neuheit um nichts anderes als um Vergessen handeln: vgl. beispielsweise Francis Bacon, *Essays*, LVIII: »Salomon saith. There is no new thing upon the earth. So that Plato had an

weise an den Kunstwerken sehen, von denen man zuvor verlangt hatte, Staunen auszulösen, um eben erinnerbar zu sein, während man in der Folge nach Originalität, Verschiedenheit und Besonderheit Ausschau hält. Kunst muss in erster Linie neu sein – und man erinnert sie deswegen (bis zur nächsten Neuheit). Die bindenden Züge werden nun durch Instabilität ersetzt, die die Aufgabe erhält, die Unsicherheit zu absorbieren – so wie diese in den vorangegangenen Gesellschaften von der Verfügbarkeit geteilter und nach stabilen Formen tradierter Repräsentationen absorbiert wurde. Im Bereich der Gedächtnisforschung spricht man in einem diesem nahe stehenden Verständnis von der Opposition zwischen einem repräsentativen Modell, das darauf zielt, ein vergangenes Ereignis »zurückzubringen«, und einem performativen Modell, das sich vielmehr zur Aufgabe macht, dasselbe Ereignis in einer ständig neuen Gegenwart zu »konstituieren«.[180] Wie auch die neueste Archivkunde tendenziell zugibt, ist das Modell des Archivs inhärent »zukunftszentriert«.[181] Die Bindung an die Vergangenheit ist der Orientierung an der Zukunft untergeordnet, die Kontinuität dem Bruch in Anbetracht eines Werdens, das sich von dem unterscheiden wird, was man schon kennt. Die auf dem Raum basierende Topo-Logik des divinatorischen und des rhetorischen Gedächtnisses wird durch die auf Narration (bzw. auf Beobachtung) basierende Chrono-Logik des modernen Gedächtnisses ersetzt.[182]

Das durch Kultur realisierte Gedächtnis gründet somit auf der Beobachtung von Beobachtern und verdankt diesem Umstand die Mehrzahl seiner Eigenschaften – darunter zwei für die moderne typische »Syndrome«, die gewissermaßen miteinander korrelieren und beide aus der Auflösung des rhetorischen Modells der Nachahmung resultieren (ohne dass schon die Zirkularität der Autologie eingeführt worden wäre). Man beobachtet den Beobachter und entdeckt dabei seine Singularität und Einzigartigkeit. Hieraus entspringen die Geburt des *Individualismus* und die viel diskutierte Konstruktion des Subjekts. Durch die Beobachtung der Pluralität der Beobachter entdeckt man aber auch die Kontingenz jedes einzelnen

    imagination, that all knowledge was but remembrance, so Solomon giveth his sentence, that all *novelty* is but oblivion.« Auf die Frage nach der Neuheit kehren wir ausführlich im nächsten Abschnitt zurück.
180 Vgl. Wägenbaur 1998, S. 4 mit zusätzlichen bibliographischen Hinweisen.
181 Vgl. Pomian 1992, S. 225.
182 Die Unterscheidung ist Beaujour 1980, S. 34, entnommen.

von ihnen. Hieraus erklären sich die Tendenz, sie miteinander zu vergleichen, und die typisch moderne Konstruktion der *Kritik*.[183]

Die Behauptung, dass es sich bei Subjektivität um eine typisch moderne Konstruktion handelt, bedeutet selbstverständlich nicht, dass man in den vorangegangenen Zeiträumen keine Singularität gekannt hätte. Auch in den ältesten Gesellschaften unterschied man natürlich den eigenen Körper und die eigene Perspektive (die eigene Geschichte und die eigene gesellschaftliche Positionierung) von denen der anderen – obwohl man vermutlich keinen Unterschied machte zwischen dem, was man für sich und dem, was man für die anderen war und daran auch kein Interesse hatte.[184] Die Singularität gründete demnach nicht auf der Beobachtung zweiter Ordnung. Die Singularität eines Denkers wurde als Kraft und Feinheit seines Geistes zweifellos anerkannt und in den großen Gestalten der klassischen Autoren bis hin zu Thomas von Aquin und Petrarca geachtet. Sie wurden aber nicht dem undurchschaubaren Phänomen der Inspiration oder der gleichermaßen obskuren individuellen Imagination zugesprochen, sondern vielmehr einer besonders ausgeprägten und ausgefeilten Fähigkeit zur Nachahmung. Wie wir bereits gesehen haben,[185] war die Nachahmung in der rhetorischen Konzeption weit davon entfernt, lediglich die sterile Reproduktion eines Modells zu sein, sondern sie war auf die besondere Struktur des entsprechenden Gedächtnisses angewiesen: als eines reichen und ausgefeilten Repertoires an Ideen und Inhalten, aus dem der einzelne Denker auf besonders einleuchtende und differenzierte Art und Weise schöpfen konnte.[186] In diesem Sinne war Individualität immer schon gegeben und auf die Natur rückführbar – in der ursprünglichen Bedeutung von *individuum* als etwas Unteilbarem und daher Einheitlichem. Die Bewertung der Verschiedenheit und der Einmaligkeit waren der positiven Bewertung der Moderne diametral entgegengesetzt.[187] Das Individuum war nur insoweit interessant, als es als Beispiel fungieren konnte, als mögliches Objekt der Nachahmung und des Kommentars – und eben nicht aufgrund seiner einzigartigen und unwiederholbaren Züge. Auch die Bezugnahme auf die

---

183 Individualismus und kritisches Bewusstsein konkurrieren im Übrigen miteinander bei der Begründung des modernen Begriffs der *Öffentlichkeit*, in dem sie zusammenlaufen.
184 Vgl. Luhmann 1984, S. 567. Siehe auch Luhmann 1989b.
185 Vgl. *supra* Kap. 3. 6.
186 Vgl. Carruthers 1990; Eisenstein 1979, S. 121 ff.
187 Vgl. Luhmann 1989b, S. 183.

Autoren diente letztlich der Anordnung der Inhalte (und erneut der Erinnerung) und war nicht an sich von Interesse. Bei der Lektüre klassischer Texte ging es nicht um die Erkundung der Gedanken des Autors, sondern nur um die Erkundung der wahren Erkenntnis, die sie enthielten – deshalb konnte ein Autor (in der rhetorischen Konzeption als *auctor*) weder irren noch sich widersprechen, noch uneinig mit einem anderen Autor sein.[188] Man könnte auch sagen, dass es sich beim Autor um einen Text und nicht um eine Person handelte; entsprechend stimmte die *intentio auctoris* tautologisch mit den Wörtern im Text überein.[189] Die Schwierigkeiten der Interpretation bezogen sich nur auf die Unverständlichkeit des Textes und implizierten keinesfalls den Versuch, die Gedanken desjenigen zu rekonstruieren, der den Text geschrieben hatte – analog gilt dies für Kommunikation insgesamt. Selbst der Begriff »originalis« war von Einzigartigkeit und Neuheit vollkommen abgekoppelt und bezog sich vielmehr auf den Ursprung als einer Primärquelle, aus der die Kenntnisse entspringen. Originalität hatte nur insoweit eine positive Konnotation, als damit das Fehlen der auf Fehler in der Vermittlung und in der Übertragung rückführbaren Korruption bezeichnet wurde.

Ganz anders verhält es sich in Bezug auf die Auffassung der Moderne, die die äußerst merkwürdige Figur der einzigartigen und unwiederholbaren Individualität konstruiert, die aber gleichzeitig allen Subjekten gemeinsam sein soll.[190] Die Bedingung für diese Konstruktion ist die Beobachtung zweiter Ordnung, weil ein Individuum nur einem Beobachter als solches vorkommen kann.[191] Nur durch die Beobachtung von Beobachtern entdeckt man, wie wir bereits gesehen haben, die Besonderheit ihrer Perspektive; und diese Entdeckung basiert auf dem Vergleich und nicht auf Wiederholung. Man entdeckt, dass der Beobachter sich selbst anders wahrnimmt als der Beobachter, der ihn beobachtet – und wenn der Beobachter dann sich selbst zuwendet, entdeckt er seine eigene Einzigartigkeit und kann diese nur reflexiv begründen. Hierin besteht die viel diskutierte selbstreferenzielle Operation des kartesischen *cogito*. Das den Aporien der Subjektivität zugrunde liegende Problem besteht in der mangelnden Radikalität dieser Konstruktion, die die selbstreferenzielle Fundierung

---

188 Vgl. Minnis 1988, S. 36. Vgl. auch Barthes 1970, Kap. A.6. 2.
189 Vgl. Carruthers 1990, S. 190. In Bezug auf die »fonction auteur« siehe natürlich Foucault 1969.
190 Vgl. Luhmann 1997a, Kap. 5.XIII.
191 Vgl. Luhmann 1985a, S. 423; 1992h.

des Subjekts postuliert und gleichzeitig beansprucht, diese zum Kriterium der Kompensation der unweigerlich verloren gegangenen, absolut gültigen Kriterien zu erheben. Die einzige Regel, die sich gegen das Subjekt (beachte, dass dabei alle Subjekte gemeint sind) durchsetzen kann, besteht darin, dass es einzigartig und originell sein soll bis hin zu der Forderung nach einer individuellen Selbstverwirklichung. Schließlich gelangt man zu dem typisch modernen Syndrom der massenhaften Verbreitung von Modellen von Einzigartigkeit, bei der die Massenmedien offenbar eine grundlegende Rolle spielen. Die Massenmedien machen eine anonyme Kommunikation möglich, die für alle gleich ist, aus der sich für jeden die Möglichkeit ableitet, sie auf einzigartige und persönliche Weise zu gestalten. Personalisierung und Anonymität sind die zwei Seiten der gleichen Unterscheidung, die in erster Linie deswegen modern ist, weil sie notwendig auf der Ebene der Beobachtung zweiter Ordnung angesiedelt ist.

Der Übergang zur zweiten Ordnung ist wesentlich auch für das oben angedeutete zweite »Syndrom«: der Entdeckung und Aufwertung des kritischen Geistes. Im Universum der Rhetorik war Kritik nicht erforderlich. Es genügte der Kommentar – der Texte sowie aller Phänomene, die nicht unmittelbar verständlich erschienen. Die Semantik des Kommentars[192] gründete auf der Vorannahme unerklärlicher Mysterien, die geheim bleiben sollten. Dies schaffte auch die Akzeptanz für obskure Texte (wobei es sich hauptsächlich um heilige Texte handelte), die auf eine präzise und getreue Art und Weise vorgetragen, nicht jedoch begriffen werden sollten. Ihre Unverständlichkeit war im Übrigen hauptsächlich darin begründet, dass sie einem Kanonisierungsprozess ausgesetzt wurden, der in einer unveränderlichen Form fixierte, die von den konkreten Praktiken des täglichen Lebens immer weiter entfernt war – der sie somit der »mouvance« entzog,[193] und der in schriftlosen Gesellschaften die beständige Aktualisierung der Texte durch ihre permanente Neueinschreibung unter Garantie stellte. Diese Texte wurden aber nicht kritisiert, sie wurden nicht einmal in einem modernen Sinne interpretiert, sondern sie waren Gegenstand von Kommentaren, die ihr Geheimnis bewahrten und respektierten – unter diesen Bedingungen stellten Text und Kommentar sogar einen zirkulären Prozess dar, der sich selbst begründete. Nur bei einem Text, zu dem es auch Kommentare gab, handelte

---

192 Dies wird von Foucault 1996 und insbesondere von Assmann 1995a bestätigt.
193 Ein Begriff von Zumthor 1983.

es sich um einen Text im eigentlichen Sinne. Mit dem Buchdruck dehnt sich das Verbot der *mouvance* auf alle Schriften aus (bei denen es sich nun grundsätzlich immer um Texte handelt), ohne die damit einhergehende Ausdehnung des ihr zugrunde liegenden Mysteriums, das vielmehr entmachtet wird. Daraus resultiert eine Hypertrophie des Kommentars, die sich in der Kritik ausdrückt, die allerdings des heiligen Fundaments (und das heißt: der Notwendigkeit) der klassischen kanonischen Texte entbehrt.

Es fehlen deshalb Kriterien für die Lenkung der Auseinandersetzung mit den Texten – und allgemein mit den Kommunikationen –, die man mit der negativen Ausrichtung der modernen Kritik ersetzt. Bei Kritik handelt es sich nämlich keineswegs um einen neutralen Begriff, wie dies der Kommentar einfach sein kann, der sich im Positiven oder Negativen darauf beschränkt, die Merkmale einer Kommunikation zu diskutieren. Der Vorstellung der Kritik ist eine negative Komponente implizit, und es ist gerade diese, die – merkwürdigerweise – ihre Attraktivität und Überzeugungskraft begründet. Die negative Kritik verschafft sich eine Selbstrechtfertigung, indem sie selbst kritikabel bleibt[194] und daher der Kritik ausgesetzt werden kann (und dies sogar müsste). Diese merkwürdige Konstellation (von der man nicht genau versteht, weshalb sie Kritik annehmbar machen sollte) entspricht einer für die moderne Semantik charakteristischen Zweideutigkeit, die vor allem dazu tendiert, sich selbst zu negieren[195] und dafür (in Konformität mit der chrono-logischen Ausrichtung der in Kultur ausgedrückten Semantik) auf die zeitliche Dimension zurückgreift. Daraus resultiert ihre charakteristische Aufwertung von Neuheit und der Suche nach ihr. In der modernen Gesellschaft wird das Neue als solches in Form einer »semantische(n) Hypertrophie der Variation«[196] gesucht, die der Hypertrophie der Kritik entspricht und zu den paradoxen Phänomenen der Suche nach dem Neuen um des Neuen willen führt, wie dies etwa – auf besonders einsichtige Weise – bei der Ausrichtung an der Mode geschieht. Nur eine neue Neuheit kann das Neue, gerade weil es sich ändert, rechtfertigen.

Das Kennzeichen der Moderne besteht damit in der ständigen

---

194 Vgl. Luhmann 1980d, S. 222. Im Grunde handelt es sich um dieselbe Konfiguration, die der »Positivierung« der Bezüge in den verschiedenen Funktionssystemen zugrunde liegt.
195 Vgl. beispielsweise Le Goff 1977, S. 161.
196 Luhmann 1997a, S. 472.

Entwertung der Gegenwart,[197] die als Übergangszeit angesehen wird, als Etappe, die zu einer besseren Zukunft führen sollte. Diese utopistische Projektion auf die Zukunft – die sich in der naivsten Art in dem Vertrauen auf den Fortschritt ausdrückt, auf eine subtile Weise jedoch in der kritischen Orientierung allgemein gegenwärtig ist – enthüllt die ontologischen Residuen an der Basis dieser Anlage. Solange nicht eine autologische Wende stattfindet, wird Kritik an sich tendenziell als etwas Gutes gewertet – wie sich dies gerade im Bereich der Soziologie durch die Verbreitung und anhaltende Attraktivität von Herangehensweisen zeigt, die sich als kritische Theorie der Gesellschaft ausgeben.[198] Kritik ist aber nur insoweit überzeugend, als man annehmen kann, dass derjenige, der kritisiert, »es besser weiß« und sich nicht darauf beschränkt, zu beobachten, was andere Beobachter sehen oder nicht sehen (was an sich völlig neutral wäre), sondern die Bedingungen beobachtet (die kapitalistische Gesellschaft, das Unbewusste), die es ihnen verunmöglichen, die vermeintlich richtige Beschreibung zu sehen. An der Wurzel steckt im Grunde immer noch die Selbstrechtfertigung des Neuen, die auf eine in der Regel unreflektierte Weise zu der Behauptung führt, dass die Alternative an sich schon besser ist als das, was man schon hat.

6. Massenmedien: die Strukturen des modernen Gedächtnisses

Wie wir bereits in Kap. III, 6 gesehen haben, werden von der Rhetorik, und dabei insbesondere von der *ars memoriae*, Strukturen bereitgestellt, die das Gedächtnis der vormodernen Gesellschaften in Gang setzten: die Technik des Umgangs mit Redundanz, die in erster Linie auf die Steigerung der Fähigkeit, zu erinnern, ausgerichtet war. Welche Instanz erfüllt diese Aufgabe für das Kulturmodell? Es kann sich dabei nicht um eine Technik handeln, im klassischen Sinne definiert als etwas, das man lehren kann, weil sie nicht mehr an Individuen gerichtet ist, sondern auf die Ebene der anonymen und unpersönli-

---

197 Zum Beispiel verliert die Beschreibung der Gegenwart an Glaubwürdigkeit und wird auf eine etwas verächtliche Weise den Journalisten überlassen. Die »wahre« Geschichte kann nur nach Ablauf einer gewissen Zeit bestimmt werden, wenn man genügend Distanz gewonnen hat und damit eine kritische Haltung einnehmen kann: vgl. Koselleck 1979, S. 335.
198 Vgl. Luhmann 1997a, S. 1115 ff.

chen Kommunikation angesiedelt werden muss – bei der es, streng besehen, nichts mehr zu lehren gibt (wem auch?). Es muss sich deshalb um etwas radikal anderes handeln, das im Übrigen, da es an dem Modell des Archivs orientiert ist, in erster Linie dem wirkungsvollen Vergessen und nicht der Erinnerung dienen muss.

Um begreiflich zu machen, inwiefern es sich dabei trotz allem noch um Gedächtnis handelt, kehren wir auf einen der Aspekte unserer Definition zurück, bei der wir behauptet haben, dass das Gedächtnis einer Kohärenzprüfung der Operationen eines Systems (für die Operationen des Systems selbst) dient.[199] Falls die Kohärenzprüfung erfolgreich verläuft, erzeugt sie eine Realität.[200] Dabei wird Realität in einem konstruktivistischen Sinne als Korrelat der Operationen begriffen, das sich dann ereignet, wenn die Inkohärenzen abgeschafft sind und ein Apparat von Unterscheidungen erzeugt wird, die sich untereinander koordinieren und gegenseitig bestätigen, wie etwa die Raumdimension als Bereich, der das Fehlen von Widersprüchen garantiert. Was sich an einem Ort befindet, kann nicht zugleich auch an einem anderen Ort sein. Die Konstruktion der Realität kann mehr oder weniger abstrakt ausfallen, zunächst je nach Varietätserfordernissen, die von einem System nach und nach mit der Steigerung der eigenen Komplexität ausgedrückt werden, bis man zu der modernen Verdoppelung der Realität in eine reale und in eine fiktive Realität kommt, die, wie wir gesehen haben, der für Kultur charakteristischen Verdoppelung entspricht. Es resultiert eine intern extrem ausgefeilte Beschreibung der Welt, die im Vergleich zu der einzigen, konkurrenzlosen Welt der rhetorischen Repräsentation, für Kontingenz und individuelle Verschiedenheit, die sie in jedem Fall zu Kohärenzmodellen koordinieren kann, viel mehr Raum lässt. Im Inneren der fiktiven Welt oder der Transzendenz hat nicht alles eine Gültigkeit, sondern es herrschen äußerst restriktive Regeln, mit deren Hilfe die inkompatiblen Möglichkeiten jedes Mal neu ausgeschlossen werden können – obwohl dabei auch höchst unwahrscheinliche Konstruktionen zugelassen werden, wie etwa die Experimente der Kunst oder die Hypothesen der Wissenschaft. Der Preis ist natürlich der Verzicht auf das Erfordernis eines Kohärenzkriteriums, das auf dem Fehlen von Widersprüchen basiert.

Die Instanz, die mit dieser extrem abstrakten Form von Kohärenz

---

199 Vgl. *supra* Kap. 1.3.
200 Vgl. Luhmann 1995a, S. 21 ff.

befasst ist, ist gemäß der Theorie von Luhmann das System der *Massenmedien*: das System, das Kommunikationen einschließt und reproduziert, die eine Unterbrechung der Interaktion unter Anwesenden unter der Bedingung von Anonymität voraussetzen – d. h. die gedruckten Texte, das Radio, das Kino, das Fernsehen. In Bezug auf die Aufgabe der Lenkung und Kontrolle der Weltkonstruktionen, die eine Orientierung der Kommunikation ermöglichen, können die Massenmedien als Ersatz für die Rhetorik angesehen werden. Darin besteht eben ihre Funktion:[201] in der Schaffung einer »zweiten« Realität im Sinne eines Hintergrundwissens, das als selbstverständlich gegeben vorausgesetzt werden kann und von allen geteilt wird, die (aktuell oder potentiell) an Kommunikation partizipieren. Man kann sich auf die Tagesnachrichten, auf Fernsehsendungen, auf Roman- oder Filmfiguren oder einfach auf Modetendenzen beziehen und davon ausgehen, dass die anderen verstehen, worüber man spricht – und deshalb Antworten geben und die Kommunikation fortgesetzt wird. Die Funktion der Massenmedien besteht mit anderen Worten darin, Bedingungen für die Fortsetzung von Kommunikation zu schaffen, die ihrerseits nicht jedes Mal von neuem kommuniziert werden müssen (indem man immer wieder von neuem beginnt), sondern, wie der Apparat der *loci* bei der Rhetorik, als für alle gemeinsame Basis gelten. In diesem Sinne stellen die Massenmedien die Inhalte bereit, aus denen sich das Gedächtnis der Gesellschaft speist, allerdings tun sie dies auf eine Weise, die für Kontingenz und Beobachtung zweiter Ordnung Raum lässt. Darum handelt es sich um eine *zweite* Realität und darum bedarf man einer Kohärenzprüfung, die derart abstrakt gehalten ist, dass sie in ihrem Inneren eine gedoppelte Realität erzeugen kann. Bei der von den Massenmedien bereitgestellten Realität, die im Übrigen in einer Gesellschaft, bei der auch die Unmittelbarkeit eine Konstruktion ist, die einzig verfügbare Realität darstellt, handelt es sich um eine *nicht-konsenspflichtige Realität*, die sich auf die Meinungen der Beteiligten nicht verbindlich auswirkt und diese deshalb daraus auch nicht ableitbar sind. Dass eine größere Anzahl an Personen darüber Bescheid weiß, was in den Massenmedien gesagt wird, bedeutet durchaus nicht, dass sie auch dasselbe denken – es verhält sich sogar derart, wie wir bereits gesehen haben, dass die Anonymität der Konstruktion einen Anreiz für Distanzierung und für die Konstruktion einer originellen Haltung bietet (die allerdings nur unter der

---

201 Vgl. Luhmann 1995a, insbesondere S. 120 ff. und 164 ff.

Vorgabe der Konformität der Ausrichtung an die Medien als Devianz gilt). Um abzuweichen, muss man die Bezugsrealität kennen und in diesem Sinne entkommt man der von den Massenmedien aufgebotenen Realitätskonstruktion nicht.

Jedenfalls macht die Asymmetrie der nicht-interaktiven Kommunikation eine Realitätskonstruktion möglich, bzw. erzwingt sie auch, die nicht von dem abhängt, was die einzelnen (und unerreichbaren) Personen denken und glauben, sondern nur von dem, was sie wissen. Es handelt sich um eine unvollständige Form der Beobachtung zweiter Ordnung, bei der man, indem man die Massenmedien beobachtet, zugleich beobachtet, was die anderen beobachten, allerdings nicht, wie sie dies beobachten – es ist dies dennoch eine Form von Beobachtung, die nicht begriffen werden kann, solange man sich auf der Ebene der Beobachtung erster Ordnung befindet. Im Falle der Massenmedien impliziert die kommunikative Kompetenz die Angewohnheit, alles, was gesagt wird, auf die Mitteilung von jemandem, wie anonym und unzugänglich auch immer, zu beziehen.[202] Deshalb misstraut man auch den Nachrichten, weil sie nicht objektiv genug sind; deshalb hält man die Ereignisse der Romane (wie realistisch auch immer) nicht für reale Geschehnisse; und schließlich funktioniert deshalb die Werbung. Der Sinn der Werbung besteht gerade darin, dass man weiß, dass sie auch von anderen angesehen wird. Sowohl der Manipulationsverdacht als auch das sichere Bewusstsein von der Fiktion setzen wie insgesamt die von den Massenmedien konstruierte Realität die Beobachtung zweiter Ordnung voraus.[203]

Diese Offenheit für Kontingenz wird durch die besonderen Strukturen der Massenmedien ermöglicht (womit wir auf die Strukturen des modernen Gedächtnisses zu sprechen kommen), die die Konstruktion einer Welt zulassen, die den Beteiligten zugleich gemeinsam und nicht gemeinsam ist. Es handelt sich um eine paradoxe, geteilte Kontingenz – die gerade, weil sie auch anders sein kann, die Teilung von Inhalten untersagt. Die Schwierigkeit besteht offenbar darin, einen gemeinsamen semantischen Horizont unter der Bedingung aufrechtzuerhalten, dass die in Frage kommenden kommunikativen Partner keinen Kontakt miteinander haben und genau wissen, dass sie einen solchen auch nie haben werden (ausgenommen sind die winzigen Sektoren

---

202 Hinsichtlich der Anonymität der Quellen (der Agenturen) und der graduellen Auflösung der Zuschreibung von persönlicher Verantwortung für die Nachrichten siehe zum Beispiel Pool 1983, S. 93 f.; Wolf 1985, S. 232 ff.
203 Luhmann 1995a, S. 152 ff.

von persönlich bekannten Personen, unter denen die Kommunikation im Übrigen selten über die Medien läuft). Es geht darum, die Vereinzelung jedes Einzelnen in einer isolierten Welt zu vermeiden und die Beziehung zur Welt der anderen zu ermöglichen (wie anders und unzugänglich diese auch immer ist). Die Rhetorik, die das Problem der Anonymität nicht kannte, verwirklichte eine Form von Generalisierung, die an Identität ausgerichtet war. Die Helden, Werte und Kriterien der rhetorischen Geographie galten als allgemeine Maßstäbe, weil sie für alle gleich waren – sie waren in dem Sinne generalisiert, als sie generell galten. Das Modell bestand offenbar in einer hypothetisch auf alle ausdehnbare Interaktion. Dagegen muss die anonyme Welt der Massenmedien mit Differenzen rechnen, die nicht akzidentell, sondern konstitutiv sind und sie besteht daher nicht aus Identitäten, sondern aus *Distinktionen*[204] – also nicht aus vollständigen Formen, sondern aus Diskontinuitäten, die die Aufmerksamkeit auf sich ziehen und fesseln, obwohl sie formal leer sind. Zwei Beobachter, die dieselbe Unterscheidung beobachten, beobachten damit nicht das Gleiche, sondern lediglich die gleiche Beobachtung. Was die Beteiligten an massenmedialer Kommunikation miteinander teilen und beobachten, sind nur Unterscheidungen – und die Beobachtung einer Unterscheidung positioniert sich sogleich auf der Ebene der Beobachtung zweiter Ordnung. Daher bedeutet die Partizipation an der Kommunikation der Massenmedien unweigerlich die Beobachtung von Beobachtungen.

Die leitenden Unterscheidungen massenmedialer Kommunikation sind in der sozialen Dimension die *Konflikte* (mit der dazugehörigen Unterscheidung dafür/dagegen, die es gestattet, eine Information zu kommunizieren, ohne sich für die eine oder andere Seite entscheiden zu müssen), in der materiellen Dimension die *Quantitäten* (mit der dazugehörigen Unterscheidung mehr/weniger, die beinahe auf alles angewendet werden kann und es fast immer gestattet, ein Ereignis ausschließlich auf der Basis von Diskontinuität zu konstruieren: etwa Börsendaten oder Ergebnisse des Sports), insbesondere aber die *Neuheiten* der zeitlichen Dimension (mit der dazugehörigen Unterscheidung vorher/nachher). An der Wurzel aller Diskontinuitäten steht nämlich der Zwang zur Neuheit, der alle Bereiche der Massenmedien »infiziert« und die Grundlage ihrer Funktionsfähigkeit bildet. Die übermittelten Orientierungen gelten trotz des »Gesetzes« der Kontin-

---

204 Vgl. Luhmann 1990h; 1997a, S. 1099 f.; Weaver 1976.

genz, weil man weiß, dass sie sich ändern werden, und weil sie sich so präsentieren, als wären sie anders als die vorangegangenen. Im Grunde muss man hier auch die Wurzel der »Chrono-Logik« der Kultur suchen: in der Operationalisierung der Zwangsläufigkeit der Kontingenz. Das Anliegen des Gedächtnisses als eines Archivs besteht, wie wir gesehen haben, in erster Linie darin, möglichst wirkungsvoll und schnell zu vergessen – mit einem entsprechenden Zuwachs der Fähigkeit zu erinnern. Dieses anspruchsvolle Vergessen wird durch die Orientierung an Neuheit realisiert, die gerade den Aspekt darstellt, der für die Akzeptanz der Ausdifferenzierung der »zweiten« Realität der Massenmedien gesorgt hat, die gerade dabei war, eine eigene Autonomie zu gewinnen.

Bis zum Ende des 18. Jahrhunderts bestand das Problem nämlich darin, dass die neuen spezifischen Kommunikationsformen des Buchdrucks voneinander unterschieden und zugleich gerechtfertigt werden mussten. Man musste es schaffen, den ausdrücklich fiktiven modernen Roman von den vorangegangenen Formen des Epos und der *romance* zu unterscheiden, und man musste für einen Journalismus eine Rechtfertigung finden, der die nicht sonderlich erinnerungsfähigen, insbesondere aber nicht notwendig wiederholbaren Ereignisse des Tages referierte.[205] Weshalb sollte man sich für erfundene Geschichten interessieren, ohne sie einfach als Lügen abzutun, weshalb sollte man sich auch insbesondere für singuläre Ereignisse ohne exemplarischen Wert noch moralischer Bewertung interessieren? Davor wurden beide Bereiche durch eine einzige Form abgedeckt: der Form der epischen Erzählungen. Und in beiden Fällen scheint gerade das Element der Neuheit von entscheidender Bedeutung gewesen zu sein, das sich anfangs in der undifferenzierten Form der »Matrix *news/novel*«[206] dargeboten hat. In England, wo die Form des Romans entstanden ist, wurde es mit dem Begriff der »novel« bezeichnet: mit einem Begriff, der gerade den Sachverhalt unterstreicht, dass dabei, anders als bei den *romances*, kürzlich geschehene Ereignisse behandelt wurden – ebenso wie bei dem entstehenden Journalismus. Die Nähe der beiden Genres kann man an der exemplarischen Figur von Daniel Defoe ersehen, der als Journalist gearbeitet hat und seine ersten phantastischen Erzählungen als Berichterstattungen realer und praktisch zeitgleicher Geschehnisse vorgestellt hat. Es war dies eine Mög-

---

205 Vgl. Schudson 1978.
206 Vgl. Davis 1983.

lichkeit, zu einem Zeitpunkt, da das Bewusstsein für die Wahrheit der Fiktion noch nicht verbreitet war, anzuzeigen, dass seine Arbeit wahr und unwahr zugleich war. Dieselbe relative Gleichgültigkeit gegenüber dem Wahren und Falschen findet sich auch im Journalismus: ein Ereignis erhält die Qualifikation als Nachricht nicht in erster Linie, weil es wahr ist (eine Unzahl wahrer Umstände verdienen es nicht, in den Zeitungen erwähnt zu werden, während eine Unwahrheit – ein Dementi, ein Irrtum – oft Nachricht machen kann), sondern hauptsächlich, weil es neu ist – wie dies durch den Begriff der »news« schon angezeigt ist. Darin besteht auch das anfangs am schwersten zu akzeptierende Merkmal. Vor der Verbreitung einer vollends autonomen Presse (die so genannten »penny papers«, die sich durch Verkaufszahlen und Werbung selbst finanzierten) schien es unmoralisch, Nachrichten nur deshalb zu suchen und zu veröffentlichen, weil sie neu waren. Doch es ist gerade diese ausschließlich zeitliche Orientierung[207] (man denke nur an Namen wie *Times*, *Die Zeit* oder Ähnliche), die dem Journalismus die Autonomie von Vorgaben anderer – politischer, religiöser oder moralischer – Art ermöglicht. Neuheit gedeiht zum Wert und zum Kriterium der Produktion von Nachrichten. Man erwartet, dass man sich deshalb für die Nachrichten interessiert (und diese darum auch kauft), weil sie neu sind, und sie werden aus der Masse der Ereignisse eben aufgrund ihres Charakters der Neuheit ausgewählt. Die zentrale Position im komplexen Apparat, die eine Orientierung bei der Produktion von Nachrichten bietet,[208] wird von der Vorgabe eingenommen, dass die Nachrichten neu sein müssen. Die Zeitung vom Vortag interessiert eben nicht mehr. Dieser an sich höchst unwahrscheinliche Zwang zur Veränderung ist einer der grundlegenden Kriterien für journalistische Kommunikation. Es gestattet beispielsweise, dort Nachrichten zu sichten, wo davor niemand etwas Besonderes gesehen hätte, das heißt in täglichen Ereignissen, die deshalb in einem anderen Licht erscheinen – als alltäglich, aber darum noch nicht als vertraut, wie die Figuren des modernen »realistischen« Romans. Es ermöglicht auch die Erzeugung spezieller, für den Journa-

---

207 Weaver 1976 spricht von »two-fold contemporaneity« als »current (present) account of current (present) events«. Debray 1992, S. 296, gemäß war es eben der Buchdruck, der die »Bizarrerie« der Aktualität erfunden hat.

208 Die nebenbei auch andere Faktoren berücksichtigen, etwa die Adäquatheit in Bezug auf das Format der Sendung oder der Zeitung, die Verfügbarkeit über effektvolle Bilder, die Beteiligung von sichtbaren Personen, geographische und kulturelle Nähe usw.: vgl. beispielsweise Wolf 1985, S. 200 ff.

lismus charakteristischer »pseudo-events«. Nachrichten, die einfach dem Sachverhalt entspringen, dass es (noch) keine Nachrichten (es ist keine Erklärung abgegeben worden; die Zahl 19 ist im Lotto noch nicht erschienen), Interviews oder Ähnliches gibt.

Damit haben wir aber noch nicht gezeigt, wie es die Massenmedien schaffen, einen Schaltkreis unendlicher Produktion von Neuheit zustande zu bringen, noch, weshalb Neuheit an sich zu einem Motiv von Interesse werden sollte. An dieser Stelle kommt der Begriff der *Information* ins Spiel, der in der modernen Semantik eine derart zentrale Bedeutung eingenommen hat, dass er als charakteristisches Element unserer Gesellschaft angesehen wird. Der Erfolg von Wendungen wie die der »Informationsgesellschaft« liefern hierfür den Beweis. Den Ausgangspunkt dieses Interesses für Information bildet wiederum die zunehmende Distanzierung von der Interaktion. Die Entfernung von dem unmittelbaren Kontext und die wachsende Distanz von Kommunikation erhöhen die relative Bedeutung der Informationskomponente im Verhältnis zur Mitteilungskomponente der Kommunikation[209] – auch dies bildet, außer im Vergleich zu den Strukturen der Schichtung, auch im Vergleich zur Rhetorik einen Unterschied. Die persuasive Komponente (wie man spricht und in welchem Maße man den Gesprächspartner zu involvieren in der Lage ist) und die an Stratifikation gekoppelten Komponente (wer spricht und welche Autorität besitzt er?) zählen immer weniger, während sich die Aufmerksamkeit immer stärker darauf richtet, was man zu sagen hat: das muss nun interessant und damit in erster Linie informativ sein.

Was aber ist Information wirklich? Dem Begriff ist ein Moment von *Überraschung* implizit. Eine Kommunikation ist dann informativ, wenn sie überraschend wirkt, daher hat eine wiederholte Nachricht auch keinen informativen Wert. Diese Komponente ist auch der Definition von Information der Kybernetik implizit, die sie in einer negativen Terminologie quantifiziert.[210] Die Information ist umso größer, je mehr Alternativen sie ausschließt – wobei sie diesen Effekt nur ein einziges Mal haben kann. Außerdem kann sie nur auf ein bestimmtes System diesen Effekt ausüben, da nicht gesagt ist, dass das, was für ein System informativ ist, auch für ein anderes interessant sein muss, das die in Frage stehende Nachricht unter Umständen bereits kannte. Dies schließt jede Möglichkeit eines »objektiven« Maßstabes

---

209 Vgl. Luhmann 1997a, S. 1091.
210 Vgl. beispielsweise Bateson 1972, S. 315.

für Information als einer fixen Entität mit einer eigenen Identität und einem eigenen Wert, die von System zu System übertragen werden und für alle dieselbe Gültigkeit haben kann, aus. Information wird im Gegenteil zu einem eng an ein System gebundener Begriff, dem sie, ausgehend von einem mehr oder weniger indeterminierten Repertoire an Möglichkeiten, bestimmte Selektionen vorzunehmen gestattet.[211] Bei der Information handelt es sich bereits, wie Luhmann im Anschluss an eine Definition von Bateson behauptet, um »a difference which makes a difference«,[212] d. h. um eine Unterscheidung, die in einem System Eingang findet und in seinem Inneren eine Kaskade weiterer Unterscheidungen produziert, die der Anpassung und Regulierung dienen. Daher kann die Information auch nur ein einziges Mal funktionieren. Wenn sie wiederholt wird, erfordert sie keinerlei Anpassungen, außer diejenige, die dem Motiv ihrer Wiederholung (d. h. einer anderen Information) gelten. Darum gilt sie auch immer nur für ein bestimmtes System und für seine Operationen, die diese aufnehmen und dazu verwenden, sich selbst zu modifizieren. Bei der Information handelt es sich mit anderen Worten nie um eine von außen vorgegebene Modifikation (die für alle gleich ausfallen könnte), sondern eher um eine »Bestimmung zur Selbstbestimmung«,[213] um eine Unterscheidung, die den Anreiz für die Produktion weiterer Unterscheidungen gibt, allerdings auf der Basis bereits vorhandener Strukturen, deren Anlage respektiert werden muss. In dieser Hinsicht ist die Information für jedes System, das sie als solche wahrnimmt, zumindest teilweise verschieden.

Die Behauptung, dass die Information eine Überraschung darstellt, entspricht der Behauptung, dass sie eine Neuheit ist,[214] genauso entspricht die Behauptung, dass ein System mit der Verarbeitung von Informationen befasst ist, der Behauptung, dass es an eine beständige Produktion und Transformation von Neuheit gebunden ist. Dies ist im Wesentlichen das, was das System der Massenmedien Luhmann gemäß auch tut und was auch die zentrale Rolle von Neuheit in der entsprechenden Semantik erklärt. Der Code der Massenmedien ist

---

211 Vgl. Luhmann 1984, S. 103, S. 195 ff.; 1997a, S. 1088 ff. Von Foerster 1972: »The information associated with a description depends on an observer's ability to draw inferences from this description.«
212 Bateson 1972, S. 315.
213 Vgl. Luhmann 1984, S. 103.
214 Es versteht sich von selbst, dass nicht jede Neuheit gleichermaßen informativ ist, gerade deshalb bedarf man aber eines Maßstabes für Informativität.

eben die Unterscheidung von Information und Nichtinformation. Der Code dient in einem Kommunikationssystem dazu, die eigene Einheit festzulegen und zu bewahren. Vorausgesetzt, dass es sich bei der Gesellschaft um das System handelt, das alle Kommunikationen umfasst (und dessen Code man deshalb mit der Unterscheidung von Information und Mitteilung zusammenfallen lassen könnte), können sich in seinem Inneren weitere soziale Systeme ausdifferenzieren, die über eine eigene Identität verfügen, sofern sie in der Lage sind, eine Grenze aufrechtzuerhalten, die darüber bestimmt, was zum System gehört und was nicht, um dadurch eine rekursive Produktion von Kommunikationen, ausgehend von weiteren, im Inneren desselben Systems befindlichen Kommunikationen, in Gang zu setzen. Dafür benötigt man einen Code: eine spezifische Unterscheidung, die die Operationen eines – und nur dieses – Systems leitet und sie so erkenntlich macht. Sie ermöglicht es, dieselben Operationen zu einem rekursiven Netz von Unterscheidungen zu verbinden, die auf der Basis vorangegangener Unterscheidungen operieren und ihrerseits weitere Unterscheidungen derselben Art erzeugen. Dies gilt für die Mehrzahl der Funktionssysteme der modernen Gesellschaft: für die Wissenschaft (mit dem Code wahr/unwahr), für die monetäre Wirtschaft (mit dem Code Zahlen/nicht Zahlen), für das Recht (mit dem Code Recht/Unrecht), für die Politik (mit dem Code Regierung/Opposition), für das Gesundheitssystem (mit dem Code Gesundheit/Krankheit) und so fort. Alle diese Codes können tatsächlich auch als Erzeugung und Verarbeitung von Information angesehen werden (der Begriff ist ja auch Bestandteil der Definition von Kommunikation). Die Besonderheit des Systems der Massenmedien (und des dazugehörigen Codes) besteht darin, dass nur hier diese Unterscheidung reflektiert und dazu verwendet wird, zu erkennen, welche Informationen zum System gehören und welche nicht. Nur hier dient die Unterscheidung Information/Nichtinformation explizit als Code.

Dieser Umstand und der auf spezifische Weise radikale Charakter des Codes des Systems der Massenmedien haben offenbar mit seiner spezifischen Funktion als Gedächtnis der Gesellschaft insgesamt zu tun. Die Massenmedien sind es, die jeden Abend und jeden Morgen beschließen, was gewesen ist und was man sich für die Zukunft zu erwarten hat,[215] was vergessen wird und was erinnert werden soll. Gerade durch die Verbreitung geteilter Informationen stellen die

---

215 Vgl. Luhmann 1997a, S. 1097.

Massenmedien die immense Redundanz sicher, die für den Fortgang von Kommunikation unter vorwiegend nicht-interaktiven Bedingungen notwendig ist: eine Kommunikation, die nicht auf Überzeugungen (den antiken Meinungen der Rhetorik) gründet, sondern lediglich auf der Annahme, dass man informiert sei[216] (auf dem neuen Sinn für Öffentlichkeit). Was geteilt wird, sind also lediglich Informationen, die insofern das Gedächtnis konstituieren, als sie erinnert werden müssen, weil sie dazu erforderlich sind, neue Informationen zu verstehen. Da es aber zur Natur der Information gehört, sich unmittelbar in Nichtinformation zu verwandeln, ergibt sich daraus der Zwang, die »verfallenen« Informationen beständig durch neue Informationen zu ersetzen und daher zu einem ständigen Vergessen (das die Bedingung für das Funktionieren des Gedächtnisses darstellt). In dem Moment nämlich, in dem eine Information mitgeteilt wird, verliert sie (weil sie nicht wiederholt werden kann) ihren informativen Charakter, selbst wenn sie ihren Sinn behält. Wenn sie als Wert des Codes verwendet wird, der Instanz also, auf die die Reproduktion der Operationen des Systems basiert, bedeutet dies auch, dass für die Fortsetzung der Operationen die unmittelbare Erzeugung neuer Informationen erforderlich ist. Deswegen hat der Code auch zwei Seiten. Die Information wird nicht nur (und nicht hauptsächlich) deswegen ständig von Nichtinformation begleitet, weil die Bezeichnung von etwas als informativ die Aufmerksamkeit von allem anderen abzieht (was der reinen Selektion entspräche und daher sicher nicht massenmedienspezifisch wäre), sondern radikaler, weil die Reproduktion der Operationen Information ständig in Nichtinformation – Erinnern in Vergessen – umwandelt. Dies geschieht erst, seit es die Massenmedien gibt. Das Gedächtnis der Massenmedien gründet auf einer konstitutiven Instabilität – die nur durch das Wissen kompensiert wird, dass es am folgenden Tag eine neue Zeitung und neue Sendungen geben wird: daher auch die Wichtigkeit von Kontinuität und Serienmäßigkeit, die den Eindruck erwecken, die Welt auf kontinuierliche und regelmäßige und daher zuverlässige Weise kommentieren zu können.[217]

Die Behauptung, dass ein System selbst darüber bestimmt, was es als Information handelt, bedeutet sicher nicht, dass dies auf willkürliche Art geschieht. Im Gegenteil sind Kriterien zur Eingrenzung eines potentiell informativen Bereichs und für den Ausschluss von Möglich-

---

216 Vgl. Luhmann 1997a, S. 1102.
217 Vgl. Davis 1983, Kap. IV. Wir werden darauf in Kap. IV, 7 noch zurückkommen.

keiten erforderlich. Ein strukturiertes und insbesondere ein über ein Gedächtnis verfügendes System muss in der Lage sein, zu bestimmen: Dies ist für mich nicht informativ und deswegen beschäftige ich mich auch nicht damit. Bei der Schaffung von Redundanz handelt es sich wohl um die Bedingung für die Steigerung von Varietät, gleichzeitig handelt es sich dabei aber auch um eine Eingrenzung von Möglichkeiten, die den möglichen Erwartungshorizont einschränkt. Die Information schließt Möglichkeiten, auch die zukünftigen, aus. Offenheit für Überraschung bedeutet nicht, dass in Zukunft alles Mögliche vorkommen kann, sondern im Gegenteil, dass es Erwartungen gibt, denen gegenüber sich ein Ereignis als deviant profiliert. Eine Überraschung kann sich nur vor dem Hintergrund einer bereits vorstrukturierten Zukunft abzeichnen.

Auch in diesem Fall haben wir es offenbar mit einer Paradoxie zu tun. Die Überraschung existiert nur für denjenigen, der sie zu erwarten weiß – oder anders: Die Neuheit existiert nur, wenn Strukturen vorhanden sind, die sie als solche erfassen können (d. h. nur, wenn sie nicht mehr neu ist). Oder, in der Terminologie Niklas Luhmanns ausgedrückt: Auch bei der Information, dass etwas nicht informativ ist, handelt es sich noch um eine Information.[218] Wie dies für alle Paradoxien gilt, besteht die Lösung dieser Paradoxie nicht darin, sie offen anzugehen (was bekanntlich nur zu einer unaufhaltbaren Produktion zusätzlicher Paradoxien führen würde), sondern darin, eine andere Unterscheidung einzuschalten, die sich mit der Unterscheidung kreuzt, welche sie erzeugt hat, und damit ihre Operationalisierung ermöglicht. Konkreter: Die Paradoxie von der Informativität der Nichtinformation wird durch den Code der Massenmedien erzeugt, dies stellt aber kein Problem dar, weil eine Gesamtheit von (internen) Regeln vorhanden ist, die es gestatten, jedes Mal von neuem zu entscheiden, was als Information gehandelt werden soll und was nicht. Es handelt sich dabei um Programme, die ihrerseits wiederum in drei Bereiche unterteilt sind: Nachrichten, Unterhaltung und Werbung.[219] Hier stoßen wir endlich auf die Kriterien, die das Modell vom Gedächtnis als Kultur beherrschen und über das bestimmen, was erinnert und was vergessen wird, und auf welche Weise dies geschieht.

Weshalb aber diese drei voneinander geschiedenen Bereiche? Wenn

---

218 Vgl. Luhmann 1995a, S. 37.
219 In diesem Fall überschneidet sich die technische Definition von Programmen aus der Systemtheorie (vgl. beispielsweise Luhmann 1990a, S. 401 ff.) mit dem allgemein gebräuchlichen Verständnis davon, etwa in Bezug auf die Fernsehprogramme.

man die Kommunikation der Massenmedien empirisch beobachtet, fällt die Unterscheidung der drei Bereiche deutlich auf und sie ist derart explizit, dass es für den geübten Zuschauer schwierig sein dürfte, einen Spielfilm für eine Reportage oder für reale Geschehnisse zu halten, oder eine Werbesendung mit einer Varietévorstellung zu verwechseln.[220] Verwirrung kann es nur für einige Augenblicke nach dem Einschalten des Fernsehers oder nach dem Springen auf einen anderen Kanal geben, bald setzen aber Elemente ein, die klarstellen, um welchen Bereich es sich handelt. Die leitenden Kriterien der Selektion, Konfiguration und Präsentation der Information unterscheiden sich je nach Bereich deutlich voneinander und sind in jedem Bereich stark ausgeprägt. In zwei dieser Bereiche scheint die Angelegenheit recht klar zu sein. Die Unterscheidung zwischen Nachrichten und Unterhaltung war bereits der »undifferenzierten Matrix *news/novel*« implizit, aus der sich ursprünglich das System der Massenmedien ausdifferenziert hat und die der für die Moderne charakteristischen Realitätsverdoppelung entspricht. Wie wir unter Abschnitt IV, 3 bereits gesehen haben, werden die ontologischen Kategorien der klassischen Tradition durch die Unterscheidung zwischen realer und fiktiver Realität (die den Konstruktionen eines Beobachters zugeschrieben wird) ersetzt, die im Grunde dem Übergang zu einer Beobachtungsart zweiter Ordnung entspricht. Die Trennung der Bereiche Nachrichten und Unterhaltung reflektiert diese Unterscheidung und transponiert sie auf die zirkuläre Produktion von Information, die für die Massenmedien kennzeichnend ist – mit dem Unterschied, dass man von als Nachricht bezeichneten Informationen weiß, dass sie vorgeben, sich auf die reale Realität zu beziehen, während die Informationen aus dem Programm der Unterhaltung auf den Bereich der Fiktion bezogen sind. Mit anderen Worten könnte man sagen, dass der Beobachter zweiter Ordnung in dem einen Fall die Fremdreferenz und in dem anderen die Selbstreferenz der Beobachtung beobachtet, die er beobachtet. Die Nachrichten dienen dazu, die Welt auf die »misstrauische« Art des Beobachters zweiter Ordnung zu kennen: eine Realität also, die auch den anderen Beobachtern bekannt ist und beständig dem Manipulationsverdacht ausgesetzt ist. Die Unterhaltungsprogramme verfolgen das Ziel, den Zuschauer »abzulenken«, der sich einer von anderen konstruierten Welt überlässt und

---

220 Eine gemischte Formulierung wie »infotainment« setzt die Unterscheidung der Bereiche Nachrichten und Unterhaltung voraus, deren Vermischung sie darauf anzeigt.

davon tragen lässt – man könnte sagen, dass sie dem Zuschauer die Möglichkeit bieten, sich der Beobachtung anderer zu überlassen, indem sie diese auch als solche erkennen (da es sich ja um Fiktion handelt). Dies beinhaltet natürlich eine immer ausgefeiltere Beobachtung von Beobachtern (wenngleich nicht notwendigerweise auch eine anspruchsvollere, wie man dies an den Varietévorstellungen ersehen kann, die nach und nach immer ungeschliffener werden, während sie gleichzeitig immer komplexere Strukturen in dem Sinne aufweisen, als die Vorstellungen von vor zehn Jahren auf keinen Fall mehr »durchgehen« würden). Dies schließt selbstverständlich auch Selbstbeobachtung ein – eine Angelegenheit, die, wie wir bereits gesehen haben, vom Anfang der Romanlektüre an diskutiert worden ist. Man könnte auch sagen, dass die Unterhaltung dazu dient, die Beobachter auf eine ebenso »misstrauische« Art zu beobachten wie die Kenntnis der Welt, die man aus den Nachrichten bezieht.

Es scheint, dass sowohl den Nachrichten als auch der Unterhaltung eine Art »Erbsünde« anhaftet, die für alle Formen der Beobachtung zweiter Ordnung charakteristisch und unvermeidbar ist, die auf die ontologische Realität verzichten, ohne darum den Verweis auf die reale Realität aufzugeben: den Manipulationsverdacht im Fall der Nachrichten und die Angst vor einem Realitätsverlust im Fall der Unterhaltung. Der dritte Programmbereich, die Werbung, nimmt diesen Verdacht explizit auf sich und macht ihn sich zunutze und kann daher als unvermeidbares »parasitäres« Komplement des Systems der Massenmedien angesehen werden. Die Autonomie der Massenmedien ist historisch der Werbung zu verdanken, die es (weit mehr als die durch den Verkauf erzielten Gewinne) den Zeitungen ermöglicht hat, sich selbst zu finanzieren und heutzutage das enorme Dunkel der privaten Sender unterhält. Die Werbung gibt ihre Manipulationsintentionen[221] (es geht darum, zum Kauf zu motivieren) und selbst ihre mnemonische Funktion offen zu. Der erste Erfolg der Werbung besteht darin, die Aufmerksamkeit auf sich zu lenken und erinnert zu werden und kann sich nur auf diesem indirekten Weg erhoffen, das eigene Ziel zu erreichen. Deswegen und aufgrund ihrer parasitären Position kann sich die Werbung erlauben, was in anderen Programmbereichen untersagt ist, nämlich oft wiederholt zu werden (indem sie den massenmedialen Zwang zur Neuheit ad negativum für sich nutzt und auf diesem Wege erhoffen kann, erinnert zu werden) und die

---

221 Vgl. Luhmann 1995a, S. 85 ff.

offene Aversion des Publikums auszuhalten. Man weiß, dass sich niemand Werbung anschauen mag, dennoch wird sie gesendet und hat, wie es scheint, eine Wirkung.[222]

Die Werbung als der Bereich, in dem sich die Paradoxien des Systems der Massenmedien verdichten, ist ebenso der Bereich, an dem eine Nähe zur Tradition der Rhetorik fortzubestehen scheint: nämlich im expliziten Verweis auf die Frage der Überredung und in der Rückkehr zu Techniken der Wiederholung gegen den Varietätszwang des modernen Gedächtnisses. Doch gerade in der scheinbaren Ähnlichkeit markiert die Werbung, insbesondere was die Frage nach der Motivation anbelangt, die grundlegende Differenz der beiden Gedächtnisarten.

Wie wir gesehen haben, ersetzen die Massenmedien die Rhetorik in der Aufgabe, eine Selbstbeschreibung der Welt und der Gesellschaft bereitzustellen. Darin besteht die (mnemonische) Funktion, die sie für die Gesellschaft ausüben, ebenso wie die Leistung, die sie für andere Systeme erbringen, die in der Folge in der Lage sein werden und in der Lage sein müssen, sich ein eigenes, spezifisches Gedächtnis, mit einer eigenen Orientierung und einer eigenen Struktur zu konstruieren. Sie setzen die Massenmedien aber dennoch voraus, zumindest was die allgemeine semantische Bewegung in Richtung der Beobachtung zweiter Ordnung anbelangt. Aufgrund der Massenmedien hebt sich die herrschende Beobachtungsform auf die Ebene der Beobachtung zweiter Ordnung – dies trifft auch auf diejenigen zu, die nicht fernsehen. Dies haben wir bereits in Bezug auf die Ausdehnung der Kontingenz auf alle gesellschaftlichen Teilbereiche gesehen.[223] Außerdem mobilisieren die Massenmedien durch ihre beständige Produktion von Neuheit die Semantik der anderen Systeme, die sich nun an immer schnellere Veränderungen anpassen und so auf jegliche Stabilität verzichten müssen. Anders als im Fall der Rhetorik ist die Selbstbeschreibung der modernen Gesellschaft nicht in der Lage, sich selbst zu reflektieren. Wenn sie dies tut, stößt sie, wie wir bereits gesehen haben, unmittelbar auf den Manipulationsverdacht, mit dem ihre Strukturen nicht umgehen können.

---

222 Die Funktion, die Luhmann der Werbung zuweist, nämlich »Leute ohne Geschmack mit Geschmack zu versorgen« (1995a, S. 89), bestätigt ebenfalls ihre Nähe zur Paradoxie, allerdings von der Seite psychischer Systeme. Sie stellt eine Koordinierung mit den anderen in dem Bereich sicher, in dem jeder meint, seine Autonomie am meisten zu verwirklichen.
223 Vgl. Kap. IV, 2.

Die Kultur verwirklicht eine sozusagen »unvollständige« Form der Beobachtung zweiter Ordnung, die es nicht vermag, den beobachtenden Beobachter in ihrem Inneren einzuschließen – dieser muss deshalb nach außen in die privilegierte Position des Subjekts oder des Autors versetzt werden. Eine Form von Reflexivität ist jedenfalls dem Begriff der Kultur selbst implizit und basiert auf dem Vergleich und damit auf Kontingenz. Sie vermag es jedoch nicht, über die Projektion der Kultur zu reflektieren – diesem Mangel entspricht die externe Positionierung des Beobachters. Die Unfähigkeit der Massenmedien, mit den eigenen Wirkungen (mit dem Manipulationsverdacht) umzugehen, ist hiervon eine weitere Konsequenz. Doch waren andere Modelle der Selbstbeschreibung hierzu in der Lage? Weshalb hatte die Rhetorik diesbezüglich keine Schwierigkeiten?

Entscheidend ist wiederum, auf welcher Ebene der Beobachtung man sich befindet. Die Rhetorik bewegte sich auf der Ebene der Beobachtung erster Ordnung und konnte so über Kommunikation reflektieren, ohne auf das Problem der Kontingenz zu stoßen. Wörter und Gegenstände blieben innerhalb eines naturalen, bruchlosen Kontinuums eingeschlossen.[224] Darum konnte sie auch spielerisch mit Paradoxien umgehen, zu dem einzigen Zweck, einen Überraschungseffekt zu zeitigen – der in Erstaunen übersetzt wurde und Erinnerbarkeit, nicht aber Unentscheidbarkeit (und auch nicht Neuheit) erzeugte. Gerade aufgrund dieses ontologischen Fundaments konnte die Rhetorik mit demselben Instrument (mit derselben Technik) zwei vollkommen unterschiedliche Zwecke erreichen. Das explizite Ziel der Rhetorik bestand bekanntermaßen darin, einen Überredungseffekt zu bewirken, den Gesprächspartner zu umgarnen und dahin zu bringen, die Thesen des Redners zu akzeptieren. Nicht aufgrund einer kritischen Reflexion, sondern weil er in die Lage versetzt wurde, die Alternativen nicht zu sehen. Um dies zu bewirken, hat die Rhetorik eigene Techniken entwickelt, die das Resultat einer Reflexion der Kommunikation über sich selbst sind. Sie setzten daher zugleich die Selbstbeschreibung der Kommunikation und der Welt voraus. Die Strukturen der Rhetorik, etwa der Apparat der *loci* und die Prozeduren, die es ermöglichten, sich darin zurechtzufinden, dienten ohne Kontinuitätsunterbrechung sowohl dazu, den Gesprächspartner zu überreden, als auch dazu, Überlegungen über die Welt zu konstruie-

---

224 Vgl. Luhmann 1997a, S. 995.

ren.²²⁵ Die Rede eines Redners konnte mit anderen Worten deshalb überreden, weil man sie für eine Beschreibung der Welt hielt.²²⁶ Überredung und Generalisierung funktionierten mit Hilfe der gleichen Formen.

Auf der Ebene zweiter Ordnung ist dies offensichtlich nicht mehr möglich. Jede Beschreibung der Welt wird einem Beobachter zugeschrieben und wirft die Frage nach seinen Motiven auf. Die Massenmedien schaffen es dennoch, eine gemeinsame Beschreibung der Welt zu liefern, die allerdings unweigerlich dazu verurteilt ist, »nicht-konsenspflichtig« zu sein – aus diesem Grund sind sie auch nicht in der Lage, über sich selbst, außer in der paradoxen Form des Manipulationsverdachts, zu reflektieren. Dies beinhaltet aber auch, dass die Formen von Generalisierung, die sie erzeugen, keinesfalls auch der Überredung dienen können – das Gegenteil ist der Fall. Die Kommunikation der Massenmedien lädt eher zur Devianz denn zur Konformität ein (auch wenn diese Suche nach Anormalität in der Folge völlig normal wird). Daher wird die Werbung auch, aufgrund ihrer dezidierten Überredungsabsicht, abgelehnt – abgesehen davon, dass sie ihre Absichten auf verqueren und indirekten Wegen erreicht (oder nicht erreicht: die Frage nach der Wirksamkeit der Werbung ist völlig ungeklärt und voller zirkulärer Aspekte), die sich gerade das Bewusstsein über das Bewusstsein der Intention zunutze machen. Man greift dann auf schöne Bilder zurück, auf einladende Musik, auf lustige Slogans und heutzutage auch immer öfter auf brutale, irritierende oder überraschende Kommunikationen. Sie dienen in erster Linie dazu, Aufmerksamkeit zu erregen, während die Aufforderung zum Produktkauf implizit gehalten wird, ist sie auch allen bekannt (die sich den Sinn der Werbekommunikation, die im Übrigen als solche auch gekennzeichnet werden muss, ansonsten auch nicht erklären könnten). Auch hierin präsentiert sich Werbung als parasitäres Phänomen, das das durch die Massenmedien erzeugte reflexive Bewusstsein für sich ausnutzt, um es mit sich selbst kurzzuschließen.

Obwohl die Massenmedien nicht in der Lage sind, sich selbst reflexiv zu begründen, schaffen sie es dennoch, eine eigene Selbst-

---

225 Beaujour 1980 behauptet, indem er die Formen des Selbstportraits behandelt, dass sich Reflexivität bis in die Anfänge der Moderne der Formen der antiken Rhetorik bedienen und diese dabei einem abweichenden Ziel als dem der Überredung des Gesprächspartners zuführen musste (siehe insbesondere S. 11 ff.).
226 Die Beziehungen zwischen Rhetorik und Logik und zwischen scheinbarer und wahrer Beschreibung haben wir in Kap. III, 5 behandelt.

beschreibung der Kommunikation bereitzustellen. Die andere (im Übrigen auch offizielle und erklärte) Funktion der Rhetorik, die der Überredung, wird dadurch überhaupt nicht gedeckt. Generalisierung und Konsensmotivierung driften auf drastische Weise auseinander und man muss sich fragen, ob es nun eine andere gesellschaftliche Instanz gibt, und welche diese ist, die die Rhetorik in der spezifischen Aufgabe ersetzt, die Bereitschaft für die Annahme von Kommunikation zu erzeugen. Die Theorie von Luhmann stellt diesbezüglich eine Antwort bereit, die auf den äußerst technischen und viel diskutierten Begriff der *symbolisch generalisierten Kommunikationsmedien* zurückgreift – die kürzlich, in direkter Anspielung auf ihre Überredungsfunktion, auch mit dem Begriff der »*Erfolgsmedien*« bezeichnet worden sind.[227] Wir können an dieser Stelle auf diesen komplexen und wichtigen Abschnitt aus der Systemtheorie nicht vertieft eingehen und beschränken uns auf den knappen Hinweis, dass es sich dabei um verschiedene und voneinander scheinbar vollkommen unabhängige Medien wie Geld, Liebe, wissenschaftliche Wahrheit oder Kunst handelt, deren Gemeinsamkeit auf ihre Funktion gründet, die Annahme der Selektion wahrscheinlicher zu machen bzw. die Wahrscheinlichkeit einer Ablehnung in die Wahrscheinlichkeit einer Annahme umzuwandeln. Man stimmt darin ein, ein eigenes Gut abzutreten, weil Geld dafür angeboten wird (das in der Folge anderweitig verwendet werden kann), man nimmt die Ausübung einer unangenehmen Aufgabe an, weil derjenige, der dies verlangt, Inhaber von Macht ist (und als solcher auch von anderen anerkannt ist, die sich ihrerseits ebenso verhalten würden), man akzeptiert eine unglaubwürdige Behauptung, weil diese als wissenschaftliche Wahrheit vorgestellt wird usw. In der modernen Gesellschaft, in der mit dem Zuwachs an Wissen die Annahmebereitschaft sinkt, stellen diese Instrumente in stark eingegrenzten Bereichen und unter in hohem Maße technisierten Bedingungen eine ausreichende Annahmequote sicher, um die Konstruktion komplexer Strukturen zu gewährleisten.

An dieser Stelle interessiert uns die zugrunde liegende Beobachtungsstruktur. Anders als die Rhetorik, die eine Identität zwischen der Selektion des Sprechers und der des Hörers vorausgesetzt hatte, gehen die symbolisch generalisierten Kommunikationsmedien von der Feststellung aus, dass man es auf den zwei Seiten der Kommunikation mit unterschiedlichen Selektionsleistungen zu tun hat, die verschieden

---

227 Vgl. Luhmann 1997a, S. 202 ff., S. 316 ff.

bleiben müssen, auch wenn man beständig versucht, sie miteinander zu koordinieren. Derjenige, der zahlt, und derjenige, der die Bezahlung entgegennimmt, derjenige, der einen Befehl erteilt, und derjenige, der den Befehl empfängt, denken nicht auf die gleiche Weise und es ist auch nicht erforderlich, dass sie dies tun. Es ist lediglich nötig, dass die Selektionsleistung des einen mit der (davon verschiedenen) des anderen koordiniert wird, und dass dies schließlich zur Annahme führt. Während die Rhetorik darauf abzielte, Einheit herzustellen, setzen die symbolisch generalisierten Kommunikationsmedien Differenzen voraus und weiten diese noch aus – um schließlich dasselbe Ergebnis zu erzielen: eine Annahme. Sie erreichen dieses Ziel, weil sie die Selektionsleistung der Angebotsseite von Kommunikation unter Bedingungen stellen, die es zu einem Motivationsfaktor werden lassen:[228] zum Beispiel, weil, wer einen Gegenstand besitzen möchte, zahlt, um diesen zu erwerben, oder weil man weiß, dass, wer einen Befehl erteilt, auch die Macht besitzt, dass dem Befehl Folge geleistet wird (und dies nicht für jeden gleichermaßen gilt). Anders als die Rhetorik greifen diese Medien nicht auf die Instrumente der Rede zurück, indem sie diese verstärken und wirkungsvoller gestalten (die Einheit von Überredung und Reflexion der Kommunikation), sondern sie setzen diesen andere Instrumente entgegen (die Symbole, die die besonderen Selektionsbedingungen zum Ausdruck bringen) und operieren auf der Ebene der Beobachtung zweiter Ordnung.

Die »Erfolgsmedien« sind an entsprechende Funktionssysteme gekoppelt: das Geld an das Wirtschaftssystem, die Macht an das politische System (das heutzutage juristisch codiert ist), die Liebe an Familien, die Wahrheit an das Wissenschaftssystem, die Kunst an das System der Kunst. Für die Massenmedien besteht der Erfolg allerdings nicht darin, für die eigene Selektion eine Annahme zu erzielen (außer als sekundärer, zufälliger und kaum planbarer Effekt), sondern darin, gesehen, gelesen oder gehört zu werden – darin also, die Themen annehmbar zu machen.[229] Der Erfolg besteht also lediglich darin, dass man fernsieht oder Zeitung liest, und die Annahme der Kommunikation ist auf einer gegenüber den übrigen Funktionsbe-

---

228 Vgl. Luhmann 1997a, S. 321.
229 Diese Position ist von der aus den Theorien von der »agenda-setting«, ausgehend von McCombs und Shaw 1972, nicht weit entfernt. Bereits in den 40er Jahren waren übrigens Lazarsfeld und seine Mitarbeiter zu der Schlussfolgerung gelangt, dass die Medien die Meinungen weder erzeugen noch ändern, sondern, wenn überhaupt, die schon bestehenden verstärken: vgl. Lazarsfeld, Berelson und Gaudet 1944.

reichen vorangestellten Ebene angesiedelt. Sie betrifft nicht die Inhalte, sondern lediglich den Sachverhalt der Kommunikation selbst.

Das System der Massenmedien verfügt deshalb nicht über ein eigenes symbolisch generalisiertes Kommunikationsmedium, weil es eines solchen tatsächlich auch nicht bedarf. Seine Funktion, eine zweite nicht-konsenspflichtige Realität bereitzustellen, erfordert den Konsens des Publikums nicht. Es ist nicht nötig, dass man mit einem Ja antwortet. Die zu reduzierende Unwahrscheinlichkeit betrifft eher den Sachverhalt des kommunikativen Angebots: den Sachverhalt, dass man auch dann fernsieht, wenn die behandelten Themen der eigenen Erfahrung völlig fern stehen oder wenn Werbung läuft, dass man sich für Dinge interessiert, die von keinem Interesse sind. Ein eventuelles Medium der Massenmedien würde direkt die Autopoiesis des Systems, d. h. die Fortsetzung seiner Kommunikationen selbst betreffen. Auf der Ebene der Autopoiesis gibt es aber nichts, was einer Kontrolle unterstellt werden müsste. Das System existiert oder es existiert eben nicht. Jeder Versuch der Intervention würde auf dieser Ebene zu einem Kurzschließen der Beobachtungsebenen führen. Er würde dazu führen, dass die für das System konstitutive Illusion zerstört würde, Beobachtungen erster Ordnung bereitzustellen,[230] und zu dem Zwang, die Beobachter zu beobachten. Das Resultat wäre das Aufkommen des Manipulationsverdachts, das aus diesem System nicht mehr getilgt werden könnte.

Mit all dem soll nicht gesagt werden, dass die Massenmedien nicht zur Meinungsbildung beitragen würden; sie können diese aber nicht unter Kontrolle halten. Die Massenmedien können zwar manipulieren, nicht aber überreden; sie können Uniformität, nicht aber Konsens erzeugen. Ihre Wirksamkeit gerät in die Nähe von der, die Jullien als chinesische Wendung einer anti-rhetorischen Manipulation beschreibt[231] und die nur unter der Vorgabe funktioniert, dass sie den Neigungen desjenigen angepasst wird, der beeinflusst werden soll – so wie auch die Fernsehsender mit den Orientierungen der *audience* konform gehen. Dann wird es in der Tat schwierig, festzustellen, wer nun die Kontrolle ausübt.

---

230 In diesem Bezug siehe Luhmann 1993c; Esposito 2000a, 2000b.
231 Vgl. Jullien 1996, Kap. X.

7. Temporalisierung der Komplexität

Wir haben bereits unter den verschiedensten Aspekten feststellen können, dass die Charakteristik der Moderne in einem verschärften Bewusstsein für die zeitliche Dimension liegt (das selbst in dem Begriff der »Neuzeit« eingeht, mit dem sie sich selbst beschreibt). Dieses Bewusstsein ist umso charakteristischer, als es zuvor nicht existierte. So, wie sich die rhetorische Semantik von der divinatorischen durch das neue Bewusstsein von der Autonomie der sozialen Dimension unterscheidet,[232] kann man sagen, dass in der Moderne durch die Autonomisierung der zeitlichen Dimension eine analoge Distinktion verwirklicht wird. Dies ist auch mit der Formulierung von der »Temporalisierung der Komplexität«[233] gemeint.

Irgendeine Form der Ausrichtung an der Zeit hat es selbstverständlich immer schon gegeben und sie hat sich im alten Griechenland auch bereits von der Orientierung an die räumliche Dimension getrennt. Der Unterschied der Zeiten wurde dabei aber im Wesentlichen auf eine Ansammlung von Beispielen zurückgeführt, deren Vielfalt den Unterschied der Perspektiven auf die Welt reproduzierte und eben nicht einen inhärenten Sinn für Veränderung. Letztlich blieb die Welt strukturell immer gleich[234] und was sich änderte, war lediglich die Art, sie zu sehen. Mit anderen Worten blieb die Varietät an die soziale Dimension gebunden – also an die Dimension, die die rhetorische Semantik lenkte. Für Meier[235] zeigt sich diese »Schwäche der zeitlichen Dimension« an dem Sachverhalt, dass die Erwartungen die Erfahrung nicht antizipierten. Man setzte sich nichts als Ziel, das sich von dem Bekannten unterschieden hätte und in Zukunft verwirklicht werden sollte, sondern sozusagen das Komplement und die Vervollkommnung der Gegenwart. Mit anderen Worten könnte man sagen, dass die Abstraktionsfähigkeit der Griechen nicht bis zu einer Distanzierung von der Gegenwart ging, die die Projektion in eine unbekannte Zukunft ermöglicht hätte, sondern nur eine Varietät zuließ, die auf eine Art »politischer Zeit«[236] hätte zurückgeführt werden können, nämlich die Verschiedenheit der Handlungen der Einzelnen und deren Zusammenhänge. Die Varietät war auf die menschliche Dimension

---

232 Vgl. Kap. III, 2.
233 Vgl. Luhmann 1980c; Koselleck 1979.
234 Vgl. Koselleck 1979, S. 300-348.
235 Vgl. Meier 1980, S. 489 ff.
236 Meier 1980, S. 413 ff.

des *tempus* angesiedelt. Veränderung verdankte sich menschlichem Handeln und nicht der Zeit selbst – und hatte damit keine ontologische Reichweite.

Dies ändert sich im 17. Jahrhundert, um in der zweiten Hälfte des 18. Jahrhunderts offen zutage zu treten. Die Zeit entkoppelt sich von den Inhalten (von der materiellen Dimension) und von den Perspektiven (von der sozialen Dimension), um selbst zu einer Dimension der Welt zu werden. Die historische Wahrheit ändert sich mit der Zeit – es ist dies ein Übergang, der den radikalen Bruch mit der Doktrin von den Beständigkeit der Formen und selbst mit den Vorannahmen der Ontologie markiert. Die Ereignisse büßen ihren fixen historischen Charakter ein. Im Verlauf der Zeit werden sie anders gesehen und eingeschätzt, ohne dass dies einen Irrtum beinhaltete, sondern als Konsequenz einer abstrakteren Wahrheit, die von dem Lauf der Geschichte selbst abhängt. Die Ereignisse werden zu etwas anderem.

Diese Haltungsänderung impliziert eine ganze Reihe von Konsequenzen, die wir uns noch im Detail ansehen müssen. Zunächst muss aber die Frage geklärt werden, wie es überhaupt dazu kommt. Worin bestehen die Vorannahmen und Implikationen einer Vorstellung von Zeit, die nicht mehr als eine einfache Menge bzw. als eine Akkumulation von Ereignissen angesehen wird, sondern als selbstreferentielle Form eines sich selbst determinierenden Prozesses (die Selektion eines Ereignisses trägt zu der Modifikation der verfügbaren Möglichkeiten für die weiteren Ereignisse und daher zu der Determination ihrer Selektionen bei[237])? Oder, unter Berücksichtigung unserer Frage nach dem Gedächtnis: Worauf gründet eine Vorstellung von Zeit, die ihre Priorität von der Erinnerung (als der Akkumulation von Ereignissen) abwendet und sich dem Vergessen zuwendet (einer Kombination von Selektionen, bei der jedes Ereignis sich vor dem Hintergrund all dessen, was nicht geschehen ist, abzeichnet)?

Bei einer so verstandenen Zeit handelt es sich in erster Linie um eine *reflexiv* gewordene Zeit, die sich selbst ausgehend ausschließlich von einer internen Perspektive beobachtet und determiniert.[238] Davor war es die Ewigkeit, die externe Perspektive Gottes, die es gestattete, die Einheit der Zeit in der Form der Gleichzeitigkeit zu beobachten. Von der Moderne an reflektiert sich Zeit in die Zeit selbst auf der Basis der Unterscheidung Vergangenheit/Zukunft – daher unter anderem auch

---

237 Vgl. Luhmann 1980c, S. 249.
238 Vgl. Luhmann 1980c, S. 289 ff.; 1984, S. 426 ff.; 1991, S. 48 ff.

ihre neugewonnene Autonomie.[239] Wie alle Unterscheidungen von der Form der Realitätsverdoppelung, die wir in Kap. IV, 3 behandelt haben, entsprechen den zwei Seiten nicht Teile der Realität (die in der Vergangenheit und in der Zukunft befindlichen Dinge, das Vorher und das Nachher), sondern lediglich Horizonte, Differenzen zwischen Vorher und Nachher. Die Reflexivität besteht in dem Sachverhalt, dass die Unterscheidung Vergangenheit/Zukunft sowohl in der Vergangenheit als auch in der Zukunft vorkommt. Die Totalität der Zeit wird in jeder Gegenwart erneut reflektiert, die über eigene Horizonte von Vergangenheit und Zukunft verfügt und sie ausgehend von der eigenen Perspektive wiederherstellt. Die Vergangenheit und die Zukunft von heute sind von denen jedes vergangenen Augenblicks verschieden, kommen allerdings in ihrem Inneren erneut vor. Mit anderen Worten verfügt die gegenwärtige Gegenwart über eine eigene Zukunft und über eine eigene Vergangenheit, in die sich zusätzliche Gegenwarten mit den dazugehörigen Horizonten von Vergangenheit und Zukunft projizieren lassen. Die vergangene Gegenwart ist daher von jeder gegenwärtigen Vergangenheit verschieden und verfügt auch über ein diesbezügliches Bewusstsein, so dass sie auch wissen kann, dass ein Ereignis, das heute zur Vergangenheit gehört, zu der Zukunft einer dieser vergangenen Gegenwarten gehörte. Man kann sich an die eigenen Hoffnungen und an die eigenen Projekte erinnern und sie mit dem vergleichen, zu dem sie geführt haben. Insbesondere aber verfügt die gegenwärtige Gegenwart über eine eigene Zukunft, in die sie zusätzliche zukünftige Gegenwarten projiziert und dabei weiß, dass sie von der zukünftigen Gegenwart verschieden sein werden (die ihrerseits zur Vergangenheit wird). Die Einheit der Zeit ist dann nicht mehr durch die Identität einer fixen Perspektive (der Ewigkeit) gegeben, sondern durch die Differenz einer Vielheit von Perspektiven, die die Totalität der Zeit jedes Mal auf andere Weise neu rekonstruieren, sich dabei gegenseitig verbinden und beeinflussen (die aktuelle Gegenwart hängt unter anderem mit den vergangenen Perspektiven auf die Zukunft zusammen, selbst wenn sie mit diesen nie zusammenfällt).

---

239 Die im Übrigen, beispielsweise in der Wirtschaft, zum Teil extreme Konsequenzen nach sich zieht. Im Mittelalter wurde die Aktivität der Händler verurteilt, weil ihre Verdienste darauf basierten, aus der Zeit Profit zu ziehen: auf der Schaffung von Reserven, auf dem Kauf und Verkauf zu dem günstigsten Zeitpunkt, bis hin zum Wucher. Die Zeit konnte aber, weil sie nur Gott gehörte, nicht Gegenstand der Gewinnsucht sein. Vgl. Le Goff 1977. Mit der autonomen Zeit der Moderne kann offenbar mit einer viel größeren Freiheit »umgegangen« werden.

Die der Zeit innewohnende Varietät wird enorm erhöht, gleichzeitig wächst aber auch die Redundanz, weil jeder Augenblick auf andere Weise in jeder der unzähligen Gegenwarten, die ihn zum Ausdruck bringen, erneut vorgestellt wird. Wir sehen wieder, dass die Anzahl und Varietät der verfügbaren Erinnerungen erhöht wird – allerdings auf der Basis eines entsprechenden Autonomiezuwachses der Vergangenheit, d. h. auf der Basis der Fähigkeit, zu vergessen.

Die Perspektive, von der aus die Zeit beobachtet wird, ist nun die (zeitliche) Perspektive der Gegenwart – eine spezifische Perspektive also, die die Ausdifferenzierung der zeitlichen Dimension anzeigt. Die Gegenwart ändert sich aber beständig und drückt darin die Kontinuität der Veränderung aus, welche, wie wir gesehen haben, die paradoxe Grundlage der modernen Identitäten bildet. In der Tat gründet die Transformation der zeitlichen Semantik von einer Orientierung an Stabilität zu der Aktualität von Veränderung auf der Rekonzeptualisierung der Gegenwart.[240] Die rhetorische Semantik bezog sich auf eine ausgedehnte Gegenwart, in der alle *auctores* Zeitgenossen waren und zu einem einzigen Diskurs verbunden werden konnten. Die Gegenwart war der Zeitpunkt, an dem sich die Ewigkeit in der Zeit präsentierte und an dem Stabilität und Sicherheit begründet wurden. Mit der Moderne schrumpft dagegen die Gegenwart zu einem einzigen Ereignis zusammen, das im selben Augenblick verschwindet, in dem es sich ereignet und zu einer bloßen Schaltung zwischen Vergangenheit und Zukunft gerinnt: zu der Scheidewand ohne Zeitdauer, die das, was noch ist, zu dem verwandelt, was nicht mehr ist. Die Gegenwart, in der die gesamte zeitliche Dimension generiert wird, ist zugleich ein der Zeit äußerliches Moment, der ausgeschlossene Dritte, der die Zeugung der Unterscheidung von Gegenwart und Zukunft ermöglicht, selber aber nicht in diese Unterscheidung einbezogen ist – ebenso wie die moderne Semantik den Beobachter ausschließt, von dem gleichzeitig alles Gegebene abhängt. Die Gegenwart gerinnt zu einer Erfahrung von Instabilität und Unsicherheit.

Die Realität von Zeit als Prozess besteht also nicht in dem Umstand der Kontinuität der Daten, sondern lediglich in den Verknüpfungen, mittels derer man von einer Gegenwart zu einer anderen Gegenwart übergehen kann. Die Realitätsgarantie wird wie in den Massenmedien durch die Aktualität der Veränderung gewährleistet. Hieraus erklärt sich auch die Verlagerung des Schwerpunkts von der Vergangenheit

---

240 Vgl. Luhmann 1976, S. 133; 1980c.

zur Zukunft, die zusehends zu dem vorherrschenden zeitlichen Horizont wird (wie dies auch die Besessenheit für das Neue beweist, auf die wir bereits mehrfach gestoßen sind). Hieraus erklärt sich auch die neue Form der Zukunft oder besser: Die Geburt der Zukunft, wie wir sie heute kennen,[241] ist eine spezifisch moderne Konstruktion. Im Rahmen einer reflexiven Zeit ist die Zukunft nicht nur deswegen unbekannt, weil sie fern ist und im Dunkeln liegt, sondern, in einem viel radikaleren Sinn, weil sie (noch) nicht existiert und daher nicht bekannt sein kann – weil die Möglichkeiten mit der Zeit konstruiert werden und auch die Beständigkeit, sofern sie vorkommt, im Grunde eine Neuheit darstellt. Die Zukunft gerät zu einer offenen Zukunft, die als eine gegenwärtige Zukunft definiert werden kann, die für viele zukünftige Gegenwarten Raum lässt, die sich gegenseitig ausschließen[242] – und die als solche niemals beginnen kann. In dem Moment, in dem sie existieren wird, wird sie keine Zukunft mehr sein. Was man erwartet und in die Zukunft projiziert, stimmt, selbst wenn es sich dabei um eine Neuheit handeln sollte, mit der Realität der Zukunft nicht überein, die sich gerade durch ihre Komponenten der Überraschung und Unerwartbarkeit charakterisieren lässt. Die erwartete Neuheit ist nicht wirklich neu, so wie auch die zukünftige Gegenwart mit der gegenwärtigen Zukunft nicht übereinstimmen kann – außer durch den Verlust der Temporalität der Zeit.

Eine so verstandene Zeit büßt ihre Einstimmigkeit und Stabilität ein. Sie verändert sich nun mit der Zeit und je nach Beobachter. Ausgerechnet diese in sich selbst fragmentierte und immer wieder neu rekonstruierte Zeit wird nun mittels einer einzigen, abstrakten und universalen Chronologie gemessen, die alle Bewegungen und Ereignisse mit einschließt und die einen mit den anderen unabhängig ihrer eigenen Bedeutung miteinander in Beziehung setzt.[243] Das Datierungssystem v. Chr./n. Chr. ist in der ersten Hälfte des 17. Jahrhunderts eingeführt worden, zeitgleich mit dem, was in der Folge Newton'sche Zeit[244] genannt worden ist: eine objektive, kontinuierliche, absolute

---

241 »Im Vorgriff auf Unvollkommenheit«: Koselleck 1976, S. 140.
242 Vgl. Luhmann 1976, S. 140.
243 Vgl. Wilcox 1987; Luhmann 1990 f; 1997a, S. 272. Bei unserem Archivmodell, d. h. bei der entsprechenden Form von Gedächtnis, entspricht der abstrakten Chronologie das Kriterium der Katalogisierung, das seinerseits abstrakt ist, eine allgemeine Gültigkeit hat und von den Bedeutungen unabhängig ist, das es aber in seiner Leere möglich macht, jedem Ding einen Platz zuzuweisen und es mit den anderen Dingen in Verbindung zu setzen.
244 Vgl. beispielsweise Jammer 1991.

und alles umfassende Zeit. Diese Zeit wird mittels einer Chronologie gemessen, die man sich als abstrakte Sequenz von Daten denken muss, die sich nach vorwärts und rückwärts, ausgehend von einem willkürlichen Ausgangspunkt (die Geburt Christi), der weder einen Ursprung noch einen Anfang darstellt, bis ins Unendliche ausdehnen lässt. Die Datierung schließt ebenso alle vorangegangenen und zukünftigen Zeitpunkte mit ein, sie umfasst sogar alle möglichen Ereignisse, die bekannten und die noch unbekannten, die zur eigenen Geschichte oder zu fremden (eventuell noch zu entdeckenden) Kulturen gehören. Die dunkle Vergangenheit und die undurchdringliche Zukunft bleiben gänzlich unbekannt, doch nun verfügen sie über ein Datum. Erstmalig steht eine völlig abstrakte zeitliche Orientierung zur Verfügung, die weder von der Besonderheit der Ereignisse noch von irgendeinem Hinweis auf ihre Bedeutung abhängt[245] – dies stellt eine radikale Änderung im Vergleich zu allen vorangegangenen Datierungssystemen dar. Wie wir in Kap. III, 7 bereits gesehen haben, wurden die zeitlichen Schemata bei Herodot und Thukydides durch die behandelten Ereignisse generiert und blieben diesen auch verhaftet. Damals verwendete man eine Vielheit von relativen Datierungssystemen, die weder für sich beanspruchten, alle möglichen Ereignisse zu erfassen, noch auf eine vollendete Weise linear waren. Diskontinuitäten und Lücken, Wiederholungen und Überlappungen wurden einfach hingenommen, und es war nicht erforderlich, sie einem abstrakten Modell von Kohärenz anzupassen. Die Kohärenz wurde durch die Bedeutung der Ereignisse (durch Aufstieg und Niedergang eines Reiches, durch Kriegsereignisse) sichergestellt, und nicht durch ein einheitliches Schema. Außerhalb der Geschichte gab es keine zeitlichen Verortungen und alles verlor sich im Dunkel einer mythischen Zeit. Man bedurfte keiner unendlichen Chronologie, weil selbst die Zeit nicht unendlich war, sondern einen Anfang hatte und auch ein Ende finden würde (beispielsweise beim Jüngsten Gericht). Noch Machiavelli und Guicciardini verwendeten zwei verschiedene Chronologien, einmal für das antike Zeitalter (ausgehend von der Gründung Roms) und dann für das moderne Zeitalter (ausgehend von der Geburt Christi) und verspürten keinen Bedarf nach deren Integration.

Dagegen ist die chronologische Zeit einzigartig, unendlich und einförmig. Unter der Form der Irreversibilität stellt sie ein einstim-

---

245 Außer im Rahmen einer historizistischen Sichtweise; wir werden darauf in Kürze noch zurückkommen.

miges Kohärenzmodell unter Garantie. Was in der Zeit geschehen ist, existiert in der Welt und kann nicht mehr geändert werden. Die Schuld kann durch Sühne nicht abgetragen werden. Die Vergangenheit ist unwandelbar. Was sich ändert, ist lediglich ihre Bedeutung, die Interpretation der Ereignisse. Diese Zeit wird nicht durch »natural temporal markers« gemessen, sondern durch abstrakte Zeichen, etwa durch Kalenderdaten.[246] Sie manifestiert sich nicht mehr lediglich bei besonderen Anlässen wie bei Feiern oder Naturkatastrophen, sondern sie wird zu einer Dimension des Alltäglichen, die alle Ereignisse des Lebens betrifft.[247] Diese allem und allen gemeinsame Zeit, bei der niemand in der Vergangenheit zurückbleiben oder den anderen in der Zukunft vorauseilen kann, lässt in ihrem Inneren jedoch eine Pluralität historischer Sequenzen und unterschiedlicher zeitlicher Perspektiven zu. Die in jeder Gegenwart verwirklichten Rekonstruktionen der Zeit, die unterschiedlichen Gegenwarts- und Zukunftshorizonte, die Beschleunigungen der Zeiträume, in denen nichts geschieht, die Verlangsamungen bei Zusammenballungen von Ereignissen, die Eile und die Langeweile finden alle eine einheitliche Verortung in derselben Sequenz von Daten. Gerade weil sich die moderne Zeit von der Bedeutung der Ereignisse entkoppelt, lässt sie Raum für die unendliche Vielheit der Bedeutungen.

Der Preis, den man hierfür zu entrichten hat, besteht in dem endgültigen Verlust der Bedeutung von *kairós*. Die Zeit hängt nicht mehr von der Bedeutung der Ereignisse ab, hat aber gleichzeitig über diese Bedeutung nichts mehr zu sagen – weder über die Dinge noch über die Beobachter. Die Vorstellung des richtigen Augenblicks, jenseits seiner unmittelbaren Plausibilität, hat in der modernen Semantik keinen Platz mehr. Der Kalender gibt keinerlei Hinweis darauf, was zu sagen oder was zu tun sei, und liefert keinerlei Anhaltspunkte über den Zustand der Welt. Obgleich uns dieser Ansatz heutzutage selbstverständlich erscheinen mag, war seine Durchsetzung gegen eine Tradition nicht leicht, welche die Chronologie dazu verwendete, das Datum des Jüngsten Gerichts festzulegen oder die Genauigkeit der biblischen Voraussagen nachzuweisen. Die vollendete Trennung der drei Dimensionen von Sinn löst auch den Zusammenhang auf, den die Rhetorik zwischen der zeitlichen und der sozialen Dimension aufrechterhalten hatte. Obgleich nunmehr ohne ontologische Reichweite, diente der

---

246 Vgl. Goody 1991, S. 92.
247 Vgl. Le Goff 1977, S. 33.

Rückgriff auf die Umstände dazu, sich in der Kommunikation und in der menschlichen Dimension von *tempus* zu orientieren. Obgleich die Orientierung an den Umständen keine Hinweise mehr hinsichtlich der letzten Ordnung der Welt lieferte, diente sie dazu, den eigenen Diskurs zu konstruieren, d. h. die anderen Beobachter zu berücksichtigen (das dialektische *kairós* von Platon). *Kairós* war auf die Rhetorik verbannt worden und büßt in dem Moment, in dem Rhetorik in eine marginale Position gerät, selbst jegliche Bedeutung ein. Die Zeit trägt sich nunmehr selbst.

Gerade aus diesem Grund bedarf man nun der Chronologie. Die Autonomie der Zeit verändert den Sinn seiner Messung. Die ersten Spuren dieser Veränderung kann man an den Stundentafeln der benediktinischen Klöster sehen, die den Hinweis auf das Konzept der »richtigen Stunde« aufrechterhielten, diesem aber die Bedeutung einer Garantie über die »zeitliche Symmetrie« der Aktivitäten der Mönche verliehen. Alle Gemeinschaftsmitglieder mussten zur gleichen Zeit dasselbe tun. Die Messung der Zeit diente der Überwindung der für Interaktion typischen Unterscheidung von Anwesenheit und Abwesenheit.[248] Einmal eingeführt, wird die Zeiteinteilung bald dazu verwendet, ein komplementäres Phänomen zu ermöglichen: die gleichzeitige Ausführung verschiedener Tätigkeiten, ohne dabei die Möglichkeit der gegenseitigen Koordination einzubüßen. Jeder Mönch verfügt über einen eigenen Zeitplan, der von dem der anderen verschieden ist, obwohl das Leben des Klosters weiterhin funktioniert. Darin besteht die moderne Aufgabe des Kalenders: zwar enthält er keine Aussage darüber, was zu welchem Zeitpunkt gemacht werden soll, aber er ermöglicht die Organisation und Koordination der zu verrichtenden Dinge (die an anderer Stelle, etwa in den Programmen der Wirtschaft oder des Rechts oder in den Organisationen beschlossen werden). Der Kalender stellt nicht Redundanz unter Garantie, ermöglicht aber Varietät; er legt keine Identitäten fest, ermöglicht aber dafür den Vergleich.

Der Kalender dient der Zeiteinteilung – und dabei handelt es sich um ein neues Erfordernis, das zu dem Zeitpunkt entstanden ist, da die Welt aufgehört hat, vollkommen synchronisiert zu sein und unterschiedliche Rhythmen und Dringlichkeiten zulässt.[249] Der Sinn von

---

248 Vgl. Zerubavel 1981; Luhmann 1990f.
249 Aus einer gesellschaftstheoretischen Perspektive handelt es sich dabei zunächst um die unterschiedlichen Zeiten der verschiedenen Funktionssysteme, die nicht aufeinander abgestimmt werden könnten.

Chronologie besteht unter den Bedingungen fehlender Synchronisation also darin, dennoch die Möglichkeit der Synchronisation allen Geschehens (wie unbekannt und inaktuell dieses auch immer sein mag) sicherzustellen. Jedes Ereignis verfügt nun über ein Datum und damit wird es möglich, festzulegen, welche Ereignisse zeitgleich sind oder dies sein werden.[250] Anders ausgedrückt könnte man auch sagen, dass der Sinn von Chronologie in der Entfaltung und Operationalisierung der Paradoxie der Zeit als der Gleichzeitigkeit des Nicht-Gleichzeitigen besteht. Alles was geschieht, geschieht simultan, aber nicht notwendigerweise zur gleichen Zeit – die Chronologie koordiniert dies alles und deshalb braucht man Uhren und Kalender und bildet die sekundäre Tugend der Pünktlichkeit aus.

Die abstrakte Ordnung der Chronologie ermöglicht die Selbstorganisation der Zeit in den zwei komplementären Formen der Historisierung und der Planung. Das »Dogma« des Historizismus, das in der zweiten Hälfte des 18. Jahrhunderts entsteht, besteht offenbar in der zeitlichen Version der Beobachterabhängigkeit, die in diesem Fall in die Behauptung übersetzt wird, dass jede Gegebenheit entgegen der traditionellen Annahme von der Beständigkeit und Fortdauer der Formen, von dem historischen Kontext und von einer Bezugsgegenwart und ihren Horizonten abhängt. Merkwürdigerweise führt dies jedoch nicht dazu, dass man sich nicht mehr für die Vergangenheit interessiert. Die »Entdeckung« der Geschichte, die, wie wir in Kap. IV, 5 gesehen haben, dazu dient, sich der Vergangenheit zu entledigen, erzeugt zugleich ein neues Interesse für dieselbe. Man wendet sich nun der Vergangenheit nicht als etwas Gleichem, sondern als etwas Verschiedenem zu, um eine (nun historische und nicht mehr ontologische) Erklärung für die Gegenwart zu finden. Die Gegenwart ist nicht mehr die Fortsetzung der Vergangenheit, kann aber als deren Ergebnis betrachtet werden. Die Historie ersetzt nun die Natur und wird zur Erklärung der Welt und ihrer Erscheinungen herangezogen. Im Grunde scheint die letzte mögliche Begrenzung der Kontingenz in der Unwandelbarkeit der Vergangenheit zu liegen. Dieser Ansatz ist übrigens nur plausibel, sofern er von einem einheitlichen Schema gestützt wird, das die Koordination der Gegenwart mit der Vergangenheit und den vergangenen Gegenwarten scheinbar aufrechterhält – es handelt sich hierbei um dieselbe Voraussetzung, die die Vorstellung von der Möglichkeit und Nützlichkeit einer Zukunftsplanung stützt.

---

250 Vgl. von Foerster 1984b, S. 142; Luhmann 1990f, S. 117.

Man geht dabei von einer analogen Koordination von gegenwärtiger Zukunft und zukünftigen Gegenwarten aus.[251]

Die Zukunft ist immer schon unbekannt gewesen, doch die klassische Welt ist ihr mit *prudentia* begegnet, die traditionell als eine Art Divination definiert worden ist, mit der man Zugang zu zukünftigen Dingen oder Ereignissen erlangen konnte, noch bevor sie sich bewahrheiten würden.[252] Die Undurchdringlichkeit der Zukunft wurde mit Prophetie angegangen. In dem Moment, in dem Zukunft zu einem offenen Horizont wird, der nicht aus Gegebenheiten, sondern aus Möglichkeiten besteht, ist *prudentia* auch nicht weiter in der Lage, sie zu beherrschen und gerinnt zu einem angsterzeugenden, bedrohlichen Bereich unerforschbarer Gefahren. *Prudentia* wird dann durch Planung ersetzt, durch den Versuch, die Offenheit der Zukunft mittels einer rationalen Prognose unter Kontrolle zu bringen.[253] Von den Beispielen geht man zu den Regeln über und versucht über diesen Weg Orientierungen zur Reduzierung der Willkür der Zukunft zu entwickeln, mit deren Hilfe man sich auf die Zukunft vorbereiten kann – es geht mit anderen Worten darum, die Offenheit der Zukunft zu reduzieren, indem man sie gleichzeitig anerkennt. Hierin besteht die Analogie zum Historizismus. In diesem Fall geht man von dem Unterschied zwischen gegenwärtiger Zukunft und den zukünftigen Gegenwarten aus, die eben das »Zukünftige« der Zukunft ausmachen, gleichzeitig setzt man aber irgendeine Form von Kontinuität voraus, mittels derer man sie miteinander koordinieren kann. Luhmann spricht in diesem Zusammenhang von »techniques of defuturization«[254] in Form wertender Projektionen auf den »richtigen« Lauf der Geschichte (das Warten auf die Revolution, aber auch ausgefeiltere Positionen. Auf die kritische Haltung sind wir bereits eingegangen[255]), insbesondere aber in der sehr einflussreichen Form der Konstruktion von Kausalbeziehungen, bei der gegenwärtige Ursachen mit vermeintlichen zukünftigen Wirkungen in Verbindung gesetzt werden. Darin kann man die Statistik zu Hilfe nehmen, ebenfalls eine Erfindung des 17. Jahrhunderts, die die Aufgabe hat, Formen der Gewissheit in den

---

251 Auch Nora 1992, III, S. 1009 bemerkt, dass Historizismus und Planung wie zwei zeitgleiche Bewegungen zusammen erzeugt werden.
252 Den klassischen Verweis bildet hierfür Cicero, *De inventione*, II, 53, 160. Zeugnisse für das Fortdauern dieser Vorstellung bis in das 17. Jahrhundert sind in Luhmann 1980c, S. 280, zusammengetragen.
253 Vgl. Koselleck 1979, S. 29 ff.
254 Luhmann 1976, S. 141.
255 Vgl. Kap. IV, 5

Bereichen bereitzustellen, die zu jener Zeit unsicher geworden waren.[256]

Die Grundlage hierfür ist die Wahrscheinlichkeitstheorie, die in dem Jahrzehnt von 1660 mit dem explizit erklärten, wenn auch kontradiktorischen Ziel entwickelt worden ist, Regeln für den Umgang mit dem Unsicheren bereitzustellen, die auf dessen Quantifizierung und anschließend auf die Ausarbeitung eines logischen Kalküls zur Handhabung dieser Quantitäten hinauslaufen sollten.[257] Der Vorgabe ontologischer Stabilität entsprechen in diesem Fall das »Prinzip vom guten, aber nicht zwingenden Grund« und das »Prinzip von der Gleichgültigkeit«, der im Wesentlichen der Annahme gleichzusetzen ist, dass die in Frage stehenden Ereignisse gleich wahrscheinlich sind. Auf dieser Basis kann man die Wahrscheinlichkeit eines Ereignisses als Verhältnis zwischen den günstigen und den möglichen Bedingungen berechnen. Die Wahrscheinlichkeit ist so in den Begriffen gleich wahrscheinlicher Ereignisse auf eine offenbar zirkuläre Weise definiert. Die Ungewissheit entspricht bei diesem Ansatz der Unkenntnis, einer unvollständigen Information; für eine wesentliche Ungewissheit wird kein Raum gelassen, wobei das Kalkül eine Orientierung auch unter der Bedingung ermöglicht, dass nicht alle Informationen bekannt sind – eben weil man davon ausgeht, dass die Welt an sich über eine Ordnung verfügt.[258]

Jedenfalls gründet die Prognose auf der Diagnose des gegenwärtig Gegebenen, sie führt also die Gegenwart (die zur Vergangenheit geworden ist) in die Zukunft ein, mit der man sich auseinander setzen muss – und nimmt ihr dadurch den Charakter einer Zukunft. Es handelt sich dabei um äußerst funktionale Techniken, insofern sie die

---

256 Vgl. Luhmann 1997a, S. 552; Spencer Brown 1957.
257 Eine Darstellung der Wahrscheinlichkeitstheorie und ihrer Entwicklung in Bezug auf die Konzeptualisierung des Unsicheren kann man in Smithson 1989 unter Kap. 3 finden.
258 Von Zadeh 1965 an kritisieren die Ansätze des *fuzzy* diese Herangehensweise, ausgehend von der Trennung zwischen den Begriffen der Möglichkeit (die für einen umfassenderen Begriff gehalten wird) und denen der Wahrscheinlichkeit, und berücksichtigen demgegenüber ebenfalls die Begriffe zweiter Ordnung wie die Ungewissheit der Ungewissheit oder die Wahrscheinlichkeit der Wahrscheinlichkeit: vgl. Smithson 1989, S. 147 ff. Die Konstruktion ist aber weiterhin nicht zirkulär, d. h. sie verfügt über kein *re-entry* der Unterscheidung Subjekt/Objekt. Jedenfalls wird die *fuzziness* der Begriffe und der Quantifizierer auf die Subjektivität oder auf die Vielheit der Beobachter zurückgeführt, wobei die Möglichkeit eines Konsenses offen gelassen wird, sofern man eine gemeinsame Perspektive einnimmt. Die Ungewissheit wird also nicht auf den Sachverhalt der Beobachtung selbst zurückgeführt.

Möglichkeit eröffnen, die Orientierung an der Zukunft dazu zu verwenden, in der Gegenwart Informationen zu produzieren (darin besteht der Sinn von Planung), dabei aber paradox erscheinen, da die Offenheit oder eben die Ungewissheit der Zukunft beibehalten wird. Der Unterschied zwischen Prognose und Prophetie besteht darin, dass die Prognose die Geschichte verändert – wobei es keine Garantie dafür gibt, dass die Veränderung ihren Intentionen entspricht. Die Ursache erzeugt gewiss Wirkungen, wahrscheinlich jedoch nicht die von den Planern vorgesehenen. Selbst die utopischen Projektionen auf den Lauf der Geschichte wären, wenn sie sich als richtig erweisen sollten, paradox, da der Agens dazu aufgerufen wäre, eine Geschichte zu verwirklichen, die sich ohnehin von selbst verwirklicht hätte.

Die zeitliche Semantik gründet, wie auch alle anderen Aspekte des Kulturmodells, auf der Annahme eines außenstehenden Beobachters – die sich besonders in diesem Fall bis zu dem Punkt durchgesetzt hat, dass es schwierig geworden ist, andere Modelle auch nur vorzustellen. Die Gewissheit und Eindeutigkeit der Chronologie erfordern die Existenz nur eines, fixen und undiskutierbaren (unbeobachtbaren) Beobachters – als Garant für die Vielheit der beobachteten Beobachter. Der Ausschluss des Beobachters bildet in diesem wie in den anderen Fällen die Bedingung dafür, dass die Beobachter beobachtet werden und damit eben die Bedingung für die Pluralität der in dem einzigen Lauf der Geschichte koordinierten Zeiten und Rhythmen. Die vorangegangenen Ansätze, die mehrere unterschiedliche, entsprechenden Interessen und Bedeutungen zugeteilte zeitliche Sequenzen zuließen, waren immer an einen bestimmten Beobachter gekoppelt, der für deren Einheit einstand und in ihrem Inneren eingeschlossen war – und konnten ihn gerade deshalb nicht beobachten. Die abstrakte Chronologie gestattet die Distanzierung von jeder spezifischen Perspektive, die als Möglichkeit zugelassen wird und mit anderen Möglichkeiten verglichen werden kann – allerdings nur unter der Bedingung, dass die Geschichte selbst, d. h. die Beobachterperspektive der Zeit als solcher außerhalb der Ereignisse verortet wird. Die Chronologie existiert vor jedem geschichtlichen Ereignis (und auch vor der Erfindung der Chronologie, die auf ein bestimmtes Datum zurückgeführt werden kann) und setzt sich in der Zukunft auf unbestimmte Zeit fort. Die punktuelle Gegenwart kann aufgrund ihrer fehlenden Dauer die Zeit konstituieren, ohne selbst der Zeit anzugehören, und entspricht so der Art Beobachter zweiter Ordnung, der auf die Welt blickt, ohne an ihr teilzuhaben.

Auf etwas konkretere Art zeigt sich dies auch an der spezifischen Zeitlichkeit der Massenmedien in den verschiedenen Programmbereichen. Die Unterhaltung, die sich, wie wir gesehen haben, in der typisch modernen Form der *fiction* ausdifferenziert hat, hat in erster Linie nach der Unterscheidung zwischen der im Roman erzählten Geschichte und dem Lauf der Dinge in der Welt verlangt, nach der Unterscheidung von »history« und »story«[259] – die nur möglich war, sofern man beider Bindung mit der »*historia*« im klassischen Sinn auflöste: der Aufbewahrung und dem Wiedervorbringen der *exempla*. Die Kommunikationsform der modernen *novel* funktioniert nur, wenn sie es schafft, eine eigene Zeitlichkeit festzulegen, die nicht aus Handlungen zusammengesetzt ist, sondern aus der Beobachtung der Handlungen; dafür ist das Verlassen aller epischen Elemente erforderlich, die noch den Zusammenhang beider Elemente aufrechterhalten. Die Zeit des Romans konstituiert sich im Roman selbst, der eine eigene innere Spannung erzeugt, indem er eine eigens romanhafte Zwangsläufigkeit generiert. Man weiß, dass die eingeführten Elemente nie grundlos sind und im Verlauf der Erzählung, die ihre eigene Vergangenheit wieder einholt und dafür eine Erklärung liefert, näher erläutert werden.[260] Die Form des Kriminalromans bietet für dieses Modell die ausdrücklichste Verwirklichung. Diese Zwangsläufigkeit bezieht sich aber nicht auf die Welt, sondern auf das Werk des Autors, der gerade deshalb in seinem Text nicht vorkommen muss und, indem er sich im Außen hält, die analoge Externalität des Lesers unter Garantie stellt. Trotz der offensichtlichen Unterschiede geschieht etwas Ähnliches auch mit der Zeitlichkeit der Nachrichten. Die Geschlossenheit und die Autonomie des Systems der Massenmedien verwirklichen sich in diesem Bereich, indem die Zeitungen beginnen, regelmäßig – nicht nur, wenn etwas, d. h. ein außergewöhnliches oder merkwürdiges Ereignis geschieht, sondern jeden Morgen – zu erscheinen. Dieser völlig künstliche Charakter von Periodizität und Pünktlichkeit bildet eines der Unterscheidungsmerkmale der ersten Tageszeitungen. Die *Times*, die im Jahre 1804 zum ersten Mal erschienen ist, verwendete als Markenzeichen eine Uhr, die zwischen dem offenen Buch der Gegenwart und dem verschlossenen Buch der Zukunft positioniert war und auf der die Zeit des Erscheinens der Zeitung angezeigt war: 6 Uhr morgens. Daraus ist offenbar auch der Name der

---

259 Vgl. Celati 1975, S. 21 ff.
260 Vgl. Luhmann 1995a, S. 104 ff. Hinsichtlich der spezifischen Zeitlichkeit des Romans siehe auch Bender und Wellbery 1991 und Hesse 1996.

Zeitung abgeleitet. Die Zeit der *news* wird offenbar durch die autonome Produktion der Nachrichten festgelegt und verfügt über eine Einförmigkeit und Regelmäßigkeit, die in der episodischen und zufälligen Zeit der Ereignisse der Welt keinerlei Entsprechung haben. Wie der Verlauf der Dinge auch immer sein mag, die Zeitung hat jeden Tag dieselbe Seitenzahl und die Tagesschau dieselbe Zeitdauer.[261] Wie wir bereits gesehen haben, kompensiert diese Stabilität die Kontingenz der Realität der Massenmedien. Die Orientierung geht zu dem über, was neu und unbekannt ist, dafür aber wenigstens zuverlässig jeden Morgen produziert wird. Die Serienmäßigkeit und die Kontinuität werden zu den grundlegenden Merkmalen der Zeitlichkeit der Nachrichten, die auf regelmäßige Weise die Welt kommentieren und damit einen spezifisch journalistischen Sinn für Zeit entwickeln. Die Neuheit jeder Ausgabe löscht die der vorangegangenen aus – selbst wenn das behandelte Geschehen fortbesteht. Daher stellen ohne Diskontinuitäten fortdauernde Ereignisse wie etwa eine Hungersnot oder ein Krieg keine Nachrichten mehr dar. Sie sind keine *news* im journalistischen Sinn mehr und müssen daher durch »neuere« Nachrichten ersetzt werden. Auch hier funktioniert der Mechanismus nur, wenn man darunter nicht das Dispositiv erahnt, das diese erzeugt, sofern also der Beobachter außen verbleibt. Der Leser muss den Eindruck behalten, über die Welt und nicht über die Realität der Massenmedien informiert zu werden.

---

261 Ausgenommen die Spezialausgaben, deren Name sie schon als typische Abweichungen auszeichnet, die die Regel bestätigen.

V. Das Netz

Die These – oder vielleicht auch nur der Eindruck – die dieses Kapitel leitet, ist, dass wir heute einer Organisation von Wiederholung und Redundanz gegenüberstehen, die wiederum anders ist als die, die wir unter dem Titel der Kultur vorgefunden haben, und dass wir es daher auch mit einer anderen Form von Gedächtnis zu tun haben. Da wir bisher ein für die Moderne charakteristisches Modell behandelt haben, liegt nahe, nun von einer Untersuchung im Bereich der Postmoderne oder auch von einem postmodernen Gedächtnis zu sprechen. Diese Etikettierung ist um so bezeichnender, als sie mehr als in allen anderen Fällen die für den Begriff der Postmoderne charakteristische Zweideutigkeit zutage treten lässt und gerade durch seine Konnotationen von Nachfolge, von Überwindung, letztlich von Neuheit seine Zugehörigkeit zum begrifflichen Apparat der Moderne aufdeckt (die ja von Neuheit und Veränderung geradezu besessen ist). Die Rede von der Postmoderne verbleibt also im Inneren der Moderne und beschränkt sich darauf, ihr lediglich neuen Ausdruck zu verleihen. Dies trifft in Bezug auf das Gedächtnis in besonderem Maße zu. Alles, was an den sich abzeichnenden Phänomenen postmodern erscheint, ist in der Tat lediglich die radikale Verwirklichung der Tendenzen der Moderne, ihre Vollendung und nicht ihre Überwindung. Was an dieser Stelle von größerem Interesse sein dürfte, ist jedoch etwas anderes: der Eindruck, dass sich jenseits und neben dieser Radikalisierung Formen einer anderen Art abzuzeichnen beginnen, die mit den zur Verfügung stehenden Formen nicht erfasst werden können und gerade deshalb besonders schwierig und flüchtig erscheinen. Dies sind die Formen, welche die Gedächtnisform konstituieren, die wir untersuchen wollen.

Wie in den vorangegangenen Kapiteln wird sich unsere Analyse auch in diesem Kapitel auf dem doppelten Gleis der Kommunikationstechnologien und der Gesellschaftsstrukturen bewegen. In dieser Perspektive werden wird uns mit dem Aufkommen der auf Informatik basierenden so genannten »new media« beschäftigen: in erster Linie mit der Telematik und der mit ihr in Zusammenhang stehenden Ausweitung des Internets und des world wide web, aber auch mit der Digitalisierung des Fernsehens, mit den *online*-Tageszeitungen und ganz allgemein mit all jenen Phänomenen, die in die Vorstellung der »Konvergenz« der traditionellen Medien (einschließlich Telephon und Post) in ein davon unterschiedenes, integriertes Modell eingehen, das über die ganze Welt ausgedehnt ist und das vor allem durch das Zwischenschalten des Computers vermittelt wird. Hier kann man zweifelsfrei von einer gegenwärtigen und aktuellen Veränderung sprechen: die Erwartung eines epochalen Umbruchs ist derart verbreitet und kontrovers diskutiert, dass sie selbst zu einem Aufmerksamkeit erheischenden Phänomen wird (das heutzutage die vielleicht einflussreichste und relevanteste Wirkung der Ausbreitung der Informatik ist). Die Emphase in Bezug auf Internet, *cyberspace* und Digitalisierung der Welt erstreckt sich bis weit außerhalb des noch relativ begrenzten (und der Tendenz nach nüchterneren) Kreises derjenigen Personen, die von dem Computer eigentlich Gebrauch machen – dies ist erst recht ein bezeichnender Sachverhalt, zumal wenn man bedenkt, dass es sich hierbei um neuartige Phänomene handelt, die als solche in der Regel schwer auszumachen und noch schwerer zu bewerten sind.

Noch nie konnte man mit solcher Deutlichkeit von einer antizipierten Revolution, von einer an sich paradoxen Erwartung einer Überraschung – eine Paradoxie, die kein Problem darzustellen scheint – sprechen wie in diesem Fall. Doch wie lässt sich diese Vehemenz erklären? Kann es sich dabei nicht um einen zusätzlichen, für die Massenmedien typischen Aspekt der Besessenheit für das Neue und um das dazugehörige Gedächtnismodell handeln, der sich gerade und besonders an der Beobachtung seiner Überwindung bewährt? In der Tat werden diejenigen Aspekte vom Internet am stärksten hervorgehoben und aufgewertet, die bereits existierende Kommunikationsformen bestärken und ausweiten:[1] z. B. die elektronische Post, die Foren (diese merkwürdige, aber nicht sonderlich innovative Kombination eines Super-Telephons mit einem System der Nachrichtenübertragung), einige Aspekte des Fernsehens und – wie wir weiter unten sehen werden – insbesondere ein unermessliches Super-Archiv als Verwirklichung und Entmachtung des modernen Modells von Information und Gedächtnis. Die Verknüpfung mit dem Gedächtnis versteht sich scheinbar von selbst. Wenn sich das Modell vom Gedächtnis als Kultur auf die Massenmedien gründete und darauf ausgerichtet war, muss man nun, da man es mit Medien zu tun hat, die nicht mehr eigentlich einer Masse zugewiesen werden können, auch mit einer

---

1 Vgl. Debray 1992, S. 296. Die neuen Medien verhelfen zu dem Verständnis der wahren Natur, d. h. der Aktualität der vorangegangenen. »Il n'ya de nouveauté qu'en rétrospective.«

Transformation des Gedächtnisses rechnen. Zudem kommt noch der Sachverhalt hinzu, dass Computer immer schon als Ausweitung und Operationalisierung des Gedächtnisses vorgestellt worden sind: als »*storage and retrieval systems*«. Vielleicht besteht das Interessante auch in etwas anderem, das von der Unterscheidung personalisiertes Phänomen/Massenphänomen und auch von der Unterscheidung Aufbewahrung/Wiedererlangung (Erinnerung/Wiedererinnerung) absieht, um eine Form von Kommunikation vorwegzunehmen, die mit der Differenz zwischen Interaktion und einer Kommunikation unter Abwesenden nichts mehr gemein hat, sondern völlig verschiedenartige Mechanismen (und ein gänzlich verschiedenes Modell von Kohärenz und Redundanz) ins Spiel bringt – wobei genau darin seine Relevanz für den Gegenstand vom Gedächtnis besteht. Auch hierauf werden wir uns konzentrieren.

Auch das zweite »Gleis« unserer Analyse, die Untersuchung der Strukturen der Gesellschaft und der Differenzierungsformen, scheint den Aspekt des »post-« zu bestätigen: die Vorstellung, dass gerade die Überwindung der Moderne vonstatten geht. Auch hierbei werden die entsprechenden Phänomene mit einer vehementen und derart plausibel scheinenden Emphase behandelt, dass bereits der Erfolg der diesbezüglichen Behauptungen die Frage nach den dafür vorliegenden semantischen Vorannahmen aufwirft. Kann es sich bei einem derart leicht zu akzeptierendem Neuen überhaupt um etwas Neues handeln? Zum Beispiel handelt es sich beim Phänomen der Globalisierung um eine für unbestreitbar gehaltene Tendenz, von der man zudem behauptet, sie stelle das Modell funktionaler Differenzierung in Frage. Die Interdependenzen zwischen den verschiedenen gesellschaftlichen Teilbereichen sind nach dieser Lesart so alldurchdringend und verbreitet, dass die jeweiligen Autonomien unterlaufen werden und eine Reihe von Phänomenen entstehen (wie ökologische Probleme, Rüstungskontrollen, Probleme der Bioethik und Ähnliches), die – im Vergleich zu den spezifischen Belangen von Politik, Wirtschaft, Religion und Wissenschaft – übergreifend zu sein scheinen und eher nach Integration als nach Differenzierung verlangen. Nach dieser Lesart würde im Umkehrschluss mit der Ausbreitung von Fundamentalismen und Radikalismen auf der lokalen Ebene etwas Analoges geschehen, das im Widerspruch zu der vermeintlichen Tendenz zur Globalisierung und zur Abstraktion des Kulturmodells stünde. In der Tat handelt es sich bei beiden Tendenzen eher um zusätzliche Bestätigungen für die Annahmen einer funktionalen Differenzierung, die von

Anfang an an Begriffe wie dem der »Weltgesellschaft«[2] gekoppelt sind. Die übergreifenden Probleme zeichnen sich als solche nur ab, weil die Trennung der verschiedenen Bereiche und Kompetenzen für selbstverständlich hingenommen wird. Die Trennung wird durch das Unbehagen gegenüber Problemen bestätigt, die das Fehlen einer Integration der entsprechenden Instrumente und der entsprechenden Prioritäten der Funktionssysteme an den Tag legen. Die Schwierigkeit bei der Suche nach einer wirkungsvollen Form des Umgangs mit ökologischen Problemen stellt eine Bestätigung für die funktionale Differenzierung dar, die lediglich diejenige Struktur der Gesellschaft ist, die den zu bewältigenden Problemen die spezifische Form verleiht und nicht schon Lösungen bereitstellt. Selbst die Ausbreitung von Fundamentalismen sollte als indirekte Bestätigung der Globalisierungstendenz angesehen werden, die, wie alles, immer zwei Seiten hat. Die Ausweitung des Universalismus bringt unweigerlich auch die Ausweitung des Lokalismus mit sich.

Anders als die bereits untersuchten Gedächtnismodelle muss man in diesem Fall scheinbar nicht von einer neuen Differenzierungsform ausgehen, sondern eher von dem Ausbau und der Radikalisierung der funktionalen Ausrichtung. Diese Entwicklung zieht jedoch ebenfalls strukturelle Konsequenzen nach sich, die auch die semantischen Formen betreffen, die sich in der Moderne durchgesetzt haben – es handelt sich also nicht um eine »Postmodernität«, sondern eher um eine Art »Hypermodernität«, die nach einer anderen Form der Organisation von Gedächtnis verlangt. Hierbei handelt es sich um die Entwicklung funktionssystemspezifischer Gedächtnisse, an denen sich die Unangemessenheit eines einheitlichen Kulturbegriffs zeigen lässt, vor allem aber um die enorme Ausweitung und wachsende Relevanz einer besonderen Art sozialer Systeme, die in der Moderne parallel zu der Unterscheidung von Kommunikation unter Anwesenden und Kommunikation unter Abwesenden entstanden sind: die formalen Organisationen. Es sind die formalen Organisationen, die, wie wir noch sehen werden, eine bestimmte Weise des Umgangs mit Zeit und Wiederholung in die Praxis umsetzen, die gegen das lineare und einheitliche Modell des Archivs und der dazugehörigen Katalogisierung gerichtet ist.

Man könnte, wie wir in Kap. V, 3 noch sehen werden, von dem Aufkommen einer Form von Beobachtung dritter Ordnung sprechen,

---

2 Vgl. beispielsweise Luhmann 1971b und 1997a, S. 145 ff.; Stichweh 1995 und 1997.

deren Gegenstand die Beobachter zweiter Ordnung sind. Es geht dabei also um Beobachter, die zusätzliche Beobachter und daher auch den Ausgangsbeobachter beobachten, oder (was dasselbe ist) um Beobachter, die sich selbst als Beobachter von Beobachtern beobachten. Bei diesem Übergang handelt es sich, anders als bei dem Übergang von der Beobachtung erster Ordnung zur Beobachtung zweiter Ordnung, nicht um eine echte Änderung der Ebene, sondern um die kohärente Verwirklichung der Vorgaben der Beobachtung zweiter Ordnung – die echte Beobachtung zweiter Ordnung ist letztlich implizit bereits Beobachtung dritter Ordnung. Wenn ich in meiner Welt Beobachter als Gegenstände zugelassen habe, habe ich bereits den Weg für komplexere Beobachtungsformen und für die so genannte autologische Wende geebnet: für das Wiederauftauchen des Beobachters im Inneren der Welt selbst, die er beobachtet. Die Differenz zwischen zweiter und dritter Ordnung besteht eben in der Inklusion des Beobachters, der in den semantischen Konstruktionen der Moderne eine Außenposition behielt: als Autor der *fiction*, als Historiker oder als Planer, besonders aber als autonomes Subjekt und damit als Garant der Rationalität der Welt oder zumindest als Garant der Rationalität der Öffentlichkeit. In dieser merkwürdigen Inklusion-Exklusion des Beobachters suchte die moderne Semantik einen Haltepunkt gegen die »epidemische« Ausbreitung von Zirkularität und dem Überhandnehmen der Kontingenz, gegen die Willkür, die sich aus dem Verzicht auf die traditionalen Formen von Notwendigkeit zu ergeben schien. Dagegen wird Willkür bei dem Modell von Kohärenzprüfung (bzw. von Gedächtnis), das wir in diesem Kapitel vorstellen werden, nur durch innere Bindungen und Konstruktionen eingeschränkt. Wenn es aber wahr sein sollte, dass Kontingenz die leitende Kategorie der modernen Semantik ist, haben wir es hierbei wiederum nur um eine Art Perfektionierung der Moderne zu tun. Wir werden uns daher fragen müssen, wie dies möglich sein kann und welche Formen von Wiederholung dabei vorausgesetzt werden.

1. Computer und Telematik

Wir fangen mit einer Prämisse an: Wenn wir als Soziologen den Computer als Gegenstand behandeln, interessiert uns dabei nicht die Frage nach dem »Maschinenbewusstsein« – es geht uns also nicht darum, Nachforschungen darüber anzustellen, ob und in welcher

Form der Computer nun einen Geist oder eine Intelligenz darstellt, die als solche über eine eigene Perspektive auf die Welt, über eigene Kriterien und sogar über eine eigene Intentionalität verfügt.[3] Die psychischen Systeme bilden nicht den Ausgangspunkt unserer Überlegungen und daher auch nicht die eventuellen »Gedanken«, die von dieser besonderen Art von Maschine erzeugt werden. Unser Bezugshorizont ist die Kommunikation und die Frage lautet daher, ob und wie der Eingriff des Computers auf die Sinnkonstitution auf die Ebene sozialer Systeme einwirkt. Aus dieser Perspektive besitzt die gesamte Problematik der künstlichen Intelligenz wenig Relevanz, abgesehen davon, dass sie schlecht gestellt ist. Die Vorstellung der Schaffung von Bewusstsein reflektiert, wie wir noch sehen werden, ein typisch modernes Modell von Gedächtnis und Information und bezeugt in den praktischen Verwirklichungen deren Unangemessenheit. Die kommunikative Kompetenz hängt nicht davon ab, dass man über ein möglichst ausgedehntes Informationsarchiv verfügt, das allenfalls die Verknüpfung jedes sich präsentierenden Ereignisses mit einem entsprechenden internen Modell und damit die richtige Umgangsweise ermögliche – in Anbetracht der endlosen Verschiedenheit und Unvorhersehbarkeit der Kommunikationen ist dies ein zum Scheitern verurteiltes Projekt.[4] Die kommunikative Information wird nur in der laufenden Kommunikation erzeugt und bezieht sich auf voneinander immer unterschiedene Situationen, die nicht in ein vollständiges Verzeichnis aufgenommen werden können. Es macht eher Sinn, statt von einer »artificial intelligence« (AI) von einer »intelligence amplification« (IA) zu sprechen,[5] wobei sich Intelligenz natürlich weder auf die Maschine noch auf den Nutzer bezieht, sondern auf die parakommunikative Verknüpfung, die sich daraus ergibt. Wenn es eine Steigerung von »Intelligenz« gibt, so muss man diese in der Kommunikation suchen und sich dabei mit der schwierigen Frage der strukturellen Kopplung zwischen Systemen auseinander setzen.[6]

Stark verkürzt werden mit dem Begriff der strukturellen Kopplung die Umweltvoraussetzungen bezeichnet, die für die Fortsetzung der

---

3 Die diesbezügliche Debatte, die hauptsächlich in der kognitiven Psychologie geführt wird, nimmt ihren Ausgang bekanntlich in Turing 1950. Siehe zum Beispiel Dennett 1971; Dreyfus 1972; Searle 1980 und die anschließende Diskussion.
4 Es ist dies ein ebenso altes Argument wie die Einwände Chomskys gegen die behavioristischen Annahmen über den Ursprung der Sprache: vgl. beispielsweise Chomsky 1956; 1968.
5 Vgl. beispielsweise Rheingold 1992.
6 In Bezug auf strukturelle Kopplung siehe z. B. Luhmann 1997a, S. 100 ff.

Operationen eines Systems erforderlich sind: in Bezug auf Kommunikation vor allem der Sachverhalt, dass sie nur unter der Bedingung der Beteiligung psychischer Systeme verwirklicht werden kann, die das, was gesagt wird, auf eigene Weise wahrnehmen, verarbeiten und dadurch zusätzliche Kommunikationen in Gang setzen. Die Art und Weise, in der sie die von Kommunikation ausgehenden Reize verstehen und umwandeln (d. h. ihre Sinnproduktion), bleibt für Kommunikation intransparent und unzugänglich, obgleich sie Auswirkungen darauf hat. Obwohl Kommunikation noch viele weitere Voraussetzungen erfordert, um sich überhaupt zu verwirklichen (von der Schwerkraft bis zu der richtigen Temperatur, die sich im Rahmen einer bestimmten Variationsbreite bewegen muss, oder der Luft, dem Licht usw.), kann nur ein Element aus der Umwelt, die psychischen Systeme eben, Einfluss auf die Sinnkonstitution der Kommunikation ausüben, weil es sich dabei ebenfalls um sinnkonstituierenden Systeme handelt. Nur die psychischen Systeme erzeugen einen »Lärm«, der für Kommunikation eine Irritation und einen Stimulus darstellt.

Allerdings haben wir es beim Computer mit einer Maschine zu tun, die scheinbar etwas Analoges vollbringt.[7] Dies unterscheidet ihn auch von allen bisherigen Kommunikationstechnologien. In allen anderen Fällen wird von der Umwelt verlangt, so wenig »Lärm« wie möglich zu erzeugen, so wenig wie möglich auf die Sinnverknüpfungen zwischen den Kommunikationen einzuwirken, und dies gilt in besonderem Maße für die Medien. Die Zeitung muss mühelos lesbar sein, der Radio- oder Fernsehsender muss störungsfrei sein, auf den Sinn des Geschriebenen oder Gesprochenen soll also nach Möglichkeit nicht eingewirkt werden. Dagegen verlangt man vom Computer eine Intervention hinsichtlich desjenigen, was man kommuniziert (*data processing*); man verlangt die Verarbeitung und Umwandlung der ursprünglichen Information in eine andere. Man verlangt vom Computer die Einwirkung auf Sinn, obwohl es sich dabei nicht um ein sinnkonstituierendes System handelt. Aus diesem Blickwinkel bewahrheitet sich erstmalig, dass nun das Medium die Botschaft ist.[8] Die Frage, die sich nun stellt, ist deshalb, um welche Merkmale von Kommunikation es sich handelt, die außer mit den psychischen Systemen auch die strukturelle Kopplung mit dem Computer zulas-

---

[7] Vgl. Luhmann 1997a, S. 117 ff; 1995d.
[8] Dies gilt natürlich auch für die psychischen Systeme, die mit dem Computer ebenfalls eine neue Form der strukturellen Kopplung verwirklichen. Gerade deshalb handelt es sich bei Computern nicht um künstliche Intelligenzen, sondern um etwas anderes.

sen. Dabei verlieren Fragestellungen, wie sie durch den Turingtest oder das chinesische Zimmer behandelt worden sind, an Relevanz, was auch durch einige empirische Nachforschungen über die Interaktion mit dem Computer bezeugt wird.[9] Offenbar spielt es für die neuen Generationen in vielen Fällen im Grunde keine Rolle, ob es sich bei ihrem kommunikativen Partner um eine Person, um einen Roboter oder um einen Computer handelt (auch wenn sie den Unterschied genauestens kennen). Man interessiert sich nicht dafür, dass der Computer eine Maschine ist, sondern für das, was der Computer »zu sagen hat«.

Es scheint, dass wir es erstmalig mit einem auf eine Art »intelligenten« Medium zu tun haben, weil es das Wirken besonderer Maschinen voraussetzt. Man könnte mit von Foerster[10] behaupten, dass es sich bei Computern in einem grundlegenden Sinne um nicht triviale Maschinen handelt: um Maschinen, die auf den gleichen Input nicht regelmäßig den gleichen Output erzeugen, sondern diesen je nach Zeitpunkt und in Abhängigkeit von der Geschichte ihrer Interaktionen mit der Umwelt variieren. Die nicht trivialen Maschinen legen ein überraschendes Verhalten an den Tag und erweisen sich als unberechenbar, weil ihre Antworten auf äußere Ereignisse von der internen Befindlichkeit der Maschine selbst abhängen. Dabei handelt es sich allerdings letztlich um eine vom Beobachter abhängige Unberechenbarkeit und die nicht trivialen Maschinen könnten von einem Beobachter re-trivialisiert werden, der zu ihrem internen Bereich und den darin vorkommenden Transformationen Zugang hätte. Ein kaputtes Auto kommt dem Unkundigen unverständlich bzw. überraschend vor, während es dem Mechaniker vollkommen transparent erscheint. In Bezug auf den Computer ist diese Nicht-Trivialität grundlegender Art (eine Art absolute Unberechenbarkeit), weil sie nicht nur auf den Sachverhalt zurückzuführen ist, dass man dessen Inneres nicht kennt. Selbst ein hypothetischer Beobachter, der in allen Strukturen eingewiesen wäre, von denen das Verhalten des Computers abhängt (von der Hardware bis zu der Maschinensprache und zu allen weiteren Ebenen der Software), könnte den Output der Datenverarbeitung nicht voraussehen, weil die Aufgabe der Maschine gerade darin besteht, Lärm und Irritation zu erzeugen: nicht in der einfachen Übertragung von Nachrichten, sondern in deren Modifikation, um sie in etwas anderes

---

9 Vgl. Turkle 1995, S. 83.
10 Vgl. z. B. von Foerster 1985c; 1993.

zu verwandeln.[11] Der Output der Computer-Maschinen, ihr Erzeugnis, ist genau die Überraschung. Wenn andere Maschinen sich merkwürdig verhalten, heißt dies, dass sie kaputt sind – der Computer ist hingegen dann kaputt, wenn er keine Überraschungen zu bieten hat, wenn er also keine neuen Informationen erzeugt. In diesem Sinne handelt es sich bei Computern um »unsichtbare« Maschinen,[12] die weder für Bewusstsein noch für Kommunikation zugänglich sind und sich trotz allem auf ihre Operationen auswirken. Diese Unsichtbarkeit der Informatik bildet den relevantesten Aspekt, durch den der Computer sich von den anderen traditionalen Maschinen unterscheidet.[13] Wir haben es mit einer »opaque technology«[14] zu tun, die einen vollkommen neuen Zugang erfordert, um den Sachverhalt in Rechnung zu stellen, dass es sich bei der Unsichtbarkeit nicht um eine Begrenzung, sondern um eine notwendige Vorgabe handelt.

Dies steht mit einem besonderen Merkmal des Computers in Zusammenhang: Computer sind Maschinen, die nicht Dinge, sondern Signifikate transformieren.[15] Doch diese Maschinen, die mit Sinn operieren, sind, was zunächst überraschen mag, nicht selbst sinnkonstituierende Systeme – genau deshalb ist es auch nicht angemessen, sie als Ersatz oder als Konkurrenz für Bewusstsein anzusehen. Man würde damit auch ihren interessantesten Aspekt übersehen: die Fähigkeit, Zeichen zu verändern, ohne auf die Unterscheidung von Signifikaten und Signifikanten oder von Zeichen und Bezeichnetem oder von Selbstreferenz und Fremdreferenz zurückzugreifen, die es für den Computer nicht gibt. Der Computer operiert mit Zeichen, die für ihn keine Zeichen sind. Dies stellt immer dann einen Nachteil dar,

---

11 Es handelt sich um eine weit verbreitete Vorstellung, vorwiegend auf der Basis der (recht problematischen) Gegenüberstellung zwischen »aktiven« und »passiven« Maschinen: vgl. u. a. Neuman 1991, S. 52-53; Pool 1983, S. 216. Debray 1992, S. 302, gemäß existieren die Maschinen nicht nur, um Informationen zu verbreiten oder zu speichern und zu archivieren, sondern um sie zu ›fabrizieren‹. Eine ähnliche Fragestellung ist vor einigen Jahrzehnten mittels der Unterscheidung Komplikation/Komplexität behandelt worden: vgl. Esposito 1991.
12 Luhmann 1997a, S. 117, S. 530 und S. 1147.
13 Dies behauptet beispielsweise Philippe Quéau in einem Interview in *Repubblica on-line* vom 13. 7. 1998.
14 Der Ausdruck stammt aus Turkle 1995, S. 23.
15 Oder auch Signifikanten, wie wir in Kürze noch sehen werden. Wie Luhmann 1997a, S. 529, behauptet, hat der Computer das Konzept von Technik dahingehend verändert, dass er die Technik von Körpern auf Zeichen verlagert hat. Gotthard Günther spricht in diesem Zusammenhang von »transklassischen« Maschinen, die mit Unterscheidungen operieren und daher nicht weiter Instrumente darstellen: vgl. Günther 1976b.

wenn man dem Computer die Reproduktion menschlicher Fähigkeiten abverlangt. Es ist wohlbekannt, dass Operationen wie das Wiedererkennen eines Gesichts oder einer Stimme oder der Beweis eines Theorems für einen Computer sehr schwer durchführbar sind, da er keine Deduktionen ausgehend von unvollständigen Daten, sondern lediglich Schlussfolgerungen aus einem erschöpfenden Satz von Möglichkeiten ziehen kann.[16] Andererseits erweist sich die nichtzeichenhafte Operationsweise der Maschine unter anderen Umständen als vorteilhaft, bei denen von ihr nicht verlangt wird, wie das Bewusstsein zu operieren, sondern gänzlich andere Dinge auszuführen. Ein Beispiel hierfür bilden die Kompressionstechniken, mit denen Daten auf äußerst eindrucksvolle Weise gespeichert und manipuliert werden können. Der »Trick« besteht in der Elimination aller redundanten Elemente aus einer Nachricht und aller für Sprache typischen Vorhersehbarkeiten.[17] Als Resultat erhält man natürlich etwas vollkommen Unverständliches, das nur mittels zusätzlicher Operationen der Maschine (Dekompression) erneut Bedeutung erlangt. Für einen Menschen wäre es nicht möglich, es zu erinnern oder auch nur damit zu arbeiten. Für den Computer jedoch, der die Signifikaten nicht begreifen, sondern diese nur transformieren muss, handelt es sich dabei um äußerst ökonomische und wirkungsvolle Prozeduren, die es beispielsweise ermöglichen, einen bestimmten Inhalt innerhalb kürzester Zeit zu finden.

Weil der Computer gegen Bedeutungsbezüge gleichgültig ist, gibt es für ihn und für seine Operationen keine Differenz von Hardware und Software, von »physischem« Träger der Maschine, in dem die elektrischen Impulse erzeugt werden, und den Programmen, welche diese physischen Daten in Befehlssequenzen transformieren, die im Verlauf immer abstrakter werden. Was für den Computer allein zählt, ist, dass Differenzen (0/1) erzeugt werden, und es ist vollkommen gleichgültig, auf welcher Basis dies vor sich geht. Die Maschine operiert nur mit der Differenz als solcher. Für jede zusätzliche Ebene der Programmierung

---

[16] In diesem Sinne beweist der Computer kein Theorem; indem er alle Möglichkeiten prüft, kommt er jedoch zu derselben Schlussfolgerung.

[17] Die physikalische (und nicht die semantische) Manipulation der Daten ermöglicht es zum Beispiel, Optimierungstechniken anzuwenden, die die statistische Häufung der Zeichen in Rechnung stellen. Im Rahmen einer alphabetischen Ordnung folgt auf einen mit R beginnenden Personennamen sehr wahrscheinlich wieder ein mit R beginnender Name. Eine verbreitete Kompressionstechnik (differential compression) besteht darin, die Daten mit Differenzen zu ersetzen, etwa die zwischen einem Element und dem, der diesem vorausgeht – sofern zwischen beiden ein Unterschied besteht.

entspricht die zugrunde liegende Software der Hardware. Sie erzeugt Vorgaben, die nicht modifiziert werden können, wie elektrische Entladungen für die Maschinensprache, die sie in konditionale Befehlssequenzen der Art ›wenn dann‹ umwandelt. Man könnte deshalb auch sagen, dass es für den Computer eigentlich keine Hardware gibt.[18] Die Maschinensprache wird zu der Hardware der höheren Programme und so fort, bis man auf der Ebene der Programme für den Laien ankommt, die den Anwender nach der gewünschten Bildschirmanordnung fragt oder nach der Formatierung der Seite, auf der er sein Dokument erstellen will. Alles, was von der Programmierungsebene, auf der man sich bewegt, nicht vorgesehen ist, ist extrem schwierig zu realisieren (so wie es schwierig ist, in der externen Welt zu operieren). Es wird dagegen leicht und wenig aufwendig, sobald man auf die vorangestellte Programmierungsebene einwirkt (wenn man die Welt verändert – was in der Informatik möglich ist. Es verhält sich ein wenig so, als wäre man vor die Schwierigkeit gestellt, die Körper im Raum anders zu platzieren, und sich entscheiden würde, die Gravitationsgesetze zu verändern).

Die nicht-zeichenhafte Operationsweise der Computer hat unter anderem wichtige Konsequenzen für ihren Gebrauch zu kommunikativen Zwecken, also auf den traditionellen Bereich der Massenmedien. In dem von Autoren wie Negroponte[19] hervorgehobenen »bit radiation business« wird zwischen Bildern, Texten und Lauten kein Unterschied gemacht: für den Computer werden alle unterschiedslos in *bits* übersetzt. Hier gilt eine Art telematischer Variante der »undifferenzierten Kodifizierung«, von der von Foerster in Bezug auf das menschliche Gehirn spricht:[20] »bits are bits«, Zeichenfolgen von 0 und 1 und die Unterscheidung der verschiedenen Arten von Kommunikation werden nach Bedarf durch zusätzliche Operationen erzeugt – d. h. nur in Funktion eines spezifischen Beobachters, bei dem

---

18 Oder, wie Kittler 1993 behauptet, dass es keine Software gibt – was im Grunde auf dasselbe hinausläuft. Wenn man mit »hard« eine gewisse Rigidität und einen Widerstand gegen Veränderungen meint, muss man inzwischen, nach einigen Jahrzehnten des Umgangs mit Computern, bemerken, dass die im Laufe von Generationen der Software-Entwicklung aufgeschichteten Programme eine viel stabilere und schwer veränderbarere Struktur angenommen haben als die Maschinen, die häufiger erneuert werden. Für die Software gilt die oft zitierte Regel von Moore nicht, nach der der Computer alle 18 Monate seine Kapazität verdoppelt, und sie ist in einem gewissen Sinn eher »hard« als die Hardware.
19 Vgl. beispielsweise Negroponte 1992; Pool 1983, S. 195; Davis 1993, S. 106.
20 Vgl. von Foerster 1972, S. 92.

es sich nicht um den Computer selbst handelt. Die physischen Daten sind auch unter diesem Aspekt von keiner Relevanz – außer in Bezug auf den Sachverhalt, dass die Kommunikation (die Texte) als Resultat einer vollendeten Vorselektion (d. h. einer Prä-Digitalisierung als Übersetzung in Unterscheidungen seitens eines Beobachters) typischerweise weit ökonomischer ist.

Es macht nur dann Sinn, von der Intelligenz von Maschinen zu sprechen, wenn die Intelligenz auf das Medium und nicht auf den einzelnen Rechner bezogen wird.[21] Dies dürfte auch für den Grenzfall eines isolierten Computers offensichtlich zutage treten. Von Interesse ist, seine vermeintliche Intelligenz zu gebrauchen – oder eben zu kommunizieren – und nicht lediglich, diese Intelligenz in die Welt zu setzen. Ein vermeintlich genialer, jedoch absolut isolierter Computer wäre von absolut keinem Nutzen. In Wirklichkeit geht es also immer um Kommunikation und nicht vorwiegend um Bewusstsein. Sofern es sich aber bereits um Kommunikation handelt, macht es keinen Sinn, sie auf einen einzigen Partner zu beschränken. So wie der Sinn der Kommunikation darin besteht, sich an andere Kommunikationen anzuschließen, könnte man auch sagen, dass die Bestimmung der Informatik darin zu sehen ist, in die *Telematik* einzugehen. Dies ist ein von Alain Minc und Pierre Nora[22] geprägter Begriff, mit dem die Kombination von Telekommunikation und *automatic data processing*, bzw. Informatik, angezeigt wird. Aus dieser Perspektive erscheint der explosive Netzausbau im letzten Jahrzehnt keineswegs überraschend. Die logische Priorität scheint die zeitliche umzukehren, nach der die Verknüpfung eine der Arbeit an einem einzelnen Computer nachgestellte Entwicklung wäre. Dies zeigt sich beispielsweise an der Entwicklung der Programmierungstechniken mit der Durchsetzung der so genannten Objektorientierung (OOP).[23] Diese Technik scheint die Weiterentwicklung der vorangegangenen strukturierten Programmierung zu sein und setzt sich in dem Moment durch, in dem sich das Problem des Datenaustauschs stellt – wenn es etwa darum geht, Teile von Programmen zwischen unterschiedlichen Computern

---

21 In diesem Sinne ist auch der recht unpräzise Begriff der »verteilten Intelligenz« gemeint.
22 In Nora/Minc 1978.
23 Die diesbezügliche Literatur ist vorwiegend technischer Art und entwickelt sich laufend weiter. Den Ausgangspunkt bildet die Entwicklung von Smalltalk seitens Alan Kay im Jahre 1970 und, darauf folgend, die Entwicklung weiterer Objektsprachen. Aus begrifflicher Perspektive ist diese Fragestellung genauer in Esposito 1996d behandelt worden.

auszutauschen. Tatsächlich waren die dahinter liegenden Anliegen (Einkapselung und Wiederverwertbarkeit) auch Gegenstand der vorangegangenen Techniken, obgleich sie hier auf ein einziges Programm und auf einen einzigen Programmierer bezogen waren und Letzterer nach Möglichkeit nicht gezwungen sein möchte, bei jedem erneuten Auftauchen einer ähnlichen Problematik denselben Algorithmus zu verwenden. Dagegen macht es für die Maschine keinen Unterschied, ob sie zu unterschiedlichen Zeitpunkten mit demselben Anwender oder mit unterschiedlichen Anwendern zu tun hat. Man könnte mit anderen Worten auch sagen, dass wenn bei der Programmierung eines Netzes die Objektorientierung unverzichtbar ist, man auch bei der »isolierten« Programmierung entdeckt, dass sie große Vorteile bietet. Die Verlagerung des Schwerpunktes auf die gegenseitige Verschaltung ist keine Wende der Informatik, sondern in einem gewissen Sinne die Entdeckung ihrer Voraussetzungen, die in dem Moment offen zutage treten, indem man das Interesse von der einzelnen »Intelligenz« zu dem Medium verlagert. Die »digitale Logik« besteht in der gegenseitigen Verschaltung[24] und die entscheidende Bindung ist inzwischen die Bandbreite – diese Feststellung versteht sich heutzutage von selbst, wie dies auch die Orientierung eines Unternehmens wie Microsoft Anfang der 90er Jahre gezeigt hat. Bill Gates hat immer behauptet, sein Ziel bestünde darin, in jedem Haushalt einen PC einzuführen, jetzt behauptet er aber, dass dies dadurch geschehen wird, dass der PC das Fernsehen integriert, indem der PC primär zum Medium wird. Die Unterscheidung zwischen *package media* (isolierte Träger wie Bücher, Schallplatten, Videokassetten) und *networked media* (im Netz verbreitete Träger) scheint in Auflösung begriffen.

Auch in diesem Fall ergibt sich hieraus die Revision einer Reihe traditioneller Konzepte, zuallererst das Konzept des Dokuments (oder des Textes), das ebenfalls an die moderne Betonung des Autors gekoppelt ist. Die Einheit eines Textes wurde an der Identität des Autors festgemacht, dem der Text zugerechnet wurde. Ansonsten würde sich der Text, aus der Perspektive von Kommunikation, in einem zäsurlosen Kommunikationskontinuum verlieren. Bereits 1970 hatte allerdings von Foerster[25] bemerkt, dass in einem ausgedehnten Kommunikationsnetz die Einheit des Dokuments sich in einem Nebel von Unterscheidungen aufgelöst hat, die nicht mehr notwendig in diskrete

---

24 Wie man bei Neuman 1991, S. 48, und in dem gesamten zweiten Kapitel »The Logic of Electronic Integration« lesen kann.
25 Vgl. von Foerster 1984d.

Einheiten aufgeteilt sind. Die Einheit des Textes gerät ebenso wie die Identität des Autors zu einer kontingenten Funktion im Sinne der »fonction auteur« von Foucault,[26] die in einigen Fällen relevant ist und in anderen nicht – die für einen Roman beispielsweise relevant ist, nicht aber für das Telephonverzeichnis. Auch wenn ein Text maschinell erzeugt werden kann, wird es schwierig, die Grenze eines Textes als Sinneinheit zu markieren; die Diskriminante ist nun die Art der Kommunikation, die verwirklicht wird, und nicht mehr ihr Träger.[27] Ein Großteil der Diskussionen über Hypertexte kann im Grunde auf diese Art von Problemen zurückgeführt werden. Der entscheidende Punkt sind nicht sosehr die Möglichkeit einer nicht-sequentiellen Lektüre oder die Entdeckung der aktiven Rolle des Lesers,[28] die in Wirklichkeit so alt sind wie die Ausbreitung des Buchdrucks (wer liest schon ein Lexikon von der ersten bis zur letzten Seite?). Die Struktur der »knots« und »links« ist deshalb interessant, weil sie auf die gegenseitige Verschaltung und nicht auf die Isolierung gerichtet ist. Wie Bolter richtig bemerkt, ist ein isolierter Hypertext ein Widerspruch an sich.[29]

Die Intelligenz liegt also im Medium und ein Medium ist dann intelligent, wenn es die Operationen unsichtbarer Maschinen voraussetzt. Hiervon hängen die Merkmale ab, die daraus etwas anderes machen als ein Supertelephon, einen Superfernseher oder einen Super-Post-Service und auf die wir unsere Aufmerksamkeit richten müssen, um zu versuchen, die Konsequenzen einer eventuell neuartigen strukturellen Kopplung auf Kommunikation herauszufinden. Ein Aspekt, der bereits in den 60er Jahren hervorgehoben wurde,[30] ist die neue Möglichkeit der *Personalisierung* der anonymen Kommunikation, die, anstatt wie das traditionelle (heute: ›das generalisierte‹) Fernsehen oder die Zeitungen für alle gleich zu sein, von Mal zu Mal eine jeweils neue Konfiguration annimmt, je nach den Interessen, den Vorlieben und

26 Vgl. Foucault 1969. Vgl. auch Pool 1983, S. 215, der von »multidinous versions of text, which are partly authored by people and partly automatic« spricht.
27 Bei der Schnittstelle objektoperierender Systeme DOI (*document oriented interface*), wie etwa das *PenPoint*, wird die Unterscheidung zwischen dem Ort, an dem sich die Dokumente befinden (data files), und dem, an dem sie verarbeitet werden (die Anwendung), überwunden. Das Dokument wird an dem Ort generiert, an dem man an dem Dokument arbeitet. In Bezug auf die Auflösung des Dokumentbegriffs siehe auch Branscomb 1977 und Pomian 1992, S. 169, der sie mit einer Veränderung des Problembezugs in Zusammenhang bringt. Es geht nicht mehr darum, wie man Dokumente aufbewahrt, sondern wie man sie vernichtet (S. 219).
28 Vgl. beispielsweise Landow 1992; Sandbothe 1997.
29 Bolter 1997, S. 42.
30 Vgl. Faithmore 1968.

dem Verhalten des Nutzers. Es handelt sich um eine neuartige Kombination zwischen dem Aspekt der Masse und dem individuellen Aspekt: um eine »mass customisation«, die ein anonymes Medium in ein »individeo« umwandelt, da es nun möglich ist, bei einer Massenproduktion die Besonderheit des Einzelnen mitzubedenken. Was eine verborgene Paradoxie der Massenmedien darstellte (die Suche der Individualität in der Generalisierung – die Elite für alle), wird zu einem offenen und emphatisierten Aspekt der »new media« – und dies wiederum, ohne dass die paradoxe Seite zum Problem wird. Man spricht auch von der Konvergenz zwischen der Eins-zu-eins-Kommunikation (auch am Telephon, wobei aber insbesondere das Gespräch zwischen anwesenden Partnern gemeint ist) und der Eins-zu-allen-Kommunikation, d. h. der Massenkommunikation, weil nun ein neuer »kommunikativer Partner« geschaffen worden ist (das Terminal), der eine sowohl reaktive wie auch »beratende« Rolle einnehmen kann.[31] Hieraus entspringen auch die großen Projekte eines interaktiven Fernsehens oder »integrierter Netzwerke«, die der einst anonymen und passiven *audience* bei der Konfiguration der Kommunikation unter Abwesenden die Übernahme einer aktiven und konstruktiven Rolle ermöglichen sollten.

Die Vorgabe ist offenbar die Interaktivität. Die Einführung in das Medium einer nicht-trivialen Maschine, die ausgehend von externen Inputs, d. h. ausgehend vom Verhalten des Nutzers, überraschende Dinge ausführt. Das Verhalten des Nutzers wird anscheinend gespeichert und verarbeitet, so dass der Computer je nach Situation und in Abhängigkeit von der Geschichte bzw. von den vorangegangenen Interaktionen mit dem Anwender, eine andere Antwort zu geben vermag. In dieser Hinsicht reproduziert die Interaktion mit dem Computer die für die Interaktion unter Anwesenden charakteristische gegenseitige Wahrnehmung sowie die Wahrnehmung des Umfelds und dies macht es auch möglich, dass derselbe Input (der Nutzer wählt eine bestimmte Sendung oder einen bestimmten Ort im Netz aus) im Vergleich zu den vorangehenden Inputs als Differenz und nicht als Identität verarbeitet wird. Der scheinbare Widerspruch zwischen dem Massenaspekt (eins-zu-allen) und dem individuellen Aspekt (eins-zu-eins) wird als Differenz von Netz und Terminal aufgelöst, von dem (für alle gleichen) Medium und der (für alle unterschiedlichen) nicht-trivialen Maschine.

---

31 Vgl. etwa McQuail 1992, S. 304.

Das Medium ist aufgrund der Intervention von Maschinen intelligent. Ist es aber deshalb schon erforderlich, dass die Maschinen intelligent sind? Wie wir gesehen haben, handelt es sich dabei um unsichtbare Maschinen, die sowohl für das Bewusstsein als auch für die Kommunikation unzugänglich sind. Die »Intelligenz« hängt von der Produktion von Kontingenz ab, auf der die Nicht-Trivialität basiert. Abgesehen von der Bandbreite an Ursachen, die man in Betracht zieht, erscheint das Verhalten der Maschine nicht als zwingend. Doch ist es unbedingt erforderlich, dass die Maschine selbst die Kontingenz kennt, damit man ein nicht kontingentes Verhalten erhält? Oder ist nicht etwa schon die auf eine unsichtbare Maschine projizierte Kontingenz des Nutzers vollkommen ausreichend, um eine Kommunikation zu produzieren, die dann selbst kontingent wird? Die Erforschung des Verhaltens der Nutzer gegenüber Computern hat die generelle Tendenz nachgewiesen, das Antwortverhalten der Computer allein deshalb für intelligent zu halten, weil es interaktiv ist, d. h. die eigene Komplexität auf die Maschine zu projizieren, weil diese auf das eigene Verhalten zu reagieren scheint.[32] Es handelte sich demnach um eine Spiegelprojektion der eigenen Komplexität auf eine Maschine, die an sich nicht komplex ist, faktisch aber in der resultierenden kommunikativen Verbindung komplex wird. Die durch den Computer mediatisierte Kommunikation ist in der Tat komplexer und darin besteht die Konsequenz der oben erwähnten spezifischen Form von struktureller Kopplung. Die Kontingenz wird erhöht, allerdings nicht, weil die Zirkularität der doppelten Kontingenz in einer wirklichen Kommunikation mit der Maschine (als eines Bewusstseins) erzeugt wird, sondern weil das Bewusstsein des Nutzers (Ego) verdoppelt wird, der sich einer Projektion seiner eigenen Unvorhersehbarkeit gegenübergestellt sieht und dies nicht erkennt – oder jedenfalls neue Informationen daraus zieht.[33] Wenn mit »virtuell« eine Möglichkeit bezeichnet wird, die in Zusammenhang mit einer bestimmten Anzahl an Voraussetzungen aktuell wird, könnte man in diesem Zusammenhang

---

32 Vgl. Turkle 1995, S. 101. Searle 1980 bezieht die vermeintliche »Intentionalität« der Maschinen auf die Projektionen der Anwender.
33 Eine zum Teil ähnliche Argumentation findet sich in Fuchs 1991, der in Bezug auf die durch den Computer mediatisierte Kommunikation von einem »unilateralen Bewusstsein« spricht. Allerdings geht Fuchs von einer Anwendung von Sprache von Seiten der Computer aus, die mit unserer Vorstellung von Maschinen nicht vereinbar ist, nach der die Maschinen Signifikanten manipulieren, ohne einen Bezug zur Signifikation zu haben.

auch von einer »virtuellen Kontingenz« sprechen[34] und damit die spezifische modale Dimension einführen, die den gesamten Bereich auszeichnet, in dem man es mit Computern zu tun hat. Die unsichtbare Maschine macht wie in der Interaktion unter Anwesenden neue Informationen sichtbar – auch wenn es keinen Sinn macht, sie (da sie unsichtbar ist) als »anwesend« zu bezeichnen.[35] Aus demselben Grund macht es auch keinen Sinn, das Modell des Gesprächs – also das Modell einer Kommunikation, die sich keines Mediums bedient – auf die Interaktion mit dem Computer zu übertragen, sondern man müsste vielmehr versuchen, die Besonderheit einer in höchstem Maße mediatisierten Kommunikation sowie des daraus resultierenden »Lärms« zu erfassen.

2. Das Gedächtnis der Funktionssysteme und der formalen Organisationen

Wie wir im vorangegangenen Kapitel gesehen haben, hat das Überhandnehmen der Kontingenz, das mit funktionaler Differenzierung in Zusammenhang steht, im Verlauf des 18. Jahrhunderts den Übergang zu Orientierungen erzwungen, die mit Verschiedenheit und mit der Verschiedenheit von etwas, das als »anders« beobachtet wird, vereinbar sind. Selbstverständlich haben sich nämlich alle Gesellschaften mit etwas auseinander gesetzt, das sie als extern wahrgenommen haben. Die »asymmetrischen Gegenbegriffe« von Koselleck beschreiben eben die verschiedenen Formen, in denen dies auf unterschiedlichen Reflexionsebenen geschehen kann.[36] Nur die Moderne schafft aber den Übergang von *Gleichheit* (nach der Unterscheidung gleich/ungleich) zu der Suche nach *Vergleichbarkeit*. Es genügt nicht mehr, festzulegen, was jenseits aller Differenzen gleich ist, und damit Stabilität und Redundanz zu bestätigen, sondern nun sind abstraktere Anhaltspunkte erforderlich, die es ermöglichen, Dinge miteinander zu vergleichen, die unterschiedlich bleiben, und damit eben Varietät zu unterstreichen. Wie wir gesehen haben, resultiert daraus das Kulturmodell, durch das eine einheitliche Ausrichtung beibehalten wird, obwohl die unterschiedlichsten Phänomene Berücksichtigung finden. Unter dieser Perspektive ist alles Ausdruck von Kultur, von den Ge-

---

34 Einen Vorschlag in diesem Sinne habe ich in Esposito 1993 gemacht.
35 Vgl. Luhmann 1997a, S. 1147.
36 Vgl. Koselleck 1979, S. 211-259; Esposito 1999a.

bräuchen der Völker, die von den Anthropologen erforscht werden, bis hin zu den Jugend- oder Unternehmenskulturen.[37]

Der Begriff der Kultur bezeichnet bereits den Übergang zur Beobachtung zweiter Ordnung, nicht aber auch schon den Übergang zu der Selbstreflexion dieser Beobachtungsform selbst – darin genau liegt auch seine Begrenzung. Wie die anderen für die Moderne typischen Formen – Originalität, Authentizität, Aufrichtigkeit – gründet die Kultur ihre Generalisierbarkeit auf der Vorgabe, nicht auf sich selbst angewendet zu werden, außer (wie immer) um den Preis des Auftretens von Paradoxien. Was man in diesem Fall nicht beobachten kann, ist, dass der Begriff der Kultur selbst das Produkt einer bestimmten Kultur ist, und dass seine Anwendung auf das »Andere« deshalb unweigerlich die Rekonstruktion einer eigenen Diversität ist und nicht der Einbruch des Anderen als solchem. Jede Kultur ist kontingent, nicht aber die Kultur des Kulturvergleichs. Die »Erbsünde« des Modells der Moderne (die sich von Kultur auf vielen davon abgeleiteten Formen reflektiert, etwa auf Öffentlichkeit, Kritik, Individualität, bis auf die Schemata des modernen Romans und auf den Manipulationsverdacht) besteht in der impliziten Annahme eines außenstehenden Beobachters als Anhaltspunkt und Garant der Kohärenz der Beobachtungen.

Im Fall der Kultur drückt sich diese Begrenzung in einer eurozentrischen Vorannahme aus,[38] die auf immer problematischere Weise bei den Phänomenen zutage tritt, die man heute als transkulturell bezeichnet, oder allgemeiner im Bereich der Beziehungen zwischen den Kulturen, etwa den jüngsten Migrationsbewegungen oder den so genannten Ländern, die sich auf dem Entwicklungsweg befinden. Auch dies ist ein Begriff, der, wie oft angemerkt, die Annahme eines nur in eine vorgegebene Richtung möglichen Fortschritts offen legt. Man denke dabei bloß an die jüngsten Debatten über die Zulässigkeit des *chadors*, der als Symbol der Unterordnung der Frau in der islamischen Kultur angesehen wird, in westlichen Schulen oder über die Beschneidung von Mädchen in europäischen Krankenhäusern. In

---

37 Derselbe Universalismus kennzeichnet auch den Begriff der »Menschheit«, den Koselleck für die Nachfolge der asymmetrischen Gegenbegriffe vorschlägt – und der, ebenso wie der Kulturbegriff, große Schwierigkeiten hat, mit Autologie umzugehen. Beiden Begriffen fehlt sozusagen der Gegenbegriff, die Nicht-Kultur oder die Nicht-Menschheit. Allerdings ist der Begriff der Kultur nicht auf die Beschreibung von Personen beschränkt und ist daher mit einer viel größeren Varietät der Phänomene kompatibel.

38 Vgl. Luhmann 1997a, S. 881.

solchen Fällen erscheint das Kulturmodell als immer weniger angemessen, weil es die Verschiedenartigkeit nur zulässt, um sie in einem vorgeordneten Modell der Verschiedenartigkeit zu normalisieren. Bei der Verschiedenheit muss es sich in jedem Fall um Kultur handeln und nur als solche kann sie in ihren Eigenarten berücksichtigt werden. Um sich mit den Fällen auseinander zu setzen, die einen Vergleich ablehnen, weil man an der gegenseitigen Kenntnisnahme kein Interesse hat und Toleranz nicht zugelassen wird (wie dies typischerweise bei religiösen Fundamentalismen und ethnischen Intoleranzen der Fall ist), fehlt das begriffliche Instrumentarium. Dieses kann durch das Kulturmodell auch nach eventuellen Revisionen und Integrationen nicht bereitgestellt werden. Die Orientierung am Vergleich ist nicht in der Lage, sich selbst zu reflektieren und diese Orientierung selbst als kontingent zu setzen. Ist es angemessen, an die Toleranz desjenigen zu appellieren, der nicht tolerant ist und diese Offenheit dazu verwendet, genau die Fundamente zu unterminieren, auf denen die Möglichkeit aufbaut, tolerant zu sein? Der Rekurs auf die Moral ist gewiss keine Lösung.

Doch wir sagten bereits, dass die Kontingenzform, die zu diesem Modell geführt hat, mit der Struktur der Gesellschaft korreliert, die auf funktionale Differenzierung gründet, d. h. auf kontingente Formen der Selbstfundierung im Inneren der verschiedenen gesellschaftlichen Teilbereiche: vom positiven Recht, bis hin zu wissenschaftlichen Wahrheiten, Liebe als Passion oder der Ausrichtung am Markt. Im Inneren jedes Systems realisiert sich jeweils ein nicht-kontingentes Verhältnis zwischen Kontingenzen, das über keine Regulierung und Fundierung auf der Ebene der Gesamtgesellschaft verfügt. Wir haben es hier eher mit einem Verhältnis zwischen Kontingenzen zu tun, das selbst kontingent ist. Wenn man zur Beschreibung einer Gesellschaft dieser Art auf den Begriff der Kultur (die abendländische oder eine ihr ähnliche) zurückgreifen wollte, müsste man unweigerlich das Einheitliche unterstreichen, nicht das Verschiedenartige. Diese Unangemessenheit des Kulturbegriffs, der nach Luhmann nur in Ermangelung eines besseren beibehalten wird,[39] hängt m. E. nicht mit dem Übergang zu einer neuen Differenzierungsform zusammen, sondern eher mit der Dynamik der funktional differenzierten Gesellschaft selbst, die inzwischen den Übergang zu radikaleren Formen der Reflexion erzwingt. Die

---

[39] Vgl. Luhmann 1997a, S. 109 ff., S. 881 – dies gilt übrigens ebenso für den Begriff der Demokratie, der auf eine ähnliche begriffliche Architektur gründet: vgl. beispielsweise Luhmann 1986b.

Annahme einer gemeinsamen Kultur reicht für eine Beschreibung der Art der Regulierung von Redundanz und der Kohärenzprüfung der Kommunikationen (also der Art der Strukturierung des Gedächtnisses) nicht aus. Dies fällt nun in den Aufgabenbereich der spezialisierten Gedächtnisse der Funktionssysteme, die nicht miteinander integriert oder koordiniert werden können.[40] Auch das System der Massenmedien ist nur ein Funktionssystem unter anderen, und nur weil es die Aufgabe übernimmt, die Beschreibungen zu formulieren, auf die sich die anderen Systeme stützen, heißt dies nicht, dass es auch deren Gedächtnis vorbestimmt. Mit ihrer Orientierung an Information, ihrem Privileg der Neuheit und der beständigen Produktion von Überraschung mobilisieren die Massenmedien die Semantik der anderen Systeme und stellen ein Gedächtnismodell bereit. Sie können allerdings bei der konkreten Festlegung von dem, was erinnert und was vergessen wird und auf welche Art dies zu geschehen hat, die Operationen der anderen Systeme nicht ersetzen.

Die Selektionskriterien der Funktionssysteme hängen von anderen Medien ab: von den symbolisch generalisierten Kommunikationsmedien, deren Aufgabe eben darin besteht, die Annahmemotivationen dahingehend zu konditionieren, dass sie Gegenstand von Erwartung werden, ohne dabei fix zu sein oder einen Bezug auf die Perfektion oder Sicherheit der Welt zu enthalten. Im Gegenteil: Die Art der Stabilität, die sie gewähren, basiert eher auf einer ständigen Variabilität,[41] sowohl in dem Sinne, als die Orientierungen sich mit der Zeit ändern und deshalb funktionieren, als auch in dem Sinne, als sie sich je nach symbolisch generalisiertem Kommunikationsmedium und damit je nach Funktionssystem ändern. Jedes dieser Medien verfügt über ein eigenes Gedächtnis (oder über eine eigene Gedächtnislosigkeit), von dem es abhängt, was in dem jeweiligen System erinnert oder vergessen wird und welche Art der Zukunftsorientierung dort vorherrschend ist. Man könnte, wenn man so will, über eine Kultur der verschiedenen Systeme sprechen, wobei sich der Begriff dabei auf kaum mehr als ein Wort reduzierte.

Das Gedächtnis der Wirtschaft gründet sich auf Geld und das Geld operiert bekanntlich ohne Gedächtnis: *pecunia non olet*. Die Art, mit der Geld angelegt wird, ist immer unabhängig von den vorangegan-

---

40 Vgl. Luhmann 1997a, S. 591.
41 Ein Umstand, auf den wir in Kap. V, 7. zurückkommen werden, wenn wir auf das Kollabieren der evolutionären Unterscheidung von Variation und Stabilisierung zu sprechen kommen.

genen Anlegeweisen.⁴² Genau deshalb sind die vorherrschenden Theorien des Geldes nach Shackle inädaquat. Indem sie das Geld für einen »store of value« halten – und damit seine Besonderheit aus den Augen verlieren, da man dies von allen möglichen Gütern sagen könnte –, tendieren sie dazu, das Modell des Speichers zu reproduzieren. Das Geld ist aber nicht deswegen interessant, weil es den Wert aufbewahrt, sondern weil es die Möglichkeit bereithält, den Wert in Zukunft zu modifizieren. Das Geld ist eher »a medium of deferment and of search«, das in einer Welt der Unsicherheit und des Mangels an Kenntnissen erforderlich ist, in der man nicht weiß, was der folgende Tag bringen wird.⁴³ Gerade wegen seiner Gedächtnislosigkeit bindet das Geld und lässt so für die Wirtschaft Raum für ihre typische Orientierung an Gelegenheiten, die per definitionem variabel und unvorhersehbar sind.⁴⁴ Das einzige Kriterium ist der Profit und die Bezüge, die das Gedächtnis organisieren, werden durch das Kreditsystem bereitgestellt, das natürlich Geldliquidität voraussetzt. Darin besteht die für die Wirtschaft charakteristische Verbindung von Vergangenheit und Zukunft, von der es abhängt, was in einer offen bleibenden Zukunft erinnert wird.

Auch in der modernen Wissenschaft kann Wissen nicht als ein in der Zeit konstanter Speicher und damit als stabiler Kenntnisschatz verstanden werden. Die verfügbaren Kenntnisse dienen seit dem 18. Jahrhundert lediglich als Gelegenheit für Versuche der Falsifikation und Überwindung auf dem Weg zu besseren kombinatorischen Lösungen. Das Gedächtnis läuft dann auf eine interne Kohärenzprüfung hinaus und erinnert sich faktisch an das, woran noch gearbeitet wird, solange daran noch gearbeitet wird.⁴⁵

Wieder anders verhält sich das Redundanzmodell des Erziehungssystems, das von der Orientierung an dem Ursprung zu der Orientierung an interne Bezüge übergeht und aus diesem Grund der Selektion bedarf. Die Relevanz der Vergangenheit für die Gegenwart wird durch die Noten und allgemein durch die typisch moderne (systeminterne) Form der Karriere vermittelt,⁴⁶ durch eine Ereignissequenz (Diplome und schulische *curricula*, berufliche Atteste, Berufserfahrung, Arbeitsverträge und Kündigungen), aus der die für die Zukunft relevante

---

42 Vgl. Luhmann 1983, S. 156; Baecker 1987.
43 Vgl. Shackle 1990, S. 213.
44 Vgl. Baecker 1987, S. 525 ff.
45 Vgl. Luhmann 1990a, S. 129, S. 441, S. 330.
46 Vgl. Luhmann/Schorr 1988a, S. 277 ff.; Luhmann 2000, S. 101 ff.; Corsi 1993.

Vergangenheit – die Vergangenheit, an die man sich eben erinnert – besteht.

Die Familie, die nun auf die extrem labile Form der Liebe als Passion gegründet ist,[47] verfügt ihrerseits über ein eigenes Gedächtnis, das auf einer äußerst privaten Selektionsgeschichte (die erste Verabredung, die Verlobung, eine gemeinsame Reise oder Ähnliches) basiert und wie alle Gedächtnisformen mit dem Fortgang der Ereignisse ständig neu interpretiert wird, gleichzeitig aber, solange es funktioniert, als Kohärenzbezug für die Selbstreflexion des Systems fungiert.

Besonders komplex ist das Gedächtnis des positiven Rechts, das gezwungen ist, die Stabilität normativer Orientierungen (die Weigerung, aus Enttäuschungen zu lernen) mit der Kontingenz der Gültigkeit des Rechts, die im System festgelegt wird und sich mit der Zeit ändert, zu verbinden.[48] Ein Gesetz oder eine Regelung gelten, solange sie gelten. Aber in dieser Zeitspanne schaffen sie eine Orientierung für Erwartung und legen das Gedächtnis fest. Die Stabilisierung des Rechts geht von einer Vorstellung absoluter Gültigkeit zu der bloßen Kohärenz der Normen über, d. h. zu der Möglichkeit, die Normen vor dem Hintergrund der Rechtsdogmatik zu rekonstruieren.[49]

Dasselbe gilt *mutatis mutandis* für die Kunst, die Politik und alle anderen Funktionssysteme. Auf der Ebene der Gesamtgesellschaft resultiert daraus ein operatives Gedächtnis, das selbst, wenn es stets die Direktiven des Übergangs zur Beobachtung zweiter Ordnung beachtet und nur kontingente Bezüge zulässt, in den verschiedenen Funktionssystemen extrem fragmentiert ist und nicht auf eine einheitliche Ausrichtung zurückgeführt werden kann. Die Noten in der Schule, die Kredite der Wirtschaft, die wichtigen Etappen des privaten Lebens und der wissenschaftlichen Forschung verleihen der Vergangenheit jeweils andere Formen und eine jeweils andere Relevanz und es gibt keinen Grund, weshalb sie miteinander koordiniert werden sollten. Sie sind in sich und untereinander kontingent. Die unterschiedlichen Funktionssysteme operieren mit einem jeweils eigenen Rhythmus und mit einer eigenen Redundanz. Sie erinnern und vergessen auf je unterschiedliche Art und projizieren eine jeweils unterschiedliche Zukunft. Daraus ergeben sich offenbar Synchronisationsschwierigkeiten und immer mehr Ereignisse erscheinen als Zufälle, Unfälle und

---

47 Vgl. Luhmann 1982a.
48 Vgl. Luhmann 1983a, beispielsweise S. 98 ff.
49 Vgl. Luhmann 1993a, S. 274 ff.

unvorhergesehene Gelegenheiten.[50] Daraus resultiert aber auch ein enormer Anstieg der Irritierbarkeit der Kommunikation. Gerade weil sie auf immer artikuliertere und unkoordiniertere Weise vergisst, ist sie auch in der Lage, immer mehr Dinge, die voneinander immer verschiedener sind, zu erinnern.

Um die Funktionsweise vom Gedächtnis effektiv zu erklären, muss man, selbst wenn man im Bereich eines Funktionssystems verbleibt, weitere Aspekte berücksichtigen. Die Ausrichtung am Profit, an Karrieren, an der Gültigkeit der Argumentationen genügt nicht, um Aussagen darüber zu machen, welche Redundanzformen konkret realisiert werden. Wenn man sich darauf beschränkte, würde man sich einer Vielheit einzelner Operationen gegenübergestellt sehen, die auch dann nicht in der Lage wären, die Inhalte der anderen Operationen desselben Systems zu definieren, zu begrenzen oder auch nur zu kennen, wenn sie sich an denselben Kriterien orientierten und dadurch eine spezifische Form von Redundanz realisierten. In jeder Gegenwart würde das System in eine reine Anhäufung einzelner Operationen auseinander fallen, die einander nichts sagen würden.[51] In der Tat ergibt sich das Gedächtnis bei dem konkreten Operieren der Systeme aus zwei verschiedenen Arten von Redundanz, die sich gegenseitig konditionieren und stützen. Die auf das symbolisch generalisierte Kommunikationsmedium bezogene Redundanz ist gleichsam die »unsichtbare Hand« der Systeme,[52] zu der die »sichtbare Hand« der Organisationsstrukturen hinzukommt, die in jedem der Funktionssysteme wirksam sind.[53] Mit anderen Worten könnte man sagen, dass die Koordination der Operationen und die »Kohärenzprüfung« auch von dem Sachverhalt abhängt, dass in jedem Funktionssystem formale Organisationen am Werk sind, die ihrerseits die möglichen Kombinationen der Operationen begrenzen – es handelt sich um eine zusätzliche Redundanz, die der dem Medium beigeordneten nicht entgegengesetzt ist, sondern eher eine Anwendung derselben darstellt.

---

50 Vgl. Luhmann 1997a, S. 765.
51 Vgl. Luhmann 1993a, S. 356. Letztlich handelt es sich darum, dass man in der Gleichzeitigkeit keine Kausalität haben kann und die Synchronisierung andere Wege gehen muss.
52 Die Profitrate wird nicht zufällig durch den Markt festgelegt, doch etwas ähnliches geschieht auch in den anderen Systemen. Die »unsichtbare Hand« wirkt bei der öffentlichen Meinung, bei der Zirkulation wissenschaftlicher Veröffentlichungen, bei der Beobachtung von Kunstwerken usw.: vgl. *supra* IV, 2.
53 Vgl. Luhmann 1993a, S. 355.

Wenn es keine Organisationen gäbe, könnte man auch keine Karrieren durchlaufen, kein Geld in Umlauf bringen und keine Experimente wiederholen. In dieser Hinsicht handelt es sich bei Medien und Organisationen um funktionale Äquivalente in Bezug auf das Anliegen, Redundanz zu erzeugen.[54] Sowohl bei Medien als auch bei Organisationen geht es darum, Motivationen für ein unwahrscheinliches Verhalten zu erzeugen und sie in Verhaltenserwartungen umzuwandeln. Beide Formen entlasten sich aber gegenseitig, weil sie auf unterschiedliche Weise funktionieren. Das Medium ist ausgedehnter und bindet die Operationen nur locker aneinander – es gründet das Gedächtnis auf der Fähigkeit, zu vergessen (man denke nur an den Fall des erinnerungslosen Geldes, das auch die Möglichkeit bietet, Kredite zu vergeben). Gerade aufgrund dieser Funktion gibt es in jedem System nur ein Medium. Dagegen gibt es in jedem System viele Organisationen, die deshalb auch weitaus engere Bindungen herstellen können, ohne damit die Kontingenz aufzuheben. An anderen Stellen werden Bindungen anders hergestellt. Auf der Ebene des Systems kann man demnach sehr viel vergessen, ohne sich damit in jeder Gegenwart vor dem Fehlen jeglicher Orientierung gegenübergestellt zu sehen.

Auch bei Organisationen handelt es sich, wie wir in Kap. IV, 2 gesehen haben, um eine Form jüngeren Datums, die mit der Moderne entstanden ist und mit den Problemen der Beobachtung zweiter Ordnung – und der daraus folgenden Individualisierung und Idiosynkrasie – in Zusammenhang steht. Die Organisationen sind aus dem Anliegen heraus entstanden, das Verhalten unvorhersehbarer Individuen – dies auch bleiben werden – vorhersehbar zu machen. Sie verwirklichen eine begrenzte und umschriebene Form von Redundanz. Sie koordinieren nur das Verhalten der Mitglieder und dabei nur das Verhalten, das ihre Zugehörigkeit zu einer Organisation betrifft (nicht also den Geschmack bei Tisch, die politische Orientierung oder das familiäre Verhalten der Angestellten eines Unternehmens). Als Personen bleiben die Mitglieder weiterhin kontingent und selbst der Umstand der Mitgliedschaft ist kontingent. Man kann aus einer Organisation entlassen werden oder selbst aussteigen. Man könnte auch sagen, dass die Organisationen auf kontingente Weise eine Kontingenz unter Kontrolle bringen, die kontingent bleibt und auf diese Weise die Bedingungen für die Verwirklichung komplexer For-

---

54 Vgl. Luhmann 1988d; 1987e.

men der Koordinierung, einer größeren Komplexität und einer strukturierteren Redundanz schaffen.[55]

Auch die Organisationen setzen aber die Beobachtung zweiter Ordnung voraus und radikalisieren diese auf eine Weise, die nur auf der Ebene der Beobachtung dritter Ordnung begriffen werden kann, d. h. jenseits der für die Semantik der Moderne typischen Begrenzungen. Alle ihre Formen verwirklichen nämlich eine gewisse Stabilität nur um den Preis eines entsprechenden Anstiegs an Instabilität; sie realisieren die (an eine umschriebene Vorhersehbarkeit gekoppelte) Aufhebung der Unsicherheit nur um den Preis eines Zuwachses an Unsicherheit auf der Ebene der Gesamtgesellschaft. Dies alles steht mit ihren spezifischen Operationen in Zusammenhang: mit der besonderen Art von Kommunikationen, die ihre Autopoiesis ermöglichen. Die Organisationen entstehen und reproduzieren sich auf der Basis von *Entscheidungen*, die unter der Bedingung der Geschlossenheit andere Entscheidungen voraussetzen und weitere Entscheidungen erzeugen. Eine Entscheidung setzt eine Wahl voraus: die Gegebenheit einer Alternative und den Sachverhalt, dass man sich für die eine oder für die andere Seite entscheiden muss.[56] Es handelt sich demnach um Beobachtungen, die eine bestimmte Art von Unterscheidungen verwenden (eben die Alternativen), deren Charakteristik darin besteht, in dem Moment, in dem man sich für eine Seite entscheidet, die Distinktion selbst zu bezeichnen.[57] Konkreter: Wenn eine Entscheidung mitgeteilt wird, wird die getroffene Wahl mitgeteilt und unweigerlich auch die Entscheidung, diese Wahl mitzuteilen. Oder mit einem Beispiel von Luhmann: Ein Mann teilt seiner Frau mit, dass er in den Club geht, obwohl er weiß, dass sie es vorzöge, wenn er zu Hause bliebe, und obwohl er weiß, dass sie weiß, dass er es weiß. Die Mitteilung informiert über die Entscheidung und konstituiert

---

55 Die Organisationen operieren als »Interdependenzunterbrechungen« (Luhmann 2000, S. 394 ff.), d. h. sie zerlegen die ausgedehnte Dependenz von allem zu allem mit Formen, die als Bezugspunkt fungieren können – wie dies in vorangegangenen Gesellschaften durch Strukturen wie der Stratifikation geschah, die eine relative Indifferenz von Teilen der Kommunikation im Vergleich zu andern unter Garantie stellte. Die gegenseitige Unabhängigkeit der Funktionssysteme basiert dagegen auf der gegenseitigen Dependenz und auf dem Verzicht auf Redundanz – die von den Organisationen in überarbeiteter Form wiederverwertet wird.

56 Im Folgenden beziehe ich mich vorwiegend auf Luhmann 2000, Kap. 4. Vgl. auch Luhmann 1993a, S. 307 ff.

57 In der Terminologie Luhmanns 2000, S. 133 ff., handelt es sich um eine »unterscheidbare Unterscheidung«, die auf beiden Seiten bestimmungsfähig ist.

gleichzeitig eine komplexe Kommunikation, bei der über die Kommunikation selbst reflektiert wird. Es wird nicht nur die gewählte Seite beobachtet, sondern auch der Sachverhalt, dass auf eine bestimmte Art entschieden wurde. Es werden zwei Unterscheidungen unterschieden und miteinander verbunden: erstens die Unterscheidung der in Frage stehenden Alternative und aller anderen Möglichkeiten (die »konstitutive Unterscheidung« zwischen der Wahl, in den Club zu gehen oder nicht hinzugehen und damit anderer Möglichkeiten, den Abend zu verbringen) und zweitens der Unterscheidung der zwei Seiten der Alternative (in den Club gehen/nicht gehen).

Die konstitutive Unterscheidung verweist im Grunde auf den Beobachter, der die Beobachtung ausführt und man kann sie nur in den Blick bekommen, wenn man sich auf die Ebene des Beobachters dritter Ordnung begibt, der nicht bloß die Seiten der Alternative, sondern auch die Alternative selbst beobachtet. Bei der Verknüpfung von Entscheidungen wird diese Unterscheidung in der Regel aber nicht beobachtet (und wenn sie beobachtet wird, dann nur in der Form einer zusätzlichen Entscheidung mit der dazugehörigen eigenen Unbeobachtbarkeit), so dass sie zu einer Art Mysterium gerät, das alle Operationen begleitet. Man konzentriert sich auf den der Alternative innewohnenden Kontrast und beobachtet dabei nicht die Entscheidung selbst. Sie kommt in der Alternative nicht als eine der Möglichkeiten vor, die man wählen kann. Man ist sich dieses Mangels, wie es für den blinden Fleck charakteristisch ist, d. h. für die Form des unbeobachtbaren Mysteriums selbst, nicht gewahr und beobachtet das Mysterium nicht, das faktisch neutralisiert wird, indem es auf eine andere okkulte Qualität zurückgeführt wird: auf die Person, die die Entscheidung trifft, der ein Moment von Willkür unterstellt wird.[58] So funktionieren Organisationen, die als Reproduzenten von Entscheidungen die Form der Entscheidung nicht in Zweifel ziehen, sondern sich darauf beschränken, weitere Entscheidungen zu treffen. Auch wenn eine bestimmte Entscheidung angefochten werden kann, wird in der Organisation, solange sie existiert, der Sachverhalt des Entscheidens selbst nicht in Frage gestellt. Die Akzeptanz dieser konstitutiven Entscheidung wird durch die Strukturen der Organisation sichergestellt, d. h. von der Autopoiesis und nicht von einer Entscheidung, die beobachtet werden kann.

Wie wirkt sich dies alles auf das Gedächtnis aus? Die Beobach-

---

58 Vgl. Luhmann 2000, S. 425; 1997a, S. 831.

tungsform, die auf einer Alternative gründet, beinhaltet zunächst eine besondere Art der Trennung und Integration von Vergangenheit und Zukunft – und damit, auf der zeitlichen Ebene, auch die Revision der für die Moderne typischen Form (eben der Unterscheidung Vergangenheit/Zukunft). Die Unterscheidung ändert sich nicht und es handelt sich dabei weiterhin um die durch die Massenmedien operationalisierte und in Umlauf gebrachte Gegenüberstellung einer unbekannten Zukunft und einer bekannten Vergangenheit; bei den Entscheidungen ändert sich aber die Verteilung der Kontingenz auf deren zwei Seiten.[59] Während man damit in der Regel die Vorstellung einer abgeschlossenen und unveränderbaren Vergangenheit und einer für Veränderungen offen Zukunft verbindet, kehren Entscheidungen das Verhältnis von Vergangenheit und Zukunft in Bezug auf *die zeitliche Determination* um. Sie rekonstruieren die Vergangenheit in Form einer noch offenen Alternative, über die entschieden werden muss – und je nach getroffener Entscheidung wird eine neue Geschichte beginnen, die andere Dinge erinnern und vergessen wird. Die Vergangenheit erscheint demnach als in irgendeiner Form noch offen, während dagegen die Möglichkeiten der Zukunft begrenzt werden, indem man sich Ziele setzt. Die Möglichkeiten werden in Bezug auf die in Frage stehende Alternative als Differenz von dem, was aufgrund der Entscheidung erreicht wird, und dem, was ohne die Entscheidung sein würde, beobachtet.[60] Gerade weil sich eine Entscheidung nicht durch die Vergangenheit determiniert fühlt, zielt sie darauf, etwas Neues in die Zukunft einzuführen und determiniert sie auf diese Weise auch (zwar nicht aus der Sicht der Welt, wohl aber aus der Sicht der Beobachtung). Sie stellt einer geschlossenen Zukunft eine offene Vergangenheit gegenüber, ohne damit die Unveränderbarkeit der Vergangenheit und die Unbekanntheit der Zukunft in Frage zu stellen. Die Unbekanntheit der Zukunft ist sogar eine unabdingbare Voraussetzung für Entscheidungen. Wenn die Zukunft bereits bekannt wäre, gäbe es nichts mehr zu entscheiden – gerade, weil niemand wissen kann, wie sie sich zutragen wird, ist man zur Orientierung in der Gegenwart auf Entscheidungen angewiesen. Und weil die Zukunft unbekannt bleibt, werden auch in der Folge Entscheidungen erforder-

---

59 Vgl. Luhmann 1995a, S. 134.
60 Vgl. Luhmann 2000, S. 157 ff, S. 166 ff; 1993a, S. 309; 1996c. Vgl. auch Smithson 1989: »Organisations (...) avoid the problem of anticipating future contingencies or outcomes by arranging an internal organizational environment that is self-confirming through standardization, fixed plans, and appeals to tradition« (S. 247).

lich sein, die von den gegenwärtigen abweichen können und die Zukunft damit noch unkenntlicher machen.[61]

Die Entscheidung kann sich mit einer Zukunft auseinander setzen, die unbekannt und determiniert zugleich ist, weil die komplexe Unterscheidungsstruktur, auf die sie gegründet ist, sie auf die Ebene der Beobachtung dritter Ordnung positioniert. Die Beobachtung von Vergangenheit und Zukunft wird implizit an die konstitutive Entscheidung gekoppelt, und damit an die Entscheidung selbst. Man unterscheidet und verknüpft die Beobachtung der Zukunft und die zukünftige Beobachtung, die determinierte Beobachtung und die offene Welt – die sich voneinander unterscheiden, obgleich die zweiten von den ersten abhängen. Auch die Kontingenz, bzw. die Alternativität, wird mit Entscheidung nicht ausgelöscht, sondern selbst kontingent gemacht: vor der Entscheidung ist sie anders als nach der Entscheidung – davor ist sie eine offene Kontingenz und jede Möglichkeit ist noch möglich, dagegen gerät sie nach der Entscheidung zu einer geschlossenen Kontingenz. Man kann nicht anders entscheiden, auch wenn die Entscheidung damit noch nicht zwingend geworden ist. Man kann sie immer noch korrigieren, indem man sich für etwas anderes entscheidet, benötigt dafür aber eine neue Entscheidung, die auch die vorgängige Alternative kennt.[62] Man weiß dies in dem Moment, in dem man entscheidet. Darauf basiert nach Shackle auch die Unterscheidung von Erwartung und Phantasie, von Entscheidung und Willkür. Man entscheidet immer unter der Bedingung der Unsicherheit. Dies bedeutet aber nicht, dass man die vorhersehbaren zukünftigen Ereignisse als von der gegenwärtigen Handlung unabhängig hält.[63] Damit – mit der Transformation der Kontingenz – wirken die Entscheidungen in die Zukunft hinein. Die Form der Entscheidung projiziert Autologie in die Zeit. Die zukünftige Beobachtung bleibt kontingent, auch wenn sie unweigerlich von der gegenwärtigen Entscheidung abhängig ist. Auf diese Weise erhält die unbekannte Zukunft eine Struktur. Sie hat in einem gewissen Sinne bereits begonnen, obwohl sie weiterhin ein Horizont von Überraschungen ist.

Man kann also auch sagen, dass die Organisationen die Form der Unsicherheit modifizieren, indem sie die undeterminierte und un-

---

61 Ein *choosable* bleibt ein *choosable* und kann daher noch abgelehnt werden: Shackle 1990, S. 33.
62 Vgl. Luhmann 2000, S. 167.
63 Shackle 1990, S. 7.

handhabbare Unsicherheit der Welt in eine interne Sicherheit umwandeln, die allerdings einer weiterhin unsichtbaren Welt – und damit einer neuen, selbst erzeugten Unsicherheit – gegenübersteht.[64] Sie übertragen die Dunkelheit der Zukunft auf die Form einer internen Undeterminiertheit (der Alternative, für die man sich entscheiden soll) und verarbeiten diese als Information. Sie können so Entscheidungen treffen und Orientierungen schaffen und erhalten damit eine gewisse Unsicherheitsabsorption – die allerdings in neue Unsicherheit übersetzt wird, weil die Konsequenzen der Entscheidungen und die Entscheidungen selbst weiterhin kontingent sind. Die Entscheidungen bestimmen offenbar nicht über den Lauf der Welt, sondern nur über die Art der Informationsverarbeitung seitens der Systeme. Deswegen bewirkt die von den Organisationen erzeugte Stabilität eine noch größere Instabilität der Welt insgesamt. Zu der bereits vorhandenen Komplexität kommt noch der Sachverhalt der Entscheidung hinzu, mit der dazugehörigen Projektion von Möglichkeiten und den entsprechenden Erwartungen.

Unter diesen Umständen muss das Gedächtnis eine besondere zirkuläre Form einnehmen und in der Gegenwart ein rekursives Netz von Erinnerungen und Vorwegnahmen konstruieren, die sich selbst determinieren. Auf diese Weise wird eine antizipierende Gedächtnispflege generiert, bei der jede Entscheidung, die auf die zukünftige Gegenwart bezogen ist, gleichzeitig auch ihre Eignung als künftige Vergangenheit bedenkt.[65] Dann geht es darum, sozusagen Redundanzen der zweiten Ebene zu erzeugen, welche die an sich schon redundante Unsicherheit der Entscheidungen – auf eine Art, die immer wieder wiederholt werden kann – begrenzen. Konkret wird dies durch die Erzeugung von Entscheidungsprämissen umgesetzt, welche die Voraussetzungen für eine noch unbestimmte Anzahl zukünftiger Entscheidungen festlegen, indem sie diese miteinander koordinieren. Dies ist eine sehr abstrakte Form der Kohärenzprüfung, die in den Aufgabenbereich des Gedächtnisses fällt. Über die Anlage von Entscheidungsprämissen bewirken die Organisationen sogar das Wunder, eine Form von Synchronisation in der Gleichzeitigkeit zu verwirklichen, indem sie die Formen von Gegenwart und Zukunft von mehreren gleichzeitig getroffenen Entscheidungen koordinieren.[66] Auf diese Art operiert die »sichtbare Hand« der Organisationen, die zweite

---

[64] Vgl. Luhmann 2000, S. 158, S. 167, S. 190; 1997a, S. 838.
[65] Vgl. Luhmann 2000, S. 161.
[66] Vgl. Luhmann 1997a, S. 837; 2000, S. 161; Luhmann und de Giorgi 1992, S. 330.

Redundanz, die das Gedächtnis der Funktionssysteme genauer bestimmt.

Wiederum handelt es sich aber offenbar um Entscheidungen, die über das System, nicht aber über die Welt bestimmen, und die zwangsläufig kontingent bleiben. Auch die Konstruktion von Entscheidungsprämissen ist Gegenstand von Entscheidungen und kann wie alle Entscheidungen bestätigt (in diesem Fall werden die selben Redundanzen im System mehrfach wiederverwendet) oder durch eine andere Entscheidung ersetzt werden. Auf diese Weise können die Organisationen unter anderem auch die Unterscheidung von Erinnern und Vergessen beobachten und damit eine Art Erwartung des Unerwarteten in Form der Unterscheidung zwischen Normalverlauf und alarmierenden Zeichen erzeugen.[67] Faktisch handelt es sich um ein Gedächtnis der zweiten Ebene, bei dem die Systeme ihre eigene Regulierung regeln oder die Kohärenz der Kohärenz der Operationen prüfen – eine »double closure« im Sinne von Foersters.[68] Die Organisationen können dies bewerkstelligen, weil sie dank der komplexen Natur ihrer Operationen auf zwei Ebenen gleichzeitig operieren und dafür die Beobachtung dritter Ordnung voraussetzen, die sich selbst in der Auseinandersetzung mit den Gegenständen mitbedenkt. Über die Entscheidungsprämissen erinnert sich das System in den eigenen Operationen und in der Art, wie diese Erinnerungen (Alternativen) und Erwartungen (Ziele) projizieren, an sich selbst.

Man kann konkreter drei Arten von Entscheidungsprämissen unterscheiden:[69] Es gibt Entscheidungsprogramme, die die Bedingungen für die Richtigkeit für mehr als eine Entscheidung festlegen – in Bezug auf das Auftreten bestimmter Umstände (»wenn die Vorräte unter einem bestimmten Stand sinken, muss man eine neue Anordnung treffen«) oder in Bezug auf zu erreichende Ziele (»die Schüler müssen sich die Inhalte des didaktischen Lehrplans aneignen«). Dann gibt es die Kommunikationswege, die befolgt werden müssen, damit die Entscheidung als systemeigen anerkannt wird: die Angelegenheit von der Organisation der Organisation, die üblicherweise als hierarchisches Problem in der Form einer Kette von Anordnungen von oben nach unten angesehen wird. Allgemeiner handelt es sich um die Regulierung der gegenseitigen sequentiellen Verknüpfung der Entscheidungen. Die dritte Art von Entscheidungsprogrammen ist die,

---

67 Vgl. Luhmann 2000, S. 318.
68 Vgl. beispielsweise von Foerster 1993, S. 82 ff.
69 Vgl. Luhmann 2000, S. 225 und jeweils die Kapitel 8, 9 und 10.

die direkter auf das Mysterium der Entscheidung bezogen ist, auf das Mysterium der konstitutiven Unterscheidung, welche die zu wählende Alternative noch vor der zu treffenden Wahl festlegt. Es handelt sich um die Regelung der Einstellungen von Personal, um die Wahl der geeigneten Personen für die Ausübung bestimmter Aufgaben. Die Vorgabe besteht darin, dass unterschiedliche Personen auf unterschiedliche Weise entscheiden und dass diese Unterschiede als undurchschaubarer Sachverhalt akzeptiert werden müssen. Diese Vorgabe kann dennoch beobachtet und von Kollegen und Untergebenen antizipiert und in Bezug auf Einstellungsentscheidungen als Voraussetzung zukünftiger Entscheidungen vorausgesehen werden.

Aus verschiedenen Gründen, auf die wir an dieser Stelle nicht näher eingehen können,[70] ist die funktional differenzierte Gesellschaft immer mehr von Organisationen abhängig, deren Bedeutung in ständigem Zuwachs begriffen ist. Dies steht auch mit dem Überhandnehmen der Kontingenz in Zusammenhang, die die vermeintlich natürlichen Notwendigkeiten auflöst und ihre Strukturen immer stärker auf Entscheidungen gründet, die sie geschaffen haben und sie auch ändern können. Eine Bedingung, die für das positive Recht ebenso wie für die Wahl der Regierung, die Entwicklung der Forschung, Geldanlagen und für die Repräsentation der Realität durch die Massenmedien gilt. Das Gedächtnis der Funktionssysteme ergibt sich folglich, außer aus den primären, von den jeweiligen symbolisch generalisierten Kommunikationsmedien abhängenden Bezügen, auch aus der spezifischen zirkulären Form der Kontrolle von Redundanz (und Varietät), die für die Organisationen charakteristisch ist. Wie das vor sich geht und welche Gedächtnistypologie daraus konkret resultiert, müsste von Fall zu Fall in den verschiedenen Teilsystemen einzeln untersucht werden. Unser Interesse galt lediglich dem Aufzeigen der strukturellen Bedingung, die das einheitliche moderne Modell von Gedächtnis als Kultur inadäquat werden lässt und eine weit höhere Reflexionsebene erzwingt. Es handelt sich dabei um die Bedingung der Autologie, die wir auch in einer neuen Form von Realitätsverdoppelung vorfinden werden.

---

70 Man siehe jedoch Luhmann 1997a, S. 826 ff.; 2000, S. 7 ff.

3. Autologie

Eine Radikalisierung des Kulturbegriffs impliziert, wie wir gesehen haben, seine Überwindung. Bei Kultur handelt es sich nämlich um die Instanz, die die Selbstbeschreibungen der Gesellschaft reflektiert und damit Kontingenz projiziert; daraus ergibt sich eine Art heterarchischer Konstruktion, deren Ausgangslage immer beweglich ist, ihre räumliche Lage (je nach gewählten Bezügen) und ihre zeitliche Lage (in Form eines historischen Relativismus) ändert und selbst dazu dient, eine Pluralität alternativer Hierarchien zu rekonstruieren und miteinander zu verketten. Was die Reflexion anbetrifft, ist Kultur nicht in der Lage, sich selbst zu reflektieren, weil sie eine autologische Form einnehmen würde, bei der sie sich selbst im eigenen Inneren verortet.[71] Und *Autologie* scheint gerade die Form von Realitätsverdoppelung zu sein, die an das Gedächtnismodell gekoppelt ist, nach dem wir suchen. Autologisch sind all die Unterscheidungen (und die damit verbundenen Beobachtungen), welche die eigenen Rückschlüsse auf sich selbst (*re-entry*) in Rechnung stellen – demnach alle Unterscheidungen, die einen Zirkel generieren.[72] Es geht darum zu zeigen, in welchem Sinn und aus welchem Grund ein solcher Zirkel nicht notwendig ein »circulus vitiosus« ist. Ein solcher Zirkel kann die fehlende Kohärenz (im logischen Sinne eines Fehlens von Widersprüchen) eines Systems aufdecken und zudem die Grundlage einer spezifischen Form von Gedächtnis (d. h. einer anderen Kohärenzprüfung) konstituieren.

Das Kulturmodell ist an die Unterscheidung Subjekt/Objekt gekoppelt, mit dem Zusatz des Ausschlusses des Beobachters. Eine autologische Anlage ist dagegen gezwungen, diese Unterscheidung zu »dekonstruieren« und damit zu zeigen, dass sie nicht in der Lage ist, die Besonderheit der Gegenstände in Rechnung zu stellen. Die Charakteristik des Subjekts besteht darin, einzigartig zu sein, sich von allen anderen zu unterscheiden und dadurch als Objekt unbeobachtbar zu sein – genau dies hat es aber mit allen anderen Subjekten gemeinsam. Was man über die Subjekte nicht sagen kann, ist genau das, was sie als Subjekte qualifiziert. Die Einzigartigkeit entzieht sich ebenso wie die Ehrlichkeit, die Authentizität und die Spontaneität der Beobachtung und der Kommunikation. Dann kann man auch gleich von dem

---

71 Vgl. Luhmann 1997a, S. 594.
72 Vgl. beispielsweise Luhmann 1990a, S. 9. Umgekehrt gilt für ein Modell dieser Art, dass es die wiedereintrittsfähigen Unterscheidungen bevorzugt: vgl. Luhmann 1990a, S. 540.

Begriff des Subjekts zu dem Begriff des Beobachters übergehen und die (autologische) Behauptung aufstellen, dass »der Beobachter das Unbeobachtbare ist« – wobei diese Unbeobachtbarkeit als Bedingung des Beobachtens selbst beobachtet wird. In dieser Hinsicht widerspricht die Paradoxie nicht der Konstruktion, sondern ist in dieser als konstitutives dynamisches Element implizit. Sie zwingt zu einer Verschiebung der Beobachterperspektive hin zu einem anderen Beobachter, der ebenfalls seinen blinden Fleck erkennt – d. h. seine eigene Unbeobachtbarkeit beobachtet. Jede Selbstbeschreibung präsentiert und reproduziert in den Augen der Autologie die eigene Kontingenz.[73]

Offenbar entspricht die sich hieraus ergebende Konsequenz dem »Pathos von Unvollkommenheit« eines Jankélévitch: das »ich-weiß-nicht-was« als uneinholbares Residuum, der Eindruck von »etwas anderem« als unbeseitigbarer Schatten.[74] In der Terminologie Spencer Browns handelt es sich dabei um einen »unmarked space«, der in dem Moment, in dem man anfängt, zu beobachten, generiert wird und zugrunde geht:[75] der ursprüngliche Zustand ohne Beobachter, der nur von einem Beobachter erkannt werden kann, der komplex genug ist, selbst die Bedingungen seiner eigenen Beobachtung zu beobachten – d. h. von einem autologischen Beobachter. In dieser Hinsicht negiert die wesentliche Unbeobachtbarkeit allerdings nicht die Konstruktion des Kalküls, sondern bestätigt sie vielmehr. Sie widerspricht nicht der Beobachtungsfähigkeit, sondern bildet dafür (a posteriori) die Voraussetzung. Der Beobachter muss die Bedingung einer essentiellen Unwissenheit anerkennen: einer Art »objective ignorance«,[76] bei der es sich nicht einfach um ein Fehlen oder um die Zerstörung von Wahrheit handelt und damit um eine »non-knowledge«, welche die Möglichkeit voraussetzte, Wissen vollständig zu definieren.

Die Anerkennung der Unvollkommenheit – das Mitbedenken des

---

73 Siehe diesbezüglich beispielsweise Luhmann 1997a, S. 1081, S. 892.
74 Vgl. Jankélévitch 1980. Das Fehlen eines angemessenen begrifflichen Instrumentariums bei der Behandlung solcher Fragen kann unter anderem daran ersehen werden, dass ein Autor ein ganzes Buch der Besprechung des Unsagbaren widmen kann.
75 Die Beobachtung entspricht einem »cross«, der das bezeichnet, was man beobachtet und es so von allem anderen unterscheidet, wobei dies auf allen Komplexitäts- und Abstraktionsebenen gilt. Auch der Beobachter, der sich selbst beobachtet (ein cross) kann dies nur tun, indem er beobachtet und dadurch einen neuen cross erzeugt, der selbst nicht beobachtet wird. Er kann nie eine Welt ohne crosses beobachten, obgleich er eine solche Welt voraussetzen muss. Diese Unbeobachtbarkeit begleitet jede Beobachtung wie ein »unwritten cross«. Vgl. Spencer Brown 1972, S. 7.
76 Smithson 1989, S. 5.

unmarked space – bildet im Grunde das Fundament jeder Dekonstruktion – im Sinne Derridas.[77] Das Problem des Logozentrismus, mit seiner Metaphysik der Präsenz und der damit in Zusammenhang stehenden sekundären Rolle, die der Schrift zugewiesen wird,[78] besteht in der Nostalgie nach dem »vollen« und »anwesenden« (mündlichen) Wort, im Mythos einer ursprünglichen Präsenz jenseits (oder diesseits) jeder Mediatisierung und vor der Existenz jeglichen Mediums. Die Operation Derridas besteht in der Ausdehnung des (mediatisierten) Begriffs der Schrift, bis auch die gesprochene Sprache davon erfasst wird, um damit zu zeigen, dass es die ursprüngliche, natürliche Sprache nie gegeben hat, sondern selbst eine Mediatisierung voraussetzt.[79] Sie setzt die »différance« voraus, von der sie weiterhin die Spur trägt, die jedem Zeichen vorgängig ist und alle Oppositionen begründet (auch die Möglichkeit, Schriftarten als abgeleitete Notierungen zu konstruieren). Die *différance* entspricht demnach dem *unmarked space* und ist wie dieser eine Voraussetzung, ohne darum ein Ursprung zu sein.[80] Die *différance* ist als solche unbeobachtbar – was man beschreiben kann, ist allein ihr Werk: die Gegebenheit der determinierten Unterscheidungen, für die sie den Anlass bietet.[81] Die Rückführung der Sprache auf Schriftlichkeit ist faktisch mit der Ausdehnung der Konnotation des Sekundären bis hin zu dem Verzicht auf jegliche primäre Gegebenheit gleichzusetzen, die bloß noch aus nostalgischen Gründen oder als unbeobachtbare Voraussetzung beibehalten wird, die an die Unvollkommenheit der Konstruktion erinnert.

Interessant sind vor allem die Konsequenzen, die sich laut Derrida hieraus ergeben: die Dekonstruktion des Begriffs vom Zeichen als Distinktion zwischen Signifikant und Signifikat, zwischen Äußerlichkeit und primären Gegebenheiten, die an die entsprechende Dekon-

---

77 Ich folge hier Derrida 1967.
78 Besonders die phonetische Schrift, eine Sprache zweiter Ordnung, die die gesprochene Sprache kodifiziert, wie dies in der Linguistik, angefangen mit Saussure, behauptet wird: vgl. Saussure 1922, Kap. VII.2.
79 So wie auch der Begriff des Beobachters, von dem man angenommen hatte, er setze ein Subjekt voraus, bis zu dem Einschließen des Subjekts als seine eigene Form – und nicht mehr als ursprüngliche Gegebenheit – gedehnt wird. Selbst das Subjekt ist vom Beobachter abhängig.
80 Ursprung ist hier ebenfalls im Sinne Foucaults 1971 gemeint.
81 »Il ne peut y avoir de science de la différance elle même, en son opération, non plus que de l'origine de la présence elle-même, c'est-à-dire d'une certaine non-origine. La différance est donc la formation de la forme«: Derrida 1967, S. 92. Mit anderen Worten: Der *unmarked space* kann nur ausgehend von den *marked states* beobachtet werden.

struktion der Subjektivität als einer Präsenz an sich[82] gekoppelt ist, vor allem aber die Vorstellung, dass dieser Übergang durch die Entwicklungen in der Kybernetik notwendig geworden ist, deren Botschaft nicht mehr in der Übersetzung einer Sprache (im Sinne von *logos*) liegt.[83] In unserer Terminologie könnte man sagen, dass der Übergang zur Autologie, der die Unangemessenheit der Unterscheidung Subjekt/Objekt und damit auch die der Unterscheidung Zeichen/Bezeichnetes zutage treten lässt, durch die Praxis eines Gebrauchs von Unterscheidungen, der von Bedeutungsbezügen sowie von der Zurechnung auf ein Autor-Subjekt absieht – eben von der durch den Computer mediatisierten Kommunikation –, erzwungen wird. Hier treffen sich die zwei »Gleise« unserer Untersuchung: die Kommunikationstechnologien mit den daran gekoppelten Beobachtungsbedingungen (in diesem Fall die Abstraktheit der Kybernetik) und die Struktur der Gesellschaft (mit der entsprechenden Radikalisierung von Reflexivität).[84] Es scheint, dass in beiden Fällen die autologische Wende als Form der Realitätsverdoppelung das Resultat ist.

Es sieht so aus, als bräuchte man ein Modell, das den Beobachter wieder in die Welt, die er beobachtet, eintreten ließe und auf dieser Grundlage eine eigene Form der Kohärenz konstruierte. Man müsste demnach auf die Position des außenstehenden Beobachters verzichten, der auf unterschiedliche, mehr oder weniger reflektierte Weise sowohl die Voraussetzung des Modells der Rhetorik (Sein/Nichtsein) gebildet hat, als auch die des Kulturmodells (Subjekt/Objekt) – beides Modelle, die die Besonderheit der abendländischen Form der Beschreibung von Welt und Gesellschaft beeinflusst haben.[85] Es ist die Trennung verschiedener Ebenen des Realen, die nicht mehr adäquat zu sein scheint, und damit auch die auf Abstraktion basierende Semantik, die bei Platon beginnt. Damit erscheinen auch all die Unterscheidungen nunmehr inadäquat, die zur wissenschaftlichen Beobachtung der Welt geführt haben, etwa die Unterscheidung real/ideal und Praxis/Theorie. Diese Semantik müsste, in eine autologische Form überführt, auf ihre eigenen Voraussetzungen verzichten können.

Zuallererst wird die viel kritisierte Annahme der Subjektivität auf-

---

82 Vgl. Derrida 1967, S. 26, S. 29.
83 Vgl. Derrida 1967, S. 19-21.
84 In der Terminologie von Luhmann (2000, S. 379): Den Organisationen und der Technik ist eine Mischung von Ordnung und Zufall gemeinsam, die daher bedingt ist, dass sie von sich selbst abhängen.
85 Vgl. beispielsweise Luhmann 1992e.

gegeben, die im *web* ihre Priorität einzubüßen scheint. Das Modell des »dichten« und sich selbst gewärtigen Individuums scheint bereits durch fungible und flexible Identitätsformen ersetzt worden zu sein, die keine Voraussetzungen mehr darstellen, sondern Ergebnis von Operationen sind. Die Identitäten werden mit anderen Worten im Verlauf des Kommunikationsprozesses in immer neuen Formen konstruiert, beispielsweise als Korrelate der »digital signatures«. Sie verweisen unablässig auf Pseudonyme, die im Rahmen einer Art »pseudonymous economy«, bei der es nur zu spezifischen Zwecken kreierte Identitäten gibt,[86] zu weiteren Pseudonymen und nicht zu »authentischen« Identitäten führen. Im Übrigen handelt es sich dabei um das einzige Modell, das auch auf Automaten oder auf Programme, die als kommunikative Partner fungieren, übertragen werden kann. Die Einzigartigkeit der Subjekte ist jedoch, wie wir gesehen haben, eine relativ junge Konstruktion. Radikaler und schwieriger nachzuvollziehen ist ein anderer Übergang, nämlich der, der dazu führen sollte, selbst von dem Bedeutungsbezug als der Trennung zwischen Referenten und den dazugehörigen Gegenständen, zwischen Zeichen und Bezeichnetem abzusehen – weil man scheinbar nur unter dieser Bedingung verstehen kann, wie Computer operieren und die daraus resultierende Semantik beschreiben kann.

Das alles ist nicht ganz neu und wir haben sogar bereits Gelegenheit gehabt, ein Kohärenzmodell zu beschreiben, das exakt auf diese Art von Voraussetzungen gegründet ist. Was man braucht, ist im Grunde eine Art zweidimensionaler Semantik, die auf einer einzigen Ebene des Realen verbleibt (eben auf einer flachen, zweidimensionalen Oberfläche) und auf die Projektion einer »anderen« Dimension – die Signifikate, die Ideen oder die Subjektivität – verzichten kann. Die divinatorische Semantik, die wir im zweiten Kapitel untersucht haben, hat genau eine solche Vorstellung von Immanenz vorzuweisen: eine Artikulation von Unterscheidungen, die, ohne in irgendeiner Weise auf den Verweis auf eine abstrakte Dimension zu rekurrieren funktioniert – sei es auf die höhere oder tiefere Dimension der Ideen als spezifischer Teil der Welt oder auf die modalisierte Dimension der vollendeten Transzendenz – sich selbst strukturiert und organisiert. Wir hatten es auch diesbezüglich mit »Kohärenzmodalitäten« nichtmetaphysischer Art[87] zu tun, die einzig auf Interaktion und auf die

---

86 Vgl. Browning 1997; Poster 1997, S. 151.
87 Vgl. Jullien 1996, Kap. VII.3.

Selbstregulierung der in Frage stehenden gegensätzlichen und zugleich komplementären Faktoren gründeten, im Rahmen einer Realität, die einfach nur das war, was sie war und alle Determinationen in ihrem Inneren erzeugte. Diese waren deshalb weder der Reflex noch das Resultat von etwas, sondern lediglich Ausdruck ständiger Transformationen im vorhandenen Kräftefeld. Mit anderen Worten handelte es sich um Determinationen, die keinerlei zwangsläufigen Charakter hatten, sondern einen nicht vorbestimmten Hintergrund voraussetzten und Kontingenz nicht abschaffen konnten. Selbst die Unterscheidung von zwingend und kontingent konnte nicht formuliert werden. Dasselbe galt faktisch auch für alle anderen Unterscheidungen. Die Zwei-Ebenen-Semantik verblieb »diesseits einer Erläuterung der Unterscheidungen«[88] und konstituierte in diesem Sinne eine prä-metaphysische Denkweise.

Dagegen wäre heute, so scheint es, eine post-metaphysische Denkweise erforderlich, d. h. eine Form von Semantik »jenseits der Erläuterung der Unterscheidungen«, die in der Lage ist, die Unterscheidungen zu beobachten und zu relativieren und darin deren Kontingenz wiederzugewinnen. Das mit der divinatorischen Semantik gemeinsame Merkmal besteht in der uns wenig geläufigen Suche nach einer kontingenten Begrenzung der Kontingenz, nach immanenten Formen der Regulierung, die nicht auf externe Projektionen (der ausgeschlossene Dritte als ordnende Gottheit oder als Beobachter) zurückgreifen. Nicht etwa, weil sie solche nicht kennen, sondern weil sie sie »verwerfen« (im Sinne Günthers), oder, anders: weil sie diese (wie in den konkreten Formen von Semantik) als kontingent setzen und von ihr absehen können. Die Auto-Logik beinhaltet die Logik – jedoch im eigenen Inneren und nicht als externe Regulationsinstanz.[89] Es ist deshalb offensichtlich, dass die Affinität mit den antiken Formen »konkreten« Denkens nicht im Sinne einer Wiederentdeckung irgendeiner Form ursprünglicher Weisheit oder einfach in eine Wiedererlangung archaischer Modelle übersetzt werden kann.[90] Zwischen dem »Prä« und dem »Post« geht die gesamte Artikulation

---

88 Jullien 1996, Kap. VII.3.

89 In dieser Richtung müssen meines Erachtens die oft beobachteten Verbindungen zwischen Telematik und nicht-klassischen Logiken, verstanden als Logiken, welche die aristotelischen Prinzipien (das Identitätsprinzip, der Satz vom Widerspruch, der ausgeschlossene Dritte) überwinden, verstanden werden: vgl. beispielsweise Berger 1991, S. 158 ff.

90 Zum Beispiel im Sinne von Debray 1992, S. 322, der von einer Paradoxie der elektronischen Gesellschaft als primitiver Gesellschaft spricht.

von Unterscheidungen der abendländischen Semantik hindurch, die Unterscheidung zwischen einem seiner selbst nicht bewussten Ursprung und einer Semantik auf der höchsten Bewusstseinsebene, die auch in der Lage ist, ein *re-entry* durchzuführen und diese Bewusstheit zu vergessen. Es verhält sich sogar derart, dass selbst die Entdeckung dieser Affinität einen Überraschungseffekt zeitigt und damit eine neue Information – bzw. eine neue Unterscheidung – erzeugt.

Selbst wenn man heute die Trennung von Wörtern und Welt in Zweifel zieht und Performativität entdeckt, fehlt dabei dennoch das alte Vertrauen magischen Ursprungs in die Macht der Wörter[91] und damit im Grunde in eine geordnete Tiefe unterhalb der Oberflächenlineaturen. Zwar sind Wörter wirkungsvoll und man kann dies auch erfahren. Man kann aber nicht wissen, auf welche Weise sie wirkungsvoll sind. Bei unserer Immanenz handelt es sich um eine Immanenz, welche auch die Wörter als Gegenstände unter anderen mit einschließt, die allerdings nichts zu enthüllen haben. Es ist dies eine Immanenz aus Mangel an Transzendenz, während die archaische es aus einem Überschuss an Transzendenz war, bei dem die gesamte Welt zu einem Ausdruck des Sakralen geriet.[92] Heutzutage setzt das Mysterium, wie wir noch sehen werden, keine Ordnung mehr voraus, sondern ist einfach gegeben. Jedenfalls nimmt es nicht Wunder, dass auch heute die Suche nach immanenten Determinationen wie die älteren Semantiken von einer Aufwertung des Gedächtnisses begleitet wird. Bei den divinatorischen Semantiken fiel das Gedächtnis in eins mit Wissen, Vorhersage und selbst mit der Ordnung des Kosmos – und ist auch heute noch die Quelle jeglicher Orientierung und das Bindeglied der Kontingenz. In der Tat ist es das Gedächtnis, das Rekursivität und die entsprechende Regulierung von Wiederholung (und Varietät) – nicht als Verdoppelung, sondern als Redundanz – in Gang setzt: als Erinnerung an eine Form, die der Orientierung der nachfolgenden Operationen dient, und als Vergessen, das die Hinwendung zu anderem ermöglicht.

Auf etwas konfuse Weise vermehren sich in letzter Zeit die Verweise auf Modelle, die unserer Ansicht nach der divinatorischen Semantik angehören, und zwar bezeichnenderweise gerade in Verbindung mit der Entwicklung der Kybernetik und den damit verbundenen Technologien. Abgesehen von der Verbreitung der Astrologie und affiner

---

91 Vgl. beispielsweise Luhmann 1997a, S. 1134.
92 Vgl. Debray 1992, S. 324.

Praktiken insbesondere unter gebildeten und in der rationalen Überlegung geübten Personen,[93] muss man nur an die Wiederaufnahme des Okkultismus seit den 70er Jahren, an die Verbreitung des Buddhismus und anderer östlicher Religionen in Westen denken, oder an Bewegungen wie New Age, die Spekulationen über aktuelle Ausrichtungen der wissenschaftlichen Forschung und der Computertechnologie mit Verweisen auf Esoterik, die Gnosis und östliche Philosophien verbinden.[94] Selbst die »gepflegte Ungenauigkeit«,[95] die eine bestimmte theoretisch-literarische Haltung besonders im französischen bzw. im philo-französischen Sprachraum von der Psychoanalyse an charakterisiert, kultiviert der Tendenz nach eine Faszination esoterischer Art für symbolische Interpretationen: für die Deutung der hinter kulturellen Phänomenen liegenden Bedeutung, die gerade deshalb faszinierend ist, weil sie im Dunkeln bleibt. Man pflegt den Anrufungseffekt einer verborgenen Tiefe eher denn die Eröffnung einer Erklärung und verbleibt dabei oft auf der Ebene der Manipulation der Wörter. In einer solchen Atmosphäre finden Andeutungen eines Aufholens divinatorischer Prozeduren immer mehr Gehör, etwa im Fall der Rückwendung zu »mètis«[96] oder im Fall des von Ginzburg vorgeschlagenen »paradigma indiziario«[97]: ein konkretes, kontextbezogenes Wissen, das mit Vermutungen und nicht mit Abstraktheit operiert, dazu tendiert, die Ursachen aus den Wirkungen zu folgern und den Verlauf der Zeit durch die Formulierung retrospektiver Prophezeiungen umzukehren. Die hierfür nötige Vorannahme besteht in einer höheren Intuition, die mit Irrationalität nichts gemein hat, da sie sich der Vernunft und ihren Prozeduren nicht entgegensetzt, sondern diese einfach ignoriert und sich für andere Determinationsformen entscheidet. Gleichzeitig breitet sich die Vorstellung von einer Überwindung der Überwindung der Tradition aus, die an ein autonomes Selbst hatte denken lassen, das seine Identität unabhängig von äußeren Zwängen verwirklicht. Für ein »wired« Individuum wäre eine solche Autonomie gar nicht wünschenswert, zumal sich Identität genau aus den spezifi-

---

93 Damit hat sich beispielsweise Giorgio Galli in verschiedenen Veröffentlichungen auseinander gesetzt: vgl. etwa Galli 1992 und 1999.
94 Besonders einflussreich ist dabei Capra 1984. Vgl. auch Ruyer 1977.
95 Der Begriff stammt von Luhmann und fiel im Verlauf einer mündlichen Kommunikation.
96 Vgl. Detienne/Vernant 1974.
97 Vgl. Ginzburg 1979.

schen Verknüpfungen ergibt, die sich in jedem Moment ereignen.[98] Heutzutage tendiert man in der Informatik auch auf einer sehr konkreten Ebene dazu, Orientierungen zu privilegieren, die keinerlei kritische Reflexion, sondern eher eine »animistische, manipulatorische Praxis« der rituellen und nicht der kognitiven Art voraussetzen.[99]

Den bedeutendsten und artikuliertesten Versuch, eine Systematisierung der Autologie zu entwickeln, kann man ausgerechnet im Bereich der wissenschaftlichen Forschung, gerade als Folgeerscheinung der Einführung der Informatik, unter dem Sammelbegriff der Chaostheorie finden. Das hierbei zugrunde liegende Problem ist die Frage nach den Grenzen des Determinismus, d. h. die Frage des Umgangs mit dem Zufall – wobei der Zufall die Negation des Gedächtnisses ist. Der Zufall zeigt nämlich das Fehlen einer Koordinierung der Ereignisse mit den Strukturen eines Systems auf. Man spricht von Zufall, wenn man keine kausale Verknüpfung der Ereignisse nachweisen kann oder, in der allgemeineren Terminologie der Differenzierungstheorie, wenn die Determination der einen Seite einer Unterscheidung keine Aussage über die Determination der anderen Seite erlaubt.[100] Beim Zufall handelt es sich um den Grenzbegriff der Differenzierungstheorie, um eine Residualkategorie, die »eine mangelhafte Konsistenz der Vorgegebenheiten und eine Inkommensurabilität ihrer Folgen«[101] – eben die Negation des Gedächtnisses – aufzeigt.

In der divinatorischen Sichtweise – die auf das Gedächtnis, die Mutter und das Fundament aller Musen – gegründet war, existierte der Zufall im Übrigen nicht. Das heißt natürlich nicht, dass es das Unvorhersehbare und die Überraschung nicht gab, sondern dass auch für diese eine Begründung angenommen wurde. Wenn man die Begründung im Bereich des Sichtbaren nicht finden konnte, musste sie im Bereich des Unsichtbaren und Mysteriösen angesiedelt sein.[102] Kategorien wie die des Glücks oder des Schicksals, die bis in das 18. Jahr-

---

98 »Das Netzwerk stellt eine Tradition dar, ohne die das Individuum nicht handlungsfähig ist«: Bolter 1997, S. 52.
99 Vgl. Matussek 1998b, in Anlehnung auch an den sehr einflussreichen Text von Brenda Laurel 1991 und an die Debatte über die Softwarearchitektur von Apple im Vergleich zu der von IBM. Auf diesen Punkt werden wir in Kap. V, 6 noch zurückkommen.
100 Vgl. Luhmann 1984, S. 170-171; 1997a, S. 449; Ochs 1991.
101 Koselleck 1979, S. 159.
102 Vgl. Luhmann 1997a, S. 647. Nach dem, was Evans-Pritchard 1937 zusammenträgt, absorbieren bei den Azande Magie und Hexerei selbst den Zufall. Sie dienen dazu, das Zusammenfallen von zwei Kausalketten zu erklären, die voneinander unabhängig zu sein scheinen.

hundert hinein verbreitet waren, drückten im Grunde etwas Ähnliches aus. Sie verdankten sich nicht dem Zufall, sondern dem unerklärlichen Willen der Gottheit – dem ursprünglichen Mysterium, das den Kosmos regulierte. Der Begriff des Zufalls ist an die Beobachtung zweiter Ordnung gebunden, welche die Überraschung beobachtet und erkennt und danach trachtet, ihr zu entweichen, ebenso wie sie danach trachtet, das der Welt immanente und intrinsische Mysterium abzuschaffen. Und so, wie die Beobachtung zweiter Ordnung nicht über die Kategorien verfügt, ein unlösbares Mysterium zu definieren und es so auf das Geheimnis reduzieren muss, so fehlen ihr auch die Fähigkeiten, sich mit dem Zufall auseinander zu setzen, der nur ad negativum als Fehlen einer Ursache definiert wird. So wird der Zufall, der mit einer kausalen Herangehensweise nichts gemein hat und sogar die Unangemessenheit von Beziehungen der Art Ursache-Wirkung aufzeigt, letztlich auf paradoxe Weise als Ursache behandelt. Sofern man keine andere Verursachung von Phänomenen auffinden kann, werden diese auf den Zufall zurückgeführt.[103] Der Zufall tritt als Residualkategorie auf, die den Platz des blinden Fleckes einnimmt, die Lücke füllt, die in einer vollkommen determinierten Welt dann auftritt, wenn man unkontrollierbare Bereiche entdeckt: etwa den gesamten Bereich der Gleichzeitigkeit, in dem keine Kausalverhältnisse vorherrschen können (da diese ja verlangen, dass die Wirkung der Ursache nachgestellt ist) und in dem man weiß, dass man nicht über die nötige Distanz für eine angemessene Beobachtung verfügt. Die Geschichte der Gegenwart beansprucht daher keine Wissenschaftlichkeit und wird dem weniger prätentiösen Wirken der Journalisten überlassen.

Für den Beobachter dritter Ordnung wird der Zufall erneut zu einer flüchtigen Kategorie. Der Zufall ohne nähere Spezifikationen, der Zufall an sich, existiert nicht, sondern es gibt nur etwas, das aus der Perspektive eines bestimmten Systems als Zufall erscheint. Der Zufall wird mit einer Systemreferenz in Bezug gesetzt und auf die fehlende Koordination mit dessen Strukturen zurückgeführt – die für den Beobachter jedenfalls vollständig determiniert sind.[104] Der Zufall wird mit anderen Worten mit Determiniertheit in Verbindung gebracht

---

103 Vgl. Koselleck 1979, S. 161; Luhmann 1997a, S. 449. In Bezug auf die Kausalitätsannahmen siehe Luhmann 1982b. Auch die psychologische Forschung erweist die Tendenz, dem Zufall Kausalität zuzurechnen. Was sich ereignet, wird von den Beobachtern auf die eigene Aktivität und Ausdauer oder, als Residualreserve, dem Zufall zugerechnet: vgl. beispielsweise Smithson 1989, S. 173 ff.
104 Vgl. Luhmann 1990h, S. 173 ff.

und auf die höchst generalisierte Behauptung reduziert, dass in dem Moment, in dem eine Grenze zwischen System und Umwelt gezogen wird, die Eins-zu-eins-Entsprechung von inneren und äußeren Zuständen verloren geht. Die Komplexität erscheint im Inneren des Systems als Zufall und erlangt für denjenigen erneut ihren Charakter der Determiniertheit, der in der Lage ist, die Beziehung zwischen dem System und seiner Umwelt zu beobachten. Dies ist die Konstruktion, die sich auch in den Naturwissenschaften wiederfindet, beispielsweise in der lapidaren Feststellung, dass es in der Biologie keinen Zufall gibt.[105] Der Begriff dient nur dazu, das Fehlen von Kenntnissen auf der Seite des Beobachters zu bezeichnen. Insbesondere ist dies aber die Konstruktion der Kybernetik, die von dem Sachverhalt der absoluten Determiniertheit der Maschinen, einschließlich der Computer, ausgehen muss. Wenn der Zufall für das Fehlen kausaler Beziehungen zwischen einem Ereignis und den diesem vorgängigen Ereignissen einsteht, dann gibt es für den Computer keinen Zufall. Man kann lediglich »pseudo-random«-Sequenzen erhalten, die mittels geeigneter Prozeduren erzeugt werden müssen. Die »Random-Generatoren« haben eben diese Aufgabe. Es handelt sich dabei um Maschinen (um Hardware oder um Software), die genau dafür konstruiert sind, Ereignisse (Zahlensequenzen) zu produzieren, die keinerlei Auswirkung auf das Programm haben, das des Zufalls bedarf, und die mit diesem Programm weder im Verhältnis der Interaktion noch in dem der Korrelation stehen. Die Paradoxie ist offenkundig. In der Kybernetik muss der Zufall künstlich erzeugt werden, es muss eine determinierte Maschine konstruiert werden, die in einer anderen, ebenso determinierten Maschine, den Zufall erzeugt – tatsächlich liegt dem eine unauflösbare Zirkularität zugrunde. Damit ein Random-Generator funktionstüchtig ist, muss man die Anfangszahl willkürlich (!) wählen. Die Zufallserzeugung bedarf eines ursprünglichen Zufalls.[106]

Diese oft impliziten Paradoxien finden einen expliziten Ausdruck in der Theorie des »deterministischen Chaos« (ein offenkundiges Oxymoron) und in deren Anspruch, die Regeln und Gesetze für unvorhersehbares Verhalten zu formulieren.[107] Die Wende besteht in der Negation der Übereinstimmung von Determinismus und Vorhersehbarkeit. Wenn man es mit nicht-linearen Systemen zu tun hat (mit

---

105 Vgl. Schoffeniels 1975.
106 Vgl. beispielsweise Ochs 1991; Park/Miller 1988; Press u. a. 1986.
107 Vgl. Casati 1991; Crutchfeld u. a. 1977; Hofstadter 1982; Prigogine 1997; Nicols 1989; Ford 1989.

Systemen, auf die dieser Ansatz bezogen ist), setzt man sich mit Situationen auseinander, in denen die Zukunft des Systems durch seinen gegenwärtigen Zustand einstimmig determiniert ist (eine normale Bedingung struktureller Determination) und man dennoch nicht in der Lage ist, diese Zukunft zu bestimmen. Der Begriff des Zufalls reicht nicht mehr aus, weil das deterministische Chaos von festen Regeln erzeugt wird, die kein Zufallselement enthalten. Der Begriff des Chaos wird eingeführt, um genau diese Übereinstimmung von Determiniertheit und Unvorhersehbarkeit zu bezeichnen. Alles ist geordnet und dennoch wesentlich unvorhersehbar. Die Anerkennung dieser wesentlichen Begrenzung der Fähigkeit, Vorhersagen zu machen, ermöglicht es auch, eine entsprechend begrenzte Form der Vorhersehbarkeit wiederzuerlangen. Viele ungewisse (undeterminierte) Phänomene sind weit vorhersehbarer, als man gedacht hätte.[108] Um die Implikationen der Vorstellung zu erfassen, dass Determinismus und Chaos keine gegensätzlichen Begriffe sind, ist jedenfalls die Verfügbarkeit über Computer erforderlich, d. h. über die Möglichkeit, die Daten auf eine Art zu manipulieren, die von Bedeutung absieht – mit anderen Worten ist eine Art von Determination erforderlich, die ohne Beobachter auskommt. Dank ihrer unvergleichlichen Rechenkapazität sind Computer in der Lage, Resultate unter Umgehung des traditionellen, für Beobachtung charakteristischen Schemas Theorem-Beweis-Theorem-Beweis[109] durch die empirische Verifizierung aller Möglichkeiten zu erzielen – man könnte sagen, ohne dass die Möglichkeiten bestünde, alle diese Möglichkeiten zu verstehen; dies gilt prinzipiell, weil sie zwar auf vollkommen kontrollierten Prozeduren basieren, diese sich jedoch von der sinnbasierten Form von Informationsverarbeitung vollkommen unterscheiden.[110]

---

108 Vgl. Crutchfeld u. a. 1977, S. 22; Prigogine 1997, S. 104.
109 Hofstadter 1982, S. 72; Casati 1991.
110 Im Kalkül von Spencer Brown entspricht diese Unterscheidung der Unterscheidung von »proof of a theorem« und »demonstration of a consequence«: die *demonstration* findet im Inneren des Kalküls statt, der *proof* außerhalb. Während man *demonstration* einfach dadurch erhalten kann, dass man den Anleitungen folgt, muss man für *proof* die Grundlage (ground) begreifen, weil ansonsten *proof* nicht als solcher anerkannt wird. Diese Grundlage kann nicht in die internen Anleitungen des Kalküls übersetzt werden, außer man transformiert sie in einen anderen Kalkül, der den ersten in sich aufnimmt (in dessen Äußerem sich wiederum Formen befinden können, die geprüft, nicht aber bewiesen werden können). Wenn eine Person einen *proof* nicht anerkennt (nicht begreift), kann man es nur mit einem neuen *proof* versuchen – weil es immer eine Vielzahl möglicher *proofs* gibt, während es nur eine *demonstration* gibt. Doch bei der *demonstration* gibt es nichts zu verstehen und es genügt, wenn man den An-

Computer »prozessieren« nämlich keine Informationen, sondern nur Daten.

Die Paradoxie wird auch in diesem Fall über die Akzeptanz und Nutzbarmachung der Autologie gelöst. Chaotisch sind solche Systeme, welche die eigene Beschreibung in ihrem Inneren enthalten und das eigene Verhalten im Verlauf des eigenen Verhaltens berechnen, so dass sie die Techniken der linearen Algebra vermeiden. Die entsprechende Formalisierung entspricht der Iteration einer Funktion, welche fortwährend mit den eigenen Resultaten operiert.[111] Daraus ergibt sich eine grundlegende Unsicherheit, die nie aufgelöst werden kann, umso weniger mit der Einführung neuer Informationen – unter der Bedingung, dass »even simple questions can have answers so complicated that they contain more information than man's entire logical system«,[112] führt die Steigerung der Information sogar zu einer Steigerung der Unsicherheit. Die Unvorhersehbarkeit bleibt unabhängig von dem Sachverhalt, ob man über eine endliche oder eine unendliche Anzahl an Kenntnissen verfügt.

Das Chaos ist dazu bestimmt, ein Mysterium, vielleicht sogar das »ultimate, all-encompassing mystery«[113] zu bleiben, weil es der Komplexität der Welt entspricht, die immer größer ist als die Komplexität des Systems, wie sehr diese auch anwachsen mag. Das Chaos dient dazu, den Beobachter dritter Ordnung daran zu erinnern, dass »das Ausräumen jeder Zufälligkeit zu hohe Konsistenzansprüche stellt«,[114] d. h. das Gedächtnis derart überlastet, dass seine Funktionsweise verhindert ist. Wenn der Zufall für die Negation des Gedächtnisses einsteht, dann steht seine Abschaffung für die Negation dieser Negation ein und damit für die Funktionsweise eines Systems, das alles erinnert und eben darum nicht mehr erinnert – genau wie es für den Computer zutrifft. Die Erinnerung ist nur die eine Seite der Unter-

leitungen folgt, während man in Anbetracht eines *proof* in der Lage sein muss, eine »Evidenz« zu erfassen, die an sich nicht offenkundig ist: vgl. Spencer Brown 1972, S. 45, S. 93-96. Es handelt sich mit anderen Worten um die Differenz zwischen einer Prozedur, die sich vollständig auf der Ebene der Operationen ereignet, und einer Prozedur, die die Fähigkeit der Beobachtung hinzuzieht. In dieser Hinsicht produzieren Computer keine *proofs*, sondern lediglich *demonstrations*, bei denen es nichts zu verstehen gibt und man lediglich die Anleitungen befolgen muss – genau dies kann vom Beobachter, aufgrund seiner reduzierten Rechenkapazität, nicht geleistet werden.

111 Vgl. Hofstadter 1982, S. 72. Es handelt sich dabei um ein *re-entry* im Sinne Spencer Browns.
112 Vgl. Ford 1989, S. 354.
113 Ford 1989, S. 351.
114 Koselleck 1979, S. 175.

scheidung Erinnern/Vergessen und bedarf immer der damit korrelierten Fähigkeit zu vergessen: deshalb auch muss die Determination von der Unvorhersehbarkeit begleitet sein. Wie man auch an den Schwierigkeiten der Konzeption einer *ars oblivionalis* ersehen kann, erhält man das Vergessen nicht, indem man die Determinationen auslöscht, sondern indem man sie vermehrt. Mit anderen Worten könnte man sagen, dass selbst wenn der Zufall, absolut gesehen, nicht beobachtet werden kann, ein komplexes und den Erfordernissen eines autologisch angelegten Beobachters angemessenes Gedächtnis nach einer entsprechenden Zufallserzeugung für jedes System verlangt. Wie man weiß, bildet der Zufall, bzw. die Umweltkomplexität, die Bedingung dafür, dass überhaupt Selektionen vorgenommen werden können – man kann mit Shackle ebenso gut sagen, dass der Zufall mit der Auswahl als dem Ursprung des Neuen übereinstimmt und erforderlich ist, damit man überhaupt Entscheidungen treffen kann. Evolution setzt voraus, dass das Universum für jedes System ein Element bereitstellt, das aus keiner Aufbewahrung oder Erinnerung aus der Vergangenheit abgeleitet werden kann,[115] mit anderen Worten: Varietät oder eben Vergessen.

4. Die Kontrolle fehlender Kontrolle

Auf der Ebene der konkreten Systemoperationen übersetzt sich die Autologie in eine Auflösung der verfestigten Formen von Externalisierung und in ein wachsendes Bewusstsein der Zirkularität. Immer mehr Wahlmöglichkeiten erscheinen als Gegenstand von Entscheidungen, gleichzeitig ist man sich aber darüber im Klaren, dass die Entscheidung die Determination der in Frage stehenden Faktoren nicht nur nicht ermöglicht, sondern sogar dazu beiträgt, die bestehende Komplexität zusätzlich zu steigern. In einer älteren Formulierung von Luhmann heißt es: »Alles könnte anders sein – und fast nichts kann ich ändern.«[116] Man könnte in der Terminologie von *Wired* auch sagen, dass die wahre Revolution unserer Zeit nicht eine Revolution der Kommunikation oder der Information ist, sondern dass all dem eher eine »control revolution«[117] zugrunde liegt.

Was ist hier aber mit Kontrolle gemeint? Selbst der Begriff scheint

---

115 Vgl. Shackle 1990, S. 33, S. 184.
116 Luhmann 1969, S. 44.
117 Shapiro 1997.

einer Transformation zu unterliegen. Man kann mit Wiener in einer sehr allgemein gehaltenen Terminologie sagen, dass die Kontrolle dazu dient, die Ausdehnung von Fehlern zu minimieren[118] bzw. eine Differenz zu reduzieren. Es fragt sich nur, um welche Differenz es sich dabei handelt. Gemäß der gängigsten Auffassung von Kontrolle, der Auffassung, die dem deutschen Begriff der Steuerung und dem Begriff der Planung[119] zugrunde liegt, handelt es sich um die Differenz zwischen Output und einem Ziel, die unter Kontrolle gehalten wird, indem Input und Output der Operationen miteinander verglichen werden.[120] Die Voraussetzung dafür ist, wie wir bereits gesehen haben, eine gewisse Stabilität der Welt, die es ermöglicht, sich nach einem vorbestimmten Ziel auszurichten, ohne die Art und Weise in Rechnung zu stellen, auf die die Operationen selbst dies Ziel modifizieren werden. Nur aus dieser Perspektive macht es Sinn, zu denken, dass ein Zuwachs an Informationen die Kontrollmöglichkeiten verbessert, weil damit die Fähigkeit größer wird, den Output zu determinieren.

Wenn man diese Vorgabe nicht akzeptiert und die Kontrolle nicht auf das Ziel ausgerichtet sein muss, muss der Begriff modifiziert werden, will man nicht ins Willkürliche abgleiten. Genau dies ist im Bereich der Kybernetik geschehen, die nicht umsonst als Wissenschaft von der Kontrolle (aus dem Griechischen: *kybernao*) geboren worden ist. Aus der Idee des *feedback* erhält man einen anderen Begriff von Kontrolle, der ebenfalls ausgehend vom Input auf einen Vergleich gründet, allerdings nicht in Bezug auf den Output, sondern in Bezug auf das Gedächtnis des Systems. Es geht nicht um einen Vergleich mit einem äußeren Ziel, sondern mit den vorangegangenen Operationen des Systems selbst. Mit kybernetischer Kontrolle ist ein zirkuläres Verhältnis gemeint, bei dem ein System das Ergebnis der eigenen Operationen zur Orientierung des eigenen Verhaltens verwendet. Ein paradigmatisches Beispiel hierfür ist der Thermostat, bei dem man bekanntlich nicht festlegen kann, wer die Kontrolle ausübt und wer kontrolliert wird (ob der Thermostat die Temperatur im Zimmer regelt oder ob die Temperatur mit ihren Schwankungen das Ein- und Ausschalten des Thermostats veranlasst).[121] Bei diesem Verständnis richtet sich die Kontrolle nicht auf die Welt, sondern bezieht sich auf

118 Vgl. Wiener 1948, S. XIII.
119 Dem typisch modernen Syndrom, über das wir in Kap. IV, 7 gesprochen haben.
120 Vgl. Luhmann 1989d, S. 13.
121 Siehe diesbezüglich Glenville 1982.

die Selbstregulierung des Systems, das sich selbst aufgrund seiner Umwelteingriffe beobachtet.[122] Kontrolle meint mit anderen Worten Verwaltung der Redundanz – d. h. Gedächtnis.

In dieser Hinsicht sind das Ausarbeiten von Zielen und der Versuch ihrer Verwirklichung wie im klassischen chinesischen Denken eine Hürde und leisten keinen Beitrag für eine wirkungsvolle Kontrolle.[123] Die Kontrolle wird umso besser sein, je mehr das System in der Lage ist, Unterscheidungen zu erfassen und zu vermehren, die sich ständig ändernden und unvorhersehbaren Umweltbedingungen zu nutzen und so die Komplexität des eigenen Verhaltens zu erhöhen – je mehr also das System in der Lage sein wird, auf eine Kontrolle der teleologischen Art zu verzichten. Auch in diesem Fall wird das Resultat in einer Koordinierung von System und Welt liegen, aber nicht weil man die Welt den eigenen Zwecken angepasst hat, sondern im Gegenteil, weil das System in der Lage ist, sich selbst und die eigene Perspektive permanent zu verändern und sich damit einer sich ständig ändernden Umwelt anzupassen, wobei es auf diese Weise selbst zur Variabilität der Welt beiträgt. In dieser Perspektive stellt die Variabilität der Umstände kein Störelement dar, durch das die Erreichung der Ziele gefährdet ist und das deshalb so weit wie möglich eingeschränkt werden muss, sondern eine Potentialität, die man ausnutzen kann. Um dies zu tun, muss man aber biegsam und flexibel sein. Dafür bildet die Rigidität von Plänen und Zielen lediglich eine Hürde. Außerdem tragen die Pläne mit ihren eigenen Bestimmungen zur Steigerung der Komplexität der Welt bei und erschweren damit noch zusätzlich eine wirksame Kontrolle.[124]

Die Paradoxie der Kontrolle fehlender Kontrolle wird faktisch neutralisiert, indem man auf das Gedächtnis rekurriert. In der Zirkularität der Erinnerung an die Vergangenheit und der Vorwegnahme der Zukunft werden Kriterien generiert, die eine Orientierung ermöglichen, gleichzeitig aber die Unbestimmtheit beider zeitlicher Horizonte bewahren. Die Erinnerung an vergangene Zustände ist in der Hinsicht immer selektiv, als sie mit der Vergangenheit nicht übereinstimmt, wobei sie genau deshalb in der Folge immer wieder modifiziert werden kann. Dies geschieht in der Tat dadurch, dass die Vergangenheit immer

---

122 Vgl. Luhmann 1997c.
123 Vgl. Jullien 1996, Kap. II.2 und III.2. Jullien gemäß ist die Unterscheidung Mittel/ Zweck dem »chinesischen Denken« wie auch die anderen Unterscheidungen fremd, weshalb es ein im Fluss der Dinge eingetauchtes strategisches Denken entwickelt hat.
124 So auch Smithson 1989, S. 296: »The control strategies that are designed to eliminate, absorb or reduce *unintentional* ignorance may actually increase *intentional* ignorance.«

wieder von jeder aktuellen Gegenwart aus rekonstruiert wird. Noch eindeutiger verhält es sich mit der Unbestimmtheit zukünftiger Umstände, die in dem Bewusstsein vorweg konstruiert werden, dass sie anders sein werden, als man erwartet. Trotz oder auch dank dieser zirkulären Unbestimmtheit wird in jeder Gegenwart eine Verbindung zwischen Vergangenheit und Zukunft hergestellt und so eine Form der Kontrolle verwirklicht, bei der sich Vergangenheit und Zukunft gegenseitig einschränken.

Unter diesen Bedingungen, die eine Vorhersage unmöglich machen, gerät die Kontrolle zu einer Art Vorhersage des Unvorhersehbaren, die bestimmte Informationen erzeugt – zu einer Prognose der Prognose, bei der man sich auf eine Welt einstellt, deren Zukunft sich an die Vergangenheit richten wird, der auch der gegenwärtige Augenblick angehört. Es scheint, als seien die wirksamsten Strategien reaktiver und nicht kognitiver Art und dass sie von den Operationen und nicht von den Beobachtungen gelenkt würden. Mit anderen Worten empfiehlt es sich, zuerst Dinge zu unternehmen und dann zu schauen, was man gemacht hat, um daraus Informationen zu beziehen. Faktisch ist dies genau das Vorgehen systemischer Therapien, sowohl im Bereich der Familientherapie als auch in dem der Unternehmensberatung. Der Therapeut zielt in erster Linie darauf, Störungen zu erzeugen, aus denen er in einem zweiten Schritt Orientierungen gewinnt. Etwas Ähnliches scheint auch auf den Finanzmärkten mit der Reflexivität spekulativer Zirkel vor sich zu gehen, die sich reflexiv an die Effekte der gegenwärtigen Interventionen orientieren[125] oder auch im Bereich der Erziehung, bedenkt man die besondere Zirkularität der Interaktionssituation in einer Schulklasse.[126] Auf der individuellen Ebene findet man dieselbe Struktur in Form der Karriere, bei der es sich um ein »sich selbst in sich selbst reflektierendes Schicksal«[127] handelt. Der Interessent trägt mit seinen Entscheidungen zur Konstruktion der eigenen Zukunft auch dann bei, wenn er danach trachtet, dies nicht zu tun (und er weiß dies auch). Die Zukunft hängt auf eine Weise vom eigenen Verhalten ab, die nur am Ende sichtbar wird. Deshalb ist man für seine Karriere immer verantwortlich, ohne diese jedoch determinieren zu können.

---

125 Vgl. Baecker 2000.
126 Canevaro 1996, S. 9, fragt sich, ob ein Erzieher oder eine Erzieherin verstehen müssen oder einfach handeln sollten, ohne zu verstehen, um nachträglich verstehen zu können.
127 Luhmann 2000, S. 103.

Offenbar hat man es mit Entscheidungsprozeduren zu tun, die retrospektiv prozessieren: »Um zu erkennen, was man tun kann, muss man etwas getan haben.«[128] Doch dies ist in der Tat dieselbe Art von Orientierung, die bei den divinatorischen Praktiken eingesetzt wurde, die auch als ausgefeilte Techniken der Informationsgewinnung aus dem Zufall angesehen werden können. Die gesamte Divination basiert im Grunde auf der Fähigkeit, retrospektive Prophezeiungen zu machen, bei denen die Ursachen aus den Wirkungen gefolgert werden[129] – wobei es sich nicht um Wirkungen im eigentlichen Sinne handelt, weil weder irgendwelche Projekte noch kausale Beziehungen im Spiel sind. Man sollte eher von einfachen Konsequenzen sprechen. Deshalb konnte eine Prophezeiung auch nie widerlegt werden. Das Orakel trug in einer Art *self-fullfillment* dazu bei, das Schicksal hervorzurufen, das es selbst prophezeit hatte. Außerdem wurde die Vergangenheit ausgehend von der Art und Weise interpretiert, auf die sich die Ereignisse zugetragen hatten. Wenn die Dinge sich anders als erwartet zugetragen hatten, konnte dies nur einer falschen Interpretation zugerechnet werden. Der Unterschied besteht darin, dass man dies heute a priori weiß.[130]

Selbst der Begriff der Kontrolle reduziert sich unter diesen Umständen auf eine »antizipierende Gedächtnispflege«, die der Konstruktion von Redundanzen der zweiten Ebene zugekehrt ist, die nicht die Varietät der Welt, sondern die Varietät der Entscheidungen einschränken, demnach in erster Linie das System in seiner Auseinandersetzung mit der Umwelt. Das ist genau dieselbe Art von Zirkularität, der wir bereits in Bezug auf Organisationen begegnet waren und die dort durch die Anlage von Entscheidungsprämissen verwirklicht wurde, welche die Unvorhersehbarkeit der Zukunft zugleich einschränken und bewahren. Faktisch übersetzt sich die »control revolution« der gegenwärtigen Gesellschaft auch in der gleichzeitigen Verschärfung der Abhängigkeit von Technik und Organisationen, d. h. von genau den zwei Instanzen, die für die praktische Umsetzung dieser zirkulären Form der Kontrolle verantwortlich sind.[131] Auf der Ebene der Gesell-

---

128 Luhmann 1996c, S. 7. Dieselbe Anlage findet sich in dem genealogischen Vorgehen von Foucault 1971, bei dem die Ereignisse nicht als historische Fakten dargestellt werden, die bestimmte Konsequenzen zeitigen, sondern als Effekte, die nur im Nachhinein als Fakten oder als Ursachen beschrieben werden können.
129 Vgl. Ginzburg 1979, S. 83-84.
130 Vgl. Luhmann 1992i, S. 184.
131 Vgl. Luhmann 2000, S. 378. Auch Smithson 1989, S. 3, führt die »ignorance explosion« der gegenwärtigen Gesellschaft und die damit zusammenhängende Suche nach Techniken zweiter Ordnung, um ihr zu begegnen, auf die Technik zurück.

schaft mehren sich folglich zur gleichen Zeit die Kontrollmöglichkeiten (weil man durch den Eingriff des Computers und der Organisationen eine zuvor undenkbare Anzahl an Unterscheidungen und ihrer Verbindungen in Rechnung stellen kann) und die Intransparenz, die durch eben die Operationen erzeugt wird, die auch die Kontrolle ermöglichen. Die Organisationen und die Computertechnologie haben eine besondere Mischung von Ordnung und Zufall gemeinsam, die sich in beiden Fällen aus dem Sachverhalt ergibt, dass beide von sich selbst abhängen. Die Organisationen erzeugen ein Regulationsproblem, das nur durch die Organisationen gelöst werden kann, und die Technologie erzeugt einen Überschuss an Information, der nach der beständigen Produktion neuer Information verlangt. Inzwischen ist man sich bei den diesbezüglichen Überlegungen dessen sehr wohl bewusst. Im Organisationsbereich finden Orientierungen Verbreitung, welche die Vorstellung einer von der »bounded rationality« geschwächten kausalen Kontrolle übersteigen, um explizit Orientierungen an das Irrationale und den Verzicht auf Kontrolle zu suggerieren.[132] Im Bereich der Telematik rät man dazu, das Moment der Innovation, d. h. der Perfektionierung des schon Bekannten, aufzugeben und sich stattdessen einem »imperfectly seizing the unknown« durch das ständige Verlassen des Bekannten und der Begünstigung des Ungleichgewichts und der Multiplizierung der Gelegenheiten (der Unterscheidungen) zuzuwenden.[133] Man erkennt inzwischen an, dass die einzige Form von Transparenz, die man noch verfolgen kann, »a kind of transparency enabled by complexity and opacity«[134] ist.

Eine angemessene Semantik muss auf ein operatives bzw. auf ein prozedurales Verständnis der Realität gegründet sein, wie dies etwa beim Konstruktivismus der Fall ist, der darauf verzichtet, zeitunabhängige Strukturen zu postulieren bzw. der allgemeiner noch darauf verzichtet, eine positive Wertung der zeitlichen Beständigkeit zu formulieren.[135] Die Transformation von Systemen wird nicht durch Planung, sondern durch Evolution gelenkt, und Evolution basiert nicht auf Beständigkeit, sondern auf Variation.[136] Auch Versuche der Planung gehören zu dem allgemeinen Verlauf der Evolution, allerdings nicht als Beschränkungen, sondern als zusätzliche Momente

---

132 Vgl. beispielsweise Brunsson 1985.
133 Kelly 1997, S. 140. Vgl. auch Esposito 1997a.
134 Turkle 1995, S. 42.
135 Vgl. Luhmann 1997a, S. 310, S. 412.
136 Vgl. Luhmann 2000, S. 347 ff.; 1997a, S. 430.

von Dynamik, welche die Unbestimmtheit der Zukunft nicht strukturieren, sondern diese vielmehr noch zusätzlich steigern. Auch Planung ist, wenn sie erzeugt wird, ein Moment von Evolution, die allerdings keineswegs kausal prozediert. Die teleologische Kontrolle wird in das Innere der sozusagen kybernetischen Kontrolle einer Evolution eingegliedert, die keine Regeln befolgt, sondern von sich selbst abhängig ist.

5. Das Netzmodell

Eine ganze Reihe von Transformationen, so scheint es, unterminieren die Form der Selbstbeschreibung der Gesellschaft als Kultur und das dazugehörige Gedächtnismodell von innen. Man muss sich deshalb fragen, ob es ein alternatives Gedächtnismodell gibt, das mit Autologie und den sich daraus ergebenden zirkulären Beziehungen kompatibel ist.

Für den Versuch der Beantwortung dieser Frage, empfiehlt es sich, erneut über die Vorannahmen des Archivmodells zu reflektieren, das bereits über einen beachtlichen Abstraktionsgrad verfügt, der die reine Ansammlung von Dokumenten (beim Speicher) bei weitem übersteigt. Das Herzstück des Archivs ist, wie wir gesehen haben, der Katalog, der im Vergleich zum Dokument auf eine abstraktere Ebene zu situieren ist und dessen Ordnung, Neuzusammenstellung sowie auch dessen Wiederverwertung zu verschiedenen Zeitpunkten und mit unterschiedlichen Intentionen ermöglicht. Der Katalog ermöglicht dies genau deshalb, weil er von Sinnzusammenhängen absieht, die die Informativität der Dokumente ausmachen. Die modernen Kataloge gründen auf willkürlichen Kriterien, die keinen eigenen Inhalt haben und an sich keine Informationen bereitstellen, sondern lediglich die Orientierung an Informationen ermöglichen, die an anderer Stelle lokalisiert sind. Wie dies in der Semantik der Kultur stets der Fall ist, wird diese Abstraktion jedoch nicht bis zur vollendeten Virtualisierung des Informationsbegriffs radikalisiert.

Das Archivmodell ist parallel zu der Autonomisierung der schriftlichen Kommunikation entstanden und behält dazu – d. h. zu Büchern als Aufbewahrern von Erinnerung – einen primären Bezug. Daher ermöglicht es auch, wie wir gesehen haben, ein viel umfangreicheres Vergessen im Vergleich zu den an mündliche Kommunikation gekoppelten Formen und bietet bis dahin ungeahnte Möglichkeiten der

Auflösung und Neuzusammenstellung von Sinnzusammenhängen. Gleichzeitig stellt der Bezug zum Buch seine Begrenzung dar. Solange das Buch als primärer Träger der Fernkommunikation identifiziert wird, fällt es schwer, zwischen Träger und übertragenen Inhalten klar zu unterscheiden – es ist mit anderen Worten schwierig, den grundlegenden Unterschied zwischen der Kommunikationsform eines Lexikons, eines Romans, eines Handbuches oder einer wissenschaftlichen Abhandlung, die nur zufällig sämtlich in Buchform gegossen sind, zu erfassen. In allen diesen Fällen, und auch in vielen anderen, herrscht ein unterschiedliches Verhältnis zwischen Information und Mitteilung und wer versteht, muss sich dessen gewahr sein, damit die Kommunikation auf korrekte Weise fortgesetzt werden kann. Während beispielsweise der Verweis auf die Perspektive des Autors, d. h. die Beobachtung zweiter Ordnung bei einem Roman von grundlegender Bedeutung für die Begründung und Rechtfertigung der Fiktion ist, sieht man bei der Konsultation eines Telefonbuches oder eines Anleitungshandbuches vom Autor ab, es sei denn beim Auftreten von Schwierigkeiten. Ausgerechnet vor einem Publikum von Bibliothekaren hat von Foerster erklärt, dass in der gegenwärtigen Kultur eine Verwirrung zwischen den Büchern und den Kenntnissen, die über Bücher vermittelt werden, zwischen dem Gegenstand und der Kommunikation, besteht.[137] Weiterhin gilt die Vorstellung, dass das Substrat des Gedächtnisses, also das, was erinnert werden soll, die Bücher, oder, allgemeiner, die Dokumente seien und nicht die kommunikativen Möglichkeiten als solche. Das Archiv besteht in erster Linie aus den archivierten Materialien, denen die im Katalog verkörperte Ordnung als sekundäre *facility* hinzugefügt wird.

Wenn man die eben durch das Buch eingeführte Unterscheidung zwischen Information und Mitteilung radikalisiert, begreift man, dass der Schwerpunkt in der Unterscheidung und eben nicht in der Einheit zwischen den beiden Seiten der Unterscheidung besteht. Damit es sich um Kommunikation handelt, muss die Information von jemanden mitgeteilt worden sein, und wenn man ein Buch liest, setzt man dies auch voraus. Gleichzeitig ist man sich darüber im Klaren, dass der Sinn des Buches nicht vom spezifischen Kontext des Mitteilenden abhängig ist, der sich notwendig von dem Kontext des Verstehenden unterscheidet. Es ist dann nur noch ein zusätzlicher Schritt bis zu der Einsicht, dass auch der Sinn der Information von dem entkoppelt

---

[137] Vgl. von Foerster 1984d.

ist, was der Mitteilende im Kopf hatte und eine Potentialität entfaltet, die nur in der laufenden Kommunikation verwirklicht werden kann. Was aufgegeben wird, ist die Vorannahme der Sinneinheit von Kommunikation, die Vorstellung, dass in Anbetracht einer Vielzahl von Interpretationen nur dann ein wahres Verständnis gegeben ist, wenn die unterschiedlichen Interpreten sich auf einen Text beziehen, der immer gleich bleibt:[138] eben auf ein Buch in seiner Einheit, die letztlich auf die Intention des Mitteilenden zurückgeführt wird. Daher wäre es auch falsch, einen Einkaufszettel als Gedicht zu lesen oder ein Handbuch als chiffrierte Nachricht.[139] Aus der Perspektive der reinen Kommunikation zählt aber einzig, dass der Text in irgendeiner Form und auf irgendeiner Ebene von Bedeutung einen Sinn ergibt, d. h. für irgendjemanden irgendeine Information darstellt. Die Verknüpfung der Kommunikationen wird darüber befinden, ob die Kommunikation korrekt verlaufen ist; dies ist aber eine ganz andere Frage.

Die Vorstellung wird aufgegeben, dass der Text an sich Informationen »enthält« und dass es die Informationen sind, die in den Archiven und in den Bibliotheken aufbewahrt werden. In der Telematik ist die Überwindung der Idee des Dokuments faktisch insbesondere dank der Verbreitung von »Object oriented«-Ansätzen verwirklicht worden. Die Dokumente geraten dabei lediglich zu »occasional by-products of information access, not the primary enbodiment of it«.[140] Bei den in Büchern und Bibliotheken enthaltenen Daten handelt es sich um »virtuelle Informationen«, die nur dann real werden, wenn man sie sucht und sich davon überraschen lässt, d. h. nur in einem immer einzigartigen Kommunikationsereignis.[141] Dafür reicht die Lektüre im traditionellen Sinne nicht aus, sondern es bedarf eines selbstreferentiellen Prozesses von »meta-reading«. In der Auseinandersetzung mit dem Text sollen die eigenen Fähigkeiten getestet werden. Dadurch wird das Modell der Bibliothek obsolet, das an dem Ideal eines einheitlichen und konvergenten Wissens ausgerichtet war; stattdessen setzt sich ein performativer Ansatz durch, der eher danach ausgerichtet ist, Verknüpfungen aufrechtzuerhalten, als Inhalte zu bewahren – eher

---

138 Vgl. Luhmann 1996e; 1993a, S. 364.
139 Dies ist in etwa die Ausgangsbasis der Hermeneutik: siehe beispielsweise Gadamer 1960, § 2.II.1.c., und für einen Versuch der Revision des Verständnisses von Interpretation Eco 1990. Diese Ansätze sind genauer in Esposito 1996b dargelegt worden.
140 Dies hat in den 70er Jahren bereits Branscomb 1977 behauptet. In einer analogen Terminologie findet sich dies auch bei von Foerster 1971: »The concept of a ›document‹ has been lost in the distributed ›wisdom‹ of his relational data base.«
141 Vgl. Luhmann 1996c.

die Potentialität zur Produktion neuer Informationen fördert als im Voraus festgelegte Informationen.[142] In dieser Hinsicht befindet sich der Sitz des Gedächtnisses nicht in den Büchern, sondern einzig im Katalog, d. h. in der Verknüpfung zwischen den möglichen Informationen. Entsprechend ändert sich auch das gesamte Problem der Aufbewahrung. Das Ziel besteht nicht mehr in der statistischen Aufbewahrung einer Masse an Dokumenten, sondern das Gedächtnis erfordert nun eine beständige Pflege, d. h. Dynamik und Erneuerung. Es macht keinen Sinn, elektronische Dokumente wie Bücher zu verwahren, weil diese bei einer Änderung der Programme unverständlich würden. Eher braucht man Systeme, welche die digitalen Informationen durch deren immer wieder erneutes Lesen und deren ständige Neugenerierung in einem Zustand des »artificial perpetual use« zu halten. Man bewahrt einzig eine Virtualität.[143]

Das kybernetische (d. h. autologische) Gedächtnismodell hat die Tendenz, die Sedimentation der Daten durch die ununterbrochene Zirkulation der Prozesse zu ersetzen, die Berechnung durch Verknüpfungen. Daraus resultiert der Übergang von der Zentralität der Information (beim Buch) zu einem »networked storage model« – hierbei handelt es sich um eine paradoxe Ausdrucksweise, um eine dynamische Modalität der Aufbewahrung, die Speicherung reiner Potentialitäten, anzuzeigen.[144] Die Metapher vom Netz steht für eine von einer prästabilierten Ordnung unabhängige Kohärenzform ein, die mit der zeitgleichen Steigerung von Integration und Dezentralisierung kompatibel ist. Das Netz erscheint als ideales Bild eines nicht-hierarchischen Modells, das seine Knoten auf der Basis ihrer Verknüpfungen und nicht auf der Basis ihrer Ausrichtung zusammenhält. Es ist bezeichnend, dass Luhmann in einem anderen Kontext auf das gleiche Modell (auf »eine Art Netzwerk-Konzept«[145]) zurückgreift, um die gegenseitigen Beziehungen von Organisationen im Inneren eines Funktionssystems zu beschreiben. Auch in diesem Fall geht es darum, eine Form von Ordnung auszumachen, die mit Autologie (jede Organisation repräsentiert in ihrem Inneren das Innere des Systems

---

142 Vgl. Bazin 1996, S. 161 und S. 165.
143 Der Vorschlag stammt aus Lanier 1997 und basiert auf einer interessanten Parallele mit der jüdischen *Tora*. Hinsichtlich der Aufbewahrung elektronischer Dokumente siehe auch Ridolfi 1994.
144 Vgl. Wired, 11, 5, S. 108. In Bezug auf das mnemonische Netzmodell siehe auch Kelly 1997; Berger 1991, S. 29; Pool 1983, S. 228 ff.
145 Luhmann 1997a, S. 846.

und ist nur für sich selbst verantwortlich) und mit einer konstanten Dynamik kompatibel ist, bei der die Entscheidungsorientierungen immer wieder neu strukturiert werden, je nachdem, welche Entscheidungen an anderer Stelle, auch in Abhängigkeit von den in der Organisation selbst getroffenen Entscheidungen (man denke nur an den Markt), getroffen werden. Die Operationen sind nicht sukzessiv angeordnet, sondern hängen von Situationen ab, in denen sich multiple Konditionierungen[146] kreuzen, die zu sich selbst zurückkehren. Dabei handelt es sich eben um die Knoten eines Netzes, das über kein Zentrum verfügt und dennoch die Verknüpfungen auf eine Art anordnet, die jegliche Zufälligkeit ausschließt.

In der Tat ist dies die Art mnemonischer Organisation oder die Art von Kohärenzprüfung, die der Arbeitsweise des Computers am nächsten kommt und die am ehesten der problematischen Vorstellung eines intelligenten Mediums oder einer »verteilten Intelligenz« entspricht, von der wir im Kapitel V, 1 gesprochen haben. Der anerkannte Vorläufer der gesamten telematischen Wende ist in der Interpretation der Kybernetik das von Vannevar Bush bereits in den 40er Jahren vorgeschlagene *Memex*,[147] das die primäre Funktion des Computers, die mnemonische Funktion, übernimmt – allerdings handelt es sich dabei um ein Gedächtnis besonderer Art. Nach Bush gründet der Gedächtnisbeitrag von Maschinen auf deren Fähigkeit, Selektionen vorzunehmen – man muss dabei bedenken, dass die Selektionsfähigkeit von Maschinen nicht die Verfügbarkeit von allen Informationen erfordert. Nach dem gängigen Modell (dem Archiv) erhält man eine angemessene Selektion, indem man die Daten eines Datensatzes einzeln untersucht und diejenigen filtert, die bestimmte Charakteristiken aufweisen. Bush nennt dies Selektion per Indexierung. Es gibt aber auch eine alternative Methode, die beispielsweise bei der automatischen Telephonschaltung Anwendung findet. Wenn man eine Nummer wählt, nimmt die Maschine bei jeder Zahl nur eine eingeschränkte Optionsbreite in Betracht – erst die der ersten Zahl entsprechende, dann die zur zweiten Zahl gehörende Unterklasse usw. Damit verwirklicht die Maschine einen prozeduralen Selektionsprozess, der ebenso zuverlässig, dabei aber viel schneller ist, weil er von den laufenden Operationen dynamisch geführt wird.[148] Bush spricht diesbezüglich von einer

---

146 Luhmann 1997c.
147 Vgl. Bush 1945 und 1969.
148 Ein ähnliches Vorgehen wird von den Computern verwirklicht, wenn sie eine Recherche durchführen müssen. Sie unternehmen dabei eine physische Zerlegung der

Selektion per Assoziation. Es handelt sich dabei um eine viel angemessenere Vorgehensweise bei allen hochkomplexen Situationen, deren hauptsächliches Anliegen in einem größtmöglichen Vergessen liegt, ohne dafür die Möglichkeit des erneuten Zugangs zu Informationen einzubüßen.[149]

Der enorme Wirksamkeitsgewinn wird durch die größere Rechenkapazität der Computer ermöglicht, die es gestattet, ein statisches Gedächtnis, das eben auf einer Ansammlung von Daten basiert, die wie Bücher in den Bibliotheken aufbewahrt werden müssen, durch ein dynamisches Gedächtnis zu ersetzen, das jedes Mal die interessanten Daten sichtet, ohne alle anderen mit in Rechnung zu stellen – durch ein Gedächtnis also, das eine viel größere Vergessensbefähigung aufweist. Dieses Gedächtnis bedient sich, wie die räumlichen Modelle der Antike, eines räumlichen, d. h. kontextuellen, konkreten und nicht generalisierbaren Selektionsprinzips. Es verwendet den *place value* der Daten zur Orientierung der Rechenleistung des Gedächtnisses[150] und erzeugt so ein topologisches Netz virtueller Informationen, in dem die gegenseitigen Verknüpfungen mehr zählen als die Inhalte. Dieses Netzmodell setzt die Rechenkapazität von Maschinen voraus, die jedoch zu einem lediglich intermediären Übergang gerät und mit der Funktion der Maschinen nicht übereinstimmt. Die Funktion der Computer besteht in erster Linie in ihrer mnemonischen Funktion und dafür sind auch die Berechnungen erforderlich. Sie dienen zunächst dazu, Selektionen vorzunehmen. In dieser Hinsicht müsste man eher von »selector« und nicht von Computer sprechen:[151] von einem hochwirksamen »Vergesser«.

Die Verbreitung des Internets fällt mit der parallelen Verbreitung der Metapher vom Netz bzw. sogar mit der Metapher vom Netz aus Netzen zusammen, das die suggestive Form eines universalen, alle Informationen umfassenden Netzes (world wide web) einnimmt.[152]

---

files, bei der sie zuerst den ersten Buchstaben des aufzufindenden Wortes zu finden versuchen und dadurch eine erste Selektion vornehmen, der sie dann die Suche nach dem zweiten Buchstaben zufügen usw.

149 *Memex* sollte es einem Beobachter ermöglichen, »to reacquire the privilege of forgetting the manifold things he does not need to have immediately at hand, with some assurance that he can find them again if they prove important«: Bush 1945, S. 178.

150 Die Rückkehr des elektronischen Gedächtnisses zu einer topologischen Organisationsform ist von Haverkamp 1996, S. 11, beobachtet worden. Die post-aristotelische Logik von Gotthard Günther gründet auf der Anwendung des »place value«: vgl. Günther 1962, S. 308.

151 Eine Interpretation in diesem Sinne findet sich in Zachary 1997.

Wie dies so oft geschieht, sind auch in diesem Fall die Operationen der Beobachtung vorausgegangen. Die konkrete Anwendungspraxis der Telematik realisiert eine abstraktere Gedächtnisform als die, welche noch an der Basis ihrer Interpretationen steht. In der Reflexion über das Internet findet keine Radikalisierung des Netzmodells statt und man fährt stattdessen mehr oder weniger implizit fort, es als eine Art Super-Archiv anzusehen: als »a wonderful library but a library nevertheless«,[153] als die vollendete Realisierung des alten Modells einer Universalbibliothek, die alle geschriebenen und noch zu schreibenden Bücher in sich aufnimmt oder als Vollendung des Inventars, das mit der Sammlung übereinstimmt. Der heutige »Panmnemismus« orientiert sich weiterhin an der Priorität der Erinnerung, an dem Modell einer erschöpfenden Sammlung von Informationen, ohne sich dabei dessen gewahr zu werden, dass gerade die (wie auch immer hypothetische) Verfügbarkeit aller Informationen, den Begriff der Information – verstanden als ein Gut oder als ein Wert, dessen Ansammlung einer Form von Reichtum entspricht – von innen heraus dekonstruiert.[154]

Diese Vorstellung von Information ist offenbar selbst das Ergebnis der »Buchdruckkultur«,[155] zumal sie das Gedächtnis in Büchern verortet und Information entsprechend als etwas Statisches und Objektives externalisiert, das produziert, aufbewahrt, transportiert und konsumiert werden kann, so wie auch die Bücher aufbewahrt und transportiert werden, in denen sie enthalten ist. Die Vorannahme besteht darin, dass die Informationen an sich, sozusagen in der Umwelt existieren, und dass es deshalb nur darum gehen kann, so viel Information wie möglich anzusammeln und aufzubewahren – was nebenbei einer größeren Kontrolle der Umwelt gleichkäme. Man vergisst, indem man den Büchern die Informationen überlässt, nur, um noch mehr zu erinnern, indem man Bücher ansammelt. In einer konstruktivistischen Perspektive jedoch enthält »the environment [contains] information; the environment is at it is«,[156] und eine In-

---

152 Bezüglich des *www* als kollektives Gedächtnis siehe Krämer 1997.
153 Kelly/Wolf 1997, S. XVII.
154 Hier nehmen übrigens all die Diskussionen über die gefürchteten neuen Formen von Ungleichheit und Ausschließung hinsichtlich des Zugangs zu Informationen ihren Ausgang und, in der positiven Wendung, die Erwartungen einer »direkten Demokratie« telematischer Art, welche die Differenz von Repräsentanten und Repräsentierten auslöscht – es sind dies Projektionen, welche offenbar die zentrale Rolle vernachlässigen, die Selektion für Kommunikation einnimmt.
155 Vgl. Nunberg 1996b.

formation wird nur für ein System erzeugt und nur in dem Augenblick, in dem sie eine Überraschung darstellt. Dann verschwindet sie wie eine Art »Zerfallprodukt«[157]; dabei handelt es sich um einen sekundären Effekt der Systemoperationen, die das konstante Erfordernis nach neuen Informationen nach sich ziehen, die selbst instabil und relativ sind. Information kann nicht angesammelt werden und erzeugt keine Sicherheit, sondern zeigt im Gegenteil die Tendenz, Sicherheit zu dekonstruieren, indem sie das kontingent setzt, was zwingend zu sein schien. Dies geschieht auch durch das Internet. Solange man sich an das Modell des universalen Zugangs zu Information hält, erhält man als einzigen Effekt die Ausbreitung einer *information overload* – eine Desorientierung in Anbetracht eines Übermaßes an Daten, von dem man keinen Gebrauch machen kann und nicht in der Lage ist, daraus eine Selektion vorzunehmen.

In dem Moment, in dem alle (idealerweise) über alle Informationen verfügen können, macht sich die Vorstellung breit, dass die Information an sich wertlos und zudem nicht ausreichend ist, das Gedächtnis unter Garantie zu stellen. Wertvoll ist nur, was knapp ist, doch Information ist inzwischen nicht knapp, sondern im Übermaß vorhanden. Man muss sich nicht einmal auf die Suche nach Information begeben. Die so genannten *push media* übermitteln sie direkt zum Anwender, der sich nicht dafür entscheiden muss, einen Zugang zu ihr zu erhalten, sondern nur noch darüber befinden muss, ob er sie auslöscht. Die Bürde ist die Wahl. »Je weniger Information man hat, umso besser ist es«;[158] »the pursuit of information ›abundance‹ in this case is in reality the pursuit of a manyable modicum of relevant information«.[159] Was zählt, sagt man, ist nicht der Inhalt (*content*), sondern der Kontext (*context*); nicht die Information, sondern die »Aufmerksamkeit«, die grobe Daten in etwas Brauchbares zu transformieren vermag.[160] Was zählt, ist demnach die Fähigkeit, Entscheidungen zu treffen. Im Vergleich zur Information, die selbst eine Einschränkung von Möglichkeiten darstellt, ist eine Entscheidung eine Selektion zweiter Ordnung – eine Selektion von Selektionen, die nicht darin besteht, eine Wahl treffen zu können, sondern darin, zu wissen, wann man eine Wahl treffen muss und wann man diese

156 Von Foerster 1972, S. 263.
157 Luhmann 1997a, S. 1090.
158 Negroponte 1994a, S. 56.
159 Smith 1982, S. 28.
160 Vgl. Saffo 1994; Goldhaber 1997; Portante/Tarro 1997; Rothenberg 1988.

Entscheidung anderen (selbst dem Computer) überlassen sollte. In der telematischen Kommunikation stimmt Kontrolle mit »some degree of freedom from choice«[161] überein, der an der Basis der Entscheidungsfähigkeit steht; daran orientiert sich auch das Gedächtnis.

Das telematische Gedächtnis behält keine Informationen, sondern nur die eigenen Entscheidungen.[162] Hieraus erklären sich auch die zentrale Bedeutung und die Affinität von Telematik und Organisationen. Beide privilegieren das Moment der Selektion und eine höhere Kontrollmöglichkeit, die sich aus der Verknüpfung von Selektionen (die Knoten im Netz als reine Verbindungsstellen) und eben nicht aus der direkten Verknüpfung von Informationen ergibt. Eine Gesellschaft, die den Organisationen eine immer bedeutendere Rolle zuweist und einen Übergang von den Massenmedien zu telematischen Formen der Kommunikationsverbreitung zu vollziehen scheint, kann deshalb nicht angemessen Informationsgesellschaft genannt werden. In Anbetracht der Flüchtigkeit von Information wird eine auf Information basierende Gesellschaft immer von einem Übermaß an virtueller Information bedrängt werden, gleichzeitig wird sie jedoch immer auch an chronischer Desinformation leiden und sich ständig auf der Suche nach Informationen befinden, welche diejenigen ersetzen sollen, die sich in dem Moment vernichten, in dem sie kommuniziert werden.[163] Wenn man diese Suche nach Überraschung mit dem Ideal einer vollständigen Kontrolle über Information vergleicht, entspricht sie einer fortwährenden Frustration, die nur Sinn macht, wenn man zu einer Haltung übergeht, welche die prinzipielle Unmöglichkeit akzeptiert, alles an Wissen und Information als ein Gut zu begreifen, das man ansammeln kann, oder als Gut, das zu einer besseren Kenntnis der Welt beiträgt, sondern als Art und Weise, mit dem Umstand eines unvermeidbaren Mangels an Kenntnissen umzugehen. Information dient lediglich dazu, eine Differenz zu erzeugen. Erneut stoßen wir hier auf den Sinn des Mysteriums in divinatorischen Gesellschaften, deren Praktiken kontextabhängige Informationen nicht dafür produzierten, die Unwissenheit über die Welt zu reduzieren, die prinzipiell nicht angetastet werden konnte, sondern ausschließlich für die Orientierung von Entscheidungen. Eigentlich kann man deshalb auf die zentrale Position von Information gleich gänzlich verzichten und stattdessen von Netzgesellschaft sprechen, etwa von einer Entschei-

---

161 Shapiro 1997, S. 214.
162 Luhmann 1996c.
163 Vgl. Luhmann 1997a, S. 1090 ff.

dungsgesellschaft oder von einer Selektionsgesellschaft – oder vielleicht auch, in einer Formulierung, deren Erfolg in dieser Hinsicht noch plausibler erscheint, von einer Risikogesellschaft.[164]

6. Die Strukturen des telematischen Gedächtnisses

In den vorangegangenen Kapiteln haben wir die Strukturen in Augenschein genommen, welche die unterschiedlichen Gedächtnisformen jeweils lenken: die divinatorischen Praktiken, die Prozeduren der Rhetorik, die Selektionskriterien der Massenmedien. Nun müssen wir uns über die Strukturen des autologischen Gedächtnisses befragen, das unter Bedingungen existiert, in denen jede Stabilität lediglich als Bezugspunkt einer größeren Vergessenskapazität dient. Wenn es mit anderen Worten um die Selektionsfähigkeit geht: Welche sind die Formen, die diese Fähigkeit lenken und orientieren und dabei dennoch die Verwirklichung einer spezifischen Kombination von Redundanz und Varietät ermöglichen?

Zum Teil sind wir diesen Formen in Kap. V, 2 bereits begegnet. Zunächst handelt es sich dabei um die symbolisch generalisierten Kommunikationsmedien, die eben mit dem Problem der Selektion von Kommunikation befasst sind und es auch in diesem Fall auf prozeduralem Wege lösen, indem sie die Selektionsleistung des Senders zirkulär mit der Selektionsleistung des Empfängers kombinieren. Geld, Macht, Liebe, wissenschaftliche Wahrheit stützen sich nicht auf Inhalte (auf den effektiven Wert von Gütern, auf ein natürliches Recht, auf die objektiven Qualitäten einer Person oder auf die Kenntnis der Welt), sondern lediglich auf die zirkuläre Verknüpfung der Selektionsleistungen von Ego und Alter. Wenn ich in der Lage bin, zu zahlen, kann ich eine unwahrscheinliche Kommunikation wagen und damit rechnen, dass sie mit einiger Zuverlässigkeit angenommen wird – weil ich weiß, dass mein Partner auch damit rechnet, bezahlt zu werden. Sofern ich eine äußerst unplausible Hypothese als wissenschaftliche Wahrheit präsentieren kann, kann ich damit rechnen, dass meine Gesprächspartner sie an wissenschaftsinterne Theorien und Methoden anschließen und auf deren Basis annehmen (oder eventuell auch ablehnen) werden. Mit anderen Worten dienen die Erfolgsmedien der

---

164 Die Formulierung stammt aus Beck 1986. Ich beziehe mich an dieser Stelle allerdings eher auf das Risikokonzept von Luhmann 1991c, auf das ich in Kap. V, 7 noch zurückkommen werde.

Entscheidungsfindung unter völlig intransparent bleibenden Bedingungen; man könnte auch sagen, dass sie der Operationalisierung der Intransparenz dienen, indem sie auf der Basis eigener kontingenter und revidierbarer Kriterien Distinktionen erzeugen.

Diese Medien bilden die Grundlage der spezialisierten Gedächtnisse der Funktionssysteme, die ihrerseits allerdings nicht in der Lage wären, ein zusammenhängendes Entscheidungsnetz zu bilden, gäbe es nicht zusätzlich noch die Organisationsstrukturen, die das Mysterium der Entscheidungen operationalisieren und verdecken. Auch in diesem Fall stellt sich die Frage nach der Selektion. Man verleiht ihr eine Richtung, indem man Entscheidungsprämissen (zirkulär) festlegt, indem man also offen bleibende Selektionen selektiert. Man legt nicht fest, welche Entscheidung man treffen wird, sondern wie man zu Entscheidungen kommt – diese Entscheidungsfähigkeit kann in einem weiteren Schritt der Modifikation der Entscheidungsprämisse selbst zugekehrt werden.

Wir haben uns damit schon beschäftigt, während es noch offen bleibt, wie der (natürlich selbst erzeugte) *information overload* im Bereich der Telematik faktisch angegangen wird. Wie funktioniert das durch Computer mediatisierte Netz aus Netzen, das dank »unsichtbarer Maschinen« eine Kontrolle durchführen und Vergleiche anstellen kann, die davor undenkbar waren – und dadurch das Gedächtnis mit der Unfähigkeit zu vergessen überlastet? Wie kontrolliert man dieses Übermaß an Kontrollmöglichkeiten, diese durch ein Übermaß an Determination erzeugte Undeterminiertheit? Ist es noch möglich, Selektionen vorzunehmen, und wenn ja, auf welche Weise?

Wir greifen erneut einen Vorschlag von Luhmann auf, der die Behauptung aufstellt, dass der entscheidende Effekt des Computers in der Änderung des Verhältnisses von Oberfläche und Tiefe liegt.[165] Doch wie war dieses Verhältnis bisher festgelegt? Zu der typischen Haltung der Moderne gehört auch die Privilegierung der Tiefe. Dies ist in der Hermeneutik der Fall, in der Kritik, bei den interpersonalen Beziehungen, aber auch in der Deutung der Technik. Im Grunde handelt es sich dabei um die Generalisierung der Kausalkette. Auf der Oberfläche befinden sich bloß die (oberflächlichen!) Effekte, während man sich in die Tiefe begeben muss, um die Ursachen zu orten, und je tiefer man die Kausalkette ergründet,

---

165 Vgl. Luhmann 1997a, S. 304.

desto größer werden die Verstehens- und Kontrollmöglichkeiten.[166] Im Bereich der Informatik ist diese Haltung in das übersetzt worden, was von Turkle die »IBM-Ästhetik« genannt worden ist:[167] ein Programmierungsstil, bei dem den Anwendern idealerweise die Möglichkeit geboten wird, Zugang zu den verschiedenen Programmebenen zu erlangen, von den Sprachen höherer Ebenen bis hin zur Computersprache und eventuell auch zur Hardwarekonstruktion. Der beste Programmierer, der die Maschine am wirkungsvollsten benutzen kann, ist derjenige, der all diese Programme kennt, weil er in der Lage ist, auf der Suche nach den und bei der Kontrolle der Ursachen weiter in die Tiefe zu gehen.

Ganz anders verhält es sich mit der »Mac-Ästhetik«, die in den GUI (*Graphical User Interfaces*) zum Ausdruck kommt, die ursprünglich bei Apple entwickelt worden sind, sich inzwischen aber durch Windows bei allen Arten von Maschinen (auch bei IBM-Maschinen) durchgesetzt haben. Dieser Ansatz, welcher der herrschende zu sein scheint, zwingt den Anwender dagegen, auf der Oberfläche zu verbleiben, weil er keine Zugriffsmöglichkeit auf die tieferen Programmierungsebenen gewährt. Der Anwender kann lediglich die graphischen Symbole auf der höchsten Ebene manipulieren, also die oberste Stufe der virtuellen Maschinenreihe,[168] welche die Architektur des Computers ausmachen. Dabei gilt dies nicht nur für den Letztanwender, sondern selbst für den Programmierer,[169] der mit APIs (*Application Program Interfaces*) arbeitet, weil diese nur wenige genau definierte Methoden des »Austauschs« mit anderen Code-Ebenen liefern. In der Tat erscheinen die Codes auf der anderen Seite des Interface als *black boxes*, zu denen der Zugang verschlossen ist und an deren Basis sich weitere *black boxes* befinden.[170] Es ist aber kein Nachteil, auf der Oberfläche zu verbleiben, sondern es bildet im Gegensatz erst die Bedingung dafür, dass

---

166 Wahrscheinlich hat dieser Ansatz Chomsky zu der merkwürdigen Hypothese der tiefen Strukturen der Sprache geführt, bis hin zur höchst unplausiblen Annahme einer Universalen Grammatik, die sich an der Basis aller Unregelmäßigkeiten im Sprachgebrauch befinden sollte.

167 Vgl. Turkle 1995, S. 23 ff.

168 Hofstadter/Dennet 1981, »Überlegungen« zum Kap. V.22.

169 Allein die Idee eines Letztanwenders, der die Maschine benutzt, aber nicht programmiert, schwindet immer mehr dahin: Ist man nicht schon in dem Moment dabei, zu programmieren, in dem man über die Farbe des Bildschirms entscheidet, oder über die Anordnung der Bilder oder über die Konfiguration der eigenen Dokumentvorlage?

170 »Below that black box is another, and below that another – a receding tower of black boxes, each with ist own errors. You can't envision the whole tower, you can't open the boxes«: Ullmann 1999.

man mit der Maschine wirkungsvoll arbeiten kann.[171] Nur auf der Oberfläche, nicht in der Tiefe, wird die kybernetische Form von Kontrolle realisiert, aus der die Computer, wie wir weiter oben gesehen haben, entstanden sind. Es handelt sich dabei um eine Kontrolle, die mit der Undeterminiertheit kompatibel ist, die bei den zirkulären *feedback*- und *loop*-Zyklen verwirklicht wird – bei den Mechanismen, welche Maschinen, die den Zufall nicht kennen, grundlegend unvorhersehbar gestalten. Jede Computeroperation ist in der Hinsicht absolut determiniert, als sie durch gänzlich eindeutige Kriterien geleitet wird; allerdings handelt es sich dabei um zirkuläre Kriterien (*feedback*), die das Ergebnis unberechenbar machen.[172] Wenn man sich in die Tiefe begibt, kann man zwar die Determinationskette rekonstruieren, dies leistet allerdings keinerlei Hilfe bei der Kontrolle dessen, was auf der Oberfläche geschieht. Die Operationen des Computers sind in dieser Hinsicht wesentlich irrational.[173]

Der neuralgische Punkt der Computerprogrammierung ist nun das Interface,[174] das bei den vorgängigen Ansätzen lediglich ein unvermeidliches Moment von Unvorhersehbarkeit und Undeterminiertheit darstellte, auf das man gerne verzichtet hätte. Hier kann sich der Computer von der Kontingenz der Umwelt »nähren« und dies umso eher, je weniger er an vorgefertigte Schemata – an die darunter liegende Tiefe – gebunden und für kontextuelle Determinationen offen ist. Hierin liegt die Besonderheit des Computers, verstanden als eine »general purpose machine«,[175] d. h. als eine Maschine ohne Zielsetzung oder ohne Qualitäten, die sich von anderen Maschinen unter-

---

171 »Mac introduced a way of thinking that put a premium on surface manipulation and working in ignorance of the underlying mechanism«: Turkle 1995, S. 35.
172 In diese Richtung bewegt sich auch die Konstruktion von »lernfähigen« Computern – wobei dies Lernen nicht durch die Ansammlung von Information in einem fixen Schema zustande kommt, sondern durch eine von der Interaktion mit den Anwendern ausgehende Selbstprogrammierung. Darauf basiert der Ansatz der genetischen Algorithmen: vgl. Holland 1992, S. 50. Die gegensätzliche Haltung ist die der künstlichen Intelligenz, die auf der Annahme basiert, dass ein Computer, der mehr Information »enthält« in der Lage sein wird, eine größere Anzahl von Situationen (Input) zu erkennen und diese mit einem entsprechenden Output (mit einem Systemverhalten) zu verbinden. Zwar mag dies stimmen, aber nichts garantiert, dass es sich um das angemessenere Verhalten in einer dynamischen Welt handelt, bei der im Verlauf der Operationen selbst die Ziele verändert werden.
173 Vgl. beispielsweise Ullmann 1999.
174 Nicht umsonst lautet die deutsche Übersetzung für »interface design« »Oberflächenprogrammierung«.
175 Vgl. von Foerster und Weston 1973.

scheidet, die dazu dienen, bestimmte, im Vorfeld festgelegte Dinge auszuführen. Der Logik der Computer wohnt in dieser Hinsicht eine Flexibilität gegenüber den Zielen inne, die Fähigkeit also, sie undeterminiert zu lassen – oder besser: die Fähigkeit, das eigene Verhalten ausgehend von der laufenden Situation und nicht ausgehend von vorgefertigten Schemata festzulegen.[176] Während Interaktivität anderen Maschinen unbekannt war, bildet sie in dieser Konstellation ein unvermeidliches Element, das eben auf der Oberfläche in Gang gesetzt wird. Hier werden die Befehle erteilt, von denen das Verhalten der Maschine abhängt, während die Maschine, die sich in der Tiefe befindet, selbst unsichtbar bleiben muss. Die GUI verbergen die Maschine vor dem Anwender.

Die Mac-Ästhetik schließt jeden Bezug zu den tiefer liegenden Ebenen aus und man gewinnt den Eindruck einer Art von »Magie«[177], die Effekte unter Absehung kausaler Zusammenhänge produziert. Man bewegt sich auf der Oberfläche genauso, wie man in den divinatorischen Praktiken die sichtbaren »Lineaturen« manipulierte, um sich Zugang zu dem Bereich zu verschaffen, der unsichtbar bleiben musste. Derzeit handelte es sich um das Mysterium der Gottheit und der kosmischen Ordnung, nun geht es um die grundlegende Unkontrollierbarkeit der Zirkularität und der Autologie[178] – der »unmarked space« diesseits und jenseits jedweder Determination. Jedenfalls hat man es in beiden Fällen mit Praktiken zu tun, die von Bedeutung absehen. Man kann von den Zeichen nicht auf das Bezeichnete schließen und man muss lernen, unter der Bedingung einer »opacity of representation« zu operieren, bei der keinerlei intelligible Entsprechungen zwischen den Operationen auf einer Ebene und denen auf der darunter liegenden Ebene vorherrschen.[179] In die Tiefe zu gehen, bietet keinerlei Vorteil und ist sogar als Behinderung zu werten. Wenn man einem Mysterium begegnet, gibt es nichts, was es zu verstehen gilt, und es bleibt einem nichts übrig, als etwas zu tun: »The program runs, but is not understood; it can be used, but not modified.«[180]

Die Bilder, die im Laufe der Maschinenoperationen auf dem Bild-

---

176 Dies ist ausführlicher in Esposito 1997a behandelt worden.
177 Vgl. Turkle 1995, S. 35.
178 Ullman 1999 behauptet, dass die »hidden side of computers« darin besteht, dass die Software wie jedes natürliche System operiert: »out of control«. Dies bringt die Programmierer dazu, »a odd sort of fatalism« zu entwickeln.
179 Winograd und Flores 1986, S. 90.
180 Ullmann 1999.

schirm erscheinen, bezeichnen nichts, sondern stellen lediglich Anhaltspunkte für die Projektionen (die jetzt wohl etwas bezeichnen) des Anwenders dar, der nun etwas tut, das dem Computer die nötige Kontingenz liefert – der Zufall, der seine Determiniertheit in Gang setzt und es ermöglicht, Unterscheidungen zu erzeugen. Bei den ausgefeiltesten Interfaces, die der Quantenmechanik und dem Modell der Neuralnetze angelehnt sind, kann man deshalb nicht davon ausgehen, dass es sich bei den Bildern auf dem Schirm um Repräsentationen handelt, sondern man muss vielmehr davon ausgehen, dass es sich dabei um »Präsentationen« von Objekten handelt, die vom Computer nach und nach erzeugt werden, um neue Operationen zu starten. Der Computer verfügt nicht über statische Bilder, die für zukünftige Zwecke erinnert werden, sondern er konstruiert seine Objekte nach und nach, indem er seine eigenen Kategorien unter der Anleitung der selektiven Einflüsse, die ihm von außen zukommen, immer wieder kombiniert und neu zusammenstellt.[181]

Diese Vorstellung einer von Repräsentation unabhängigen Präsentation steht an der Basis der Art von Projekten, die inzwischen als Zukunft der GUI gelten[182] und deren Prinzipien so weit radikalisieren, dass sie eine vollends autologische Form von Realitätsverdoppelung konkret verwirklichen: den viel diskutierten Bereich der so genannten virtuellen Realität. Die virtuelle Realität kann als kybernetische Weiterentwicklung der mit dem Buchdruck aufgekommenen Vorstellung von *fiction* angesehen werden, sofern man auf die Vorannahme eines außenstehenden Beobachters verzichtet. Die fiktive Welt der Romane, Erzählungen und selbst der Ideen ist in der Moderne in einem unbestimmten (transzendenten) Bereich verortet worden, der in Übereinstimmung mit der grundlegenden Unterscheidung Subjekt/Objekt von der unmittelbaren Realität der Dinge wohl geschieden ist. Deshalb musste man auch, wie wir in Kap. IV, 3 bereits gesehen haben, den Subjekt-Beobachter außerhalb der objektiven Welt der Daten aus erster Hand positionieren. Die autologische Semantik führt den Beobachter wieder in das Innere des Beobachtungsbereichs ein; die virtuelle Realität führt die Fiktion wieder in das Innere der Welt ein.[183] In dieser Hinsicht spricht man von »eintauchenden« Annähe-

---

181 Vgl. beispielsweise Moretti 1999, S. 123 ff.; Tollander 1991.
182 Vgl. Benedikt 1991; Rheingold 1992, S. 89.
183 »Statt auf der Basisannahme einer begrenzten autonomen virtuellen Welt zu operieren, haben wir es vorgezogen, die virtuelle Realität als Teil der Realität und nicht als davon getrennte Realität zu behandeln«: vgl. Kellog, Carrel und Richards 1991.

rungsweisen, die offenbar mit der für den Computer als einer qualitätslosen Maschine charakteristischen Interaktivität in Zusammenhang stehen. In der virtuellen Realität »kann sich der Beobachter (in diesem Fall der Zuschauer-Akteur-Operator) interaktiv in einen computergenerierte dreidimensionalen Raum einloggen«.[184] Die erste Konsequenz besteht in der Auflösung der (ausschließlich) modernen Figur des Autors – aus der dann eine ganze Reihe extrem konkreter Konsequenzen folgen, wie etwa die Unmöglichkeit einer Handhabung des *copyrights* im Bereich der Telematik[185] oder der Bedarf nach der Festlegung neuer Identitätsformen derjenigen, die an Kommunikation partizipieren (etwa in Form von *digital signatures*), von dem man recht früh Kenntnis genommen hat. Die noch radikalere Konsequenz besteht aber darin, dass die gesamte auf Signifikation oder allgemeiner, auf einer durch Sinn mediatisierten Unterscheidung/Verbindung von Oberfläche und Tiefe basierenden Semantik zu Fall kommt.

Jenseits der Differenzen zwischen der englischen Bedeutung und den Übersetzungen in andere Sprachen bezeichnet der Begriff »virtuell« (aus dem Lateinischen: *virtus* = Kraft) etwas, was nicht aktuell, sondern nur potentiell existiert und dennoch, wie die virtuellen Partikel der Quantenmechanik – »eine Möglichkeitswelt, die nicht auf das Potentielle reduziert werden kann«[186] – ganz reale Effekte zeitigt.[187] Die Gegenüberstellung von Realität und Virtualität nimmt ihren Ursprung in der Optik mit der Unterscheidung zwischen realen Bildern, die durch Lichtstrahlen erkennbar werden (etwa die normalen Erscheinungen von Gegenständen, aber auch Photos oder die auf Leinwand projizierten Filmbilder), und virtuellen Bildern, die nur durch die rückwärtigen Verlängerungen der Strahlen erscheinen: die Bilder, die man im Spiegel sieht, die nicht, wie es scheint, aus Gegenständen stammen, die hinter dem Spiegel positioniert sind, sondern aus einer anderen Perspektive die Gegenstände »re-präsentieren«, die

---

184 Maldonado 1992, S. 48. In Bezug auf die gleichzeitige interne und externe Verortung des Beobachters siehe auch Krämer 1995a; Esposito 1995a.

185 Vgl. Pool 1983, S. 249 ff.; Barlow 1994; Garfinkel 1994; Cox 1994; hinsichtlich der semantischen Vorannahmen und der Debatte um die Autorenrechte seit dem 18. Jahrhundert siehe Hesse 1991.

186 Atlan 1989, S. 32. Die Potentialität des Virtuellen im aristotelischen Sinn schließt nämlich das Nichtsein aus und unterscheidet sich darin vom Möglichen. Eine Potentialität, die sich nicht verwirklicht hat, ist nicht eigentlich eine Potentialität. »La potenza è tale perché si è realizzata e la necessità dell'attuazione definisce la potenza«: Abbagnano 1949, S. 539.

187 Vgl. beispielsweise unter *virtual* in The Oxford English Dictionary.

sich vor dem Spiegel befinden. Anders als die Bilder einer Zeichnung oder eines Photos, haben die virtuellen Spiegelbilder mit Fiktion nichts gemein – aus dem Sachverhalt, dass sie über keinerlei Unabhängigkeit verfügen, kann man ersehen, dass sie keine Zeichen sind, die für Gegenstände einstehen oder diese repräsentieren. Wenn sich vor dem Spiegel nichts befindet, gibt es auch keine Spiegelbilder.

Ähnlich verhält es sich mit der virtuellen Realität, die nicht an sich existiert, sondern nur in der Interaktion mit dem Anwender erzeugt wird und Konturen gewinnt. Es handelt sich um eine Realität operativer Art, die weder aufbewahrt noch archiviert werden kann, sondern wie die Spiegelbilder allein durch einen externen Beitrag existiert. Anders als im Fall des Spiegels hat der Reflex hier eine eigene »Konsistenz«. Der Reiz des Spiegels besteht unter anderem darin, dass man mit den den Bildern entsprechenden Objekten nicht in Interaktion treten kann[188] – man kann den Spiegel nicht betreten. Der Beobachter ist immer noch extern, aber er kann die vor dem Spiegel befindlichen Gegenstände aus einer anderen Perspektive als der eigenen (von hinten) beobachten. Der Spiegel verdoppelt nicht die Realität der Gegenstände, sondern lediglich deren Beobachtung. Unter der Voraussetzung, dass die Reflexionsebene nicht wahrgenommen wird, beobachtet man nicht den Spiegel, sondern nur die gespiegelten Bilder. Dagegen reflektiert man sich in der virtuellen Realität nicht in eine (unsichtbare) Ebene, sondern in eine (ebenfalls unsichtbare) Maschine, die sich nicht darauf beschränkt, die Bilder aus einer anderen Perspektive wiederzugeben, sondern die von außen kommenden Daten aktiv manipuliert und diese in etwas davon Unterschiedenes umwandelt, das aus der Ausgangsperspektive nicht rekonstruiert werden könnte. Daher handelt es sich auch nicht lediglich um virtuelle Bilder, sondern ganz und gar um eine virtuelle Realität – sofern man die konstruktivistische Sichtweise übernimmt, welche die Realität ausgehend von dem »Widerstand« interpretiert, den sie dem Beobachter bereitet. Genauso hält die virtuelle Realität den Wünschen des Anwenders stand und manifestiert derart die eigene Unabhängigkeit.[189] Mit der elektronischen Virtualität kann und muss man interagieren, indem man die Objekte manipuliert, die durch den Com-

---

188 Vgl. Gregory 1976, Kap 12.
189 Vgl. Benedikt 1991a. Hierin besteht im Übrigen der Unterschied zum Fernsehbild und hier liegt auch der Grund, weshalb es mir nicht angemessen scheint, die Genese der virtuellen Realität mit dem Fernsehen beginnen zu lassen, wie dies von Debray 1992, S. 293 ff., vorgeschlagen wird.

puter erzeugt werden und die nicht lediglich Bilder darstellen, sondern eine eigene Konsistenz aufweisen. Man kann ihren Ort wechseln, man kann sie umkehren, sezieren und auf unterschiedlichste Weise transformieren und so Informationen beziehen, die in den ursprünglichen Daten nicht enthalten waren.[190] Man kann die virtuelle Realität ähnlich wie bei der Partizipation an Kommunikation dazu verwenden, neue Beobachterperspektiven und damit neue Unterscheidungen zu erlangen, sich von den eigenen Konstruktionen überraschen zu lassen und die interaktiv zugeführten Ausgangsdaten in etwas Unkenntliches und Unerforschliches umzuwandeln.

Dies alles ist aber nicht neu. Jede Art der Modellierung, von der konkreten Schaffung von Reliefs und Prototypen bis hin zur Abstraktion mathematischer Formalisierungen, zielt immer auf die Erzeugung von Gegenständen, die es ermöglichen, aus den eigenen Kenntnissen zu lernen. Auch in diesem Falle führt Informatik etwas anderes ein. Bei einem Modell handelt es sich in jedem Fall um einen Ersatz, um ein Zeichen, das für etwas anderes einsteht: eine Plastik oder ein Modell reproduzieren im kleinen ein Objekt, das zu komplex und zu teuer ist, um direkt manipuliert werden zu können. Dagegen steht ein virtuelles Modell für nichts ein und genau darin besteht auch der Unterschied zwischen Virtualisierung und Simulation; ein Begriff, der noch an ein Verhältnis von Signifikation gebunden ist.[191] Sicher kann man den Computer noch wirkungsvoller als andere Instrumente dazu verwenden, Simulationen zu vollziehen, wobei man ihn damit auf traditionelle Weise benutzt, um die eigene Kontrollmöglichkeiten zu potenzieren. Im Virtuellen im eigentlichen Sinne verzichtet man dagegen auf Kontrolle, indem man die Konstruktion von Gegenständen, die für nichts einstehen und nicht in einer fiktiven Welt als »Ersatz« der einzig realen Welt verortet sind, sondern auf virtuelle Weise der zirkulären und einstimmigen Welt angehören, die durch Beobachtung in ihrem Bezug zu den Gegenständen und zu sich selbst generiert wird, an die unsichtbare Maschine »delegiert«. Es handelt sich dabei nicht um künstlich erzeugte (simulierte) reale Objekte, sondern um wirkliche virtuelle Objekte. Sie »re-präsentieren« nichts, sondern sie »prä-

---

190 Dies ist ein weiteres dem antiken Begriff von Virtualität gemeinsames Merkmal, das laut Abbagnano 1949, S. 539, keine abstrakte Kategorie bildet, sondern einen Handlungsbezug impliziert.

191 Dies ist auch der Grund dafür, dass das Virtuelle anders als das Mögliche für Wahrheit oder Unwahrheit nicht empfänglich ist: vgl. Abbagnano 1949, S. 540. Das Virtuelle ist unabhängig von der Unterscheidung zwischen wahr und unwahr.

sentieren« die computererzeugten »virtuellen« Objekte, die keine eigentliche Existenz besitzen, gerade deshalb aber Widerstand üben und nicht auf Beobachteroperationen zurückgeführt werden können.[192]

Das Virtuelle ist wie der Fall des Spiegels immer reflexiv und an Selbstbeobachtung gebunden. Trotz ihrer Autonomie könnten virtuelle Objekte ohne die Intervention des Beobachters/Anwenders nicht existieren, der sich gewissermaßen mit der Unbeobachtbarkeit seiner eigenen Beobachtung konfrontiert sieht – die in der Welt Konsequenzen zeitigt, die von der Ausgangsperspektive unabhängig verlaufen und von dieser aus auch nicht kontrolliert werden können.[193] Virtualität verhält sich zu Simulation genauso, wie sich ein Spiegelbild zu einer Zeichnung verhält, die etwas repräsentiert, das ebenso nicht zur Welt gehören kann (eben fiktiv ist) – während das im Spiegel repräsentierte Objekt real sein muss, dafür aber den Beobachter dazu zwingt, sich selbst zu beobachten. In der virtuellen Realität wird der Übergang von der Wahrnehmungsebene einer objektbezogenen Reflexion zu der abstrakteren Ebene einer kommunikationsbezogenen Reflexion vollzogen – dabei spiegelt sich Kommunikation, bei der es sich ja um eine Operation handelt, nicht in einer statischen Fläche, sondern in einer Maschine, die ihrerseits Operationen durchführt und bei der die »Oberfläche«, die eine Spiegelung möglich macht, aus der Schnittstelle Anwender/Maschine besteht. Bei Simulation handelt es sich um eine Art falscher Kommunikation, bei der mit Hilfe der Maschine Informationen erzeugt werden, so wie in der Kommunikation Informationen in Bezug auf eine Mitteilung erzeugt werden. Dagegen ereignet sich in der eigentlichen virtuellen Realität eine Reflexion, bei der das, was reflektiert wird, die Kommunikation selbst ist: die zirkuläre Beziehung fehlender Kontrolle, die sich in der doppelten Kontingenz ausdrückt, bei der das, was geschieht, von Ego abhängt, aber nur insofern er von einem Alter abhängt, der seinerseits von Ego abhängt. Die Maschine ist in diesem Fall nicht einfach ein Werkzeug, das vom Anwender benutzt wird, der darüber entscheidet, was die Maschine tun soll, sondern sie entscheidet »selbst« auf der Basis der eigenen Operationen und präsentiert dem Anwender eine Welt, die nicht

---

192 Vgl. Weissberg 1989a und 1989b.
193 Eine ähnliche Position findet sich (wenn man von dem prioritären Bezug auf den Menschen absieht) bei Günther 1963, S. 170: »In der Schöpfung des Elektronengehirns aber gibt der Mensch seine eigene Reflexion in den Gegenständen ab und lernt in diesem Spiegel seiner selbst seine Funktion in der Welt begreifen.«

durch ihn kontrolliert wird. In der Interaktion mit dem Computer wird keine zweite Kommunikation verwirklicht, ebenso wenig konfrontiert man sich, wenn man in den Spiegel schaut, mit zweiten Gegenständen jenseits der Oberfläche. Über die Mediatisierung durch die unsichtbaren Maschinen reflektiert die Kommunikation sich in einer unbekannten Form von struktureller Kopplung selbst und erhöht auf diese Art die eigene Komplexität – sie vervielfältigt die Unterscheidungen, ohne auf die Irritationen zurückgreifen zu müssen, die sich aus der strukturellen Kopplung mit den Bewusstseinssystemen ergeben.

Dies alles geschieht auf eine Weise, die sich auf Sinn nicht auswirkt, und daher gibt es im Virtuellen weder etwas zu verstehen noch etwas zu interpretieren. Alles geschieht auf der Oberfläche – allerdings auf einer Oberfläche, die sich sozusagen selbst zukehrt, um eigene Unterscheidungen zu erzeugen. Der Zweck des Virtuellen liegt in der Schaffung eines Interfaces, »das in sich selbst versinkt«[194]. Brenda Laurel[195] spricht in diesem Zusammenhang von einem »vanishing interface«, das als ein Zustand interpretiert werden könnte, bei dem der Zuschauer in den Spiegel eintritt und mit den Gegenständen interagiert, die er auf der anderen Seite vorfindet – ohne damit einen transzendenten Bereich zu betreten – auch nicht im Sinne einer transzendenten Subjektivität. Der Spiegel hat keine Dichte; die Oberfläche verselbständigt sich aus der Tiefe heraus, aus den Intentionen und Projekten, um zirkulär (rekursiv) die eigenen Determinationen zu erzeugen.

Das Virtuelle steht in diesem Sinne für die Interaktion zwischen Anwender und Computer ein. Die Oberflächenintervention des Anwenders wird dazu verwendet, Strukturen (eine Realität spezifischer Art) zu erzeugen, mit dem entscheidenden Beitrag der Maschine als externes Element, das die Auflösung der Paradoxie der Selbstbeobachtung bewirkt. Wenn wir nun zu unserem Gegenstand, dem Gedächtnis, zurückkommen, übersetzt sich der Gebrauch des Computers in die vollendete Virtualisierung der Information – durch die Radikalisierung des modernen Archivmodells bis hin zu der Transformation der Aufbewahrung von Erinnerungen in eine regelrechte Technik der Strukturierung des Vergessens. Der Katalog bleibt als Herzstück und Zentrum des Archivmodells an Bedeutungsbezüge gebunden. Beim Katalog handelt es sich um ein Zeichen oder besser um einen

---

194 Fisher 1990, S. 51 der deutschen Ausgabe.
195 Laurel 1991, S. 104.

Komplex von Zeichen, die auf die Informationen verweisen, die in der entsprechenden Bibliothek aufbewahrt werden. Das Archiv ermöglicht Vergessen unter der Bedingung, dass man die Zeichen in Erinnerung behält, die im Katalog zusammengefasst sind und fest bleiben und auf die immer gleiche Art auf dieselben Informationen verweisen. Dagegen geht man durch die Computertechniken der Organisation der Daten zu einem virtuellen Gedächtnis über. Das Repräsentationsmodell verwandelt sich in ein authentisches performativen Modell,[196] bei dem selbst der Katalog und der Apparat von Textindices und von *indexers* im Inneren der Bücher überflüssig wird.[197] Das statische Modell der Aufbewahrung von Daten wird durch das dynamische Modell der Konstruktion von Daten ersetzt, die ausgehend von den Befehlen des Anwenders nach und nach erzeugt werden: durch das Modell, das im Internet durch die *search engines* verwirklicht wird, bei denen es sich nicht um Apparate der Speicherung von Kenntnissen handelt, sondern um regelrechte »Suchmaschinen«, die mit den eigenen Operationen Objekte erzeugen. Die *search engines* wie Yahoo!, Lycos, Alta Vista, Hot Bot usw. sind Datenverarbeitungsmaschinen, die Informationen als ihren Gegenstand produzieren – und zwar nicht, weil sie sich an Informationen erinnern, sondern weil sie diese auf der Basis der Befehle des Anwenders, die in jedem einzelnen Fall einen einzigartigen Suchpfad und damit eine neue Gedächtnisstruktur generieren, jedes Mal neu konstituieren.[198]

Selbstverständlich setzen auch Suchmaschinen Datenbanken voraus, auf deren Grundlage die Suche stattfinden kann, doch diese *files* sind nicht eigentlich Dokumente und werden nicht wie Texte behandelt. Alles geschieht auf der Oberfläche. Die Maschine manipuliert die Daten auf physische Art, auf der Basis von Redundanzen, von der Nähe und der topologischen Anordnung der Daten. Bedeutung spielt dabei zu keinem Zeitpunkt eine Rolle. Tatsächlich handelt es sich bei dem, was das Gedächtnis der riesigen, in der Informatik erzeugten

---

196 In Bezug auf die Unterscheidung zwischen performativen Modellen und Repräsentationsmodellen des Gedächtnisses siehe Wägenbaur 1998.
197 Dies behauptet beispielsweise Hesse 1996, S. 31-32.
198 Merkwürdigerweise wurde das Bild der Spinne, das bei den Suchmaschinen als »spider«, die sich auf der Spinnwebe des Cyberspace bewegt, sehr verbreitet ist, bereits von Bacon im *Novum Organon*, 131, verwendet (zitiert in: Lechner 1962, S. 140). Bacon unterschied die Ameisen, die externe Materialien einsammeln, von den Spinnen, die ihre Spinnweben mit der eigenen Substanz konstruieren – genauso konstruieren die Spinnen aus dem Web Informationen und Informationsverbindungen auf der Basis ihrer eigenen Operationen.

Apparate von *storage* und *retrival* genannt wird, nicht um Ansammlungen von Erinnerungen, sondern eher um die notwendigen Voraussetzungen zur Verwirklichung des alten Projekts einer Kunst des Vergessens. Seit je besteht das Problem einer *ars oblivionalis* in der Paradoxie, in jedem Fall eine Semantik darstellen zu müssen, die vergegenwärtigt, was abwesend ist. Sie reduziert sich dann darauf, sich an das Vergessen zu erinnern.[199] Sie gestattet nicht die Löschung der Informationen, sondern erzeugt ihrerseits Informationen einer besonderen Art. Vergessen erhält man dagegen nicht, indem man Informationen löscht, sondern indem man sie bis zu dem hypothetischen Punkt vervielfältigt, an dem sie die Welt überlagern und es nichts mehr zu erinnern gibt (die berühmte Metapher von Borges von der Landkarte, die mit dem dazugehörigen Gebiet übereinstimmt und bei der es sich daher nicht mehr eigentlich um ein Zeichen handelt). Genau dies geschieht im idealen Fall im Internet. In Anbetracht eines Ideals der Verfügbarkeit aller Informationen wandelt Erinnerung sich in Vergessen um und es stellt sich das Problem, dieses operationsfähig zu machen. Es geht darum, die enorme Vergessenskapazität dazu zu verwenden, die jeweils nötigen Informationen herbeizuschaffen. Die *search engines* nehmen auf prozedurale Weise eine Selektion der in den Datenbanken verfügbaren Selektionen vor – sie vergessen also das Vergessen, um Unterscheidungen zu erzeugen, aus denen der Anwender Informationen beziehen kann. In diesem Sinn erzeugen die *search engines* Erinnerungen, die allerdings davor noch nie gedacht worden sind und lediglich das Produkt der kontextbezogenen Befehle des Anwenders sind – das Produkt der (über die Maschine laufenden) in einer aktuellen Gegenwart stattfindenden Selbstbeobachtung der Kommunikation. Erinnerung meint hier lediglich die Kohärenzprüfung der Systemoperationen, die sich ausschließlich in der Gegenwart ereignet.

7. Hat die Zukunft schon begonnen?

Doch welche Zeit hat der Cyberspace? Wie präsentiert sich das Verhältnis von Vergangenheit und Zukunft in der Netzkommunikation und allgemeiner in den Strukturen der gegenwärtigen Gesellschaft? Wenn man sich an explizite zeitliche Bezüge hält, so ist das, was man am meisten hört und liest, die merkwürdige Behauptung, dass die

---

199 Das bereits zitierte Argument von Eco 1987.

Zukunft schon begonnen hat. Diese Behauptung ist in der Regel noch als Aufforderung gemeint, etwas zu tun. Wenn die Zukunft nämlich schon begonnen hat, dann sind alle, die sich in der Gegenwart befinden, unweigerlich zurückgeblieben und müssen sich beeilen, das Internet zu benutzen und den Umgang mit dem elektronischen Handel, dem interaktiven Fernsehen und den Finanzabwicklungen *on-line* zu erlernen. Was an dieser Tendenz zunächst auffällt, ist deren offensichtliche Sinnlosigkeit. Die Zukunft fungiert in ihrer modernen Bedeutung – der einzigen, die uns zugänglich ist – gerade deshalb als Horizont der Gegenwart, weil sie unzugänglich ist – und ein Horizont kann nie erreicht werden, weil er sich nach und nach mit jeder Annäherung verschiebt, so wie auch die Zukunft sich weiter in die Ferne projiziert, je mehr sich das Morgen in ein Heute verwandelt. Außerdem ist die Zukunft als offene Zukunft ein Horizont von Neuigkeiten und Überraschungen und als solche doppelt unzugänglich. Das eigentlich Neue kann nur a posteriori erkannt werden, wenn es nicht mehr neu ist. Neuheit ist im Grunde eher auf die Vergangenheit, in der es ein bestimmtes Objekt noch nicht gab, als auf die Zukunft bezogen. Wenn Neuheit Überraschung meint, bedeutet eine Ausrichtung auf die Neuheit, dass man Überraschungen erwartet und damit etwas, das per definitionem nicht Gegenstand von Erwartung sein kann – ansonsten handelte es sich dabei nicht mehr um Überraschungen. Die Zukunft im eigentlichen Sinne kann deshalb nie beginnen; eine gegenwärtige Zukunft ist keine Zukunft. Weshalb behauptet man dies aber immerfort? Weshalb wird diese Behauptung als plausibel hingenommen und weshalb hat sie, wie es scheint, einen informativen Charakter? Was bedeutet sie? Spielt dabei eine Änderung der temporalen Semantik eine Rolle? Und steht sie schließlich mit der Verbreitung der telematischen Medien in Zusammenhang?[200]

In irgendeiner Form können diese zeitlich bezogenen Antinomien als Zusammenfassung und Konzentrat aller Paradoxien der Moderne angesehen werden – einer Semantik, die den Übergang zur Beobachtung zweiter Ordnung vollzieht, ohne diese zu radikalisieren und sich so in zirkuläre Schleifen gefangen sieht, die sie nicht aufzulösen vermag. In der

---

200 Gerade in diesem Bereich nehmen die auf die Zeit bezogenen Reflexionen immer pradoxere Züge an. Man spricht von »oxymoronic future« (Taylor und Wacker 1997), während sich die Werbung für eine neue Suchmaschine (HotBot, beispielsweise in *Wired*, 5.06, 1997) den Konkurrenten entgegensetzt, weil diese angeblich auf die Vergangenheit bezogen sind, sie es dagegen ermöglichen soll, eine Geschichte der Gegenwart zu schreiben.

Orientierung an der Zukunft entleert sich die Besessenheit für Neuheit selbst, indem sie die Überraschung zu der Normalität eines Erwartungsobjekts neutralisiert. Um begreifen zu können, was geschieht, empfiehlt es sich deshalb zu der modernen Konzeption einer linearen Zeit zurückzukehren, bei der die Gegenwart im Verlauf ihrer Vorwärtsverschiebung ihre Vergangenheits- und Zukunftshorizonte ständig neu rekonstruiert.[201] Bei der jüngsten merkwürdigen Implosion von Vergangenheit und Zukunft handelt es sich nämlich offensichtlich nicht um das Resultat einer mangelnden Differenzierung zeitlicher Distinktionen (wie dies noch in der divinatorischen Semantik der Fall war). Um die Behauptung aufstellen zu können, dass die Zukunft schon begonnen hat, muss man zunächst einmal wissen, was Zukunft überhaupt ist – selbst wenn man damit seine Besonderheit auslöscht.

Hinter der linearen Zeit steckt die Annahme einer abstrakten und einheitlichen Chronologie: eine von Signifikaten unabhängige Sequenz von Daten, die jedem Moment einen eindeutigen und – vor allem – für alle gleichen zeitlichen Ort zuweist. In der Gegenwart sind alle Zeitgenossen; niemand kann in der Zeit zurückbleiben oder den anderen in die Zukunft vorauseilen, daher kann auch niemand die Zeit benutzen, um den Lauf der Ereignisse zu beeinflussen, etwa in der Vergangenheit die Gegenwart der anderen verändern, oder in die Zukunft vorausgehen, um zu wissen, was heute zu tun vorteilhaft ist. Die lineare Zeit der Moderne vermag zwei verschiedene Quellen von Undeterminiertheit miteinander zu kombinieren und aneinander zu binden: der Unterschied der individuellen Perspektive der Einzelnen (die wesentlich unkontrollierbar bleiben) und die ebenfalls wesentliche Unvorhersehbarkeit der Zukunft. Die unerkennbare Zukunft kann nicht beginnen – sie gilt aber für alle. Luhmann behauptet, dass die Moderne eine »eigentümliche Symbiose von Zukunft und Gesellschaft«[202] realisiert hat. Da niemand für sich beanspruchen kann, die Zukunft zu kennen oder voraussehen zu können, kann man Formen entwickeln, welche die Zukunft binden, indem sie die Perspektive der anderen binden und umgekehrt – es handelt sich um Formen der Verknüpfung von zwei offenen Kontingenzen, die eine Orientierung bieten, ohne damit die Undeterminiertheit zu beseitigen.[203]

---

201 Vgl. Kap. IV, 7.
202 Luhmann 1991, S. 57.
203 Luhmann 1991, S. 59 ff., spricht von »Zeitbindung«: von der Art und Weise, wie die Zeit dazu genutzt werden kann, Strukturen zu generieren und damit die Erwartungen zu kanalisieren.

Ein Beispiel hierfür sind Normen, weil sie die Erwartungen durch die Weigerung stabilisieren, aus Enttäuschungen zu lernen. Eine Norm gilt auch dann, wenn sie übertreten wird, und wird damit sowohl von einem konformen wie auch von einem abweichenden Verhalten bestätigt.[204] Außerdem gilt die Norm für alle und legt damit fest, was man unabhängig davon, wie die Welt sich präsentieren wird und wie die anderen sich verhalten werden, erwarten darf. Andererseits kann die Norm aber auch geändert werden und bindet damit die Kontingenz, ohne jegliche Zwangsläufigkeiten zu postulieren. Ein anderes Beispiel bietet die Statistik mit dem daran geknüpften Anspruch auf Planung. Sie projiziert auf die Zukunft (aller) Wahrscheinlichkeitsschemata, die dazu dienen, das gegenwärtige Verhalten zu orientieren. Dabei lässt sie die Kontingenz der Zukunft offen, bindet sie aber an die Form von Bestätigung/Nichtbestätigung der Voraussagen. Auch Motivzurechnung dient der Zeitbindung. Sie konstruiert eine Verbindung zwischen vergangenem Verhalten, das dahingehend interpretiert wird, um daraus die Grundlagen für das gegenwärtige Verhalten und die an die Zukunft gerichteten Erwartungen zu beziehen. Allerdings können die Individuen ihre Haltung bekanntlich ändern.[205]

Das Problem besteht darin, dass in keinem der beiden Fälle Zirkularität in Rechnung gestellt wird: die Abhängigkeit der Zukunft von den gegenwärtigen Entscheidungen und die Abhängigkeit des Verhaltens der anderen von dem des Ausgangsakteurs. Die Schwierigkeit der Normen besteht nicht in einer etwaigen Übertretung, sondern in dem Sachverhalt, dass sich in Zukunft andere Erwägungen als relevant erweisen können als die, auf die sich die Normen beziehen. Man verbietet den Verzehr traditioneller Drogen und in der Folge werden synthetische Drogen hergestellt, die von der Norm nicht in Erwägung gezogen worden sind und daher von dem Verbot nicht betroffen sind. Oder man stellt fest, dass es genau um die Übertretung geht, die das attraktiv erscheinen lässt, was verboten ist und deshalb von der Norm selbst erzeugt wird. Oder man plant auf rationale Weise das eigene ökonomische Verhalten und schafft damit für denjenigen Profitmöglichkeiten, der sich irrational verhält. Eine analoge Zirkularität findet man bei der Motivzurechnung wieder, da sie die Motivlage der beobachteten Person verändern kann.

---

204 In Bezug auf normative Erwartungen siehe Luhmann 1993a, S. 80 ff.
205 Vgl. Luhmann 2000, Kap. 3.IV.

In Anbetracht dieser zirkulären Verhältnisse erscheint die Neutralität der Chronologie als drastische Vereinfachung, als Fiktion mit einem ganz bestimmten Zweck: die Durchsetzung der für die Synchronisationsformen der Moderne erforderlichen Gleichzeitigkeit. Zu ähnlichen Schlussfolgerungen ist auch die Physik, ausgehend von der absoluten Zeit Newtons, gelangt, die der Behauptung diente, dass zwei entfernte Ereignisse zur gleichen Zeit geschehen können, auch ohne zusätzlicher Bezüge zu bedürfen – auf der Basis der Annahme einer gegenseitigen Unabhängigkeit von Zeit und Raum. Die Relativitätstheorie bricht mit dieser Vorstellung und führt die Idee einer Interpenetrabilität von Zeit und Raum ein,[206] mit der Konsequenz, dass die Idee der Gleichzeitigkeit keinerlei Bedeutung mehr hat.[207] Bei der Vorannahme der Synchronisation handelt es sich mit anderen Worten um eine Vereinfachung, die den Zweck hat, Zirkularität in der sozialen und zeitlichen Dimension sowie in deren gegenseitigen Beziehungen zu neutralisieren – und so die Formen der Zeitbindung ermöglicht, die auf einer Symbiose beider Dimensionen beruhen.

Die Vereinfachung dient dazu, Kausalität im Gleichzeitigen auszuschließen, sie dient demnach dazu, auszuschließen, dass simultane Ereignisse eine Wirkung aufeinander ausüben können. Die Ursache muss der Wirkung vorausgehen und wenn alle Ereignisse aufeinander synchronisiert sind, bleiben zirkuläre Situationen ausgeschlossen, bei denen die Wirkung dazu beiträgt, die Ursache zu generieren, die sie produziert, so dass die Ursache zur wirkungseigenen Wirkung wird. Es werden zeitliche Bezüge ausgeschlossen wie die der divinatorischen Semantiken mit den dazugehörigen Netzwerken aus tiefen Übereinstimmungen und Entsprechungen, bei denen die Wirkungen mittels Resonanz erzeugt wurden und gleichzeitig eine zirkuläre Verknüpfung produzierten.[208] Das Problem besteht aber darin, dass diese zirkulären

---

206 Genauso wie jene, welche die divinatorische Semantik charakterisierte, mit der wir uns in Kap. II, 7 beschäftigt haben.

207 Vgl. beispielsweise Jammer 1991 oder auch von Foerster 1984b: der Begriff der absoluten Zeit dient lediglich dazu, den Synchronismus zwischen Ereignissen anzuzeigen, die verschiedenen Sequenzen angehören, der Begriff dient also der Festlegung von Simultanität, ist aber wegen seines Anspruchs auf Synchronisation aller möglichen Ereignisse höchst redundant.

208 Wie divinatorische Semantik »il virtuale nega il tempo a favore dell' eternità, lo riduce al presente come contemporaneità«: Abbagnano 1949, S. 541. Der Unterschied ist auch in diesem Fall der zwischen einer Semantik, welche die Distinktion der verschiedenen Sinndimensionen noch nicht vollzogen hat, und einer Semantik, welche diese Distinktion so weit vollzogen hat, dass sie auch die gegenseitigen Bezogenheiten der nun ausdifferenzierten Dimensionen in Rechnung stellen kann.

Beziehungen insbesondere in Verbindung mit der kommunikativen Nutzung des Computers ständig erzeugt werden – beispielsweise bei den Finanzmärkten, deren Zentren »realzeitlich« (wie man heute sagt) miteinander verbunden sind, was so viel heißt, dass sie praktisch gleichzeitig operieren, während sie dennoch versuchen, aufeinander zu reagieren.[209] Sicher ist die Nutzung der Zeit zu Profitzwecken keine Neuigkeit. Im Mittelalter wurden die Händler deswegen angeklagt, weil sie ihren Gewinn darauf gründeten – indem sie Reserven beiseite schufen, zu günstigen Augenblicken kauften und verkauften und sogar Wucher trieben. Während dies aber den Zahlungsaufschub voraussetzte, scheint die Finanzspekulation heute darauf verzichten zu können und setzt eher auf eine raffinierte Kombination von sozialen Bezügen und zeitlichen Bezügen in der Gegenwart. Man könnte sagen, dass die Unbestimmtheit der Zukunft mit der Unbestimmtheit der Beobachter ersetzt wird und umgekehrt, und dass damit ein Zirkel erzeugt wird, aus dem Gewinne erzielt werden können. Man spekuliert über die Erwartungen, die andere in eine zukünftige Situation setzen, die ihrerseits auch von diesen Erwartungen abhängt.[210] Warten genügt nicht – oder besser: Wer sich die Zirkularität der Zeit nicht zunutze macht, verpasst andere mögliche Gewinnquellen.

Im Grunde ist diese Zirkularität selbst der Funktionslogik des Computers implizit, die auf *feedback*-Zyklen gründet, die sich selbst über die Regulierung der Umwelt regeln – oder allgemeiner, auf die Anlage interaktiver Programme, die sich selbst je nach Verhalten des Anwenders ändern und so immer nur nachträglich einen Zweck erhalten. Die Zukunft erklärt und legitimiert die Gegenwart mit Hilfe von Maschinen, die an sich keine Zielsetzung haben – und ebenso wenig über eine eigene Zeit verfügen. Obwohl die Benutzung des Computers unweigerlich zeitgebunden ist, so wie auch die Beobachtungen unweigerlich zeitgebunden sind,[211] abstrahieren Computerprogramme von der Zeit, die für die Maschine nicht existiert, und

---

209 Das Beispiel stammt aus Luhmann 1990f, S. 119 f., der daraus schließt, dass es kein Wunder ist, dass man nun erneut auf die Divination zurückgreift. Baudrillard 1994 hypostasiert aufgrund der Rückwirkung der Ereignisse von den Wirkungen auf deren Ursachen eine »rétroversion« der Geschichte.
210 Daraus ergeben sich zusätzliche enorme Komplikationen, die es beispielsweise ermöglichen, in der Gegenwart die vermeintlichen Profite zu investieren, die man nach Vollendung der Operationen erzielen wird, die ihrerseits nur aufgrund dieser Investition möglich geworden sind.
211 Die gesamte Konstruktion des Kalküls von Spencer Brown 1972 gründet bis hin zum *re-entry* auf dieser Prämisse.

können sie daher zur Steigerung der eigenen Komplexität nutzen.[212] Und wenn die Maschinen als Kommunikationsmedien benutzt werden, entsteht ein Netz virtuell zeitgleicher Operationen und Ereignisse, die gegenseitig voneinander abhängen, weil sie zeitgleich sind, aber nicht kausal kontrolliert werden können. Es handelt sich eben um die nicht kausale Unkontrollierbarkeit, von der wir weiter oben gesprochen haben, um das deterministische Chaos, das über Gesetzmäßigkeiten verfügt und dennoch nicht reglementiert werden kann.

Diese Zirkularität der Zeit wird durch die Organisationen zusätzlich verstärkt und artikuliert, die bei ihren Entscheidungen zwischen Vergangenheit und Zukunft ein besonderes Verhältnis konstruieren, indem sie den zeitlichen Determinationsbezug umkehren.[213] Die Vergangenheit wird als offene Alternative rekonstruiert, während die Zukunft am Erreichen (oder eben Nicht-Erreichen) bestimmter Ziele gemessen wird. Die Vergangenheit wird somit einer Neuinterpretation zur Verfügung gestellt, während die Kontingenz der Zukunft (obwohl man nicht weiß, wie die Dinge laufen werden, und gerade aufgrund dieser Unkenntnis) strukturiert wird. Der Sinn der Zukunft wird in Abhängigkeit zu der gegenwärtigen Entscheidung gesetzt und damit lässt man die Zukunft mit dem Entscheidungsakt beginnen.

Wir hatten gesagt, dass Konstruktionen dieser Art offensichtlich eine extrem ausgefeilte Kombination von zeitlicher Dimension und sozialer Dimension voraussetzen, die mit der »Symbiose« zwischen beiden Dimensionen jedoch nicht kompatibel ist, die man in den modernen Formen der Zeitbindung finden kann. Zirkuläre Konstruktionen funktionieren nicht, indem die zwei Dimensionen gegenseitig aneinander gebunden werden, sondern im Gegenteil, indem die Dimensionen gegenseitig die respektive Kontingenz zur Verfügung stellen, die somit vermehrt wird. Man kann die Zukunft nur nutzen, weil es in der Gegenwart eine Vielzahl von undurchsichtigen Beobachtern gibt. Die Zeit erhält also nicht deswegen eine Struktur, weil sie mit Hilfe einer bestimmten Distinktion (mit Normen beispielsweise) Verhaltenskontingenz reduziert, sondern im Gegenteil, weil man nicht weiß, wie beobachtet wird noch wie beobachtet werden wird, und man darüber spekulieren kann. Die Intransparenz beider Ebenen wird nicht neutralisiert, sondern als Ressource genutzt. Man erhält damit einen enormen Komplexitätsanstieg, gleichzeitig resultiert daraus aber

---

212 Vgl. Luhmann 1996f.
213 Dies haben wir in Kap. V, 3 gesehen.

auch ein Spannungsverhältnis zwischen sozialer und zeitlicher Dimension, das die Formen der Übereinkunft außer Kraft setzt, die sich zwischen beiden Dimensionen verfestigt hatten.[214]

Auch in diesem Fall liegt dem eine Radikalisierung der Beobachtung zweiter Ordnung zugrunde, die ein Überhandnehmen von Entscheidungen zur Folge hat.[215] Der Beobachter erster Ordnung bezieht sich auf die Welt und richtet sein Verhalten nach den Umweltfaktoren aus, die sich ihm bieten; dagegen bezieht sich der Beobachter, der ihn beobachtet auf seine Perspektive und rechnet das Verhalten tendenziell dem Beobachter selbst zu – er beobachtet dieses Verhalten als Entscheidung. Auf diese Weise wächst die Kontingenz offenbar im Verhältnis zu der Pluralität der Beobachter bis zu dem Punkt, da man auf die Möglichkeit einer gemeinsamen, einenden Perspektive verzichtet. In der Begrifflichkeit einer Unterscheidung von Gefahr und Risiko[216] tendiert die Gesellschaft zu einem Überhandnehmen der Risiken, sie tendiert also dazu, mögliche zukünftige Schäden dem Verhalten des Beobachters und nicht einfach der Welt zuzurechnen – eben weil dieses Verhalten als eine Entscheidung beobachtet wird. Das Risiko wird zum Problem, wenn der Beobachter darum weiß und sich in dem Moment darüber im Klaren ist, in dem er eine Entscheidung treffen muss. Es ist dies ein zusätzlicher Fall zirkulärer Zeitlichkeit, bei der die Vorwegnahme der Zukunft Einfluss auf die Gegenwart nimmt, ohne dass die Möglichkeit bestünde, sich auf fixe Anhaltspunkte zu stützen – zumal man darüber im Bilde ist, dass die Kriterien, auf deren Grundlage die anderen und der Beobachter selbst die zukünftige Situation beurteilen werden, mit der Zeit variieren. Andererseits hängt seine aktuelle Entscheidung von eben diesen Kriterien ab. Das Problem besteht nicht so sehr in der Unerkennbarkeit der Zukunft, sondern in der damit in Zusammenhang stehenden Bewertungsdiskrepanz in Bezug auf die Art und Weise, ihre Unbestimmtheit einzuschränken.[217] Die »Risikogesellschaft« ist deshalb im Wesentlichen eine Entscheidungsgesellschaft – eine Gesellschaft, die sich nicht mehr auf die Gleichzeitigkeitsannahme stützen kann, um Kausalverhältnisse zu blockieren.

---

214 Luhmann 1991, S. 78 ff., spricht von einem »Spannungsverhältnis von Zeitdimension und Sozialdimension«.
215 Das seinerseits die Voraussetzung und das Resultat der wachsenden Relevanz der Organisationen ist.
216 Vgl. Luhmann 1991, S. 30 ff.
217 Nach Smithson 1989, S. 6 ff., erweisen sich die Techniken der Statistik und der Wahrscheinlichkeitstheorie, wenn man mit *risk assessment* konfrontiert ist, als inadäquat, selbst wenn man die Präferenzen zusammenschließt.

Unter diesen Umständen ist selbst die Aufbewahrung der Umstände in ihrem Ist-Zustand ein Risiko – nichts bietet dafür eine Garantie, dass dies nicht zu Schäden führt oder dass man damit nicht auf mögliche Vorteile verzichtet. Wir haben weiter oben über die Notwendigkeit gesprochen, auf die positive Bewertung einer zeitlichen Stabilität zu verzichten, doch ist diese Orientierung in Wahrheit bereits den Strukturen der modernen Gesellschaft, nicht aber der entsprechenden Semantik, implizit. Die mit funktionaler Differenzierung kompatiblen Selektionsformen basieren faktisch darauf, dass Kontingenz und Beobachtung zweiter Ordnung beibehalten werden, indem Variabilität konstruktiv genutzt und eben nicht begrenzt wird. Das positive Recht, Liebe als Passion, die hypothetische Wahrheit der Wissenschaft, die Staatsräson in der Politik, der Profit in der Wirtschaft dienen der Orientierung und sind nicht deshalb annehmbar, weil sie fix bleiben, sondern gerade weil sie kontingent sind, auch anders sein könnten und in Zukunft verändert werden können[218] – oft gründen sie ihre Stabilität gerade auf die Aussicht auf Veränderung, wie im Fall wissenschaftlicher Wahrheiten, die lediglich als Etappen zur Erreichung weiterer Ergebnisse angesehen werden. Die Stabilität der Kriterien setzt auf paradoxe Weise ihre Instabilität voraus und gründet ihr Funktionieren auf die Wahrung der Unsicherheit, der Flexibilität und der Variabilität.

Auf der Ebene von Evolution besteht die Konsequenz im Kollabieren der evolutionären Unterscheidung von Stabilisierung und Variation, da das stabilisierte Ergebnis der Transformationen seinerseits einen destabilisierenden Effekt hat.[219] Die Evolution führt zu Formen, die gerade deshalb gewahrt werden, weil sie ihrerseits zusätzliche Änderungen erzeugen bis zu dem Punkt, dass anfänglicher und finaler Moment miteinander gemischt werden und dazu tendieren, ineinander überzugehen. Das Ergebnis von Evolution ist daher zusätzliche Evolution oder eine beständige Beschleunigung der Evolution, die jeder Kontrolle entzogen wird. Die Zeit scheint immer schneller zu laufen und die Grundlage der Formen geht tendenziell von der Vergangenheit (als Beständigkeit) zur Zukunft (als Variation) über. Unter

---

218 Vgl. Luhmann 1997a, S. 493 ff.
219 Die Evolutionstheorie wird hier auf die Darwin'sche Unterscheidung von Variation, Selektion und Restabilisierung bezogen, die Luhmann mit einer Reihe von Überlegungen zu der autologischen Orientierung der Systemtheorie integriert: vgl. Luhmann 1997a, Kap. 3; in Bezug auf das Kollabieren der Unterscheidung von Variation und Stabilisierung siehe insbesondere S. 499 ff.

diesen Umständen überträgt sich die Undeterminiertheit der Zukunft selbst auf die Gegenwart, die sich immer mehr als Vergangenheit einer Zukunft beobachtet, die sie einleiten wird: einer Zukunft, die bereits begonnen hat – nicht etwa, weil sie wie die Gegenwart determiniert wäre, sondern im Gegenteil, weil die Gegenwart nunmehr ebenso unkontrollierbar ist wie die Zukunft und keine Determiniertheiten mehr, sondern nur noch Gelegenheiten bietet.[220] Die Zukunft hat nicht darum schon begonnen, weil sie zur Gegenwart geworden ist, sondern weil die Gegenwart sich in Richtung Zukunft bewegt hat.

Doch woran kann man sich in einer zukünftigen Gegenwart schon erinnern? Sicher nicht an das, was konstant bleibt, weil jede Stabilität lediglich eine Gelegenheit zur Änderung ist und daher selbst veränderbar ist. Mit der Auflösung der Symbiose von Zeitdimension und Sozialdimension scheint eine endgültige Umkehr des Verhältnisses von Kontinuität und Diskontinuität, von Redundanz und Varietät stattgefunden zu haben. Es handelt sich nicht mehr darum, ausgehend von einer ausreichenden Redundanz, Varietät zu erzeugen, sondern darum, Redundanz auf der Basis einer ausreichenden Varietät zu produzieren. Es sind nicht Strukturen, die dem Zufall Raum lassen, sondern der Zufall erzeugt nun die Strukturen, mit denen der Zufall a posteriori als solcher erkannt wird.[221] Der Fortbestand eines Systems hängt demnach von seiner Fähigkeit ab, den Zufall zu erzeugen und damit umzugehen: ein Unvorhergesehenes, das immer wahrscheinlicher wird. Und die Kohärenz der Operationen ist dann lediglich das Resultat unerwarteter Modi der Auseinandersetzung mit Abweichungen. Die Kohärenzprüfung, die wir eingangs als grundlegende Funktion des Gedächtnisses ausgemacht hatten, hat nicht die deduktive Form formalisierter logischer Systeme als Derivation aus vorangestellten Prinzipien, die mit der Varietät der miteinander interagierenden Beobachter unvereinbar ist. Sie nimmt vielmehr eine »abduktive«[222] Form ein, deren Sinn aus dem Kontext heraus erzeugt wird, aus Abweichung und Überraschung. Ein Umstand, der mit den verfügbaren Mitteln nicht in den Griff zu bekommen ist, führt zu einer Änderung der Strukturen des Systems. Nur das kann man erwarten.

---

220 »Die Zeit, in der strukturelle Neuerungen geschehen, nimmt die Form einer historisch einmaligen Gegenwart an, in der eine Kombination von Gelegenheiten und Beschränkungen verfügbar ist«: Luhmann 1997a, S. 501.
221 Es ist dies eine autologische Interpretation des klassischen systemischen Prinzips der Transformation des Zufalls in der Struktur als Derivation der Struktur aus dem Zufall.
222 In Anlehnung an den Begriff der Abduktion von Peirce 1931-1935, 2. 623 ff.

Das System bleibt kohärent, solange es existiert – dies ist aber eine nur nachträgliche Kohärenz. Solange es fortbesteht, verfügt ein System über ein eigenes Gedächtnis, das, ausgehend von einer hinreichenden Fähigkeit zu vergessen, fortlaufend bis dahin nie gedachte Erinnerungen produziert, und es ist umso leistungsfähiger, je mehr es in der Lage ist, dies zu leisten – je mehr es also vergisst. Die Erinnerung ist eine prozedurale Gelegenheit, die zu der Veränderung der Erinnerung selbst führt; sie ist die Anweisung eines Weges, der nur zu einem Ziel führt, nachdem man ihn eingeschlagen hat, als Folge der Begegnungen, die man daraufhin hat. Wenn man die soziale Dimension in Rechnung stellt, genügt es nicht, dass man sich daran erinnert zu vergessen, sondern man muss, wie Heraklit vorschlägt, »auch des Mannes gedenken, der vergißt, wohin der Weg führt«.[223]

---

223 Diels 1957, 22.B.71.

Literatur

Nicola Abbagnano
- 1949, »Il possibile e il virtuale«, in: *Scritti esistenzialisti*, UTET, Torino, 1988, S. 535-542

Leon Battista Alberti
- 1435-36, *De pictura*, Hrsg. C. Grayson, Laterza, Bari, 1980

David L. Altheide
- 1976, *Creating Reality. How TV News Distorts Events*, Sage, Beverly Hills-London

David L. Altheide und Robert P. Snow
- 1979, *Media Logic*, Sage, Beverly Hills-London

Maria Giulia Amadasi Guzzo
- 1987, *Scritture alfabetiche*, Levi, Roma

Jean-Philippe Antoine
- 1991, »Ars memorias – Rhetorik der Figuren, Rücksicht auf Darstellbarkeit und die Genese des Textes«, in: Anselm Haverkamp und Renate Lachmann (Hrsg.), *Gedächtniskunst: Raum-Bild-Schrift*, Suhrkamp, Frankfurt a. M., 1991, S. 53-73
- 1992, »L'arte della memoria e la trasformazione dello spazio pittorico in Italia nel Duecento e nel Trecento«, in: Bolzoni/Corsi (Hrsg.), 1992, S. 99-115
- 1996, »Memory, Places, and Spatial Invention«, *ANY Magazine*, N.15, »Memory.Inc«, S. 18-21

Aristoteles
- 1994, *Politik*, nach der Übersetzung von Franz Susemihl, mit Einleitung, Bibliographie und zusätzlichen Anmerkungen von Wolfgang Kullmann, rowohlts enzyklopädie, Reinbek bei Hamburg
- 1997, *Kleine naturwissenschaftliche Schriften (Parva naturalia)*, übersetzt und herausgegeben von Eugen Dönt, Philipp Reclam jun., Stuttgart
- 1999, *Rhetorik*, übersetzt und herausgegeben von Gernot Krapinger, Philipp Reclam jun., Stuttgart

Aleida Assmann
- 1991, »Zur Metaphorik der Erinnerung«, in: A. Assmann/D. Harth (Hrsg.), 1991, S. 13-35

Aleida Assmann, Jan Assmann und Christof Hardmeier
- 1983, *Schrift und Gedächtnis. Beiträge zur Archäologie der literarischen Kommunikation*, Fink, München

Aleida Assmann und Dietrich Harth
- 1991, (Hrsg.), *Mnemosyne. Formen und Funktionen der kulturellen Erinnerung*, Frankfurt a. M.

Jan Assmann
- 1975, *Zeit und Ewigkeit im alten Ägypten. Ein Beitrag zur Geschichte der*

Ewigkeit, Abhandlungen der Heidelberger Akademie der Wissenschaften, Winter, Heidelberg
- 1984, *Ägypten. Theologie und Frömmigkeit einer frühen Hochkultur*, Kohlhammer, Stuttgart
- 1991, »Die Katastrophe des Vergessens. Das Deuteronomium als Paradigma kultureller Mnemotechnik«, in: A. Assmann/D. Harth (Hrsg.), 1991, S. 337-355
- 1992, *Das kulturelle Gedächtnis. Schrift, Erinnerung und politische Identität in frühen Hochkulturen*, Beck, München.
- 1995a, »Text und Kommentar. Einführung«, in: J. Assmann/B. Gladigow (Hrsg.), 1995, S. 9-34
- 1995b, »Altägyptische Kultkommentare«, in: J. Assmann/B. Gladigow (Hrsg.), 1995, S. 93-110

Jan Assmann und Burkhard Gladigow
- 1995, (Hrsg.), *Text und Kommentar. Archäologie der literarischen Kommunikation IV*, Fink, München

Jan Assmann und Tonio Hölscher
- 1988, (Hrsg.), *Kultur und Gedächtnis*, Suhrkamp, Frankfurt a. M.

Henri Atlan
- 1979, *Entre le cristal et la fumée*, Seuil, Paris
- 1985, »Complessità, disordine e autocreazione del significato«, in: G. Bocchi/M. Ceruti 1985, S. 158-178
- 1989, »Le possible, le potentiel, le probable«, Interview in: *Les chemins du virtuel. Simulation informatique et création industrielle*, Cahiers du CCI, Éditions du Centre Pompidou, S. 29-32

Aurelius Augustinus
- 1989, *Bekenntnisse*, mit einer Einleitung von Kurt Flasch, übersetzt und mit Anmerkungen versehen und herausgegeben von Kurt Flasch und Burkhard Mojsisch, Philipp Reclam jun., Stuttgart

Anthony Aveni
- 1993, *Gli imperi del tempo. Calendari, orologi e culture*, Dedalo, Bari (*Empire of Time. Calendars, Clocks and Cultures*, Basic Books, 1989)

Dirk Baecker
- 1987, »Das Gedächtnis der Wirtschaft«, in: Baecker et al. 1987, S. 519-546
- 1988, *Information und Risiko in der Marktwirtschaft*, Suhrkamp, Frankfurt a. M.
- 1993a, (Hrsg.), *Kalkül der Form*, Suhrkamp, Frankfurt a.M
- 1993b, (Hrsg.), *Probleme der Form*, Suhrkamp, Frankfurt a. M.
- 1999, »Die Preisbildung an der Börse«, *Soziale Systeme*, 5, 2, S. 287-312

Dirk Baecker, Jürgen Markowitz, Rudolf Stichweh, Hartmann Tyrell, Helmut Willke
- 1987, *Theorie als Passion*, Suhrkamp, Frankfurt a. M.

Claudio Baraldi, Giancarlo Corsi, Elena Esposito
- 1987, *Semantica e comunicazione. L'evoluzione delle idee nella prospettiva sociologica di Niklas Luhmann*, CLUEB, Bologna

J. P. Barlow
- 1994, »The Economy of Ideas«, *Wired*, March 1994

Roland Barthes
- 1970, »L'ancienne Rhétorique«, *Communications*, 16, 1970, S. 172-229

Gregory Bateson
- 1972, *Steps to an Ecology of mind*, Chandler, San Francisco.

Jean Baudrillard
- 1994, »Die Rückwendung der Geschichte«, in: Sandbothe/Zimmerli, 1994, S. 1-13

Patrik Bazin
- 1996, »Towards metareading«, in: Geoffrey Nunberg (Hrsg.), *The Future of the Book*, Brepols, o. O., 1996, S. 153-168

Michel Beaujour
- 1980, *Miroir d'encre. Rhétorique de l'autoportrait*, Seuil, Paris

Ulrich Beck
- 1986, *Die Risikogesellschaft: Auf dem Weg in eine andere Moderne*, Suhrkamp, Frankfurt a. M.

John Bender und David E. Wellbery (Hrsg.)
- 1991, *Chronotypes. The Construction of Time*, Stanford University Press

Michael Benedikt
- 1991a, *Cyberspace. First Steps*, M. I. T. Press, Cambridge (Mass.) (italienische Übersetzung *Cyberspace. Primi passi nella realtà virtuale*, Muzzio, Padova, 1993)
- 1991b, »Ciberspazio: alcune proposte«, in: Benedikt, 1991, S. 127-231

Emile Benveniste
- 1966, »Nature du signe linguistique «, in: *Problèmes de linguistique générale*, Gallimard, Paris, S. 49-55

Bernard Berelson
- 1948, »Communications and Public Opinion«, in: Wilbur Schramm (Hrsg.), *Communications in Modern Society*, University of Illinois Press, S. 168-185, auch in: Berelson und Janowitz 1953, S. 448-462

Bernard Berelson und Morris Janowitz
- ²1953, (Hrsg.), *Public Opinion and Communication*, Free Press, Glencoe (Ill.)

René Berger
- 1991, *Télévision. Le nouveau Golem*, Iderive, Lausanne (italienische Übersetzung *Il nuovo Golem*, Cortina, Milano, 1992)

Raymond Bloch
- 1984, *La divination dans l'antiquité*, P. U. F., Paris

Herbert Blumer
- 1946, »The Mass, the Public and Public Opinion«, in: Alfred McClung Lee

(Hrsg.), *New Outline of the Principles of Sociology*, Barnes and Noble, 1946, auch in: Berelson und Janowitz 1953, S. 43-49

Corrado Bologna
- 1992, »Esercizi di memoria. Dal ›theatro della sapientia‹ di Giulio Camillo agli ›Esercizi spirituali‹ di Ignazio di Loyola«, in: Bolzoni/Corsi, S. 169-221

Jay David Bolter
- 1996, »Ekphrasis, Virtual Reality and the Future of Writing«, in: Geoffrey Nunberg (Hrsg.), *The Future of the Book*, Brepols, o. O., 1996, S. 253-272
- 1997, »Das Internet in der Geschichte der Technologien des Schreibens«, in: S. Münker/A. Roesler (Hrsg.), 1997, S. 37-55

Lina Bolzoni
- 1991, »Gedächtniskunst und allegorische Bilder. Theorie und Praxis der *ars memoriae* in Literatur und bildender Kunst Italiens zwischen dem 14. und 16. Jahrhundert«, in: A. Assmann/D. Harth (Hrsg.), 1991, S. 147-176
- 1995, *La stanza della memoria. Modelli letterari e iconografici nell'età della stampa*, Einaudi, Torino

Lina Bolzoni und Pietro Corsi
- 1992 (Hrsg.), *La cultura della memoria*, Il Mulino, Bologna

Wayne C. Booth
- 1961, *The Rhetoric of Fiction*, The University of Chicago Press, Chicago and London

Jorge Luis Borges
- 1953, *Historia de la eternidad*, Emecé, Buenos Aires.

Jean Bottéro
- 1974, »Sintomi, segni, scritture nell'antica Mesopotamia«, in: Vernant et al., 1974 (italienische Ausgabe), S. 73-214
- 1987a, *Mésopotamie. L'écriture, la raison et les dieux*, Gallimard, Paris
- 1987b, »De l'aide-mémoire à l'écriture«, in: 1987a, S. 89-112
- 1987c, »Écriture et dialectiques, ou progrès dans la connaissance«, in: 1987a, S. 113-130
- 1987d, »Divination et esprit scientifique«, in: 1987a, S. 157-169

Jean Bottéro und Marie-Joseph Stève
- 1994, *La Mesopotamia: dalla scrittura all'archeologia*, Electa/Gallimard, Torino

A. Bouché-Leclercq
- 1879-1882, *Historie de la divination dans l'antiquité*, Paris, 4 volumi (ed. Scientia, Aalen, 1978)

Lewis M. Branscomb
- 1977, »Information: the Ultimate Frontier«, *Science*, 195, March, S. 1186-1191, auch in: Cawkell 1987, S. 123-133

Luc Brisson
- 1974, »Del buon uso della sregolatezza (Grecia)«, in: Vernant et al., 1974 (italienische Ausgabe), S. 239-272
- 1989, »Introduction«, in: Platon, *Phèdre*, Flammarion, Paris, S. 11-68

John Browning
- 1994, »Universal Service (An Idea Whose Time Is Past) ...«, in: *Wired*, September, S. 102-105; 152-154

Niels Brunsson
- 1985, *The Irrational Organization: Irrationality as a Basis for Organizational Action and Change*, Wiley, Chichester-New York-Brisbane-Toronto-Singapore

Walter Burkert
- 1987, *Ancient Mystery Cults*, Harvard University Press, Cambridge (Massachusetts)

Vannevar Bush
- 1945, »As We May Think«, *The Atlantic Monthly*, July, S. 101-108, auch in: Cawkell 1987, S. 165-178
- 1969, »Memex revisited«, in: *Science is not enough*, Apollo Editions, New York, S. 75-101, auch in: Cawkell 1987, S. 179-191

Giuseppe Cambiano
- 1971, *Platone e le tecniche*, Einaudi, Torino

Jeannie Carlier
- 1974, »Scienza divina e ragione umana (Grecia)«, in: Vernant et al., 1974 (italienische Ausgabe), S. 273-288
- 1978, »Divinazione«, in: *Enciclopedia*, Einaudi, Torino, S. 1226-1238

Andrea Canevaro
- 1996, »Saper perdere tempo, saperlo guadagnare«, in: Paolo Perticari, *Attesi imprevisti. Uno sguardo ritrovato su difficoltà di insegnamento/apprendimento e diversità delle intelligenze a scuola*, Bollati Boringhieri, Torino, 1996, S. 9-18

Fritjof Capra
- 1984, *Il tao della fisica*, Adelphi, Milano

Mary J. Carruthers
- 1990, *The Book of Memory. A Study of Memory in Medieval Culture*, Cambridge U. P., Cambridge

Giulio Casati
- 1991, *Il Caos. Le leggi del disordine*, Le ScienzeEditore, Milano

Ernst Cassirer
- 1976, »Libertà dell'uomo, necessità astrologica e poteri magici«, in: Vasoli 1976, S. 123-147.

Terence Cave
- 1979, *The Cornucopian Text. Problems of Writing in the French Renaissance*, Oxford U. P., Oxford (Ed. 1986)
- 1984, »The Mimesis of Reading in the Renaissance«, in: Lyons und Nichols (Hrsg.), 1984, S. 149-165

A. E. Cawkell
- 1987 (Hrsg.), *Evolution of an Information Society*, Aslib, London

Gianni Celati
- 1975 (^{2}1986), *Finzioni occidentali*, Einaudi, Torino

Miguel de Cervantes
- 1999, *Der sinnreiche Junker Don Quijote von der Mancha*, Deutscher Taschenbuch Verlag, München

Roger Chartier
- 1992, *L'ordre des livres. Lecteurs, auteurs, bibliothèques en Europe entre XIV et XVIII siècle*, Alinea, Aix-an-Provence (italienische Übersetzung *L'ordine dei libri*, Il Saggiatore, Milano, 1994)

Enrico Cheli
- 1992, *La realtà mediata. L'influenza dei mass media tra persuasione e costruzione sociale della realtà*, Angeli, Milano

Noam Chomsky
- 1956, »A Review of Skinner's Verbal Behavior«, *Language*, 35, 1959, S. 26-58, auch in: L. A. Jakobovits/M. S. Miron (Eds.), *Readings in the Psychology of Language*, Prentice Hall, Englewood Cliffs, 1967, S. 142-171
- 1968, *Language and Mind*, Hartcourt, Brace and World, New York (italienische Übersetzung »Mente e linguaggio« in: Chomsky, *Filosofia del linguaggio*, Boringhieri, Torino, 1969, S. 131-245)
- 1981, *Riflessioni sul linguaggio*, Einaudi, Torino

Rosalie L. Colie
- 1966, *Paradoxia Epidemica. The Renaissance Tradition of Paradox*, Princeton U. P., Princeton (N. J.)

M. McCombs und D. Shaw
- 1972, »The Agenda-Setting Function of Mass Media«, *Public Opinion Quarterly*, 36

Bernard Comrie
- 1976, *Aspect*, Cambridge, Cambridge U. P.
- 1985, *Tense*, Cambridge, Cambridge U. P.

Jean-Paul Corsetti
- 1992, *Histoire de l'ésoterisme et des sciences occultes*, Larousse (italienische Übersetzung *Storia dell'esoterismo e delle scienze occulte*, Gremese, Roma, 1996)

Giancarlo Corsi
- 1992, »Libertà, uguaglianza, eccellenza. I paradossi pedagogici«, in: Rino Genovese (Hrsg.), *Figure del paradosso. Filosofia e teoria dei sistemi 2*, Liguori, Napoli, S. 275-304
- 1993, »Die dunkle Seite der Karriere«, in: Baecker 1993b, S. 252-265
- 1997, *Sistemi che apprendono*, Pensa Multimedia, Lecce

Brad Cox
- 1994, »Superdistribution«, *Wired*, II, 9, S. 89-90

Roland Crahay
- 1974, »La bocca della verità (Grecia)«, in: Vernant et al., 1974 (ed. it.), S. 217-237

James P. Crutchfeld, J. Doyne Farmer, Norman H. Packard, Robert S. Shaw
- 1987, »Il caos«, *Le Scienze*, 222, S. 22-33

Ernst Robert Curtius
- 1948, *Europäische Literatur und lateinisches Mittelalter*, Francke, Bern (italienische Übersetzung *Letteratura europea e Medio Evo latino*, La Nuova Italia, Firenze, 1992)

Mario Dal Pra
- 1978a, voce »Cabala«, in: *Enciclopedia*, Einaudi, Torino, S. 339-354
- 1978b, voce »Esoterico/essoterico«, in: *Enciclopedia*, Einaudi, Torino, S. 799-825

Hubert Damisch
- 1987, *L'origine de la perspective*, Flammarion, Paris (italienische Übersetzung *L'origine della prospettiva*, Guida, Napoli, 1992)

Thomas Dantzig
- ⁴1954, *Number. The Language of Science*, Allen & Unwin, London

Lennard J. Davis
- 1983, *Factual Fictions. The Origins of the English Novel*, Columbia University Press, New York

Régis Debray
- 1992, *Vie et mort de l'image*, Gallimard, Paris (italienische Übersetzung *Vita e morte dell'immagine. Una storia dello sguardo in Occidente*, Il Castoro, Milano, 1999)

Enzo Degani
- 1961, *AIΩN. Da Omero ad Aristotele*, Cedam, Padova

Paul De Man
- 1971, *Blindness and Insight*, New York, Oxford University Press

Daniel C. Dennett
- 1971, »Intentional Systems«, *Journal of Philosophy*, 68, S. 87-106

Jacques Derrida
- 1967, *De la grammatologie*, Minuit, Paris
- 1968, »La Pharmacie de Platon«, *Tel Quel*, Nr. 32 und 33, 1968, auch in: Platon, *Phèdre*, (ed. Brisson), Flammarion, Paris, 1989, S. 255-401
- 1972, »La différance«, in: *Marges de la philosophie*, Minuit, Paris, S. 1-29

René Descartes
- 1619-1621, *Cogitationes privatae*, in: *Œuvres*, ed. Adam und Tanners, X

Marcel Detienne
- 1967, *Les mâitres de vérité dans la Grèce archaïque*, Maspéro, Paris (italienische Übersetzung *I maestri di verità nella Grecia arcaica*, Laterza, Bari, 1977)
- 1981, *L'invention de la mythologie*, Gallimard, Paris (italienische Übersetzung *L'invenzione della mitologia*, Boringhieri, Torino, 1983)
- 1989a, (Hrsg.), *Sapere e scrittura in Grecia*, Laterza, Roma-Bari (italienische Teilübersetzung *Les Savoirs de l'écriture en Grèce ancienne*, Presses Universitaires de Lille, 1988)

- 1989b, »La scrittura e i suoi nuovi oggetti intellettuali in Grecia«, in: Detienne 1989a, S. V-XXI

Marcel Detienne und Jean-Pierre Vernant
- 1974, *Les ruses de l'intelligence. La mètis des Grecs*, Flammarion, Paris (italienische Übersetzung *Le astuzie dell'intelligenza nell'antica Grecia*, Laterza, Bari, 1978)

Hermann Diels
- 1957, *Die Fragmente der Vorsokratiker*. Nach der von Walther Kranz herausgegebenen achten Auflage. Mit Einführungen und Bibliographien von Gert Plamböck, Rowohlt, Hamburg

E. R. Dodds
- 1951, *The Greeks and the Irrational*, University of California Press, Berkeley

Hubert Dreyfus
- 1972, *What Computers Can't Do*, Harper and Row, New York

Umberto Eco
- 1975, *Trattato di semiotica generale*, Bompiani, Milano
- 1987, »An Ars Oblivionalis? Forget it!«, *Kos*, 30, 1987, S. 40-53
- 1990, *I limiti dell'interpretazione*, Bompiani, Milano

Gerald M. Edelman
- 1989, *The Remembered Past. A Biological Theory of Consciousness*, Basic Books, New York (italienische Übersetzung *Il presente ricordato*, Rizzoli, Milano, 1991)

Elizabeth L. Eisenstein
- 1979, *The Printing Press as an Agent of Change. Communications and Cultural Transformations in Early-Modern Europe*, Cambridge, Cambridge U. P.

Mircea Eliade
- 1953, *Kosmos und Geschichte. Der Mythos der ewigen Wiederkehr*, Diederich, Düsseldorf, ed. Insel, Frankfurt a. M., 1986
- 1967, *Le sacré et le profane* (italienische Übersetzung *Il sacro e il profano*, Boringhieri, Torino, 1973)
- 1976, *Occultism, Witchcraft, and Cultural Fashions*, The University of Chicago (italienische Übersetzung *Occultismo, stregoneria e mode culturali. Saggio di religioni comparate*, Sansoni, Firenze, 1982)

Rolf Engelsing
- 1973, *Analphabetentum und Lektüre. Zur Sozialgeschichte des Lesens in Deutschland zwischen feudaler und industrieller Gesellschaft*, Poeschel, Stuttgart

Elena Esposito
- 1987, »Negazione e modalità«, in: C. Baraldi/G. Corsi/E. Esposito, *Semantica e comunicazione*, CLUEB, Bologna, S. 113-163
- 1989, »Aspetto, modalità e comunicazione«, *Studi urbinati*, LXII, 1989, S. 405-436
- 1991, »La ›complessità‹. Una proposta di definizione«, *Iride*, n. 6-7, S. 147-159

- 1992, *L'operazione di osservazione. Costruttivismo e teoria dei sistemi sociali*, Angeli, Milano
- 1993, »Der Computer als Medium und Maschine«, *Zeitschrift für Soziologie*, XXII, 5, S. 338-354
- 1995a, »Illusion und Virtualität. Kommunikative Veränderungen der Fiktion«, in: W. Rammert (Hrsg.), *Soziologie und künstliche Intelligenz*, Campus, Frankfurt a. M., S. 187-210
- 1995b, »Interaktion, Interaktivität und die Personalisierung der Massenmedien«, *Soziale Systeme*, 2/95, S. 223-259
- 1996a, »From Selfreference to Autology: how to Operationalize a Circular Approach«, *Social Science Information*, 35, 2, 1996, S. 269-281
- 1996b, »Observing Interpretation: A Sociological View of Hermeneutics«, MLN, III, S. 593-619
- 1996c, »Geheimnis im Raum, Geheimnis in der Zeit«, in: D. Reichert (Hrsg.), *Räumliches Denken*, Verlag der Fachvereine, Zürich, S. 303-330
- 1996d, »Observing Objects and Programming Objects«, *Systems Research*, Band 13, n. 3, September 1996, S. 251-259
- 1997a, »Risiko und Computer. Das Problem der Kontrolle des Mangels der Kontrolle«, in: Toru Hijikata/Armin Nassehi (Hrsg.), *Riskante Strategien. Beiträge zur Soziologie des Risikos*, Westdeutscher Verlag, Opladen, 1997, S. 93-108
- 1997b, »The Hypertrophy of Simultaneity in Telematic Communication«, *Thesis Eleven*, N.51, S. 17-36
- 1999a, »Westlich vom Osten. Perspektivische Begriffe und Selbstbeschreibung der Gesellschaft« in: Michael Wimmer (Hrsg.), *Identifikation und Repräsentation*, Leske & Budrich, Opladen, S. 129-150
- 1999b, »Rhetorik, das Netz und die Entleerung der Subjektivität«, in: Winfried Marotzki und Mike Sandbothe (Hrsg.), *Subjektivität und Öffentlichkeit*, Halem, Köln, 2000, S. 171-190
- 1999c,« La novità dei ›new media‹«, *Springerin*, Wien
- 2000a, »Die Wahrnehmung der Virtualität. Perzeptionsaspekte der interaktiven Kommunikation«, in: Wilhelm Voßkamp/Georg Stanitzek (Hrsg.), *Schnittstelle: Medien und Kulturwissenschaft, Dumont, Köln, 2001, S. 116-131*
- 2000b, »Die Rolle des Körpers in der interaktiven Kommunikation« in: G. J. Lischka (Hrsg.), *Kunstkörper, Werbekörper*, Wienand, Köln, 2000, S. 61-68

E. E. Evans-Pritchard
- 1937, *Witchcraft, Oracles and Magic among the Azande*, Oxford U. P., London (italienische Übersetzung *Stregoneria, oracoli e magia tra gli Azande*, Angeli, Milano, 1976)
- 1940, *The Nuer*, Oxford U. P., Oxford

Antoine Faivre
- 1992, *L'ésotérisme*, Presses Universitaires de France, Paris (italienische Übersetzung *L'esoterismo. Storia e significati*, SugarCo, Varese, 1992)

R. A. Faithorne
- 1968, »Automata and Information«, Kapitel 2 von: *Towards Information Retrieval*, Anchor Books, auch in: Cawkell 1987, S. 192-200

Moses I. Finley
- 1980, *Ancient Slavery and Modern Ideology*, Chatto &Windus, London (deutsche Übersetzung *Die Sklaverei in der Antike. Geschichte und Probleme*, Beck, München, 1981)
- 1986, *Das politische Leben in der antiken Welt*, Beck, München

Scott S. Fisher
- 1990, »Virtual Interface Environments«, in: Brenda Laurel (Hrsg.), *The Art of Human-Computer Interface Design*, Addison-Wesley, Reading, Mass. (deutsche Übersetzung in: Waffender 1991, S. 34-51)

Heinz von Foerster
- 1960, »On Self-Organizing Systems and Their Environments«, in: M. C. Yovits and S. Cameron (Hrsg.), *Self-Organizing Systems*, Pergamon Press, London, 1960, S. 31-50, auch in: von Foerster 1984, S. 1-23
- 1965, »Memory Without Record«, in: D. P. Kimble (Hrsg.), *The Anatomy of Memory*, Science and Behavior Books, Palo Alto, Cal., S. 388-433, auch in: von Foerster 1984, S. 92-137
- 1967, »Time and Memory«, in: R. Fisher (Hrsg.), *Interdisciplinary Perspectives of Time*, New York Academy of Sciences, New York, S. 874-891, auch in: von Foerster 1984, S. 140-147
- 1969, »What is Memory that it May Have Hindsight and Foresight as well?«, in: Samuel Bogoch (Hrsg.), *The Future of the Brain Sciences*, New York, S. 19-64
- 1971, »Technology: What Will It Mean to Librarians?«, *Illinois Libraries*, 53, 9, S. 785-803, auch in: von Foerster 1984, S. 211-230
- 1972, »Notes on an Epistemology for Living Things«, *BCL Report No. 9. 3*, Biological Computer Laboratory, Department of Electrical Engineering, University of Illinois, Urbana, auch in: von Foerster 1984, S. 258-271
- 1973, »On Constructing a Reality«, in: w. f. e. preiser (Hrsg.), *Environmental Design Research*, Vol. 2, Dodwen, Hutchinson & Ross, Stroudsburg, S. 35-46; auch in: von Foerster 1984, S. 287-311
- 1976, »Objects: Tokens for (Eigen-)Behaviors«, *Cybernetics Forum* 8, S. 91-96, auch in: von Foerster 1984, S. 273-286
- 1984, *Observing Systems*, Intersystems Publications, Seaside (Cal.) (italienische Übersetzung *Sistemi che osservano*, Astrolabio, Roma, 1988)
- 1985, »Cibernetica ed epistemologia: storia e prospettive«, in: Gianluca Bocchi/Mauro Ceruti (Hrsg.), *La sfida della complessità*, Feltrinelli, Milano, S. 112-140
- 1993, »Für Niklas Luhmann: Wie rekursiv ist Kommunikation?«, *Teoria sociologica*, I, 2, 1993, S. 61-88

Heinz von Foerster und Paul E. Weston
- 1973, »Artificial Intelligence and Machines that Understand«, *Annual Review of Physical Chemistry*, 24, S. 353-378

Jürgen Fohrmann
- 1997, »Gesellige Kommunikation um 1800. Skizze einer Form«, *Soziale Systeme*, 3, 2, S. 351-360

Joseph Ford
- 1989, »What is chaos, that we should be mindful of it?«, in: Paul Davis (Hrsg.), *The New Physics*, Cambridge U. P., Cambridge, 1989, S. 348-372

Edward Morgan Forster
- 1927, *Aspects of the novel*, The Prevost and Scholars of King's College, Cambridge (italienische Übersetzung *Aspetti del romanzo*, Garzanti, Milano, 1991)

Michel Foucault
- *1996, Die Ordnung der Dinge*, Suhrkamp, Frankfurt a. M. (stw 96)
- 1969, »Qu'est-ce qu'un auteur?«, *Bulletin de la Societé française de Philosophie*, LXIII, 3, S. 73-104, auch in: *Dits et écrits 1954-1988*, Band I (1954-1969), S. 789-821, italienische Übersetzung »Che cos'è un autore?«, in: *Scritti letterari*, Feltrinelli, Milano, 1971, S. 1-21
- 1971, »Nietzsche, la généalogie, l'histoire«, in: *Hommage à Jean Hyppolite*, P. U. F., Paris, 1971 (deutsche Übersetzung »Nietzsche, die Genealogie, die Historie«, in: *Von der Subversion des Wissens*, Fischer, Frankfurt a. M., 1987, S. 69-90)

Hermann Fränkel
- 1955, *Wege und Formen frühgriechischen Denkens*, Beck, München

Gottlob Frege
1892, »Über Sinn und Bedeutung«, *Zeitschrift für Philosophie und philosophischen Kritik*, 100, 1892, S. 25-50.

Peter Fuchs
- 1991, »Kommunikation mit Computern? Zur Korrektur einer Fragestellung«, *Sociologia Internationalis*, 29, S. 1-30

Hans-Georg Gadamer
- 1960 (^{2}1965), *Wahrheit und Methode*, Mohr, Tübingen (italienische Übersetzung *Verità e metodo*, Fabbri, Milano, 1972)

Giorgio Galli
- 1992, *Politica ed esoterismo alle soglie del 2000*, Rizzoli, Milano
- 1999, *Italia: il meriggio dei maghi*, Tropea, Milano

Simson L. Garfinkel
- 1994, »Patently Absurd«, *Wired*, II, 7, S. 104-109 und 140-142

Gérard Genette
- 1976, *Mimologiques. Voyage an Cratylie*, Seuil, Paris

Bruno Gentili
- 1984, *Poesia e pubblico nella Grecia antica. Da Omero al V Secolo*, Latertza, Roma-Bari

Jacques Gernet
- 1974, »Piccole variazioni e grandi variazioni (Cina)«, in: Vernant et al., 1974 (italienische Ausgabe), S. 53-71
- 1978, *Il mondo cinese*, Einaudi, Torino (Or. *Le monde chinois*, Colin, Paris, 1972)

Marion Giebel
- 1990, *Das Geheimnis der Mysterien. Antike Kulte in Griechenland, Rom und Ägypten*, Artemis, Zürich und München

Michael Giesecke
- 1991, *Der Buchdruck in der frühen Neuzeit: Eine historische Fallstudie über die Durchsetzung neuer Informations- und Kommunikationstechnologien*, Suhrkamp, Frankfurt a. M.
- 1992, *Sinnewandel, Sprachwandel, Kulturwandel: Studien zur Vorgeschichte der Informationsgesellschaft*, Suhrkamp, Frankfurt a. M.

I Ging
- 1973, Text und Materialien, Übers. von Richard Wilhelm, Diederichs Gelbe Reihe, München, Zweites Buch, II. Abteilung, Kap.2

Carlo Ginzburg
- 1976, »High and Low: The Theme of Forbidden Knowledge in the Sixteenth and Seventeenth Centuries«, *Past and Present*, 73, November 1976, S. 28-42, italienische Übersetzung »L'alto e il basso. Il tema della conoscenza proibita nel Cinquecento e Seicento«, in: *Miti amblemi spie. Morfologia e storia*, Einaudi, Torino, 1986, S. 107-132
- 1979, »Spie. Radici di un paradigma indiziario«, in: Aldo Gargani (Hrsg.), *Crisi della ragione*, Einaudi, Torino, 1979, S. 57-106

Ranulph Glanville
- 1978, »What is memory, that it may remember what it is?«, in: P. Trappl, G. Pask, *Progress in Cybernetics and Systems Research*, IV, Washington-London, S. 27-37
- 1982, »Inside Every White Box There Are Two Black Boxes Trying To Get Out«, *Behavioral Science* 27, S. 1-11
- 1988, *Objekte*, Merve, Berlin

Ernst von Glasersfeld
- 1981, »Einführung in den radikalen Konstruktivismus«, in: Watzlawick 1981, S. 16-38

Erving Goffman
- 1962, *Asylums: Essay on the Social Situation of Mental Patients and Other Inmates*, Anchor Books, Doubleday, New York
- 1963, *Stigma*, Prentice-Hall, Englewood Cliffs (italienische Übersetzung *Stigma. L'identità negata*, Laterza, Bari, 1970)
- 1969, *Strategic Interaction*, University of Pennsylvania Press, Philadelphia

- 1988, *Il rituale dell'interazione*, Il Mulino, Bologna

Michael H. Goldhaber
- 1997, »Attention Shoppers!«, *Wired*, 12, V, S. 182-190

E. H. Gombrich
- 1960 (^{3}1969), *Art and Illusion*, Princeton University Press, Princeton (N. J.)

Monika Gomille
- 1991, »Gedächtnisbilder der Klugheit (Prudentia) in humanistischer Tradition«, in: A. Assmann/D. Harth (Hrsg.), 1991, S. 218-241

Jack Goody
- 1977, *The Domestication of the Savage Mind*, Cambridge University Press (italienische Übersetzung *L'addomesticamento del pensiero selvaggio*, Angeli, Milano, 1990)
- 1991, »The Time of Telling and the Telling of Time in Written and Oral Cultures«, in: Bender und Wellbery 1991, S. 77-97

Jack Goody und Jan Watt
- 1972, »The Consequences of Literacy«, in: P. Giglioli (Hrsg.), *Language and Social Context*, Penguin, London, S. 311-357

Marcel Granet
- 1934, *La Pensée chinoise*, Renaissance, Paris

David Greene
- 1967, *Greek Political Theory. The Image of Man in Thucydides and Plato*, The University of Chicago Press, Chicago

Richard L. Gregory
- 1976, *Odd Perceptions*, Methuen, London (Ed. Routledge, New York, 1988)

Tullio Gregory und Marcello Morelli
- 1994, (Hrsg.), *L'eclisse delle memorie*, Laterza, Roma-Bari

Hans Ulrich Gumbrecht und Karl Ludwig Pfeiffer
- 1993, *Schrift*, Fink, München

Gotthard Günther
- 1957, »Metaphysik, Logik und die Theorie der Reflexion«, *Archiv für Philosophie*, 7/1, 1957, S. 1-44, auch in: Günther 1976, 31-74
- 1962, »Cybernetic Ontology and Transjuctional Operations«, in: M. C. Yovits, G. T. Jacobi, G. D. Goldstein (Hrsg.), *Self-Organizing Systems*, Spartan Books, Washington D. C., 1962, S. 312-392, auch in: Günther 1976, S. 249-328
- 1963, *Das Bewußtsein der Maschinen*, Agis, Krefeld
- 1967a, »Time, Timeless Logic and Self-Referential Systems«, *Annuals of the New York Academy of Sciences*, 138, S. 396-406
- 1967b, »Logik, Zeit, Emanation und Evolution«, *Arbeitsgemeinschaft für Forschung des Landes Nordrhein-Westfalen*, Heft 136, S. 7-47, auch in: Günther 1980, S. 95-135
- 1968, »Strukturelle Minimalbedingungen einer Theorie des objektiven Geistes als Einheit der Geschichte«, *Actes du IIIème Congrès International pour l'Étude de la Philosophie de Hegel*, Association des Publications de la Faculté

des Lettres et Sciences Humaines de Lille, S. 159-205, auch in: Günther 1980, S. 136-182
- 1976, *Beiträge zur Grundlegung einer operationsfähigen Dialektik*, Band 1, Meiner, Hamburg
- 1979, *Beiträge zur Grundlegung einer operationsfähigen Dialektik*, Band 2, Meiner, Hamburg
- 1980, *Beiträge zur Grundlegung einer operationsfähigen Dialektik*, Band 3, Meiner, Hamburg
- 1976a, »Die philosophische Idee einer nicht-aristotelischen Logik«, in: Günther 1976, S. 24-30
- 1976b, »Die ›zweite‹ Maschine«, in: Günter 1976, S. 91-114

Gotthard Günther und Heinz von Foerster
- 1967, »The Logical Structure of Evolution and Emanation«, *Annuals of the New York Academy of Sciences*, 138, S. 874-891

Maurice Halbwachs
- 1952, *Les cadres sociaux de la mémoire*, Paris (italienische Übersetzung *I quadri sociali della memoria*, Ipermedium, Napoli, 1997)
- 1968, *La mémoire collective*, Presses Universitaires de France, Paris (italienische Übersetzung *La memoria collettiva*, Unicopli, Milano, 1996)

Timothy Hampton
- 1990, *Writing from History. The Rhetoric of Exemplarity in Renaissance Literature*, Cornell U. P., Ithaca and London

Eric Havelock
- 1963, *Preface to Plato*, Harvard U. P., Cambridge (Mass.) (italienische Übersetzung *Cultura orale e civiltà della scrittura: da Omero a Platone*, Laterza, Bari, 1973)
- 1976, *Origins of Western Literacy*, Toronto (italienische Übersetzung *Dalla A alla Z. Le origini della civiltà della scrittura in occidente*, Il Melangolo, Genova, 1987)
- 1978, *The Greek Concept of Justice*, Harvard U. P., Cambridge (Mass.) (italienische Übersetzung *Dike. La nascita della coscienza*, Laterza, Bari, 1983)
- 1986, *The Muses Learn to Write. Reflections on Orality and Literacy from Antiquity to the Present*, Yale U. P., New Haven-London.

Anselm Haverkamp
- 1996, »Ghost Machine or Embedded Intelligence. Architexture and Mnemotechnique«, *ANY Magazine*, N.15, »Memory.Inc«, S. 10-14

Anselm Haverkamp und Renate Lachmann
- 1991 (Hrsg.), *Gedächtniskunst: Raum-Bild-Schrift*, Suhrkamp, Frankfurt a. M.
- 1993 (Hrsg.), *Memoria. Vergessen und Erinnern, Poetik und Hermeneutik*, 15, Fink, München, 1993

Carla Hesse
- 1991, *Publishing and Cultural Politics in Revolutionary Paris, 1789-1810*, University of California Press, Berkeley-Los Angeles-Oxford
- 1996, »Books in time«, in: Geoffrey Nunberg (Hrsg.), *The Future of the Book*, Brepols, o. O.,1996, S. 21-36

Douglas R. Hofstadter
- 1979, *Gödel, Escher, Bach: an Eternal Golden Braid*, Basic Books, New York.
- 1982, »Attrattori strani: enti tra ordine e caos«, *Le Scienze*, 162, S. 71-80

Douglas R. Hofstadter und Daniel D. Dennett
- 1981, *The Mind's I*, Basic Books (italienische Übersetzung *L'io della mente*, Adelphi, Milano, 1985)

J. H. Holland
- 1992, »Algoritmi genetici«, *Le Scienze*, n.289, S. 50-57

R. Hubert und Marcel Mauss
- 1902 – 1903, »Esquisse d'une théorie générale de la magie«, *L'Année Sociologique*, VI

Edmund Husserl
- 1936, *Die Krisis der europäischen Wissenschaften und die transzendentale Phänomenologie*, Band VI der *Gesammelte Werke*, Nijhoff, Den Haag, 1954 (italienische Übersetzung *La crisi delle scienze europee e la fenomenologia transcendentale*, Il Saggiatore, Milano, 1975^5)

Alfonso M. Iacono
- 1997, »Knowledge, Observer, Frontality. About the ›Finestra Albertiana‹«, in: C. Di Natale, A. D'Amico, F. Davide (Eds.) *Artificial and natural perception*, Word Scientific, Singapore, 1997, S. 16-22

Massimo Introvigne
- 1992, *Il ritorno della magia*, Effedieffe, Milano

Wolfgang Iser
- 1972, *Der implizite Leser*, Fink, München

Roman Jakobson
- 1963, *Essais de linguistique générale*, Minuit, Paris (italienische Ausgabe *Saggi di linguistica generale*, Feltrinelli, Milano, ^{3}1985)

M. Jammer
- 1991, »Osservazioni sui concetti di spazio e di tempo«, in: F. Pollini und G. Tarozzi (Hrsg.), *I concetti della fisica*, Mucchi, Modena, 1991, S. 1-11

Vladimir Jankélévitch
- 1980, *Le Je-ne-sais-quoi et le Presque-rien*, Seuil, Paris (italienische Übersetzung *Il non-so-che e il quasi-niente*, Menetti, Genova, 1987)

Paolo Jedlowki und Marita Rampazzi
- 1991 (Hrsg.), *Il senso del passato. Per una sociologia della memoria*, Angeli, Milano

Walter Jens, Wilfried Barner, Gert Ueding
o. J., *Historisches Wörterbuch der Rhetorik*, Niemeyer, Tübingen
Gerdien Jonker
- 1995, *The Topography of Remembrance. The Dead, Tradition and Collective Memory in Mesopotamia*, Brill, Leiden-New York-Köln

François Jullien
- 1996, *Traité de l'efficacité*, Grasset & Fasquelle, Paris

Carl Gustav Jung
- 1952a, »Synchronizität als ein Prinzip akausaler Zusammenhänge«, in: *Gesammelte Werke*, Band 8, Walter-Verlag, Olten, 1971, S. 457-554
- 1952b, »Über Synchronizität«, in: *Gesammelte Werke*, Band 8, Walter-Verlag, Olten, 1971, S. 555-566

Barbara Keller
- 1991, »Mnemotechnik als kreatives Verfahren im 16. und 17. Jahrhundert«, in: A. Assmann/D. Harth (Hrsg.) 1991, S. 200-217

Wendy A. Kellogg, John M. Carroll, John T. Richards
- 1991, »Transformare la realtà in ciberspazio«, in: Benedikt 1991, S. 425-448

Kevin Kelly
- 1997, »New Rules for the New Economy«, *Wired*, V, 9, S. 140-144 und S. 186-197

Kevin Kelly und Gary Wolf
- 1997, »Push Media«, *Wired*, 5.03, S. 12-23

André Kieserling
- 1999, *Kommunikation unter Anwesenden. Studien über Interaktionssysteme*, Suhrkamp, Frankfurt a. M.

Willibald Kirfel
- 1920, *Die Kosmographie der Inder*, Kurt Schroeder, Bonn und Leipzig (Ausgabe Olms, Hildesheim, 1967)

Friedrich Kittler
- 1991, »Digitale und analoge Speicher. Zum Begriff der Memoria in der Literatur des 20. Jahrhunderts«, in: Anselm Haverkamp und Renate Lachmann (Hrsg.), *Gedächtniskunst: Raum-Bild-Schrift*, Suhrkamp, Frankfurt a. M., 1991, S. 387-409
- 1993, *Draculas Vermächtnis*, Reclam, Leipzig
- 1997, »Memories are made of you«, in: P. Koch/S. Krämer, 1997, S. 105-126

Robert Klein
- 1970, *La forme et l'intelligible*, Gallimard, Paris (italienische Übersetzung Einaudi, Torino, 1975)

Peter Koch und Sybille Krämer
- 1997 (Hrsg.), *Schrift, Medien, Kognition*, Stauffenburg, Tübingen

Reinhart Koselleck
- 1979, *Vergangene Zukunft. Zur Semantik geschichtlicher Zeiten*, Suhrkamp, Frankfurt a. M.

Sybille Krämer
- 1995a, »Spielerische Interaktion. Überlegungen zu unserem Umgang mit Instrumenten«, in: F. Rötzer (Hrsg.), *Schöne neue Welten? Auf dem Weg zu einer neuen Spielkultur?*, Fink, München, 2001, S. 225-237
- 1995b, »Trugbilder als Realitätsbilder. Über fiktive Realitäten«, in: St. Iglhaut, F. Rötzer und E. Schweeger (Hrsg.), *Illusion und Simulation*, Cantz, Ostfildern
- 1997a, »Vom Mythos »Künstliche Intelligenz« zum Mythos »Künstliche Kommunikation« oder: Ist eine nicht-anthropomorphe Beschreibung von Internet-Interaktionen möglich?«, in: St. Münker und A. Roesler (Hrsg.), *Mythos Internet*, Suhrkamp, Frankfurt a. M., S. 83-107

Paul Oskar Kristeller
- 1979, *Philosophy and Rhetoric from Antiquity to the Renaissance*, Columbia Univ. Press (italienische Übersetzung *Retorica e filosofia dall'antichità al Rinascimento*, Bibliopolis, Napoli, 1980)

Renate Lachmann
- 1991, »Die Unlöschbarkeit der Zeichen: Das semiotische Unglück des Memoristen«, in: Anselm Haverkamp und Renate Lachmann (Hrsg.), *Gedächtniskunst: Raum-Bild-Schrift*, Suhrkamp, Frankfurt a. M., 1991, S. 111-141
- 1993, »Kultursemiotischer Prospekt«, in: A. Haverkamp und R. Lachmann (Hrsg.), 1993, S. XVII-XXVII

George P. Landow
- 1992, *Hypertext. The Convergence of Contemporary Critical Theory and Technology*, The Johns Hopkins U. P., Baltimore.

Jaron Lanier
- 1997, »Save the Environment«, *Wired*, V, 11, S. 196

Brenda Laurel
- 1991, *Computers as Theatre*, Addison-Wesley, Reading, Mass.

Lazarsfeld, Berelson und Gaudet
- 1944, *The people's choice*, Columbia U. P., New York

Joan Marie Lechner
- 1962, *Renaissance Concepts of the Commonplaces*, Pageant Press, New York

Jaques Le Goff
- 1977, *Tempo della chiesa e tempo del mercante*, Einaudi, Torino
- 1977-1982, *Storia e memoria*, Einaudi, Torino

André Leroi-Gourhan
- 1964, *Le geste et la parole. Technique et langage*, Albin Bichel (italienische Übersetzung *Il gesto e la parola. Tecnica e linguaggio*, Einaudi, Torino, 1977)
- 1965, *Le geste et la parole. La mémoire et les rythmes*, Albin Bichel (italienische Übersetzung *Il gesto e la parola. La memoria e i ritmi*, Einaudi, Torino, 1977)

Steven Levy
- 1994, »E-Money (That's What I Want)«, *Wired*, II, 12, S. 174-179, 213-219

Claude Lévi-Strauss
- 1973, *Das wilde Denken*, Suhrkamp, Frankfurt a. M.

Geoffrey E. R. Lloyd
- 1966, *Polarity and Analogy. Two Types of Argumentation in Early Greek Thought*, Cambridge U. P., Cambridge (italienische Übersetzung *Polarità ed analogia. Due modi di argomentazione nel pensiero greco classico*, Loffredo, Napoli, 1992)
- 1979, *Magic, Reason, and Experience. Studies in the Origin and Development of Greek Science*, Cambridge U. P., Cambridge
- 1983, *Science, Folklore and Ideology. Studies in the Life Sciences in Ancient Greece*, Cambridge U. P., Cambridge (italienische Übersetzung *Scienza, folklore, ideologia. Le scienze della vita nella Grecia antica*, Boringhieri, Torino, 1987)

Albert B. Lord
- 1960, (^{2}1964), *The Singer of Tales*, Harvard U. P., Cambridge (Mass.)

Niklas Luhmann
- 1969, »Komplexität und Demokratie. Zu Frieder Naschold: ›Demokratie und Komplexität‹«, *Politische Vierteljahresschrift* 10, S. 314-325, auch in: Luhmann 1971a, pp-35-45
- 1971a, *Politische Planung. Aufsätze zur Soziologie von Politik und Verwaltung*, Westdeutscher Verlag, Opladen
- 1971b, »Die Weltgesellschaft«, *Archiv für Rechts- und Sozialphilosophie* 57, S. 1-35, auch in: Luhmann 1975a, S. 51-71.
- 1971c, »Öffentliche Meinung«, in: Luhmann 1971a, S. 9-34
- 1975a, *Soziologische Aufklärung 2*, Westdeutscher Verlag, Opladen
- 1975b, »Einfache Sozialsysteme«, in: Luhmann 1975a, S. 21-38
- 1975c, »Interaktion, Organisation, Gesellschaft«, in: Luhmann 1975a, S. 9-20
- 1975d, »Über die Funktion der Negation in sinnkonstituierenden Systemen«, in: H. Weinrich (Hrsg.), *Positionen der Negativität. Poetik und Hermeneutik VI*, München 1975, S. 201-218, auch in: Luhmann 1981c, S. 35-49
- 1976, »The Future Cannot Begin: Temporal Structures in Modern Society«, *Social Research* 43, 1976, S. 130-152
- 1980a, *Gesellschaftsstruktur und Semantik. Studien zur Wissenssoziologie der modernen Gesellschaft*, Band 1, Suhrkamp, Frankfurt a. M.
- 1980b, »Gesellschaftliche Struktur und semantische Tradition«, in: Luhmann 1980a, S. 9-71
- 1980c, »Interaktion in Oberschichten: Zur Transformation ihrer Semantik im 17. und 18. Jahrhundert«, in: Luhmann 1980a, S. 72-161
- 1980d, »Frühneuzeitliche Anthropologie: Theorietechnische Lösungen für ein Evolutionsproblem der Gesellschaft«, in: Luhmann – 1980a, S. 162-234
- 1980e, »Temporalisierung von Komplexität: Zur Semantik neuzeitlicher Zeitbegriffe«, in: Luhmann 1980a, S. 235-300
- 1981a, *Gesellschaftsstruktur und Semantik. Studien zur Wissenssoziologie der modernen Gesellschaft*, Band 2, Suhrkamp, Frankfurt a. M.

- 1981b, »Wie ist soziale Ordnung möglich?«, in: Luhmann 1981a, S. 195-286
- 1981c, *Soziologische Aufklärung 3*, Westdeutscher Verlag, Opladen
- 1982a, *Liebe als Passion: Zur Codierung von Intimität*, Suhrkamp, Frankfurt a. M.
- 1982b, »Die Voraussetzung der Kausalität«, in: Niklas Luhmann/Karl Eberhard Schorr (Hrsg.), *Zwischen Technologie und Selbstreferenz: Fragen an die Pädagogik*, Suhrkamp, Frankfurt a. M., 1982, S. 41-50
- 1983, »Das sind Preise«, *Soziale Welt*, 34, S. 153-170
- 1984, *Soziale Systeme. Grundriß einer alllgemeinen Theorie*, Suhrkamp, Frankfurt a. M. (italienische Übersetzung *Sistemi sociali. Fondamenti di una teoria generale*, Il Mulino, Bologna, 1990)
- 1985a, »Die Autopoiesis des Bewußtseins«, *Soziale Welt*, 36, S. 402-446; auch in: Alois Hahn/Volker Kapp (Hrsg.), *Selbstthematisierung und Selbstzeugnis: Bekenntnis und Geständnis*, Frankfurt a. M., 1987, S. 25-94
- 1985b, »Läßt unsere Gesellschaft Kommunikation mit Gott zu?«, in: Hugo Bogensberger/Reinhard Kögerler (Hrsg.), *Grammatik des Glaubens*, St. Pölten, 1985, S. 41-48.
- 1986a, *Ökologische Kommunikation*, Westdeutscher Verlag, Opladen
- 1986b, »Die Zukunft der Demokratie«, in: *Der Traum der Vernunft: Vom Elend der Aufklärung*, Darmstadt/Neuwied 1986, S. 207-217, auch in: *Soziologische Aufklärung, Bd. 4*. Opladen 1987, S. 126-132
- 1986c, »Das Kunstwerk und die Selbstreproduktion der Kunst«, in: Hans Ulrich Gumbrecht/Karl Ludwig Pfeiffer (Hrsg.), *Stil: Geschichten und Funktionen eines kulturwissenschaftlichen Diskurselements*, Suhrkamp, Frankfurt a. M., 1986, S. 620-672
- 1987a, »The Evolutionary Differentiation between Society and Interaction« in: Jeffrey Alexander et al. (Hrsg.), *The Micro-Macro Link*, The University of California Press, Berkeley/Los Angeles, S. 112-131
- 1987b, »Was ist Kommunikation?«, *Information Philosophie*, 1, S. 4-16; auch in: Fritz Simon (Hrsg.), *Lebende Systeme. Wirklichkeitskontruktionen in der systemischen Therapie*, Berlin, 1988, S. 10-18
- 1987c, *Soziologische Aufklärung, Bd. 4: Beiträge zur funktionalen Differenzierung der Gesellschaft*, Westdeutscher Verlag, Opladen
- 1987d, »Autopoiesis als soziologischer Begriff«, in: Hans Haferkamp/Michael Schmid (Hrsg.), *Sinn, Kommunikation und soziale Differenzierung: Beiträge zu Luhmanns Theorie sozialer Systeme*, Suhrkamp, Frankfurt a. M. 1987, S. 307-324
- 1987e, »Die Differenzierung von Politik und Wirtschaft und ihre gesellschaftlichen Grundlagen«, in: Luhmann 1987c, S. 32-48
- 1988a, *Erkenntnis als Konstruktion*, Benteli, Bern
- 1988b, »Closure and Openess: On Reality in the World of Law«, in: Gunther Teubner (Hrsg.), *Autopoietic Law. A New Approach to Law and Society*, Berlin, S. 335-348
- 1988c, *Die Wirtschaft der Gesellschaft*, Suhrkamp, Frankfurt a. M.

- 1988d, »Medium und Organisation«, in: Luhmann 1988c, S. 302-323
- 1988e, »Die Wirtschaft der Gesellschaft als autopoietisches System«, in: Luhmann 1988c, S. 43-90
- 1988f, »Wie ist Bewußtsein an Kommunikation beteiligt?« in: H. U. Gumbrecht/K. L. Pfeiffer (Hrsg.), *Materialität der Kommunikation*, Suhrkamp, Frankfurt a. M., S. 884-905
- 1989a, *Gesellschaftsstruktur und Semantik. Studien zur Wissenssoziologie der modernen Gesellschaft*, Band 3, Suhrkamp, Frankfurt a. M.
- 1989b, »Individuum, Individualität, Individualismus«, in: Luhmann 1989a, S. 149-258
- 1989c, »Die Ausdifferenzierung der Religion«, in: Luhmann 1989a, S. 259-357
- 1989d, »Kommunikationsweisen und Gesellschaft«, in: Werner Rammert (Hrsg.), *Computer, Medien, Gesellschaft*, Frankfurt a. M., 1989, S. 11-18
- 1989e, »Geheimnis, Zeit und Ewigkeit«, Niklas Luhmann/Peter Fuchs, *Reden und Schweigen*, Suhrkamp, Frankfurt a. M., 1989, S. 101-137
- 1989f, »Staat und Staatsraison im Übergang von traditionaler Herrschaft zu moderner Politik«, in: Luhmann 1989a, S. 65-148
- 1990a, *Die Wissenschaft der Gesellschaft*, Suhrkamp, Frankfurt a. M.
- 1990b, »Stenographie«, *Delfin* X (1988), S. 4-12, auch in: Luhmann/Maturana/Namiki/Redder/Varela 1990, S. 119-137
- 1990c, »Die Homogenisierung des Anfangs: Zur Ausdifferenzierung der Schulerziehung«, in: Niklas Luhmann/Karl Eberhard Schorr, *Zwischen Anfang und Ende. Fragen an die Pädagogik*, Suhrkamp, Frankfurt a. M., 1990, S. 73-111
- 1990d, *Soziologische Aufklärung 5. Konstruktivistische Perspektiven*, Westdeutscher Verlag, Opladen
- 1990e, »Identität – was oder wie?«, *Archivio di Filosofia* 58, 1990, S. 579-596, auch in: Luhmann 1990d, S. 14-30
- 1990f, »Gleichzeitigkeit und Synchronisation«, in: Luhmann 1990d, S. 95-130
- 1990g, »Gesellschaftliche Komplexität und öffentliche Meinung«, in: Luhmann 1990d, S. 170-182
- 1991, *Soziologie des Risikos*, de Gruyter, Berlin-New York
- 1992a, »Operational Closure and Structural Coupling: The Differentiation of the Legal System«, *Cardozo Law Review*,13, 1992, S. 1419-1441
- 1992b, »Die Selbstbeschreibung der Gesellschaft und die Soziologie«, in: Luhmann, *Universität als Milieu*, Haux, Bielefeld 1992, S. 137-146
- 1992c, *Beobachtungen der Moderne*, Westdeutscher Verlag, Opladen
- 1992d, »Ökologie des Nichtwissens«, in: Luhmann 1992c, S. 149-220
- 1992e, »Europäische Rationalität«, in: Luhmann 1992c, S. 51-91
- 1992f, »Kontingenz als Eigenwert der modernen Gesellschaft«, in: Luhmann 1992c, S. 93-128
- 1992g, »Die Beobachtung der Beobachter im politischen System: Zur Theorie der öffentlichen Meinung«, in: Jürgen Wilke (Hrsg.), *Öffentliche Mei-*

nung: Theorie, Methoden, Befunde. Beiträge zu Ehren von Elisabeth Noelle-Neumann, Freiburg, S. 77-86
- 1992h, »Das Moderne der modernen Gesellschaft«, Luhmann 1992c, S. 11-49
- 1992i, »Die Beschreibung der Zukunft«, in: Luhmann 1992c, S. 129-184
- 1993a, *Das Recht der Gesellschaft*, Suhrkamp, Frankfurt a. M. (Ed. 1995)
- 1993b, »Die Paradoxie der Form«, in: Baecker 1993a, S. 197-212
- 1993c, »Deconstruction as Second-Order Observing«, *New Literary History*, XXIV, 4, S. 763-782
- 1993d, »Observing Re-entries«, *Graduate Faculty Philosophy Journal* 16, 1993, S. 485-498
- 1994, »Der ›Radikale Konstruktivismus‹ als Theorie der Massenmedien? Bemerkungen zu einer irreführenden Debatte«, *Communicatio Socialis*, 27, 1994, S. 7-12
- 1995a, *Die Realität der Massenmedien*, Westdeutscher Verlag, Opladen
- 1995b, *Gesellschaftsstruktur und Semantik. Studien zur Wissenssoziologie der modernen Gesellschaft*, Band 4, Suhrkamp, Frankfurt a. M.
- 1995c, »Kultur als historischer Begriff«, in: Luhmann 1995b, S. 31-54
- 1995d, »Die Behandlung von Irritationen: Abweichung oder Neuheit?«, in: Luhmann 1995b, S. 55-100
- 1995e, *Die Kunst der Gesellschaft*, Suhrkamp, Frankfurt a. M.
- 1995f, »Kausalität im Süden«, *Soziale Systeme*, 1, 1995, S. 7-28
- 1995g, »Das Gedächtnis der Politik«, *Zeitschrift für Politik* 42, 1995, S. 109-121
- 1996a, »Zeit und Gedächtnis«, *Soziale Systeme* 2, 1996, S. 307-330
- 1996b, »Eine Redescription ›romantischer Kunst‹«, in: Jürgen Fohrmann/Harro Müller (Hrsg.), *Systemtheorie der Literatur*, Fink, München, 1996, S. 325-344 (englische Übersetzung »A Redescription of ›Romantic Art‹«, *Modern Language Notes*, III, 1996, S. 506-522)
- 1996c, *Entscheidungen in der Informationsgesellschaft*, unveröff. Manuskript, Bielefeld
- 1996d, *Schranken der Kommunikation als Bedingung für Evolution*, unveröff. Manuskript, Bielefeld
- 1996e, *Gibt es ein System der Intelligenz?*, unveröff. Manuskript, Bielefeld
- 1997a, *Die Gesellschaft der Gesellschaft*, Suhrkamp, Frankfurt a. M.
- 1997b, »Selbstorganisation und Mikrodiversität: Zur Wissenssoziologie des neuzeitlichen Individualismus«, *Soziale Systeme*, 3, 1997, S. 23-32
- 1997c, »The Control of Intransparency«, *System Research and Behavioral Science*, Vol. 14, 1997, S. 359-371
- 1999, »Öffentliche Meinung und Demokratie«, in: Rudolf Maresch/Niels Werber (Hrsg.), *Kommunikation, Medien, Macht*, Suhrkamp, Frankfurt a. M., 1999, S. 19-34
- 2000a, *Organisation und Entscheidung*, Westdeutscher Verlag, Opladen.
- 2000b, *Die Religion der Gesellschaft*, Suhrkamp, Frankfurt a. M.

Niklas Luhmann und Karl Eberhard Schorr
- 1988, *Reflexionsprobleme im Erziehungssystem*, Suhrkamp, Frankfurt a. M.

Niklas Luhmann und Raffaele De Giorgi
- 1992, *Teoria della società*, Angeli, Milano

Niklas Luhmann, Humberto Maturana, Mikio Namiki, Volker Redder und Francisco Varela
- 1990, *Beobachter – Konvergenz der Erkenntnistheorien?*, Fink, München

Alexander R. Lurija
- 1975, *Una memoria prodigiosa*, Editori Riuniti, Roma
- 1976, *Cognitive Development. Its Cultural and Social Foundations*, Harvard U. P., Cambridge (Mass.) (italienische Übersetzung *La storia sociale dei processi cognitivi*, Giunti Barbera, Firenze, 1976)

John Lyons
- 1977, *Semantics*, Cambridge, Cambridge U. P.

John D. Lyons und Stephen G. Nichols
- 1984a (Hrsg.), *MIMESIS. From Mirror to Method, Augustine to Descartes*, University Press of New England, Hannover (NH)

Giovanni Macchia
- 1988, *I moralisti classici. Da Macchiavelli a La Bruyère*, Adelphi, Milano

Tomás Maldonado
- 1992, *Reale e virtuale*, Feltrinelli, Milano

Ekkehart Malotki
- 1983, *Hopi Time*, Mouton, Berlin-New York-Amsterdam

Giovanni Manetti
- 1987, *Le teorie del segno nell'antichità classica*, Bompiani, Milano

Herbert Marcuse
- 1964, *One-Dimensional Man. Studies in the Ideology of Advanced Industrial Society*, Beacon Press, Boston

Jean-Pierre Martin
- 1982, *Providentia Deorum. Recherches sur certains aspects religieux du pouvoir impérial romain*, Collection de l'École Française de Rome, Roma

André Martinet
- 1962, *A Functional View of Language*, Clarendono Press, Oxford (italienische Übersetzung *La considerazione funzionale del linguaggio*, Il Mulino, Bologna, 1965)
- 1965 (^{3}1970), *La linguistique synchronique*, P. U. F., Paris

Peter Matussek
- 1998a, »Hypomnemata und Hypermedia. Erinnerung im Medienwechsel: die platonische Dialogtechnik und ihre digitale Amplifikation«, *DVJS, Sonderheft 1998: Medien der Gedächtnisses*
- 1998b, »Computer als Gedächtnistheater«, in: Götz-Lothar Darsow (Hrsg.), *Metamorphosen des Gedächtnisses*, Stuttgart-Bad Cannstatt, 1998

Warren S. McCulloch
- 1945, »A Heterarchy of Values Determined by the Topology of Nervous Nets«, *Bull. Math. Biophys.*, 7, 1945, S. 89-93

Marshall McLuhan
– 1962, *The Gutenberg Galaxy. The Making of Typographic Man*, Univ. of Toronto Press, Toronto (italienische Übersetzung *La galassia Gutenberg. Nascita dell'uomo tipografico*, Armando, Roma, 1976)
– 1964, *Understanding Media*, McGraw Hill, New York (italienische Übersetzung *Gli strumenti del comunicare*, Il Saggiatore, Milano, 1967)
Denis McQuail
– 1992, *Media Performance. Mass Communication and the Public Interest*, Sage, London
George H. Mead
– 1934, *Mind, Self and Society*, The University of Chicago Press, Chicago (Ill.)
Christian Meier
– 1980, *Die Entstehung des Politischen bei den Griechen*, Suhrkamp, Frankfurt a. M.
Joshua Meyrowitz
– 1985, *No Sense of Place. The Impact of Electronic Media on Social Behavior*, Oxford U. P., New York.
A. J. Minnis
– 1988, *Medieval Theory of Authorship. Scholastic Literary Attitudes in the Later Middle Ages*, Scolar Press, Aldershot
Michel de Montaigne
– 1996, *Essais I-III*, nach der Ausgabe v. Pierre Coste, deutsche Übersetzung von Johann Daniel Tietz, Diogenes, Zürich
Sabrina Moretti
– 1999, *Processi sociali virtuali. Simulazione e ricerca sociologica*, Angeli, Milano
Edgar Morin
– 1977, *La méthode 1. La nature de la nature*, Seuil, Paris
Stefan Münker und Alexander Roesler
– 1997 (Hrsg.), *Mythos Internet*, Suhrkamp, Frankfurt a. M.

Michel Narcy
– 1992, »Platon, l'écriture et les transformations de la rhétorique«, in: Livio Rossetti (Hrsg.), *Understanding the Phaedrus*, Academia, Sankt Augustin, 1992, S. 275-279
Joseph Needham
– 1956, *Science and Civilisation in China*, Cambridge U. P., Cambridge, 2 Bände (dt. Übs. *Wissenschaft und Zivilisation in China*, Suhrkamp, 1988, Frankfurt a. M. (stw 754))
– 1965, *Time and Eastern Man. The Henry Myers Lecture 1964*, Royal Anthropological Institute, Glasgow, 1965
– 1973, *Scienza e società in Cina*, Il Mulino, Bologna
Nicholas Negroponte
– 1992, Beitrag auf der Tagung SMAU »Multimedia ›92; dalle idee ai prodotti«, Milano, 3. 10. 1992

- 1993, »The Bit Police: Will the FCC Regulate Licenses to Radiate Bits?«, *Wired*, I, 5, p.112
- 1994a, »Dai mass media al my media«, *ZeroUno*, 147, S. 55-59
- 1994b, »Less Is More: Interface Agents as Digital Butlers«, *Wired*, II, 6, p.142

Walter Russell Neuman
- 1991, *The Future of the Mass Audience*, Cambridge University Press, Cambridge (Mass.)

Gregoire Nicolis
- 1989, »Physics of far-from-equilibrium systems and self-organisation«, in: Paul Davis (Hrsg.), *The New Physics*, Cambridge U. P., Cambridge, 1989, S. 316-347

Friedrich Nietzsche

1874, *Unzeitgemässe Betrachtungen. Zweites Stück: Vom Nutzen und Nachteil der Historie für das Leben*, in: *Werke*, Sonderausgabe 1999, S. 111–229. Carl Hanser Verlag, München-Wien

Pierre Nora
- 1992 (Hrsg.), *Les lieux de mémoire*, Gallimard, Paris, 1992, 3 Bände

Simon Nora und Alan Minc
- 1978, »L'informatisation de la societé«, *Report. La Documentation Française*, Paris

Geoffrey Nunberg
- 1996a (Hrsg.), *The Future of the Book*, Brepols, o. O.
- 1996b, »Farewell to the Information Age«, in: 1996a, S. 103-138

Tom Ochs
- 1991, »Deterministic Random Numbers?«, *Computer Language*, 8, S. 103-104

James J. O'Donnell
- 1996, »The Pragmatics of the new: Trithemius, McLuhan, Cassiodorus«, in: Geoffrey Nunberg (Hrsg.), *The Future of the Book*, Brepols, o. O., 1996, S. 37-62

Walter J. Ong
- 1958, *Ramus. Method and the Decay of Dialogue. From the Art of Discourse to the Art of Reason*, Octagon Books, New York (^{2}1979)
- 1961, *Ramist Method and the Commercial Mind,* »Studies in the Renaissance«, VIII, S. 155-172
- 1967, *The Presence of the Word,* Yale U. P., New Haven (italienische Übersetzung *La presenza della parola*, Il Mulino, Bologna, 1970)
- 1982, *Orality and Literacy. The Technologizing of the Word*, Methuen, New York (italienische Übersetzung *Oralità e scrittura. Le tecnologie della parola*, Il Mulino, Bologna, 1986)

David Palumbo-Liu
- 1993, »Schrift und kulturelles Potential in China«, in: H. U. Gumbrecht/K. L. Pfeiffer (Hrsg.), *Schrift*, Fink, München, 1993, S. 159-168

Erwin Panofsky
- 1927, »Die Perspektive als ›symbolische Form‹«, *Vorträge der Bibliothek Warburg 1924-1925*, Teubner, Leipzig-Berlin, italienische Übersetzung in: *La prospettiva come forma simbolica e altri scritti*, Feltrinelli, Milano, 1966

Stephen K. Park und Keith W. Miller
- 1988, »Random Number Generators, Good Ones Are Hard to Find«, *Communications of the ACM*, 31,10, S. 1192-1201

Talcott Parsons
- 1937, *The Structure of Social Action*, McGraw-Hill, New York

Blaise Pascal
- 1997, *Gedanken über die Religion und andere Themen*, herausgegeben von Jean-Robert Armogathe, aus dem Französischen übersetzt von Ulrich Kunzmann, Philipp Reclam jun., Stuttgart

Thomas G. Pavel
- 1986, *Fictional Worlds*, Harvard (italienische Übersetzung *Mondi di invenzione. Reltà e immaginario narrativo*, Einaudi, Torino, 1992)

Charles Sanders Peirce
- 1931-35, *Collected Papers*, Harvard U. P., Cambridge (Mass.)

Chaïm Perelman
- 1981, *Il dominio retorico. Retorica e argomentazione*, Einaudi, Torino (Or. *L'empire rhétorique. Rhétorique et argumentation*, Vrin, 1977)

Jean Piaget
- 1926, *The Language and Thought of the Child*, Routledge & Kegan, London
- 1967, *La construction du réel chez l'enfant*, Debachaux & Niestlé, Paris-Neuchâtel (italienische Übersetzung *La costruzione del reale nel bambino*, La Nuova Italia, Firenze, 1973)

M. H. Pirenne
- 1970, *Optics, Painting and Photography*, Cambridge U. P., Cambridge

Platon
- 1994, *Sämtliche Werke*, Band I-IV, übersetzt von Friedrich Schleiermacher, Rowohlts enzyklopädie, Reinbek bei Hamburg

Heinrich F. Plett
- 1996 (Hrsg.), *Die Aktualität der Rhetorik*, Fink, München

Krysztof Pomian
- 1992, »Les archives«, in: P. Nora (Hrsg.), 1992, S. 163-2333, 3 Bände

Ithiel de Sola Pool
- 1983, *Technologies of Freedom*, Harvard University Press, Cambridge (MA)

Tom Portante und Ron Tarro
- 1997, »Paying Attention«, *Wired*, V, 9, S. 114-116

Mark Poster
- 1997, »Elektronische Identitäten und Demokratie«, in: S. Münker/A. Roesler (Hrsg.), 1997, S. 147-170

W. H. Press, S. P. Flannery, S. A. Teukolsky und W. T. Vetterling
- 1986, »Random Numbers«, in: *Numerical Recipes. The Art of Scientific Computing*, Cambridge U. K., Cambridge U. P.

Ilya Prigogine
- 1997, *La fine delle certezze*, Bollati Boringhieri, Torino

Willard van Orman Quine
- 1952, »On What There Is«, in: L. Linsky (Hrsg.), *Semantics and the Philosophy of Language*, University of Illinois Press, Urbana, 1952, S. 189-206

M. D. Reeve
- 1983, »Manuscripts copied from printed books«, in: J. B. Trapp (Hrsg.) *Manuscripts in the Fifty Years After the Invention of Printing*, London, S. 12-20

Howard Rheingold
- 1992, *Virtual Reality*, Touchstone, New York (italienische Übersetzung *La realtà virtuale*, Baskerville, Bologna, 1993)

Pierluigi Ridolfi
- 1994, »Tecnologia e memoria: l'evoluzione dei calcolatori e la conservazione delle informazioni«, in: T. Gregory/M. Morelli 1994, S. 247-255

Israel Rosenfield
- 1988, *The Invention of Memory*, Basic Books, New York.
- 1992, »La memoria oggi«, in: Bolzoni/Corsi, 1992, S. 349-364

Livio Rossetti
- 1992 (Hrsg.), *Understanding the Phaedrus*, Academia, Sankt Augustin

Paolo Rossi
- 1960, *Clavis universalis. Arti mnemoniche e logica combinatoria da Lullo a Leibniz*, Ricciardi, Milano-Napoli
- 1976, »Francesco Bacone e l'eredità della magia«, in: Vasoli 1976, S. 269-287

Randall Rothenberg
- 1998, »Go Ahead, Kill Your Television. NBC is ready«, *Wired*, 6. 12, S. 204-207 und 256-264

Florian Rötzer
- 1991 (Hrsg.), *Ästhetik der elektronischen Medien*, Suhrkamp, Frankfurt a. M.

Bertrand Russell
- 1905, »On Denoting«, *Mind*, 14, 1905, S. 479-493.

Raymond Ruyer
- 1977, *La gnose de Princeton. Des savants à la recherche d'une religion*, Fayard, Paris

Paul Saffo
- 1994, »It's the Context, Stupid«, *Wired*, 3, o. S.

Francesca Salvemini
- 1990, *La visione e il suo doppio. La prospettiva tra arte e scienza*, Laterza, Roma-Bari

Mike Sandbothe
- 1997, »Interaktivität-Hypertextualität-Transversalität. Eine Medienphilosophische Analyse des Internet«, in: S. Münker/A. Roesler (Hrsg.), 1997, S. 56-82

Mike Sandbothe und Walter Ch. Zimmerli
- 1994, *Zeit-Medien-Wahrnehmung*, Wissenschaftliche Buchgesellschaft, Darmstadt

Ferdinand de Saussure
- 1922, *Cours de linguistique générale*, Payot, Paris (italienische Übersetzung *Corso di linguistica generale*, Laterza, Roma-Bari, 1968)

George Lennox Sherman Shackle
- 1990a, *Time, Expectations and Uncertainty in Economics*, edited by James Lorne Ford, Edward Elgar, Aldershot (England)

Peter Schäfer
- 1995, »Text, Auslegung und Kommentar im rabbinischen Judentum«, in: J. Assmann/B. Gladigow (Hrsg.), 1995, S. 163-186

Wolfgang Schenkel
- 1983, »Wozu die Ägypter eine Schrift brauchten«, in: A. Assmann, J. Assmann und C. Hardmeier (Hrsg.), *Schrift und Gedächtnis. Beiträge zur Archäologie der literarischen Kommunikation*, Fink, München, 1983, S. 45-63

Andrew L. Shapiro
- 1997, »Freedom from Choice«, *Wired*, 5. 12, S. 213-214

Siegfried J. Schmidt
- 1991 (Hrsg.), *Gedächtnis. Probleme und Perspektive der interdisziplinären Gedächtnisforschung*, Suhrkamp, Frankfurt a. M.

Ernest Schoffeniels
- 1975, *L'Anti-Hasard*, Gauthers-Villars, Paris.

Michael Schudson
- 1978, *A Social History of American Newspapers*, Basic Books, New York

John Searle
- 1980, »Mind, Brains and Programs«, in: *The Behavioral and Brain Sciences*, Cambridge University Press (italienische Übersetzung *Menti, cervelli e programmi*, Clup-Clued, Milano, 1984)

Wayne Shumaker
- 1976, »La ›magia naturale‹ come forma ›premoderna‹ della scienza«, in: Vasoli 1976, S. 109-210

Anthony Smith
- 1982, »Information Technology and the Myth of Abundance«, *Daedalus*, 111, 4, S. 1-16, auch in: Cawkell 1987, S. 14-30

Michael Smithson
- 1989, *Ignorance and Uncertainty. Emerging Paradigms*, Springer, New York-Berlin-Heidelberg

George Spencer Brown
- 1972, *Laws of Form*, Julian Press, New York (1969, Allen & Unwin, London)
- 1957, *Probability and Scientific Inference*, Longmans, London

Saul H. Steinberg
- 1955, *Five Hundred Years of Printing*, Penguin, Harmondsworth (italienische Übersetzung *Cinque secoli di stampa*, Einaudi, Torino, 1962)

Steve Steinberg
- 1996, »Seek and Ye Shall Find (Maybe)«, *Wired*, 4. 05, S. 108-114 und 172-182

Bruce Sterling
- 1997, »The missing Link«, *Wired*, V, 11, p.196

Rudof Stichweh
- 1989, »Computer, Kommunikation und Wissenschaft: Telekommunikative Medien und Strukturen der Kommunikation im Wissenschaftssystem«, MPIFG Discussion Paper 89/11, Köln
- 1995, »Zur Theorie der Weltgesellschaft«, *Soziale Systeme*, 1/1, S. 29-45
- 1997, »Inklusion/Exklusion, funktionale Differenzierung und die Theorie der Weltgesellschaft«, *Soziale Systeme*, 3/1, S. 123-136

Heinrich von Stietencron
- 1995, »Typisierung und Sitz im Leben: Anmerkungen zum Kommentar in Indien«, in: J. Assmann/B. Gladigow (Hrsg.), 1995, S. 249-256

Peter F. Strawson
- 1950, »On Referring«, *Mind*, 59, 1950, S. 320-344

Detlef Thiel
- 1993, *Platons Hypomnemata. Die Genese des Platonismus aus dem Gedächtnis der Schrift*, Karl Alber Verlag, Freiburg/München

Rosalind Thomas
- 1989, *Oral Tradition and Written Record in Classical Athens*, Cambridge Engl.

Carl Tollander
- 1991, »Congegni collaborativi per ciberspazi con più partecipanti«, in: Benedikt 1991, S. 313-344

Jim Taylor und J. Watts
- 1997, »Speak the Future«, *Wired*, 5. 06, S. 100-107

Alonso Tordesillas
- 1992, »*Kairos* dialectique, *kairos* rhétorique. Le projet platonicien de rhétorique philosophique perpetuelle«, in: Livio Rossetti (Hrsg.), *Understanding the Phaedrus*, Academia, Sankt Augustin, 1992, S. 77-92

Monique Trédé
- 1992, *KAIROS. L'a-propos et l'occasion. Le mot e la notion d'Homère à la fin du IVe siècle avant J.-C.*, Klincksieck, o. O.

Alan M. Turing
- 1950, »Computing Machinery and Intelligence«, *Mind*, 59, 236 (italienische Übersetzung »Calcolatori e intelligenza« in: Hofstadter, Dennett 1985)

Sherry Turkle
- 1995, *Life on the Screen. Identity in the Age of the Internet*, Simon & Schuster, New York

Rosemond Tuve
- 1966, *Allegorical Imagery*, Princeton University Press, Princeton (NJ)

Ellen Ullman
- 1999, »The Myth of Order«, *Wired*, 7. 04

Léon Vandermeersch
- 1974, »Dalla tartaruga all'achillea (Cina)«, in: Vernant et al., 1974 (italienische Ausgabe), S. 27-52

Jan Vansina
- 1985, *Oral Tradition as History*, Currey, London

Cesare Vasoli
- 1976 (Hrsg.), *Magia e scienza nella civiltà umanistica*, Il Mulino, Bologna

Mario Vegetti
- 1989, »Nell'ombra di Theuth. Dinamiche della scrittura in Platone«, in: Detienne 1989a, S. 201-228

Jean Pierre Vernant
- 1965, *Mithe et pensée chez les Grecs. Etudes des psychologie historique*, Maspéro, Paris (italienische Übersetzung *Mito e pensiero presso i Greci. Studi di psicologia storica*, Einaudi, Torino, 1970)
- 1974, »Parole e segni muti«, in: Vernant et al., 1974 (italienische Ausgabe), S. 5-24

Jean Pierre Vernant et al.
- 1974, *Divination et Rationalité*, Seuil, Paris (italienische Übersetzung *Divinazione e razionalità*, Einaudi, Torino, 1982)

Paul Veyne
- 1983, *Les Grecs ont-ils cur a leur mythes? Essai sur l'imagination constituante*, Seuil, Paris

Lev S. Vygotsky
- 1962, *Thought and Language*, M. I. T. Press, Cambridge (Mass.) (italienische Übersetzung *Pensiero e linguaggio*, Giunti-Barbera, Firenze, 1966)

B. L. van der Waerden
- 1983, *Geometry and Algebra in Ancient Civilizations*, Springer, Berlin

Manfred Waffender
- 1991 (Hrsg.), *Cyberspace. Ausflüge in virtuelle Wirklichkeiten*, Rowohlt, Reinbeck bei Hamburg

Thomas Wägenbaur
- 1998, »Memory and Recollection: The Cognitive and Literary Model«, In T. Wägenbaur (Hrsg.), *The Poetics of Memory*, Stauffenburg, Tübingen, 1998, S. 3-22

Ian Watt
- 1957, *The Rise of the Novel* (italienische Übersetzung *Le origini del romanzo borghese*, Bompiani, Milano, 1976)

P. Watzlawick, P. Beavin und D. D. Jackson
- 1967, *Pragmatic of Human Communication*, Norton, New York.

Paul Watzlawick und Peter Krieg
- 1991 (Hrsg.), *Das Auge des Betrachters. Beiträge zum Konstruktivismus*, Piper, München

Paul Weaver
- 1976, »TV News and Newspaper News«, in: Richard P. Adler (Hrsg.), *Television as a Social Force*, Praeger, New York, 1976

Harald Weinrich
- 1964, «Typen der Gedächtnismetaphorik«, *Archiv für Begriffsgeschichte*, S. 23-26
- 1996, *Gibt es eine Kunst des Vergessens?*, Schwabe & Co., Basel
- 1997, *Lethe. Kunst und Kritik des Vergessens*, Beck, München

Jean Luis Weissberg
- 1989a, »Le compact réel/virtuel«, in: *Les chemins du virtuel. Simulation informatique et création industrielle*, Cahiers du CCI, Éditions du Centre Pompidou, Paris, S. 7-27
- 1989b, »Un nouveau régime de visibilité«, in: *Les chemins du virtuel. Simulation informatique et création industrielle*, Cahiers du CCI, Éditions du Centre Pompidou, Paris, S. 96-98

Horst Wenzel
- 1991, »Imaginatio und Memoria. Medien und Erinnerung im höfischen Mittelalter«, in: A. Assmann/D. Harth (Hrsg.), 1991, S. 57-82

Eric Charles White
- 1987, *Kaironomia. On the Will-To-Invent*, Cornell U. P., Ithaca and London

Benjamin Lee Whorf
- 1956, *Language, Thought, and Reality: Selected Writings*, ed. John B. Carrol, M. I. T. Press, Cambridge (Mass.)

Norbert Wiener
- 1948, (^{2}1961), *Cybernetics, or Control and Communication in the Animal and the Machine*, M. I. T. Press, Cambridge (Mass.)

Donald T. Wilcox
- 1987, *The Measure of Times past. Pre-newtonian Chronologies and The Rhetoric of Relative Time*, The University of Chicago Press, Chicago and London

Terry Winograd und Francisco Flores
- 1986 (^{3}1988), *Understanding Computer and Cognition*, Addison-Wesley, Reading (Mass.)

Mauro Wolf
- 1985, *Teoria delle comunicazioni di massa*, Bompiani, Milano (Ed. 1994)

Frances A. Yates
- 1966, *The Art of Memory*, Routledge & Kegan Paul, London.
- 1976, »Magia e scienza nel Rinascimento«, in: Vasoli 1976, S. 215-237

– 1982, *Cabala e occultismo nell'età elisabettiana*, Einaudi, Torino (Or. *The Occult Philosophy in the Elizabethian Age*, Routledge & Kegan Paul, London, 1979)

Pascal G. Zachary
– 1997, »The Godfather«, *Wired*, V, 11, S. 152-160
L. A. Zadeh
– 1965, »Fuzzy Sets«, *Information and Control*, 8, S. 338-353
Robert Charles Zaehner
– 1922, *Zurvan. A Zoroastrian Dilemma*, Biblio and Tannen, New York (Ed. 1955)
Eviatar Zerubavel
– 1981, *Hidden Rhythms. Schedules and Calendars in Social Life*, University of Chicago Press, Chicago (italienische Übersetzung *Ritmi nascosti. Orari e calendari nella vita sociale*, Il Mulino, Bologna, 1985)
Paul Zumthor
– 1983, *Introduction à la poésie orale*, Seuil, Paris

Jan Assmann
Nachwort

Um die Begriffe Gedächtnis, Vergessen und Erinnern herum hat sich im Laufe der letzten fünfzehn Jahre ein neues Paradigma kulturwissenschaftlicher Forschung aufgebaut, an dem insbesondere die Geschichts- und Literaturwissenschaften beteiligt sind. Die Sozialwissenschaften dagegen haben sich diesem Trend bislang weitgehend verweigert. Der Präsentismus soziologischer Forschung schien mit der Vergangenheit nichts anfangen zu können. Diese Lücke füllt nun Elena Esposito. In strenger Befolgung der von Niklas Luhmann entwickelten systemtheoretischen Methodik ergänzt sie Luhmanns Analysen des Rechts, der Wissenschaft, der Wirtschaft, der Religion, ja der ›Gesellschaft der Gesellschaft‹ um ›das Gedächtnis der Gesellschaft‹. Zum ersten Mal schaltet sich damit die Soziologie in systematischer Weise in die gegenwärtig auf Hochtouren laufende Gedächtnis-Debatte ein.

Die bisherige Zurückhaltung der Soziologie gegenüber dem Gedächtnisthema ist umso paradoxer, als der ursprüngliche Anstoß von einem Soziologen ausging. Grundlegend für so gut wie alle neueren Auseinandersetzungen mit der Frage nach einem sozialen Gedächtnis waren die Thesen von Maurice Halbwachs, die dieser bereits in den 20er Jahren des vorigen Jahrhunderts entwickelt und in drei Büchern vorgelegt hatte. Ihre bahnbrechende Wirkung begannen diese Werke jedoch erst in den 80er Jahren zu entfalten.[1] Halbwachs' Postulat eines, wie er es nannte, ›kollektiven Gedächtnisses‹ beruhte auf der Soziogenese des persönlichen Gedächtnisses. Träger des kollektiven Gedächtnisses waren auch für Halbwachs die einzelnen Individuen und nicht etwa die Gruppe; nur dass eben der Einzelne, Halbwachs zufolge, sein Gedächtnis kraft seiner Zugehörigkeit zu verschiedenen Gruppen ausbildet. Wichtig war für ihn vor allem der Nachweis, dass sich Vergangenheit nicht als solche erhält, sondern – darin blieb auch Halbwachs vollkommen dem soziologischen Präsentismus verpflichtet – nur als »représentation collective« in einer jeweiligen Gegenwart. Diese These stand ebenso in der Tradition der Durkheim-Schule und

---

[1] *Les cadres sociaux de la mémoire* (1925, dt.1985); *La topographie légendaire des évangiles en terre sainte. Étude de mémoire collective* (1941) und *La mémoire collective* (1950, nachgelassenes Werk, dessen Abfassung weitgehend in die 30er Jahre zurückgeht).

ihrer Analyse des Bewusstseins als eines Bildschirms kollektiver Repräsentationen, wie Espositos Untersuchung in der Tradition der Luhmann-Schule und ihrer strikten Trennung zwischen Individuum und Gesellschaft steht. Im Licht der Unterscheidung zwischen sozialen und personalen Systemen, die sich zueinander jeweils als Umwelt verhalten, wird das Halbwachs'sche Problem der Trägerschaft hinfällig. Halbwachs und alle auf seiner Grundlage arbeitenden Gedächtnistheoretiker (zu denen ich auch mich selbst rechnen muß) hatten sich mit dem Problem kollektiver Repräsentationen und individueller Träger auseinander zu setzen. Die Unterscheidung eines ›kommunikativen‹ und eines ›kulturellen‹ Gedächtnisses, die Aleida Assmann und ich seit den achtziger Jahren in verschiedenen Publikationen entwickelt haben,[2] war bereits als eine Art Befreiungsschlag gedacht gewesen, bleibt aber in dieser Hinsicht natürlich weit hinter der radikalen Lösung zurück, die die Systemtheorie hierfür anzubieten hat. In diesem Rahmen lässt sich vom ›Gedächtnis der Gesellschaft‹ sprechen, ohne sich dem Vorwurf kollektivistischer Mystifikationen wie ›kollektives Bewusstsein‹ oder gar ›Volksseele‹ auszusetzen. Hier ›haben‹ soziale Systeme ein Gedächtnis ebenso wie personale Systeme, und wenn soziale Systeme sich über Kommunikation aufbauen und reproduzieren, dann ist das Gedächtnis der Gesellschaft ein ›kommunikatives Gedächtnis‹, das aber nicht in irgendwelchen personalen ›Trägern‹ verkörpert[3], sondern in der Organisation von Kommunikation selbst angelegt und daher doch wohl mit dem, was bei Luhmann ›Semantik‹ heißt, weitgehend identisch ist.

Erstmals wird jetzt der diametrale Unterschied zwischen dem kulturwissenschaftlichen und wenn nicht ›dem‹, so doch ›einem‹ soziologischen Gedächtnisbegriff sichtbar und damit eine Diskussion eröffnet, die beide Seiten erheblich fördern und bereichern wird. Dieser

---

2 Zuerst in: Aleida und Jan Assmann, »Schrift, Tradition, Kultur«, in: Wolfgang Raible (Hrsg.), *Zwischen Festtag und Alltag (Scriptoralia 6*, Tübingen 1988), S. 25-49. Für eine neue, wesentlich elaborierte Form der Theorie s. Aleida Assmann, »Vier Formen des Gedächtnisses«, sowie Jan Assmann, »Das kulturelle Gedächtnis«, in: *Ethik und Sozialwissenschaften. Streitforum für Erwägungskultur*, 2002 (im Druck).

3 Nur in schriftlosen Gesellschaften »ist das Gedächtnis von einem ›psychischen Substrat‹, d. h. von den Leistungen der Bewusstseinssysteme für Kommunikation, nicht zu trennen« (S. 33), mit dem wichtigen Hinweis in Anm. 60: ›die psychischen Systeme fungieren hier sozusagen als ›Zwischenspeicher‹«, also als eine Art Notationssystem. An diese Beobachtung ließe sich eine grundsätzliche Behandlung der Frage anschließen, warum für gesellschaftliche Kommunikation überhaupt »Zwischenspeicher« erforderlich sind, d. h., warum Diskurse nicht ohne Rekurse auskommen.

Unterschied tritt umso klarer hervor, je stärker sich diese soziologische Gedächtnistheorie der Arbeitsweise der historischen Kulturwissenschaften annähert. Wie schon Luhmann, erschließt auch Esposito das Gedächtnis bzw. die Semantik der Gesellschaft über die historische Dimension. Wie das Gedächtnis der Gesellschaft funktioniert, lässt sich offenbar am besten anhand entscheidender Wandlungen und Epochenschwellen beschreiben. Dieser historische Ansatz bringt die soziologische Systemtheorie in die unmittelbare Nähe zur Geistesgeschichte, historischen Anthropologie, Mediengeschichte und Ideengeschichte oder ›historischen Semantik‹. Dabei spannt ein der soziologischen Systemtheorie offenbar eingebauter Evolutionismus den Bogen von schriftlosen Gesellschaften bis zum Internet, wobei zwischen diesen Extrempolen typischerweise drei Stadien unterschieden werden. Bei Luhmann sind das die Stadien der segmentären, der stratifizierten und der funktionalen Differenzierung, wobei er selbst sein Augenmerk vor allem auf den Übergang von der stratifizierten zur funktionalen Differenzierung und die damit verbundenen semantischen Wandlungen richtete. Bei Esposito werden die drei Stadien inhaltlich bestimmt und auf eine sehr originelle und zuweilen befremdende Weise mit den Begriffen ›Divination‹, ›Rhetorik‹ und ›Kultur‹ benannt, entsprechend den drei Epochen Archaik (Frühe Hochkulturen), Traditionale Gesellschaften (Antike und Mittelalter) und Moderne (Neuzeit). Das Gedächtnis der Gesellschaft entfaltet sich in dieser Entwicklungslinie also als ein ›divinatorisches‹, ein ›rhetorisches‹ und ein ›kulturelles Gedächtnis‹.

Ich möchte im Folgenden die Linien dieser Argumentation kurz nachzeichnen und mit Zustimmung oder Einspruch aus kulturwissenschaftlicher Sicht kommentieren. Mit Luhmann unterscheidet Esposito die Sach-, Sozial- und Zeitdimension und setzt ihre drei Epochen zu diesen Dimensionen in Beziehung. In der Phase der Divination als Gedächtnisformation wird die Sachdimension privilegiert.[4] Mit ›Divination‹ bezeichnet Esposito sehr viel mehr als die gewöhnlich darunter verstandene Wahrsagekunst. Divination steht hier *pars pro toto* für ein ganzes Sinnbildungsparadigma, das etwa dem ›mythischen Denken‹ Cassirers,[5] dem ›kosmologischen Wahrheitsstil‹ Voegelins[6]

---

4 Zu diesem Begriff s. Niklas Luhmann, *Soziale Systeme*, Frankfurt a. M. 1984, 114-122.

5 Ernst Cassirer, *Philosophie der symbolischen Formen II, Das mythische Denken*, 2.Aufl. Darmstadt 1974.

6 Eric Voegelin, *Order and History*, 5 Bde., Baton Rouge 1956-1985.

und den ›kosmologischen Gesellschaften‹ von Parsons[7] entspricht. Diese Gedächtnisform zeichnet sich durch minimale Abstraktion, d. h. maximale Gebundenheit an die Welt, die Dinge, eben die ›Sachdimension‹ aus. Wir befinden uns hier in der Phase der frühen Hochkulturen, also Babylonien und Ägypten, d. h. weder in schriftlosen, noch in segmentären Gesellschaften. Gleichwohl sind diese Kulturen, Esposito zufolge, noch nicht auf der Stufe der stratifizierten Schriftkulturen angekommen. Für sie verläuft die für die Gedächtnisformationen entscheidende Grenze nicht zwischen Nicht-Schrift und Schrift, sondern zwischen nicht-alphabetischen Schriften und Alphabetschrift. Außerdem nimmt die Autorin als Kriterium segmentärer Gesellschaften nicht das Clan-System (im Gegensatz zur Differenzierung in Elite und Unterschicht), sondern die Differenzierung in Zentrum und Peripherie (Residenz/Provinz bzw. Stadt/Land). Auf dieser Grundlage korreliert sie dann auf eine sehr interessante und hochoriginelle Weise Weissagung und (nicht-phonetische) Schrift: »Weissagung impliziert eine Technik der Manipulation von Symbolen, während Schrift ein Repertoire von Symbolen bereitstellt« (S. 58). Man könnte einwenden, daß Ägypten zwar Schrift, aber nicht Divination entwickelt hat. Dem hält Esposito mit Recht den Hinweis auf die Magie entgegen, die in Ägypten eine vergleichbare Funktion erfüllt. Divinationskulturen basieren auf einer ›zweidimensionalen Semantik‹, deren Leitunterscheidung die zwischen Oberfläche und Tiefe ist. Anstelle der Unterscheidung zweier Welten wie Immanenz und Transzendenz oder Realität und Fiktion geht es hier um die Unterscheidung der manifesten und der verborgenen Dimension innerhalb der einen konkreten Welt. Manifestes verweist auf Latentes; das ist in Divinationskulturen das Zukünftige und in Ägypten die unsichtbare Wirklichkeit der götterweltlichen Ereignisse. Die Techniken sowohl der Divination als auch der Magie (in Ägypten) beruhen auf der Anerkennung ›unlösbarer Mysterien im Innern der Welt‹. (S. 66). Die Anerkennung des Mysteriums, eher als die Verwendung von Divination, scheint mir die eigentliche Signatur dieser Gedächtnisform.[8]

---

7 Talcott Parsons, *Societies*, Englewood Cliffs 1966, dt. *Gesellschaften*, Frankfurt a. M. 1975.
8 Zum Thema von Mysterium und Geheimnis in kulturwissenschaftlicher Hinsicht vgl. die von Aleida und Jan Assmann edierten Bände *Schleier und Schwelle I: Geheimnis und Öffentlichkeit* (1997), *II: Geheimnis und Offenbarung* (1998) und *III: Geheimnis und Neugierde* (1999).

Das ›divinatorische Gedächtnis‹ nun ist die Instanz, die über Relevanz und Irrelevanz der Beobachtungen entscheidet, die Kohärenz der Beobachtungen (und damit der Wirklichkeit) feststellt und eine einheitliche Sicht der Welt mit der Fülle des Konkreten und Kontingenten verbindet. Die ganze Welt wird »als Piktogramm angesehen, auf dessen Oberfläche die tiefe Ordnung der Dinge ausgedrückt ist, die aber für die menschlichen Fähigkeiten zu komplex ist« (S. 82). Divinatorische Semantiken tendieren zu einer Verräumlichung der Zeit (S. 87ff.). Die Zeit wird als ein Umfassendes aufgefasst, »das den genau festgelegten Bereich des täglichen Lebens von außen umgibt« (S. 88).[9] Die Tempus-Systeme der zugehörigen Sprachen sind nicht über ›ausschließlich zeitliche Unterscheidungen wie Vergangenheit/Zukunft‹, sondern über ›aspektbezogene Unterscheidungen‹ organisiert.

Die zweite Stufe, das »rhetorische Gedächtnis«, beruht auf der Unterscheidung zwischen wahr/falsch und Sein/Werden bzw. Schein, die sich vor allem mit Parmenides und der Schule von Elea verbindet, sowie auf der Unterscheidung zwischen Mitteilung und Information bzw. Text und Inhalt, die in der Tat die spezifische Leistung der Rhetorik ist. Dadurch wird ein entscheidender Abstand von der Welt der konkreten Gegenstände und Sachverhalte erreicht. Die Ordnung des Diskurses (und des Gedächtnisses) wird nun nicht mehr durch die Ordnung der Dinge gewährleistet, sondern muß durch eigene Wahrheitskriterien und Kohärenzgesetze hergestellt werden. Damit wird der kosmologische Rahmen gesprengt, in den das divinatorische Gedächtnis eingebunden war.

Zum rhetorischen Gedächtnismodell gehört auch die Entwicklung der Ontologie mit ihren Unterscheidungen zwischen Sein und Schein, Sein und Werden, Ewigkeit und Zeit. Denn der Rhetor, der auf den *kairós* setzt und der mit seiner Rede Veränderungen auslösen will, muss die Gesetze des Unwandelbaren kennen: »Gerade weil der gute Redner Kenntnis von dem Unwandelbaren, d. h. von der Wahrheit, besitzt, kann er die Wandelbarkeit des Kontextes in Rechnung stellen« (S. 175). Auf der Basis derselben Leitunterscheidung, so könnte man sich das vielleicht klar machen, setzt der Philosoph auf das Sein und der Redner auf den Schein. Allerdings kommt hinzu, dass der Philosoph – das heißt vor allem Platon – von einem epistemologischen Optimismus geleitet war und die Wahrheit (die Ideen) für grundsätzlich erkennbar

---

9 In der Tat entspricht die Vorstellung einer »allumfassenden Zeit« dem Symbol der Uroboros-Schlange, freilich nicht im alten, sondern im hellenistischen, alexandrinischen, spätantiken Ägypten.

hielt, während die Rhetorik – das heißt vor allem Isokrates – auf der Grundlage eines epistemologischen Pessimismus die Wahrheit (das Sein) für der Erkenntnis entzogen hielten und der Sprache zutrauten, das Kleine als groß und das Schwarze als weiß erscheinen lassen zu können. Man kann geradezu die Philosophie als anti-rhetorisch, und die Rhetorik als anti-ontologisch einstufen. Gemeinsam ist aber diesen so entgegengesetzten Richtungen ein ›linguistic turn‹, die Entdeckung der Sprache, des Textes, als einer eigenen Ordnung und die Problematisierung dieser Ordnung in ihrer Beziehung zur Welt, zur Ordnung der Dinge.

Die Frage, warum diese rhetorische Gedächtnisform, ›wie unvollkommen auch immer, zuerst im alten Griechenland aufgetaucht‹ ist, beantwortet Esposito mit zwei Argumenten, einem grammatologischen und einem soziologischen. Gegen beide Argumente möchte ich als Altertumsforscher Widerspruch einlegen. Außerdem scheint mir dieser Paradigmenwechsel keineswegs auf Griechenland beschränkt zu sein, sondern ziemlich genau den geradezu weltumspannenden Wandlungen zu entsprechen, die Karl Jaspers unter dem Begriff der ›Achsenzeit‹ zusammengefasst hatte.[10] Das grammatologische Argument bezieht sich auf die »griechische Erfindung« der Alphabetschrift. Dazu wäre zu sagen, dass es sich bei der phönizischen, hebräischen und aramäischen Schrift ebenfalls um (wenn auch vokallose) Alphabetschriften handelt. Wir beobachten aber ganz entsprechende Übergänge vom ›divinatorischen‹ zum ›rhetorischen‹ Paradigma auch in Indien (Pânini) und China (Konfuzius), also im Kontext vollkommen verschiedener Schriftsysteme. Esposito bringt die Unterscheidung zwischen der griechischen Alphabetschrift und den nicht-alphabetischen Schriften geradezu auf den Unterschied von ›Wortschrift‹ und ›Dingschrift‹, der in der frühen Neuzeit im Zusammenhang der ›Suche nach der vollkommenen Sprache‹[11] eine so große Rolle spielte; damals (miss)verstand man die ägyptischen Hieroglyphen und die chinesischen Schriftzeichen ebenfalls als ›Dingschrift‹, erblickte darin jedoch einen unschätzbaren Vorzug, und zwar gerade im Hinblick auf die

---

10 Karl Jaspers, *Vom Ursprung und Ziel der Geschichte*, München 1949. Interessanterweise hat dieses Buch mit über dreißigjähriger Verspätung eine intensive Debatte zwischen Soziologen und Kulturwissenschaftlern ausgelöst, deren Ergebnisse von Shmuel N. Eisenstadt in zahlreichen Bänden veröffentlicht wurden (in deutscher Sprache liegen vor: *Kulturen der Achsenzeit I*, zwei Bände, Frankfurt a. M. 1987; *Kulturen der Achsenzeit II*, drei Bände, Frankfurt a. M. 1992).
11 Umberto Eco, *Die Suche nach der vollkommenen Sprache*, München 1993

Mysterien der Natur, die man in dieser Schrift kodiert glaubte.[12] Inzwischen wissen wir, dass es sich bei den ägyptischen Hieroglyphen und den chinesischen Han ze ebenfalls um die Kodierung von Sprache handelt.

Mindestens ebenso problematisch wie das grammatologische Argument erscheint mir das soziologische, das den Übergang vom divinatorischen zum rhetorischen Gedächtnismodell mit dem Wandel von der segmentären (hier: Zentrum/Peripherie) zur stratifikatorischen Differenzierung der Gesellschaft korrelieren will. Neben die Alphabetschrift tritt hier als zweite exklusiv griechische Errungenschaft der Geburtsadel. Die entscheidende Innovation der Griechen würde man normalerweise eher in der Demokratie als in der Aristokratie erblicken. Aber wie dem auch sei: die These, dass mit dem Übergang vom divinatorischen zum rhetorischen Modell eine Verschiebung von der Sachdimension auf die Sozialdimension verbunden sei, hat viel für sich, ist es doch die Dimension des Sozialen und Politischen, die jetzt erstmals in Bezug auf alternative Lösungen reflektierbar und diskutierbar wird, in einer Weise, die im alten Orient nicht denkbar gewesen war. Allerdings darf man nicht vergessen, dass die altorientalischen Reiche, die sich keine andere politische Ordnung als die monarchische vorstellen konnten, nie auf den Gedanken verfallen sind, soziale Unterschiede wie die zwischen Herren und Sklaven für natürlich zu halten, so wie es die Griechen dann getan haben. Wenn solche Naturalisierung sozialer Unterschiede (paradigmatisch im indischen Kastenwesen) mit stratifikatorischer Differenzierung gemeint ist, wird man darin kaum eine evolutionistische Errungenschaft erblicken wollen. Gegenüber den Gerechtigkeitskonzepten des Orients[13] stellt sie jedenfalls einen eindeutigen Rückschritt dar. Ich stimme der Autorin darin zu, dass die Unterscheidungen zwischen Sprachverhalt und Sachverhalt sowie zwischen wahr und falsch, die im Umkreis der Rhetorik und Philosophie des 6.-4. Jahrhunderts in völlig neuem Sinne getroffen werden, eine Epochenschwelle bedeuten. Sie haben in der Tat eine Revolution der ›kulturellen Semantik‹ bzw. des ›Gedächtnisses der Gesellschaft‹ heraufgeführt. Ich würde nur, was die Bedeutung für die weitere abendländische Geschichte angeht, auf die zeitlich parallelen Vorgänge in Israel verweisen, wo es zur Heraus-

---

12 Madeleine V. David, *Le débat sur les écritures et l'hiéroglyphic aux XVIIe et XVIIIe siècle*, Paris 1965.
13 Für Ägypten vgl. Assmann, *Ma'at. Gerechtigkeit und Unsterblichkeit im alten Ägypten*, München 1990.

bildung eines ebenfalls auf der Unterscheidung zwischen wahr und falsch basierenden und ebenfalls schriftgestützten Monotheismus kommt. In meinen Augen ist der religionsgeschichtliche Durchbruch in Israel für das Abendland (und damit für das Gedächtnis der in Rede stehenden Gesellschaft) genauso wichtig wie der wissens- oder geistesgeschichtliche Durchbruch in Griechenland. In Israel ist dieser Wandel übrigens, in deutlichem Gegensatz zu Griechenland, mit einer expliziten Ablehnung jeglicher Formen von Divination verbunden. Hier handelt es sich also wirklich um einen Paradigmenwechsel, der mit einer ausdrücklichen Verwerfung von Wahrsagerei einhergeht, während in Griechenland während aller Perioden der ›rhetorischen Epoche‹ die Divination vollkommen unangefochten in voller Blüte stand.[14] Kein Grieche scheint hier einen Widerspruch gesehen zu haben. Aus der Perspektive des christlichen Abendlandes erscheint die Divination als die Signatur des ›Heidentums‹, zu dem auch die Griechen gerechnet wurden.

Allerdings macht Esposito klar, dass die Griechen das ›rhetorische‹ Gedächtnismodell nur partiell und unvollkommen repräsentieren. Während bei ihnen das ›divinatorische‹ Modell neben dem ›rhetorischen‹ noch in Kraft bleibt, kommt letzteres erst im abendländischen Mittelalter zu voller Entfaltung. Wenn wir für das divinatorische Modell die Begriffe des mythischen Denkens oder auch des ›Kosmotheismus‹[15] einsetzen, wird klar, dass neben den Errungenschaften der griechischen Philosophie mythische Denkformen voll in Kraft blieben, ja sich im spätantiken Neuplatonismus und Hermetismus sogar die platonische Philosophie einzuverleiben wussten und in der Renaissance wieder stark an Boden gewannen. Für Plato bedeutet das divinatorische das gute und das rhetorische das schlechte Gedächtnis (S. 141). Den berühmten Schriftmythos im Phaidros deutet Esposito dahin, dass es hier nicht um die Erfindung der Schrift allgemein, sondern speziell um die Erfindung der Alphabetschrift geht. Die nicht-alphabetische Schrift ist ›gut‹, weil sie (was freilich ein arges Missverständnis ist) keine neuen Informationen mitzuteilen beansprucht, sondern nur an schon Bekanntes erinnern will. Schlecht ist nur die alphabetische Schrift, die »eine unerhörte Unabhängigkeit von dem Kontext sowie die Erzeugung immer neuer, ausschließlich von

---

14 Zum eigentlichen (wenn auch vorläufigen) Ende der Divination in der westlichen Welt siehe Marie Theres Fögen, *Die Enteignung der Wahrsager. Studien zum kaiserlichen Wissensmonopol in der Spätantike*, Frankfurt a. M. 1993.
15 Siehe hierzu Jan Assmann, *Monotheismus und Kosmotheismus*, Heidelberg 1993.

Schriften ausgehender Informationen ermöglicht« (S. 141) bzw. ermöglichen zu können vorgibt. Diese Deutung findet sich bereits bei Giordano Bruno und William Warburton, die den Phaidros-Mythos ebenfalls auf den Übergang von der Dingschrift zur Wortschrift bezogen.[16]

Mit dem Übergang vom divinatorischen zum rhetorischen Gedächtnis und der Verlagerung des Schwerpunkts von der Sachdimension (die Ordnung der Dinge) auf die Sozialdimension geht auch ein neues Geschichtsbewusstsein zusammen. »Zum ersten Mal«, schreibt Esposito, »suchte man eine Erklärung für Geschichte nicht mehr in der kosmischen Ordnung oder dem Willen der Götter, sondern fand sie in den Handlungen und Intentionen der Subjekte.« (S. 179) Hier wäre hinzuzusetzen, dass auch nach altorientalischer und biblischer Vorstellung dem göttlichen Eingreifen in die Geschichte jeweils die Handlungen und Intentionen der Subjekte vorausgehen. Außerdem darf man nicht vergessen, dass das gesamte christliche Abendland bis hin zu Vico, ja Hegel in der Vorstellung lebte, dass die Geschichte als Heilsgeschichte dem Willen Gottes entspringt. Ist hier eine Epochenschwelle rückgängig gemacht, eine evolutionäre Errungenschaft wieder vergessen worden?

Zum rhetorischen Gedächtnis gehören die Metapher des Speichers und die topologisch organisierte Gedächtniskunst des Simonides. Das Buch diente in erster Linie als Gedächtnisspeicher, was Esposito sehr eindrücklich an der Gestaltung einer mittelalterlichen pagina demonstriert. Deren Bildschmuck dient oft weniger der Illustration des Textes als vielmehr dem Interesse, durch ›imagines agentes‹ die Seite samt Text dem Gedächtnis einzuprägen. Die Einrichtung der Seite sollte nicht das auffassende Verstehen, sondern das Erinnern des Gelesenen erleichtern. Über die mittelalterliche pagina und den Einschnitt, den hier das 13. Jh., die Scholastik und die Schaffung eines Verstehen fördernden, die logische Gliederung des Textes widerspiegelnden

---

16 Siehe hierzu Jan Assmann, *Moses der Ägypter*, 160f. sowie ›Hieroglyphen als mnemotechnisches System. William Warburton und die Grammatologie des 18. Jahrhunderts‹, in: Jörg Jochen Berns, Wolfgang Neuber (Hrsg.), *Seelenmaschinen. Gattungstraditionen, Funktionen und Leistungsgrenzen der Mnemotechniken vom späten Mittelalter bis zum Beginn der Moderne*, Wien, Köln, Weimar 2000, S. 711-724. Aus der Philebos-Version des Theuth-Mythos wird klar, dass Platon in der Tat hier vollkommen eindeutig und ausschließlich an die alphabetische Schrift denkt. Aber der Unterschied zwischen nicht-alphabetischen und alphabetischen Schriften scheint ihn nicht beschäftigt zu haben.

Lay-outs bedeuten, ist viel geschrieben worden[17]; zweifellos handelt es sich auch hier, ganz unabhängig von schriftgeschichtlichen und medientechnologischen Entwicklungen (der Buchdruck ist noch fern) um eine Epochenschwelle, die aber schlecht in das große Drei-Schritt-Schema Divination-Rhetorik-Kultur passt.

Nach diesem Schema führt der Buchdruck im 15.-17. Jh. die nächste große Wende herauf, den Übergang vom ›rhetorischen‹ Gedächtnis zu einer neuen Gedächtnisform, für die Esposito den Begriff der ›Kultur‹ vorschlägt. Gleichzeitig verändert sich die Gesellschaftsstruktur; anstelle der stratifikatorischen Differenzierung setzt sich allmählich die funktionale Differenzierung durch. Im Rahmen des neuen Gedächtnismodells entsteht die ›Informationsgesellschaft‹. Die Schrift dient jetzt nicht der Speicherung des Gesagten, d. h. des Textes, dessen eigentlicher Ort noch immer die Interaktion ist, sondern der massenhaften Verbreitung der Mitteilung, die nun in der interaktionsfreien Kommunikation zwischen Autor und Leser stattfindet. Redundanz ist gesichert durch die massenhafte Verbreitung des Textes, der selbst demgegenüber ganz auf Information abstellen kann. Im Rahmen der interaktionsfreien Kommunikation erwartet der Leser vom Text das Neue, nicht die Wiederholung des Altbekannten. Viele der Merkmale, die man bisher bereits mit dem Schritt von der Mündlichkeit zur Schriftlichkeit in Verbindung brachte, ordnet Esposito erst dem Übergang von der Manuskriptkultur zur Druckschriftlichkeit zu. Das ist sicher richtig; nur darf man nicht vergessen, dass genau dieser Punkt, die Umstellung von Wiederholung auf Überraschung, zu den Topoi bereits der allerfrühesten Schriftlichkeit gehört. Schon der ägyptische Autor Chacheperreseneb beklagt sich zu Anfang des 2. Jt. v. Chr. bitter über den Zwang zur Neuheit, der mit dem Geschäft der Schriftstellerei einhergeht.[18] Hier handelt jemand über Implikationen der Schriftlichkeit, die erst 3300 Jahre später anfingen, zum Tragen zu kommen!

Ebenso verblüffend wie die Spätdatierung der Schriftlichkeit im eigentlichen Sinne ist die Frühdatierung der Moderne, etwa der ›Informationsgesellschaft‹, die in dieser Rekonstruktion schon mit dem Buchdruck in Verbindung gebracht wird. Vermutlich handelt es sich auch hier um etwas, das im Buchdruck angelegt ist, aber erst Jahrhunderte später wirklich zum Tragen kommt. Anders als das Speichermedium Schrift ist der Buchdruck ein Verbreitungsmedium und

---

17 Vgl. hierzu besonders Wolfgang Raible, *Die Semiotik der Textgestalt. Erscheinungsformen und Folgen eines kulturellen Evolutionsprozesses*, Heidelberg 1991.
18 Jan Assmann, Das kulturelle Gedächtnis, 97 f.

gehört in dieser Hinsicht in eine Reihe, nicht mit anderen Speichermedien, sondern anderen Verbreitungsmedien, deren große Zeit erst im 19. und 20. Jh. anbricht: Rundfunk und Fernsehen. Die Geschichte der Verbreitungs- oder Massenmedien ist noch nicht geschrieben; hierher würden Siegelamulette (z. B. Skarabäen) und Münzen gehören und sonstige Kleinformen wie bebilderte Keramik, Kleinbronzen, Terrakotten, die man als Devotionalien aus Heiligtümern mitnehmen konnte, Glaspasten usw. – das alles gehört vermutlich in eine medienorientierte Untersuchung von Gesellschaftsstruktur und Semantik mit hinein, und die Erfindung der Geldwirtschaft im 6. Jh. v. Chr. hat möglicherweise einen größeren Epochenschritt bedeutet als die Erfindung der vokalisierten Alphabetschrift. Der Buchdruck bedeutet in dieser Geschichte die Erfindung eines Verbreitungsmediums, das große Informationsmengen transportiert. In China, das den Buchdruck schon Jahrhunderte früher kannte, wurde er nicht zur Verbreitung eingesetzt, sondern lediglich zur Garantie fehlerfreier Kopien des buddhistischen Kanons, und im islamischen Orient, wo die Skriptorien die Verbreitungsbedürfnisse bzw. den Buchmarkt vollkommen ausreichend belieferten, setzte sich demgegenüber der Buchdruck erst im 19. Jh. durch.

Die Entstehung großräumiger stratifizierter Gesellschaften im Zuge der ›neolithischen Revolution‹ und des frühen Urbanismus erforderte die Entwicklung von Speichermedien, um der Masse der für die Verwaltung erforderlichen Daten Herr zu werden. Ebenso kann man sich vorstellen, dass die Entstehung der frühneuzeitlichen bürgerlichen Gesellschaft und die Überwindung der räumlichen Segmentierungen (Zentrum und Peripherie) in erster Linie die Entwicklung von Verbreitungs- oder ›Massenmedien‹ forderte, um das technische und kulturelle Wissen zu demokratisieren. In unseren Tagen erfordert die Entstehung der Globalgesellschaft die Entwicklung von Medien, die über Speicherung und Verbreitung hinaus vor allem Zugang ermöglichen. Das ist die spezielle Leistung des Internets und der zugehörigen ›browser‹ und Suchmaschinen.

Wie der Übergang vom divinatorischen zum rhetorischen Gedächtnis mit einer Schwerpunktverlagerung von der Sachdimension auf die Sozialdimension, so verbindet sich der Übergang vom rhetorischen Gedächtnis zum ›Gedächtnis als Kultur‹ mit der Verlagerung des Schwerpunkts von der Sozialdimension auf die Zeitdimension. ›Kultur‹ ist freilich ein merkwürdiger Begriff, wenn man ihn in eine Reihe mit ›Divination‹ und ›Rhetorik‹ stellt. Esposito begründet diese Begriffswahl damit, dass sie ›Kultur‹ als die Instanz der für die Moderne typischen ›Realitätsverdopplung‹ bestimmt, als Inbegriff aller beobachtungsleitenden Unterscheidungen, die ›zwei verschiedene Weisen der Beobachtung der (einzigen) Welt ermöglichen‹. (S. 245) Kulturen existieren nur im Plural, als Instanz je unterschiedlicher gesellschaftlichen Konstruktionen der Wirklichkeit, die nun neben die (eigentliche) Welt treten. So ist in den Begriff ›Kultur‹ ein Element der Selbstverdopplung oder Selbstrelativierung eingebaut. Dies gilt jedoch erst seit Vico und Herder, als man nicht mehr von einer einzigen, sich von Adam bzw. Noah ausgehend über die ganze Erde verbreitenden Kultur (bzw. *sapientia*) ausging, sondern von der Pluralität unabhängig voneinander entstandener Kulturen.[19]

Zum Buchdruck als Kulturtechnik gehört m. E. nicht der Begriff ›Kultur‹, sondern ›Information‹. An die Stelle von ›Divination‹ (die Orientierung am Kosmos) und ›Rhetorik‹ (die Orientierung an einer sprachfundierten Wahrheit) tritt die Orientierung am Neuen, am Fortschritt in einem offenen Zukunftshorizont. In der Tat könnte man die der Informationsgesellschaft vorausliegende Gedächtnisformation als ›Ruminationsgesellschaft‹ bezeichnen, von *ruminare*, ›wiederkäuen‹, einer Lieblingsmetapher des Mittelalters für das Lesen der heiligen, kanonischen, klassischen und sonstwie maßgeblichen Texte. Der dramatische Geltungsschwund der textlichen Überlieferung äußert sich u. a. in der Verabschiedung der galenischen Medizin, des ptolemäischen Weltbilds, der biblischen Chronologie usw. im Licht der neuen Entdeckungen und in der Umstellung von der Auslegung der Alten auf das Experiment, die Ausgrabung, die Entdeckung usw. So würde ich dafür plädieren, den Begriff der ›Kultur‹ als Bezeichnung des dritten Paradigmas durch den der ›Information‹ zu ersetzen. Während die Begriffe ›Divination‹ und ›Rhetorik‹ zu eingeschränkt sind, und das, wofür sie hier stehen, nur pars pro toto bezeichnen können, erscheint der Begriff der Kultur allzu inklusiv und müsste hier totum pro parte funktionieren.

Mit dem Problem der Ungleichzeitigkeit des Gleichzeitigen (und umgekehrt) ist diese Arbeit auf Schritt und Tritt konfrontiert, wie jede evolutionistische Theorie, der es darum geht, die Phänomene möglichst in eine chronologische Linie einzufügen, anstatt sie in ihrem spannungsvollen Nebeneinander zu beschreiben. Das wird sofort klar,

---

19 Siehe hierzu Aleida Assmann, »Herder zwischen Nationalkulturen und Menschheitsgedächtnis«, in: *SAECULUM* 52, 2001, 41-54.

wenn man die Begriffe ›Divination‹ und ›Rhetorik‹ durch die von Aleida Assmann geprägte Terminologie der ›unmittelbaren‹ und ›mittelbaren Signifikation‹ ersetzt. Wie A. Assmann gezeigt hat, steht die gesamte frühe Neuzeit vom 13. bis zum 17. Jh. im Zeichen eines spannungsvollen Nebeneinanders dieser beiden Paradigmen.[20] Die Renaissance bedeutete vor allem eine massive Rückkehr zum divinatorischen Modell der unmittelbaren Signifikation, Astrologie und Wahrsagekunst blühten an allen Höfen und die mystischen Strömungen der Antike (Neuplatonismus, Hermetismus, Alchemie, Kabbala) gewannen wieder enorm an Boden. Esposito geht auf diese Strömungen auf S. 234f. ein und ordnet sie der ›Esoterik‹ bzw. dem Okkultismus als einer Unter- und Gegenströmung zu, die eben dadurch, dass sie gegen den evolutiven Sprung opponiert, diesen voraussetze. Das geschieht aber erst im späten 18. und 19. Jh., jetzt erst wandert dieses Denken als eine antimoderne Opposition in die Subkultur ab. Bis dahin verstand sich diese Richtung nicht als rückständig und wurde auch nicht so wahrgenommen; Giordano Bruno wurde nicht als antimoderner Reaktionär verbrannt.

Dramatisch wird dieses Problem, was eigentlich zwischen Petrarca und Picasso als ›Moderne‹ zu verstehen sei, dort, wo es um die ›Ausdifferenzierung der Religion‹ und die Entstehung der Theologie geht. »Nur in der Moderne wird eine Unterscheidung mit zwei miteinander unvereinbaren Seiten eingeführt, die auf dem Modell der Immanenz und Transzendenz aufbaut ...« (S. 214) Bis dahin war »auch Gott irgendwie Teil der Welt und konnte eben deshalb zu den Menschen reden«. Erst in der Moderne bildet »die Gottheit nun keinen Anteil der Welt mehr, die sie beobachtet, und nimmt diese deshalb von außen zur Kenntnis. Sie spricht daher auch nicht mehr direkt zu den Menschen, was die Entstehung einer spezifischen Form von Reflexion zur Rekonstruktion der externen Perspektive Gottes erforderlich macht. Die Theologie entsteht als Versuch, im Inneren der Welt die transzendente Beobachtung, die Gott auf die Welt richtet, zu beobachten.« (214f.) Unter die »moderne Form der Realitätsverdopplung« wird hier sowohl die Unterscheidung zwischen Immanenz und Transzendenz, als auch die Unterscheidung zwischen Realität und Fiktion subsumiert: nicht »deus sive natura«, sondern »deus sive fictio«.[21] Das sind jedoch alles schon antike Themen. Auch die Erfahrung »das Universum wird

20 Aleida Assmann, *Die Legitimität der Fiktion. Ein Beitrag zur Geschichte der literarischen Kommunikation*, München 1980.
21 Vgl. Formulierungen wie »Im Inneren der fiktiven Welt, oder der Transzendenz ...«.

stumm« (S. 226) hat man nicht erst in der Moderne gemacht; sie verbindet sich präzise mit dem Niedergang des divinatorischen Paradigmas in der Spätantike. Plutarch behandelt sie in *De defectu oraculorum*, und der hermetische Traktat des Asclepius bringt sie auf die Formel »*omnis vox divina mutescet*«. Das divinatorische, nicht das rhetorische Modell beruht auf der Voraussetzung, dass das Universum nicht stumm ist.

Die »Moderne« wird in dieser Darstellung zum Ort von Prozessen, die man mit ganz verschiedenen Zeiten in Verbindung bringen kann. Zum einen geht es um Phänomene der »Sattelzeit« (Koselleck), die es in der frühen Neuzeit noch nicht gibt, zum anderen um Phänomene, die es schon in der Antike gibt, die zum Übergang von Mündlichkeit zu Schriftlichkeit, oder auch vom Kosmotheismus zum Monotheismus gehören und die in der frühen Neuzeit zweifellos auch oder wieder, aber keinesfalls erstmals in Erscheinung treten. Wenn es z. B. auf S. 240 mit Bezug auf die Moderne heißt: »Was sich ändert ist vielmehr die Lokalisation der Selektion, die in einer schriftlosen Gesellschaft praktisch mit Semantik selbst übereinstimmt, während sie in Anbetracht von Texten kommunikative Operationen passieren muß, die dem Lesen bestimmter Texte vor dem Lesen anderer Texte den Vorzug geben und so einige Potentialitäten des Gedächtnisses vor dem Hintergrund anderer Potentialitäten aktivieren, die nicht genutzt werden«, so beschreibt das Prozesse, die in Mesopotamien und Ägypten im 3. und 2. Jt. v. Chr. stattfanden. A. Assmann hat hierfür die Unterscheidung zwischen ›Funktionsgedächtnis‹ (=Semantik) und ›Speichergedächtnis‹ vorgeschlagen und gezeigt, daß die Ausbildung eines Speichergedächtnisses zu den Errungenschaften der Schriftkultur gehört.[22] Die Innovationen, auf die Esposito sich bezieht, betreffen nicht den Übergang von Mündlichkeit zu Schriftlichkeit, sondern von speicherungsorientierten zu zugriffsorientierten Formen des Gedächtnisses: das Ziel »wird nicht weiter in der Sammlung aller Bücher gesucht, sondern in der Verfügbarmachung alles Geschriebenen«. (S. 243) Diesen Wandel bezeichnet Esposito als Übergang vom Speichermodell zum Archivmodell. Ein ›Speicher‹ ist in dieser Terminologie die bloße Sammlung ohne Medien der Verfügbarmachung, ein ›Archiv‹ ein Speicher plus Zugriffsmedien und das Internet schließlich ein Zugriffsmedium ohne Speicher. Die Informationsproliferation hat

---

22 Aleida Assmann, *Erinnerungsräume. Formen und Wandlungen des kulturellen Gedächtnisses*, München 1999.

eine solche Veraltensgeschwindigkeit erreicht, dass es nicht mehr auf Speicherung, sondern nur noch auf schnellen Zugriff ankommt.

Der Gedächtnisbegriff, den Elena Esposito vom Aspekt des Vergessens her entwickelt, stimmt mit dem Gedächtnisbegriff der Kulturwissenschaften darin überein, dass er die Frage nach den Medien der Speicherung, Kommunikation, Verbreitung und Erschließung in den Mittelpunkt stellt. Die Geschichte des Gedächtnisses ist in dieser Perspektive die Geschichte seiner Medien. Ebenso deutlich aber wird auch der Unterschied zwischen dem soziologischen und dem kulturwissenschaftlichen Gedächtnisbegriff. In den Kulturwissenschaften steht die Verbindung von Vergangenheit und Identität im Mittelpunkt der Gedächtnisforschung. Die vielfältigen Formen der Konstruktion von Vergangenheit und des Bezugs auf diese zum Zwecke der Stabilisierung oder Destabilisierung kollektiver Identität sind nach wie vor kein Thema der Sozialwissenschaften. Der kulturwissenschaftliche Gedächtnisbegriff versperrt sich der Einlinigkeit evolutionistischer Logik, weil er gerade die Anachronismen betont, die Ungleichzeitigkeit des Gleichzeitigen, das Gestern im Heute, die vielschichtige Komplexität kultureller Zeit. Insofern ist die Privilegierung des Vergessens in Espositos Gedächtnistheorie symptomatisch für den eingangs erwähnten ›Präsentismus‹ des soziologischen Zugangs. Damit wird die komplexe, widerständige und ›kontrapräsentische‹ Struktur des kulturellen Archivs, in dem eben auch gerade das Nicht-Gebrauchte, das in der jeweils vorherrschenden kulturellen Semantik nicht Unterzubringende erhalten bleibt und jederzeit wieder in den Vordergrund treten kann, systematisch ausgeblendet. In kulturwissenschaftlicher Sicht hat Elena Esposito nicht das ›Gedächtnis‹, sondern die ›Semantik‹, allenfalls das ›Funktionsgedächtnis‹ der Gesellschaft behandelt, dies aber auf eine äußerst kühne, weit ausgreifende und innovative Weise. An diesem Werk wird auch die kulturwissenschaftliche Gedächtnisdebatte nicht vorbeigehen können.

Sachregister

Abstraktion 33 f., 36, 44, 52, 54, 58, 62, 64 f., 71, 76 f., 79, 84, 86 f., 89, 91, 98, 100, 103, 106, 112 ff., 117, 130, 132, 135 ff., 149 ff., 213 ff.
aide-mémoire 48 ff., 103, 140 ff., 155
aion 91, 173 ff.
aletheia 99
Allegorie 171, 194, 220
Analogie 65, 70, 83, 85, 171
Anpassung 26
Anonymität 186, 192 ff., 251
anwesend/abwesend 66
Archiv 42 f., 157, 170, 239 ff.
Arithmetik 86, 130
Aspekt 89 ff., 177, 179
Asymmetrie 53 ff., 106, 108, 119 f., 122, 131, 135 ff., 200, 207 f.
Asymmetrisierung der Kommunikation 191 ff.
Autologie 17, 246, 291, 314, 318 ff.
Autor 166 Anm., 182, 193, 222 ff., 250, 299 f.

Beispiel 83, 246 f., 249
Beobachtung
- erster Ordnung 65 ff., 105 f., 121, 148, 160 f.
- zweiter Ordnung 104 f., 114, 121, 192 ff., 204 ff., 256, 269, 284, 291, 365
- dritter Ordnung 290 ff., 314, 316
Beschreibung 104
Bewusstsein: s. psychisches System
Bibliothek 43, 184, 242, 338 ff.
Bild 59, 77, 165 f., 171, 190 f., 224
Buchdruck 9 f., 34 ff., 38, 105, 184 ff., 230 f.
Bürokratie 56 f., 58, 72, 126

Chaos 20 Anm., 326 ff.
Chronologie 96, 181 f., 277 ff., 360 ff.
Code 262 ff.
Computer 30, 38, 40, 43, 289 ff., 321 f., 328 ff., 349 ff.

Deduktion 70, 84, 150, 367
Demokratie 108 Anm., 111 f.
Dialektik 131, 149, 227
différance 321
Divination 8, 42, 44 ff., 58 ff., 66 ff., 98 ff., 100, 106, 108, 110, 112, 117, 124, 125 ff., 134 ff., 161, 335
Dokument 164, 168 f., 299 ff., 338 ff.

Emanation 76
Entscheidung 77, 79, 93, 311 ff., 331, 345, 365 f.
Enzyklopädismus 242
epistéme 124
Erinnerung 22 f., 26, 27 ff., 42, 49, 71, 73 f., 76, 79, 99, 137, 184
Esoterik 68, 234 ff.
Exemplum: s. Beispiel
Exklusion 68, 122 ff.
Evolution 25, 336 f., 366 f.
Ewigkeit 73, 91 ff., 132, 172 ff.

Fiktion 25, 60, 218 ff., 258, 285, 351

Ganz/Teil 107 ff., 121 f., 178
Gattung 138
Gegenwart 8, 12 f., 31, 87, 275 ff.
Geheimnis 52, 66, 68 ff., 88, 127
Genealogie 97
Generalisierung 56, 58, 61, 67, 77, 79, 112, 268 f.
Geschichte 247
Gesellschaft 9, 17 ff., 32 f., 39

415

Gesellschaftsdifferenzierung 37 ff., 41, 50 f., 289
– segmentäre 37, 40, 51 ff.
– Zentrum/Peripherie 37, 53, 55 ff., 72, 106 ff., 126
– stratifikatorische 37, 39, 53, 55, 72 Anm., 100, 106 ff., 121, 135
– funktionale 37, 39, 52
Gleichzeitigkeit 33, 68, 181 f., 281, 327, 363
Gottesurteil 83
Grammatik, 33, 46
Grenze 89

Hermeneutik 73 Anm., 84, 216, 339 Anm.
Hermetismus 70
Heterarchie 200 f.
Hierarchie 37, 56, 107 ff., 120
Historisierung 281 f.
hypomnesis 30 Anm., 48 Anm., 139 ff., 147, 155

Identität 20 f., 24 f., 29, 32 Anm., 75 f., 79, 103, 247, 322, 325 f.
Ideogramm 45, 64
Illusion 133, 135, 142
Imagination 62, 218, 249
Immanenz 62 f., 92 f., 95, 214 ff., 323 ff.
Individuum 15 f., 167, 248 ff., 322
Information 15, 24 f., 29 f., 34, 43, 47 ff., 77 f., 85, 103, 260 ff., 339 ff., 343 ff.
Informationsgesellschaft 10, 60 Anm., 77 ff., 80, 84 Anm., 260, 345
Initiation 69 f., 127, 138
Inkommunikabilität 16, 69, 129, 209
Interaktion 35, 40, 67 ff., 75 f., 103, 109, 114, 123, 144, 184 ff., 205 ff.
Interaktivität 10, 301 ff., 349 ff.
Internet 8, 10, 287, 343, 357 f.

Interpretation 76, 82 ff., 102 f., 126, 129 f., 168, 216, 339
Ironie 133
Irritation 18, 293
Irrtum 61, 114, 121 f.

kairós 93 ff., 134, 174 ff., 279 f.
Katalog 156, 239 ff., 277 Anm., 341
Kausalität 51, 74, 95 f., 226 f., 282, 326 ff.
Klassifikation 49 f.
Kohärenz 26 f., 31, 33, 40, 74 ff., 85, 96 ff., 152 ff., 192, 254 f., 278 f., 315 f., 366 f.
Kommentar 27, 73, 85 Anm., 166, 191, 251 f.
Kommunikation 15 ff., 185, 209 f., 292 f., 355 f.
Kommunikationstechnologien 9 f., 34 ff., 38, 50, 57, 99 f., 105, 186 f.
Konstruktivismus 118, 121, 254
Kontext 33 ff., 40, 44 ff., 54, 57 f., 59, 61, 67, 70 f., 75, 82, 84 ff., 91, 93 f., 99 f., 102 f., 114, 116, 122, 125, 128 f., 132, 143 ff., 153, 175
Kontingenz 76, 79, 81, 85, 114, 121, 132, 134 ff., 174 f., 203 ff., 302, 314
Kontrolle 10 f., 25 f., 57, 331 ff.
Konversation 207 ff., 212
Kopie 187 ff., 229 f.
Kosmologie 54, 56, 58, 61, 65, 66, 74 f., 80, 88, 92, 112, 114 f., 117, 127, 129, 135
Kreativität 7, 167 f.
Kritik 27, 251 ff.
Kultur 42, 23, 183 ff., 237 ff., 244 ff., 303 ff.
künstliche Intelligenz 292, 298, 349 Anm.

Lektüre 102 f., 164 ff., 194, 339
Liebe 127

Logik   75, 83, 116 ff., , 151, 232 f., 323 Anm.
– zweiwertig   117 ff., 135, 217
– mehrwertig   85 Anm.
Lüge   61, 99, 218, 219 Anm.

Manipulationsverdacht   266 ff., 272
Massenmedien   38, 106, 186, 210, 251, 253 ff., 301, 306
Mazdaismus   87, 92
Magie   51 f., 58 Anm., 68, 73, 81 Anm., 96 Anm., 115, 227 Anm., 235 f., 350
Medien: s. Kommunikationstechnologien
Mehrwertigkeit: s. Logik, mehrwertig
Meinung   100, 116, 123, 135 ff., 146, 152
Metaphysik   82, 119, 323
mètis   93 f., 128, 325
Mitteilung   15, 47, 67, 84, 103, 123
Mnemotechnik   24 Anm., 27, 29, 99, 142, 146, 156, 161 ff., 233 ff.
Modalität   121
Modernität, Moderne   8, 55 Anm., 98, 100, 183 ff., 229 ff., 287 ff.
Mündlichkeit: s. Oralität
Mysterium   66 ff., 77 ff., 89, 91 ff., 99, 125 f., 127 ff., 138, 176, 234 ff., 312, 317, 327, 330, 350
Mythos   60, 71 Anm., 74, 127

Nachahmung   27, 167 f., 247, 249 ff.
Nachricht   78, 222, 258 ff., 264 f., 285 f.
Name   59, 115 f.
Natur   111, 132
Netz   10, 43, 287 ff., 337 ff.
neu, Neuheit   7 f., 28, 30 f., 33, 38, 104 f., 141, 172, 257 ff., 277, 289, 359
Nichts   119, 151, 247 ff.
Notwendigkeit   14, 83, 85, 128, 132, 144

Oberfläche   58, 62 f., 66, 73, 78, 82, 93, 114, 125 f., 347 ff.
Objekt   80
Ontologie   61, 71, 98, 115 ff., 135, 151, 177 f.
Oralität   33 ff., 40, 44, 49, 59, 70, 75, 84, 87, 103, 105, 154, 166 Anm., 168 f., 187 ff.
Organisation   219 ff., 290, 309 ff., 335 f., 345, 364
Originalität   167 f., 248
Orphik   91, 125 f., 129, 133

Paradoxie   11, 12 ff., 29, 47 Anm., 55, 65, 67, 71, 79, 83, 93 f., 121, 124, 128 f., 13 f., 135 ff., 230, 260, 359 ff.
Person   69, 75, 211, 312
Personalisierung   193 f., 251, 300 f.
Persuasion   74, 137, 152 ff., 270 ff.
Piktogramm   45, 64 f., 82
Planung   282 ff., 332 f., 361
Politik   107, 111 ff.
privat   110
Prophetie   74 Anm., 282 ff., 325, 335
Prozedur   21, 35, 42, 68, 75, 184, 241, 342, 367
prudentia   178, 282
Pythagorismus   125, 129 f., 136 ff.
psychisches System   16, 33 f., 292 ff.

Rationalität   78, 94, 127, 235
Raum   27, 42 Anm., 50 ff., 53 ff., 63, 65 ff., 70, 73, 79 f., 86 ff., 90, 94 f., 98, 106 f., 113, 131, 154, 158 ff.
Realitätsverdoppelung   61 ff., 71, 98, 114 f., 122, 141, 213 ff., 243 ff., 255, 318
Redundanz   24 ff., 31 f., 34 f., 39 f., 44, 49, 71, 75, 98, 138, 153 ff., 185, 240 ff., 309 ff., 315, 335, 366
Redundanzverzicht   201 f., 243 f., 311 Anm.
Re-entry   14 Anm., 20 Anm.,

28 Anm., 47 Anm., 65, 120, 183, 283 Anm., 318, 324, 330 Anm.
Reflexivität 11, 12 ff., 23, 32, 53, 115, 275 ff.
Regel 32 f., 51, 61, 63
Rekursivität 20 f., 24 f., 33, 45
Reziprozität 51
Rhetorik 8, 42, 98 ff., 186, 227 f., 231 ff.
Risiko 346, 365 f.
Ritual 34, 70, 71 Anm., 75

Sakral 62 Anm., 80, 85 Anm., 214
Schemata 32 f., 50, 168
Schicksal 82, 92, 178, 181, 334
Schrift 34 f., 39 f., 44, 57, 59, 63, 75, 84, 87, 105, 125, 127 f., 130, 133, 138 ff., 163 ff., 184 ff.
– alphabetische 36 f., 45, 59, 84, 100, 101 ff., 115, 123, 133 ff.
– nicht-phonetische 36 f., 44 ff., 57, 59 ff., 63, 72, 84, 95, 126
Sein/Nichtsein 114 ff., 131, 151
Selbstbeschreibung 110, 121, 244 ff., 267 ff.
Selbstorganisation 20 Anm.
Selbstreferenz 12 f., 17, 22, 65, 67, 131, 274
Selbstreferenz/Fremdreferenz 26, 45, 99, 115 ff., 129, 131 f., 133, 138, 149 ff., 218 ff.
Selektion 13, 76, 341 ff., 358
Semantik 18, 19 ff., 32, 40, 46, 56, 58, 62, 98
– zweidimensionale 60 ff., 66, 70, 72, 78, 80, 87, 93, 95, 99 f., 129, 135, 322 f.
sichtbar/unsichtbar 60 ff., 66 ff., 122
Simulation 354 ff.
Sophistik 117 f., 119, 123 f., 125, 132 ff., 149
Speicher 22, 30, 41 Anm., 42, 155 ff., 162, 169, 307

Spiegel 42, 243, 353 ff.
Spiel 81
Sprache 69, 85, 89, 101, 116
Standardisierung 192 f.
Statistik 282 f., 361
Stellenwert 85
Störung 81
Struktur 20, 33, 40, 74 f., 77, 97
– der Gesellschaft 36 f., 51, 57
Subjekt 9, 11, 100, 114, 179, 215 ff., 248 ff., 318 ff.
Syllogismus 151 ff.
Symbol 64
symbolisch generalisierte Kommunikationsmedien 270 ff., 306 ff., 346 f.
Synchronisation 31, 96, 180 f., 280 f., 308, 315, 363

Tabelle 49 f., 57
Takt 208 f.
Tautologie 117, 151
Täuschung 133, 145
Technik 63, 99, 147, 150, 161 ff., 174, 178 f.
Telematik 10, 287 ff., 298, 339 ff., 346 ff.
Temporalisierung 113 f., 180, 246 ff., 273 ff.
tempus 91, 172 ff., 274
tense 89 f.
Text 27, 35, 67, 70, 98, 102 f., 104, 165 ff., 183 ff., 189, 299 ff., 338 ff.
Thema 33 f., 271 f.
Tiefe 58, 62 f., 66, 82, 114, 324 f., 347 ff.
Topik 158 ff., 171 f., 219
Transzendenz 62 f., 88 f., 92, 122, 214 ff., 324
triviale Maschine 294 f.

Überraschung 25 f., 31, 48 Anm., 79, 85, 103, 240 f., 260 ff., 295, 359
Unendlichkeit 92, 130 f.

Ungewissheit   79, 93, 283, 311
Ungleichheit   111, 198 f.
unmarked space   47 Anm., 67, 92 Anm., 176 Anm., 319 f., 350
Unsicherheit   283, 314 ff., 330

Variation   82
Varietät   25 ff., 31 f., 44, 104, 123, 185, 240 ff., 273, 276, 366
Verbreitungsmedien   34, 39
Vergangenheit   12 f., 24, 27, 31, 73, 76, 88 f., 99, 274 ff., 313 ff., 333 f.
Vergessen   23, 27 ff., 33 f., 36, 40, 73 f., 99, 140, 165, 184 ff., 204, 239 ff., 331, 342, 357 ff.
Virtualität   302 f., 351 ff.

Wachsmasse   42, 76, 145
Wahnsinn   127 f.
Wahrheit   73, 78, 82, 99 f., 116 ff., 129, 132, 135 ff., 151 ff., 175, 216
Wahrnehmung   15, 68, 98, 301
Wahrsagung: s. Divination

Werbung   266 ff.
Widerspruch   67, 70, 74 f., 151, 175
Wiederholung   21 f., 24, 27, 33, 35, 44, 49, 52, 71, 74, 79, 98, 104, 122, 139 ff., 154, 167 f., 183
Willkür   77, 85, 111 f., 115, 128, 235 ff.
Wissenschaft   136
world wide web   43, 287

Zahl   130, 138, 191
Zeichen   45 f., 63 f., 81 f., 103, 155, 295 f., 320 f., 350 ff.
– motiviertes   59, 115 ff.
Zeit   27, 31, 42 Anm., 49, 73, 87 ff., 131, 173 ff., 273 ff., 313 ff., 359 ff.
Zentralperspektive   223 ff.
Zirkularität   20, 83, 96, 100, 105, 124, 151 Anm., 315, 318, 362 f.
Zufall   18, 81, 83, 93, 95, 235, 326 ff., 367
Zukunft   7 f., 10, 27, 31, 83, 85, 88 f., 121, 273 ff., 282 ff., 313 ff., 334, 359 ff.
Zweiwertigkeit: s. Logik, zweiwertig

Suhrkamp Verlag GmbH
Torstraße 44, 10119 Berlin
info@suhrkamp.de
www.suhrkamp.de